AVR ATmega128을 활용한 응용 실습편

졸업작품 만들기 (VIII)

신 동 욱 저

Ohm사

머리말

산업현장에서 Atmel사 AVR 마이크로프로세서의 인기와 더불어 대학에서도 이에 대한 이론 및 실기 교육도 늘고 있을 뿐 아니라 학생들의 실기능력과 함께 창의적 능력을 키우기 위한 실기작품이나 졸업작품에 대한 요구도 증가하고 있다. 그러나, 마이크로프로세서와 전자부품에 대한 충분한 지식 없이 작품에 대한 아이디어를 생각하여 회로를 설계하고 제작한 후 프로그램까지 작성하려면 많은 시간과 함께 많은 노력이 요구된다.

저자는 지금까지 AVR 마이크로프로세서에 관한 몇 권의 책을 낸 바 있고, 대학에서도 마이크로프로세서를 가르치고 있다. 학생들이 마이크로프로세서의 개별적인 기능에 대한 학습은 별 어려움 없이 수행하지만, 마이크로프로세서를 이용한 작품 제작에 임하게 되면 회로를 어떻게 설계하고 프로그램을 어떻게 구현해야 하는지 매우 어려워한다.

이 책은 [알기쉽게 배우는 AVR ATmega128] 또는 [알기쉽게 배우는 AVR ATmega128 응용]을 학습한 후에 이를 이용하여 응용작품을 만들고자 하는 독자들을 위해 쓰여진 책이라 할 수 있다.

이 책에 있는 작품들은 2009년도, 2010년도 한국기술교육대학교 전자전공 3학년 학생들이 약 10주 동안 ATmega128의 기능을 학습한 후 6주에 걸쳐 작품의 선정부터 시작해서 작품의 설계 및 제작까지의 과정을 거쳐 완성한 작품들을 선별하여 정리한 것이다. 따라서, 작품의 수준은 4주 정도의 제작기간에 이루어진 것이라 높은 수준은 아니지만, 최근 많은 대학에서 실습시간에 이루어지는 작품의 제작에는 많은 도움이 되리라 생각된다. 또한, 최근 많은 대학에서 실시하고 있는 4학년들의 졸업작품 수준에는 많이 부족하지만, 책에 소개되는 작품들의 아이디어나 회로 및 프로그램 기술들을 활용하여 좀 더 발전시키고 응용해 가면 보다 멋지고 훌륭한 작품을 제작하는데 조금이라도 도움이 되리라 생각된다.

마지막으로 이 책의 출판을 위해 항상 물심양면으로 애써주신 Ohm사의 곽종학 사장님과 직원 여러분들에게 감사의 말씀을 드립니다.

2010년 12월　저자 신 동욱 씀

차례

Chapter 01 참참참 게임 로봇

Chapter 02 커피 딜러

Chapter 03 화음 연주기

Chapter 04 미로게임기 기능을 갖는 디지털시계

Chapter 05 3차원 지렁이 게임

Chapter 06 벽돌 깨기 게임

Chapter 07 Balancing Robot

Chapter 08 MP3 플레이어

Chapter 09 Dot Matrix LED를 이용한 미니게임

Chapter 10 미니 전자앨범

Chapter 01

참참참 게임로봇

1.1_작품 개요
1.2_동작 설명
1.3_작품 구성도 및 회로도
1.4_작품 도면
1.5_주요 함수 및 처리흐름도
1.6_작품 사진
1.7_프로그램 소스

Chapter 01

참참참 게임 로봇

1.1 작품 개요

<참참참> 게임은 두 명이 하는 게임으로서 한 명이(공격) 손으로 "참참참" 말하면서 좌/중앙/우 세 방향 중 한 방향을 손으로 가르키면 다른 한 명(수비)은 얼굴을 좌/중앙/우 세 방향 중에서 한 방향을 선택하여 얼굴을 돌려 수비하는 게임이다. 이때 공격자의 손방향이 수비자의 얼굴 방향과 일치하면 공격자가 승리하며, 그렇지 않은 경우에는 수비자가 승리하게 되는 게임이다.

이 작품에서는 손과 얼굴을 움직이는 2자유도의 로봇을 만들어 사람의 손과 <참참참> 게임을 수행하게 하였다. [그림 1-1]은 제작된 로봇의 전면부를 보여준다.

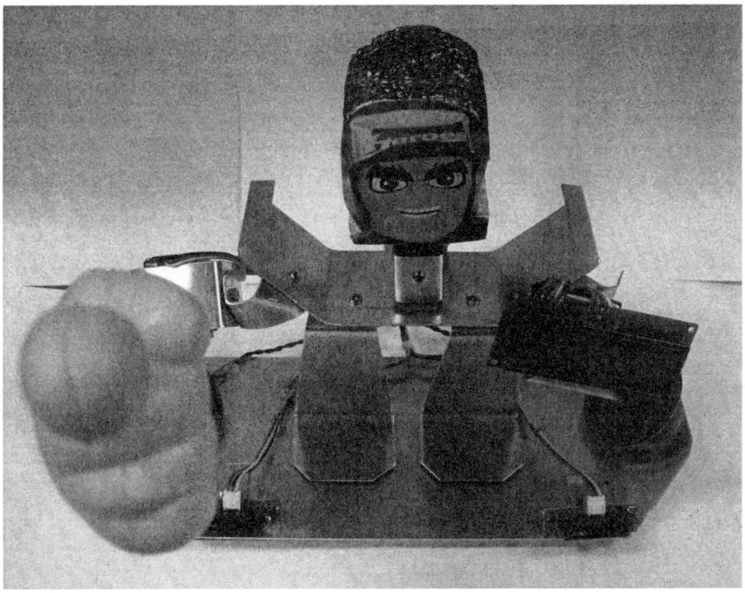

[그림 1-1] 참참참 로봇 전면부

1.2 동작 설명

<사람 공격>

① 부저 "삐" 소리와 함께 LCD에 "111 222 333"이 표시되면 사람은 [그림 1-2]와 같이 손으로 좌/중앙/우 세 방향 중에서 하나를 선택하여 움직인다. 이때 사람 손의 방향은 로봇 앞부분에 장착된 적외선 거리센서에 의해 감지된다.

② 로봇은 3방향 중 하나를 랜덤하게 선택하여 머리를 회전시킨다.(로봇 손은 중앙 고정)

③ 사람 손의 방향과 로봇의 머리 방향이 일치하게 되면 로봇이 패하게 되며, LCD에는 "You Win"이 표시되면서 사자울음소리가 출력된다. 반면에 사람 손의 방향과 로봇의 머리 방향이 일치하지 않으면 로봇이 승리하게 되며, LCD에는 "Robot Win"이 표시되면서 웃음소리가 출력된다.

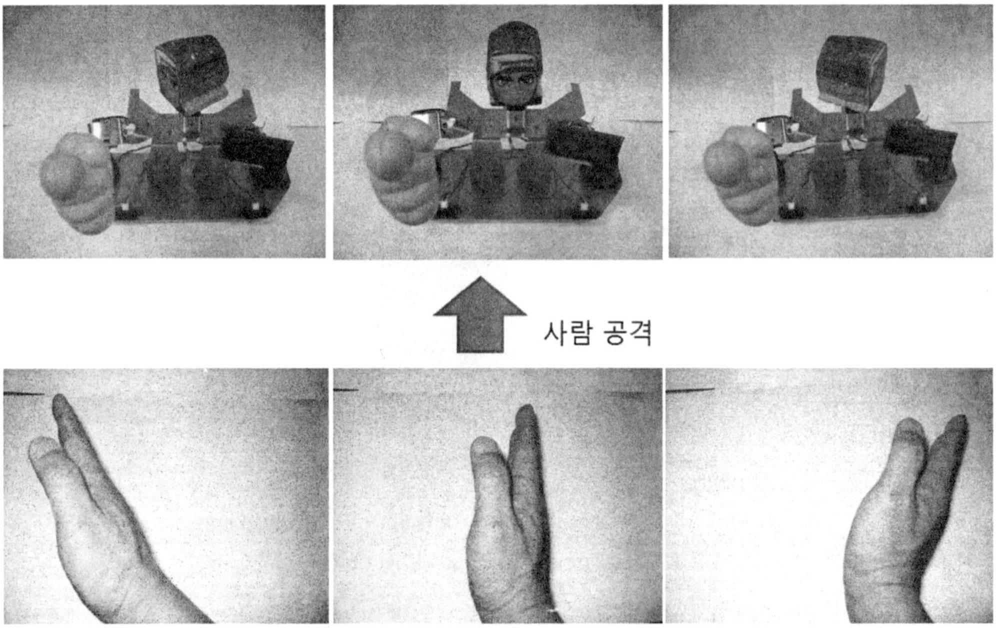

[그림 1-2] 사람 공격시 로봇 동작

<로봇 공격>

① 부저 "삐" 소리와 함께 LCD에 "111 222 333"이 표시되면 사람은 [그림 1-3]과 같이 손으로 좌/중앙/우 세 방향 중에서 하나를 선택하여 움직인다. 이때 사람 손의 방향과

방향은 로봇 앞부분에 장착된 적외선 거리센서에 의해 감지된다.

② 로봇은 3방향 중 하나를 랜덤하게 선택하여 손을 회전시킨다.(로봇 머리는 중앙 고정)

③ 사람 손의 방향과 로봇의 손의 방향이 일치하게 되면 로봇이 승리하게 되며, LCD에는 "Robot Win"이 표시되면서 웃음소리가 출력된다. 반면에 사람 손의 방향과 로봇의 손의 방향이 일치하지 않으면 로봇이 패하게 되며, "You Win"이 표시되면서 사자울음소리가 출력된다.

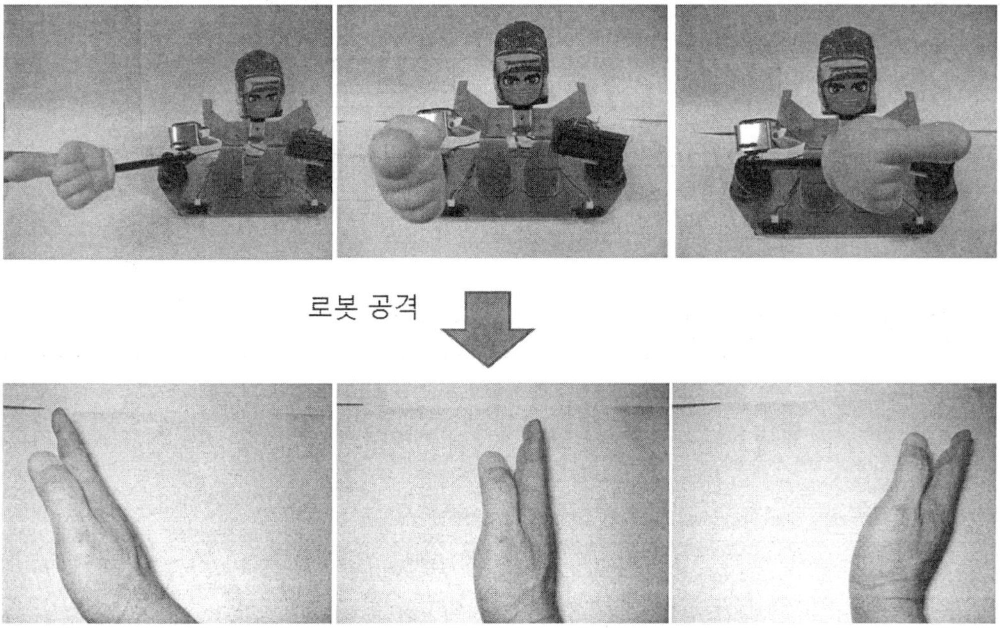

[그림 1-3] 로봇 공격시 로봇 동작

1.3 작품 구성도 및 회로도

[그림 1-4]는 작품 구성도를 보여주며, KUT-128 MCU 보드, 캐릭터 LCD, 서보모터 2개, 적외선 PSD 거리감지센서 2개, 부저, 소리 발생 모듈 2개로 구성된다. [표 1-1]은 작품에서 사용하는 입출력 포트 및 기능을 보여주며, [그림 1-5]는 작품 회로도이다.

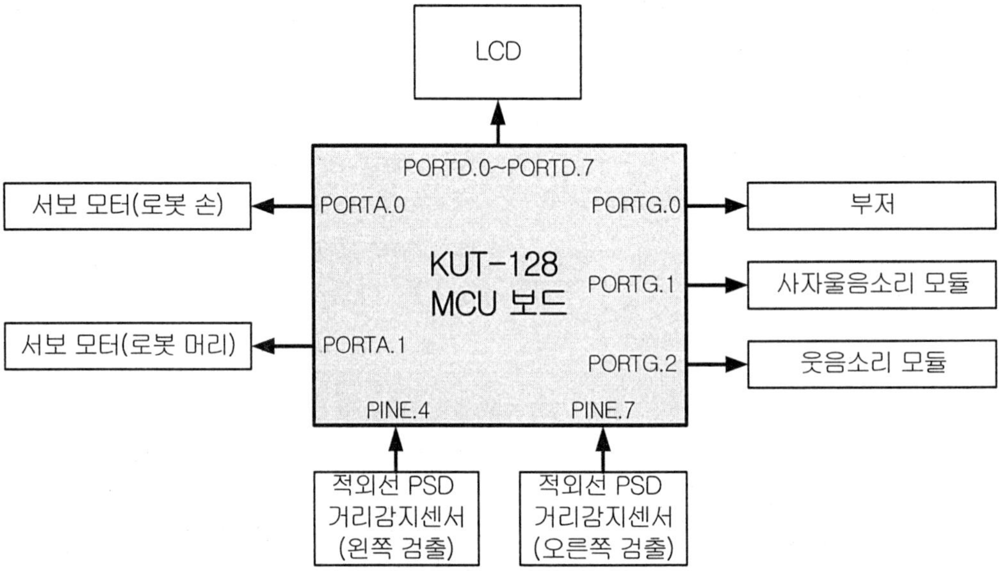

[그림 1-4] 작품 구성도

[표 1-1] 사용 입출력 포트 및 기능

디바이스명	사용 포트		기 능
	포트명	입력/출력	
서보모터	PA0	출력	로봇 손
	PA1	출력	로봇 머리
적외선 PSD 거리감지센서	PE4	입력	사람 손 왼쪽 위치 검출
	PE7	입력	사람 손 오른쪽 위치 검출
LCD	PD0-PD7	출력	메시지 출력
부저	PG0	출력	게임 시작 및 카운트 알림
사자울음소리 발생 모듈	PG1	출력	로봇 패할 때 내는 소리
웃음소리 발생 모듈	PG2	출력	로봇 승리할 때 내는 소리

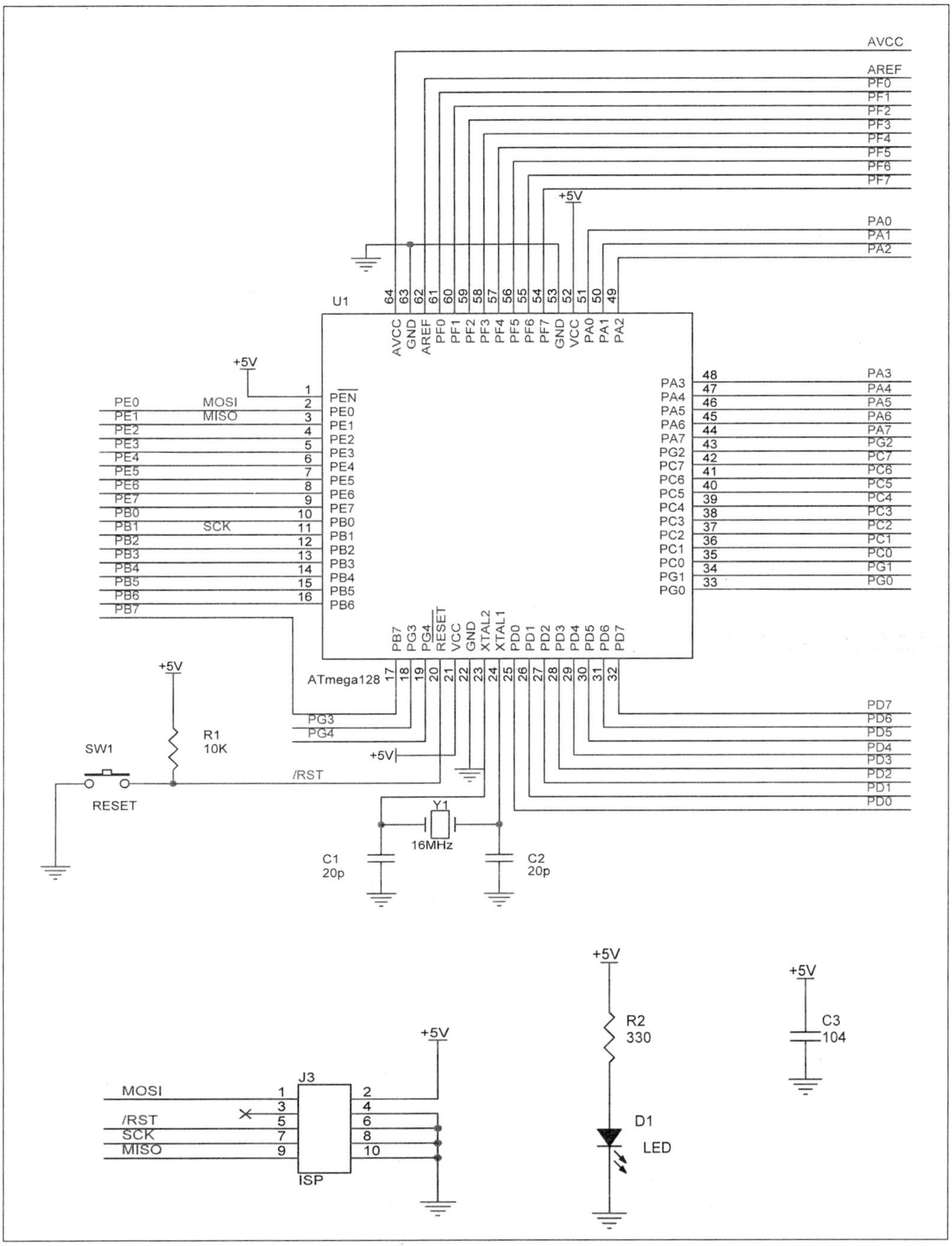

(a) KUT-128 MCU 보드 회로

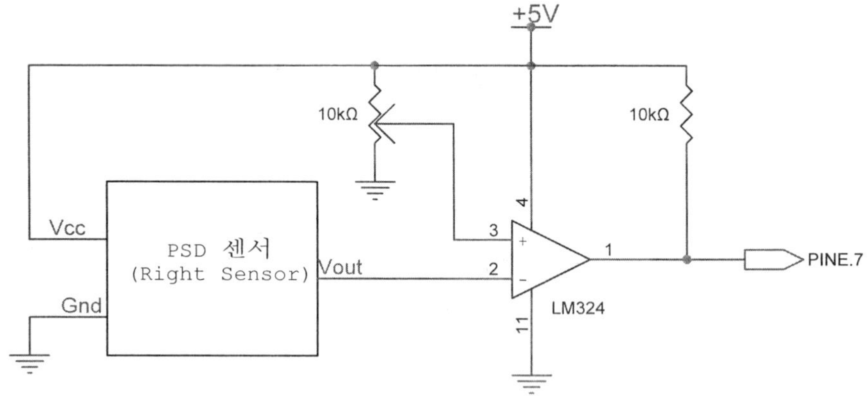

(b) 손 위치 오른쪽 검출 회로

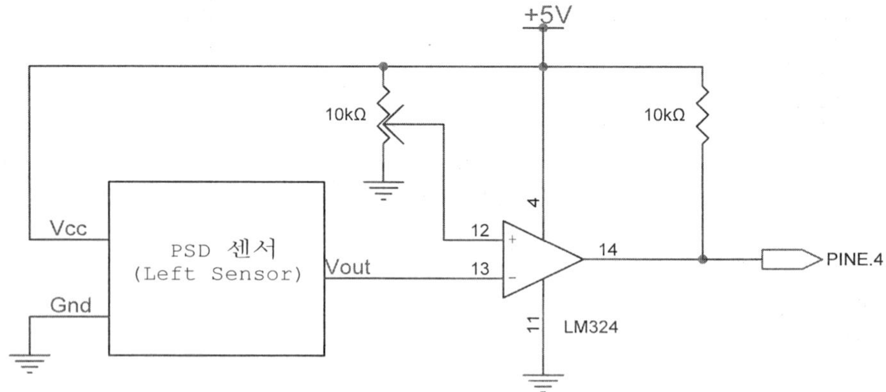

(c) 손 위치 왼쪽 검출 회로

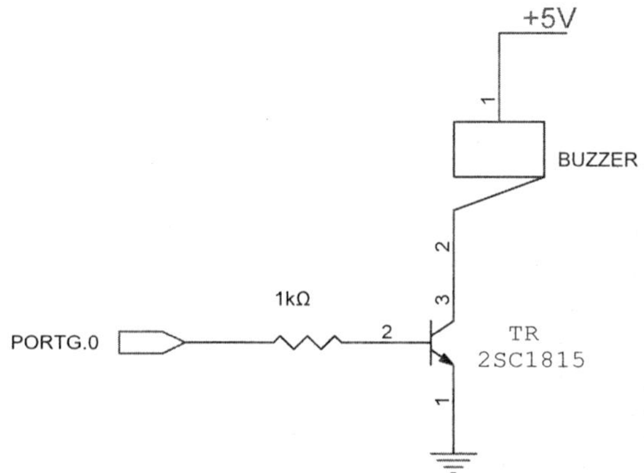

(d) 부저 구동 회로

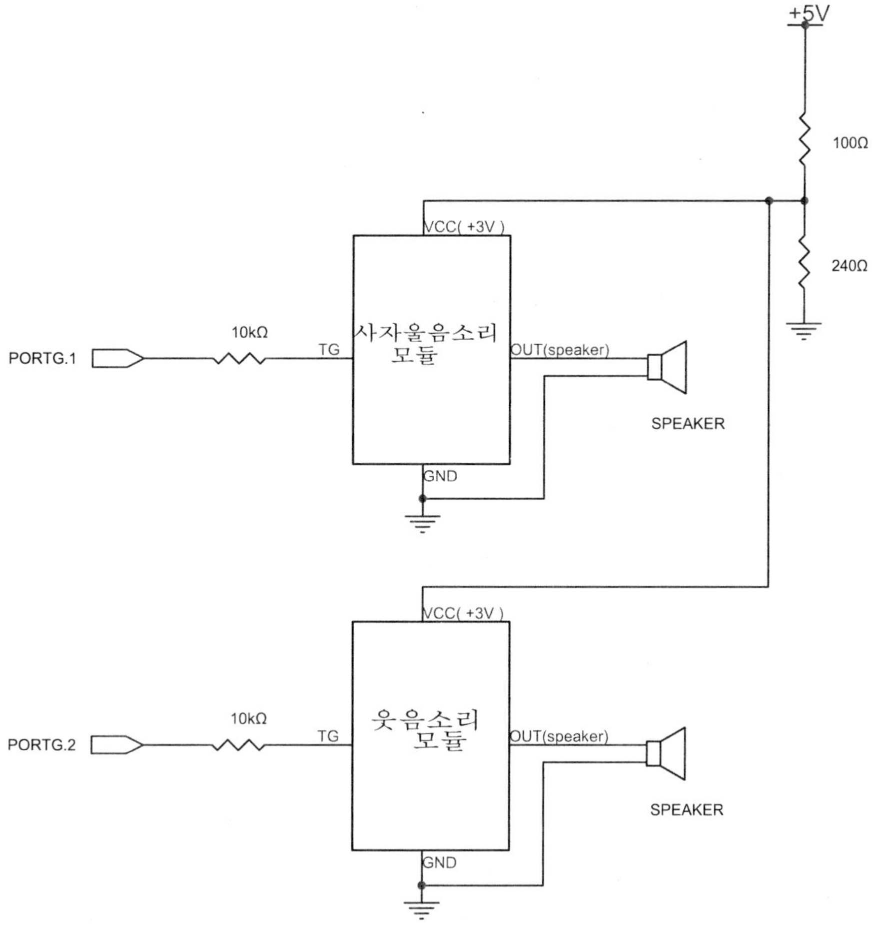

(e) 소리(웃음소리/사자울음소리) 출력모듈 구동 회로

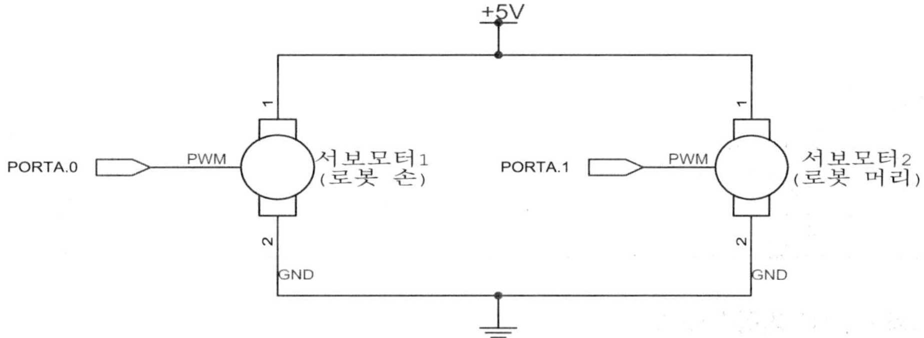

(f) RC 서보 모터 구동 회로

[그림 1-5] 회로도

[표 1-2]는 작품에 사용된 부품 리스트이다.

[표 1-2] 부품 리스트

<table>
<tr><th>순 번</th><th colspan="2">품 명</th><th>규 격</th><th>수 량</th><th>비 고</th></tr>
<tr><td>1</td><td colspan="2">ATmega128 MCU보드</td><td>KUT-128 MCU</td><td>1</td><td>Ohm사</td></tr>
<tr><td>2</td><td colspan="2">LCD Module</td><td>백라이트</td><td>1</td><td>Ohm사</td></tr>
<tr><td>3</td><td colspan="2">서보모터</td><td>HS-311</td><td>2</td><td></td></tr>
<tr><td>4</td><td colspan="2">부저</td><td>부저</td><td>1</td><td></td></tr>
<tr><td>5</td><td colspan="2">사자울음소리</td><td>FK204</td><td>1</td><td>디바이스마트</td></tr>
<tr><td>6</td><td colspan="2">웃음소리</td><td>FK259</td><td>1</td><td>디바이스마트</td></tr>
<tr><td>7</td><td colspan="2">외관 모형물(알루미늄)</td><td>-</td><td>-</td><td></td></tr>
<tr><td>8</td><td rowspan="5">저항</td><td>1kΩ</td><td>고정</td><td>1</td><td></td></tr>
<tr><td>9</td><td>100Ω</td><td>고정</td><td>1</td><td></td></tr>
<tr><td>10</td><td>240Ω</td><td>고정</td><td>1</td><td></td></tr>
<tr><td>11</td><td>10kΩ</td><td>고정</td><td>4</td><td></td></tr>
<tr><td>12</td><td>10kΩ</td><td>가변</td><td>3</td><td></td></tr>
<tr><td>13</td><td colspan="2">트랜지스터</td><td>2SC1815</td><td>1</td><td></td></tr>
<tr><td>14</td><td colspan="2">IC</td><td>LM324</td><td>1</td><td>비교기</td></tr>
<tr><td>15</td><td colspan="2">PSD 거리감지센서</td><td>GP2D120</td><td>2</td><td>디바이스마트</td></tr>
<tr><td rowspan="4">16</td><td colspan="2" rowspan="4">커넥터</td><td>2핀</td><td>3</td><td>전원/스피커</td></tr>
<tr><td>3핀</td><td>4</td><td>센서/모터</td></tr>
<tr><td>4핀</td><td>2</td><td>소리발생모듈</td></tr>
<tr><td>10핀</td><td>1</td><td>LCD</td></tr>
<tr><td>17</td><td colspan="2">스위치</td><td>토글</td><td>1</td><td>전원</td></tr>
<tr><td>18</td><td colspan="2">20핀 소켓</td><td>15핀x2열</td><td>2</td><td>MCU보드 소켓</td></tr>
<tr><td>19</td><td colspan="2">기판 서포트</td><td>5mm</td><td>8</td><td>금속4/플라스틱4</td></tr>
<tr><td>20</td><td colspan="2">점퍼선</td><td>랩핑와이어</td><td>-</td><td>약간</td></tr>
</table>

[적외선 PSD 거리감지센서]

PSD(Position Sensitive Device)는 [그림 1-6]과 같이 적외선 발광부와 수광부로 구성되며, 발광 LED로부터 적외선이 투광되면 반사된 적외선이 수광부의 볼록 렌즈에 의해 내부의 2D 적외선 수광판에 상이 맺히게 된다. 센서는 이 상의 위치에 따라 각도를 측정할 수 있고, 이 각도를 통해서 얼마만큼의 거리에서 반사되었는지를 유추하여 [그림 1-6]과 같이 거리에 반비례한 아날로그 전압을 출력하게 된다. 작품에서는 4~30cm의 거리를 측정할 수 있는 SHARP사의 GP2D120을 사용하였으며, 단자는 전원 2핀과 출력 1핀으로 구성되어 있다.

(a) PSD 센서 외관

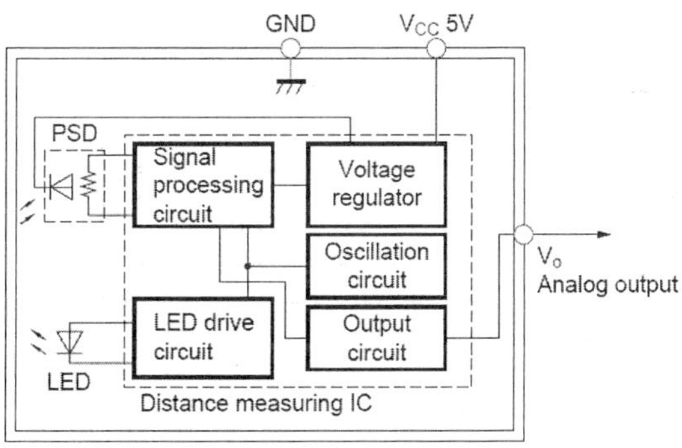

(b) 내부 블록도

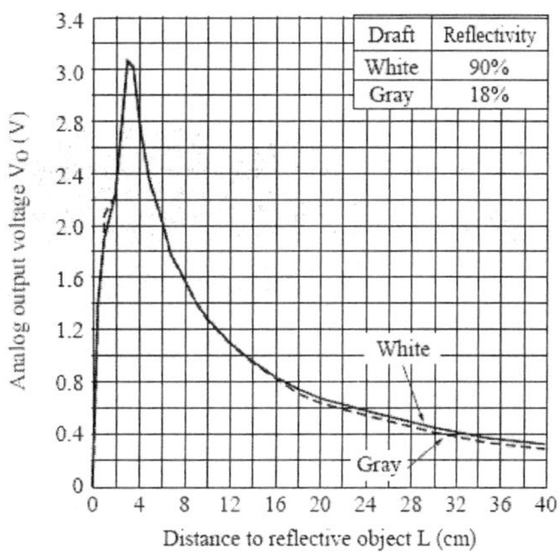

(c) 거리-출력전압 특성

[그림 1-6] 적외선 PSD 거리감지센서

<사용방법>

작품에서는 비교기 LM324를 사용하여 센서로부터 출력되는 전압을 비교기의 (-)단자에 입력하고, (+)단자의 기준전압과 비교하여 0과 1의 디지털 값을 출력하도록 하였다.

센서 앞에 물체가 없거나 먼 거리에 있는 경우에는 센서의 출력전압이 작아 (+)단자의 기준전압이 (-)단자의 센서 출력전압보다 크게 되어 비교기 출력값은 1(5V)이 출력된다. 반면에 물체가 센서 가까이 놓이게 되면 (-)단자의 센서 출력전압이 커져 (+)단자의 기준전압보다 커지게 되어 0이 출력된다. (+)단자의 기준전압은 10kΩ 가변저항을 이용하여 대략 1.2V 전후의 값으로 설정하여 사용하였다.

[RC 서보 모터]

RC 서보 모터는 주어진 신호에 의해서 일정한 각을 유지하거나 일정한 위치를 유지하는 모터로서, 일반적으로 무선 모형 비행기나 자동차에 많이 사용된다. 서보 모터는 서보 신호에 의해 특정한 각도를 유지하며, 서보 신호는 PWM 신호로서 일정한 주기의 펄스폭으로 입력된다. 그리고, 서보 모터는 일반적인 DC 모터나 스텝 모터와는 달리 회전각에 제한이 있으며, 보통 180도 정도의 회전각을 갖는다.

RC 서보 모터의 외형은 [그림 1-7]과 같으며, 외부에서 공급해 주는 신호선은 단지 3개뿐이며, 전원선을 제외한 하나의 PWM 신호에 의해 제어된다.

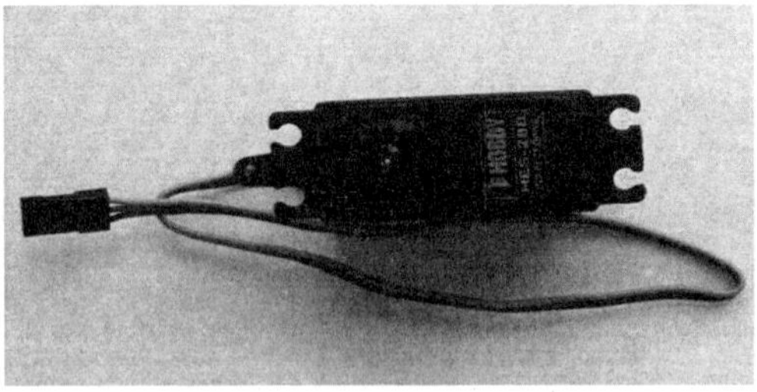

(a) 외 형

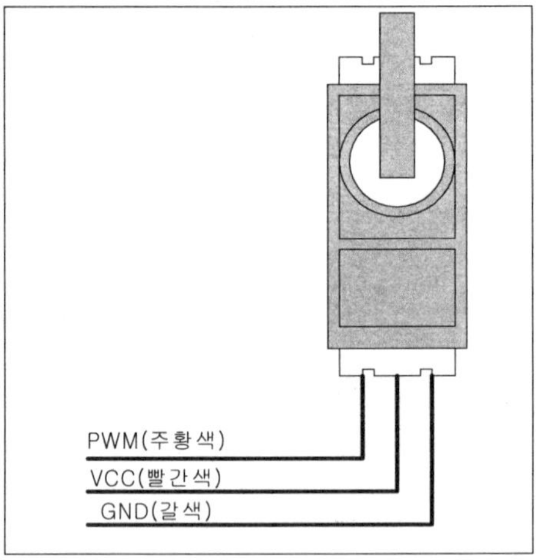

(b) 신호선

[그림 1-7] RC 서보 모터 외형

RC 서보 모터는 PWM 신호에 의해 제어되며, [그림 1-8]과 같이 PWM 신호를 20ms 전후의 주기로 하여 RC 서보 모터에 부여하면 원하는 각도로 제어할 수가 있다.

작품에서 사용하는 HS-311 서보 모터는 0.7ms의 신호를 인가하면 오른쪽(0도) 각을 유지하며, 1.5ms의 신호를 인가하면 중심(90도)각을 유지한다. 또한, 2.3ms의 PWM 신호를 인가하면 왼쪽(180도) 각을 유지한다. 서보 모터가 현재의 각을 유지하기 위해서는 일정한 주기로 신호를 반복해서 인가해야 하며, 20ms 전후의 주기로 서보 모터에 PWM 신호를 인가한다.

[그림 1-8]에 나타난 각도 이외의 각에 대해서는 0.7~2.3ms의 신호를 발생시키면 원하는 각도를 유지할 수 있다. 펄스폭에 대한 서보 모터의 회전각은 절대적이지는 않지만, 대부분의 서보 모터는 약간의 오차를 가지고 위와 같은 동작을 한다.

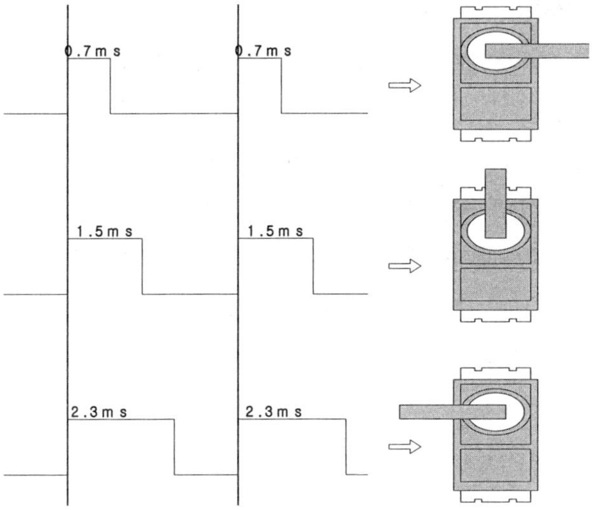

[그림 1-8] RC 서보 모터 제어 방법

작품에서는 두 개의 서보 모터를 이용하며, 로봇 손을 구동하는 모터에서는 1.1ms, 1.5ms, 1.8ms의 3각도를 사용하고, 로봇 머리를 구동하는 모터에서는 1.1ms, 1.5ms, 2.0ms에 해당하는 3각도만을 이용하였다. 즉, 왼쪽, 중앙, 오른쪽 3방향만을 선택하여 동작하게끔 하였다.

작품에서는 [그림 1-9]와 같이 10us마다 1씩 증가하는 카운트 변수를 사용하여 3000(30ms)이 될 때는 PWM 제어신호를 1로 출력하고, 카운트 변수가 원하는 각도에 해당하는 값이 될 때 0을 출력하도록 하였다. 따라서, 3000이 되면 이 카운트 변수는 0으로 리셋 되며, [그림 1-9]와 같이 1.5ms 동안 1이 되는 PWM 파형을 얻기 위해서는 카운트 변수값이 1.5ms/10us = 150이 되는 순간에 PWM 제어 신호값을 0으로 출력하게 된다.

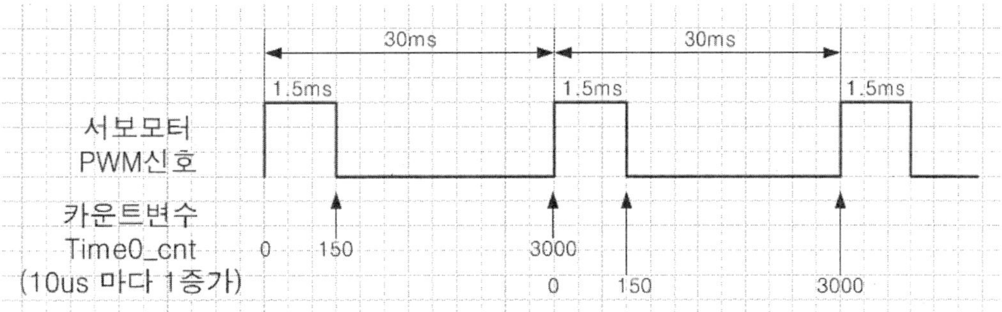

[그림 1-9] 작품에서의 RC 서보 모터 제어

[소리 발생 모듈 제어]

소리 발생 모듈은 시중에서 시판하는 <웃음소리 모듈>과 <사자울음소리 모듈>을 사용하였으며, 이 모듈은 보드에 있는 Push Button 스위치를 누르면 3회 정도 소리가 출력된다. 이 보드는 3V 전원으로 동작하며, 이 스위치 단자 중 한 단자에 3V를 연결하면 소리가 출력되는 것을 확인하였다. [그림 1-10]은 소리 발생 모듈을 제어하기 위한 회로도이며, 3V 전원공급을 위해 100Ω과 240Ω 두 개 저항을 이용하여 약 3.53V(측정값 3.65V)를 얻었다. 그리고, 이 모듈을 ON/OFF 하기 위해 포트에 10kΩ 저항을 직렬로 연결하여 제어하도록 하였다.

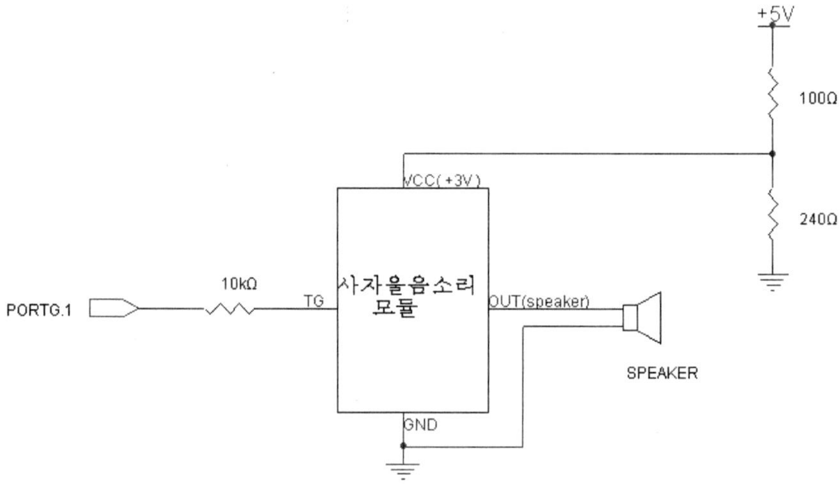

[그림 1-10] 소리 발생 모듈 제어

1.4 작품 도면

[그림 1-11]은 작품의 도면을 보여준다.

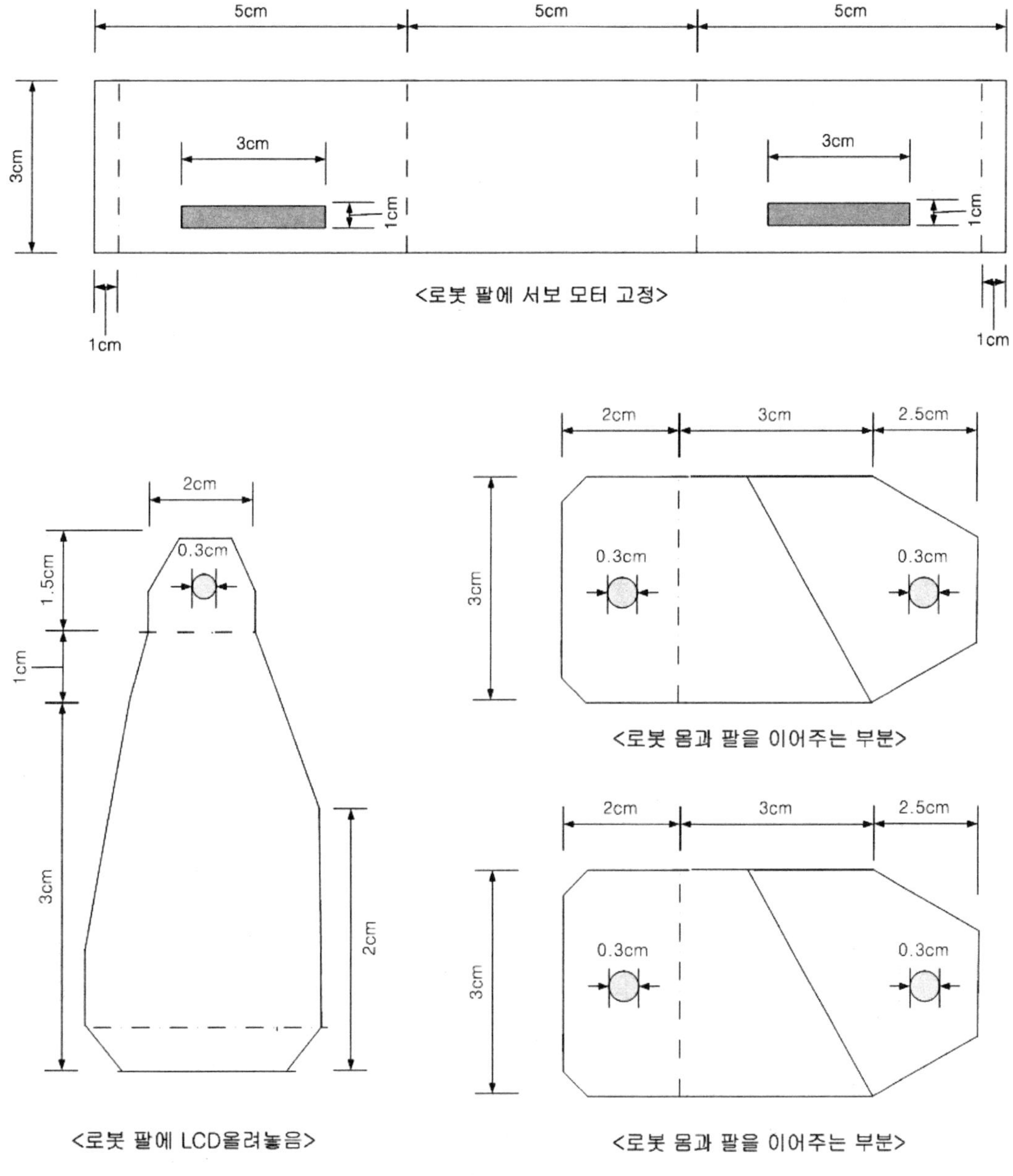

(a) 로봇 손 부분 도면

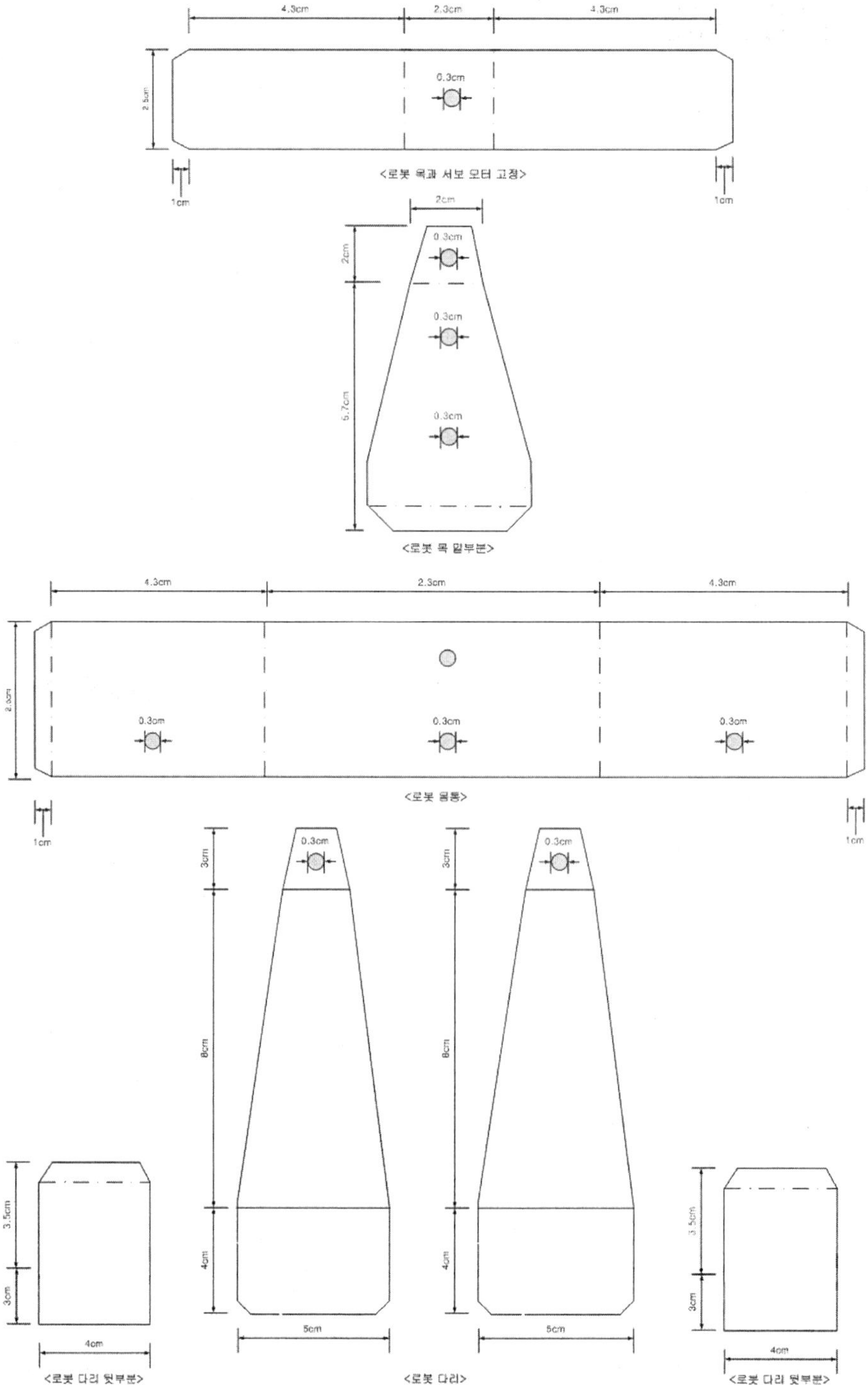

(b) 로봇 몸체 부분 도면

[그림 1-11] 로봇 도면

1.5 주요 함수 및 처리흐름도

<함수 설명>

[표 1-3]은 프로그램에서 정의된 함수들이며, [그림 1-12]는 함수들의 처리 흐름도를 보여준다.

[표 1-3] 함수 설명

순 번	함수명	인 수	기 능
1	Disp_init	없음	게임 초기화면 표시
2	Game_init	없음	게임 화면 표시 및 로봇 초기 동작 설정
3	Buzzer_out	char type (0: 사람 공격, 1:로봇공격)	부저 울리면서 “ 1 ”, “ 22 ”, “ 333 ” LCD 출력 후 공격자에 따라 로봇 동작 시작
4	sensor_check	없음	사람 손의 위치 입력
5	Sound_out	int type (0:로봇 패, 1:로봇 승)	로봇의 승패에 따른 소리 (웃음, 사자울음) 출력
6	Man_attack	없음	사람 공격 함수
7	Robot_attack	없음	로봇 공격 함수
8	Short_Buzzer	없음	게임 시작을 알리기 위한 부저 출력 함수
9	LCD_init	없음	LCD초기화
10	LCD_String	Char flash str[] (출력 문자열 선두 포인터)	LCD 문자열 출력 함수
11	Busy	없음	시간 지연
12	Command	unsigned char byte	LCD 커맨드 쓰기 함수
13	Data	unsigned char byte	LCD 데이터 쓰기 함수

<처리 흐름도>

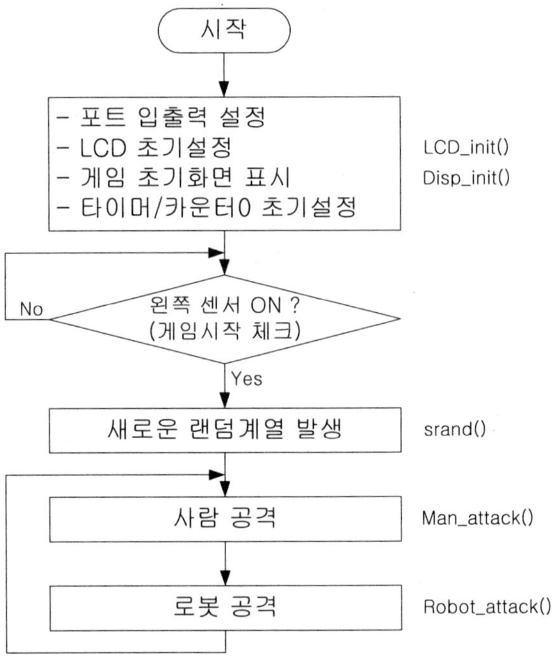

(a) main() 함수

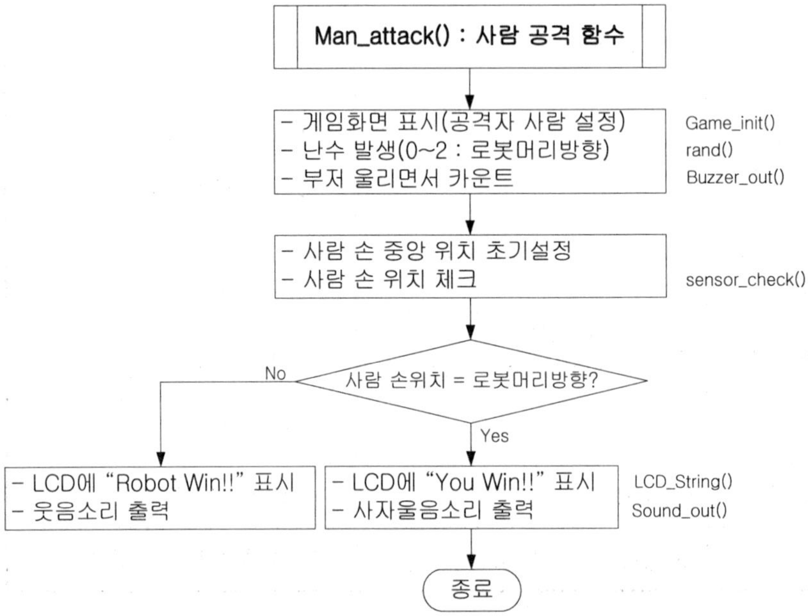

(b) Man_attack() 함수

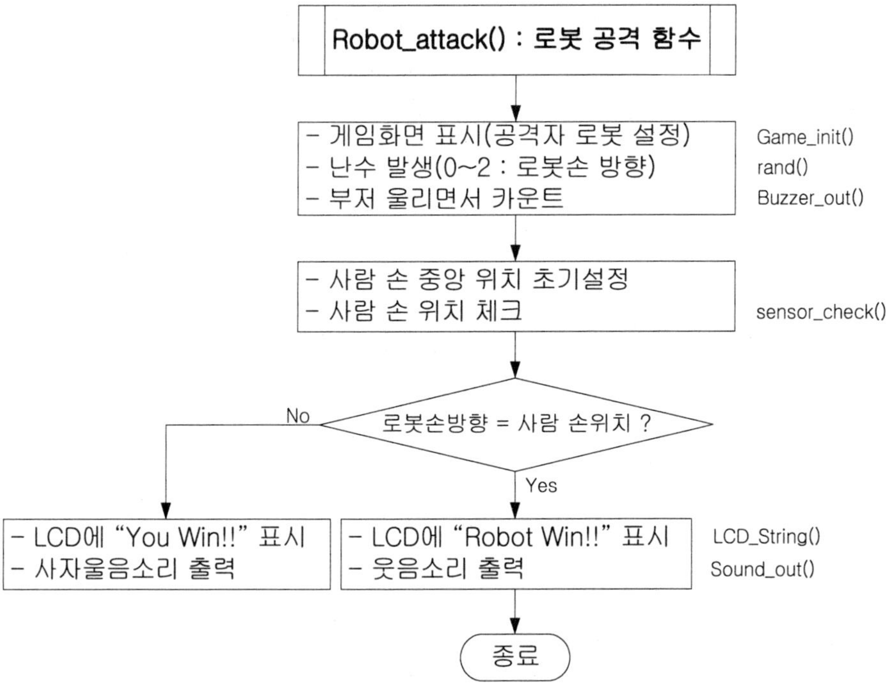

(c) Robot_attack() 함수

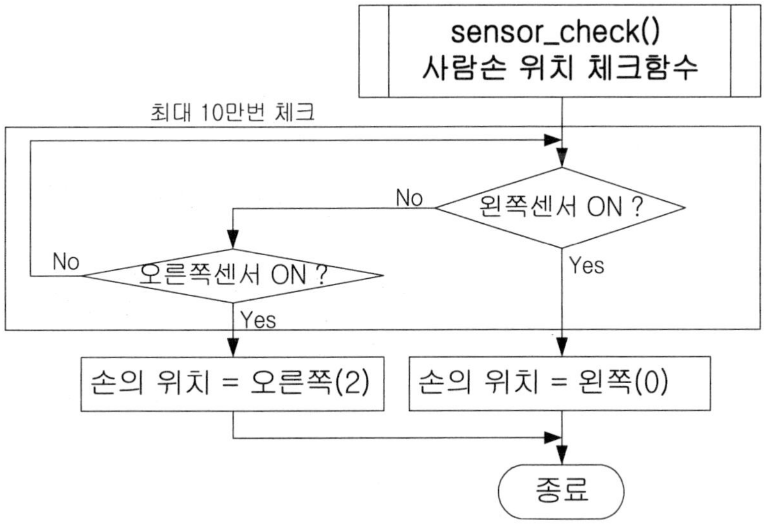

(d) sensor_check() 함수

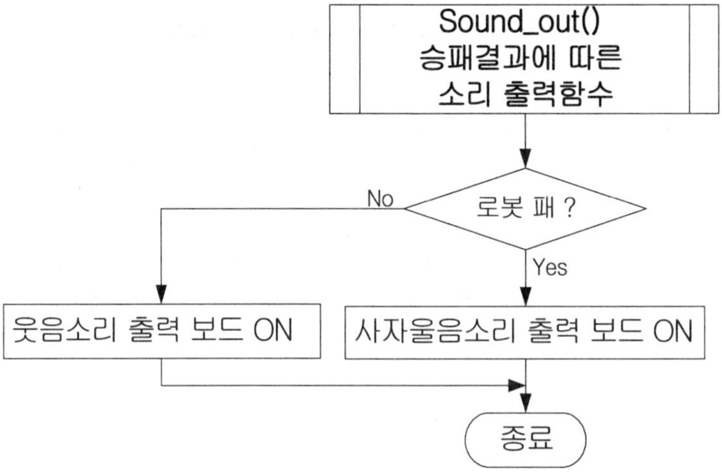

(e) sound_out() 함수

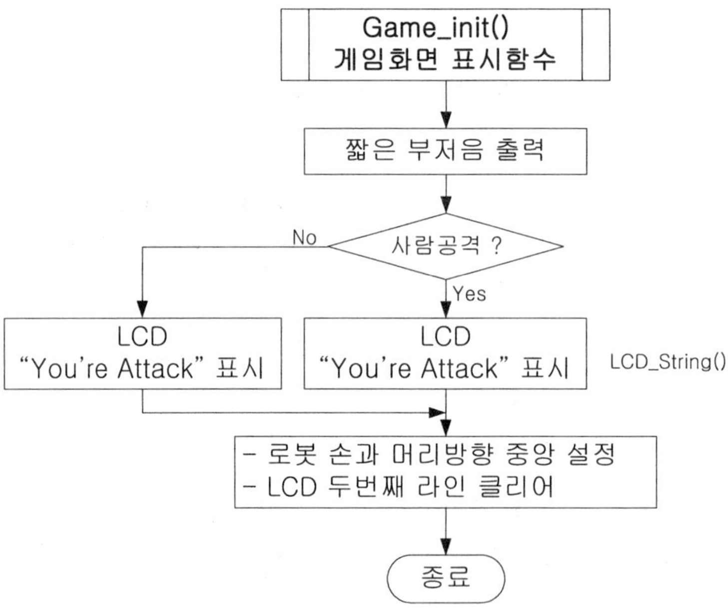

(f) Game_init() 함수

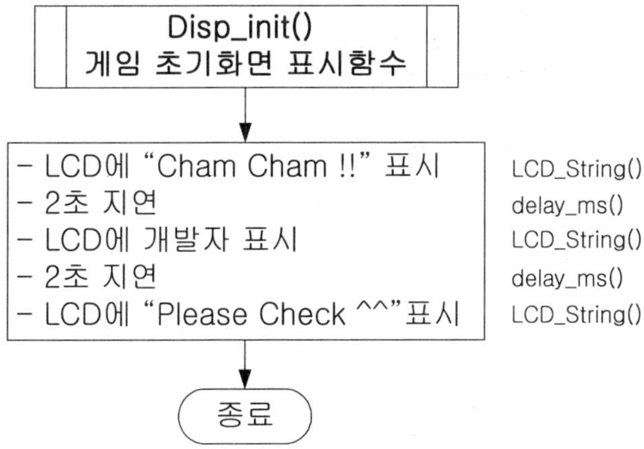

(g) Disp_init() 함수

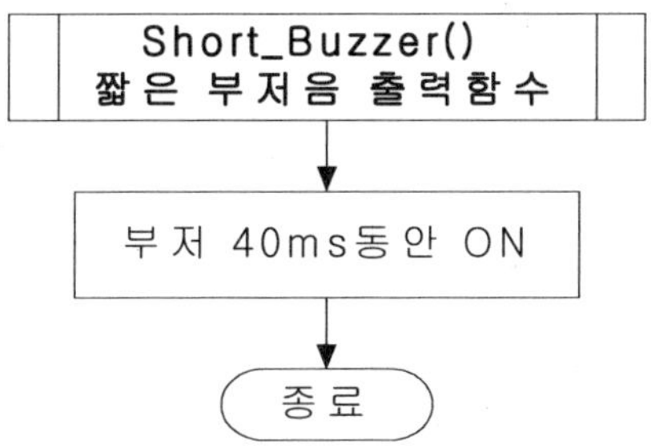

(h) Short_Buzzer() 함수

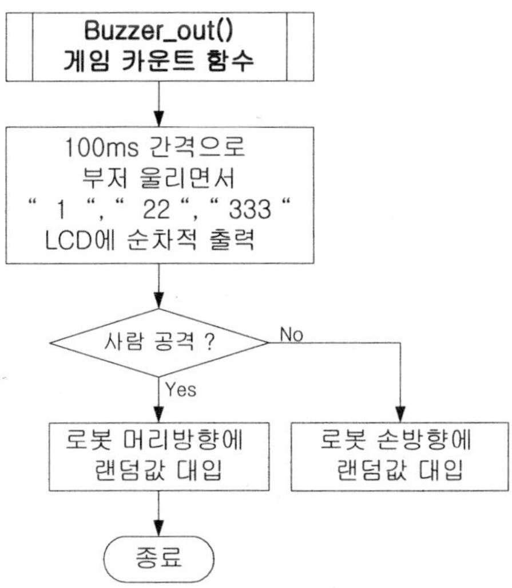

(i) Buzzer_out() 함수

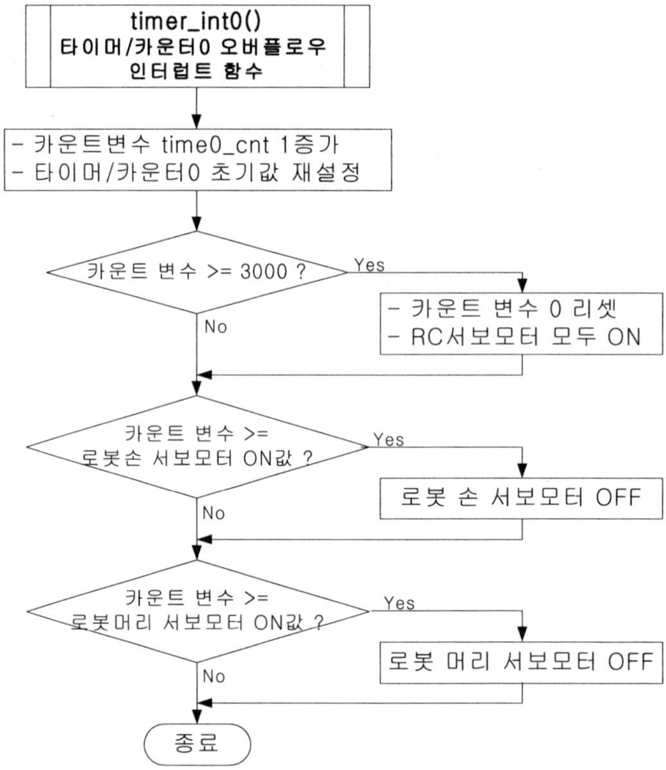

(j) timer_int0() 함수

[그림 1-12] 주요 함수 동작 흐름도

1.6 작품 사진

[그림 1-13]은 제작된 작품의 외관 및 보드 사진이다.

(a) 정면

(b) 뒷면

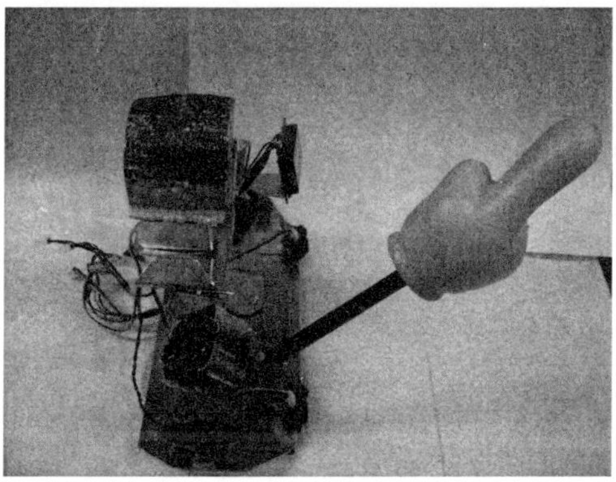

(c) 옆면

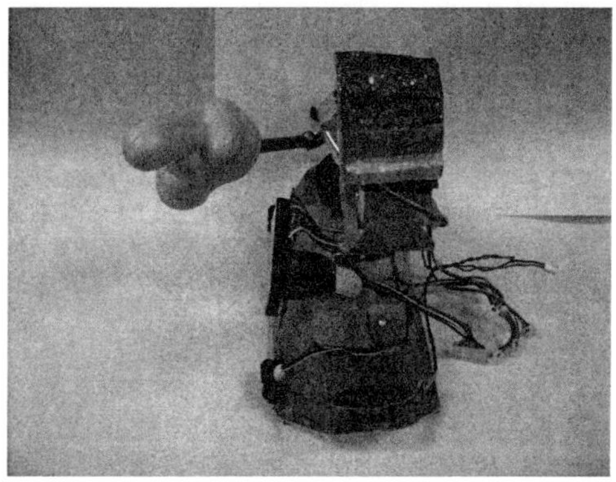

(d) 옆면

(f) 제작 보드

[그림 1-13] 작품 사진

1.7 프로그램 소스

[리스트 1-1] 참참참 게임 로봇 및 프로그램 소스

```
/*************************************************************************
 chamcham.c    by 주훈종 2009. 7. 9.
 참참참 게임 로봇과 한 판
*************************************************************************/
#include "mega128.h"
#include "stdlib.h"
#include "stdio.h"
#include "delay.h"

// RC 서보모터 구동 출력 포트
#define HAND            PORTA.0         // 손 구동용 RC 서보 모터 포트
#define HEAD            PORTA.1         // 머리 구동용 RC 서보 모터 포트

// 적외선 거리 감지 센서 입력 포트
#define LEFT_SEN        PINE.4          // 왼쪽 센서
#define RIGHT_SEN       PINE.7          // 오른쪽 센서

// LCD 부분
#define FUNCSET         0x28            // Function Set
#define ENTMODE         0x06            // Entry Mode Set
#define ALLCLR          0x01            // All Clear
#define DISPON          0x0c            // Display On
#define LINE2           0xc0            // 2nd Line Move
#define HOME            0x02            // Cursor Home

// LCD 관련함수
void LCD_init(void);                    // LCD 초기화
void LCD_String(char flash *);          // 고정 문자열 출력
void Busy(void);                        // 딜레이 함수
void Command(unsigned char);            // LCD 커맨드 출력
void Data(unsigned char);               // LCD 데이터 출력

void Disp_init(void);           // 초기화면 표시
void Game_init(char);           // 게임 초기화면 표시 및 로봇 초기 위치 설정
void Buzzer_out(char);          // 하나 둘 셋 부저 울림
void sensor_check(void);        // 센서 입력 체크 함수
void Sound_out(int);            // 승패에 따른 소리(웃음, 사자울음) 출력
void Man_attack(void);          // 사람 공격 함수
```

```
void Robot_attack(void);                // 로봇 공격 함수
void Short_Buzzer(void);                // 부저 짧게 출력하는 함수

int  time0_cnt = 0;                     // RC서보모터를 제어하기 위한 변수
char hand_dir = 1;                      // 로봇 손 방향(중앙)
char head_dir = 1;                      // 로봇 머리 방향(중앙)
int robot_dir;                          // 랜덤하게 발생한 로봇 손(머리) 방향값
int sensor_dir;                         // 사람의 손방향(0:왼쪽, 1:중앙, 2:오른쪽)

// RC 서보 모터 제어값
unsigned int rc_time[3] = {110,150,180};      // 손 : 110->좌, 150->중앙, 180->우
unsigned int rc1_time[3] = {200,150,110};     // 머리 : 120->좌, 150->중앙, 200->우

char flash onetwo[3][6] = {"  1  ", "  22 ", " 333 "};              // 하나 둘 셋 표시
char flash win_disp[2][14] = {" Robot Win !!", "  You  Win !!"}; // 승리자 표시

void main()
{
        DDRG = 0xff;                    // 부저, 사자소리, 웃음소리 제어포트 출력 설정
        DDRA = 0xff;                    // RC 서보모터 제어 포트 출력설정
        DDRE = 0x0;                     // 센서 포트 입력설정

        LCD_init();                     // LCD 초기설정
        Disp_init();                    // 초기화면 표시(개발자 표시)

        // 타이머/카운터0 초기설정
        // 인터럽트 주기 , 이론치 (256-238) x 8분주 x 1/16us = 9us
        TIMSK = 0x01;                   // TOIE0 = '1';
        TCCR0 = 0x02;                   // 일반모드, 프리스케일 = CK/8
        TCNT0 = 238;                    // 타이머/카운터0 레지스터 초기값
        SREG = 0x80;                    // 인터럽트 인에이블

        while(LEFT_SEN);                // 시작을 위한 왼쪽 센서 ON 체크
        srand(TCNT0);                   // 랜덤 seed함수

        while(1){
                Man_attack();           // 사람 공격
                delay_ms(1000);
                Robot_attack();         // 로봇 공격
                delay_ms(1000);
        }
}
```

```
// 사람 공격
void Man_attack()
{
        Game_init(0);                   // 게임 화면 표시(사람공격)
        robot_dir = rand() % 3;         // 로봇 머리방향 랜덤 발생(0-2)
        Buzzer_out(0);                  // 하나 둘 셋 카운트하면서 부저 출력
        sensor_dir = 1;                 // 사람 손 중앙 선택
        sensor_check();                 // 사람 손 위치 체크(0:왼쪽, 1:중앙, 2:오른쪽)

        Command(ALLCLR);                // LCD 클리어
        if(sensor_dir == robot_dir) {   // (사람손 위치=로봇머리방향) -> 로봇 패
                LCD_String(win_disp[1]);        // 사람 win !! 표시
                Sound_out(0);                   // 사자울음소리 출력
        }
        else {                                  // (사람손 위치!=로봇머리방향) -> 로봇 승
                LCD_String(win_disp[0]);        // 로봇 win !! 표시
                Sound_out(1);                   // 웃음소리 출력
        }
}

// 로봇 공격
void Robot_attack()
{
        Game_init(1);                   // 게임 화면 표시(로봇공격)
        robot_dir = rand() % 3;         // 로봇 머리방향 랜덤 발생
        Buzzer_out(1);                  // 하나 둘 셋 카운트하면서 부저 출력
        sensor_dir = 1;                 // 사람 손 중앙 선택
        sensor_check();                 // 사람 손 위치 체크(0:왼쪽, 1:중앙, 2:오른쪽)

        Command(ALLCLR);                // LCD 클리어
        if(robot_dir == sensor_dir) {   // (로봇손방향=사람손 위치) ->로봇 승
                LCD_String(win_disp[0]);        // 로봇 win !! 표시
                Sound_out(1);                   // 웃음소리 출력

        }
        else {                                  // (로봇손방향 != 사람손 위치) -> 사람 승
                LCD_String(win_disp[1]);        // 사람 win !! 표시
                Sound_out(0);                   // 사자울음소리 출력
        }
}
```

```
// 승패 결과에 따른 소리 출력
void Sound_out(int type)
{
        if(type == 0) PORTG = 0x02;          // 사자울음소리(로봇 패할 때)
        else PORTG = 0x04;                   // 웃음소리(로봇 승리할 때)

        delay_ms(100);
        PORTG = 0x00;                        // 소리 출력 신호 off
        delay_ms(1000);
}

// 사람 손의 위치를 체크하기 위한 센서 체크함수
// 일정 시간동안 센서 감지 안되면 손 위치 중앙값 설정
void sensor_check(void)
{
        long i;

        for(i = 0;i < 100000;i++){           // 최대 10만번 센서 체크
                if(LEFT_SEN == 0) {          // 왼쪽 센서 on
                        sensor_dir = 0;      // 손의 방향 = 왼쪽
                        break;
                }
                else if(RIGHT_SEN == 0){     // 오른쪽 센서 on
                        sensor_dir = 2;      // 손의 방향 = 오른쪽
                        break;
                }
        }
}

// 게임 초기화면 표시(게임명, 개발자)
void Disp_init(void)
{
        Command(HOME);
        LCD_String("Cham Cham !!");          // "Cham Cham 표시"
        delay_ms(2000);

        Command(HOME);
        LCD_String("By              ");      // 개발자 표시
        Command(LINE2);
        LCD_String("   Ju Hoon Jong ");
        delay_ms(2000);
```

```
        Command(HOME);
        LCD_String("Please Check ^^ ");         // 왼쪽 센서 체크 출력 표시
        Command(LINE2);
        LCD_String("                  ");
}

// 게임화면 표시(공격자, 로봇의 손과 머리 방향 초기설정)
void Game_init(char turn)
{

        Command(HOME);
        Short_Buzzer();                         // 게임시작 알림 짧은 부저음 출력

        if(turn == 0) LCD_String("  You're Attack  ");    // 사람 공격 표시
        else LCD_String(" Robot's Attack  ");             // 로봇 공격 표시

        HAND = 1;                                         // 로봇 손 서보모터 ON
        HEAD = 1;                                         // 로봇 머리 서보모터 ON

        hand_dir = 1;                                     // 로봇 손 방향 중앙 설정
        head_dir = 1;                                     // 로봇 머리 방향 중앙

        delay_ms(500);                                    // 2초간 지연

        Command(LINE2);
        LCD_String("                  ");                 // 두번째 라인에 출력
}

// 게임시작을 위한 짧은 부저음 출력
void Short_Buzzer(void)
{
        PORTG = 0x01;                                     // 부저 ON
        delay_ms(40);
        PORTG = 0x0;                                      // 부저 OFF
}

// 게임 카운트 함수
// 하나 -> 둘 -> 셋 LCD 표시와 함께 부저음 출력
// 사람공격시(type = 0) : 로봇 머리 방향값에 랜덤값 대입
// 로봇공격시(type = 1) : 로봇 손 방향값에 랜덤값 대입
// 랜덤 값 대입에 따라 로봇의 머리 또는 손이 타이머/카운터0에서 동작됨
void Buzzer_out(char type)
```

```
{
        char  i;

        Command(LINE2);

        for(i = 0;i < 3;i++){
                LCD_String(onetwo[i]);          // 카운트 i 값 표시
                PORTG = 0x01;                   // 부저 ON
                delay_ms(100);
                PORTG = 0x0;                    // 부저 OFF

                if(i == 2){
                        // 마지막 카운트값 3에서
                        // 로봇의 손 또는 머리 방향에 대한 랜덤값 대입
                        if(type == 0) head_dir = robot_dir;         // 사람 공격시
                        else hand_dir = robot_dir;                  // 로봇 공격시
                }
                else delay_ms(100);
        }
}

// 타이머/카운터 0 오버플로우 인터럽트 함수
// 인퍼럽트주기 : 이론치 (256-238) x 8분주 x 1/16us = 9us, 실측치 약 10us
interrupt [TIM0_OVF] void timer_int0(void)
{
        time0_cnt++;                            // 10us마다 1씩 증가
        TCNT0 = 238;                            // 타이머/카운터0 초기값 재설정

        if(time0_cnt >= 3000) {
                // 3000 x 10us = 30ms 마다 리셋
                // RC 서보 모터 30ms마다 제어 클럭 입력
                time0_cnt  = 0;                 // 시간 측정 변수 리셋
                HAND = 1;                       // 로봇 손 RC 서보 모터 ON
                HEAD = 1;                       // 로봇 머리 RC 서보 모터 ON
        }

        if(time0_cnt >= rc_time[hand_dir]){     // 로봇 손 서보모터 ON시간 경과?
                HAND  = 0;                      // 로봇 손 RC 서보 모터 OFF
        }

        if(time0_cnt >= rc1_time[head_dir]){    // 로봇머리 서보모터 ON시간 경과?
                HEAD = 0;                       // 로봇 머리 RC 서보 모터 OFF
```

```
        }
}

// LCD 초기화
void LCD_init(void)
{
        DDRD = 0xFF;                            // 포트 D 출력 설정
        PORTD &= 0xFB;                          // E = 0;

        delay_ms(15);
        Command(0x20);                          // 펑션 셋
        delay_ms(5);
        Command(0x20);                          // 펑션 셋
        delay_us(100);
        Command(0x20);
        Command(FUNCSET);                       // 펑션 셋
        Command(DISPON);                        // 표시 ON
        Command(ALLCLR);                        // 클리어
        Command(ENTMODE);                       // 어드레스 자동 증가
}

// 고정 문자열 출력 함수
void LCD_String(char flash str[])
{
        char flash *pStr=0;

        pStr = str;
        while(*pStr) Data(*pStr++);             // 문자열 끝부분까지 출력
}

// LCD 커맨드 쓰기 함수
void Command(unsigned char byte)
{
        Busy();

        // 인스트럭션 상위 바이트
        PORTD = (byte & 0xF0);                  // 데이터
        PORTD &= 0xFE;                          // RS = 0;
        PORTD &= 0xFD;                          // RW = 0;
        delay_us(1);
        PORTD |= 0x04;                          // E = 1;
        delay_us(1);
```

```
        PORTD &= 0xFB;                      // E = 0;

        // 인스트럭션 하위 바이트
       PORTD = ((byte<<4) & 0xF0);          // 데이터
        PORTD &= 0xFE;                      // RS = 0;
        PORTD &= 0xFD;                      // RW = 0;
        delay_us(1);
        PORTD |= 0x04;                      // E = 1;
        delay_us(1);
        PORTD &= 0xFB;                      // E = 0;
}

// LCD 데이터 쓰기 함수
void Data(unsigned char byte)
{
        Busy();

        // 데이터 상위 바이트
        PORTD = (byte & 0xF0);              // 데이터
        PORTD |= 0x01;                      // RS = 1;
        PORTD &= 0xFD;                      // RW = 0;
        delay_us(1);
        PORTD |= 0x04;                      // E = 1;
        delay_us(1);
        PORTD &= 0xFB;                      // E = 0;

        // 데이터 하위 바이트
        PORTD = ((byte<<4) & 0xF0);         // 데이터
        PORTD |= 0x01;                      // RS = 1;
        PORTD &= 0xFD;                      // RW = 0;
        delay_us(1);
        PORTD |= 0x04;                      // E = 1;
        delay_us(1);
        PORTD &= 0xFB;                      // E = 0;
}

// Busy Flag Check
// 일반적인 BF를 체크하는 것이 아니라, 일정한 시간 지연 이용
void Busy(void)
{
        delay_ms(2);                        // 2ms 지연
}
```

Chapter 02

커피 딜러

Chapter 02

커피 딜러

2.1 작품 개요 및 동작 설명

커피믹스는 가격이 비싼 대신에 한 컵의 양이 황금비율로 담겨져 있어 매우 편리한 면이 있다. 이 작품은 커피배합을 사용자가 설정한 양에 맞추어 자동 배합해 주는 커피 딜러이다.

[그림 2-1] 커피 딜러

<동작 설명>

① CDS 센서로 컵 받침 위에 컵이 올려져 있는지 확인한다. 만일 컵이 올려져 있지 않으면 적색 LED에 불이 들어오게 되고 시작 버튼을 눌러도 동작하지 않는다.

② 스위치로 커피, 프림, 설탕의 양을 설정한다. (설정하지 않으면 기본 설정)

- 나란히 붙어있는 3개의 스위치가 각각 왼쪽부터 커피, 프림, 설탕의 양을 조절해 주는 스위치이고, 아래 한 개의 스위치는 시작 버튼이다. 기본 설정은 커피 3, 프림 3, 설탕 3이다.

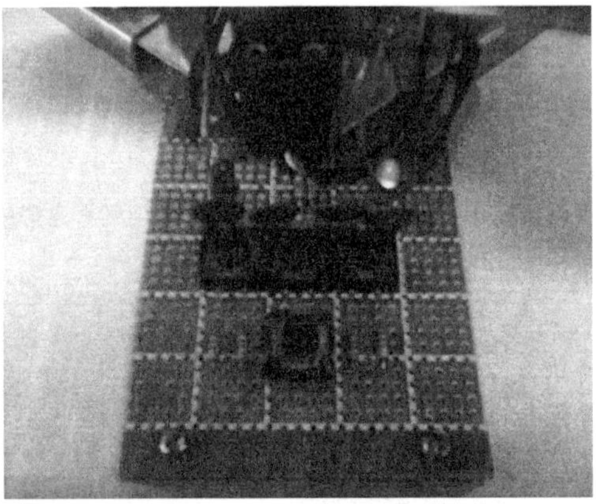

[그림 2-2] 조작 스위치

③ 시작 버튼을 누르게 되면 컵이 놓여진 중심모터가 커피, 프림, 설탕 위치로 이동한다. 각 재료 앞에 컵이 도달했을 때 각 재료에 해당하는 설정값에 따라 재료의 양이 떨어지게 되는데 각 재료를 담은 용기 아래에 마개 제어 모터로 개방 시간을 이용하여 양을 조절한다.

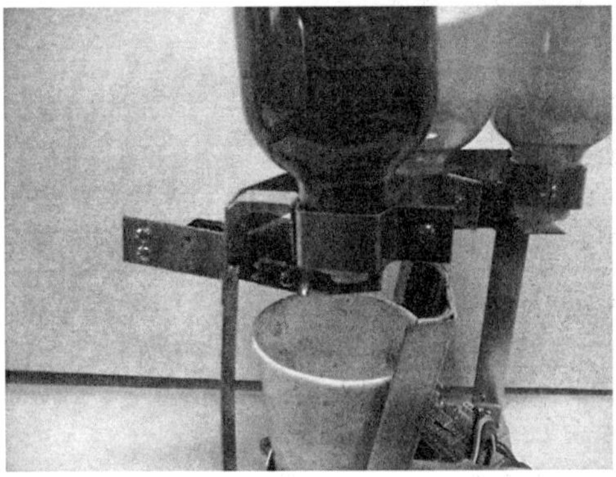

(a) 커피에 위치

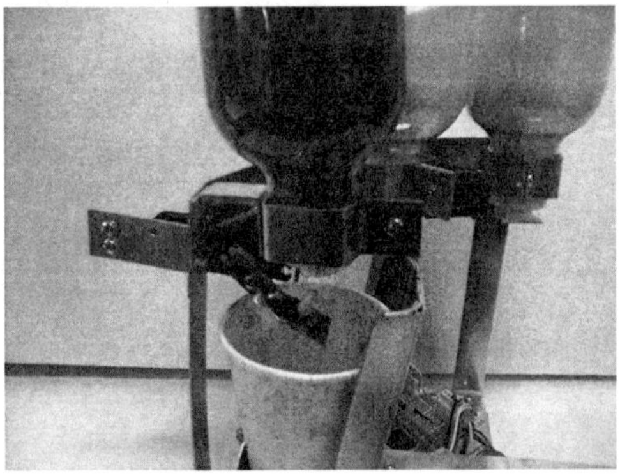

(b) 커피 공급

(c) 프림에 위치

(d) 프림 공급

(e) 설탕에 위치

(f) 설탕 공급

[그림 2-3] 컵의 정지 위치 및 내용물 공급

④ 설탕부분까지 완료되었으면 초기의 위치로 이동하여 완료 신호를 보낸다.

[그림 2-4] 완료 상태

2.2 작품 구성도 및 회로도

[그림 2-5]는 작품 구성도를 보여주며, KUT-128 MCU 보드, RC 서보모터 4개, 조작 스위치 4개, 7-세그먼트 3개, LED 2개, CdS 광센서로 구성된다.

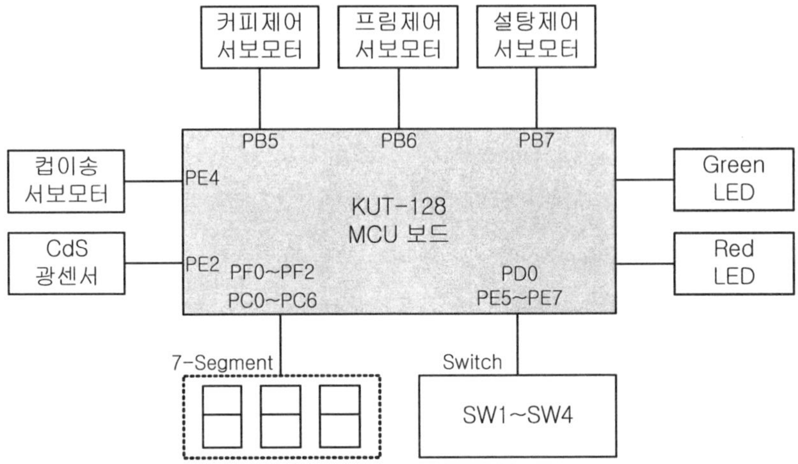

[그림 2-5] 작품 구성도

[회로도]

<LED 구동회로>

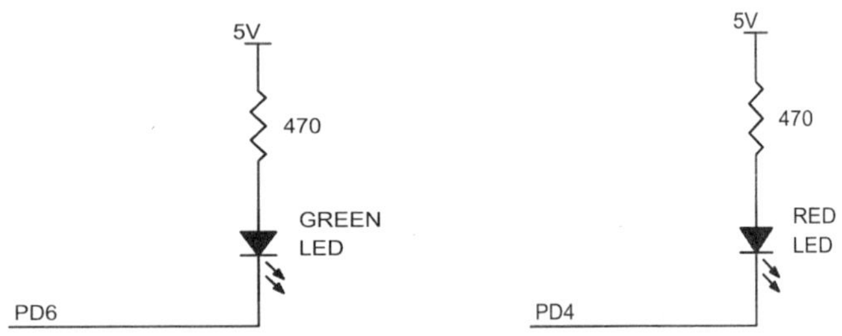

[그림 2-6] 동작 완료 신호 출력 LED 구동회로

- 출력 LED는 2개

  PD6 : green LED (0이 출력될 경우 ON)

  PD4 : red LED (0이 출력될 경우 ON)

<KUT-128 MCU 보드 회로>

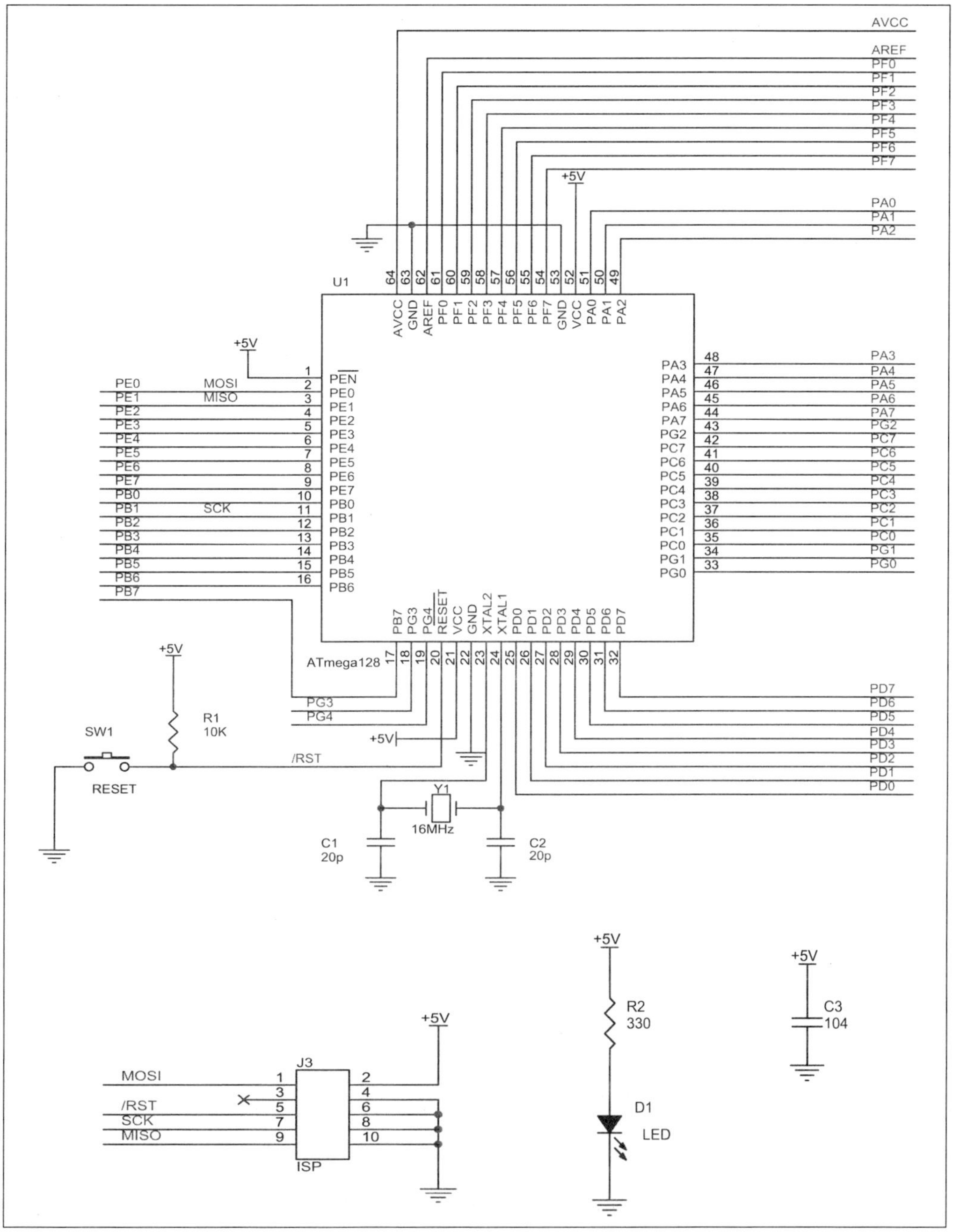

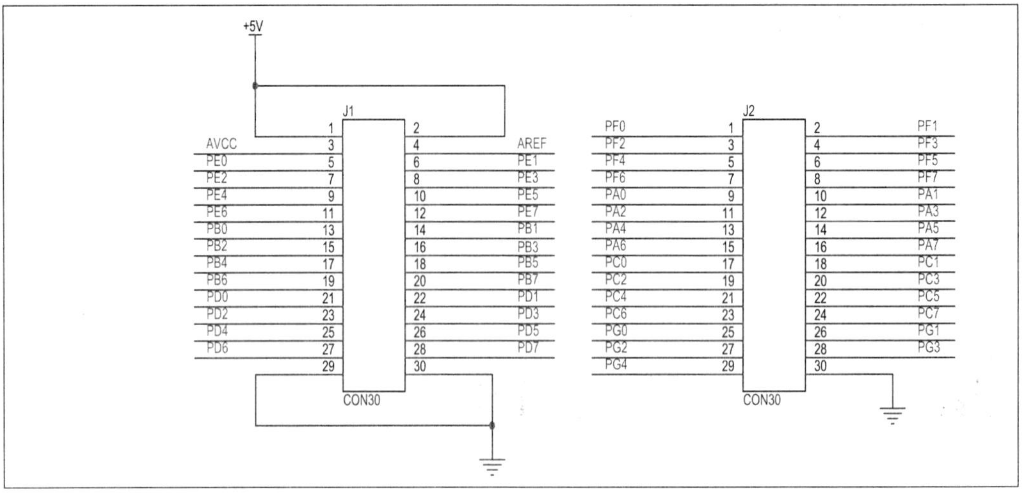

[그림 2-7] KUT-128 MCU 보드 회로

<7-세그먼트 구동회로>

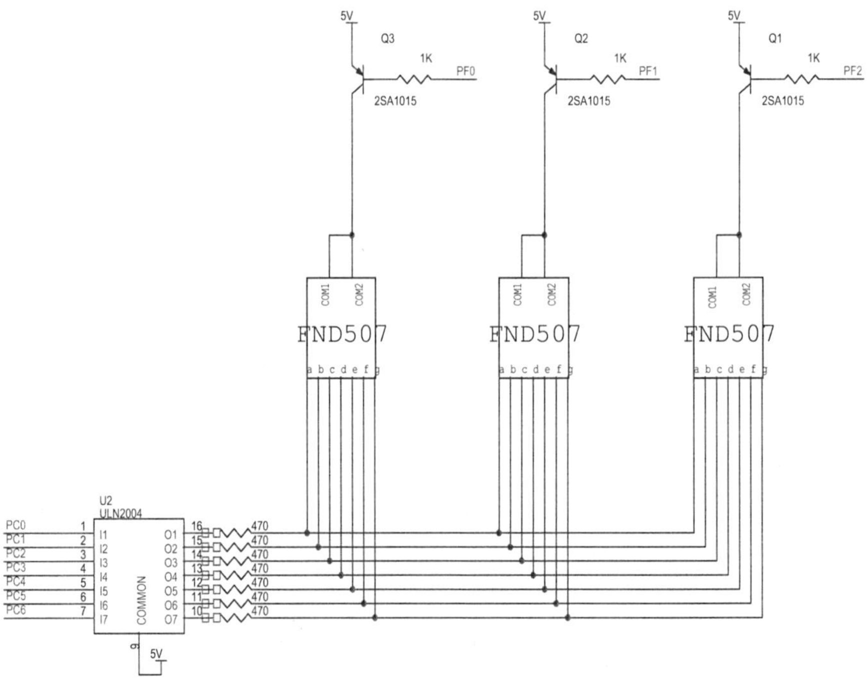

[그림 2-8] 7-Segment 구동 회로

PC0~PC6으로 LED에 표시할 값을 출력하고 PF0~PF2는 각 세그먼트의 ON/OFF를 제어한다. 위의 회로는 커피, 프림, 설탕의 양을 표시할 때 사용한다.

<스위치 입력 회로>

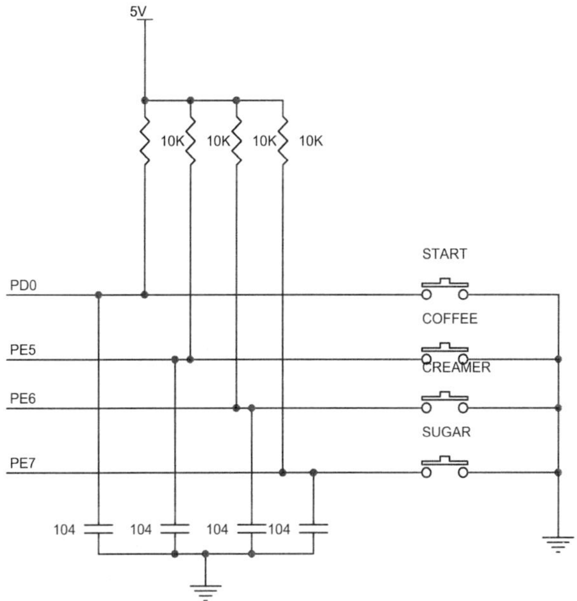

[그림 2-9] 스위치 입력 회로

모든 스위치의 입력은 인터럽트로 동작하며, 다음과 같은 기능을 갖는다.

스위치	포 트	기 능
START	PD0(INT0)	시작
COFFEE	PE5(INT5)	커피 양 입력
CREAMER	PE6(INT6)	프림 양 입력
SUGAR	PE7(INT7)	설탕 양 입력

<CdS 회로>

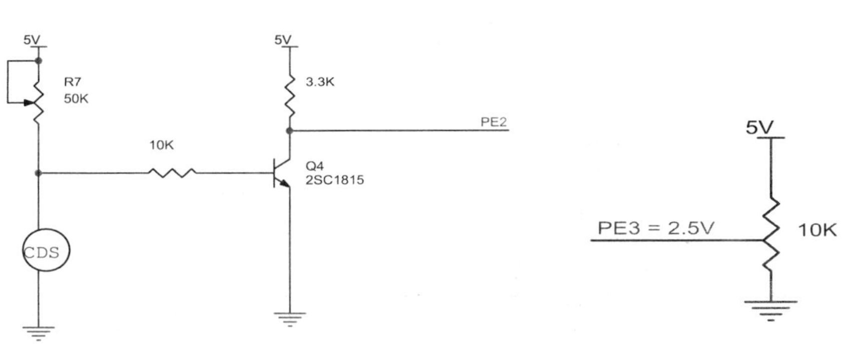

[그림 2-10] CdS 회로

컵이 놓여져 있는지의 여부를 확인하기 위해 컵 받침대 밑에 부착하여 사용하며, 다음과 같이 동작한다.

- CdS 동작

  빛이 있을 경우 PE2(AIN0) : 5V 출력.

  빛이 없을 경우 PE2(AIN0) : 0V 출력.

- AIN1(PE3) 과 AIN0(PE2)의 값을 비교.

  AIN0 >= AIN1 일 경우 : 컵 없음.

  AIN0 < AIN1 일 경우 : 컵 놓여져 있음.

〈부품 리스트〉

품 명	제품 번호 또는 값	개 수	비 고
MCU 보드	KUT-128 MCU 보드	1	Ohm사
알루미늄 판	약 40cm X 40cm	1.5	학교 재료실
만능 기판	55 × 14	2	
포트 소켓	10핀짜리 암	3	
	10핀짜리 수	3	
케이블	10가지 색깔	1 × 10	
나사, 볼트	2mm	33, 33	
재료 용기	500ml	3	Plastic mall
용기 뚜껑	24¢	3	
스프링	2cm	1	학교 재료실
MCU 칩 소켓	15핀 x 2열	2	
RC 서보 모터	HS - 311	4	
전원 소켓 암		1	
토글 스위치		1	
버튼 스위치		4	
7-segment	FND 507	3	
저항	1K	3	
	470	9	
	10K	6	
	50K	1	
	3.3K	1	
캐패시터	0.1uF	4	
IC	ULN2004	1	
트렌지스터	2SA1015	3	
	2SC1815	1	
LED	녹색, 적색	각 1	
CdS 센서	GL5537	1	devicemart
아답터	1.5A, 5V	1	옵션

<CDS 광센서>

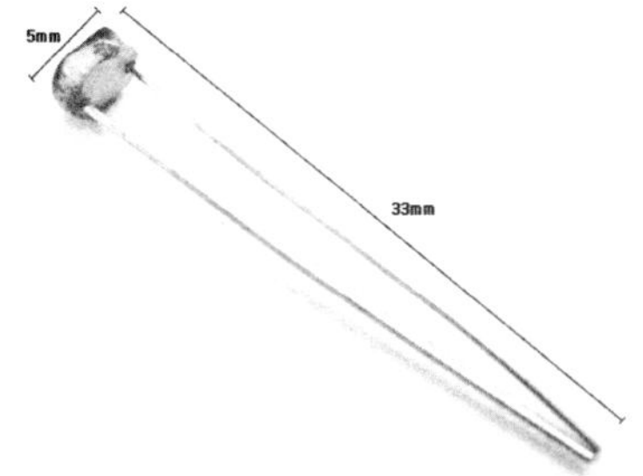

[그림 2-11] CdS 센서

CDS는 저항성분으로 빛을 많이 받을 경우 저항 값이 작아지며, 빛이 적을 경우 저항 값이 높아진다. 빛의 밝기에 따라서 저항 값이 빛을 많이 받을 경우 약 2kΩ 정도, 적을 경우 9kΩ 정도 되는 것을 확인하였다.

<RC 서보 모터>

[그림 2-12] RC 서보 모터 HS-311

서보 모터를 사용하기 위해서는 출력핀이 모터당 하나의 핀이 필요하며, 3단자에는 다음과 같이 연결한다.

- 노란색(흰색) : 출력핀에서 나오는 PWM 펄스를 입력
- 빨간색 : Vcc(5V) 연결
- 검은색 : GND(그라운드) 연결

◎ 각도제어 방식

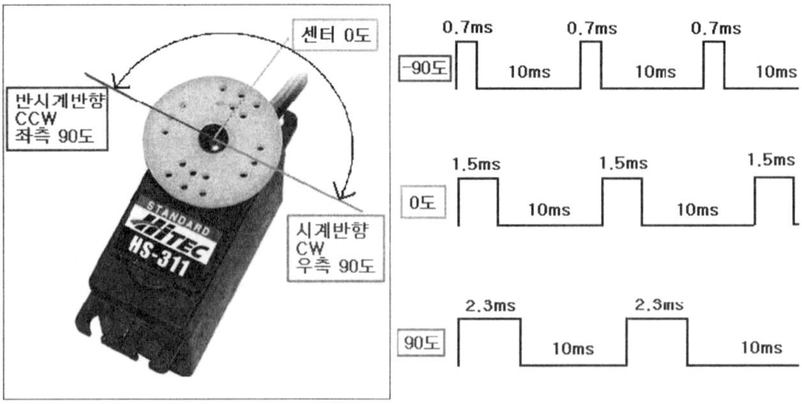

[그림 2-13] HS-311 동작 특성

2.3 작품 도면

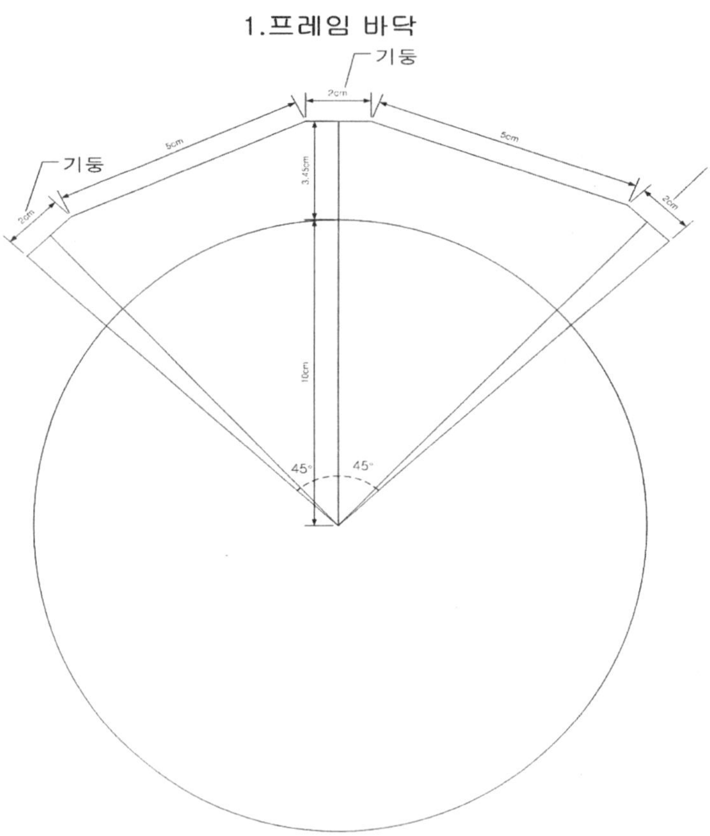

[그림 2-14] 프레임 바닥 도면

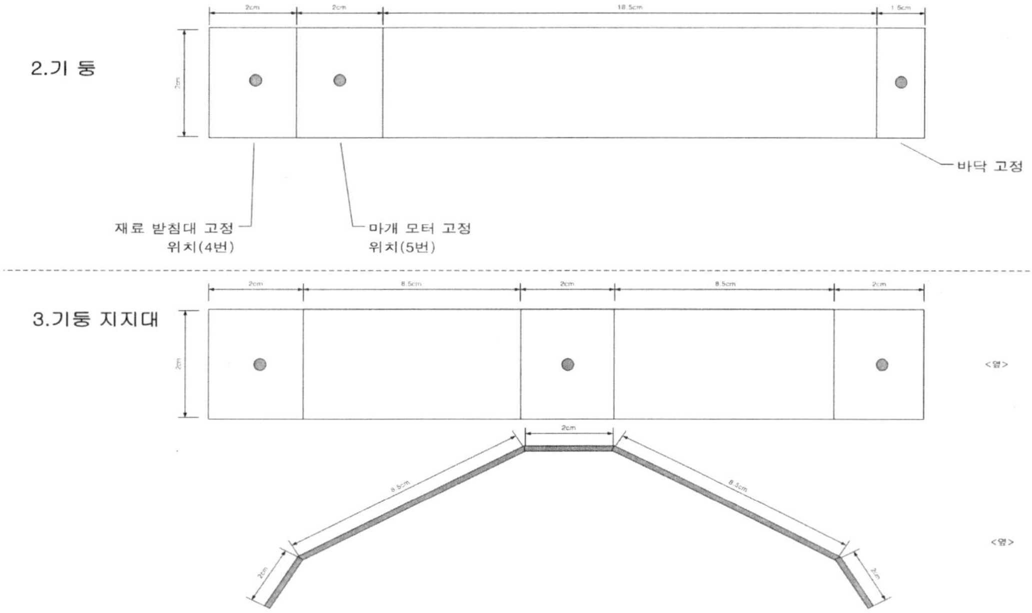

[그림 2-15] 기둥 및 기둥 지지대 도면

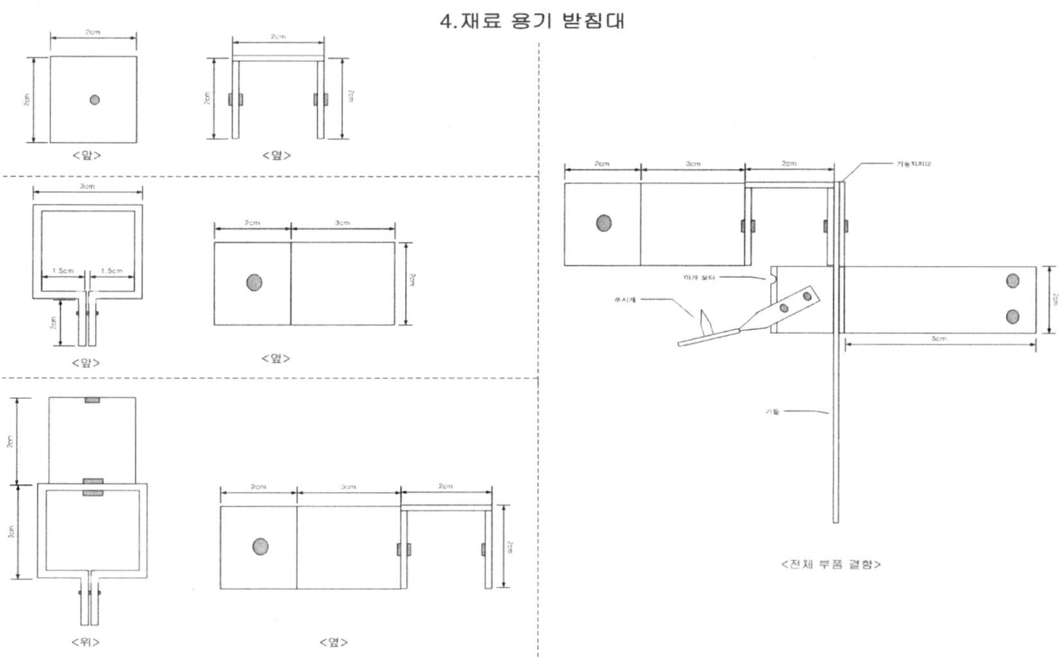

[그림 2-16] 재료 용기 받침대 도면

5.마개 모터 고정

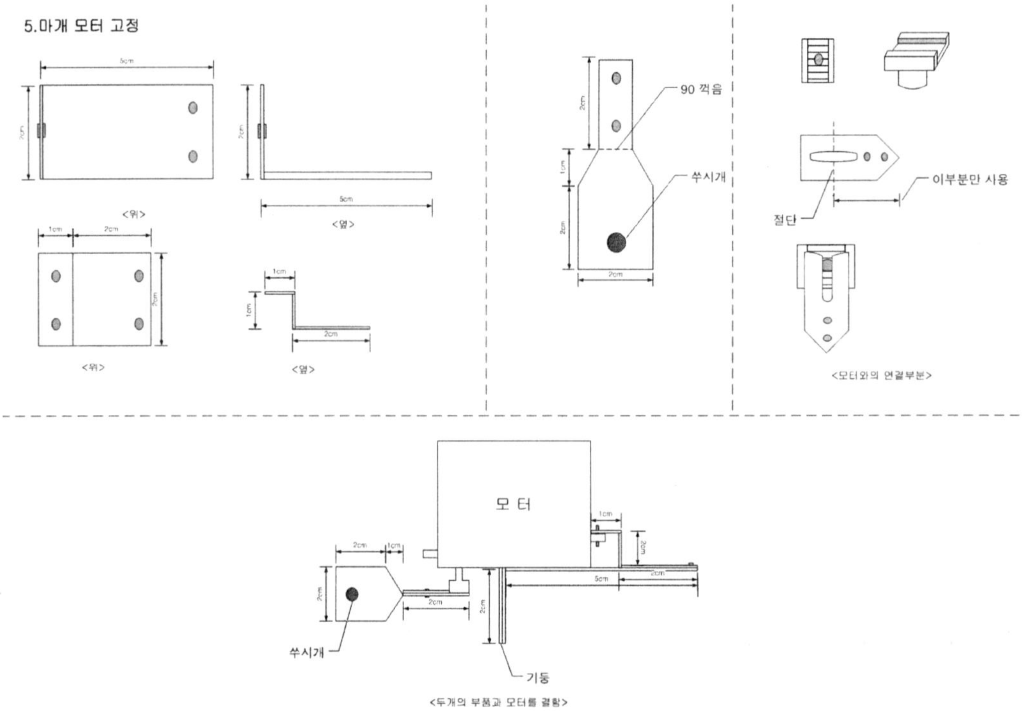

[그림 2-17] 마개 모터 고정부 도면

6.중심 모터 고정

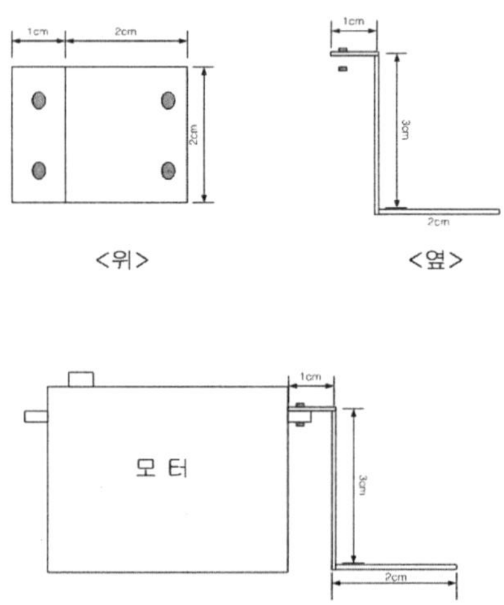

<모터와 부품 결합>

[그림 2-18] 중심 모터 고정부 도면

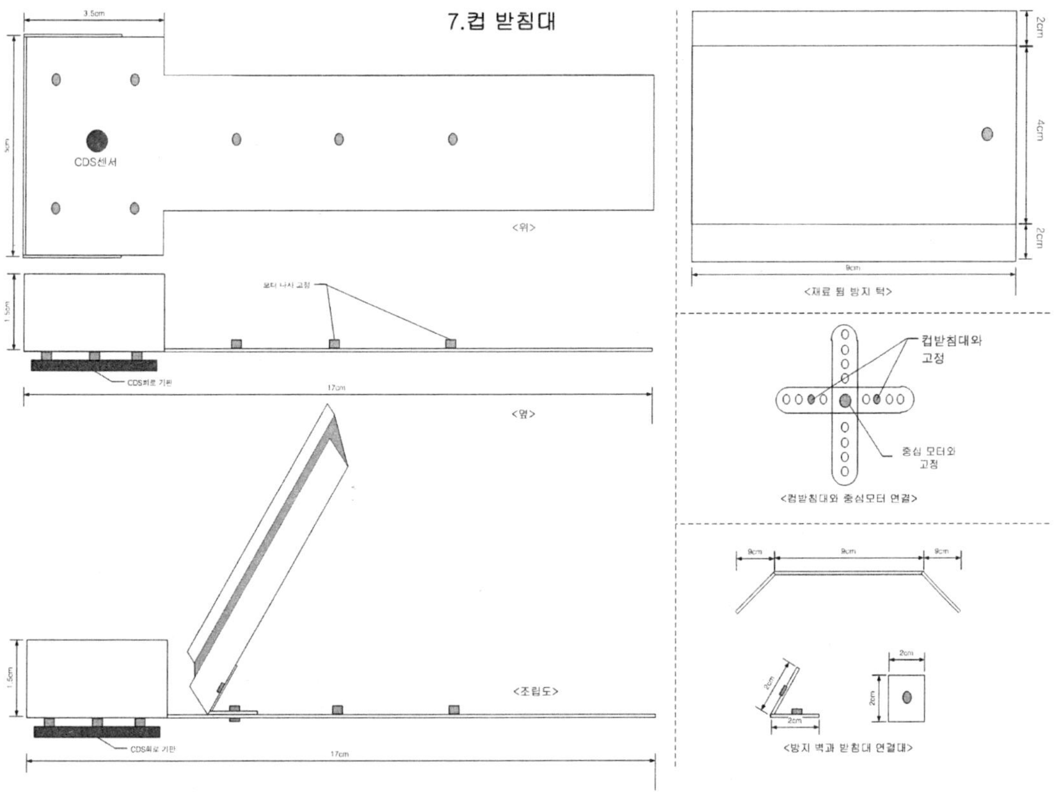

[그림 2-19] 컵 받침대 도면

<설계도 관련 부분 사진>

[그림 2-20]은 설계 도면에 따라 제작된 조립된 모습이다.

(a) 프레임 바닥

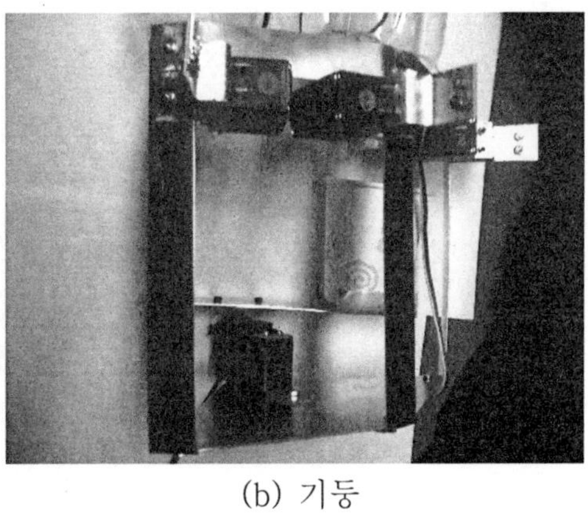

(b) 기둥

(c) 기둥 지지대

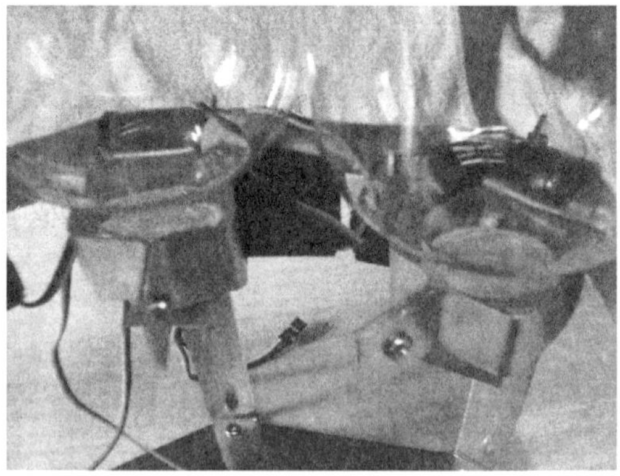

(d) 재료 용기 받침대

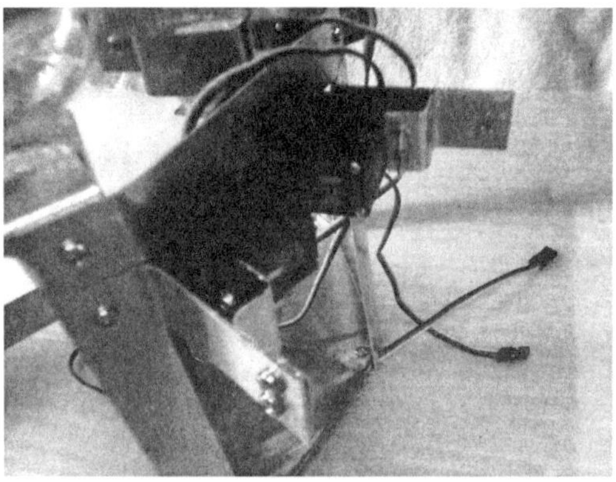

(e) 마개 모터 고정

(f) 중심 모터 고정

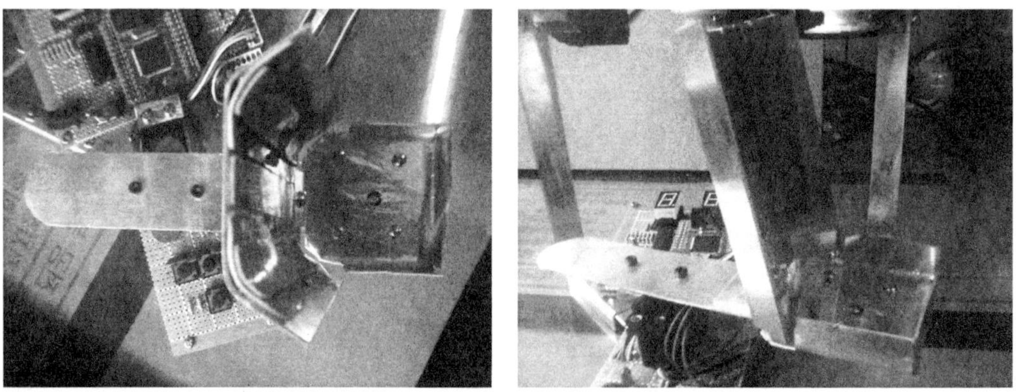

(g) 컵 받침대

[그림 2-20] 조립 사진

2.4 처리 흐름도 및 함수 설명

<전체 동작 흐름도>

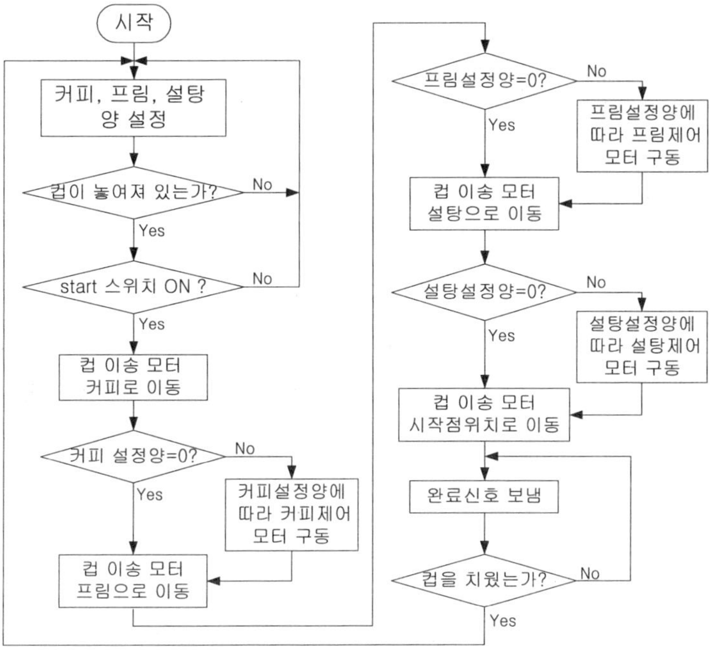

[그림 2-21] 전체 동작 흐름도

<모터 구동 함수 흐름도 : void motor_drive(void)>

모터 구동 함수는 cnt의 값을 기준으로 모터가 움직이게 된다. 마개 모터 개방 타이밍, 중심 모터 이동 등 cnt의 값이 어느 지점에 있느냐에 따라 모터의 위치가 정해지기 때문에 cnt값과 마개 모터 개방 타이밍을 서로 맞추는 것이 매우 중요하다.

start 값이 0일 경우 모터는 동작하지 않으며, 모든 것이 초기화 상태가 된다. 그러나 start 값이 1일 경우 재료분배가 시작된다.

재료의 값이 0일 경우 cnt 값에 495를 더하는 이유는 5초 동안 아무것도 안하는 오류를 범하지 않기 위해서 cnt 값을 점프한 것이다. 즉, 바로 다음 재료로 넘어가기 위한 것이다.

그리고 'cnt = cnt + (460 - 재료 × 46)은 재료의 양에 따라 중심 모터가 재료에 머무는 시간을 조절하는 부분이다. 그 재료 양 만큼 분배 해준 후 분배가 끝나면 5초에서 남은 시간은 cnt에 부여하여 cnt 값을 점프하여 바로 다음 재료로 넘어가도록 하는 것이다. 5초라는 시간은 재료의 양의 범위를 0~9로 잡았을 때 재료의 양이 최대 9일 경우 4.5초라는 시간이 걸리기 때문에 넉넉히 5초로 설정한 것이고 현재 프로그램은 그렇게 많은 양의 재료가 필요 없기 때문에 범위를 0~6까지 잡았다.

그리고 5초라는 시간을 모두 사용하는 것은 아니기 때문에 나중에 추후 필요한대로 범위를 늘리고 줄이는 데 유용할 것이라 생각된다.

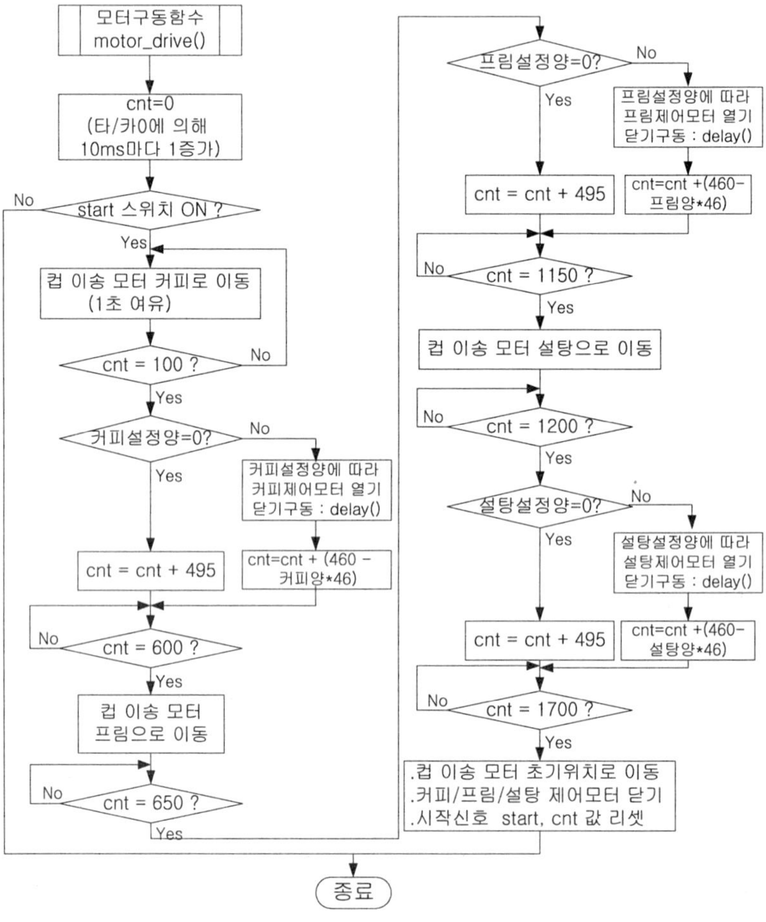

[그림 2-22] 모터구동함수 처리 흐름도

<딜레이 함수 흐름도 : void delay(unsigned int a)>

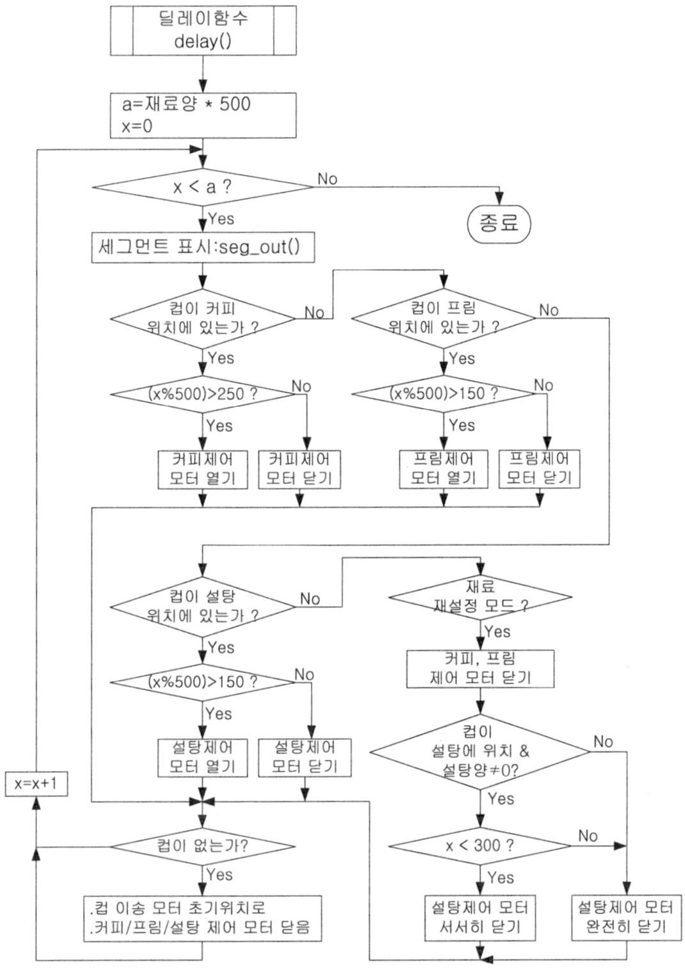

[그림 2-23] 딜레이 함수 처리 흐름도

원래 마개 모터의 개방 시간을 delay_ms() 함수를 사용하여 구현하였으나, 이 함수를 사용하게 되면 이 딜레이 시간 동안 segment 출력 함수를 호출할 수 없다. 보통 개방 시간이 적어도 2초가 되기 때문에 그리고 컵이 사라졌을 경우 딜레이 구간 동안 어떠한 대처도 하지 못하고 개방시간을 다 채운 후에야 마개가 닫히는 오류가 발생한다. 그리고 마지막 한 가지는 여러 차례에 걸쳐 재료를 테스트 해보았는데 마개를 단지 연 상태로 내버려둬서는 재료가 잘 나오지 않는 것을 발견하였다. 그래서 마개를 위아래로 흔든다든지 하는 어떠한 변화를 주기 위해서는 위의 함수를 사용해서는 절대 구현할

수 없었다. 그래서 delay()라는 함수를 정의하여 segment의 출력과 돌발 상황에 대처하고 각각의 재료에 대해 마개모터를 컨트롤 할 수 있도록 설계하게 되었다.

먼저 전달인자인 a로 개방 시간을 입력 받아 x값이 증가하면서 a의 값과 비교되면서 x의 값이 a값보다 커질 때까지 반복한다. a의 값은 재료의 값 × 500으로 계산된다. cup은 컵이 선반에 올려져 있는지 아닌지를 판별하는 인자로 컵이 놓여져 있지 않으면 cup = 0이 된다. 컵 유무 판별 구문은 mot의 값이 어떤 값이든 간에 mot 컨트롤을 마치면 반드시 한번은 실행이 된다. 즉 x의 값이 증가 할 때 마다 컵의 유무를 판별하게 된다.

mot = 1은 커피를 컨트롤 한다. x를 500으로 나누어 그 나머지 값으로 250이상 일 경우 마개를 열고 그 이하일 경우 닫도록 하여 재료의 수치만큼 개패를 반복한다.

mot = 2는 프림을 컨트롤 한다. 프림은 커피와 달리 개방시간을 더욱 길게 하여 재료가 더욱 잘 나오도록 유도한다. 개방 시간은 500중 350이다. 이것 또한 재료의 수치만큼 개패를 반복한다.

mot = 3은 설탕을 컨트롤 한다. 설탕의 경우 마개를 열어 놓기만 해도 재료가 잘 나오므로 커피와 프림과 같은 펌프질은 필요하지 않다. 하지만 개방 후 마개를 닫을 때 모터의 기본 속력으로 닫게 되면 재료가 사방으로 튀게 되므로 닫을 때 그 속도를 줄이고자 전체 반복횟수에서 300이 남았을 경우 그때부터 OCR1C(설탕 모터)의 값을 2씩 증가 시켜 서서히 닫도록 유도하였다.

mot = 4는 전체 재료를 분배 중 재료 재설정 명령이 들어왔을 때 모든 것을 취소하고 원위치로 이동하는 것을 컨트롤 한다. 특히 설탕의 튐 현상을 방지하기 위하여 서서히 닫도록 유도한 것이다. 이 유도과정에서 또한 오류가 발생하여 수정한 것으로 중심모터가 설탕에 위치하고 설탕의 값이 0이 아닐 경우 서서히 닫도록 했고 중심모터가 다른 곳에 위치할 경우 설탕과는 무관하므로 여전히 닫는 상태를 유지하도록 하였다.

<완료 신호 출력 함수 흐름도 : void complete(void)>

모든 재료 분배를 마치면 comp = 1이 되어 완료 신호 출력 함수가 활성화 된다. comp가 1이 되는 순간 cnt 값이 0이 되어 0부터 다시 카운트 하게 된다. cnt 값은 10ms 마다 1씩 증가되므로 50과 100은 각각 0.5초, 1초를 의미하게 된다. 0.5초가 지나면 녹색 LED에 불이 들어오고 또 다시 0.5초가 지나면 적색 LED에 불이 들어온다. 이 작업을 계속 반복 하다가 comp= 0이 되면 완료 신호 함수는 비활성화된다.

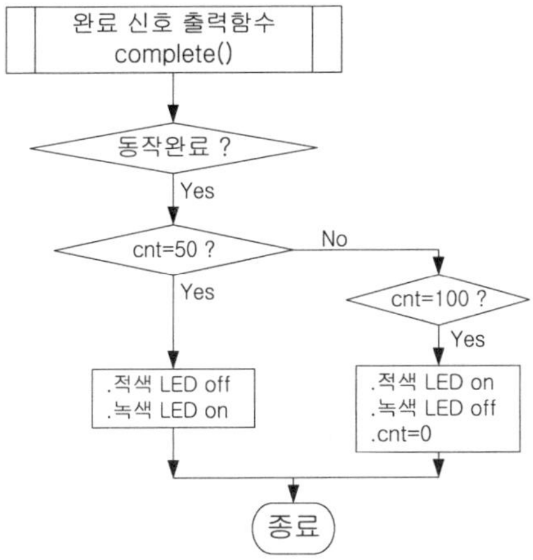

[그림 2-24] 완료 신호 출력 함수 처리 흐름도

<아날로그 비교기 인터럽트 서브루틴>

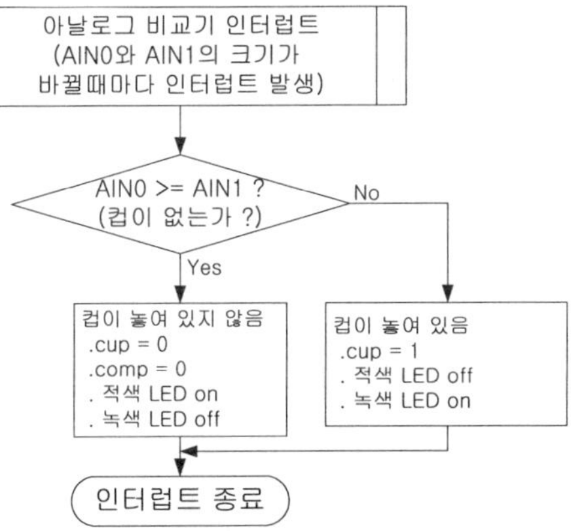

[그림 2-25] 아날로그 비교기 인터럽트 서브루틴 처리 흐름도

AIN0는 CDS 회로에서 출력되는 값으로 빛이 있을 경우 AIN0에 5V가 인가되고, 빛이 없을 경우 AIN0에 0V가 인가된다. AIN1은 가변저항을 달아 2.5V를 유지하게 하였고 AIN0의 값이 5V에서 0V로, 0V에서 5V로 바뀔 때마다 인터럽트를 발생하도록 하였다.

AIN0 >= AIN1 일 때는 빛을 받는 경우이므로 컵이 놓여져 있지 않은 상태이다. 따라서 컵 상태 변수 cup = 0으로 하여 컵이 없음을 다른 함수에 알리고, 이에 따라 적절한 대처를 요구하며, 완료 신호 변수 comp = 0으로 하여 완료 출력 함수를 비활성 시킨다. 그리고 적색 LED를 점등시켜 동작 불가 상태를 알린다.

AIN0 < AIN1일 때는 빛이 없는 경우이므로 컵이 놓여져 있는 상태이다. cup = 1로 하여 컵이 있음을 다른 함수에 알리고 녹색 LED를 점등시켜 동작 가능 상태를 알린다.

<외부인터럽트 0 서브루틴(시작 스위치 처리)>

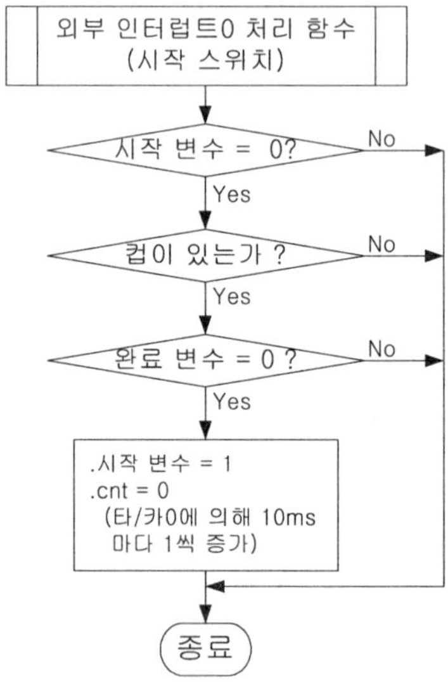

[그림 2-26] 외부 인터럽트 0 서브루틴 처리 흐름도

시작 스위치가 눌려지면 컵이 놓여져 있는 경우에만 시작변수를 1로 하여 재료 분배에 대한 동작을 시작하게 하며, 컵이 놓여 있지만 완료 신호가 동작하고 있는 경우에는 재료를 다시 분배하면 안되므로 초기상태로 한다.

<외부인터럽트 5,6,7 서브루틴(재료 양 설정 인터럽트)>

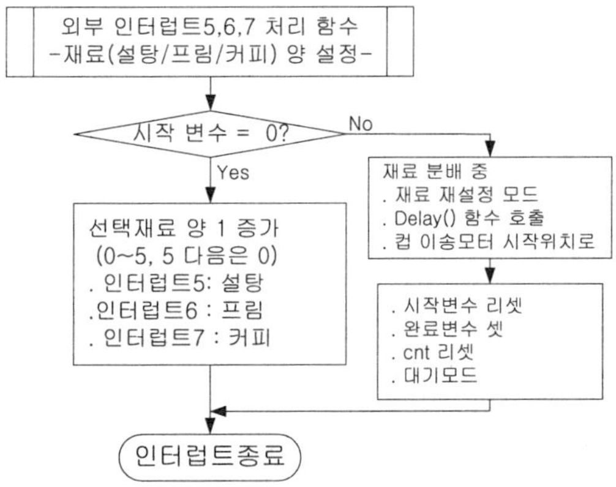

[그림 2-27] 외부 인터럽트 5, 6, 7 서브루틴 처리 흐름도

재료의 양을 설정하기 위해서는 초기상태에서 설정해야한다. 즉 start 값이 0일 경우에는 가능하지만, 동작 중일 경우에 이 스위치는 동작 취소 버튼으로 동작한다. mot = 4로 재료 재설정 명령을 delay() 함수에 알려 초기상태로 유도하도록 한다.

그리고 delay()를 주는 이유는 마개모터와 중심모터가 동시에 닫히게 되면 컵이 마개에 의해 걸려 재료를 쏟아낼 우려가 있고 미쳐 다 나오지 못한 재료가 흩어지면서 컵 밖으로 튀는 오류가 발생하기 때문에 0.5초 정도 마개모터를 먼저 닫게 한 후 중심모터를 원 위치하도록 한다. delay() 함수가 종료되면 mot 값을 초기화하여 어떠한 마개 모터도 컨트롤 하지 않는다는 것을 알린다. 그리고 초기화 됐을 때 완료 신호를 보내 시작 스위치를 바로 누르지 못하도록 한다. 다시 분배하기 위해서는 컵을 들었다가 놓아야 한다.

2.5 작품 사진

[그림 2-28]은 설탕, 크림, 커피에 대한 여러 가지 설정 예를 보여준다.

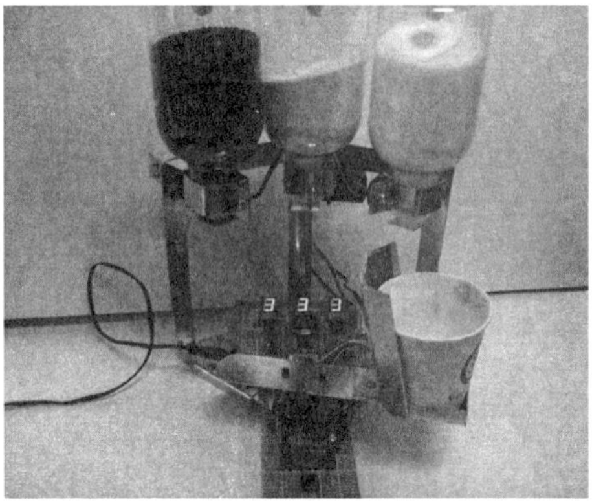

(a) 기본설정

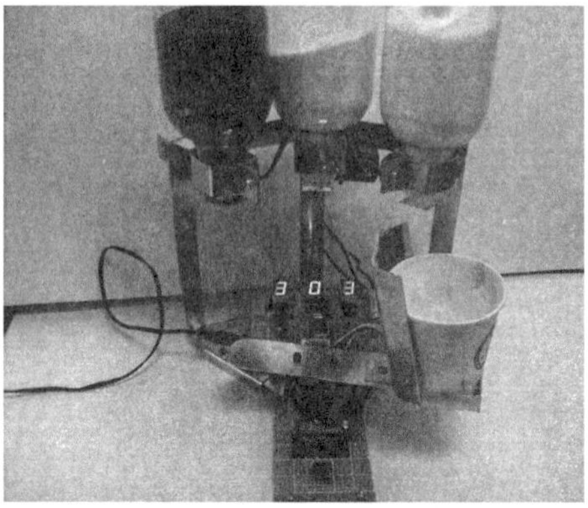

(b) 프림 없이 설정

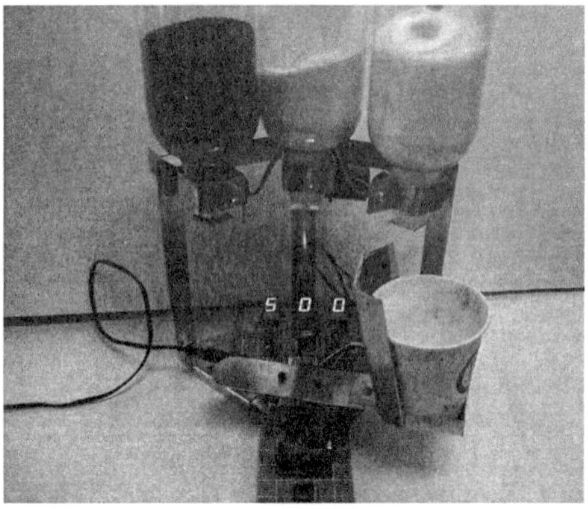

(c) 커피만 5 설정(블랙커피)

[그림 2-28] 커피, 프림, 설탕에 대한 여러 설정 예

[그림 2-29]는 조작 스위치(위에 나란히 있는 3개의 스위치 왼쪽부터 커피, 프림, 설탕 설정, 밑에 있는 분배 시작 스위치)와 동작 표시용 LED를 보여준다. 적색 LED는 컵이 놓여져 있지 않을 경우 경고의 의미로 점등되며, 컵이 놓여지게 되면 녹색 LED가 점등되어 분배 가능이라는 신호로 받아들이면 된다. 분배가 완료된 후 중심모터가 초기 위치로 이동하게 되면 완료 신호를 내보내게 되는데 두 LED가 0.5초 간격으로 번갈

아가며 점등되어 완료 되었다는 것을 알린다.

[그림 2-30]은 CDS 회로기판으로 컵 받침대 밑에 부착하여 컵의 유무를 식별하도록 구현한 것이다.

[그림 2-29] 조작 스위치

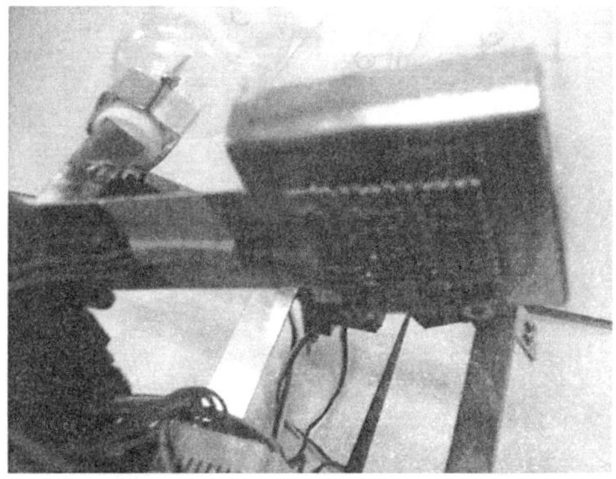

[그림 2-30] 조작 스위치

[그림 2-31]은 분배를 모두 마친 후 컵에 재료가 담겨져 있는 사진이다.

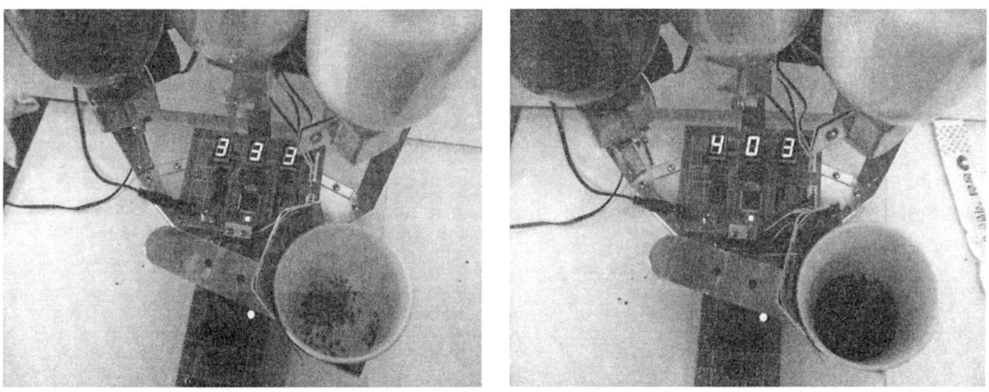

[그림 2-31] 분배 완료 사진

2.6 프로그램 소스

[리스트 2-1] 프로그램 소스

```
// c_dealer.c by 김경훈

#include <mega128.h>
#include <delay.h>

#define red      PORTD.4          // red LED 비트 정의
#define green    PORTD.6          // green LED 비트 정의

flash char seg_pat[6]= {0x3f, 0x06, 0x5b, 0x4f, 0x66, 0x6d}; // 0~5 segment 표시

// 커피 컵 이송모터 위치 제어값 {초기위치, 커피, 프림, 설탕}
unsigned int rc_main[4] = {4100, 1150, 2050, 3100}; // 컵 이송 모터 구동 각 배열

// 커피/프림/설탕 제어 모터 제어값 {닫기값, 열기값}
unsigned int rc_mot1[2] = {3000, 4000};        // 1번 마개 모터 각 배열
unsigned int rc_mot2[2] = {3250, 4000};        // 2번 마개 모터 각 배열
unsigned int rc_mot3[2] = {2900, 2200};        // 3번 마개 모터 각 배열

unsigned int cnt;
char coffee, creamer, sugar, start;
char cup, comp,mot;

void timer_INT_init();            // 타이머/카운터 및 외부인터럽트 초기화 함수 선언
void port_init();                 // 사용 포트 초기화 함수 선언
void anal_com_init();             // 아날로그 비교기 초기화 함수 선언
void seg_out();                   // 세그먼트 구동 함수 선언
void motor_drive();               // 모터 구동 함수 선언
void mot123_close();              // 마개 모터 초기값 함수 선언
void complete();                  // 완료 신호 함수 선언
void delay(unsigned int);         // 마개 개방 딜레이 함수

void main(void)
{
        coffee = 3;               // 커피 기본 설정
        creamer = 3;              // 프림 기본 설정
        sugar = 3;                // 설탕 기본 설정
        start = 0;                // 시작 초기화
        cup = 0;                  // 컵 유무 초기화
        cnt = 0;                  // 시작부터 종료까지 기준이 되는 타이머 값
```

```
        comp = 0;                   // 완료 표시 초기화
        mot = 0;                    // 마개 모터 컨트롤 선택 변수

        port_init();                // 사용 포트 초기화
        anal_com_init();            // 아날로그 비교기 초기화
        timer_INT_init();           // 타이머/카운터 및 외부 인터럽트 초기화
        SREG= 0x80;                 // 전역 인터럽트 인에이블

        while(1){
                seg_out();                  // 세그먼트 구동 함수
                motor_drive();              // 모터 구동 함수
                complete();                 // 완료 신호 함수
                if(cup == 0) start = 0;     // 동작 도중 컵 유무 확인
                                            // 컵이 없어지면 원위치
        }
}

/******************************************
/  함수명 : 포트 초기화 함수              /
/  기능 : 사용 포트 방향 설정             /
******************************************/
void port_init(void)
{
        DDRC = 0xff;                // segment led
        DDRF = 0xff;                // segment drive
        DDRB = 0xE0;                // OC1A, OC1B, OC1C PWM out
        DDRE = 0x10;                // OC3B(PE4) PWM out, sw(PE5~7) in
                                    // AIN1,0(PE2,3)
        DDRD = 0x50;                // sw(PD0) in. LED_red(PD4), LED_green(PD6)
}
/**********************************************************************
/  함수명 : 타이머/카운터, 외부인터럽트 초기화 함수.                  /
/  기능 : 타이머/카운터 0 모드설정 및 오버플로우 인터럽트 인에이블 설정. /
/        타이머/카운터 1 모드설정 및 ICR1, OCR1A,B,C 초기값 설정.     /
/        타이머/카운터 3 모드설정 및 ICR3, OCR3B 초기값 설정.         /
/        외부 인터럽트 0,5,6,7 입력 설정 및 인터럽트 인에이블 설정.   /
**********************************************************************/
void timer_INT_init(void)
{
        TCCR0 = 0x07;               // normal mode , ck/1024

        // 커피, 프림, 설탕 제어 모터 마개 열림/닫힘 제어
        TCCR1A = 0xAA;              // comA(1,0),comB(1,0), comC(1,0), mode 14(L,1,0)
        TCCR1B = 0x1a;              // mode 14(Fast PWM), ck/8
```

```
        TCCR1C = 0x0;

        // 컵 이송 모터 제어
        TCCR3A = 0x22;                      // comB(1,0), mode 14(1,0)
        TCCR3B = 0x1a;                      // mode 14(FAST PWM), ck/8
        TCCR3C = 0x0;

        // 타이머/카운터 초기값
        TCNT0 = 100;                        // (256-100)*1/16u*1024 = 약10ms
        TCNT1 = 0x0;
        TCNT3H = 0x0;
        TCNT3L = 0x0;

        // 타이머/카운터1 TOP값(주기값) 설정  20ms
        ICR1H = (40000 & 0xff00) >> 8;      // 4000*1/16u*8 = 20ms
        ICR1L = 40000 & 0x0ff;

        // 타이머/카운터1 TOP값(주기값) 설정  20ms
        ICR3H = (40000 & 0xff00) >> 8;      // 4000*1/16u*8 = 20ms
        ICR3L = 40000 & 0x0ff;

        // 커피, 프림, 설탕 제어 모터 90도(재료 마개 닫기)
        OCR1AH = (rc_mot1[0 ]& 0xff00) >> 8;         // motor 1 90도(커피)
        OCR1AL = rc_mot1[0] & 0x0ff;
        OCR1BH = (rc_mot2[0] & 0xff00) >> 8;         // motor 2 90도(프림)
        OCR1BL = rc_mot2[0] & 0x0ff;
        OCR1CH = (rc_mot3[0] & 0xff00) >> 8;         // motor 3 90도(설탕)
        OCR1CL = rc_mot3[0] & 0x0ff;

        // 컵 이송모터 초기위치
        OCR3BH = (rc_main[0] & 0xff00) >> 8;         // main motor 0도
        OCR3BL = rc_main[0] & 0x0ff;

        // 외부 인터럽트 0, 5, 6, 7 인에이블, 하강 모드
        EICRA = 0x02;                       // INT0 (하강)
        EICRB = 0xA8;                       // INT5~7 (하강)
        EIMSK = 0xE1;                       // INT0, INT5~7 enable

        // 타이머/카운터0 오버플로우 인터럽트 인에이블
        TIMSK = 0x01;                       // T/C0 overflow interrupt enable
}

/*****************************************
/  함수명 : 아날로그 비교기 초기화 함수    /
```

```
/  기능 : 아날로그 비교기 초기화.           /
*****************************************/
void anal_com_init(void)
{
        ACSR = 0x08;    // 아날로그 비교기 인터럽트 인에이블, 토글출력 트리거

        if(ACSR & 0x20){                    // ACO = 1, (AIN0 >= AIN1)?
                red = 0;                    // 컵이 놓여 있지 않음
                cup = 0;                    // 컵 상태 변수 0
                green = 1;                  // 작동 불가능 상태
        }
        else {
                red = 1;                    // 컵이 놓여 있음
                cup = 1;                    // 컵 상태 변수 1
                green = 0;                  // 작동 가능 상태
        }
}

/************************************
/  함수명 : 세그먼트 출력 함수        /
/  기능 : segment를 구동하는 함수    /
************************************/
void seg_out(void)
{
        PORTF = 0b00001110;                 // 1번 segment 출력
        PORTC = seg_pat[sugar];             // 설탕 값 출력
        delay_us(500);                      // 500us delay
        PORTC = 0x0;                        // 잔상 제거

        PORTF = 0b00001101;                 // 2번 segment 출력
        PORTC = seg_pat[creamer];           // 프림 값 출력
        delay_us(500);                      // 500us delay
        PORTC = 0x0;                        // 잔상 제거

        PORTF = 0b00001011;                 // 3번 segment 출력
        PORTC = seg_pat[coffee];            // 커피 값 출력
        delay_us(500);                      // 500us delay
        PORTC = 0x0;                        // 잔상 제거
}

/**********************************************************
/  함수명 : 모터 구동 함수.                                /
/  기능 : start의 값을 판별하여 0일 경우 계속 원위치를 유지 /
/         1일 경우 동작 시작.                              /
```

```
************************************************************/
void motor_drive(void)
{
        if(start == 0){
                OCR3BH = (rc_main[0] & 0xff00) >> 8;         // main motor 0도
                OCR3BL = rc_main[0] & 0x0ff;                 // main motor 원위치
                mot123_close();               // 마개모터 123 초기화(모두 닫힌 상태)
        }
        else {
                switch(cnt){
                    // cnt= 1~100까지는 중심 모터가 커피로 이동하는 시간 1초 여유
                    case 1:
                        OCR3BH = (rc_main[1] & 0xff00) >> 8; // main motor 180도
                        OCR3BL = rc_main[1] & 0x0ff;
                        mot123_close();                          // 마개 모터 모두 닫힘
                        break;

                  // cnt= 100~600까지 5초간 커피 재료가 나오는 시간. 그러나 재료의
                  // 양에 따라 최대 약 3초, 최소 약 0.5가 걸리고 분배 시간이 완료되면
                  // 5초 모두 채우는 것이 아닌 남은 시간은 cnt에 부여하여 pass
                   case     100:
                        if(coffee == 0){                // 커피 양이 0일 때
                        cnt += 495;                     // cnt 값 52w95로 점프
                                break;
                        }
                        mot = 1;                        // 커피 마개 모터 컨트롤 선택
                        delay(coffee * 500);            // 커피 양만큼 개방 유지

                        // 커피 제어 모터 마개 닫기
                        OCR1AH = (rc_mot1[0] & 0xff00) >> 8; // motor 1 90도
                        OCR1AL = rc_mot1[0] & 0x0ff;         // motor 1 닫기
                        cnt = cnt + (460 - (int)coffee * 46);    // 남은 시간 cnt에 부여
                                                                 // 시간 단축을 위해
                        break;

                    // cnt = 600~650까지 중심 모터가 다음 프림으로 이동하는
                    // 시간 0.5초 여유
                   case     600:
                        OCR3BH = (rc_main[2]&0xff00) >> 8;    // main motor 135도
                        OCR3BL = rc_main[2]&0x0ff;
                        break;

                  // cnt= 650~1150까지 5초간 프림 재료가 나오는 시간. 그러나 재료의
                  // 양에 따라 최대 약 3초, 최소 약 0.5가 걸리고 분배 시간이 완료되면
```

```
// 5초 모두 채우는 것이 아닌 남은 시간은 cnt에 부여하여 pass
  case     650:
       if(creamer == 0){              // 프림 양이 0일 때
                cnt += 495;           // cnt 값 1145로 점프
                break;
       }
       mot = 2;                       // 프림 마개 모터 컨트롤 선택

       delay(creamer * 500);          // 프림 양만큼 개방 유지
       OCR1BH = (rc_mot2[0] & 0xff00) >> 8;  // motor 2 90도
       OCR1BL = rc_mot2[0] & 0x0ff;           // motor 2 닫힘
       cnt = cnt + (460 - (int)creamer * 46); // 남은시간 cnt에 부여
       break;

// cnt = 1150~1200까지 중심 모터가 다음 설탕으로 이동하는
// 시간 0.5초 여유
  case     1150:
       OCR3BH = (rc_main[3] & 0xff00) >> 8;     // main motor 135도
       OCR3BL = rc_main[3] & 0x0ff;
       break;

 // cnt= 1200~1700까지 5초간 설탕 재료가 나오는 시간. 그러나 재료의
 // 양에 따라 최대 약 3초, 최소 약 0.5가 걸리고 분배 시간이 완료
 // 되면 5초 모두 채우는 것이 아닌 남은 시간은 cnt에 부여하여 pass
  case     1200:
       if(sugar == 0){                // 설탕 양이 0일 때
                cnt += 495;           // cnt값 1695로 점프
                break;
       }
       mot = 3;
       delay(sugar * 500);            // 설탕 양만큼 개방 유지
       OCR1CH = (rc_mot3[0] & 0xff00)>>8;  // motor 3 90도
       OCR1CL = rc_mot3[0] & 0x0ff;        // motor 3 닫힘
       cnt = cnt + (460 - (int)sugar * 46);  // 남은 시간 cnt에 부여
       break;

  // cnt가 1100 되면 동작 완료.
  case     1700:
       OCR3BH = (rc_main[0] & 0xff00) >> 8;  // main motor 0도
       OCR3BL = rc_main[0] & 0x0ff;       // main motor 초기 상태
       mot123_close();    // 마개모터 123 초기화(모두 닫힌 상태)

       start = 0;          // 동작 종료로 start 값 0
       comp = 1;           // 완료 신호 동작
```

```
                    cnt = 0;            // cnt 값 초기화
                    mot = 0;            // 마개 모터 컨트롤 초기화
                    break;
                }
            }
}

/*****************************************************************************
/  함수명: 지연함수                                                          /
/  parameter : a(재료의 양을 받는 변수.)                                     /
/  기능: 재료의 양의 값을 받아 그만큼 지연시켜주는 함수.                     /
/        기존 delay_ms() 함수를 쓰던 것에서 수정.(3가지 이유)                /
/         1.개방시간 동안에 segment를 보여주기 위함.                         /
/         2.개방시간 동안 돌발상황이 발생하여 컵이 사라졌을 경우             /
/           그것을 대처하기 위함.                                            /
/         3.각 재료의 성격에 따라 마개 모터의 개방 유형을 컨트롤하기 위함    /
*****************************************************************************/
void delay(unsigned int a)
{
        unsigned int x;                 // 반복 변수 선언

        for(x = 0;x < a; x++){          // x = a가 될 때까지 반복
            if(x % 2) seg_out();        // 너무 잦은 segment 출력 함수 호출로 인한
                                        // 큰 딜레이를 해소하기 위하여 2번에 한번 호출
            switch(mot){
               // mot = 1일 경우 커피 마개 모터 컨트롤.x의 값에 따라 열고 닫기 반복
               // 열고 닫기를 반복하는 이유는 커피 재료가 잘 나오게 하기 위함
                 case 1 :
                    if((x % 500) > 250){
                        OCR1AH = (rc_mot1[1] & 0xff00) >> 8;  // motor 1 45도
                        OCR1AL = rc_mot1[1] & 0x0ff;          // motor 1 열기
                    }
                    else{
                        OCR1AH = (rc_mot1[0] & 0xff00) >> 8;  // motor 1 90도
                        OCR1AL = rc_mot1[0] & 0x0ff;          // motor 1 닫기
                    }
                    break;

              // mot = 2 일 경우, 프림 마개 모터 컨트롤. x의 값에 따라 열고 닫기 반복
              // 이유는 커피 마개 모터와 동일
                 case 2 :
                    if((x % 500) > 150){
                         OCR1BH = (rc_mot2[1] & 0xff00) >> 8;  // motor 2 45도
                         OCR1BL = rc_mot2[1] & 0x0ff;          // motor 2 열기
```

```
        }
        else{
            OCR1BH = (rc_mot2[0] & 0xff00) >> 8;  // motor 2 90도
            OCR1BL = rc_mot2[0] & 0x0ff;           // motor 2 닫힘
        }
        break;

    // mot = 3일 경우, 설탕 마개 모터 컨트롤. 설탕은 다른 재료와 달리
    // 마개를 열어두면 잘 나오므로 열고 닫기가 필요 없음. 단지 닫을 때
    // 속도가 너무 빠르면 재료가 튀므로 마지막 0.3초 동안 천천히 닫게 설정
    case 3 :
        if( x < (a - 300)){                // 마지막 0.3초전까지 개방
            OCR1CH = (rc_mot3[1] & 0xff00) >> 8;  // motor 3 45도
            OCR1CL = rc_mot3[1] & 0x0ff;           // motor 3 열기
        }
        else{               // 0.3초 남을 경우 서서히 닫음.
            OR1CH = (rc_mot3[1] + (x - (a -300)) & 0xff00) >> 8;
            OCR1CL = rc_mot3[1] + (x - (a - 300)) & 0x0ff;
        }
       break;

    // mot = 4은 재료 분배 중 재료 재설정 명령이 들어 왔을 때 발생
    // 설탕 마개 모터는 닫을 때의 속도에 대하여 고려해야 한다.
    case 4 :
        OCR1AH = (rc_mot1[0] & 0xff00) >> 8;  // motor 1 90도
        OCR1AL = rc_mot1[0] & 0x0ff;           // motor 1 닫기
        OCR1BH = (rc_mot2[0] & 0xff00) >> 8;  // motor 2 90도
        OCR1BL = rc_mot2[0] & 0x0ff;           // motor 2 닫기

        if( (OCR3BH == 0x0C) & (sugar != 0)){
            // 중심 모터가 설탕에 위치했을 때, 설탕 양이 0이 아닐 경우
            if( x <300){        // x값이 300보다 작을 경우
                    // 개방된 설탕 마개 모터를 서서히 닫음
                    OCR1CH = ((rc_mot3[1] + (2 * x)) & 0xff00) >> 8;
                    OCR1CL = (rc_mot3[1] + (2 * x)) & 0x0ff;
            }
           else{            // motor 3 90도
                    // x값이 300 이후에는 완전히 닫음
                    OCR1CH = (rc_mot3[0]&0xff00)>>8;
                    OCR1CL = rc_mot3[0]&0x0ff;
           }
        }
        else{               // motor 3 닫음
                    // 중심 모터가 다른 재료에 위치할 경우 닫기 유지
```

```
                        OCR1CH = (rc_mot3[0] & 0xff00) >> 8;
                        OCR1CL = rc_mot3[0] & 0x0ff;
                    }
                        break;
                }
                if(cup == 0){         // 컵이 사라져 cup = 0된 경우
                    OCR3BH = (rc_main[0] & 0xff00) >> 8;     // main motor 0도
                    OCR3BL = rc_main[0] & 0x0ff;   // main motor 초기화(원위치)
                    mot123_close();        // 마개모터 모두 닫힘
                    cnt = 0;               // cnt 초기화
                    start = 0;             // start 0으로 동작 중지
                    mot = 0;               // 어떠한 마개 모터도 컨트롤 하지 않음
                }
        }
}

/***************************************************
/  함수명: 마개모터 초기화 함수.                   /
/  기능 : 긴 코딩의 반복을 피함.                   /
/         마개모터 123을 모두 닫게 하는 함수       /
***************************************************/
void mot123_close(void)
{
        OCR1AH = (rc_mot1[0] & 0xff00) >> 8;        // motor 1 90도.
        OCR1AL = rc_mot1[0] & 0x0ff;                // motor 1 닫힘.
        OCR1BH = (rc_mot2[0] & 0xff00) >> 8;        // motor 2 90도.
        OCR1BL = rc_mot2[0] & 0x0ff;                // motor 2 닫힘.
        OCR1CH = (rc_mot3[0] & 0xff00) >> 8;        // motor 3 90도.
        OCR1CL = rc_mot3[0] & 0x0ff;                // motor 3 닫힘.
}


/*****************************************************************
/  함수명 : 완료신호 발생 함수.                                  /
/  기능 : 완료신호를 나타내는 함수.                              /
/         comp 값이 1일 경우 실행.                               /
/         cnt 값을 받아 0.5초 간격으로 red LED와 green LED가     /
/         번갈아가며 점등.                                       /
/*****************************************************************/
void complete(void)
{
        If(comp == 1){                              // 동작이 완료되면 comp = 1
                if(cnt ==50){                       // 0.5초 후
                        red = 1;                    // red LED off
```

```
                green = 0;                  // green LED on
            }
            else if(cnt >= 100){            // 0.5초 후
                red = 0;                    // red LED on
                green = 1;                  // green LED off
                cnt = 0;                    // cnt 초기화.
            }
        }
}

/*********************************************************************
/  서브루틴명 : 아날로그 비교기 인터럽트                                /
/  기능 : 실시간 컵의 유무를 판단하여 토글로 인터럽트가 발생.            /
/        AIN0 = CDS 출력과 연결.  AIN1 = 2.5V 유지.                    /
/        컵이 없을 경우 AIN0 > AIN1, 컵이 있을 경우 AIN0 < AIN1         /
*********************************************************************/
interrupt [ANA_COMP] void cup_red(void)
{
        if(ACSR & 0x20){ // ACO = 1, (AIN0 >= AIN1)?
            red = 0;            // 컵이 놓여 있지 않음.
            cup = 0;            // 컵 상태 변수 0
            green = 1;          // 작동 불가능 상태
            comp = 0;
        }
        else {
            red = 1;            // 컵이 놓여 있음.
            cup = 1;            // 컵 상태 변수 1
            green = 0;          // 작동 가능 상태
        }
}

/*************************************************
/  서브루틴명: 타이머/카운터 0                     /
/  기능 : 오버플로우 인터럽트 발생.                 /
/        (256 - 100) * 1/16us * 1024 = 약 10ms   /
/        10ms마다 cnt값 1씩 증가.                  /
*************************************************/
interrupt [TiM0_OVF] void tim0_ovf(void)
{
        TCNT0 = 100;            // TCNT0 값 재설정.
        cnt++;                  // cnt 값 증가.
}

/*********************************************************
```

```
/ 서브루틴명 : 외부인터럽트 0(start sw)                    /
/ 기능 : 여러 상황을 파악하여 start 신호 생성.              /
/        컵이 없을 경우 start 신호 발생 안함.                /
/        완료 신호 동작중일 경우 start 신호 발생 안함.       /
/        재료 분배중일 경우 start sw에 영향 받지 않도록 함.  /
/*********************************************************/
interrupt [EXT_INT0] void start_sw(void)
{
        if(start == 0){              // 동작 중 start 스위치에 의한 딜레이 소거
                if(cup == 1){
                        if(comp == 0) {
                                start = 1;          // 동작 가능
                                cnt = 0;            // cnt 초기화
                        }
                }
        }
}

/*********************************************************
/ 서브루틴명 : 외부인터럽트 5(sugar sw)                     /
/ 기능 : 설탕의 양을 올려주는 함수.                          /
/        재료 분배중일 때 인터럽트가 발생할 경우 재료를 잘못 /
/        기입했다는 의미로 받아들여 모든 모터가 원위치.      /
/*********************************************************/
interrupt [EXT_INT5] void sugar_sw(void)
{
        if(start == 0) sugar = (sugar + 1) %6;      // 동작 중이 아닐 경우 가능
                                                    // 설탕의 값 1 증가.
        else{
                mot = 4;                            // 모터 컨트롤 4.
                delay(500);          // 중심모터와 마개모터가 동시에 원위치 되어 재료가
                                     // 흩어지는 것을 방지하기 위해 마개모터 먼저 닫힌 후
                                     // 약 0.5초 후 중심 모터 원위치.
                OCR3BH = (rc_main[0] & 0xff00) >> 8; // main motor 0도
                OCR3BL = rc_main[0] & 0x0ff;        // main motor 원위치
                start = 0;                          // 동작 정지
                comp = 1;                           // 완료신호 보냄
                cnt = 0;                            // cnt 값 초기화
                mot =0;                             // 모터 컨트롤 변수 초기화
        }
}

/*********************************************************
/ 서브루틴명 : 외부인터럽트 6(creamer sw)                   /
```

```
/ 기능 : 프림의 양을 올려주는 함수.                          /
/       재료 분배중일 때 인터럽트가 발생할 경우 재료를 잘못 /
/       기입했다는 의미로 받아들여 모든 모터가 원위치.       /
/*********************************************************/
interrupt [EXT_INT6] void creamer_sw(void)
{
        if(start == 0) creamer = (creamer + 1) % 6;  // 동작 중이 아닐 경우 가능
        else{
                mot = 4;                // 모터 컨트롤 4
                delay(500);             // 중심모터와 마개모터가 동시에 원위치 되어 재료가
                                        // 흩어지는 것을 방지하기 위해 마개모터 먼저 닫힌 후
                                        // 약 0.5초 후 중심 모터 원위치.
                OCR3BH = (rc_main[0] & 0xff00) >> 8;        // main motor 0도
                OCR3BL = rc_main[0] & 0x0ff;                // main motor 원위치
                start = 0;                                  // 동작 정지
                comp = 1;                                   // 완료신호 보냄
                cnt = 0;                                    // cnt 값 초기화
                mot =0;                                     // 모터 컨트롤 변수 초기화
        }
}

/*********************************************************
/ 서브루틴명 : 외부인터럽트 7(coffee sw)                     /
/ 기능 : 커피의 양을 올려주는 함수.                          /
/       재료 분배중일 때 인터럽트가 발생할 경우 재료를 잘못 /
/       기입했다는 의미로 받아들여 모든 모터가 원위치.       /
/*********************************************************/
interrupt [EXT_INT7] void coffee_sw(void)
{
        if(start == 0) coffee = (coffee + 1) % 6;     // 동작 중이 아닐 경우 가능
        else{
                mot = 4;                // 모터 컨트롤 4.
                delay(500);             // 중심모터와 마개모터가 동시에 원 위치되어 재료가
                                        // 흩어지는 것을 방지하기 위해 마개모터 먼저 닫힌 후
                                        // 약 0.5초 후 중심모터 원위치
                OCR3BH = (rc_main[0] & 0xff00) >>8; // main motor 0도
                OCR3BL = rc_main[0] & 0x0ff;        // main motor 원위치
                start = 0;                          // 동작 정지
                comp = 1;                           // 완료신호 보냄
                cnt = 0;                            // cnt 값 초기화
                mot =0;                             // 모터 컨트롤 변수 초기화
        }
}
```

Chapter 03

화음 연주기

Chapter 03

화음 연주기

이 작품은 지금까지 주로 한 개의 음을 출력하는 연주기와는 달리 8분 음표를 기준으로 최대 3개의 음을 합성하여 소리를 출력하는 연주기이다.

[그림 3-1] 화음 연주기

3.1 작품 구성 및 회로도

[그림 3-2]는 작품 구성도를 보여주며, KUT-128 MCU 보드, 캐릭터 LCD, 표시용 LED, 조작 스위치, USB 스피커로 구성된다. [표 3-1]은 사용 입출력 포트와 기능을 나타내며, [그림 3-3]은 회로도를 보여준다.

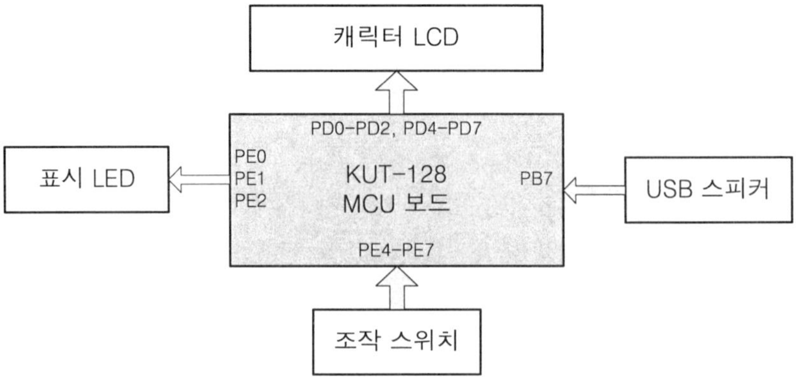

[그림 3-2] 작품 구성도

[표 3-1] 사용 입출력 포트 및 기능

입출력	입출력 포트	장 치	기 능
출력	PD0-PD2 PD4-PD7	캐릭터 LCD	연주음 표시
	PE0-PE2	LED	연주 박자 표시, 반복 연주 표시
	PB7(OC1C)	USB 스피커	PWM 연주 신호 출력
입력	PE4(INT4)-PE7(INT7)	스위치	조작스위치(시작/정지,반복연주, 이전곡, 다음곡)

[표 3-2] 부품 리스트

부 품	규 격	수 량
MCU 보드	KUT-128 MCU	1
스위치	Tack Switch	4
캐릭터 LCD	LC162H2	1
미니 USB 스피커	3W	1
콘덴서	0.1uF	4
전해 콘덴서	0.22uF 50V	1
LED	적색/녹색/황색	3
가변저항	1kΩ	1
가변저항	500Ω	1

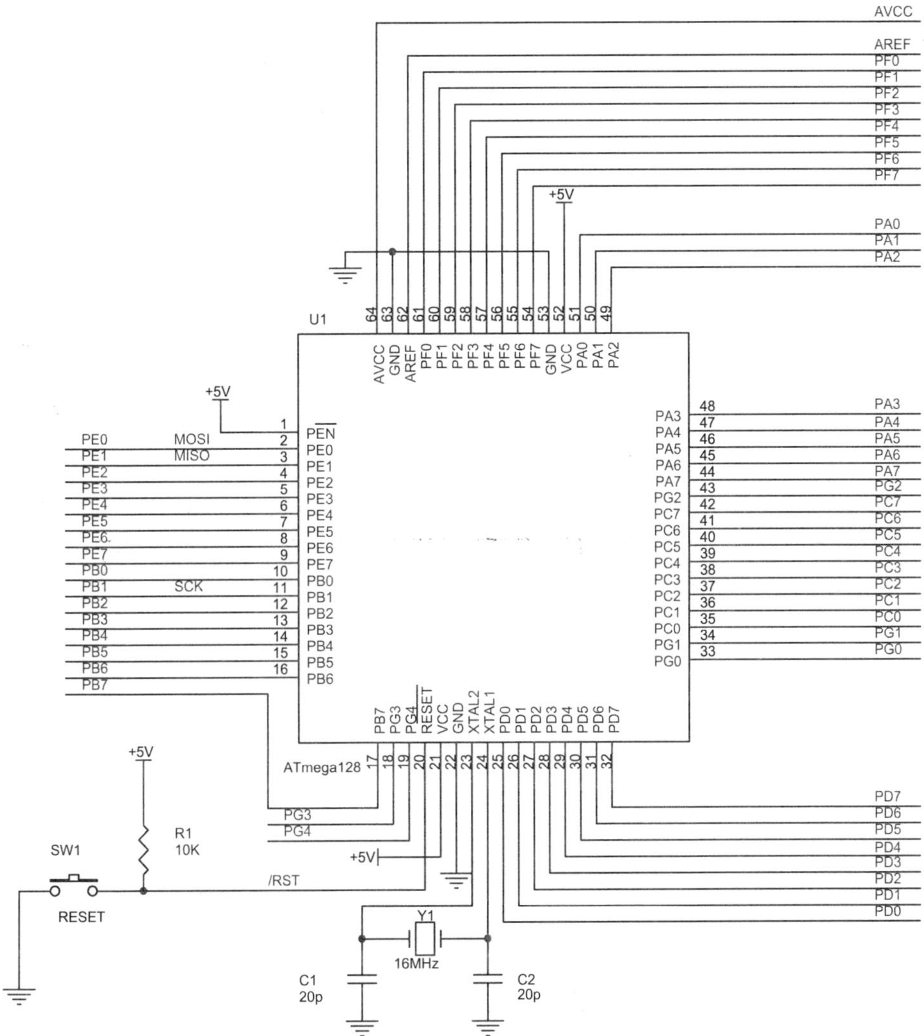

(a) KUT-128 MCU 보드 회로

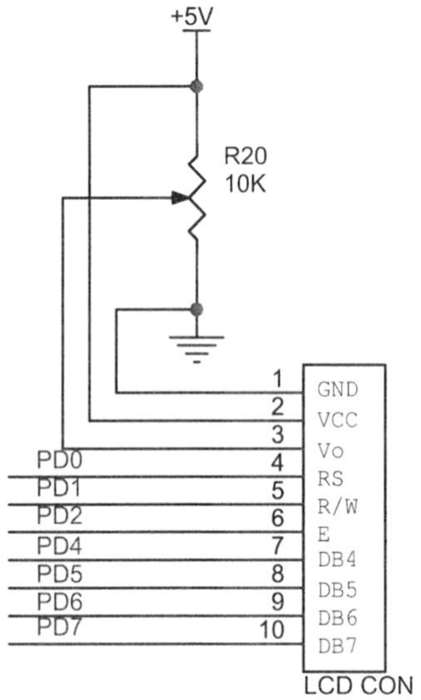

(b) LCD 구동회로

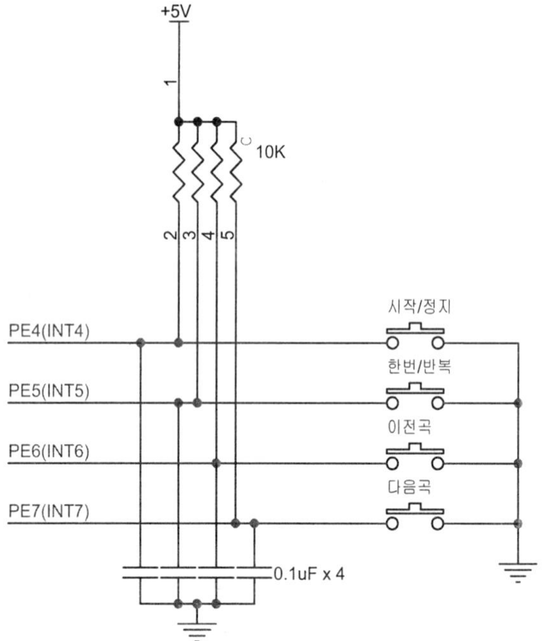

(c) 스위치 입력회로

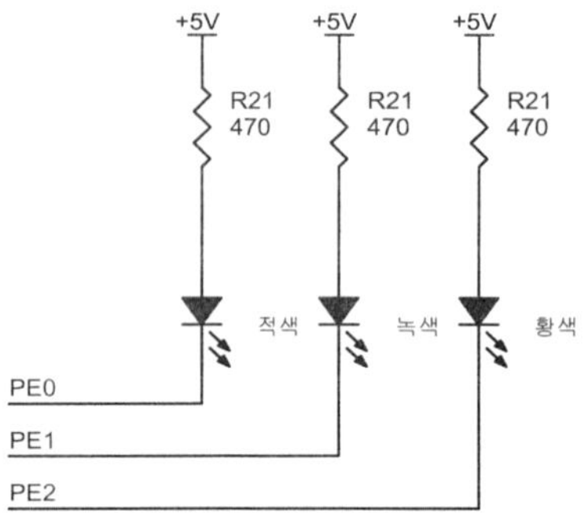

(d) LED 표시회로

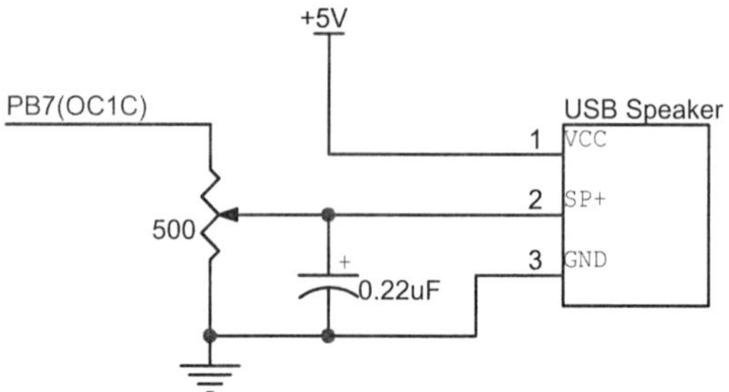

(e) PWM 출력회로(스피커 출력)

[그림 3-3] 회로도

3.2 알고리즘

화음 연주기는 최대 3개의 음을 합성하여 소리를 출력하며, 8분 음표를 기준으로 보통 빠르기(약 336ms)보다 빠른 262ms의 속도로 연주음을 발생한다. 연주음은 [표 3-3]에서와 같이 8분 음표에 대해 51.9us의 주기를 갖는 PWM 파형을 5050개 출력하여 소리를 발생하며, PWM 파형을 결정하는 출력비교레지스터의 값은 기본 샘플 파형의 값을 평균하여 사용한다.

[표 3-3] 화음 연주 기본 사항

* PWM 동작모드 : Phase and Frequency Correct PWM 타이머/카운터1 모드8(TOP값 ICR1) * 연주음 출력 핀 : PB7/0C1C(출력비교레지스터 OCR1C 이용) * 기본 연주음 및 연주시간 : - 8분음표 - 51.9us 간격으로 5050개의 PWM 파형 출력 - 51.9us 간격으로 연주음의 주파수에 비례한 샘플링 간격을 구한 후, 샘플링 되는 점에서의 값을 출력비교레지스터 OCR1C에 설정하여 PWM 파형 발생 - 5,050 × 51.9us = 262ms(5,050개의 PWM 파형 출력) * 기본 샘플 파형 : 삼각파, 톱니파, 구형파

PWM 파형을 출력하기 위해 타이머/카운터1의 동작모드8을 이용하여 TOP값인 ICR1값을 415로 설정하며, 이에 따라 PWM 파형의 주기는 51.9us, SAMPLE_RATE (PWM 파형 주파수)는 19277이 된다.

SAMPLE_RATE = 16MHz / (2 * ICR1) = 19277Hz
PWM 파형 주기 = 1 / SAMPLE_RATE = 51.9us

51.9us 간격으로 PWM 파형을 출력한다고 할 때 연주음 한 주기에 들어가야 할 PWM 파형의 개수 pwm_num은

pwm_num = (연주음 주기) / (PWM 파형주기)

가 된다.

PWM 파형을 발생하기 위해 출력비교레지스터에 설정하는 값은 [그림 3-4]와 같은 기본 샘플 파형을 이용한다. 구형파와 톱니파를 이용하는 경우에는 소리는 크지만 음의 질이 떨어지며, 삼각파를 이용하는 경우에는 소리는 작지만 부드러운 소리를 출력하는 특성을 갖는다.

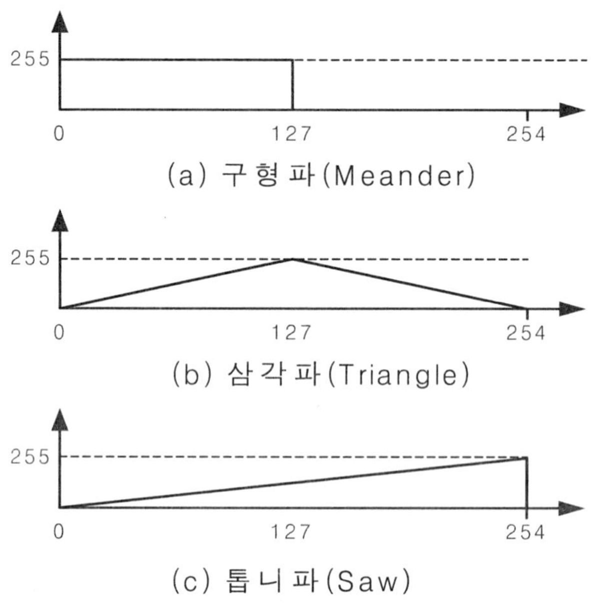

[그림 3-4] 기본 샘플 파형

연주음의 한 주기와 기본 샘플 파형의 한 주기를 대응시켜, 연주음의 한 주기 동안 발생해야 하는 PWM 파형의 갯수 pwm_num 만큼 기본 샘플 파형에서 샘플링하여 샘플링된 점에서의 값을 출력비교레지스터에 설정하여 PWM 파형을 발생하게 된다.

따라서, SAMPLE_NUM(255)의 주기를 갖는 기본 샘플 파형을 이용할 때, 기본 샘플 파형을 샘플링하는 간격 sample_inc는

sample_inc = SAMPLE_NUM / pwm_num

= SAMPLE_NUM / (연주음 주기 / PWM 파형 주기)
= SAMPLE_NUM * PWM 파형주기 / 연주음주기
= SAMPLE_NUM / PWM 주파수 * 연주음 주파수
= SAMPLE_NUM / SAMPLE_RATE * 연주음 주파수

이 된다.

위의 식을 CPU에서 정수 연산을 하게 되면 소수점 부분이 모두 잘려 이웃하는 음에 대해 출력되는 파형에 차이가 나지 않을 수 있어 실제 프로그램에서는 정수배(CONV_TO_FIX)를 하여 연산을 하고 최종적으로 샘플링 간격을 구할 때는 정수배로 나누어 이웃하는 음 사이에 차이를 갖도록 한다. 따라서, 위의 식을 정수값 만큼 곱해 주고 나누어 정리하면

sample_inc = (SAMPLE_NUM * CONV_TO_FIX) / SAMPLE_RATE
* (연주음 주파수 * CONV_TO_FIX)
/ CONV_TO_FIX
/ CONV_TO_FIX

이 된다.

프로그램에서는 CONST1을

CONST1 = (SAMPLE_NUM * CONV_TO_FIX) / SAMPLE_RATE

으로 정의하였고, 샘플 간격은

smaple_inc′= sample_inc * CONV_TO_FIX
= {CONST1 * (연주음 주파수 * CONV_TO_FIX)}
/ CONV_TO_FIX

로 계산하였다.

위의 식에서 CONV_TO_FIX의 값을 256으로 하면 나눗셈 대신 오른쪽으로 8비트 쉬프트 시키는 연산으로 바꿀 수 있어 위의 식은 다음과 같이 나타낼 수 있다.

smaple_inc′ = {CONST1 * (연주음 주파수 * CONV_TO_FIX)} >> 8

그리고, 새로운 샘플링 위치는(CONV_TO_FIX로 곱해진 상태의 값) 바로 전의 샘플링 위치에 샘플링 간격을 더하여 얻어지게 되어

sample = (sample + sample_inc′)

와 같이 된다. 3개의 음을 합성 출력하는 경우에는 3개 음의 샘플링 위치를 다음과 같

이 계산한다.

```
sample0 = (sample0 + sample0_inc')
sample1 = (sample1 + sample1_inc')
sample2 = (sample2 + sample2_inc')
```

기본 샘플파형의 값이 저장된 배열을 samples[]로 하면 출력비교레지스터 OR1CL에 설정되는 값은 다음과 같이 계산된다.(쉬프트 연산 ">> 8"은 256으로 나눈 것과 같다.)

OR1CL = {samples[(sample_0 >> 8)] + samples[(sample_1 >> 8)] + samples[(sample_2 >> 8)]} / 3

[그림 3-5]는 8분 음표 한 음을 연주하기 위한 과정을 보여준다.

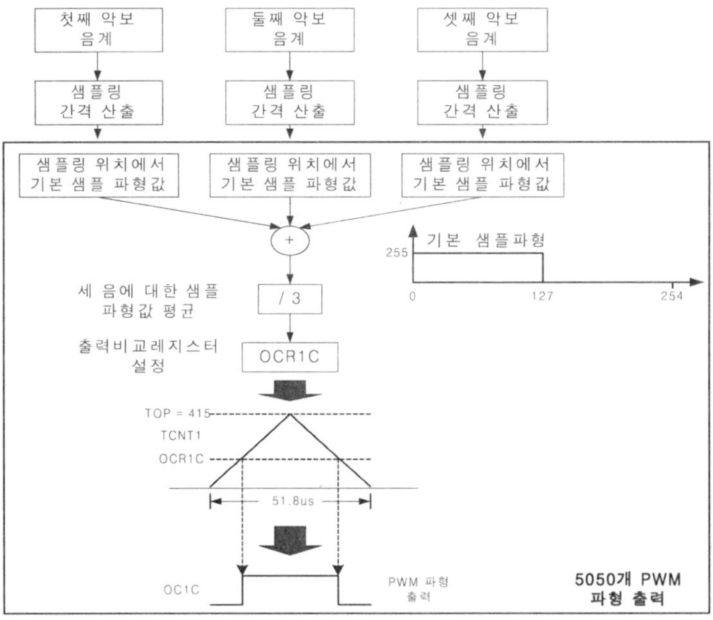

[그림 3-5] 8분 음표 한 음 연주 원리

[그림 3-6]은 4옥타브 도(261.6Hz)음을 연주할 때의 파형을 보여주며, 출력파형의 주파수가 4옥타브 도와 거의 비슷한 것을 알 수 있다. 또한 PWM 파형의 주기가 약 52.5us인 것을 확인할 수 있다.

[그림 3-7]은 4옥타브 레(293.7Hz)음을 연주할 때의 파형을 보여주며, 출력파형의 주

파수가 4옥타브 레와 거의 비슷한 것을 알 수 있다. 또한 PWM 파형의 주기가 약 52.5us인 것을 확인할 수 있다.

[그림 3-8]은 4옥타브 도(261.6Hz)와 레(293.7Hz)음을 함께 연주할 때의 파형을 보여주며, 출력파형의 주파수는 4옥타브 도와 거의 비슷한 것을 알 수 있다. 그러나, [그림 3-8]의 (c)와 (d)로부터 출력되는 PWM 파형이 [그림 3-6]과 [그림 3-7]의 (c)와 다르다는 것을 알 수 있다.

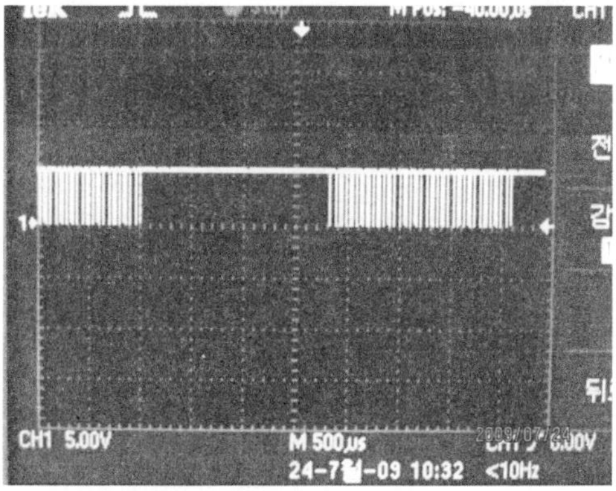

(a) 출력 파형(주기 약 278Hz)

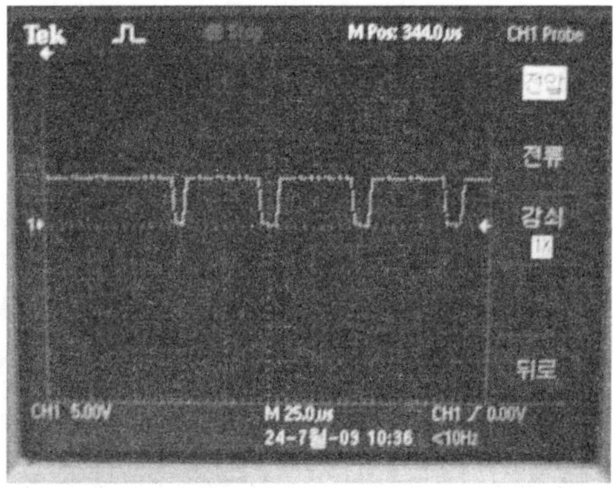

(b) PWM 파형(주기 약 52.5us)

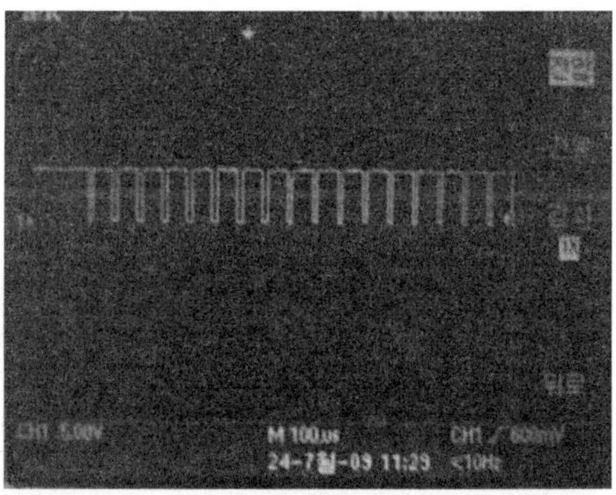

(c) PWM 파형

[그림 3-6] 4옥타브 도(261.6Hz) 연주 출력 파형

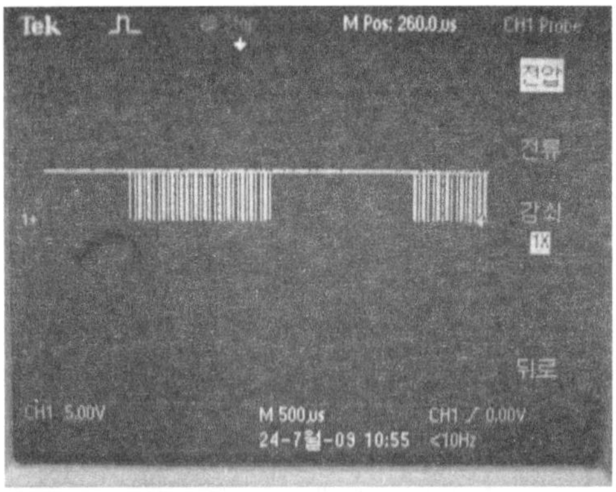

(a) 출력 파형(주기 약 317Hz)

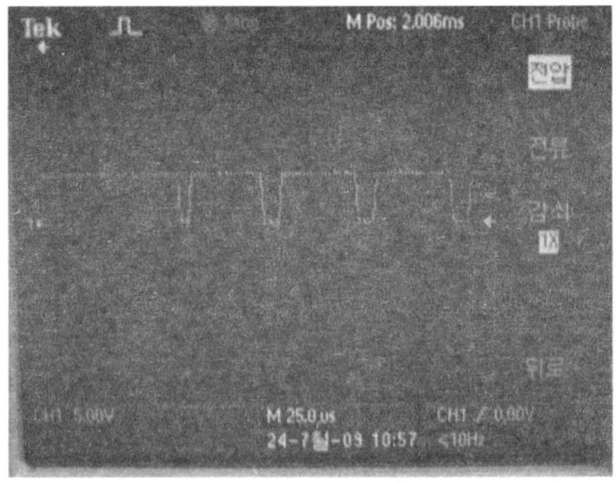

(b) PWM 파형(주기 약 52.5us)

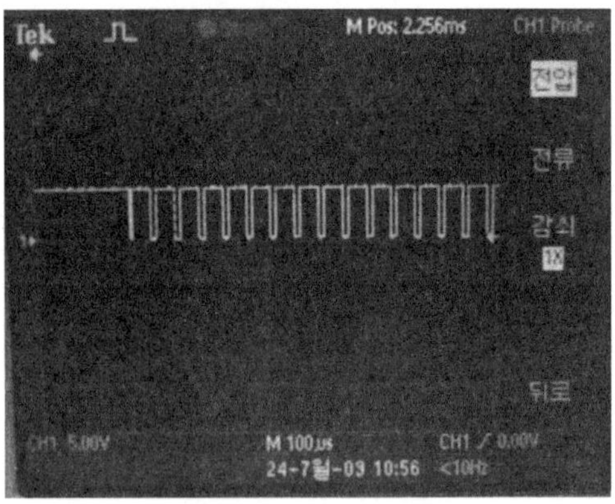

(c) PWM 파형

[그림 3-7] 4옥타브 레(293.7Hz) 연주 출력 파형

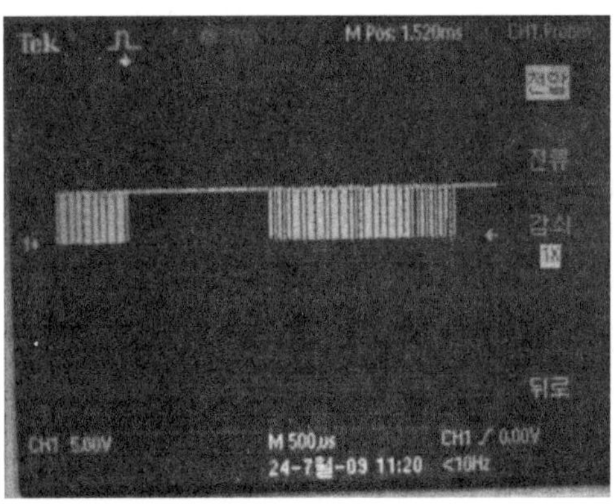

(a) 출력 파형(주기 약 278Hz))

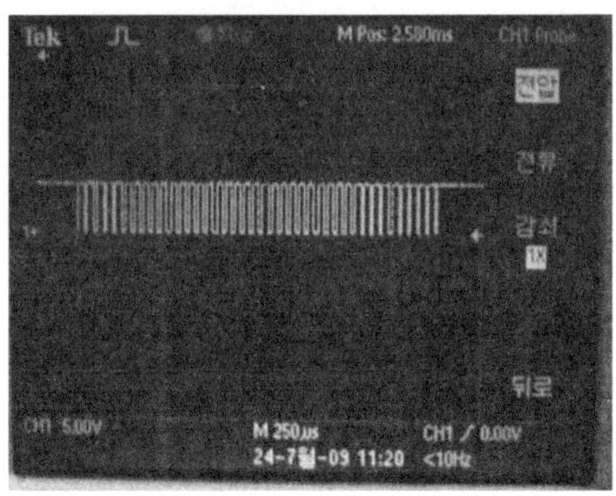

(b) PWM 파형

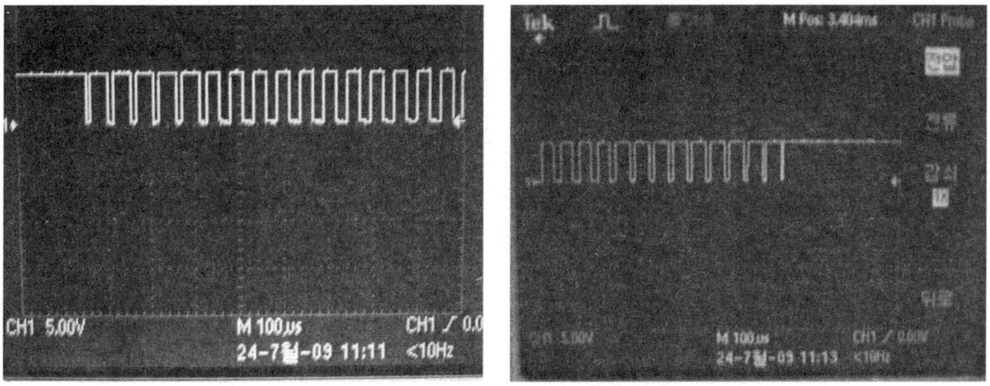

(c) PWM 파형 앞부분　　　　　　(d) PWM 파형 뒷부분

[그림 3-8] 4옥타브 도(261.6Hz) + 레(293.7Hz) 연주 출력 파형

[그림 3-9]는 <학교>의 악보와 이를 프로그램에서 사용하기 위해 코드화한 값을 보여준다.

학 교

[그림 3-9] 〈학교〉 악보

[표 3-4] 〈학교〉 오른손(첫째) 연주 악보

SO5, SO5, SO5, SO5, RA5, RA5, RA5, RA5, SO5, SO5, SO5, SO5, MI5, MI5, MI5, MI5, SO5, SO5, SO5, SO5, MI5, MI5, MI5, MI5, RE5, RE5, RE5, RE5, RE5, RE5, NONE, NONE, SO5, SO5, SO5, SO5, RA5, RA5, RA5, RA5, SO5, SO5, SO5, SO5, MI5, MI5, MI5, MI5, SO5, SO5, MI5, MI5, RE5, RE5, MI5, MI5, DO5, DO5, DO5, DO5, DO5, DO5, NONE, NONE

[표 3-5] 〈학교〉 왼손(둘째) 연주 악보

DO4, SO4, MI4, SO4, DO4, RA4, FA4, RA4, DO4, SO4, MI4, SO4, DO4, SO4, MI4, SO4, DO4, SO4, MI4, SO4, DO4, SO4, MI4, SO4, SI3, SO4, FA4, SO4, MI4, SO4, RE4, SO4, DO4, SO4, MI4, SO4, DO4, RA4, FA4, RA4, DO4, SO4, MI4, SO4, DO4, SO4, MI4, SO4, DO4, SO4, MI4, SO4, SI3, SO4, FA4, SO4, DO4, SO4, MI4, SO4, DO4, DO4, DO4, DO4

3.3 함수 처리 흐름도

[그림 3-10]은 화음 연주기의 주요 함수에 대한 처리 흐름도를 보여준다.

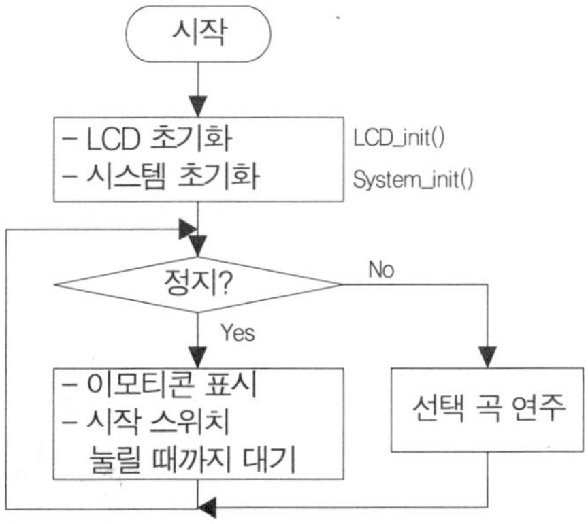

(a) main() 함수

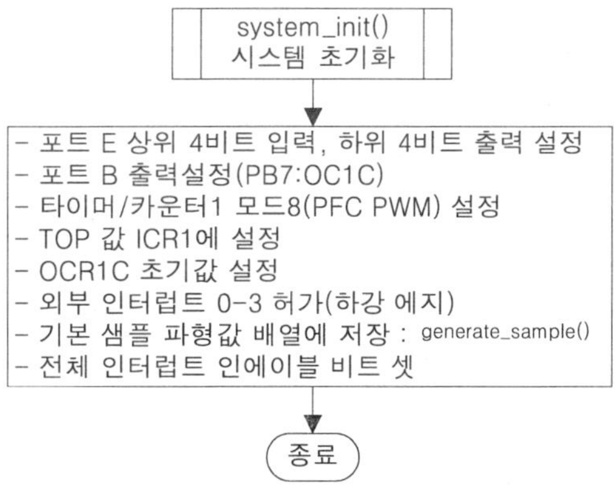

(b) system_init() 함수

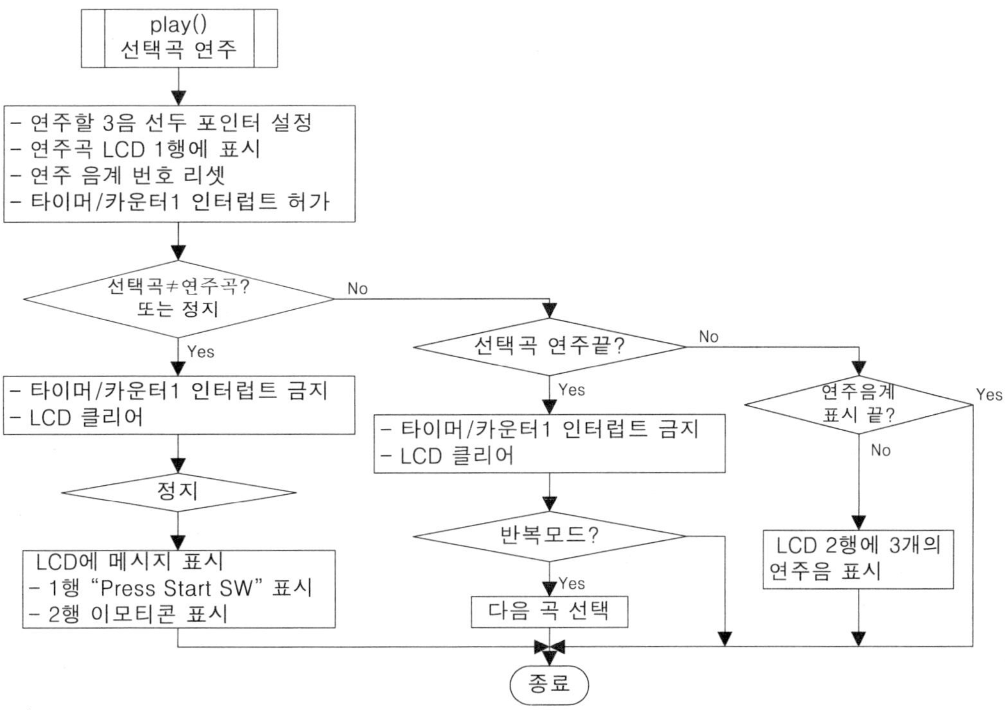

(c) play() 함수

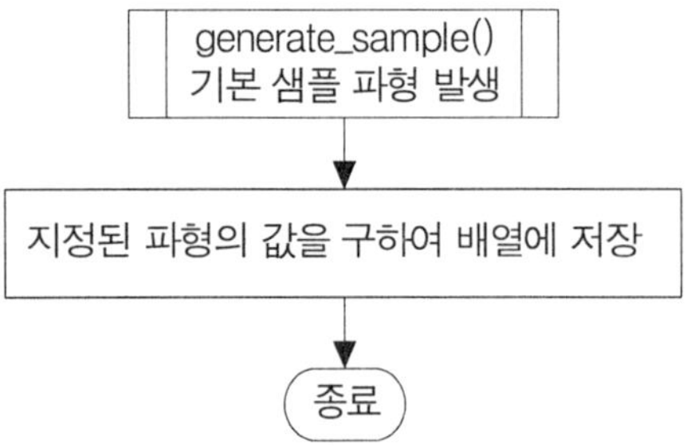

(d) generate_sample() 함수

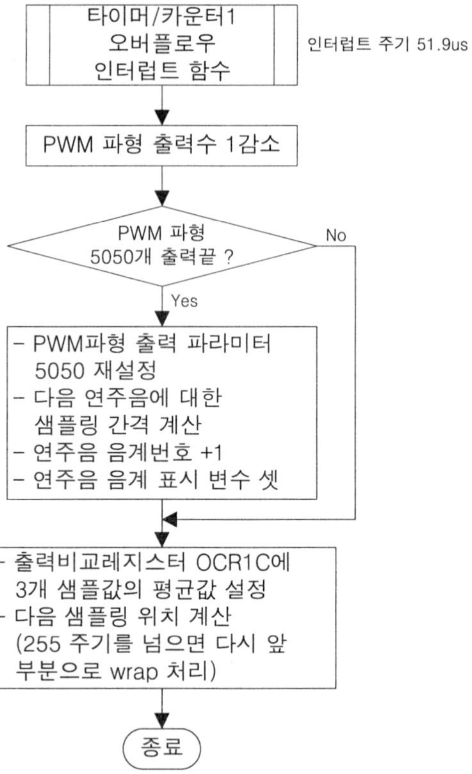

(e) 타이머/카운터1 인터럽트 처리 함수

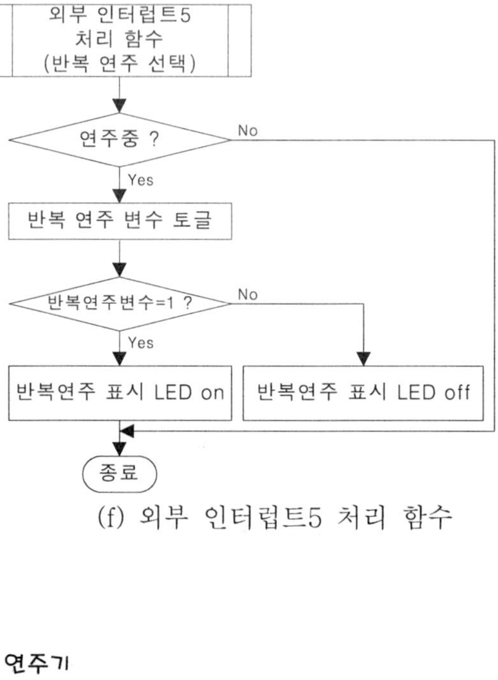

(f) 외부 인터럽트5 처리 함수

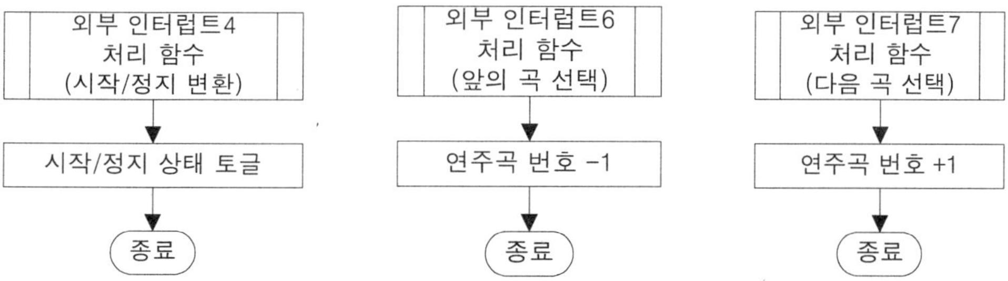

(g) 외부 인터럽트4, 6, 7 처리 함수

[그림 3-10] 주요 함수 처리 흐름도

3.4 작품 사진

[그림 3-11]은 <모두가 사랑이예요>의 연주 중에 LCD와 7-세그먼트(연속 연주 모드)에 출력된 화면을 보여준다.

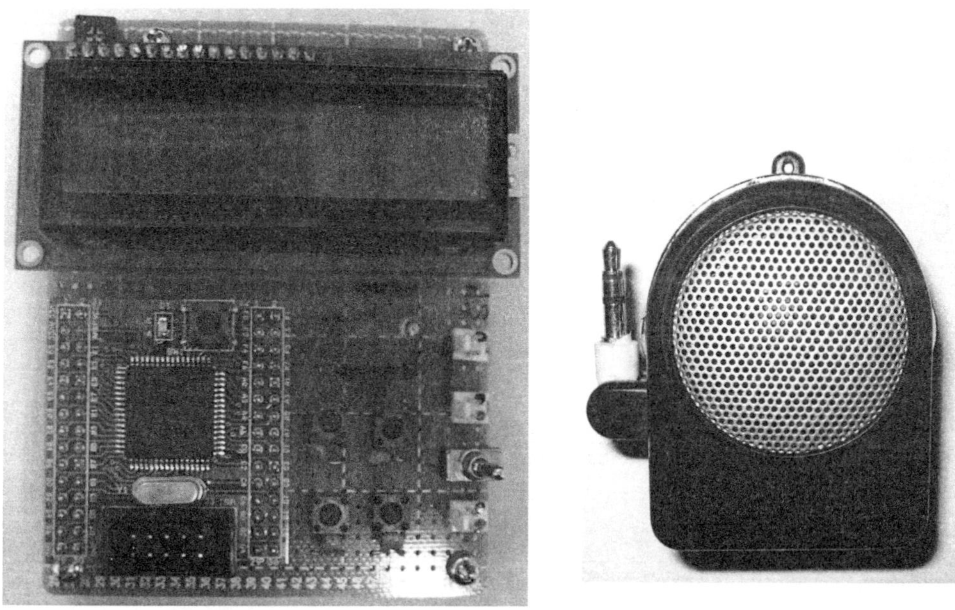

(a) 제작된 보드 (b) 미니 USB 스피커

(c) 동작 사진

[그림 3-11] 작품 사진

3.5 프로그램 소스

[리스트 3-1]은 5곡(학교, 구슬비, 모두가 사랑이예요, 어린이 바이엘 하권 52와 55)을 연주하는 프로그램을 보여준다.

[리스트 3-1] 화음 연주 소스 프로그램

```
// 화음출력 프로그램 hwaeum30.c
// 이 지혜

#include <mega128.h>
#include <delay.h>
#include <stdio.h>

// LCD 핀 연결
```

```
// RS  - PD0
// R/W - PD1
// EN  - PD2
// DB4  - PD4
// DB5  - PD5
// DB6  - PD6
// DB7  - PD7

typedef unsigned long  u_long;
typedef unsigned int   u_int;
typedef unsigned char  u_char;

#define XTAL_FREQ_HZ              (16000000)         // ATmega128 동작 클럭 설정
#define TIMER_MAX_COUNT           (415)              // Timer Count 최대값 설정
#define SAMPLE_RATE               (XTAL_FREQ_HZ / (2 * TIMER_MAX_COUNT))
                                             // PFC PWM mode의 주기
#define SAMPLE_COUNT              (255)      // 음을 샘플링하는 데 필요한 카운트
#define TICKS_ROW                 (5050)     // PFC PWM mode에서 음이 지속할 시간
                                             // 5050*1/SAMPLE_RATE (약 0.25초)
#define FREQ_TUNE                 (54)       // 빠르기 조정, 음의 높이 (54)

#define CONVERSION_TO_FIX         (256)      // 소수점으로 나오는 값 보정하기 위해 곱하는 수
#define CONST1              (CONVERSION_TO_FIX * SAMPLE_COUNT / SAMPLE_RATE)
#define LAST_SAMPLE         ((u_int)(SAMPLE_COUNT - 1) << 8)   // (마지막 샘플값) * 256

// 3옥타브 주파수
#define TOFIX_FRQTUN   (CONVERSION_TO_FIX + FREQ_TUNE)
#define F_DO3          (u_long)(TOFIX_FRQTUN * 130.8)          // 도
#define F_DO3P         (u_long)(TOFIX_FRQTUN * 138.6)          // 도#
#define F_RE3          (u_long)(TOFIX_FRQTUN * 146.8)          // 레
#define F_RE3P         (u_long)(TOFIX_FRQTUN * 155.6)          // 레#
#define F_MI3          (u_long)(TOFIX_FRQTUN * 164.8)          // 미
#define F_FA3          (u_long)(TOFIX_FRQTUN * 174.6)          // 파
#define F_FA3P         (u_long)(TOFIX_FRQTUN * 185.0)          // 파#
#define F_SO3          (u_long)(TOFIX_FRQTUN * 196.0)          // 솔
#define F_SO3P         (u_long)(TOFIX_FRQTUN * 207.7)          // 솔#
#define F_RA3          (u_long)(TOFIX_FRQTUN * 220.0)          // 라
#define F_RA3P         (u_long)(TOFIX_FRQTUN * 233.1)          // 라#
#define F_SI3          (u_long)(TOFIX_FRQTUN * 246.9)          // 시

// 4옥타브 주파수
#define F_DO4          (u_long)(TOFIX_FRQTUN * 261.6)          // 도
#define F_DO4P         (u_long)(TOFIX_FRQTUN * 277.2)          // 도#
#define F_RE4          (u_long)(TOFIX_FRQTUN * 293.7)          // 레
#define F_RE4P         (u_long)(TOFIX_FRQTUN * 311.1)          // 레#
#define F_MI4          (u_long)(TOFIX_FRQTUN * 329.6)          // 미
#define F_FA4          (u_long)(TOFIX_FRQTUN * 349.2)          // 파
```

```
#define F_FA4P        (u_long)(TOFIX_FRQTUN * 370.0)      // 파#
#define F_SO4         (u_long)(TOFIX_FRQTUN * 392.0)      // 솔
#define F_SO4P        (u_long)(TOFIX_FRQTUN * 415.3)      // 솔#
#define F_RA4         (u_long)(TOFIX_FRQTUN * 440.0)      // 라
#define F_RA4P        (u_long)(TOFIX_FRQTUN * 466.2)      // 라#
#define F_SI4         (u_long)(TOFIX_FRQTUN * 493.9)      // 시

// 5옥타브 주파수
#define F_DO5         (u_long)(TOFIX_FRQTUN * 523.3)      // 도
#define F_DO5P        (u_long)(TOFIX_FRQTUN * 554.4)      // 도#
#define F_RE5         (u_long)(TOFIX_FRQTUN * 587.3)      // 레
#define F_RE5P        (u_long)(TOFIX_FRQTUN * 622.3)      // 레#
#define F_MI5         (u_long)(TOFIX_FRQTUN * 659.3)      // 미
#define F_FA5         (u_long)(TOFIX_FRQTUN * 698.5)      // 파
#define F_FA5P        (u_long)(TOFIX_FRQTUN * 740.0)      // 파#
#define F_SO5         (u_long)(TOFIX_FRQTUN * 784.0)      // 솔
#define F_SO5P        (u_long)(TOFIX_FRQTUN * 830.6)      // 솔#
#define F_RA5         (u_long)(TOFIX_FRQTUN * 880.0)      // 라
#define F_RA5P        (u_long)(TOFIX_FRQTUN * 932.3)      // 라#
#define F_SI5         (u_long)(TOFIX_FRQTUN * 987.8)      // 시

// 6옥타브 주파수
#define F_DO6         (u_long)(TOFIX_FRQTUN * 1046.5)     // 도
#define F_DO6P        (u_long)(TOFIX_FRQTUN * 1108.7)     // 도#
#define F_RE6         (u_long)(TOFIX_FRQTUN * 1174.7)     // 레
#define F_RE6P        (u_long)(TOFIX_FRQTUN * 1244.5)     // 레#
#define F_MI6         (u_long)(TOFIX_FRQTUN * 1318.5)     // 미
#define F_FA6         (u_long)(TOFIX_FRQTUN * 1397.0)     // 파
#define F_FA6P        (u_long)(TOFIX_FRQTUN * 1480.0)     // 파#
#define F_SO6         (u_long)(TOFIX_FRQTUN * 1568.0)     // 솔
#define F_SO6P        (u_long)(TOFIX_FRQTUN * 1661.2)     // 솔#
#define F_RA6         (u_long)(TOFIX_FRQTUN * 1760.0)     // 라
#define F_RA6P        (u_long)(TOFIX_FRQTUN * 1864.7)     // 라#
#define F_SI6         (u_long)(TOFIX_FRQTUN * 1975.5)     // 시
#define F_NONE        0                                   // 무음

// 음계 번호 할당
// 3옥타브
#define NONE     0
#define DO3      1      // 도
#define DO3P     2      // 도#
#define RE3      3      // 레
#define RE3P     4      // 레#
#define MI3      5      // 미
#define FA3      6      // 파
#define FA3P     7      // 파#
#define SO3      8      // 솔
```

```
#define SO3P    9     // 솔#
#define RA3     10    // 라
#define RA3P    11    // 라#
#define SI3     12    // 시

// 4옥타브
#define DO4     13    // 도
#define DO4P    14    // 도#
#define RE4     15    // 레
#define RE4P    16    // 레#
#define MI4     17    // 미
#define FA4     18    // 파
#define FA4P    19    // 파#
#define SO4     20    // 솔
#define SO4P    21    // 솔#
#define RA4     22    // 라
#define RA4P    23    // 라#
#define SI4     24    // 시

// 5옥타브
#define DO5     25    // 도
#define DO5P    26    // 도#
#define RE5     27    // 레
#define RE5P    28    // 레#
#define MI5     29    // 미
#define FA5     30    // 파
#define FA5P    31    // 파#
#define SO5     32    // 솔
#define SO5P    33    // 솔#
#define RA5     34    // 라
#define RA5P    35    // 라#
#define SI5     36    // 시

// 6옥타브
#define DO6     37    // 도
#define DO6P    38    // 도#
#define RE6     39    // 레
#define RE6P    40    // 레#
#define MI6     41    // 미
#define FA6     42    // 파
#define FA6P    43    // 파#
#define SO6     44    // 솔
#define SO6P    45    // 솔#
#define RA6     46    // 라
#define RA6P    47    // 라#
#define SI6     48    // 시
```

```
// 샘플링 형식
#define TRIANGLE         0
#define SAW              1
#define MEANDER          2

#define FUNCSET          0x28            // Function Set
#define ENTMODE          0x06            // Entry Mode Set
#define ALLCLR           0x01            // All Clear
#define DISPON           0x0c            // Display On
#define LSHIFT           0x18            // Display Left Shift
#define HOME             0x02            // Cursor Home
#define LINE2            0xC0            // 2행 1열
#define SHARP            0x23            // '#'
#define SPACE            0x20            // ' '

#define RPT              PORTE.2         // 반복 표시 LED 연결 포트

#define PLAY_TNO         5               // 전체 연주곡수

flash unsigned char cg_pat[56] =
        {0x00, 0x1F, 0x10, 0x1F, 0x04, 0x04, 0x04, 0x1F,            // '도'
         0x01, 0x19, 0x0B, 0x1B, 0x17, 0x13, 0x1B, 0x01,            // '레'
         0x01, 0x1D, 0x15, 0x15, 0x15, 0x15, 0x1D, 0x01,            // '미'
         0x02, 0x1E, 0x0E, 0x0F, 0x0E, 0x0E, 0x1E, 0x02,            // '파'
         0x04, 0x0A, 0x15, 0x1F, 0x0E, 0x0E, 0x08, 0x0E,            // '솔'
         0x02, 0x1E, 0x06, 0x1F, 0x12, 0x12, 0x1E, 0x02,            // '라'
         0x01, 0x09, 0x09, 0x09, 0x15, 0x15, 0x15, 0x01             // '시'
        };

// 음계 주파수 배열 저장
u_long flash F_note[49] = {F_NONE,
        F_DO3,  F_DO3P, F_RE3,  F_RE3P, F_MI3,  F_FA3,
        F_FA3P, F_SO3,  F_SO3P, F_RA3,  F_RA3P, F_SI3,
        F_DO4,  F_DO4P, F_RE4,  F_RE4P, F_MI4,  F_FA4,
        F_FA4P, F_SO4,  F_SO4P, F_RA4,  F_RA4P, F_SI4,
        F_DO5,  F_DO5P, F_RE5,  F_RE5P, F_MI5,  F_FA5,
        F_FA5P, F_SO5,  F_SO5P, F_RA5,  F_RA5P, F_SI5,
        F_DO6,  F_DO6P, F_RE6,  F_RE6P, F_MI6,  F_FA6,
        F_FA6P, F_SO6,  F_SO6P, F_RA6,  F_RA6P, F_SI6};

//시범연주 패턴(학교종)
u_char flash SchoolBell[3][72] = {
   {NONE, NONE, NONE, NONE,
    SO5, SO5, SO5, SO5, RA5, RA5, RA5, RA5,
    SO5, SO5, SO5, SO5, MI5, MI5,  MI5, MI5,
    SO5, SO5, SO5, SO5, MI5, MI5, MI5, MI5,
    RE5, RE5,  RE5, RE5,  RE5, RE5,  NONE, NONE,
```

```
    SO5, SO5, SO5, SO5, RA5, RA5, RA5, RA5,
    SO5, SO5, SO5, SO5, MI5, MI5,  MI5, MI5,
    SO5, SO5, MI5, MI5, RE5, RE5, MI5, MI5,
    DO5, DO5,  DO5, DO5,  DO5, DO5,  NONE, NONE,
    NONE, NONE, NONE, NONE},

   {NONE, NONE, NONE, NONE,
    DO4, SO4, MI4, SO4, DO4, RA4, FA4, RA4,
    DO4, SO4, MI4, SO4, DO4, SO4, MI4, SO4,
    DO4, SO4, MI4, SO4, DO4, SO4, MI4, SO4,
    SI3, SO4, FA4, SO4, MI4, SO4, RE4, SO4,
    DO4, SO4, MI4, SO4, DO4, RA4, FA4, RA4,
    DO4, SO4, MI4, SO4, DO4, SO4, MI4, SO4,
    DO4, SO4, MI4, SO4, SI3, SO4, FA4, SO4,
    DO4, SO4, MI4, SO4, DO4, DO4, DO4, DO4,
    NONE, NONE, NONE, NONE},

   {NONE, NONE, NONE, NONE,
    NONE, NONE, NONE, NONE, NONE, NONE, NONE, NONE,
    NONE, NONE, NONE, NONE, NONE, NONE, NONE, NONE,
    NONE, NONE, NONE, NONE, NONE, NONE, NONE, NONE,
    NONE, NONE, NONE, NONE, NONE, NONE, NONE, NONE,
    NONE, NONE, NONE, NONE, NONE, NONE, NONE, NONE,
    NONE, NONE, NONE, NONE, NONE, NONE, NONE, NONE,
    NONE, NONE, NONE, NONE, NONE, NONE, NONE, NONE,
    NONE, NONE, NONE, NONE, NONE, NONE, NONE, NONE,
    NONE, NONE, NONE, NONE}};

// 시범연주 패턴(구슬비)
u_char flash BallRain[3][72] = {
   {NONE, NONE, NONE, NONE,
    MI5, SO5, SO5, FA5, MI5, SO5, SO5, FA5,
    MI5, MI5, SO5, SO5, FA5, FA5, FA5, FA5,
    RE5, FA5, FA5, MI5, RE5, FA5, FA5, MI5,
    RE5, RE5, FA5, FA5, MI5, MI5, MI5, MI5,
    DO5, DO5, MI5, SO5, DO6, DO6, DO6, RA5,
    SO5, SO5, RA5, RA5, SO5, SO5,  SO5, SO5,
    MI5, SO5, SO5, FA5, MI5, SO5, SO5, FA5,
    MI5, MI5, RE5, RE5, DO5, DO5, DO5, DO5,
    NONE, NONE, NONE, NONE},

   {NONE, NONE, NONE, NONE,
    DO4, SO4, MI4, SO4, DO4, SO4, MI4, RA4,
    DO4, SO4, MI4, SO4, RE4, SO4, FA4, SO4,
    SI3, SO4, FA4, SO4, RE4, SO4, FA4, SO4,
    SI3, SO4, FA4, SO4, DO4, SO4, MI4, SO4,
    DO4, SO4, MI4, SO4, DO4, RA4, FA4, RA4,
```

```
    DO4, MI4, RE4P, FA4P, MI4, SO4, DO4, MI4,
    DO4, SO4, SO4, SO4, DO4, SO4, SO4, SO4,
    DO4, SO4, SO3, SO4, DO4, SO4, DO4, DO4,
    NONE, NONE, NONE, NONE},

   {NONE, NONE, NONE, NONE,
    NONE, NONE, NONE, NONE, NONE, NONE, NONE, NONE,
    NONE, NONE, NONE, NONE, NONE, NONE, NONE, NONE,
    NONE, NONE, NONE, NONE, NONE, NONE, NONE, NONE,
    NONE, NONE, NONE, NONE, NONE, NONE, NONE, NONE,
    NONE, NONE, NONE, NONE, NONE, NONE, NONE, NONE,
    NONE, NONE, NONE, NONE, NONE, NONE, NONE, NONE,
    NONE, NONE, NONE, NONE, NONE, NONE, NONE, NONE,
    NONE, NONE, NONE, NONE, NONE, NONE, NONE, NONE,
    NONE, NONE, NONE, NONE}};

// 시범연주 패턴(모두가 사랑이예요)
u_char flash AllLove[3][136] = {
   {NONE, NONE, NONE, NONE,
    NONE, MI5, RA5, SI5, DO6, SI5, RA5, DO6,
    SI5, RA5, SO5P, SI5, MI5, MI5, MI5, MI5,
    NONE, MI5, SO5P, RA5, SI5, RA5, SO5P, SI5,
    RA5, RA5, RA5, SI5, DO6, DO6, DO6, DO6,
    NONE, MI5, RA5, SI5, DO5, SI5, RA5, DO5,
    SI5, RA5, SO5P, SI5, MI5, MI5, MI5, MI5,
    NONE, MI5, MI6, RE6, RE6, DO6, DO6, SI5,
    RA5, RA5, RA5, RA5, RA5, RA5, RA5, RA5,
    SI5, SI5, SI5, DO6, RE6, RE6, MI6, FA6,
    MI6, MI6, MI6, DO6, RA5, RA5, RA5, RA5,
    FA6, FA6, FA6, FA6, FA6, MI6, RE6, FA6,
    MI6, MI6, MI6, MI6, MI6, MI6, RE6, MI6,
    FA6, FA6, FA6, MI6, FA6, FA6, SO6, FA6,
    MI6, RE6, MI6, FA6, MI6, MI6, MI6, MI5,
    MI6, MI6, MI6, RE6, RE6, DO6, DO6, SI5,
    RA5, RA5, RA5, RA5, RA5, RA5, NONE, NONE,
    NONE, NONE, NONE, NONE},

   {NONE, NONE, NONE, NONE,
    DO4, DO4, DO5, DO5, DO5, DO5, DO5, DO5,
    DO4, DO4, SI4, SI4, SI4, SI4, SI4, SI4,
    DO4, DO4, SI4, SI4, SI4, SI4, SI4, SI4,
    DO4, DO4, DO5, DO5, DO5, DO5, DO5, DO5,
    DO4, DO4, DO5, DO5, DO5, DO5, DO5, DO5,
    DO4, DO4, SI4, SI4, SI4, SI4, SI4, SI4,
    DO4, DO4, SI4, SI4, SI4, SI4, SI4, SI4,
    DO4, DO4, DO5, DO5, DO5, DO5, DO5, DO5,
    RE4, RE4, RA4, RA4, RA4, RA4, RA4, RA4,
```

```
    MI4, MI4, DO5, DO5, DO5, DO5, DO5, DO5,
    RE4, RE4, SI4, SI4, SI4, SI4, SI4, SI4,
    DO4, DO4, SO4, SO4, SO4, SO4, SO4, SO4,
    RE4, RE4, RA4, RA4, RA4, RA4, RA4, RA4,
    MI4, MI4, DO5, DO5, DO5, DO5, DO5, DO5,
    MI4, MI4, SI4, SI4, SI4, SI4, SI4, SI4,
    MI4, MI4, DO5, DO5, DO5, DO5, DO5, DO5,
    NONE, NONE, NONE, NONE},

   {NONE, NONE, NONE, NONE,
    NONE, NONE, RA4, RA4, RA4, RA4, RA4, RA4,
    NONE, NONE, SO4P, SO4P, SO4P, SO4P, SO4P, SO4P,
    NONE, NONE, SO4P, SO4P, SO4P, SO4P, SO4P, SO4P,
    NONE, NONE, RA4, RA4, RA4, RA4, RA4, RA4,
    NONE, NONE, RA4, RA4, RA4, RA4, RA4, RA4,
    NONE, NONE, SO4P, SO4P, SO4P, SO4P, SO4P, SO4P,
    NONE, NONE, SO4P, SO4P, SO4P, SO4P, SO4P, SO4P,
    NONE, NONE, RA4, RA4, RA4, RA4, RA4, RA4,
    NONE, NONE, FA4, FA4, FA4, FA4, FA4, FA4,
    NONE, NONE, RA4, RA4, RA4, RA4, RA4, RA4,
    NONE, NONE, SO4, SO4, SO4, SO4, SO4, SO4,
    NONE, NONE, MI4, MI4, MI4, MI4, MI4, MI4,
    NONE, NONE, FA4, FA4, FA4, FA4, FA4, FA4,
    NONE, NONE, RA4, RA4, RA4, RA4, RA4, RA4,
    NONE, NONE, SO4P, SO4P, SO4P, SO4P, SO4P, SO4P,
    NONE, NONE, RA4, RA4, RA4, RA4, RA4, RA4,
    NONE, NONE, NONE, NONE}};

// 바이엘하권 52
u_char flash Bayer52[3][152] = {
   {NONE, NONE, NONE, NONE,
    MI6, MI6, RE6, DO6, DO6, DO6, MI6, MI6, RE6, DO6, DO6, DO6,
    RE6, RE6, RE6, SO6, SO6, FA6, MI6, MI6, MI6, DO6, DO6, DO6,
    MI6, MI6, RE6, DO6, DO6, DO6, MI6, MI6, RE6, DO6, DO6, DO6,
    RE6, RE6, RE6, SO6, FA6, RE6, DO6, DO6, MI6, DO6, DO6, DO6,
    RE6, RE6, RE6, SO6, SO6, FA6, MI6, MI6, MI6, DO6, DO6, DO6,
    RE6, RE6, RE6, SO6, FA6, RE6, MI6, MI6, MI6, DO6, DO6, DO6,
    MI6, MI6, RE6, DO6, DO6, DO6, MI6, MI6, RE6, DO6, DO6, DO6,
    RE6, RE6, RE6, SO6, FA6, RE6, DO6, DO6, MI6, DO6, DO6, NONE,
    RE6, RE6, RE6, SO6, SO6, FA6, MI6, MI6, MI6, DO6, DO6, DO6,
    RE6, RE6, RE6, SO6, FA6, RE6, MI6, MI6, MI6, DO6, DO6, DO6,
    MI6, MI6, RE6, DO6, DO6, DO6, MI6, MI6, RE6, DO6, DO6, DO6,
    RE6, RE6, RE6, SO6, FA6, RE6, DO6, DO6, MI6, DO6, DO6, NONE,
    NONE, NONE, NONE, NONE},

   {NONE, NONE, NONE, NONE,
    DO5, MI5, SO5, DO5, MI5, SO5, DO5, MI5, SO5, DO5, MI5, SO5,
```

```
    SI4, RE5, SO5, SI4, RE5, SO5, DO5, MI5, SO5, DO5, MI5, SO5,
    DO5, MI5, SO5, DO5, MI5, SO5, DO5, MI5, SO5, DO5, MI5, SO5,
    SI4, RE5, SO5, SI4, RE5, SO5, SI4, RE5, SO5, SI4, RE5, SO5,
    SI4, RE5, SO5, SI4, RE5, SO5, DO5, MI5, SO5, DO5, MI5, SO5,
    SI4, RE5, SO5, SI4, RE5, SO5, DO5, MI5, SO5, DO5, MI5, SO5,
    DO5, MI5, SO5, DO5, MI5, SO5, DO5, MI5, SO5, DO5, MI5, SO5,
    SI4, RE5, SO5, SI4, RE5, SO5, DO5, MI5, SO5, DO5, MI5, SO5,
    SI4, RE5, SO5, SI4, RE5, SO5, DO5, MI5, SO5, DO5, MI5, SO5,
    SI4, RE5, SO5, SI4, RE5, SO5, DO5, MI5, SO5, DO5, MI5, SO5,
    DO5, MI5, SO5, DO5, MI5, SO5, DO5, MI5, SO5, DO5, MI5, SO5,
    SI4, RE5, SO5, SI4, RE5, SO5, DO5, MI5, SO5, DO5, DO5, NONE,
    NONE, NONE, NONE, NONE},

   {NONE, NONE, NONE, NONE,
    NONE, NONE, NONE, NONE, NONE, NONE, NONE, NONE, NONE, NONE, NONE, NONE,
    NONE, NONE, NONE, NONE, NONE, NONE, NONE, NONE, NONE, NONE, NONE, NONE,
    NONE, NONE, NONE, NONE, NONE, NONE, NONE, NONE, NONE, NONE, NONE, NONE,
    NONE, NONE, NONE, NONE, NONE, NONE, NONE, NONE, NONE, NONE, NONE, NONE,
    NONE, NONE, NONE, NONE, NONE, NONE, NONE, NONE, NONE, NONE, NONE, NONE,
    NONE, NONE, NONE, NONE, NONE, NONE, NONE, NONE, NONE, NONE, NONE, NONE,

    NONE, NONE, NONE, NONE, NONE, NONE, NONE, NONE, NONE, NONE, NONE, NONE,
    NONE, NONE, NONE, NONE, NONE, NONE, NONE, NONE, NONE, NONE, NONE, NONE,
    NONE, NONE, NONE, NONE, NONE, NONE, NONE, NONE, NONE, NONE, NONE, NONE,
    NONE, NONE, NONE, NONE, NONE, NONE, NONE, NONE, NONE, NONE, NONE, NONE,
    NONE, NONE, NONE, NONE, NONE, NONE, NONE, NONE, NONE, NONE, NONE, NONE,
    NONE, NONE, NONE, NONE, NONE, NONE, NONE, NONE, NONE, NONE, NONE, NONE,
    NONE, NONE, NONE, NONE}};


// 바이엘하권 55
u_char flash Bayer55[3][264] = {
   {NONE, NONE, NONE, NONE,
    DO6, DO6, DO6, RE6, MI6, MI6, MI6, DO6,
    RE6, RE6, RE6, MI6, FA6, FA6, FA6, RE6,
    MI6, MI6, MI6, DO6, SO6, SO6, SO6, MI6,
    RE6, RE6, RE6, RE6, RE6, RE6, RE6, RE6,
    FA6, FA6, FA6, MI6, RE6, RE6, RE6, SO6,
    MI6, MI6, MI6, RE6, DO6, DO6, DO6, MI6,
    RE6, SO6, FA6, SO6, MI6, SO6, RE6, SO6,
    DO6, DO6, DO6, DO6, DO6, DO6, DO6, DO6,
    DO6, DO6, DO6, RE6, DO6, DO6, DO6, FA6,
    MI6, MI6, MI6, RE6, DO6, DO6, DO6, DO6,
    DO6, DO6, DO6, RE6, DO6, DO6, DO6, FA6,
    MI6, MI6, MI6, RE6, DO6, DO6, DO6, DO6,
    DO6, DO6, DO6, RE6, MI6, MI6, MI6, DO6,
    RE6, RE6, RE6, MI6, FA6, FA6, FA6, RE6,
```

```
 MI6, MI6, MI6, DO6, SO6, SO6, SO6, MI6,
 RE6, RE6, RE6, RE6, RE6, RE6, RE6, RE6,
 FA6, FA6, FA6, MI6, RE6, RE6, RE6, SO6,
 MI6, MI6, MI6, RE6, DO6, DO6, DO6, MI6,
 RE6, SO6, FA6, SO6, MI6, SO6, RE6, SO6,
 DO6, MI6, SO6, MI6, DO6, DO6, DO6, DO6,
 DO6, DO6, DO6, RE6, DO6, DO6, DO6, FA6,
 MI6, MI6, MI6, RE6, DO6, DO6, DO6, DO6,
 DO6, DO6, DO6, RE6, DO6, DO6, DO6, FA6,
 MI6, MI6, MI6, RE6, DO6, DO6, DO6, DO6,
 DO6, DO6, DO6, RE6, MI6, MI6, MI6, DO6,
 RE6, RE6, RE6, MI6, FA6, FA6, FA6, RE6,
 MI6, MI6, MI6, DO6, SO6, SO6, SO6, MI6,
 RE6, RE6, RE6, RE6, RE6, RE6, RE6, RE6,
 FA6, FA6, FA6, MI6, RE6, RE6, RE6, SO6,
 MI6, MI6, MI6, RE6, DO6, DO6, DO6, MI6,
 RE6, SO6, FA6, SO6, MI6, SO6, RE6, SO6,
 DO6, MI6, SO6, MI6, DO6, DO6, DO6, DO6,
 NONE, NONE, NONE, NONE},

{NONE, NONE, NONE, NONE,
 DO5, SO5, MI5, SO5, DO5, SO5, MI5, SO5,
 SI4, SO5, RE5, SO5, SI4, SO5, RE5, SO5,
 DO5, SO5, MI5, DO5, DO5, MI5, SO5, NONE,
 SO4, RE5, SI4, RE5, SO4, RE5, SI4, RE5,
 SO4, RE5, SI4, RE5, SO4, RE5, SI4, RE5,
 SO4, MI5, DO5, MI5, SO4, MI5, DO5, MI5,
 SO4, SO4, SO4, SO4, SO5, SO5, SO5, SO5,
 DO5, SO5, MI5, SO5, DO5, SO5, MI5, SO5,
 DO5, RA5, FA5, RA5, DO5, RA5, FA5, RA5,
 DO5, SO5, MI5, SO5, DO5, SO5, MI5, SO5,
 DO5, RA5, FA5, RA5, DO5, RA5, FA5, RA5,
 DO5, SO5, MI5, SO5, DO5, SO5, MI5, SO5,
 DO5, SO5, MI5, SO5, DO5, SO5, MI5, SO5,
 SI4, SO5, RE5, SO5, SI4, SO5, RE5, SO5,
 DO5, SO5, MI5, SO5, DO5, MI5, SO5, NONE,
 SO4, RE5, SI4, RE5, SO4, RE5, SI4, RE5,
 SO4, RE5, SI4, RE5, SO4, RE5, SI4, RE5,
 SO4, MI5, DO5, MI5, SO4, MI5, DO5, MI5,
 SO4, SO4, SO4, SO4, SO5, SO5, SO5, SO5,
 DO5, MI5, SO5, MI5, DO5, DO5, DO5, DO5,
 DO5, RA5, FA5, RA5, DO5, RA5, FA5, RA5,
 DO5, SO5, MI5, SO5, DO5, SO5, MI5, SO5,
 DO5, RA5, FA5, RA5, DO5, RA5, FA5, RA5,
 DO5, SO5, MI5, SO5, DO5, SO5, MI5, SO5,
 DO5, SO5, MI5, SO5, DO5, SO5, MI5, SO5,
 SI4, SO5, RE5, SO5, SI4, SO5, RE5, SO5,
```

```
    DO5, SO5, MI5, SO5, DO5, MI5, SO5, NONE,
    SO4, RE5, SI4, RE5, SO4, RE5, SI4, RE5,
    SO4, RE5, SI4, RE5, SO4, RE5, SI4, RE5,
    SO4, MI5, DO5, MI5, SO4, MI5, DO5, MI5,
    SO4, SO4, SO4, SO4, SO5, SO5, SO5, SO5,
    DO5, MI5, SO5, MI5, DO5, DO5, DO5, DO5,
    NONE, NONE, NONE, NONE},

   {NONE, NONE, NONE, NONE,
    NONE, NONE, NONE, NONE, NONE, NONE, NONE, NONE,
    NONE, NONE, NONE, NONE, NONE, NONE, NONE, NONE,
    NONE, NONE, NONE, NONE, NONE, NONE, NONE, NONE,
    NONE, NONE, NONE, NONE, NONE, NONE, NONE, NONE,
    NONE, NONE, NONE, NONE, NONE, NONE, NONE, NONE,
    NONE, NONE, NONE, NONE, NONE, NONE, NONE, NONE,
    NONE, NONE, NONE, NONE, NONE, NONE, NONE, NONE,
    NONE, NONE, NONE, NONE, NONE, NONE, NONE, NONE,
    NONE, NONE, NONE, NONE, NONE, NONE, NONE, NONE,
    NONE, NONE, NONE, NONE, NONE, NONE, NONE, NONE,
    NONE, NONE, NONE, NONE, NONE, NONE, NONE, NONE,
    NONE, NONE, NONE, NONE, NONE, NONE, NONE, NONE,
    NONE, NONE, NONE, NONE, NONE, NONE, NONE, NONE,
    NONE, NONE, NONE, NONE, NONE, NONE, NONE, NONE,
    NONE, NONE, NONE, NONE, NONE, NONE, NONE, NONE,
    NONE, NONE, NONE, NONE, NONE, NONE, NONE, NONE,
    NONE, NONE, NONE, NONE, NONE, NONE, NONE, NONE,
    NONE, NONE, NONE, NONE, NONE, NONE, NONE, NONE,
    NONE, NONE, NONE, NONE, NONE, NONE, NONE, NONE,
    NONE, NONE, NONE, NONE, NONE, NONE, NONE, NONE,
    NONE, NONE, NONE, NONE, NONE, NONE, NONE, NONE,
    NONE, NONE, NONE, NONE, NONE, NONE, NONE, NONE,
    NONE, NONE, NONE, NONE, NONE, NONE, NONE, NONE,
    NONE, NONE, NONE, NONE, NONE, NONE, NONE, NONE,
    NONE, NONE, NONE, NONE, NONE, NONE, NONE, NONE,
    NONE, NONE, NONE, NONE, NONE, NONE, NONE, NONE,
    NONE, NONE, NONE, NONE, NONE, NONE, NONE, NONE,
    NONE, NONE, NONE, NONE, NONE, NONE, NONE, NONE,
    NONE, NONE, NONE, NONE, NONE, NONE, NONE, NONE,
    NONE, NONE, NONE, NONE, NONE, NONE, NONE, NONE,
    NONE, NONE, NONE, NONE, NONE, NONE, NONE, NONE,
    NONE, NONE, NONE, NONE, NONE, NONE, NONE, NONE,
    NONE, NONE, NONE, NONE, NONE, NONE, NONE, NONE,
    NONE, NONE, NONE, NONE}};

u_char  samples[SAMPLE_COUNT];           // 음을 샘플링 하기 위한 배열
u_int   phase_fix = 0;                    // 파형1의 주기
u_int   phase_increment_fix = 0;          // 파형1의 주기 증가값
u_int   phase2_fix = 0;                   // 파형2의 주기
```

```
u_int   phase_increment2_fix = 0;            // 파형2의 주기 증가값
u_int   phase3_fix = 0;                      // 파형3의 주기
u_int   phase_increment3_fix = 0;            // 파형3의 주기 증가값
u_int   row =0;                              // 연주 위치

u_char flash *DemoMat[3];

u_int   score[5] = {72, 72, 136, 152, 264}; // 연주할 음의 수
u_char  flash play_name[5][16] = {"* SchoolBell *", " * Ball Rain * ",
             " * All Love *", "* Bayer No.52 *", "* Bayer No.55 *"};
u_char  flash doremi[12] = {0, 0, 1, 1, 2, 3, 3, 4, 4, 5, 5, 6};
u_char  flash sharp[12] =  {0, 1, 0, 1, 0, 0, 1, 0, 1, 0, 1, 0};

u_int     play_no = 0;              // 현재 연주곡 번호
u_char    check = 1;                // 연주중인 음계 표시여부(1:표시안함, 0:표시끝)
u_char    repeat = 0;               // 반복(1)/다음(0)
u_char    start = 1;                // 시작(1)/정지(0)
u_int     ticks_row;                // 음을 지속시키는 변수(타이머/카운터0 인터럽트 루틴)
u_char    shift = 0;                // 정지시 이모티콘 좌우 쉬프트 변수

// 함수 선언
void    system_init(void);                   // 시스템 초기화 함수
void    generate_sample(u_char tone);        // 파형 샘플링 하는 함수
void    play(u_char flash *, u_int, u_int);  // 연주 함수

// LCD 관련 함수
void LCD_init(void);                         // LCD 초기화
void LCD_String(char flash *);               // 고정 문자열 출력
void LCD_String1(char *);                    // 생성 문자열 출력
void Busy(void);                             // 딜레이 함수
void Command(unsigned char);                 // 커맨드 전송
void Data(unsigned char);                    // 데이터 전송

void main(void)
{
        LCD_init();
        system_init();

        while(1){
                if(start == 0) {
                        Command(0xc3 + shift);
                        LCD_String("   *^^*00  ");
                        delay_ms(500);
                        shift = (shift + 1) % 3;
                        continue;
                }
                if(play_no == 0) play(SchoolBell, score[0], 0);
```

```
            else if(play_no == 1) play(BallRain, score[1], 1);
            else if(play_no == 2) play(AllLove, score[2], 2);
            else if(play_no == 3) play(Bayer52, score[3], 3);
            else if(play_no == 4) play(Bayer55, score[4], 4);
        }
}

// 지정곡 연주
void play(u_char flash *ptr, u_int num, u_int pl_no)
{
        u_char  dd0, dd1, dd2;
        u_char  d0, d1, d2;
        u_char  c0, c1, c2;

        DemoMat[0] = ptr;                           // 연주할 첫번째 음 선두 포인터
        DemoMat[1] = ptr + num;                     // 연주할 두번째 음 선두 포인터
        DemoMat[2] = ptr + (num << 1) ;             // 연주할 세번째 음 선두 포인터

        delay_ms(500);

        Command(ALLCLR);
        Command(HOME);
        LCD_String(play_name[pl_no]);               // 연주곡 표시 첫라인에 표시
        delay_ms(1000);

        ticks_row = 1;
        check = 1;
        row = 0;                                    // 연주 중인 음계 번호
        TIMSK = 0x04;                               // 타이머/카운터1 동작
        while(1){
              if(play_no != pl_no || start == 0){
                        TIMSK = 0x0;                // 타이머/카운터1 정지
                        delay_ms(500);
                        Command(ALLCLR);

                        if(start == 0){
                                Command(HOME);
                                LCD_String("Press Start SW!!");
                                Command(LINE2);
                                LCD_String("     *^^*00     ");
                        }
                        delay_ms(1000);
                        break;
              }

              if(row >= num){                       // 연주 끝
                        TIMSK = 0x0;                // 타이머/카운터1 정지
```

```
                delay_ms(500);
                Command(ALLCLR);
                delay_ms(1000);

                if(repeat == 0)
                    play_no = (play_no + 1) % PLAY_TNO;  // 다음곡

                break;
            }

            if(check == 1){                         // 연주중인 음계 LCD 둘째라인에 표시
                Command(LINE2);
                LCD_String("                ");
                Command(LINE2);
                if(DemoMat[0][row] != NONE){            // 첫번째 음
                    dd0 = DemoMat[0][row] - 1;
                    d0 = dd0 % 12;                      // 음계값
                    c0 = dd0 / 12 + '3' ;               // 옥타브(ASCII 코드값)
                    Data(doremi[d0]);                   // 음계 표시
                    if(sharp[d0] != 0) Data(SHARP);     // '#' 표시
                    Data(c0);                           // 옥타브 표시
                    Data(SPACE);                        // 한 칸 띄우고
                }
                if(DemoMat[1][row] != NONE){            // 두번째 음
                    dd1 = DemoMat[1][row] - 1;
                    d1 = dd1 % 12;                      // 음계값
                    c1 = dd1 / 12 + '3' ;               // 옥타브(ASCII 코드값)
                    Data(doremi[d1]);                   // 음계 표시
                    if(sharp[d1] != 0) Data(SHARP);           // '#' 표시
                    Data(c1);                           // 옥타브 표시
                    Data(SPACE);
                }
                if(DemoMat[2][row] != NONE){            // 세번째 음
                    dd2 = DemoMat[2][row] - 1;
                    d2 = dd2 % 12;                      // 음계값
                    c2 = dd2 / 12 + '3' ;               // 옥타브(ASCII 코드값)
                    Data(doremi[d2]);                   // 음계 표시
                    if(sharp[d2] != 0) Data(SHARP);     // '#' 표시
                    Data(c2);                           // 옥타브 표시
                }
                check = 0;                              // 음계 표시 끝
            }
        }

}

// 시스템 초기화
```

```
void system_init(void)
{
        DDRE = 0b00001111;          // LED 출력 포트
        PORTE = 0b00001110;         // 반복표시 LED : off, 연주 박자 표시 LED off-on

        DDRB = 0xFF;                // OC1C 출력 설정(PB7)

        TCCR1A = 0x0c;              // 0C1C PWM 출력 사용(0x0C)
        TCCR1B = 0x11;              // 모드 8 (PFC PWM), clk/1
        TCCR1C = 0x0;
        TCNT1 = 0;                  // TCNT1 초기값 설정
        TIMSK = 0x0;                // 타이머/카운터 인터럽트 금지

        ICR1H = TIMER_MAX_COUNT >> 8;            // ICR1 상위값(TOP값)
        ICR1L = TIMER_MAX_COUNT & 0xFF;          // ICR1 하위값

        OCR1CH = 0x00;              // OCR1C 초기값 설정
        OCR1CL = 0x7F;              // 127

        EIMSK = 0b11110000;         // 외부 인터럽트4-7 인에이블
        EICRB = 0b10101010;         // 하강 에지

        generate_sample(MEANDER);  // 음을 샘플링 하는 함수

        SREG = 0x80;                // 전체 인터럽트 인에이블
}

// 음을 샘플링하는 함수
void generate_sample(u_char type)
{
        u_char  i;

        switch (type){
                case TRIANGLE:      // 삼각파로 만드는 함수
                        //부드러운 소리 출력
                        for(i = 0;i < 127;i++) samples[i] = i * 2;
                        for(;i < 255;i++) samples[i] = 255 - (i - 127) * 2;
                        break;

                case SAW:           // 입력되는 수대로 나오는 함수
                        //소리는 크나 음의 질은 떨어진다.
                        for (i = 0;i < 255;i++) samples[i] = i;
                        break;

                case MEANDER:       // 0과 1로만 출력하는 함수
                        //소리는 크나 음의 질이 상당히 떨어진다.
                        for (i = 0;i < 127;i++) samples[i] = 0;
```

```
                        for(;i < 255;i++) samples[i] = 0xff;
                        break;
        }
}

// 타이머/카운터1 오버플로우 인터럽트 함수
// 1/16us * 2 * TIMER_MAX_COUNT(415) = 51.875us
interrupt [TIM1_OVF] void timer1_overflow(void)
{
        ticks_row--;

        if (ticks_row != 0);                    // tick_row가 0이 될 때까지 음 지속
        else {                                  // 51.875us x TICKS_ROW = 261.97ms
                ticks_row = TICKS_ROW;          // 5050 설정

                // 해당하는 음의 주파수를 파형마다 삽입
                phase_increment_fix =  (CONST1 * F_note[DemoMat[0][row]]) >> 8;
                phase_increment2_fix = (CONST1 * F_note[DemoMat[1][row]]) >> 8;
                phase_increment3_fix = (CONST1 * F_note[DemoMat[2][row]]) >> 8;

                row++;
                check = 1;                      // 다음 음계 표시

                PORTE =  PORTE ^ 0b00000011;
        }

        // 3개의 파형을 동시에 출력하기 위해 샘플링한 파형을 더해서 나눈다.
        OCR1CL = (char)(((int)samples[(phase_fix >> 8)] +
                             samples[(phase2_fix >> 8)] +
                             samples[(phase3_fix >> 8)]) / 3);

        // 다음으로 샘플링 하기 위한 음을 재생
        phase_fix += phase_increment_fix;
        phase2_fix += phase_increment2_fix;
        phase3_fix += phase_increment3_fix;

        if (phase_fix > LAST_SAMPLE) phase_fix = phase_fix - LAST_SAMPLE;
        if (phase2_fix > LAST_SAMPLE) phase2_fix = phase2_fix - LAST_SAMPLE;
        if (phase3_fix > LAST_SAMPLE) phase3_fix = phase3_fix - LAST_SAMPLE;
}

// 시작/정지
interrupt [EXT_INT4] void ext_int4(void)
{
        start = start ^ 0x01;
}
```

```
// 반복
interrupt [EXT_INT5] void ext_int5(void)
{
        if(start != 0){
                repeat = repeat ^ 0x01;
                if(repeat == 0) RPT = 1;
                else RPT = 0;                // 반복 LED 표시기 출력
        }
}

// 전곡
interrupt [EXT_INT6] void ext_int6(void)
{
        play_no = (play_no + PLAY_TNO - 1) % PLAY_TNO;
}

// 다음곡
interrupt [EXT_INT7] void ext_int7(void)
{
        play_no = (play_no + 1) % PLAY_TNO;
}

// LCD 초기화
void LCD_init(void)
{
        u_int i;

         DDRD = 0xFF;                        // 포트 D 출력 설정
         PORTD &= 0xFB;                      // E = 0;

         delay_ms(15);
         Command(0x20);
         delay_ms(5);
         Command(0x20);
         delay_us(100);
         Command(0x20);
         Command(FUNCSET);
         Command(DISPON);
         Command(ALLCLR);
         Command(ENTMODE);

        delay_ms(200);

         // 패턴 등록
         for(i = 0;i < 56;i++){
                Command(0x40 + i);
                Data(cg_pat[i]);
```

```
        }
}

// 문자열 출력 함수
void LCD_String(char flash str[])
{
        char flash *pStr=0;

        pStr = str;
        while(*pStr) Data(*pStr++);
}

// 문자열 출력 함수
void LCD_String1(char str[])
{
        char *pStr=0;

        pStr = str;
        while(*pStr) Data(*pStr++);
}

// 인스트럭션 쓰기 함수
void Command(unsigned char byte)
{
        Busy();

        // 인스트럭션 상위 바이트
        PORTD = (byte & 0xF0);              // 데이터
        PORTD &= 0xFE;                      // RS = 0;
        PORTD &= 0xFD;                      // RW = 0;
        delay_us(1);
        PORTD |= 0x04;                      // E = 1;
        delay_us(1);
        PORTD &= 0xFB;                      // E = 0;

        // 인스트럭션 하위 바이트
        PORTD = ((byte<<4) & 0xF0);         // 데이터
        PORTD &= 0xFE;                      // RS = 0;
        PORTD &= 0xFD;                      // RW = 0;
        delay_us(1);
        PORTD |= 0x04;                      // E = 1;
        delay_us(1);
        PORTD &= 0xFB;                      // E = 0;
}

//데이터 쓰기 함수
void Data(unsigned char byte)
```

```
{
        Busy();

        // 데이터 상위 바이트
        PORTD = (byte & 0xF0);          // 데이터
        PORTD |= 0x01;                  // RS = 1;
        PORTD &= 0xFD;                  // RW = 0;
        delay_us(1);
        PORTD |= 0x04;                  // E = 1;
        delay_us(1);
        PORTD &= 0xFB;                  // E = 0;

        // 데이터 하위 바이트
        PORTD = ((byte<<4) & 0xF0);     // 데이터
        PORTD |= 0x01;                  // RS = 1;
        PORTD &= 0xFD;                  // RW = 0;
        delay_us(1);
        PORTD |= 0x04;                  // E = 1;
        delay_us(1);
        PORTD &= 0xFB;                  // E = 0;
}

// Busy Flag Check -> 일반적인 BF를 체크하는 것이 아니라
// 일정한 시간 지연을 이용한다.
void Busy(void)
{
        delay_ms(1);
}
```

Chapter 04

미로게임기 기능을 갖는 디지털시계

Chapter 04

미로게임기 기능을 갖는 디지털시계

4.1 작품 개요

- 정육면체 상자의 16x16 도트 매트릭스 부분이 정면을 향하고 있고 평소에는 도트 매트릭스에 디지털시계와 간단한 이미지가 표시된다.
- 디지털시계 모드 시에 시간설정모드 스위치(SW1)를 누르면 시간설정모드로 넘어가고 시간설정 스위치(SW2), 자리설정 스위치(SW3)를 이용하여 시간을 설정한다.
- 사용자가 정육면체 상자의 16x16 도트 매트릭스 부분을 위쪽 방향으로 향하게 돌리면 3축 가속도 센서가 이를 감지해서 도트 매트릭스에 표시되던 디지털시계가 미로게임으로 전환되어 사용자는 3축 가속도 센서를 이용하여 미로게임을 할 수 있다. 단, 미로게임 중에는 3축 가속도 센서에 의해서 다시 디지털시계로 전환 되지 않는다.
- 사용자가 미로게임을 통과하게 되면 좀 더 어려운 미로게임이 차례대로 진행된다.
- 한 스테이지의 미로게임을 20초 이상 할 때는 자동으로 '게임오버' 패턴이 표시되고, 도트매트릭스를 정면으로 향하면 디지털시계로 전환된다.
- 미로게임을 종료하고자 할 때에는 상자 옆쪽에 달린 강제 종료 스위치(SW4)를 누르고 정육면체 상자의 16x16 도트매트릭스 부분을 다시 정면으로 향하게 놓으면 도트매트릭스가 미로게임에서 디지털시계로 전환된다.

(a) 시계 동작 모드 (b) 미로 게임 모드

[그림 4-1] 작품 사진

4.2 작품구성도 및 회로도

<작품 구성도>

[그림 4-2]는 작품 구성도를 보여준다. 4개의 조작 스위치와 3축 가속도 센서가 입력장치로 이용되며, 16x16 도트매트릭스가 출력장치로 사용된다.

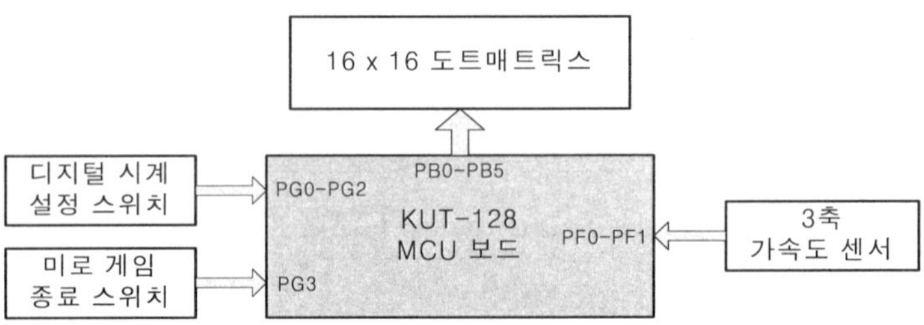

[그림 4-2] 작품 구성도

[표 4-1] 입출력 디바이스 기능 및 사용 포트

입출력	디바이스	기 능	사용포트
입 력	PUSH 버튼 스위치	디지털시계 시간설정모드	PG0
		디지털시계 시간설정	PG1
		디지털시계 자리설정	PG2
		미로게임 강제종료	PG3
	3축 가속도 센서(X축)	수평방향 기울기 감지	PF0
	3축 가속도 센서(Y축)	전후방향 기울기 감지	PF1
출 력	도트매트릭스(16X16)	게임판	PB0-PB5 (도트매트릭스제어신호, 출력라인 선택)

〈회로도〉

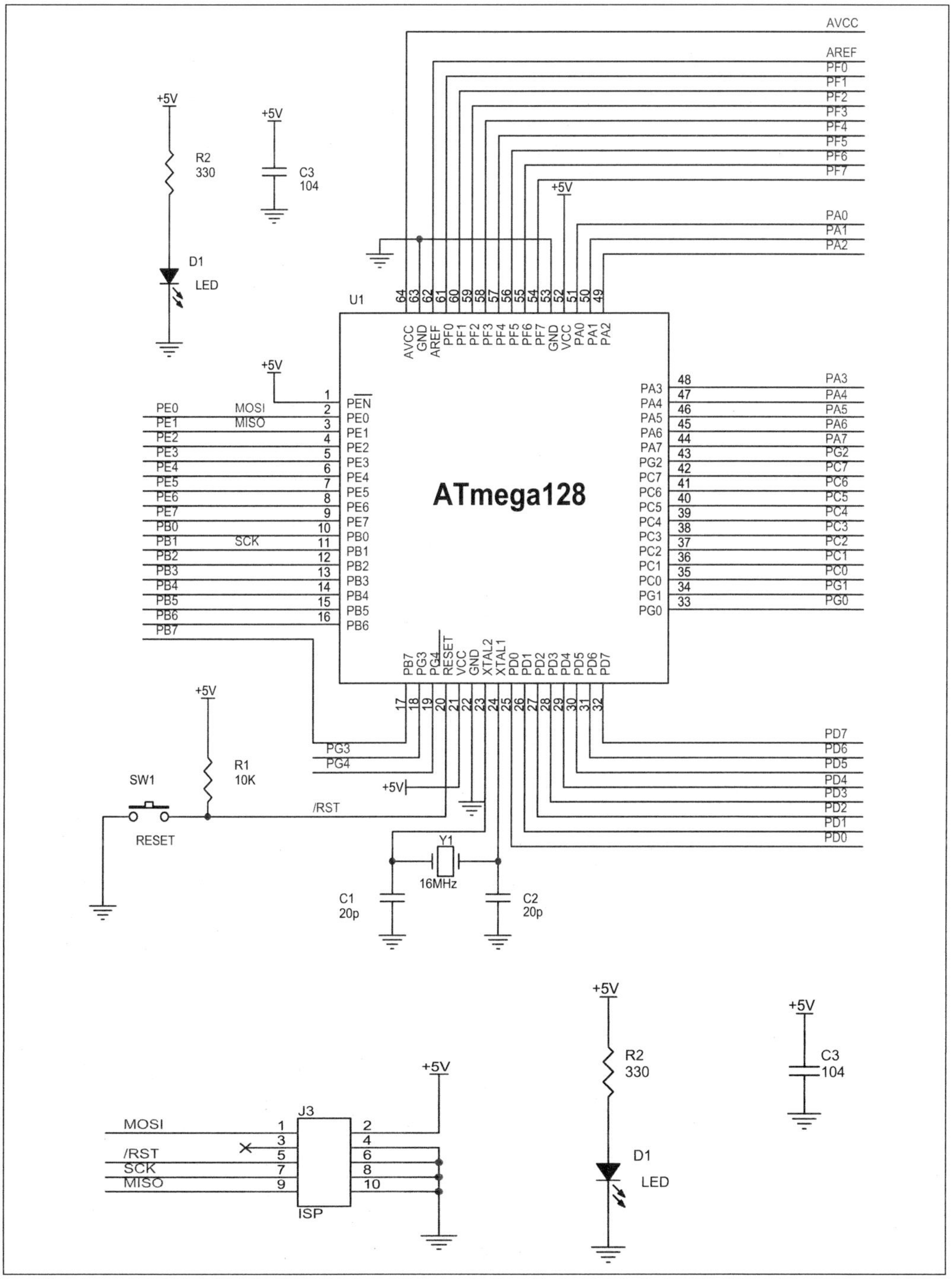

[그림 4-3] KUT-128 MCU 보드 회로

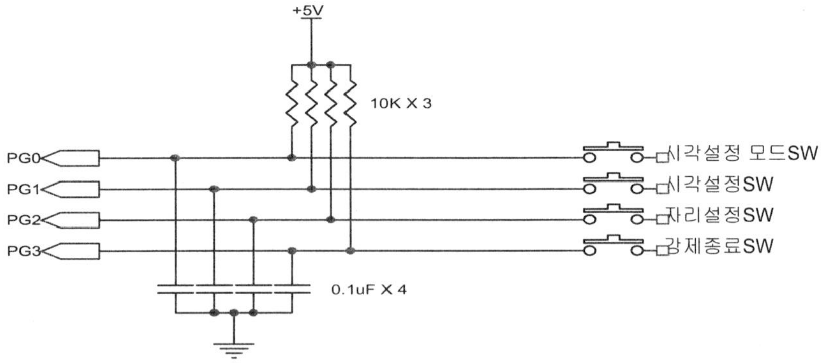

[그림 4-4] 스위치 입력회로

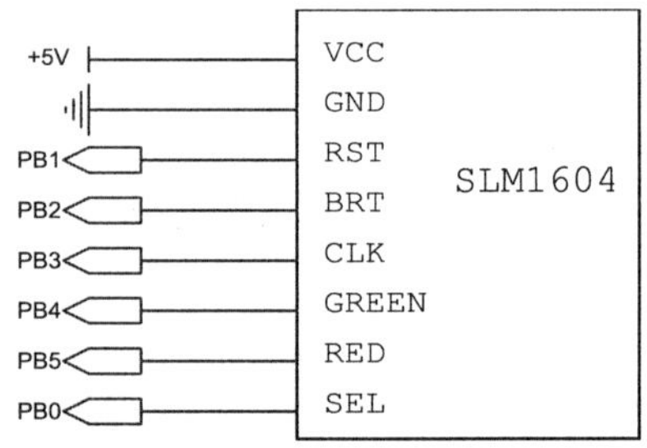

[그림 4-5] 16x16 도트매트릭스 연결 회로

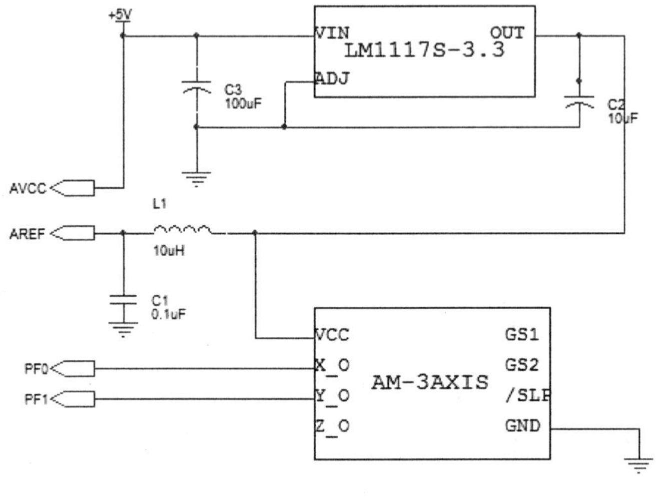

[그림 4-6] 3축 가속도 센서 전원 및 연결회로

[표 4-2] 부품 리스트

부 품 명	규 격	수 량	비 고(구입처)
3축 가속도 센서	AM-3AXIS	1	디바이스마트
16x16 도트매트릭스	SLM1604	1	옥션 중고
레귤레이터	LM117S-3.3	1	디바이스마트
스위치	PUSH BUTTON	4	학교
저항	10K	4	학교
콘덴서	0.1uF	5	학교
콘덴서	10uF	1	학교
콘덴서	100uF	1	학교
인덕터	10uH	1	학교

- 3축 가속도 센서 - 미로 게임 기울기 인식
- 16x16 도트 매트릭스 - 디지털시계 및 미로 게임 구현
- PUSH 버튼스위치 - 디지털시계 기능(시각설정, 리셋) 구현

☞ AM-3AXIS

- 3축 가속도 센서를 이용한 초소형 Evaluation 보드
- Freescale 사(구 모토로라)의 MMA7260Q 3축 센서를 필터와 함께 설계
- 3.3V 전원만 인가하면 추가적인 회로 없이 가속도 센서 동작 가능
- 외관 크기 20 X 10 mm

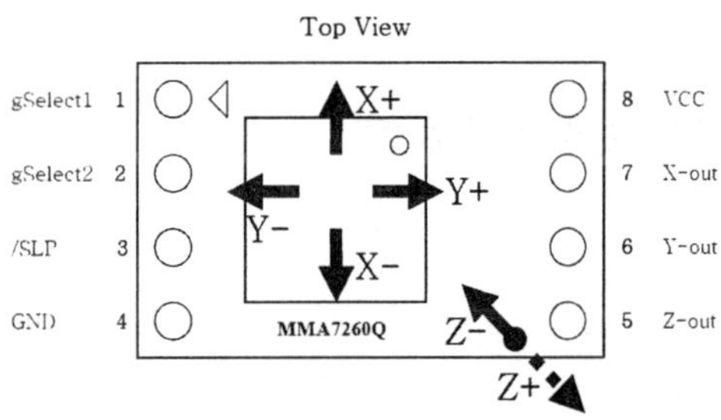

<핀 구성>

Pin No.	Description	Description
1	g-Select 1	Logic input pin to select g level. (Default : 0)
2	g-Select 2	Logic input pin to select g level. (Default : 0)
3	/Sleep Mode	Logic input pin to enable product or Sleep Mode g level. (Default : 1)
4	GND	Power Supply Ground
5	Z-out	Z direction output voltage.
6	Y-out	Y direction output voltage.
7	X-out	X direction output voltage.
8	VCC	Power Supply Input (DC 3.3V)

g-Select pin Descriptions

g-Select 2	g-Select 1	g-Range	Sensitivity
0	0	1.5g	800mV/g
0	1	2g	600mV/g
1	0	4g	300mV/g
1	1	6g	200mV/g

<핀 구성>

- VCC와 GND에 3.3V와 GND를 인가하고, X, Y, Z 출력 신호를 ADC의 입력 핀에 각각 연결한다.

- 가속도 센서보드는 총 4가지 모드로 셋팅 하여 사용이 가능하다. 기본 셋팅은 1.5g 모드로 되어 있으며, 6g까지 사용할 수 있다.(여기서, g는 중력 가속도로 9.8m/s2)

- Zero g는 A/D를 0~3.3V range에서 1.65V값이 된다.
  변위 값 : 1.5g : 800[mV/g], 2g : 600[mV/g]
  4g : 300[mV/g], 6g : 200[mV/g]
  Power Up Response Time : 1~2ms
  Enable Response Time : 0.5~2ms

- 3축 가속도 센서의 출력은 아날로그 신호이므로 ATmega128의 경우에는 F포트에 연결하면 되며, AD 변환값을 구하면 가속도를 알 수 있다.

☞ 도트 매트릭스(SLM1604)

사용한 도트 매트릭스는 삼성에서 만들어진 모델명 SLM1604이다.

1) FEATURES

COLOR	RED, GREEN, AMBER
DOT SIZE (㎜)	7
DOT PITCH (㎜)	8
NO. OF DOTS	256 (16 X 16)
SIZE (㎜)	128 X 128
WEIGHT (g)	162 ± 1

2) CONNECTIONS

CN1

1	GND
2	Vcc

CN2

1	GND
2	SELECT
3	GND
4	BRT_WRITE
5	GND
6	BRT_CLOCK

CN3

1	GND	2	RED DATA
2	GND	4	GREEN DATA
3	GND	6	CLOCK
4	GND	8	BRIGHT
5	GND	10	RESET

Connector Type Name :

CN1 : DF1-2P-2-2.50SA(HIROSE KOREA, Ltd.)

CN2 : A71308-0106N(MOLEX)

CN3 : HIF3FB-10PA-2.54DS(HIROSE KOREA, Ltd.)

※ MEMORY MODE에서의 핀 연결

- CN1 : VCC와 GND 연결
- CN2 : MCU보드 포트에 1번과 2번만 연결
- CN3 : MCU보드 포트에 1~10번 모두 연결

3) SIGNAL FUNCTION

PIN NAME	FUNCTION DESCRIPTION
VCC GND RED DATA GREEN DATA	Power supply of the module Ground of the module Data input for red color Data input for green color
SELECT	Data input control "H" : Data input and display "L" : Data input disable and display memorized data
BRIGHT-WRITE	Total brightness control data write(48bit pattern) "H" : Data write "L" : normal display
BRIGHT-CLOCK	Shift clock of total brightness conrol data pattern (5-20MHz continuous clock)
BRIGHT	Display on/off control "H" : Display off "L" : Display on Brightness can be controlled using pulse width
CLOCK	clock signal for data input and display
RESET	For initializing counter value "H" : counter initializing "L" : normal operation The memorized data in the module are cleared.

4) MEMORY MODE TIMMING CHART

타이머/카운터를 사용해 1msec마다 오버플로우 인터럽트가 걸려 총 16개의 라인을 1ms마다 한 줄씩 데이터를 출력하며, 이때 각 라인의 데이터는 16비트 데이터이다.

먼저 리셋펄스(reset_on, reset_off)를 걸어 준 다음 bright_on을 한 후 적색 LED의 데이터와 녹색 LED의 데이터를 클럭과 함께 출력한다.

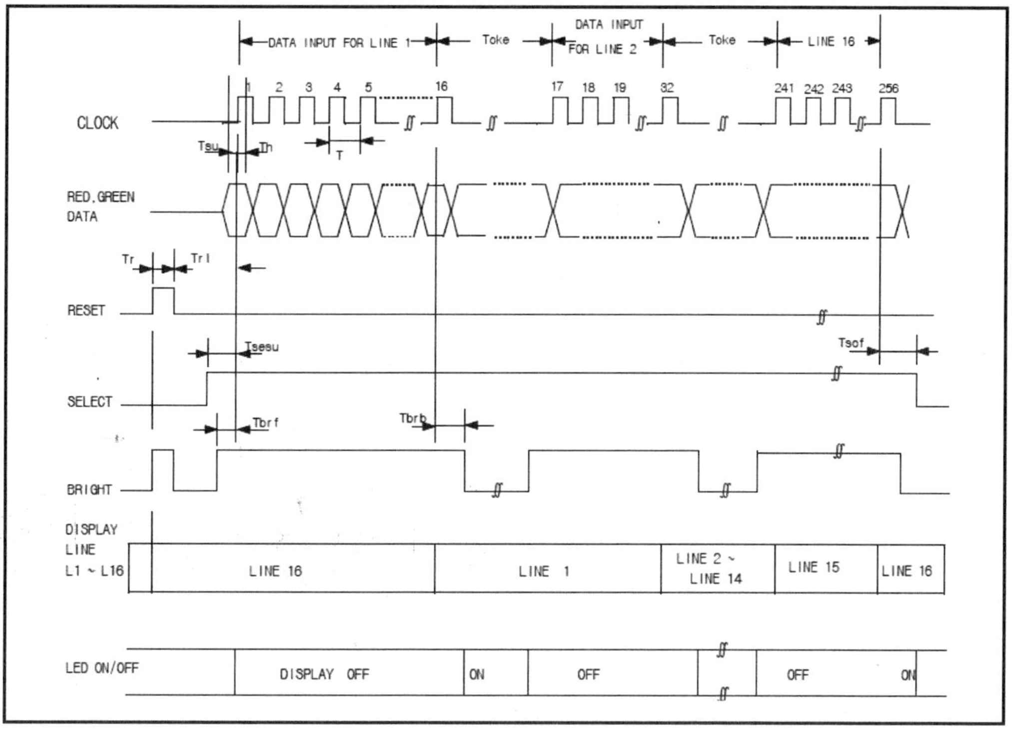

4.3 알고리즘

<디지털시계>

① 16x16 도트 매트릭스에 [그림 4-7]과 같이 시계와 간단한 이미지를 표시한다.

② 1ms마다 타이머/카운터0에 의해 인터럽트를 발생시킨다.

③ 시간설정모드 스위치(SW1)가 눌리지 않았을 때에는 타이머/카운터0 인터럽트 함수에서 cnt 변수를 1씩 증가시키면서 1000이 될 때마다 초(sec)를 1씩 증가한다.

④ 초(sec)는 60이 될 때 0으로 바뀌고 분(min)을 1씩 증가시킨다.

⑤ 분(min)은 60이 될 때 0으로 바뀌고 시(hour)를 1씩 증가시킨다.

⑥ 시(hour), 분(min), 초(sec)가 23, 59, 59가 되면 다시 00, 00, 00으로 돌아간다.

⑦ 시간설정모드 스위치(SW1)가 눌렸을 때는 cnt 변수가 동작하지 않아 시간은 멈추게 되고, 시간설정 스위치(SW2)에 의해서 시(hour), 분(min), 초(sec) 중 해당 자리 값이 1씩 증가하게 된다.

⑧ 자리설정 스위치(SW3)에 의해서 시(hour), 분(min), 초(sec)의 자리를 선택한다.

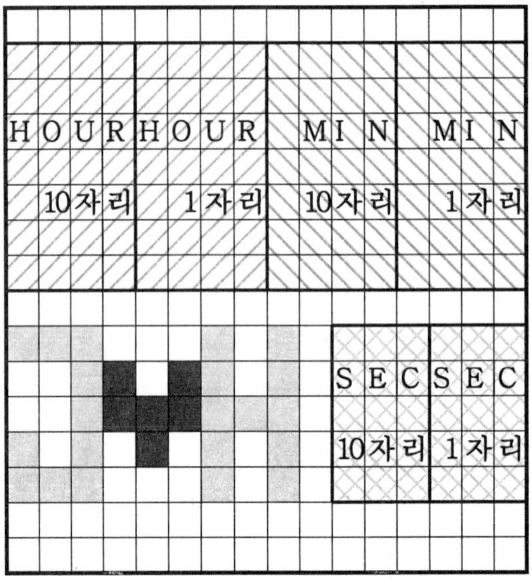

[그림 4-7] 시계 모드에서의 시간 및 이미지 표시영역

<미로 게임>

① 3축 가속도 센서의 X축 기울기의 AD 변환 값이 400 이상의 값을 갖게 되면 미로 게임을 시작한다.

② 미로게임이 시작되고 난 후 3축 가속도 센서에 의해서는 디지털시계로 전환되지 않는다.

③ 미로게임을 통과할 공(적색 LED)이 위, 아래로 움직일 경우에는 먼저 위, 아래에 벽이 있는지 프로그램 상으로 검사를 한 후 벽이 있으면 움직이지 않고, 벽이 없고 X축으로 AD 변환 값이 600 이상일 때는 위로, AD 변환 값이 400 이하일 때는 아래로 움직인다.

④ 미로게임을 통과할 공(적색 LED)이 왼쪽, 오른쪽으로 움직일 경우에는 먼저 왼쪽, 오른쪽에 벽이 있는지 프로그램 상으로 검사를 한 후 벽이 있으면 움직이지 않고, 벽이 없고 Y축으로 AD 변환 값 600이 이상일 때는 공을 오른쪽으로 움직이고, AD 변환 값이 400 이하일 때는 공을 왼쪽으로 움직인다.

⑤ 한 스테이지에서 20초 이상 경과할 때는 자동으로 '게임오버' 이미지가 도트매트릭스에 표시되고, 이때 X축 AD 변환 값이 300 이하가 되면 디지털시계로 전환된다.

⑥ 강제로 게임을 종료하고 싶을 때에는 강제종료 스위치(SW4)를 누르고, X축 AD 변환값을 300 이하로 만들면 디지털시계로 전환된다.

4.4 함수 기능 및 처리 흐름도

[표 4-3] 함수 기능

함수 이름	기 능
main( )	기본적인 타이머/카운터0, 포트 입·출력, 3축 가속도 센서, 스위치의 초기 설정을 해준다.
time0( )	1000us 당 인터럽트가 주기적으로 걸려서 도트매트릭스의 구동과 디지털시계의 초(sec) 값을 지정해준다.
port_init( )	도트매트릭스 제어를 위한 초기 설정을 해준다.
display( )	dot_out() 함수를 호출하여 도트매트릭스에 어떤 것을 구현할지 정해지면 실질적으로 구현을 위한 적색, 녹색, 주황색을 제어하여 도트매트릭스를 구동한다.
dot_out( )	모드에 따라 도트매트릭스에 디지털시계를 구동할지 미로게임을 구동할지 결정한다.
time_out( )	시(hour), 분(min), 초(sec)를 십의자리와 일의자리로 구분하여 각각의 자리에 맞게 숫자를 증가하여 display() 함수에서 표시한다.
game_out( )	미로게임이 시작되면 구동되는 함수이며 해당 스테이지와 공(적색LED)의 위치 등을 display() 함수에서 표시한다.
ball_move( )	공(적색LED)의 움직임을 제어하는 함수이며 3축 가속도 센서 값의 ADC 변환값으로 벽이 있고 없고의 유무에 따라 위, 아래, 오른쪽, 왼쪽 방향으로 움직이거나 그 자리에 멈춰있게 한다.
game_over( )	미로게임 시에 강제 종료 스위치(SW4)를 누르거나 한 스테이지에서 20초 이상 경과하였을 때 구동되는 함수이며 '게임오버' 라는 이미지를 display() 함수에서 표현하게 한다.
sw2( )	시각설정모드에서 구동되는 함수이며 해당 자리의 값을 증가시켜 준다.
sw3( )	시각설정모드에서 구동되는 함수이며 시각설정을 위한 자리 설정을 해준다.
cbi( )	포트B의 비트를 클리어 시켜준다.
sbi( )	포트B의 비트를 셋 시켜준다.

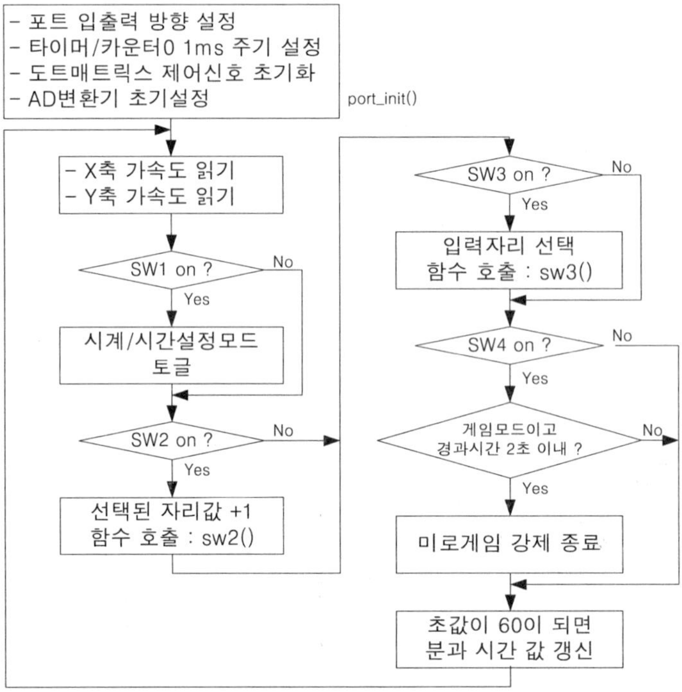

(a) main() 함수

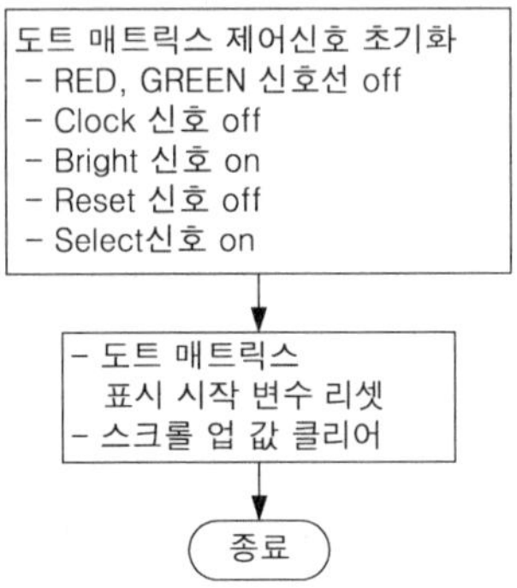

(b) port_init() 함수

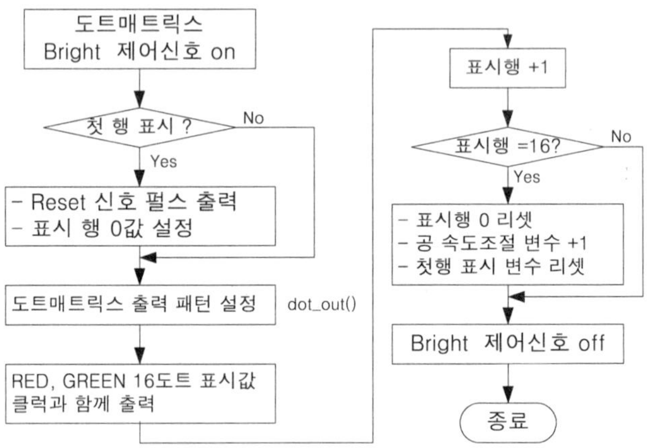

(c) display() 함수

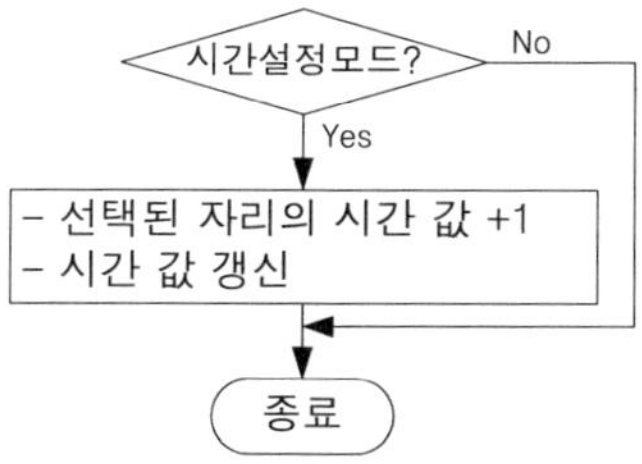

(d) sw2() 함수

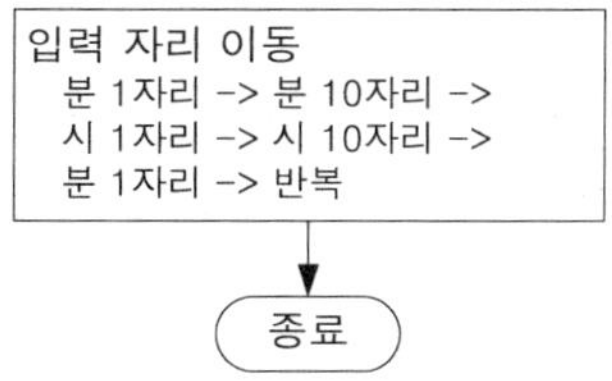

(e) sw3() 함수

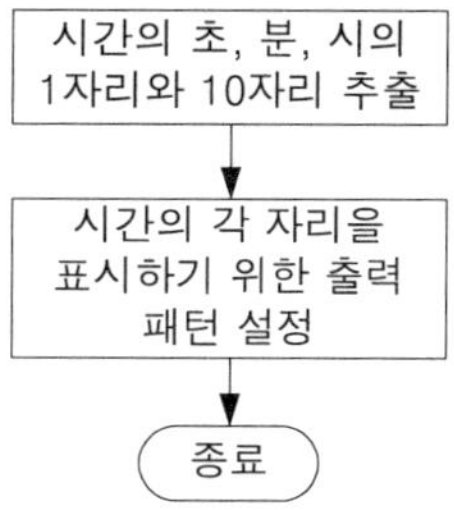

f) time_out() 함수

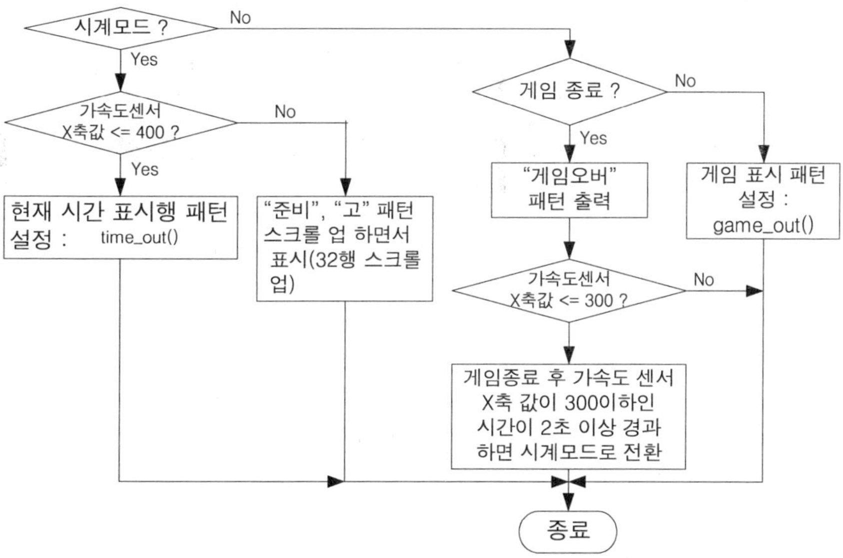

(g) dot_out() 함수

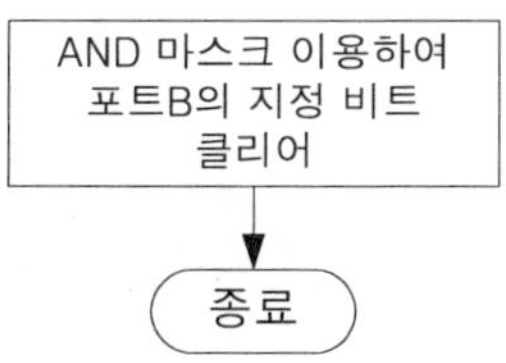

(h) cbi() 함수

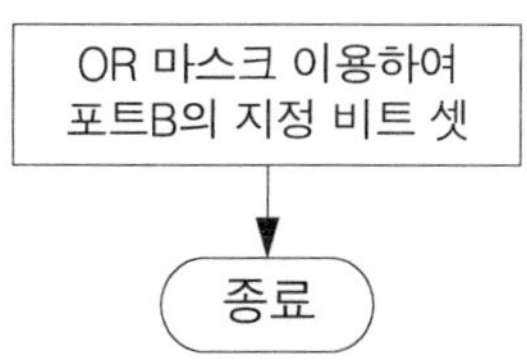

(i) sbi() 함수

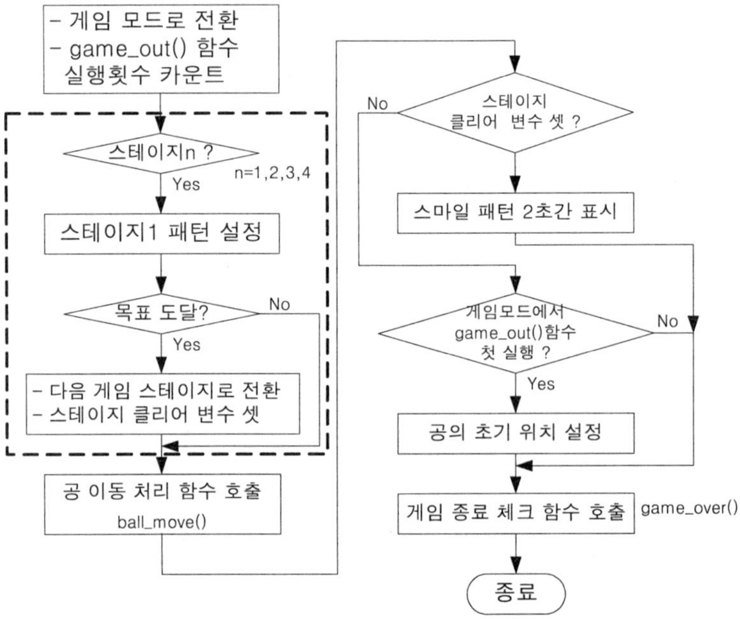

(j)game_out() 함수

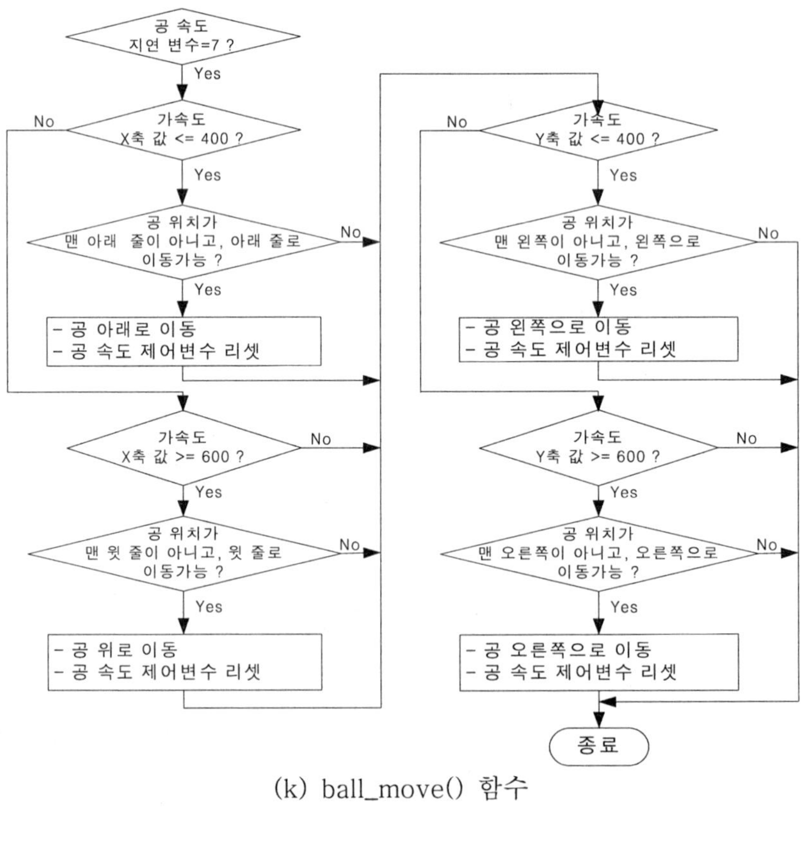

(k) ball_move() 함수

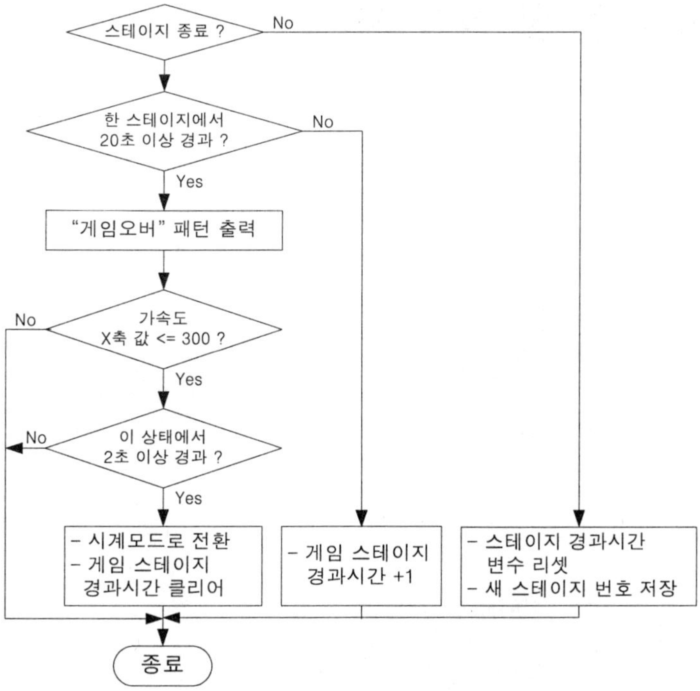

(l) game_over() 함수

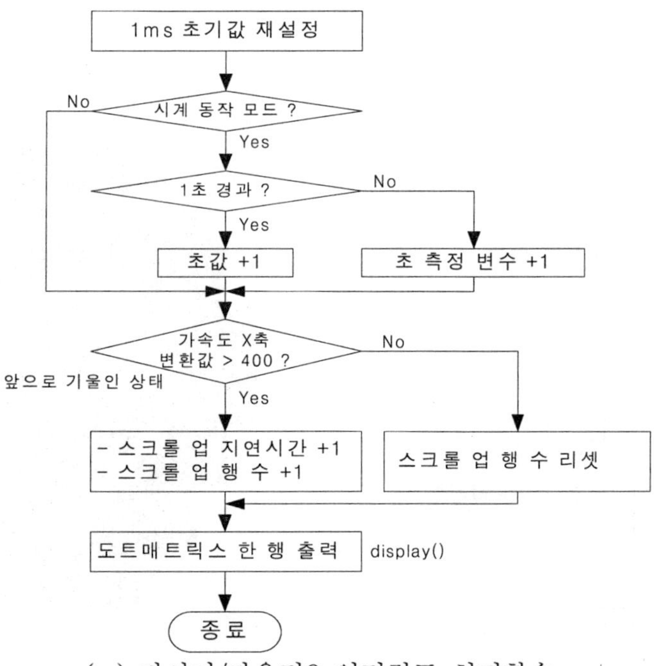

(m) 타이머/카운터0 인터럽트 처리함수

[그림 4-8] 처리 흐름도

4.5 출력 패턴 및 작품 사진

[그림 4-9]는 작품에 이용되는 출력 패턴을, [그림 4-10]은 4개의 미로 게임 패턴을 각각 보여준다.

[출력 패턴]

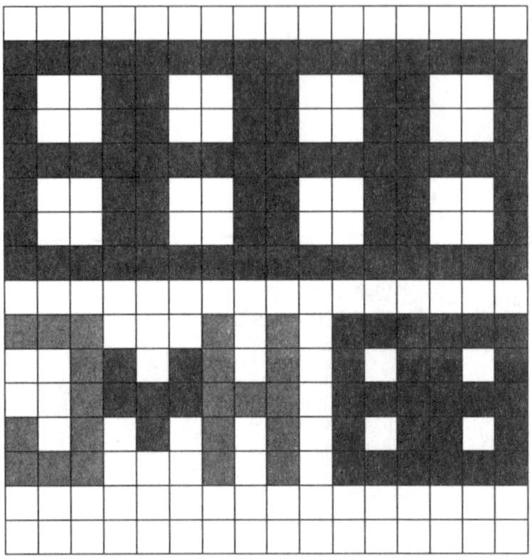

(a) 초기화면

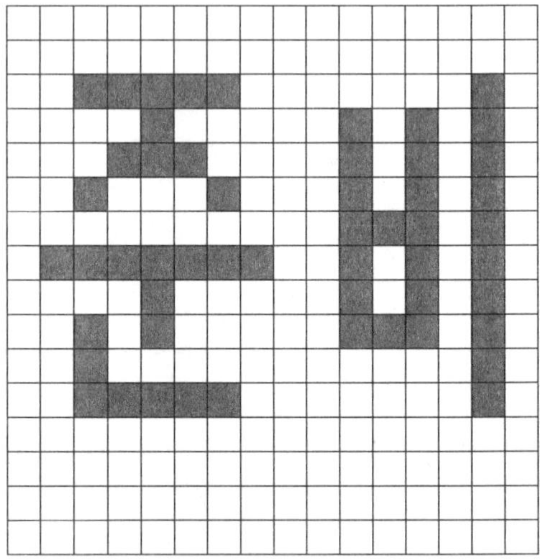

(b) 게임 시작 전 화면1

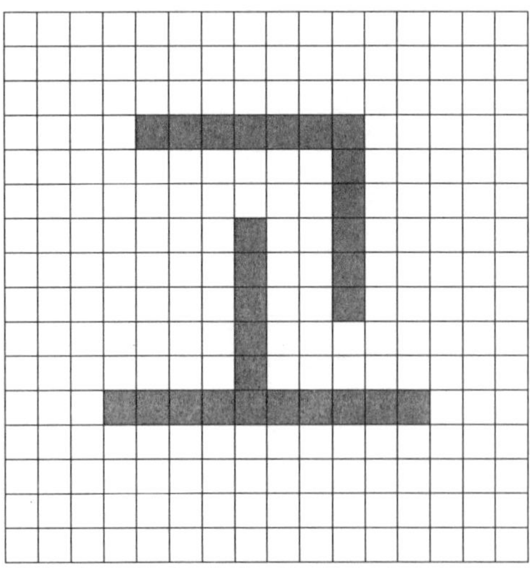

(c) 게임 시작 전 화면2

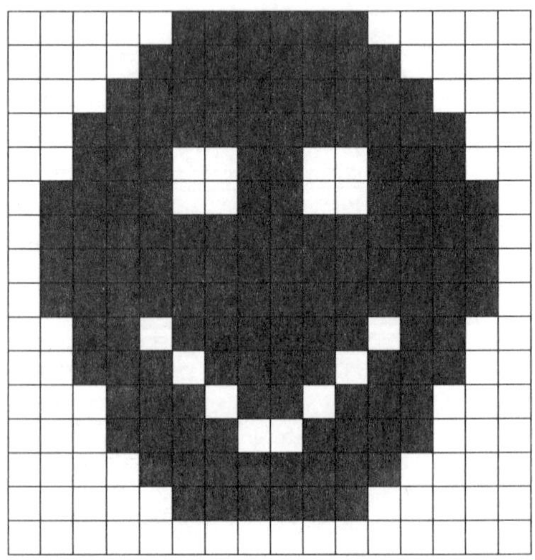

(d) 다음 스테이지 넘어갈 때 화면

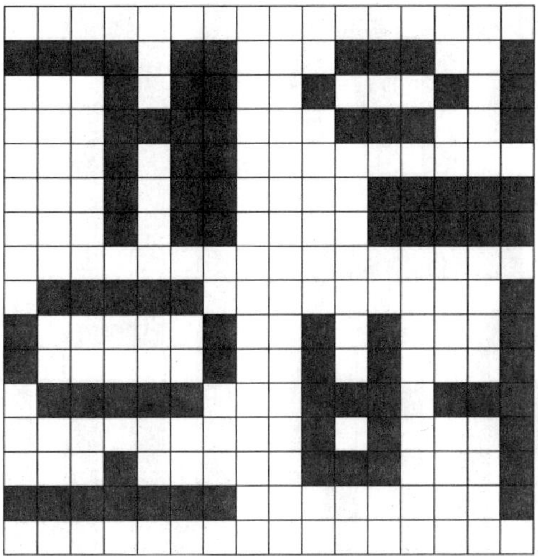

(e) 게임 오버

[그림 4-9] 출력 패턴

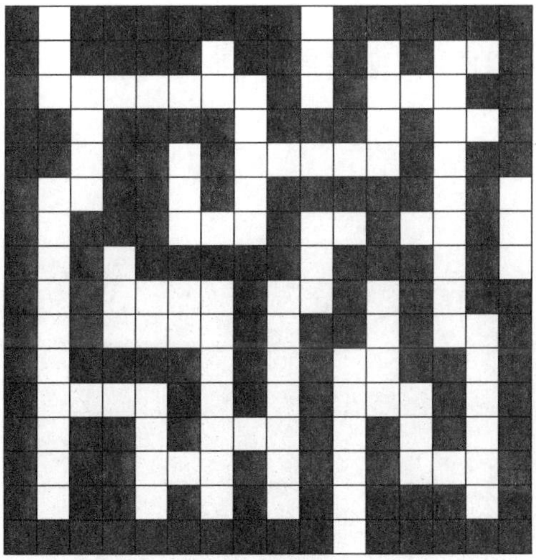

(a) 게임 map1

(b) 게임 map2

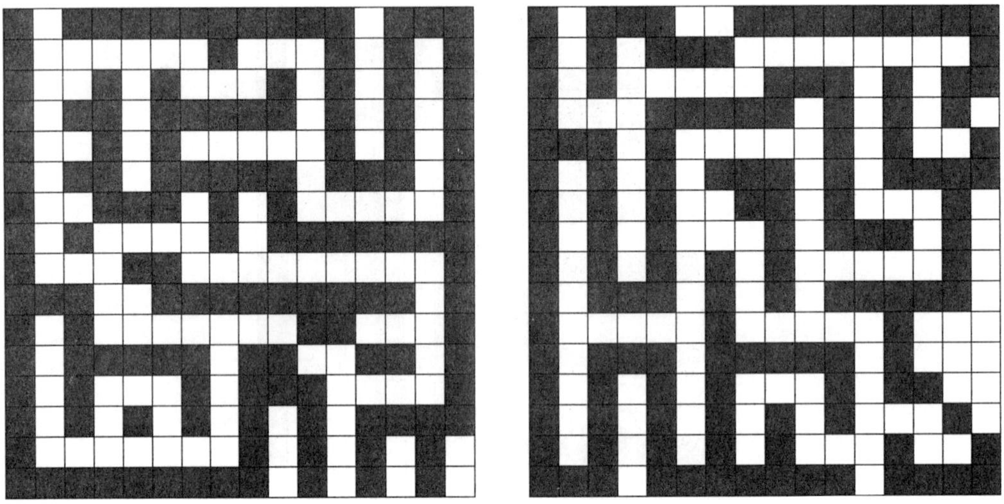

(c) 게임 map3 (d) 게임 map4

[그림 4-10] 미로 게임 맵(패턴)

[작품 사진]

[그림 4-11]은 제작된 보드와 동작중인 도트매트릭스의 출력상태를 보여준다.

(a) 도트매트릭스, MCU 보드, 3축가속도 센서, 스위치 회로 보드(왼쪽부터)

(b) 시계모드 동작

(c) 미로게임 준비화면

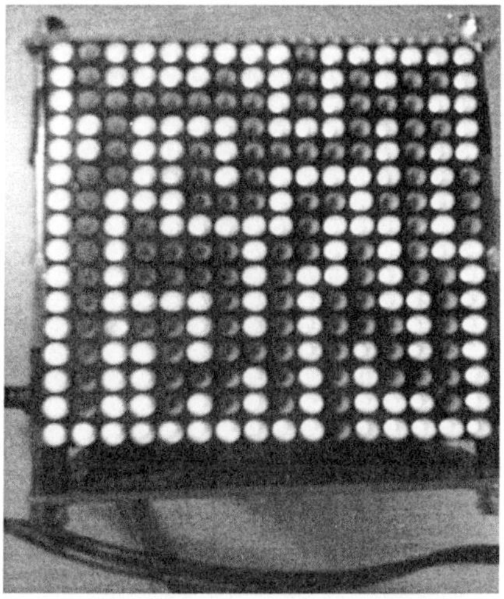

(d) 미로게임

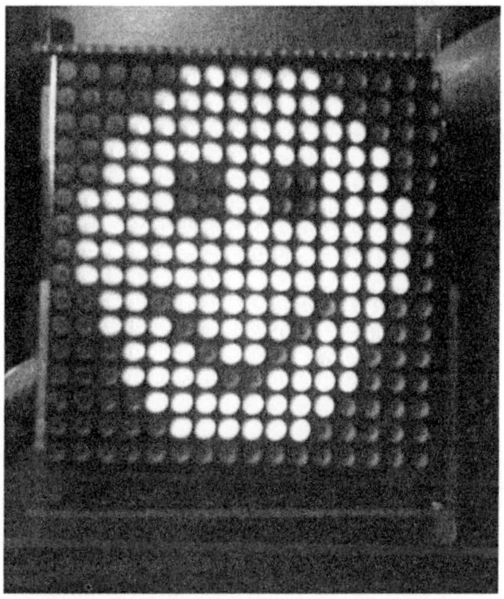

(e) 스테이지 클리어 화면

[그림 4-11] 작품 사진

4.6 프로그램 소스

[리스트 4-1] miro.h 헤더 파일

```
/********************************************************************
*   miro.h by 정훈                                                   *
*  도트 매트릭스 관련 출력 변수 및 패턴 정의 파일                         *
********************************************************************/

// 도트 매트릭스 녹색/적색 출력 변수
unsigned int led_green[]={
            0x0000, 0x0000, 0x0000, 0x0000, 0x0000, 0x0000, 0x0000, 0x0000,
            0x0000, 0x0000, 0x0000, 0x0000, 0x0000, 0x0000, 0x0000, 0x0000
};

unsigned int led_red[]={
            0x0000, 0x0000, 0x0000, 0x0000, 0x0000, 0x0000, 0x0000, 0x0000,
            0x0000, 0x0000, 0x0000, 0x0000, 0x0000, 0x0000, 0x0000, 0x0000
};

// 시계 모드 화면 하단 출력 이미지
// "J  H" 패턴과 하트 패턴
unsigned int const led_red_jh[]={
            0x0000, 0x0000, 0x0000, 0x0000, 0x0000, 0x0000, 0x0000, 0x0000,
            0x0000, 0xe280, 0x3680, 0x3f80, 0xaa80, 0xe280, 0x0000, 0x0000
};

unsigned int const led_green_jh[]={
             0x0000, 0x0000, 0x0000, 0x0000, 0x0000, 0x0000, 0x0000, 0x0000,
             0x0000, 0xe280, 0x2280, 0x2380, 0xa280, 0xe280, 0x0000, 0x0000
};

unsigned int const led_red_heart[]={
0x0000,0x0000,0x0420,0x0e70,0x1ff8,0x3ffc,0x3ffc,0x3ffc,
                0x1ff8,0x0ff0,0x07e0,0x03c0,0x0180,0x0000,0x0000,0x0000
};

// 도트매트릭스 "게임/오버" 출력 패턴
unsigned int led_red_die[]={
            0x0000, 0xf639, 0x1645, 0x1e39, 0x1600, 0x161f, 0x161f, 0x0000,
            0x7c01, 0x8251, 0x8251, 0x7c77, 0x0051, 0x1071, 0xfe01, 0x0000
};

unsigned int led_green_die[]={
                0x0000, 0x0000, 0x0000, 0x0000, 0x0000, 0x0000, 0x0000, 0x0000,
```

```
            0x0000, 0x0000, 0x0000, 0x0000, 0x0000, 0x0000, 0x0000, 0x0000
};

// 게임 시작 도트매트릭스 초기화면 "준비", "고" 스크롤 업 출력 패턴
unsigned int const led_red_start[]={
            0x0000, 0x0000, 0x0000, 0x0000, 0x0000, 0x0000, 0x0000, 0x0000,
             0x0000, 0x0000, 0x3e02, 0x082a, 0x1c2a, 0x222a, 0x003a, 0x7f2a,
             0x082a, 0x283a, 0x2002, 0x3e02, 0x0000, 0x0000, 0x0000, 0x0000,
            0x0000, 0x0000, 0x0000, 0x0000, 0x0000, 0x0000, 0x0000, 0x0000,
             0x0000, 0x0000, 0x0000, 0x0fe0, 0x0020, 0x0020, 0x0120, 0x0120,
             0x0120, 0x0100, 0x0100, 0x1ff8, 0x0000, 0x0000, 0x0000, 0x0000
};
unsigned int const led_green_start[]={
            0x0000, 0x0000, 0x0000, 0x0000, 0x0000, 0x0000, 0x0000, 0x0000,
             0x0000, 0x0000, 0x3e02, 0x082a, 0x1c2a, 0x222a, 0x003a, 0x7f2a,
             0x082a, 0x283a, 0x2002, 0x3e02, 0x0000, 0x0000, 0x0000, 0x0000,
             0x0000, 0x0000, 0x0000, 0x0000, 0x0000, 0x0000, 0x0000, 0x0000,
             0x0000, 0x0000, 0x0000, 0x0fe0, 0x0020, 0x0020, 0x0120, 0x0120,
             0x0120, 0x0100, 0x0100, 0x1ff8, 0x0000, 0x0000, 0x0000, 0x0000
};

// 미로게임에서 다음 스테이지로 넘어갈 때 표시되는 스마일 출력 패턴
unsigned int const led_red_next[]={
            0x07e0, 0x0ff0, 0x1ff8, 0x3ffc, 0x399c, 0x799e, 0x7ffe, 0x7ffe,
            0x7ffe, 0x37ec, 0x3bdc, 0x1db8, 0x1e78, 0x0ff0, 0x07e0, 0x0000
};
unsigned int const led_green_next[]={
                0x0000, 0x0000, 0x0000, 0x0000, 0x0000, 0x0000, 0x0000, 0x0000,
            0x0000, 0x0000, 0x0000, 0x0000, 0x0000, 0x0000, 0x0000, 0x0000
};

// 미로게임에서의 공(적색) 표시용 변수
unsigned int led_red_ball[]={
            0x4000, 0x0000, 0x0000, 0x0000, 0x0000, 0x0000, 0x0000, 0x0000,
            0x0000, 0x0000, 0x0000, 0x0000, 0x0000, 0x0000, 0x0000, 0x0000
};

// 미로게임에서의 공을 표시하기 위한 초기값
unsigned int const led_red_ball_start[]={
            0x4000, 0x0000, 0x0000, 0x0000, 0x0000, 0x0000, 0x0000, 0x0000,
            0x0000, 0x0000, 0x0000, 0x0000, 0x0000, 0x0000, 0x0000, 0x0000
};

// 미로(녹색) 표시용 변수
unsigned int led_green_map[]={
             0x0000, 0x0000, 0x0000, 0x0000, 0x0000, 0x0000, 0x0000, 0x0000,
```

```
            0x0000, 0x0000, 0x0000, 0x0000, 0x0000, 0x0000, 0x0000, 0x0000
};

// 미로 스테이지1 패턴
unsigned int const led_green_map1[]={
            0xbfbf, 0xbda9, 0x80a3, 0xdee9, 0xda0b, 0x9afa, 0xb892, 0xafba,
            0xa12b, 0xa169, 0xbd4d, 0x8545, 0xb455, 0xb151, 0xb55d, 0xffdf
};

// 미로 스테이지2 패턴
unsigned int const led_green_map2[]={
            0xa39f, 0xbe91, 0x80f5, 0xae05, 0xa8fd, 0xaba1, 0x8aaf, 0xeae8,
            0x2b88, 0xeaef, 0x8e81, 0x82bd, 0xbab9, 0xaabb, 0xaa8b, 0xeedf
};

// 미로 스테이지3 패턴
unsigned int const led_green_map3[]={
            0xbff7, 0x8115, 0x9455, 0xb7d5, 0x9415, 0xb7dd, 0x9d41, 0xa17f,
            0x8c01, 0xe7fd, 0xa031, 0xbecd, 0xa2e1, 0xaaaf, 0x80aa, 0xffaa
};

// 미로 스테이지4 패턴
unsigned int const led_green_map4[]={
            0xb9ff, 0xae01, 0xa0eb, 0x8faa, 0xe829, 0xabaf, 0xa9a2, 0xa8ba,
            0xaa82, 0xbabe, 0x8208, 0xbbe8, 0xaa2c, 0xaaa2, 0xaa89, 0xefef
};

// 초의 일 자리 표시용 변수
unsigned int led_green_sec_1[]={
        0x0000, 0x0000, 0x0000, 0x0000, 0x0000, 0x0000, 0x0000, 0x0000,
        0x0000, 0x0000, 0x0000, 0x0000, 0x0000, 0x0000, 0x0000, 0x0000
};

// 초의 십 자리 표시용 변수
unsigned int led_green_sec_2[]={
        0x0000, 0x0000, 0x0000, 0x0000, 0x0000, 0x0000, 0x0000, 0x0000,
        0x0000, 0x0000, 0x0000, 0x0000, 0x0000, 0x0000, 0x0000, 0x0000
};

// 분 일 자리 표시용 변수
unsigned int led_green_min_1[]={
        0x0000, 0x0000, 0x0000, 0x0000, 0x0000, 0x0000, 0x0000, 0x0000,
        0x0000, 0x0000, 0x0000, 0x0000, 0x0000, 0x0000, 0x0000, 0x0000
};

// 분 십 자리 표시용 변수
```

```
unsigned int led_green_min_2[]={
        0x0000, 0x0000, 0x0000, 0x0000, 0x0000, 0x0000, 0x0000, 0x0000,
        0x0000, 0x0000, 0x0000, 0x0000, 0x0000, 0x0000, 0x0000, 0x0000
};

// 시의 일 자리 표시용 변수
unsigned int led_green_hour_1[]={
        0x0000, 0x0000, 0x0000, 0x0000, 0x0000, 0x0000, 0x0000, 0x0000,
        0x0000, 0x0000, 0x0000, 0x0000, 0x0000, 0x0000, 0x0000, 0x0000
};

// 시의 십 자리 표시용 변수
unsigned int led_green_hour_2[]={
        0x0000, 0x0000, 0x0000, 0x0000, 0x0000, 0x0000, 0x0000, 0x0000,
        0x0000, 0x0000, 0x0000, 0x0000, 0x0000, 0x0000, 0x0000, 0x0000
};

// 초의 일 자리 '0' 출력 패턴
unsigned int const led_green0[]={
            0x0000, 0x0000, 0x0000, 0x0000, 0x0000, 0x0000, 0x0000, 0x0000,
            0x0000, 0x0007, 0x0005, 0x0005, 0x0005, 0x0007, 0x0000, 0x0000
};

// 초의 일 자리 '1' 출력 패턴
unsigned int const led_green1[]={
            0x0000, 0x0000, 0x0000, 0x0000, 0x0000, 0x0000, 0x0000, 0x0000,
            0x0000, 0x0001, 0x0001, 0x0001, 0x0001, 0x0001, 0x0000, 0x0000
};

// 초의 일 자리 '2' 출력 패턴
unsigned int const led_green2[]={
            0x0000, 0x0000, 0x0000, 0x0000, 0x0000, 0x0000, 0x0000, 0x0000,
            0x0000, 0x0007, 0x0001, 0x0007, 0x0004, 0x0007, 0x0000, 0x0000
};

// 초의 일 자리 '3' 출력 패턴
unsigned int const led_green3[]={
            0x0000, 0x0000, 0x0000, 0x0000, 0x0000, 0x0000, 0x0000, 0x0000,
            0x0000, 0x0007, 0x0001, 0x0007, 0x0001, 0x0007, 0x0000, 0x0000
};

// 초의 일 자리 '4' 출력 패턴
unsigned int const led_green4[]={
            0x0000, 0x0000, 0x0000, 0x0000, 0x0000, 0x0000, 0x0000, 0x0000,
            0x0000, 0x0005, 0x0005, 0x0007, 0x0001, 0x0001, 0x0000, 0x0000
};
```

```
// 초의 일 자리 '5' 출력 패턴
unsigned int const led_green5[]={
            0x0000, 0x0000, 0x0000, 0x0000, 0x0000, 0x0000, 0x0000, 0x0000,
            0x0000, 0x0007, 0x0004, 0x0007, 0x0001, 0x0007, 0x0000, 0x0000
};

// 초의 일 자리 '6' 출력 패턴
unsigned int const led_green6[]={
            0x0000, 0x0000, 0x0000, 0x0000, 0x0000, 0x0000, 0x0000, 0x0000,
            0x0000, 0x0007, 0x0004, 0x0007, 0x0005, 0x0007, 0x0000, 0x0000
};

// 초의 일 자리 '7' 출력 패턴
unsigned int const led_green7[]={
            0x0000, 0x0000, 0x0000, 0x0000, 0x0000, 0x0000, 0x0000, 0x0000,
            0x0000, 0x0007, 0x0001, 0x0001, 0x0001, 0x0001, 0x0000, 0x0000
};

// 초의 일 자리 '8' 출력 패턴
unsigned int const led_green8[]={
            0x0000, 0x0000, 0x0000, 0x0000, 0x0000, 0x0000, 0x0000, 0x0000,
            0x0000, 0x0007, 0x0005, 0x0007, 0x0005, 0x0007, 0x0000, 0x0000
};

// 초의 일 자리 '9' 출력 패턴
unsigned int const led_green9[]={
            0x0000, 0x0000, 0x0000, 0x0000, 0x0000, 0x0000, 0x0000, 0x0000,
            0x0000, 0x0007, 0x0005, 0x0007, 0x0001, 0x0007, 0x0000, 0x0000
};

// 초의 십 자리 '0' 출력 패턴
unsigned int const led_green00[]={
            0x0000, 0x0000, 0x0000, 0x0000, 0x0000, 0x0000, 0x0000, 0x0000,
            0x0000, 0x0038, 0x0028, 0x0028, 0x0028, 0x0038, 0x0000, 0x0000
};

// 초의 십 자리 '1' 출력 패턴
unsigned int const led_green10[]={
            0x0000, 0x0000, 0x0000, 0x0000, 0x0000, 0x0000, 0x0000, 0x0000,
            0x0000, 0x0008, 0x0008, 0x0008, 0x0008, 0x0008, 0x0000, 0x0000
};

// 초의 십 자리 '2' 출력 패턴
unsigned int const led_green20[]={
            0x0000, 0x0000, 0x0000, 0x0000, 0x0000, 0x0000, 0x0000, 0x0000,
```

```
            0x0000, 0x0038, 0x0008, 0x0038, 0x0020, 0x0038, 0x0000, 0x0000
};

// 초의 십 자리 '3' 출력 패턴
unsigned int const led_green30[]={
            0x0000, 0x0000, 0x0000, 0x0000, 0x0000, 0x0000, 0x0000, 0x0000,
            0x0000, 0x0038, 0x0008, 0x0038, 0x0008, 0x0038, 0x0000, 0x0000
};

// 초의 십 자리 '4' 출력 패턴
unsigned int const led_green40[]={
            0x0000, 0x0000, 0x0000, 0x0000, 0x0000, 0x0000, 0x0000, 0x0000,
            0x0000, 0x0028, 0x0028, 0x0038, 0x0008, 0x0008, 0x0000, 0x0000
};

// 초의 십 자리 '5' 출력 패턴
unsigned int const led_green50[]={
            0x0000, 0x0000, 0x0000, 0x0000, 0x0000, 0x0000, 0x0000, 0x0000,
            0x0000, 0x0038, 0x0020, 0x0038, 0x0008, 0x0038, 0x0000, 0x0000
};

// 분의 일 자리 '0' 출력 패턴
unsigned int const led_green000[]={
            0x0000, 0x000f, 0x0009, 0x0009, 0x0009, 0x0009, 0x0009, 0x000f,
            0x0000, 0x0000, 0x0000, 0x0000, 0x0000, 0x0000, 0x0000, 0x0000
};

// 분의 일 자리 '1' 출력 패턴
unsigned int const led_green100[]={
            0x0000, 0x0001, 0x0001, 0x0001, 0x0001, 0x0001, 0x0001, 0x0001,
            0x0000, 0x0000, 0x0000, 0x0000, 0x0000, 0x0000, 0x0000, 0x0000
};

// 분의 일 자리 '2' 출력 패턴
unsigned int const led_green200[]={
            0x0000, 0x000f, 0x0001, 0x0001, 0x000f, 0x0008, 0x0008, 0x000f,
            0x0000, 0x0000, 0x0000, 0x0000, 0x0000, 0x0000, 0x0000, 0x0000
};

// 분의 일 자리 '3' 출력 패턴
unsigned int const led_green300[]={
            0x0000, 0x000f, 0x0001, 0x0001, 0x000f, 0x0001, 0x0001, 0x000f,
            0x0000, 0x0000, 0x0000, 0x0000, 0x0000, 0x0000, 0x0000, 0x0000
};

// 분의 일 자리 '4' 출력 패턴
```

```
unsigned int const led_green400[]={
            0x0000, 0x0009, 0x0009, 0x0009, 0x000f, 0x0001, 0x0001, 0x0001,
            0x0000, 0x0000, 0x0000, 0x0000, 0x0000, 0x0000, 0x0000, 0x0000
};

// 분의 일 자리 '5' 출력 패턴
unsigned int const led_green500[]={
            0x0000, 0x000f, 0x0008, 0x0008, 0x000f, 0x0001, 0x0001, 0x000f,
            0x0000, 0x0000, 0x0000, 0x0000, 0x0000, 0x0000, 0x0000, 0x0000
};

// 분의 일 자리 '6' 출력 패턴
unsigned int const led_green600[]={
            0x0000, 0x000f, 0x0008, 0x0008, 0x000f, 0x0009, 0x0009, 0x000f,
            0x0000, 0x0000, 0x0000, 0x0000, 0x0000, 0x0000, 0x0000, 0x0000
};

// 분의 일 자리 '7' 출력 패턴
unsigned int const led_green700[]={
            0x0000, 0x000f, 0x0001, 0x0001, 0x0001, 0x0001, 0x0001, 0x0001,
            0x0000, 0x0000, 0x0000, 0x0000, 0x0000, 0x0000, 0x0000, 0x0000
};

// 분의 일 자리 '8' 출력 패턴
unsigned int const led_green800[]={
            0x0000, 0x000f, 0x0009, 0x0009, 0x000f, 0x0009, 0x0009, 0x000f,
            0x0000, 0x0000, 0x0000, 0x0000, 0x0000, 0x0000, 0x0000, 0x0000
};

// 분의 일 자리 '9' 출력 패턴
unsigned int const led_green900[]={
            0x0000, 0x000f, 0x0009, 0x0009, 0x000f, 0x0001, 0x0001, 0x000f,
            0x0000, 0x0000, 0x0000, 0x0000, 0x0000, 0x0000, 0x0000, 0x0000
};

// 분의 십 자리 '0' 출력 패턴
unsigned int const led_green0000[]={
            0x0000, 0x00f0, 0x0090, 0x0090, 0x0090, 0x0090, 0x0090, 0x00f0,
            0x0000, 0x0000, 0x0000, 0x0000, 0x0000, 0x0000, 0x0000, 0x0000
};

// 분의 십 자리 '1' 출력 패턴
unsigned int const led_green1000[]={
            0x0000, 0x0010, 0x0010, 0x0010, 0x0010, 0x0010, 0x0010, 0x0010,
            0x0000, 0x0000, 0x0000, 0x0000, 0x0000, 0x0000, 0x0000, 0x0000
};
```

```
// 분의 십 자리 '2' 출력 패턴
unsigned int const led_green2000[]={
            0x0000, 0x00f0, 0x0010, 0x0010, 0x00f0, 0x0080, 0x0080, 0x00f0,
            0x0000, 0x0000, 0x0000, 0x0000, 0x0000, 0x0000, 0x0000, 0x0000
};

// 분의 십 자리 '3' 출력 패턴
unsigned int const led_green3000[]={
            0x0000, 0x00f0, 0x0010, 0x0010, 0x00f0, 0x0010, 0x0010, 0x00f0,
            0x0000, 0x0000, 0x0000, 0x0000, 0x0000, 0x0000, 0x0000, 0x0000
};

// 분의 십 자리 '4' 출력 패턴
unsigned int const led_green4000[]={
            0x0000, 0x0090, 0x0090, 0x0090, 0x00f0, 0x0010, 0x0010, 0x0010,
            0x0000, 0x0000, 0x0000, 0x0000, 0x0000, 0x0000, 0x0000, 0x0000
};

// 분의 십 자리 '5' 출력 패턴
unsigned int const led_green5000[]={
            0x0000, 0x00f0, 0x0080, 0x0080, 0x00f0, 0x0010, 0x0010, 0x00f0,
            0x0000, 0x0000, 0x0000, 0x0000, 0x0000, 0x0000, 0x0000, 0x0000
};

// 시의 일 자리 '0' 출력 패턴
unsigned int const led_green00000[]={
            0x0000, 0x0f00, 0x0900, 0x0900, 0x0900, 0x0900, 0x0900, 0x0f00,
            0x0000, 0x0000, 0x0000, 0x0000, 0x0000, 0x0000, 0x0000, 0x0000
};

// 시의 일 자리 '1' 출력 패턴
unsigned int const led_green10000[]={
            0x0000, 0x0100, 0x0100, 0x0100, 0x0100, 0x0100, 0x0100, 0x0100,
            0x0000, 0x0000, 0x0000, 0x0000, 0x0000, 0x0000, 0x0000, 0x0000
};

// 시의 일 자리 '2' 출력 패턴
unsigned int const led_green20000[]={
            0x0000, 0x0f00, 0x0100, 0x0100, 0x0f00, 0x0800, 0x0800, 0x0f00,
            0x0000, 0x0000, 0x0000, 0x0000, 0x0000, 0x0000, 0x0000, 0x0000
};

// 시의 일 자리 '3' 출력 패턴
unsigned int const led_green30000[]={
            0x0000, 0x0f00, 0x0100, 0x0100, 0x0f00, 0x0100, 0x0100, 0x0f00,
```

```
            0x0000, 0x0000, 0x0000, 0x0000, 0x0000, 0x0000, 0x0000, 0x0000
};

// 시의 일 자리 '4' 출력 패턴
unsigned int const led_green40000[]={
            0x0000, 0x0900, 0x0900, 0x0900, 0x0f00, 0x0100, 0x0100, 0x0100,
            0x0000, 0x0000, 0x0000, 0x0000, 0x0000, 0x0000, 0x0000, 0x0000
};

// 시의 일 자리 '5' 출력 패턴
unsigned int const led_green50000[]={
            0x0000, 0x0f00, 0x0800, 0x0800, 0x0f00, 0x0100, 0x0100, 0x0f00,
            0x0000, 0x0000, 0x0000, 0x0000, 0x0000, 0x0000, 0x0000, 0x0000
};

// 시의 일 자리 '6' 출력 패턴
unsigned int const led_green60000[]={
            0x0000, 0x0f00, 0x0800, 0x0800, 0x0f00, 0x0900, 0x0900, 0x0f00,
            0x0000, 0x0000, 0x0000, 0x0000, 0x0000, 0x0000, 0x0000, 0x0000
};

// 시의 일 자리 '7' 출력 패턴
unsigned int const led_green70000[]={
            0x0000, 0x0f00, 0x0100, 0x0100, 0x0100, 0x0100, 0x0100, 0x0100,
            0x0000, 0x0000, 0x0000, 0x0000, 0x0000, 0x0000, 0x0000, 0x0000
};

// 시의 일 자리 '8' 출력 패턴
unsigned int const led_green80000[]={
            0x0000, 0x0f00, 0x0900, 0x0900, 0x0f00, 0x0900, 0x0900, 0x0f00,
            0x0000, 0x0000, 0x0000, 0x0000, 0x0000, 0x0000, 0x0000, 0x0000
};

// 시의 일 자리 '9' 출력 패턴
unsigned int const led_green90000[]={
            0x0000, 0x0f00, 0x0900, 0x0900, 0x0f00, 0x0100, 0x0100, 0x0f00,
            0x0000, 0x0000, 0x0000, 0x0000, 0x0000, 0x0000, 0x0000, 0x0000
};

// 시의 십 자리 '0' 출력 패턴
unsigned int const led_green000000[]={
            0x0000, 0xf000, 0x9000, 0x9000, 0x9000, 0x9000, 0x9000, 0xf000,
            0x0000, 0x0000, 0x0000, 0x0000, 0x0000, 0x0000, 0x0000, 0x0000
};

// 시의 십 자리 '1' 출력 패턴
unsigned int const led_green100000[]={
            0x0000, 0x1000, 0x1000, 0x1000, 0x1000, 0x1000, 0x1000, 0x1000,
```

```
            0x0000, 0x0000, 0x0000, 0x0000, 0x0000, 0x0000, 0x0000, 0x0000
};

// 시의 십 자리 '2' 출력 패턴
unsigned int const led_green200000[]={
            0x0000, 0xf000, 0x1000, 0x1000, 0xf000, 0x8000, 0x8000, 0xf000,
            0x0000, 0x0000, 0x0000, 0x0000, 0x0000, 0x0000, 0x0000, 0x0000
};
```

[리스트 4-2] miro.c 소스 파일

```
/********************************************************
*  3축 가속도 센서 미로 게임   miro.c                      *
*  2010. 09. by 정훈                                      *
********************************************************/

#include <mega128.h>
#include <delay.h>
#include "miro.h"                          // 변수 및 도트 매트릭스 출력 패턴 파일

// 도트 매트릭스 제어신호 on/off 정의
#define red_on        sbi(5)               // RED 신호 on(PORTB.5 set)
#define red_off       cbi(5)               // RED 신호 off(PORTB.5 clear)
#define green_on      sbi(4)               // GREEN 신호 on(PORTB.4 set)
#define green_off     cbi(4)               // GREEN 신호 off(PORTB.4 clear)
#define clock_on      sbi(3)               // Clock 신호 on(PORTB.3 set)
#define clock_off     cbi(3)               // Clock 신호 off(PORTB.3 clear)
#define bright_on     sbi(2)               // Bright 신호 on(PORTB.2 set)
#define bright_off    cbi(2)               // Bright 신호 off(PORTB.2 clear)
#define reset_on      sbi(1)               // Reset 신호 on(PORTB.1 set)
#define reset_off     cbi(1)               // Reset 신호 off(PORTB.1 clear)
#define select_on     sbi(0)               // Select 신호 on(PORTB.0 set)
#define select_off    cbi(0)               // Select 신호 off(PORTB.0 clear)

// 사용자 정의 함수
void display(void);                        // Dot Matrix 1행 표시
void port_init(void);                      // Dot Matrix 초기화
void sw2(void);                            // 선택된 자리값 +1
void sw3(void);                            // 입력 자리 선택
void dot_out(void);                        // Dot Matrix 표시 변수 값 설정
void time_out(void);                       // 시간 표시 데이터 설정
void game_out(void);                       // 게임 표시 데이터 설정
void ball_move(void);                      // 공 이동처리
void game_over(void);                      // 게임 시간경과 종료 체크
void cbi(char);                            // 포트 B 지정 비트 클리어
void sbi(char);                            // 포트 B 지정 비트 셋
```

```
// 도트 매트릭스 관련 변수
char flash mask[8] = {0x01, 0x02, 0x04, 0x08, 0x10, 0x20, 0x40, 0x80};   // 마스크 변수
volatile unsigned char reset_count;   // 첫 행 표시 시작 여부(0:미시작, 1:시작)
volatile unsigned char data_count;    // 도트매트릭스 표시 행
volatile unsigned int  cursor_count;  // Scroll Up 주기 설정 변수
volatile unsigned int  cursor = 0;    // 게임 시작 "준비", "고" 표시 Scroll Up 제어 변수
unsigned char dot_pos = 0;            // 공 위치 행(0-15) 저장 변수
unsigned int red_buf;                 // 도트매트릭스 출력 RED 값
unsigned int green_buf;               // 도트매트릭스 출력 GREEN 값

//  시계 관련 변수
unsigned char  hour = 0, min = 0, sec = 0;          // 시간, 분, 초 변수
unsigned char  hour1 = 0, min1 = 0, sec1 = 0;       // 시, 분, 초 1자리
unsigned char  hour2 = 0, min2 = 0, sec2 = 0;       // 시, 분, 초 10자리
unsigned char  sw1 = 0;                             // 시계 모드 선택(0:시계, 1:설정)
unsigned char  mode = 0;                            // 동작 모드(0:시계, 1:미로게임)
unsigned char  pos = 0;                         // 시간설정 자리 선택
                                                // (0:분1자리, 1:분10자리, 2:시1자리, 3:시10자리)

// 미로 게임 관련 변수
unsigned char stage = 0;                        // 게임 stage
unsigned char next_stage = 0;                   // 이전상태
unsigned char stop=0;                           // 미로게임 종료여부(1:종료, 0:진행)
unsigned char ball_delay = 0;                   // 미로게임 공 속도조절 변수
unsigned char stage_clear = 0;                  // 미로게임 목표 도달 여부(1:도달)

// 카운터 변수
unsigned int cnt = 0;                           // 시간 측정 변수(1ms마다 +1)
unsigned int cnt1 = 0;                          // 스테이지 클리어 시 시간경과 측정
unsigned int cnt2 = 0;                          // 현재 Stage에서의 경과 시간
unsigned int cnt3 = 0;                          // game_out() 함수 실행 횟수
unsigned int cnt4 = 0;                          // 게임종료상태에서의 X축 가속도 AD 변환값이
                                                // 300 이하일 때의 시간 측정 변수

// 3축 가속도 센서 관련 변수
unsigned int di_x;                              // 가속도 센서 X축 AD 변환값
unsigned int di_y;                              // 가속도 센서 Y축 AD 변환값

// 메인 함수
void main(void)
{
        unsigned char oldkey1, key1;            // SW1 상태 저장 변수
        unsigned char oldkey2, key2;            // SW2 상태 저장 변수
        unsigned char oldkey3, key3;            // SW3 상태 저장 변수
        unsigned char oldkey4, key4;            // SW4 상태 저장 변수
```

```
// 포트 입출력 방향 설정
DDRG = 0x00;                        // 포트G 입력 설정
DDRB = 0xff;                        // 포트B 출력 설정
DDRF = 0x00;                        // 포트F 입력 설정

// 타이머/카운터0 1ms 주기 설정
// 1/16us x (256 - 0) x 64 = 1000us = 1ms
TIMSK = 0x01;                       // T0 overflow interrupt Enable
TCCR0 = 0x04;                       // CLK/64 Prescale
TCNT0 = 0x06;                       // 1msec

SREG = 0x80;                        // 전역 인터럽트 인에이블 비트 셋
port_init();                        // 도트매트릭스 포트 초기화 함수 호출

oldkey1 = PING & 0b00000001;        // SW1 상태(PG0)만 추출
oldkey2 = PING & 0b00000010;        // SW2 상태(PG1)만 추출
oldkey3 = PING & 0b00000100;        // SW3 상태(PG2)만 추출
oldkey4 = PING & 0b00001000;        // SW4 상태(PG3)만 추출

// AD 변환기 설정(ADEN=ADSC=ADFR=1)
// 프리러닝 모드, 128분주=125kHz
 ADCSRA = 0xE7;

while(1){
    // X축 각도 읽기
    ADMUX = 0x00;                   // ADC0 단극성 입력 선택
    while((ADCSRA & 0x10) == 0);    // ADIF=1이 될 때까지 대기
    delay_ms(1);
    di_x = (int)ADCL + ((int)ADCH << 8);        // A/D 값 읽기

    // Y축 각도 읽기
    ADMUX = 0x01;                   // ADC1 단극성 입력 선택
    while((ADCSRA & 0x10) == 0);    // ADIF=1이 될 때까지 대기
    delay_ms(1);
    di_y = (int)ADCL + ((int)ADCH << 8);        // A/D 값 읽기

    key1 = PING & 0b00000001;       // SW1 상태만 추출
    key2 = PING & 0b00000010;       // SW2 상태만 추출
    key3 = PING & 0b00000100;       // SW3 상태만 추출
    key4 = PING & 0b00001000;       // SW4 상태만 추출

    if(oldkey1 != 0 && key1 == 0){  // SW1 눌려지는 순간
        if(sw1 == 0) sw1 = 1;       // 시간 설정 모드 토글
        else sw1 = 0;
    }
```

```
            if(oldkey2 != 0 && key2 == 0){        // SW2 눌려지는 순간
                sw2();                            // 선택된 자릿값 +1 처리
            }

            if(oldkey3 != 0 && key3 == 0){        // SW3 눌려지는 순간
                sw3();                            // 입력 자리 선택
            }

             if(oldkey4 != 0 && key4 == 0){                  // SW4 눌려지는 순간
                if(cnt2 < 20000){                            // 현 Stage에서 2초 경과하지 않으면
                        if(mode == 1) stop = 1;              // 게임모드이면 종료 변수 셋
                }
            }

            // 스위치 현재상태 저장
            oldkey1 = key1;
            oldkey2 = key2;
            oldkey3 = key3;
             oldkey4 = key4;

            if(sec >= 60){                                   // 60초 일 때
                sec = 0;                                     // sec = 0
                min = min + 1;                               // min 증가
                if(min == 60){                               // 60분 일 때
                    min = 0;                                 // min = 0
                    hour = (hour + 1) % 24;                  // hour 계산
                }
            }
        }
}

//도트 매트릭스 신호 초기 설정
void port_init(void)
{
        // 도트매트릭스 제어 신호
        red_off;                        // RED 신호 clear
        green_off;                      // GREEN 신호 clear
        clock_off;                      // CLOCK 신호 clear
        bright_on;                      // BRIGHT 신호 set
        reset_off;                      // RESET 신호 clear
        select_on;                      // SELECT 신호 set

        // 도트매트릭스 표시 관련 변수
        reset_count = 0;                // 도트매트릭스 첫 행 표시 시작 여부(0:첫 행)
        cursor_count = 0;               // Scroll Up 주기 설정 변수
```

```
        cursor=0;                       // Scroll Up 값 clear
}

// 시간 설정
// 스위치2 입력 처리 : 선택된 자리값 +1
void sw2(void)
{
        if(sw1==1){            // 시간 설정 모드이면
            if(pos == 0) min1 = (min1 + 1) % 10;        // 분 1단위 +1
              else if(pos == 1) min2 = (min2 + 1) % 6;  // 분 10단위 +1
              else if(pos == 2) {                       // 시간 1단위 +1
                        if(hour2 == 2) hour1 = (hour1 + 1) % 4;
                        else hour1 = (hour + 1) % 10;
              }
              else {          // 시간 10단위 +1
                        if(hour1 >= 4) hour2 = (hour2 + 1) % 2;
                        else hour2 = (hour2 + 1) % 3;
              }

              // 새로 설정된 시간값 계산
              hour = hour2 * 10 + hour1;        // 시간 계산
              min = min2 * 10 + min1;           // 분 계산
        }
}

// 스위치3 입력 처리 : 입력 자리 선택
// 0 : 분 1자리, 1 : 분 10자리, 2 : 시 1자리, 3 : 시 10자리
void sw3(void)
{
        pos = (pos + 1) % 4;                    //입력 자리 이동
}

// 도트매트릭스 1ms간격 한 행 표시
void display(void)
{
        unsigned char i;

        bright_on;                              // BRIGHT 신호 on

        if(reset_count == 0){                   // 첫 행 표시 시작하지 않았으면
            reset_on;                           // RESET 신호 on
            reset_count = 1;                    // 표시 시작 상태 on
            reset_off;                          // RESET 신호 off(RESET 펄스 출력)
            data_count = 0;                     // 표시행 0 설정
        }
```

```
        dot_out();                               // 도트매트릭스 표시값

        red_buf = led_red[data_count];           // 현재 행에 출력할 RED 신호값
        green_buf = led_green[data_count];       // 현재 행에 출력할 GREEN 신호값

        // 한 행 16도트 출력
        for(i = 0; i < 16; i++){
            // RED 값 출력
            if(red_buf & 0x8000) red_on;         // RED on
            else red_off;                        // RED off

            // GREEN 값 출력
            if(green_buf & 0x8000) green_on;     // GREEN on
            else green_off;                      // GREEN off

            // Clock 신호 발생
            clock_on;                            // Clock on
            clock_off;                           // Clock off

            red_buf <<= 1;                       // RED 출력값 왼쪽으로 1비트 쉬프트

            green_buf <<=1;                      // GREEN 출력값 왼쪽으로 1비트 쉬프트
        }

        data_count++;                            // 표시 행 증가

        if(data_count >= 16){                    // 마지막 행 표시 종료했으면
            ball_delay++;                        // 공 속도조절 변수증가
            data_count = 0;                      // 표시 첫 행부터
            reset_count = 0;                     // 첫 행 표시 여부 변수 리셋
        }

        bright_off;                              // BRIGHT 신호 on
}

// 도트매트릭스 출력 패턴 설정
void dot_out(void)
{
        if(mode == 0){                   // 디지털시계 모드
            if(di_x <= 400){             // X축(앞뒤가속도) ADC 변환값이 400 이하일 때
                time_out();              // 현재 시간 표시행 패턴 설정
                led_red[data_count] = led_red_jh[data_count];                  // "J하트H" 패턴
                led_green[data_count] = led_green_sec_1[data_count] |          // 초 1자리
                                        led_green_sec_2[data_count] |          // 초 10자리
                                        led_green_min_1[data_count] |          // 분 1자리
                                        led_green_min_2[data_count] |          // 분 10자리
```

```
                                        led_green_hour_1[data_count] |    // 시간 1자리
                                        led_green_hour_2[data_count] |    // 시간 10자리
                                        led_green_jh[data_count];         // "J  H" 패턴
            }
            else {              // 시계모드에서 게임모드로 전환
                // "준비", "고" Scroll Up 하면서 표시
                led_red[data_count] = led_red_start[data_count+cursor];
                led_green[data_count] = led_green_start[data_count+cursor];

                if(cursor >= 32) {                // 32행까지 Scrool Up
                    cnt3 = 0;                     // stage 0 시작 상태
                    stage = 0;                    // stage 0 설정
                    game_out();                   // 게임 화면 출력 패턴 설정
                }
            }
        }
        else {                                    // 게임 모드
            if(stop == 0) game_out();             // 게임 진행중이면 game_out() 함수 호출
            else {                                // 게임 종료 상태
                // "게임오버" 패턴 출력
                led_red[data_count] = led_red_die[data_count];
                led_green[data_count] = led_green_die[data_count];

                if(di_x <= 300) {                 // X축 AD 변환값이 300 이하일 때
                    cnt4++;
                    if(cnt4 >= 2000){             // 2초 경과
                        stop = 0;                 // 게임 종료 상태 해제
                        mode = 0;                 // 시계 모드로 전환
                        cnt2 = 0;                 // 현재 stage에서의 경과시간 카운터 리셋
                        cnt4 = 0;                 // cnt4 리셋
                    }
                }
            }
        }
}

// 현재의 시간출력을 위한 패턴 설정
void time_out(void)
{
        // 현재 시간의 각 자리 추출
        sec1 = sec % 10;                          // sec 일 자리
        sec2 = sec / 10;                          // sec 십 자리
        min1 = min % 10;                          // min 일 자리
        min2 = min / 10;                          // min 십 자리
        hour1 = hour % 10;                        // hour 일 자리
        hour2 = hour / 10;                        // hour 십 자리
```

```
// sec 일 자리 표시 출력 패턴 설정
if(sec1==0)       led_green_sec_1[data_count] = led_green0[data_count];
else if(sec1==1) led_green_sec_1[data_count] = led_green1[data_count];
else if(sec1==2) led_green_sec_1[data_count] = led_green2[data_count];
else if(sec1==3) led_green_sec_1[data_count] = led_green3[data_count];
else if(sec1==4) led_green_sec_1[data_count] = led_green4[data_count];
else if(sec1==5) led_green_sec_1[data_count] = led_green5[data_count];
else if(sec1==6) led_green_sec_1[data_count] = led_green6[data_count];
else if(sec1==7) led_green_sec_1[data_count] = led_green7[data_count];
else if(sec1==8) led_green_sec_1[data_count] = led_green8[data_count];
else if(sec1==9) led_green_sec_1[data_count] = led_green9[data_count];
else              led_green_sec_1[data_count] = led_green0[data_count];

 // sec 십 자리 표시 출력 패턴 설정
if(sec2==0)       led_green_sec_2[data_count] = led_green00[data_count];
else if(sec2==1) led_green_sec_2[data_count] = led_green10[data_count];
else if(sec2==2) led_green_sec_2[data_count] = led_green20[data_count];
else if(sec2==3) led_green_sec_2[data_count] = led_green30[data_count];
else if(sec2==4) led_green_sec_2[data_count] = led_green40[data_count];
else if(sec2==5) led_green_sec_2[data_count] = led_green50[data_count];
else              led_green_sec_2[data_count] = led_green00[data_count];

// min 일 자리 표시 출력 패턴 설정
if(min1==0)       led_green_min_1[data_count] = led_green000[data_count];
else if(min1==1) led_green_min_1[data_count] = led_green100[data_count];
else if(min1==2) led_green_min_1[data_count] = led_green200[data_count];
else if(min1==3) led_green_min_1[data_count] = led_green300[data_count];
else if(min1==4) led_green_min_1[data_count] = led_green400[data_count];
else if(min1==5) led_green_min_1[data_count] = led_green500[data_count];
else if(min1==6) led_green_min_1[data_count] = led_green600[data_count];
else if(min1==7) led_green_min_1[data_count] = led_green700[data_count];
else if(min1==8) led_green_min_1[data_count] = led_green800[data_count];
else if(min1==9) led_green_min_1[data_count] = led_green900[data_count];
else              led_green_min_1[data_count] = led_green000[data_count];

// min 십 자리 표시 출력 패턴 설정
if(min2==0)       led_green_min_2[data_count] = led_green0000[data_count];
else if(min2==1) led_green_min_2[data_count] = led_green1000[data_count];
else if(min2==2) led_green_min_2[data_count] = led_green2000[data_count];
else if(min2==3) led_green_min_2[data_count] = led_green3000[data_count];
else if(min2==4) led_green_min_2[data_count] = led_green4000[data_count];
else if(min2==5) led_green_min_2[data_count] = led_green5000[data_count];
else              led_green_min_2[data_count] = led_green0000[data_count];

 // hour 일 자리 표시 출력 패턴 설정
```

```
        if(hour1==0)       led_green_hour_1[data_count] = led_green00000[data_count];
        else if(hour1==1) led_green_hour_1[data_count] = led_green10000[data_count];
        else if(hour1==2) led_green_hour_1[data_count] = led_green20000[data_count];
        else if(hour1==3) led_green_hour_1[data_count] = led_green30000[data_count];
        else if(hour1==4) led_green_hour_1[data_count] = led_green40000[data_count];
        else if(hour1==5) led_green_hour_1[data_count] = led_green50000[data_count];
        else if(hour1==6) led_green_hour_1[data_count] = led_green60000[data_count];
        else if(hour1==7) led_green_hour_1[data_count] = led_green70000[data_count];
        else if(hour1==8) led_green_hour_1[data_count] = led_green80000[data_count];
        else if(hour1==9) led_green_hour_1[data_count] = led_green90000[data_count];
        else               led_green_hour_1[data_count] = led_green00000[data_count];

        // hour 십 자리 표시 출력 패턴 설정
        if(hour2==0)       led_green_hour_2[data_count] = led_green000000[data_count];
        else if(hour2==1) led_green_hour_2[data_count] = led_green100000[data_count];
        else if(hour2==2) led_green_hour_2[data_count] = led_green200000[data_count];
        else               led_green_hour_2[data_count] = led_green000000[data_count];
}

// 게임 모드에서 도트매트릭스 표시 패턴 설정
void game_out(void)
{
        mode = 1;                              // 미로 게임 모드 설정
        cnt3++;                                // 게임 초기화면 및 진행화면 설정 카운트

        if(stage == 0){                        // 스테이지1일 때
            //스테이지1 map 설정
            led_green_map[data_count] = led_green_map1[data_count];

            if(led_red_ball[15] == 0x0020){    // 스테이지1 목표 도착하면
                stage++;                       // 스테이지 증가
                stage_clear = 1;               // 스테이지 통과 변수 set
            }
        }
        else if(stage == 1){                   // 스테이지2일 때
            // 스테이지2 map 설정
            led_green_map[data_count] = led_green_map2[data_count];

            if(led_red_ball[0] == 0x4000){     // 스테이지2 목표 도착하면
                stage++;                       // 스테이지 증가
                stage_clear = 1;               // 스테이지 통과 변수 set
            }
        }
        else if(stage == 2){                   // 스테이지3일 때
            // 스테이지3 map 설정
            led_green_map[data_count] = led_green_map3[data_count];
```

```
            if(led_red_ball[15] == 0x0010) {      // 스테이지3 목표 도착하면
                stage++;                           // 스테이지 증가
                stage_clear = 1;                   // 스테이지 통과 변수 set
            }
        }
        else {                                     // 스테이지4일 때
            //스테이지4 map 설정
            led_green_map[data_count] = led_green_map4[data_count];

            if(led_red_ball[0] == 0x4000) {       // 스테이지4 도착지 설정
                stage = 0;                         // 스테이지 증가
                stage_clear = 1;                   // 스테이지 통과 변수 set
            }
        }

        ball_move();                               // 공 이동처리

        if(stage_clear == 1) {                     // 스테이지 통과 시
            // 다음 스테이지 넘어가는 "스마일 이미지" 패턴 표시(2초간)
            led_red[data_count] = led_red_next[data_count];
            led_green[data_count] = led_green_next[data_count];

            if(cnt1 >= 2000) {                     // 2초가 지났을 때
                stage_clear = 0;                   // 스테이지 통과 변수 클리어
                cnt1 = 0;
            }
            else cnt1++;                           // 스테이지 클리어 후 경과시간 +1
        }
        else {
            if(cnt3 == 1){              // 스테이지0 시작할 때 공의 초기위치 설정(한 번 실행)
                led_red_ball[dot_pos] = 0x0000;          // 현재 공 표시 클리어
                dot_pos = 0;                             // 공의 행 위치 0으로(맨 위)
                led_red_ball[dot_pos] = 0x4000;          // 공의 열 위치 설정(좌측에서 두 번째)
            }

            //  도트매트릭스 표시 RED 값, GREEN 값 설정
            led_red[data_count] = led_red_ball[data_count];
            led_green[data_count] = led_green_map[data_count];
        }

        game_over();                                     // 게임 종료 여부 체크
}

// 공 이동처리
void ball_move(void)
```

```
{
        unsigned int led_blk;

        if(ball_delay >= 7){                      // 공 속도 제어변수가 7이상일 때
            if(di_x <= 400){                      // 뒤로 기울일 때
                if(dot_pos != 15){                // 공이 맨 아래 줄에 있지 않으면
                    led_blk = (~led_red_ball[dot_pos]) & led_green_map[dot_pos+1];

                    // 아래 줄에 벽이 있는지 검사
                    if(led_blk == led_green_map[dot_pos+1]){       // 밑에 줄에 벽이 없을 때
                        led_red_ball[dot_pos+1] = led_red_ball[dot_pos];   // 공 아래로
                        led_red_ball[dot_pos] = 0x0000;            // 전 상태 공 표시 off
                        dot_pos++;                                 // 아래 줄 이동
                        ball_delay = 0;                            // 공 속도 제어변수 0
                    }
                }
            }
            else if(di_x >= 600){                 // 앞으로 기울일 때
                if(dot_pos != 0){                 // 공이 맨 위 줄에 있지 않으면
                    led_blk = (~led_red_ball[dot_pos]) & led_green_map[dot_pos-1];

                    // 윗 줄에 벽이 있는지 검사
                    if(led_blk == led_green_map[dot_pos-1]){       // 윗 줄에 벽이 없을 때
                        led_red_ball[dot_pos-1] = led_red_ball[dot_pos]; // 공 위로
                        led_red_ball[dot_pos] = 0x0000;            // 전 상태 공 표시 off
                        dot_pos--;                                 // 윗 줄 이동
                        ball_delay = 0;                            // 공 속도 제어변수 0
                    }
                }
            }


            if(di_y <= 400){                                // 왼쪽으로 기울일 때
                if(led_red_ball[dot_pos] != 0x8000){        // 공이 맨 왼쪽에 있지 않으면
                    led_blk = (~led_red_ball[dot_pos]) & (led_green_map[dot_pos] >> 1);

                      // 왼쪽에 벽이 있는지 검사
                    if(led_blk == (led_green_map[dot_pos]>>1)) {  // 왼쪽에 벽이 없을 때
                        // 공 왼쪽 이동 및 이동 속도 제어변수 리셋
                        led_red_ball[dot_pos] = led_red_ball[dot_pos]<<1;
                        ball_delay = 0;
                    }
                }
            }
            else if(di_y >= 600){                           // 오른쪽으로 기울일 때
                if(led_red_ball[dot_pos] != 0x0001){        // 공이 맨 오른쪽에 있지 않으면
```

```
                        led_blk = (~led_red_ball[dot_pos]) & (led_green_map[dot_pos]<<1);

                        //오른쪽에 벽이 있는지 검사
                        if(led_blk == (led_green_map[dot_pos]<<1)) {   // 오른쪽에 벽이 없을 때
                            // 공 오른쪽 이동 및 이동 속도 제어변수 리셋
                            led_red_ball[dot_pos] = led_red_ball[dot_pos]>>1;
                            ball_delay = 0;
                        }
                    }
                }
            }
}

// 미로 게임 종료 체크
void game_over(void)
{
        if(next_stage == stage){                   // 한 스테이지에 머무를 때
            if(cnt2 >= 20000) {                    // 20초 경과하면
                // "게임오버" 패턴 출력
                led_red[data_count] = led_red_die[data_count];
                led_green[data_count] = led_green_die[data_count];

                if(di_x <= 300) {                  // 뒤로 기울일 때
                    cnt4++;                        // 게임 종료상태에서 X축
                                                   // 가속도 AD 변환값 300이하 시간 측정

                    if(cnt4 >= 2000){              // 가속도 300이하에서 2초 경과
                        mode = 0;                  // 디지털시계 모드로 전환
                        cnt2 = 0;                  // 스테이지 시간 클리어
                        cnt4 = 0;
                    }
                }
            }
            else cnt2++;                           // 스테이지 경과 시간 +1
        }
        else {
            next_stage = stage;                    // 이전 스테이지 입력
            cnt2 = 0;                              // 스테이지 시간 클리어
        }
}

// 포트 B의 n번째 비트 클리어
void cbi(char bit_n)
{
        PORTB = PORTB & (~mask[bit_n]);
}
```

```
// 포트 B의 n번째 비트 셋
void sbi(char bit_n)
{
        PORTB = PORTB | mask[bit_n];
}

// 타이머/카운트0 인터럽트
// 1/16us x (256 - 6) x 64분주 = 1000us = 1ms
interrupt [TIM0_OVF] void time0(void)
{
        TCCR0 = 0x04;                      // CLK/64 prescale
        TCNT0 = 0x06;
                                           // 1/16us x 64 x (256 - 6) = 1,000us
        if(sw1 == 0){                      // sw1 = 0일 때 시계 동작
            if(cnt >= 1000){               // 1초 경과
                cnt = 0;
                sec = sec + 1;             // sec 증가
            }
            else cnt++;
        }

        if(di_x > 400){                    // 위로 기울일 때
            cursor_count++;
            if(cursor_count > 100) {       // 준비화면 설정
                cursor_count = 0;
                if(cursor < 32) cursor++;
            }
        }
        else cursor = 0;

        display();                         // 도트매트릭스 한 행 표시
}
```

Chapter 05

3차원 지렁이 게임

Chapter 05

3차원 지렁이 게임

5.1 작품 개요 및 동작

최근 3D에 대한 관심이 높아지고, 이에 따라 3D 영화의 제작뿐 아니라 2010년 남아공 월드컵 축구중계도 3차원으로 방송되어 3차원 TV가 많이 판매되었다. 지금까지의 지렁이 게임은 2차원 게임 화면상에 지렁이 마디 몸체와 먹이가 표시되고, 지렁이를 상하좌우로 움직여 먹이를 먹어가면서 몸을 늘려가는 게임이었다. 이때 지렁이는 끊임없이 움직이며, 먹이를 먹게 되면 마디가 하나씩 증가되고, 지렁이의 머리가 벽이나 자기 몸에 부딪히게 되면 게임이 종료하게 된다.

이 작품에서는 이와 같이 동작을 하는 지렁이 게임을 [그림 5-1]과 같이 LED를 이용하여 만들어진 입방체를 이용하여 3차원 지렁이 게임을 구현하였다.

[그림 5-1] 3차원 지렁이 게임 LED 입방체

■ 게임 목표

6x6x6 LED 입방체에 표시되는 지렁이를 조작 스위치로 진행방향에 대해 상하좌우로 이동방향을 조종하면서 랜덤하게 생성되는 먹이를 먹어 지렁이의 몸길이를 최대한 길게 하는 것이 게임의 목표이다.

■ 동작 순서

① 전원 인가 후 시작 스위치가 on되면 프로그램 작동 시작

② LED Cube에 최초의 지렁이(위치 및 길이 3마디 고정) 및 먹이 생성

[그림 5-2] 게임 초기 상태

③ 조작 스위치를 이용하여 지렁이를 진행방향에 대해 상하좌우로 움직임

④ 지렁이를 움직여 먹이(1개의 LED)를 머리 부분이 닿게 하여 먹음

⑤ 먹이를 먹으면 지렁이의 몸길이가 늘어나고, 동시에 다른 먹이를 생성함

⑥ 이동 중 자신의 몸에 머리가 닿거나 외곽 벽에 닿으면 지렁이가 죽게 되어 게임 종료

5.2 작품 구성도 및 회로도

[그림 5-3]은 작품 구성도를 보여주며, KUT-128 MCU 보드, 캐릭터 LCD, 조작 스위치 4개, 216개의 LED, LED 구동회로로 구성된다.

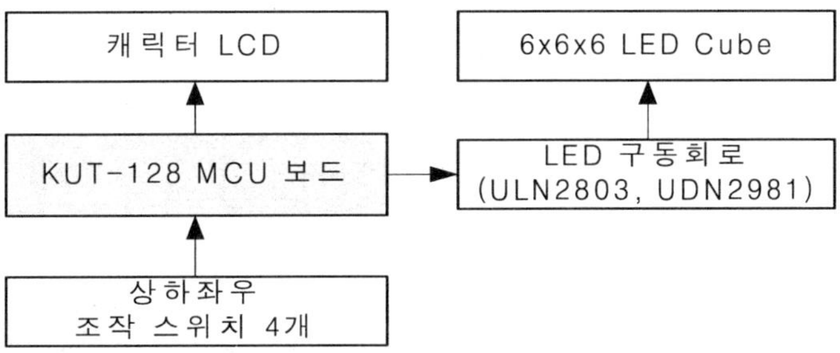

[그림 5-3] 작품 구성도

[표 5-1] 사용 입출력 포트

입/출력	디바이스	기 능	사용 포트
입력	푸시버튼 스위치	상, 하, 좌, 우 이동 방향 선택	PD0(INT0)-PD3(INT3)
출력	캐릭터 LCD	지렁이 이동방향과 마디 길이 표시	PA6-PA7, PB6 PD4-PD7
	6×6×6 LED	LED 구동	PA0-PA5, PC0-PC7 PB0-PB5, PB7 PE0-PE7, PF0-PF7 PG0-PG5

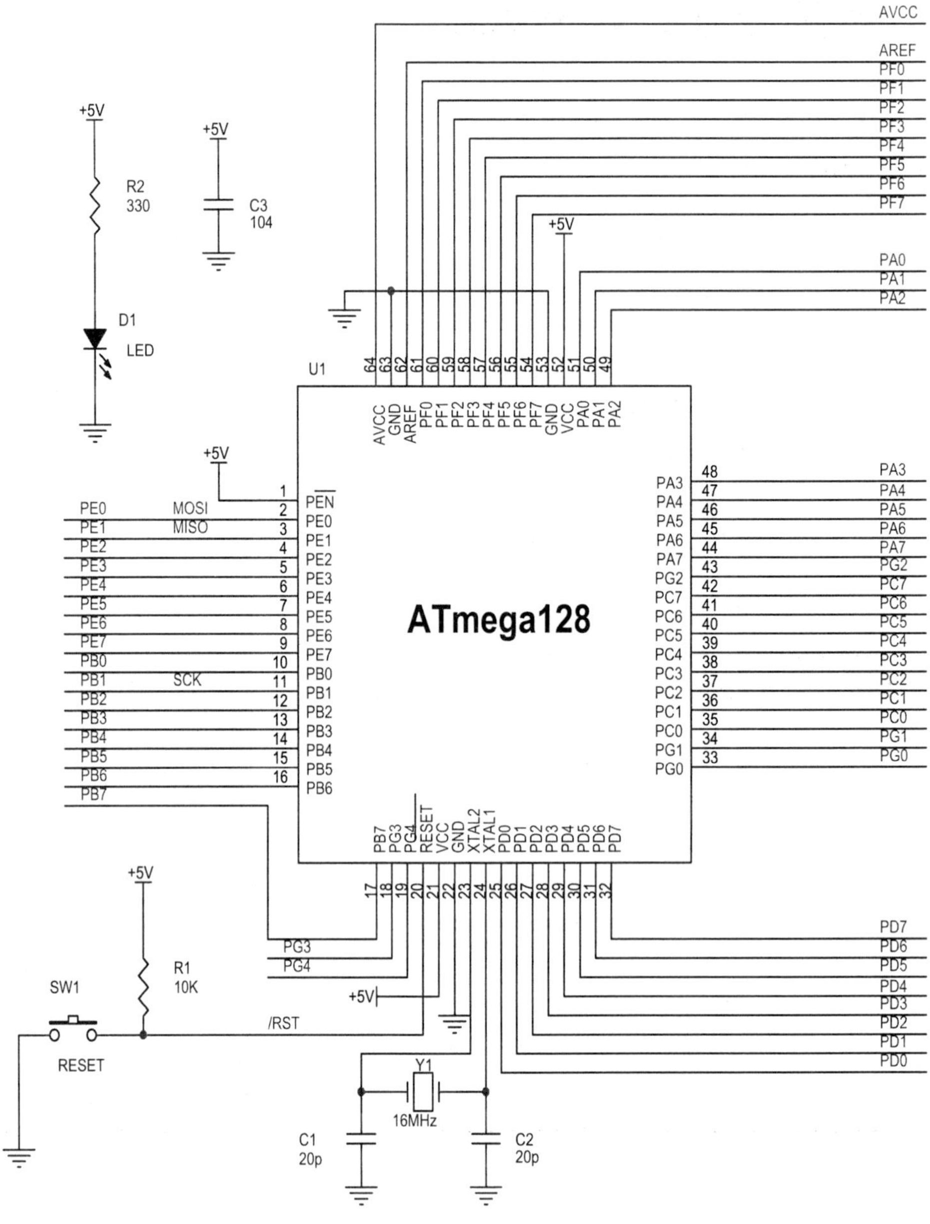

[그림 5-4] KUT-128 MCU 보드 회로

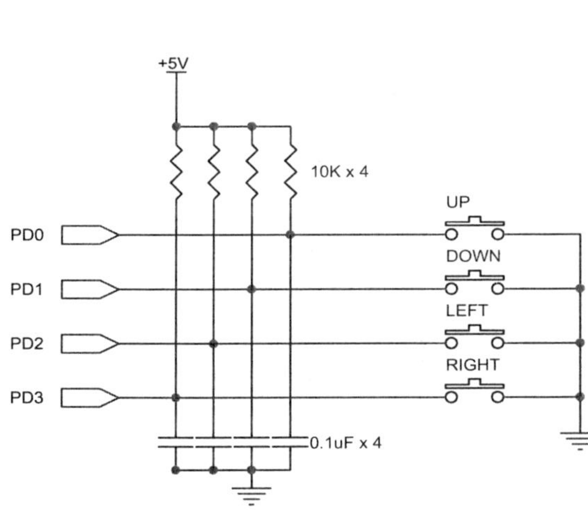

[그림 5-5] 조작 스위치 회로

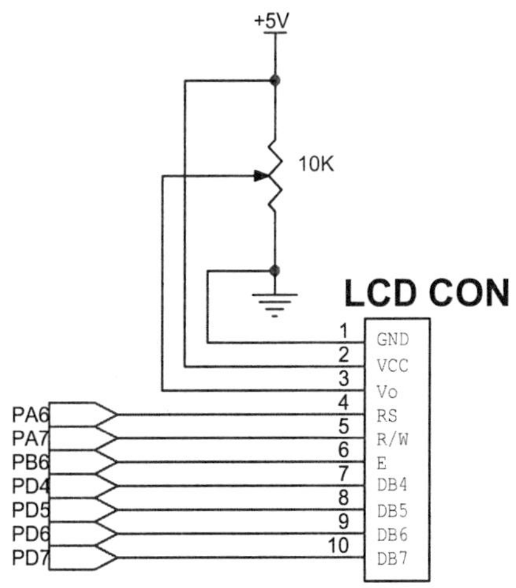

[그림 5-6] 캐릭터 LCD 구동 회로

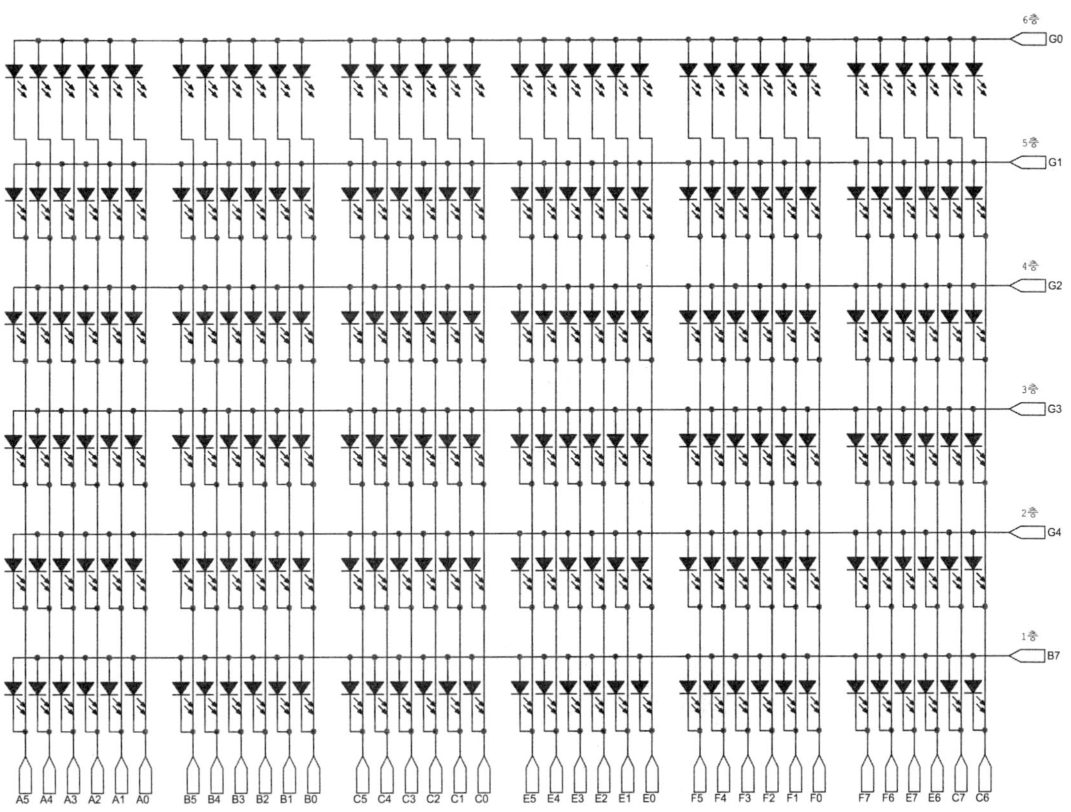

[그림 5-7] LED 회로

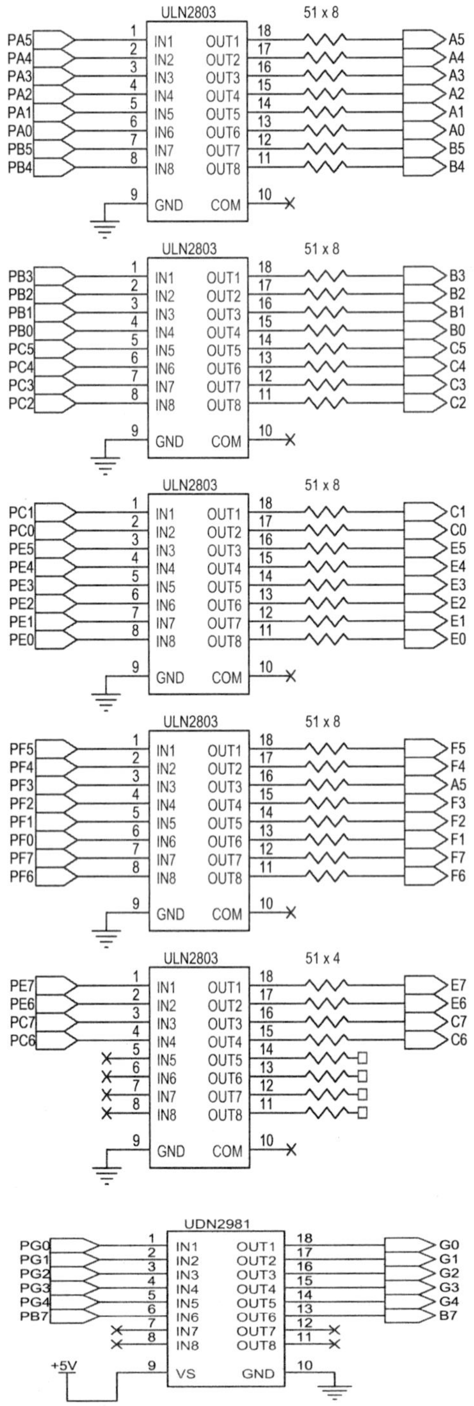

[그림 5-8] LED 구동 회로

[표 5-2] 부품 리스트

부품명 / 규 격	수 량
KUT-128 MCU 보드	1
LED / green	216
저항 / 51Ω	36
IC / UDN2981	1
IC / ULN2803	5
IC 소켓 / 18핀	6
CPU 보드 소켓 / 2열 30핀	2
만능기판 / 에폭시 A4	1
LCD(LC162H2)	1
기판용 가변저항 / 10kΩ	1
스위치 / toggle	1
콘덴서 / 0.1uF	4
어레이 저항(4) / 10kΩ	1
푸시 버튼(Tact) 스위치	4
전원용 2핀 커넥터	1
랩핑 와이어(0.25mm)	1(100m)
기판 서포트(5mm)	8

5.3 알고리즘

<좌표계>

좌표계는 정면을 중심으로 좌측을 X축, 정면 뒤를 Y축, 아래를 Z축으로 각각 설정한다.

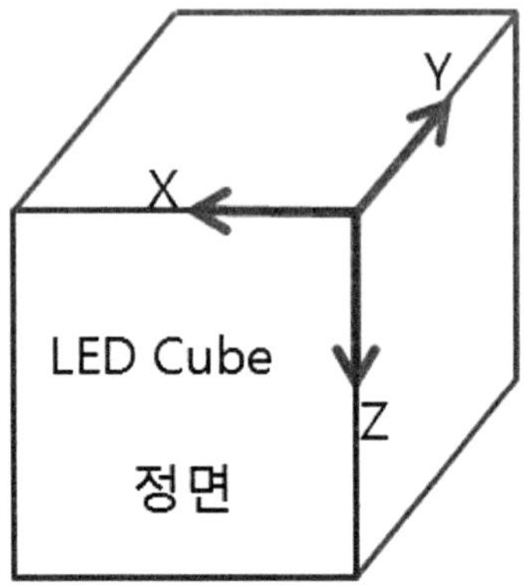

[그림 5-9] 좌표계

<지렁이 마디 좌표 저장법>

각 마디의 초기 좌표가 저장된 상태에서 지렁이가 움직이면 [그림 5-10]과 같이 먼저 위치에서 꼬리좌표를 저장한 배열에 새로운 머리의 좌표를 저장하며, 이러한 과정을 이동하면서 반복한다. 그리고 먹이를 먹게 되면 길이를 하나 증가시키며, 꼬리부분 좌표가 배열 앞부분에 저장되도록 정렬하여 다시 저장한다.

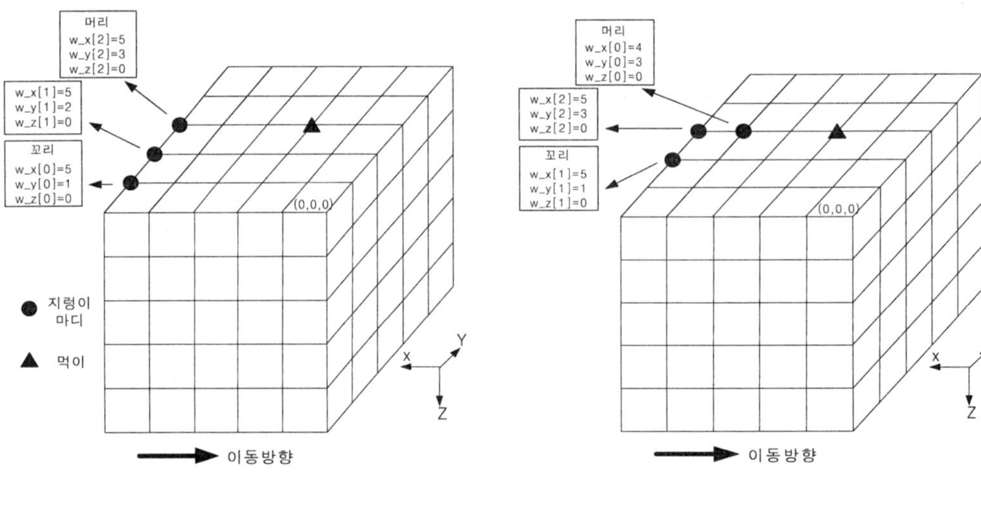

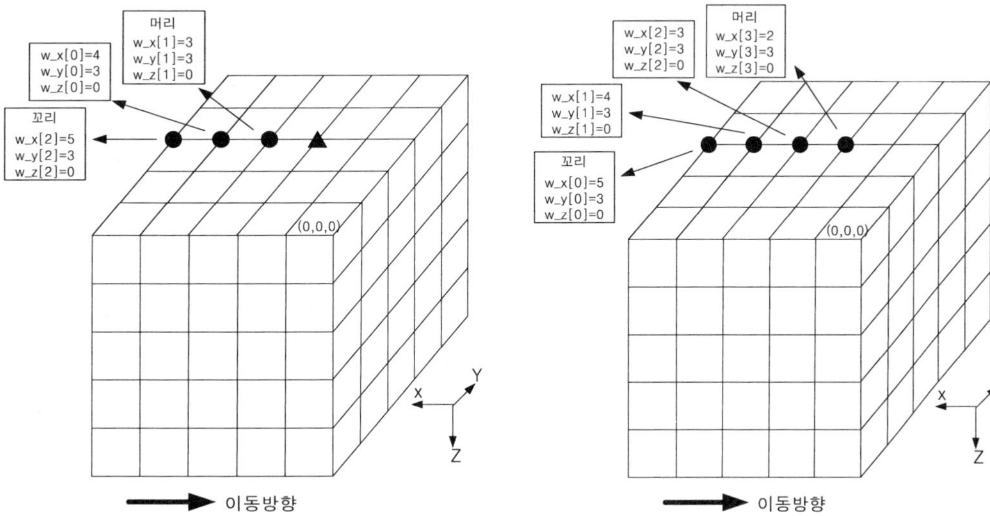

[그림 5-10] 지렁이 마디 좌표 저장법

<게임 종료>

① 머리 부분이 이동하면서 벽을 넘어선 경우

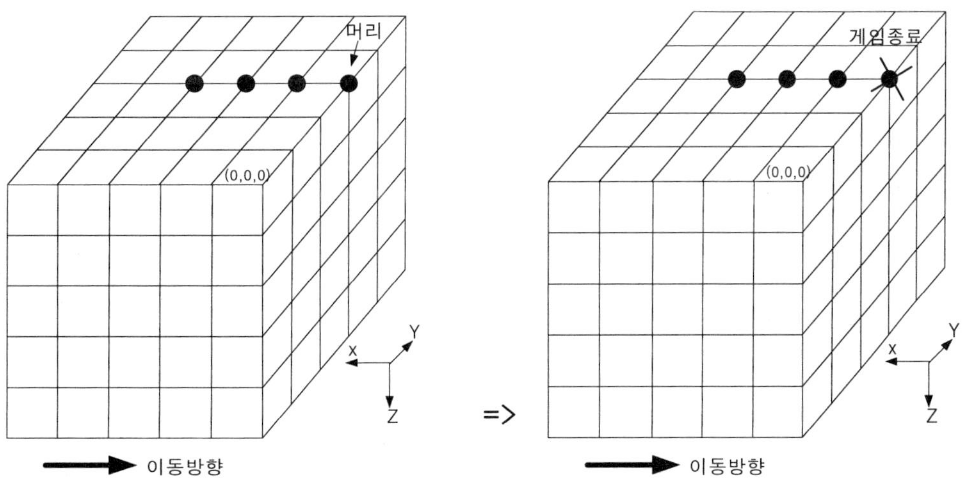

[그림 5-11] 게임 종료1

② 머리 부분이 몸의 일부에 부딪힌 경우

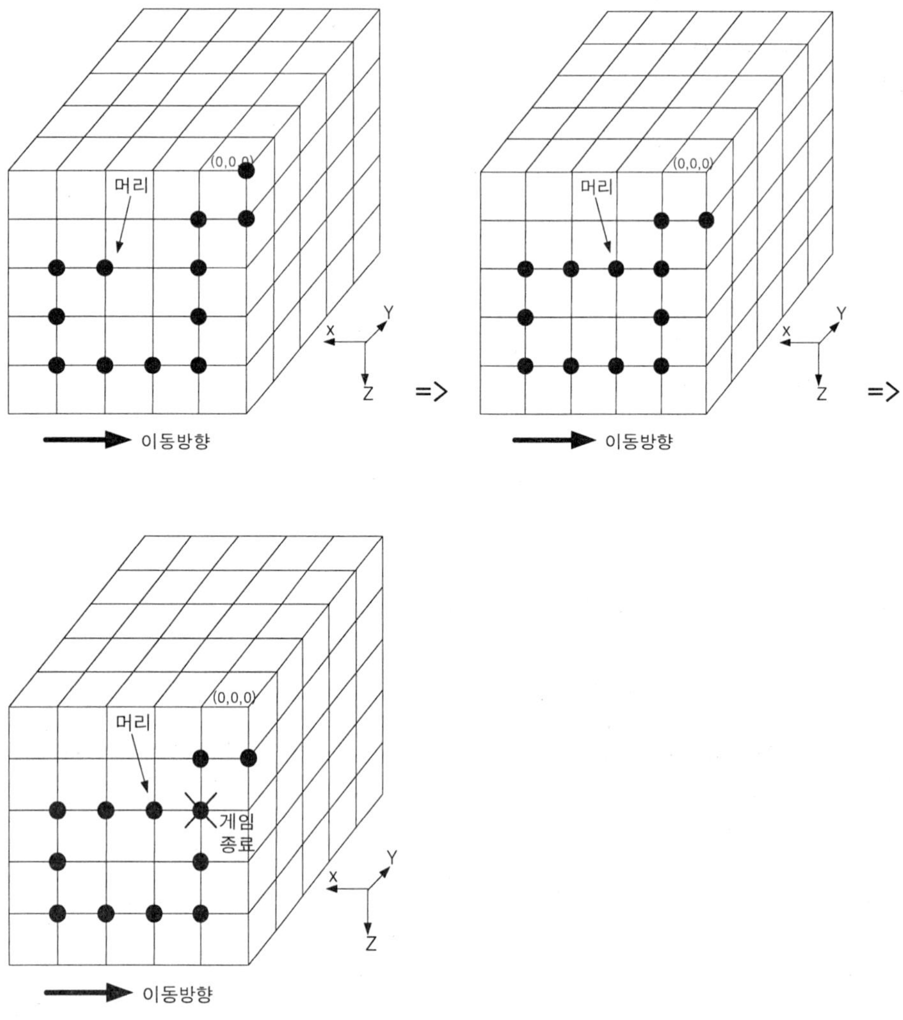

[그림 5-12] 게임 종료2

<진행방향에 따른 상하좌우 방향>

[그림 5-13]은 지렁이의 이동방향과 조작 스위치에 따른 지렁이의 다음 진행 방향 상태를 보여주며, [표 5-3]은 이를 정리한 것이다.

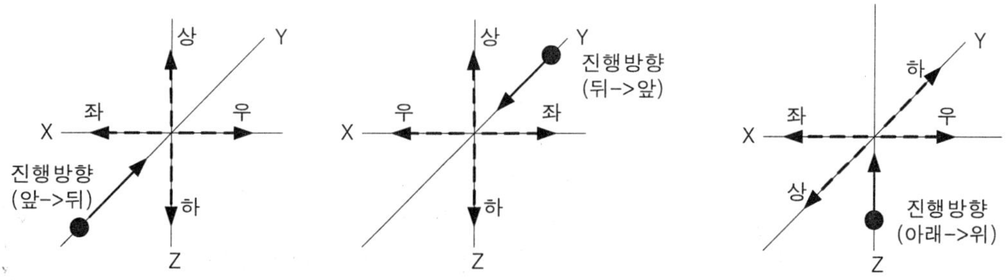

(a) 앞->뒤 (b) 뒤->앞 (c) 아래->위

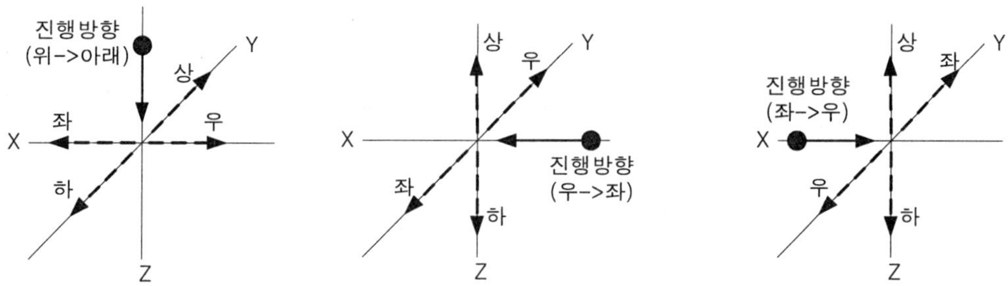

(d) 위->아래 (e) 우->좌 (f) 좌->우

[그림 5-13] 진행방향에 따른 상하좌우 방향

[표 5-3] 조작 스위치에 따른 진행 방향값

현재 진행 방향	상하좌우 조작 스위치에 따른 다음 진행 방향			
	상	하	좌	우
앞 → 뒤	아래 → 위	위 → 아래	우 → 좌	좌 → 우
뒤 → 앞	아래 → 위	위 → 아래	좌 → 우	우 → 좌
아래 → 위	뒤 → 앞	앞 → 뒤	우 → 좌	좌 → 우
위 → 아래	앞 → 뒤	뒤 → 앞	우 → 좌	좌 → 우
우 → 좌	아래 → 위	위 → 아래	뒤 → 앞	앞 → 뒤
좌 → 우	아래 → 위	위 → 아래	앞 → 뒤	뒤 → 앞

<LED 구동법>

6x6x6의 LED는 [그림 5-14]와 같이 “6열 × 6층”의 구성으로 포트에 연결되어 동적구동법에 의해 제어된다. 예를 들어 PA0-PA5에 임의의 값을 출력하고, 이어서 PG0 포트에 연결된 층을 on 시키면 맨 앞 맨 위의 라인의 LED가 구동된다.

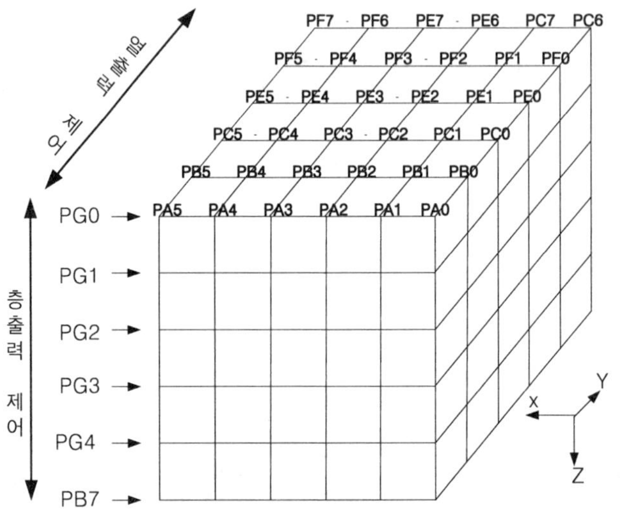

[그림 5-14] LED Cube 제어 포트

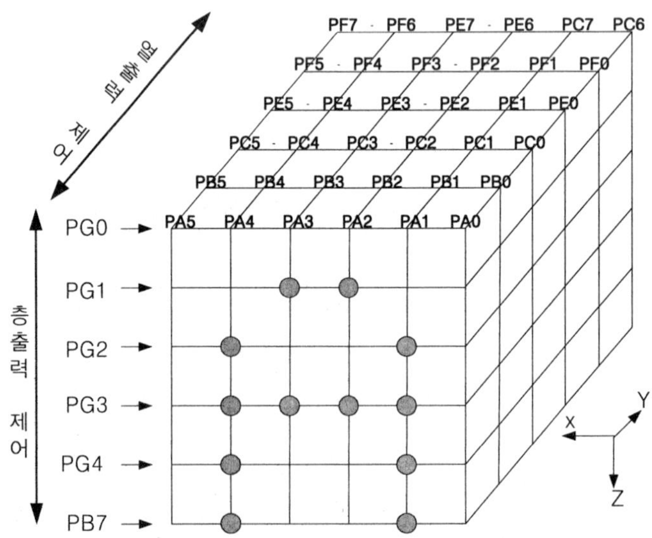

[그림 5-15] LED Cube 제어 포트

예를 들어 [그림 5-15]와 같이 맨 앞 열에 'A'와 같은 문자를 표시하고 싶은 경우에는 [표 5-4]와 같이 프로그램을 작성하면 된다.

[표 5-4] [그림5-15]의 'A' 를 표시하기 위한 프로그램

```
PORTA = 0;          // 맨 위 층
PORTG = 0x01;
PORTB= 0;
delay_ms(10);

PORTA = 0x0C;       // 위에서 두 번째 층
PORTG = 0x02;
PORTB= 0;
delay_ms(10);

PORTA = 0x12;       // 위에서 세 번째 층
PORTG = 0x04;
PORTB= 0;
delay_ms(10);

PORTA = 0x1E;       // 위에서 네 번째 층
PORTG = 0x08;
PORTB= 0;
delay_ms(10);

PORTA = 0x12;       // 위에서 다섯 번째 층
PORTG = 0x10;
PORTB= 0;
delay_ms(10);

PORTA = 0x12;       // 맨 아래 층
PORTG = 0x0;
PORTB= 0x80;
delay_ms(10);
```

5.4 주요 함수 동작 흐름도

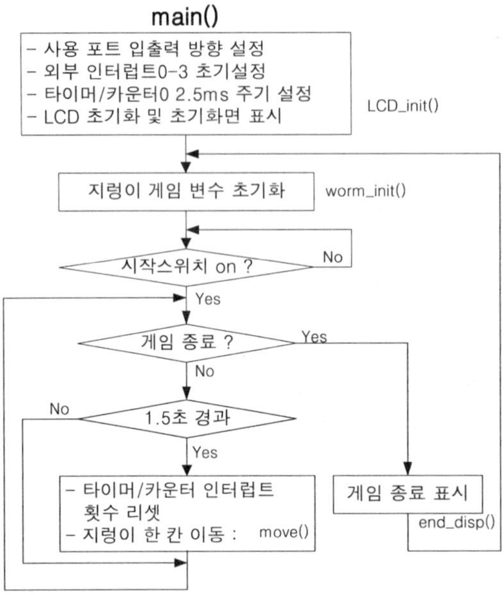

(a) main() 함수

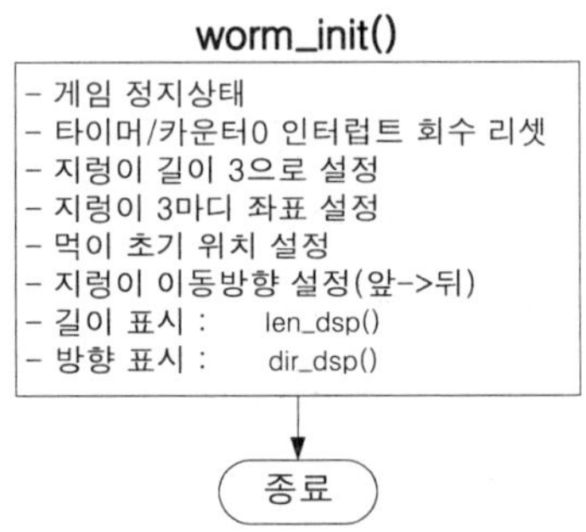

(b) worm_init() 함수

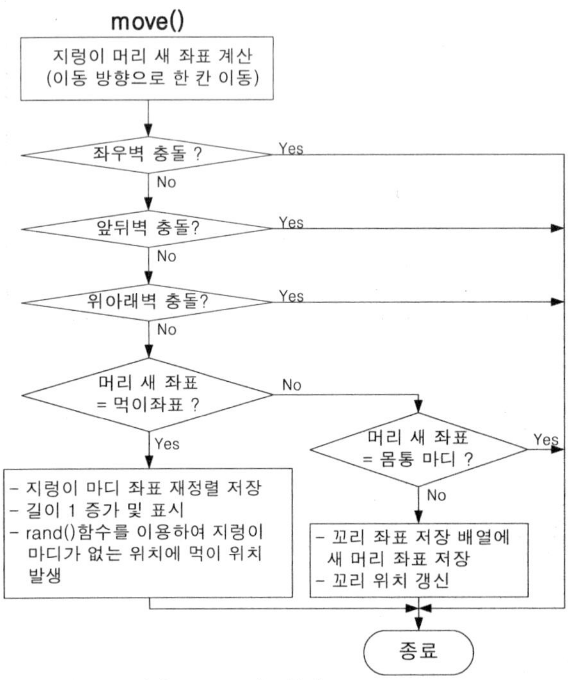

(c) move() 함수

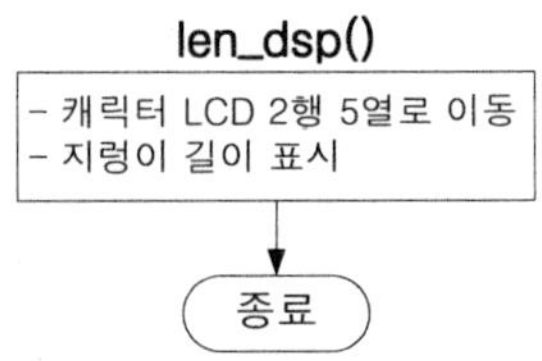

(d) len_dsp() 함수

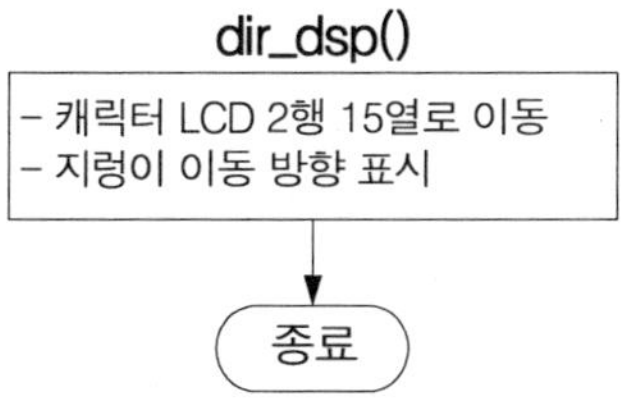

(e) dir_dsp() 함수

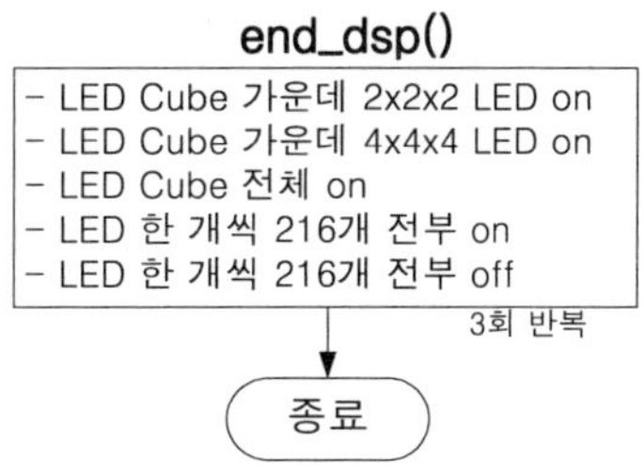

(f) end_dsp() 함수

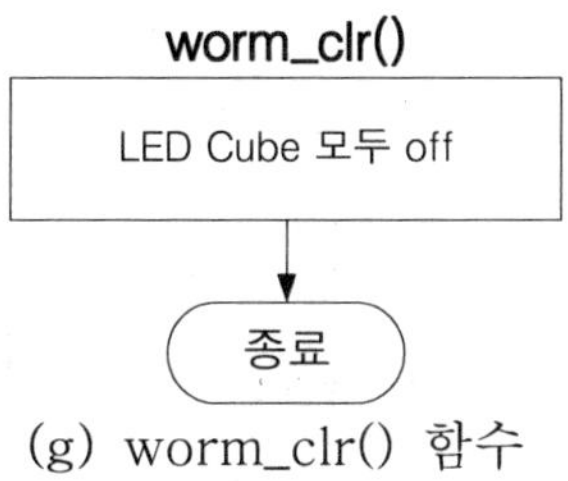

(g) worm_clr() 함수

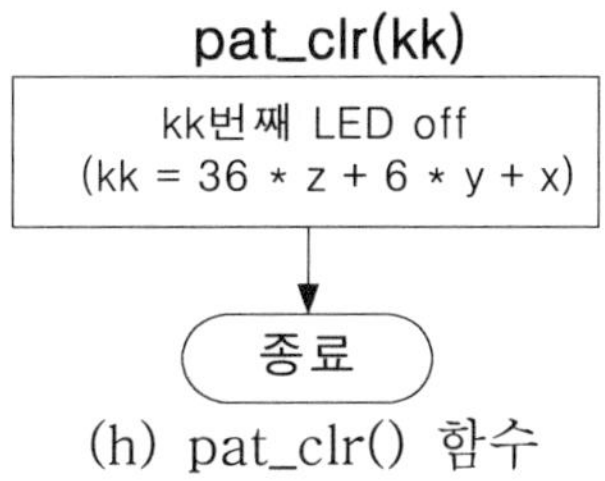

(h) pat_clr() 함수

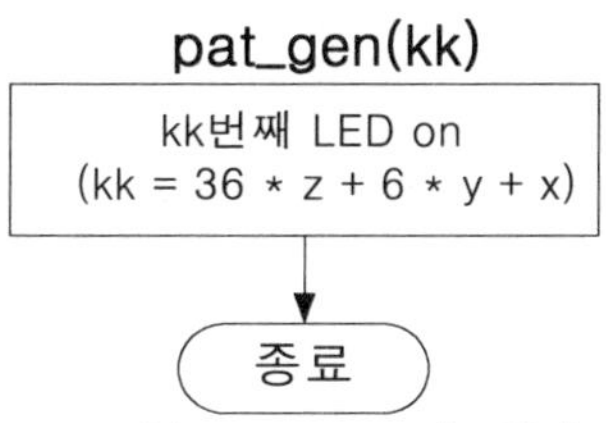

(i) pat_gen() 함수

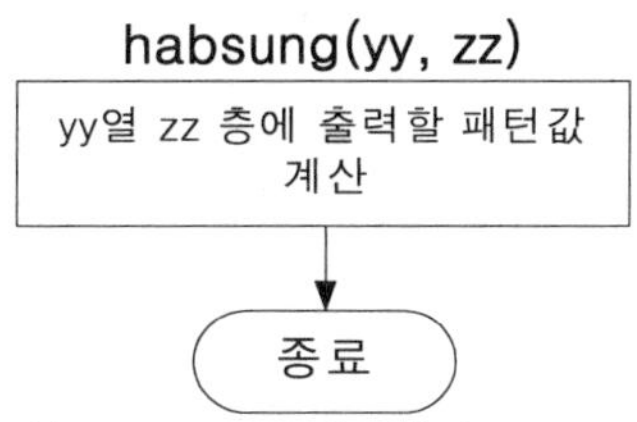

(j) habsung() 함수

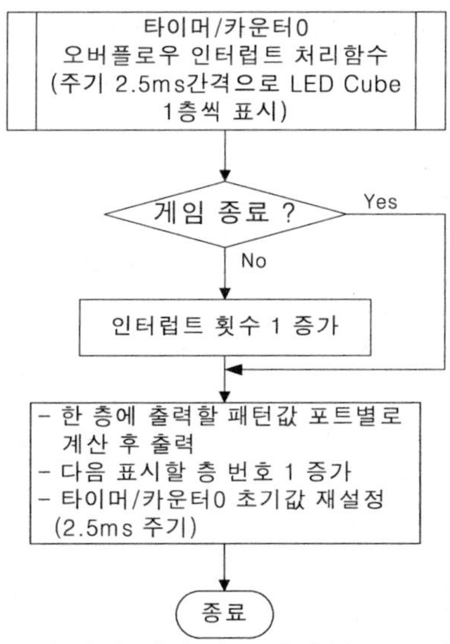

(k) 타이머/카운터0 인터럽트() 함수

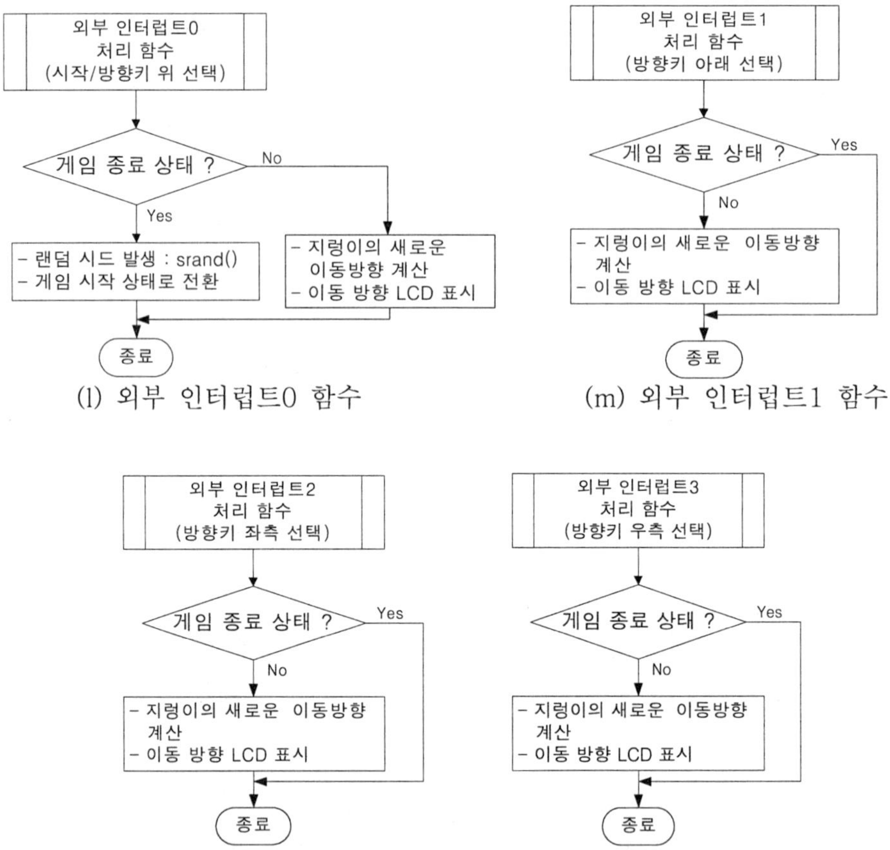

(l) 외부 인터럽트0 함수 (m) 외부 인터럽트1 함수

(n) 외부 인터럽트2 함수 (o) 외부 인터럽트3 함수

[그림 5-16] 주요 함수 동작 흐름도

5.5 작품 사진

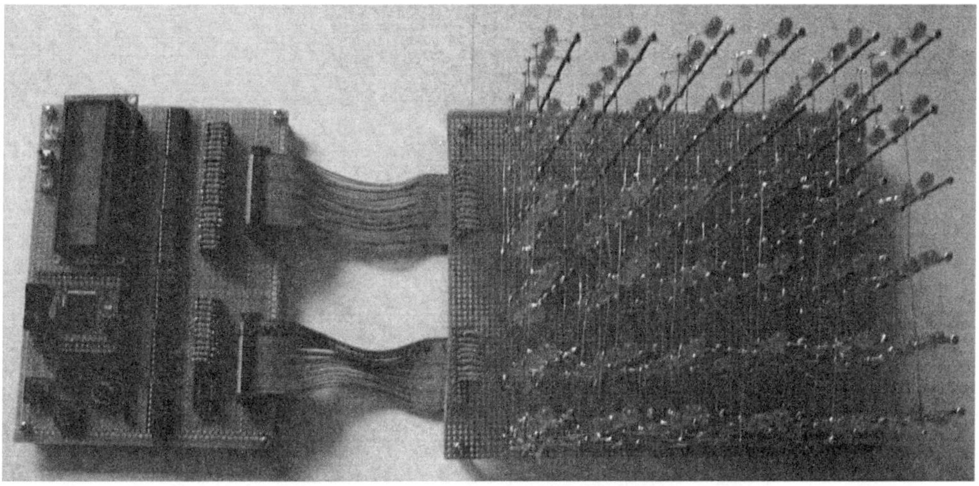

[그림 5-17] 작품 전체 사진

[그림 5-18] MCU + LED 구동회로 + LCD + 조작 스위치

5.6 프로그램 소스

[리스트 5-1] 3차원 지렁이 게임 프로그램 리스트

```
/************************************************************************
 3차원 지렁이 게임(2010. 07. 23)
 warm3d_2.c    유근일

 -------------------------------------------------------------
 LED 제어포트 구성
                    PF7 PF6 PE7 PE6 PC7 PC6
                 PF5 PF4 PF3 PF2 PF1 PF0
              PE5 PE4 PE3 PE2 PE1 PE0
           PC5 PC4 PC3 PC2 PC1 PC0  y
        PB5 PB4 PB3 PB2 PB1 PB0  /
     PA5 PA4 PA3 PA2 PA2 PA0  /
                     x <-------  PG0
                              |  PG1
                              |  PG2
                              |  PG3
                              V  PG4
                              z  PB7
 ----------------------------------------------------------------------

   좌표   Y          이동방향  2 0                스위치
         /                    |/                   0
     X --                4 ---|--- 5             2     3
         |                   / |                   1
         Z                   1  3

 ----------------------------------------------------------------------
 LCD 핀 연결
   RS  - PA6
   R/W - PA7
   EN  - PB6
   DB4  - PD4
   DB5  - PD5
   DB6  - PD6
   DB7  - PD7

 ----------------------------------------------------------------------
 상하좌우 조작 스위치
   UP     - PD0(INT0)
   DOWN - PD1(INT1)
```

```
   LEFT   - PD2(INT2)
   RIGHT  - PD3(INT3)
***************************************************************************/

#include <mega128.h>
#include <stdio.h>
#include <stdlib.h>                                    // 랜덤함수 이용
#include <delay.h>

typedef unsigned char u_char;
typedef unsigned int  u_int;

#define  MAX_LENGTH      216                  // 지렁이 몸통 최대 길이

#define  FUNCSET         0x28                 // Function set
#define  ENTMODE         0X06                 // Entry Mode Set
#define  ALLCLR          0x01                 // All Clear
#define  DISPON          0x0C                 // Display On
#define  LINE2           0xC0                 // 2nd Line Move
#define  HOME            0x02                 // Cursor Home
#define  CURON           0x0F                 // Cursor On
#define  CUROFF          0x0C                 // Cursor On

#define LCD_RS           PORTA.6              // LCD RS(0:Command, 1:Data)
#define LCD_RW           PORTA.7              // R/W(0:Write, 1:Read)
#define LCD_EN           PORTB.6              // ENABLE(Pulse)

//*****************************************************************************
u_char worm[6][6][6];                         // LED Cube 표시용 배열 변수
u_char w_x[MAX_LENGTH];                       // 뱀 몸통 x좌표
u_char w_y[MAX_LENGTH];                       // 뱀 몸통 y좌표
u_char w_z[MAX_LENGTH];                       // 뱀 몸통 z좌표
u_char buf_x[MAX_LENGTH];                     // x좌표 저장 백업용 변수
u_char buf_y[MAX_LENGTH];                     // y좌표 저장 백업용 변수
u_char buf_z[MAX_LENGTH];                     // z좌표 저장 백업용 변수

// LED의 층별 제어를 위한 포트G, 포트B 마스크 값
flash u_char layer_g[6] = {0x01, 0x02, 0x04, 0x08, 0x10, 0x00};
flash u_char layer_b[6] = {0x00, 0x00, 0x00, 0x00, 0x00, 0x80};

// 방향키 입력에 따른 다음 방향값
// 현재방향(정면중심 0 : 앞, 1 : 뒤, 2 : 상, 3 : 하, 4 : 좌, 5 : 우)
// 방향키(진행방향 기준 0 : 상, 1 : 하, 2, : 좌, 3 : 우)
// nxt_dir[현재방향][방향키]
flash u_int nxt_dir[6][4] = {{2, 3, 4, 5}, {2, 3, 5, 4}, {1, 0, 4, 5},
```

```
        {0, 1, 4, 5}, {2, 3, 1, 0}, {2, 3, 0, 1}};

// 지렁이 이동방향에 따른 x,y,z 변위값
flash int offset_x[6] = {0, 0, 0, 0, 1, -1};
flash int offset_y[6] = {1, -1, 0, 0, 0, 0};
flash int offset_z[6] = {0, 0, -1, 1, 0, 0};

u_int   length;                    // worm 길이값
u_int   gz = 0;                    // LED 표시행
u_int   o_x, o_y, o_z;             // 먹이좌표
int     h_x, h_y, h_z;             // 머리 좌표
u_int   tail_no;                   // 꼬리 배열 번호
u_int   tcnt = 0;                  // 2.5ms 타이머/카운터 인터럽트 발생횟수
u_int   start = 0;                 // 대기(0)/시작(1)
u_int   n_dir;                     // 현재이동방향(0:앞, 1:뒤, 2:상, 3:하, 4:좌, 5:우)
u_int   chk_tcnt = 0;              // 채터링 제거를 위한 카운터 변수

// 지렁이 이동방향
// 'F' : 앞->뒤,  'B' : 뒤->앞,   'U' : 아래->위, 'D' : 위->아래
// 'L' : 우->좌,  'R' : 좌->우
char dir_nm[6] = {'F', 'B', 'U', 'D', 'L', 'R'};    // 캐릭터 표시용 지렁이 이동방향

// 함수 설명
void     LCD_init(void);                     // LCD 초기화
void     LCD_String1(char flash *);          // 정의되어 있는 문자열 출력함수
void     LCD_String2(char *);                // 생성되는 문자열 출력함수
void     Busy(void);                         // LCD 딜레이 함수
void     Command(unsigned char);             // LCD 커맨드 출력함수
void     Data(unsigned char);                // LCD 표시 데이터 출력함수

u_char  habsung(int yy, int zz);             // (yy, zz)좌표에서의 6개 LED 출력값 산출
void    worm_clr(void);                      // LED 모두 클리어
void    worm_init(void);                     // 사용 변수 초기 설정
void    move(void);                          // 지렁이 이동처리
void    len_dsp(void);                       // 지렁이 길이 표시
void    dir_dsp(void);                       // 현재 진행방향 표시
void    end_dsp(void);                       // 종료 표시
void    pat_gen(int kk);                     // kk번째 LED를 on 시키기 위한 패턴 생성
void    pat_clr(int kk);                     // kk번째 LED를 off시키기 위한 패턴 생성


void main()
{
        // 포트 A, B, C, D, E, F, G 출력 설정
        DDRA = 0xFF;
```

```
        DDRB = 0xFF;
        DDRC = 0xFF;
        DDRD = 0xF0;
        DDRE = 0xFF;
        DDRF = 0xFF;
        DDRG = 0xFF;

        EIMSK = 0B00001111;                 // 외부 인터럽트 0-3 인에이블
        EICRA = 0B10101010;                 // 하강에지

        TCCR0 = 0x07;                       // 타이머/카운터0 2.5ms 인터럽트 주기 설정
        ASSR = 0;
        TCNT0 = 217;
        TIMSK = 0x01;
        SREG = 0x80;

         LCD_init();                        // LCD 초기화

         LCD_String1("** Worm Game **");    // 첫번째 라인에 출력

         Command(LINE2);                    // 두번째 라인 커서 이동

         LCD_String1("LEN=      DIR=");     // 길이, 방향 표시

        while(1){
                worm_init();                // 지렁이 게임 변수 초기화

                while(!start);              // 시작 스위치 입력 대기

                while(start){
                        if(tcnt >= 600) {   // 2.5ms x 600 = 1.5초마다 실행
                                tcnt = 0;   // 타이머/카운터 인터럽트 횟수 리셋
                                move();     // 지렁이 한 칸 이동 처리
                        }
                }

                end_dsp();                  // 게임 종료 처리
        }
}

// 변수값 초기화
void worm_init(void)
{
        worm_clr();
```

```
	start = 0;                          // 정지
	tcnt = 0;                           // 타이머/카운터0 인터럽트 횟수 리셋
	length  = 3;                        // 길이 초기값
	tail_no = 0;                        // 꼬리 배열 번호

	// Worm 초기 3마디 좌표
	w_x[0] = 0;                         // 꼬리 x
	w_y[0] = 0;                         // 꼬리 y
	w_z[0] = 0;                         // 꼬리 z

	w_x[1] = 0;                         // 중간
	w_y[1] = 1;
	w_z[1] = 0;

	w_x[2] = 0;                         // 머리
	w_y[2] = 2;
	w_z[2] = 0;

	// Worm 머리 초기 좌표
	h_x = 0;                            // x좌표
	h_y = 2;                            // y좌표
	h_z = 0;                            // z좌표

	// 먹이 초기 좌표
	o_x = 3;                            // 먹이 x좌표
	o_y = 3;                            // 먹이 y좌표
	o_z = 3;                            // 먹이 z좌표

	// Worm LED ON(LED Cube 표시용 변수)
	worm[0][0][0] = 1;
	worm[0][1][0] = 1;
	worm[0][2][0] = 1;

	// 먹이 LED ON
	worm[3][3][3] = 1;                  // 먹이 표시

	n_dir = 0;                          // 초기 이동방향(앞)

	len_dsp();                          // 길이 표시
	dir_dsp();                          // 지렁이 이동방향 표시
}

// 캐릭터 LCD에 지렁이 길이 표시
void len_dsp(void)
{
```

```
        char sbuf[4];

        Command(0xc4);                          // 2행 5열 이동
        sprintf(sbuf, "%3d", length);
        LCD_String2(sbuf);
}

// 캐릭터 LCD에 지렁이 이동방향 표시
void dir_dsp(void)
{
        Command(0xcd);                          // 2행 15열 이동
        Data(dir_nm[n_dir]);
}

// 게임 종료 출력 패턴 표시
void end_dsp()
{
        int      k, xx, yy, zz;

          for(k = 0; k < 3;k++){
                worm_clr();                     // LED Cube 클리어

                // LED Cube 가운데 2 x 2 x 2 LED on
                for(zz = 2;zz <= 3;zz++){
                        for(yy = 2;yy <= 3;yy++){
                                for(xx = 2;xx <= 3;xx++){
                                        worm[zz][yy][xx] = 1;
                                }
                        }
                }
                delay_ms(500);

                // LED Cube 가운데 4 x 4 x 4 LED on
                for(zz = 1;zz <= 4;zz++){
                        for(yy = 1;yy <= 4;yy++){
                                for(xx = 1;xx <= 4;xx++){
                                        worm[zz][yy][xx] = 1;
                                }
                        }
                }
                delay_ms(500);

                // 모든 LED on
                for(zz = 0;zz <= 5;zz++){
                        for(yy = 0;yy <= 5;yy++){
```

```
                    for(xx = 0;xx <= 5;xx++){
                        worm[zz][yy][xx] = 1;
                    }
                }
            }
            delay_ms(500);

            worm_clr();                         // LED Cube 클리어

            // LED를 한 개씩 순차적으로 on 시켜 나감
            for(zz = 0;zz < 216;zz++){
                pat_gen(zz);
                delay_ms(30);
            }
            delay_ms(200);

            // LED를 한 개씩 순차적으로 off 시켜 나감
            for(zz = 0;zz < 216;zz++){
                pat_clr(zz);
                delay_ms(30);
            }
        }

}

// kk번째 LED on : kk = z * 36 + y * 6 + x
void pat_gen(int  kk)
{
        int     xx, yy, zz, bb;

        zz = kk / 36;
        bb = kk % 36;
        yy = bb / 6;
        xx = bb % 6;

        worm[zz][yy][xx] = 1;
}

// kk번째 LED off : kk = z * 36 + y * 6 + x
void pat_clr(int  kk)
{
        int     xx, yy, zz, bb;

        zz = kk / 36;
        bb = kk % 36;
```

```
        yy = bb / 6;
        xx = bb % 6;

        worm[zz][yy][xx] = 0;
}

// 일정시간 간격으로 지렁이 진행방향으로 1칸씩 이동
void move()
{
        int     i, bx, by, bz;

        // 머리 새 좌표(지렁이 한 칸 이동)
        h_x = h_x + offset_x[n_dir];
        h_y = h_y + offset_y[n_dir];
        h_z = h_z + offset_z[n_dir];

        if(h_x < 0 || h_x >= 6) start = 0;                    // 좌우벽 충돌
        else if(h_y < 0 || h_y >= 6) start = 0;               // 앞뒤벽 충돌
        else if(h_z < 0 || h_z >= 6) start = 0;               // 위아래벽 충돌

        if(start == 0) return;

        // 먹이 좌표 = 새 머리좌표 같은지 조사
        if(h_x == o_x && h_y == o_y && h_z == o_z){    // 같으면 길이 1증가, 재정렬
                // worm 마디 좌표 재정렬 저장(꼬리 부분부터 저장)
                for(i = 0;i < length;i++){
                        buf_x[i] = w_x[tail_no];
                        buf_y[i] = w_y[tail_no];
                        buf_z[i] = w_z[tail_no];

                        tail_no = (tail_no + 1) % length;
                }

                for(i = 0;i < length;i++){
                        w_x[i] = buf_x[i];
                        w_y[i] = buf_y[i];
                        w_z[i] = buf_z[i];
                }

                w_x[length] = h_x;
                w_y[length] = h_y;
                w_z[length] = h_z;

                tail_no = 0;
                length = length + 1;                          // 길이 + 1
```

```
                len_dsp();

                // 새 먹이 발생
                while(1){
                        o_x = rand() % 6;
                        o_y = rand() % 6;
                        o_z = rand() % 6;

                        if(worm[o_z][o_y][o_x] != 0) continue;

                        worm[o_z][o_y][o_x] = 1;        // 새 먹이
                        break;
                }
        }
        else {  // 같지 않으면 단순 이동
                if(worm[h_z][h_y][h_x] != 0) {
                        start = 0; //  몸통 충돌
                        return;
                }

                // 꼬리 부분 클리어
                bx = w_x[tail_no];
                by = w_y[tail_no];
                bz = w_z[tail_no];
                worm[bz][by][bx] = 0;                   // 꼬리 부분의 LED off

                w_x[tail_no] = h_x;
                w_y[tail_no] = h_y;
                w_z[tail_no] = h_z;

                worm[h_z][h_y][h_x] = 1;                // 한 칸 이동한 부분의 LED on

                tail_no = (tail_no + 1) % length;       // 새 꼬리 위치 번호
        }
}

// yy열 zz층에 출력할 패턴값 계산
unsigned char habsung(int yy, int zz)
{
        u_char  rlt = 0;
        int     xx;

        for(xx = 0;xx < 6;xx++){
                rlt = rlt | (worm[zz][yy][xx] << xx);
        }
```

```
        return rlt;
}

// LED Cube 모두 클리어
void worm_clr(void)
{
        int     xx, yy, zz;

        for(zz = 0;zz < 6;zz++){
                for(yy = 0;yy < 6;yy++){
                        for(xx = 0;xx < 6;xx++) worm[zz][yy][xx] = 0;
                }
        }
}

// 타이머/카운터0 오버플로우 인터럽트 처리 함수
// 주기값 : 1/16us * (256 - 217) * 1024 = 2.5ms
// 2.5ms 간격으로 LED Cube 1층씩 표시
interrupt [TIM0_OVF] void time0(void)
{
        u_char pb, pc, pe, pf, buf;

        if(start != 0) tcnt++;

        pb = habsung(1, gz);
        pc = habsung(2, gz);
        pe = habsung(3, gz);
        pf = habsung(4, gz);
        buf = habsung(5, gz);

        // 한 층(gz층) 패턴 출력
        PORTA = habsung(0, gz);
        PORTC = pc | ((buf << 6) & 0b11000000);
        PORTE = pe | ((buf << 4) & 0b11000000);
        PORTF = pf | ((buf << 2) & 0b11000000);
        PORTB = pb | layer_b[gz];
        PORTG = layer_g[gz];

        gz = (gz + 1) % 6;                      // 다음 표시할 층 계산

        TCNT0 = 217;
}

// 시작, 방향키 위 선택
```

```
interrupt [EXT_INT0] void up_sw(void)
{
        if(start == 0) {                        // 정지 상태에서만 처리
                srand(TCNT0);                   // 랜덤 seed 발생
                start = 1;                      // 게임 시작
        }
        else {
                n_dir = nxt_dir[n_dir][0];      // 다음 방향 값 설정
                dir_dsp();                      // 새 방향 값 표시
        }
}

// 방향키 아래 선택
interrupt [EXT_INT1] void down_sw(void)
{
         if(start != 0) {
                  n_dir = nxt_dir[n_dir][1];    // 다음 방향 값 설정
                  dir_dsp();                    // 새 방향 값 표시
         }
}

// 방향키 좌측 선택
interrupt [EXT_INT2] void left_sw(void)
{
         if(start != 0) {
         n_dir = nxt_dir[n_dir][2];             // 다음 방향 값 설정
                  dir_dsp();                    // 새 방향 값 표시
         }

}

// 방향키 우측 선택
interrupt [EXT_INT3] void right_sw(void)
{
         if(start != 0) {
                  if(chk_tcnt != tcnt){                 // 스위치 채터링 처리
                           n_dir = nxt_dir[n_dir][3];   // 다음 방향 값 설정
                           dir_dsp();                   // 새 방향 값 표시
                  }
                  chk_tcnt = tcnt;
         }
}

//*******************************************************************
// LCD 초기화
```

```
void LCD_init(void)
{
        LCD_EN = 0;                     // E = 0;

        delay_ms(15);
        Command(0x20);
        delay_ms(5);
        Command(0x20);
        delay_us(100);
        Command(0x20);
        Command(FUNCSET);
        Command(DISPON);
        Command(ALLCLR);
        Command(ENTMODE);
}

// 인스트럭션 쓰기 함수
void Command(unsigned char byte)
{
        Busy();

        // 인스트럭션 상위 바이트
        PORTD = (byte & 0xF0);          // 데이터
        LCD_RS = 0;                     // RS = 0;
        LCD_RW = 0;                     // RW = 0;
        delay_us(1);
        LCD_EN = 1;                     // E = 1;
        delay_us(1);
        LCD_EN = 0;                     // E = 0;

        // 인스트럭션 하위 바이트
        PORTD = ((byte<<4) & 0xF0);     // 데이터
        LCD_RS = 0;                     // RS = 0;
        LCD_RW = 0;                     // RW = 0;
        delay_us(1);
        LCD_EN = 1;                     // E = 1;
        delay_us(1);
        LCD_EN = 0;                     // E = 0;
}

//데이터 쓰기 함수
void Data(unsigned char byte)
{
        Busy();
```

```
        // 데이터 상위 바이트
        PORTD = (byte & 0xF0);              // 데이터
        LCD_RS = 1;                         // RS = 1;
        LCD_RW = 0;                         // RW = 0;
        delay_us(1);
        LCD_EN = 1;                         // E = 1;
        delay_us(1);
        LCD_EN = 0;                         // E = 0;

        // 데이터 하위 바이트
        PORTD = ((byte<<4) & 0xF0);         // 데이터
        LCD_RS = 1;                         // RS = 1;
        LCD_RW = 0;                         // RW = 0;
        delay_us(1);
        LCD_EN = 1;                         // E = 1;
        delay_us(1);
        LCD_EN = 0;                         // E = 0;
}

// 정해져 있는 문자열 출력 함수
void LCD_String1(char flash str[])
{
        char flash *pStr = 0;

        pStr = str;
        while(*pStr) Data(*pStr++);         // 문자열 끝까지 출력
}

// 새로 생성되는 문자열 출력 함수
void LCD_String2(char str2[])
{
       char *pStr = 0;

       pStr = str2;
       while(*pStr) Data(*pStr++);          // 문자열 끝까지 출력
}

// Busy Flag Check -> 일반적인 BF를 체크하는 것이 아니라
// 일정한 시간 지연을 이용한다.
void Busy(void)
{
        delay_ms(2);
}
```

Chapter 06

벽돌 깨기 게임

Chapter 06

벽돌 깨기 게임

6.1 동작 개요

도트매트릭스의 상단에는 벽돌이 있고 하단에는 보드가 있으며, 보드를 움직여서 공을 튀기고 상단에 있는 벽돌을 깨는 게임이다. 게임 상의 보드는 자이로 센서를 이용하여 제어하기 때문에 도트매트릭스를 기울이는 속도변화에 따라 움직인다. 따라서, 도트매트릭스를 빠르게 기울이면 보드도 빠르게 움직이고, 천천히 기울이면 보드도 천천히 기울어진다.

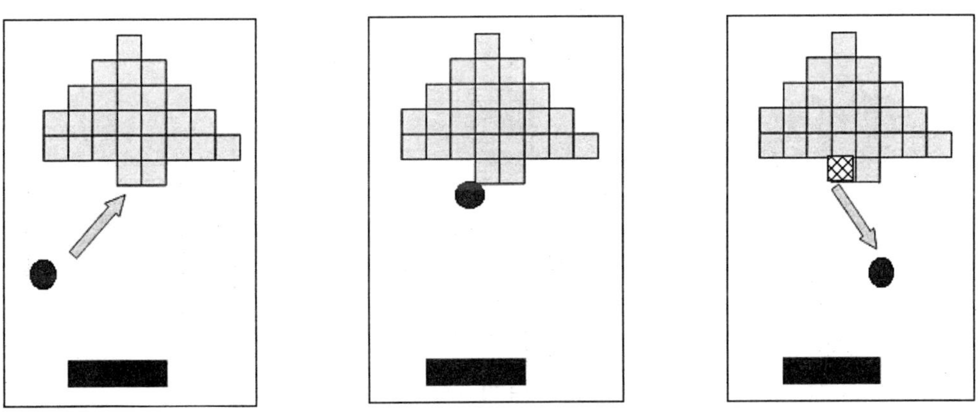

[그림 6-1] 벽돌 깨기 게임

6.2 작품 구성도 및 회로도

[그림 6-2]는 작품 구성도를 보여주며, KUT-128 MCU 보드, 자이로 센서, 도트매트릭스로 구성된다. [표 6-1]은 작품에서 사용하는 입출력 포트 및 기능을 보여준다. 도트매트릭스를 구동할 때 같은 전압에서 RED 색상이 GREEN 색상보다 선명도가 더 높아서 RED 색상의 전류제한저항을 GREEN 색상의 전류제한저항보다 높은 것을 사용하였다.

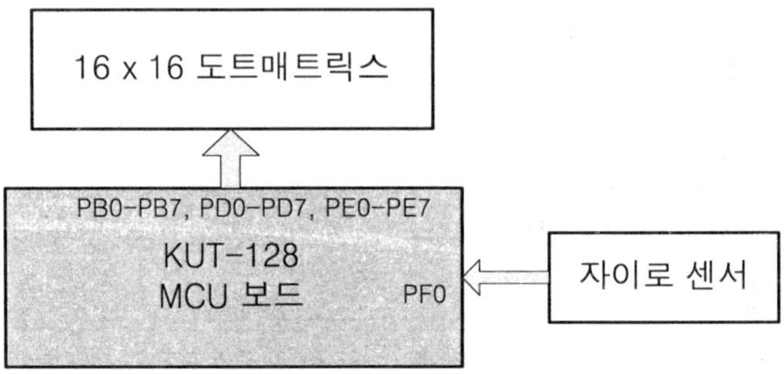

[그림 6-2] 작품 구성도

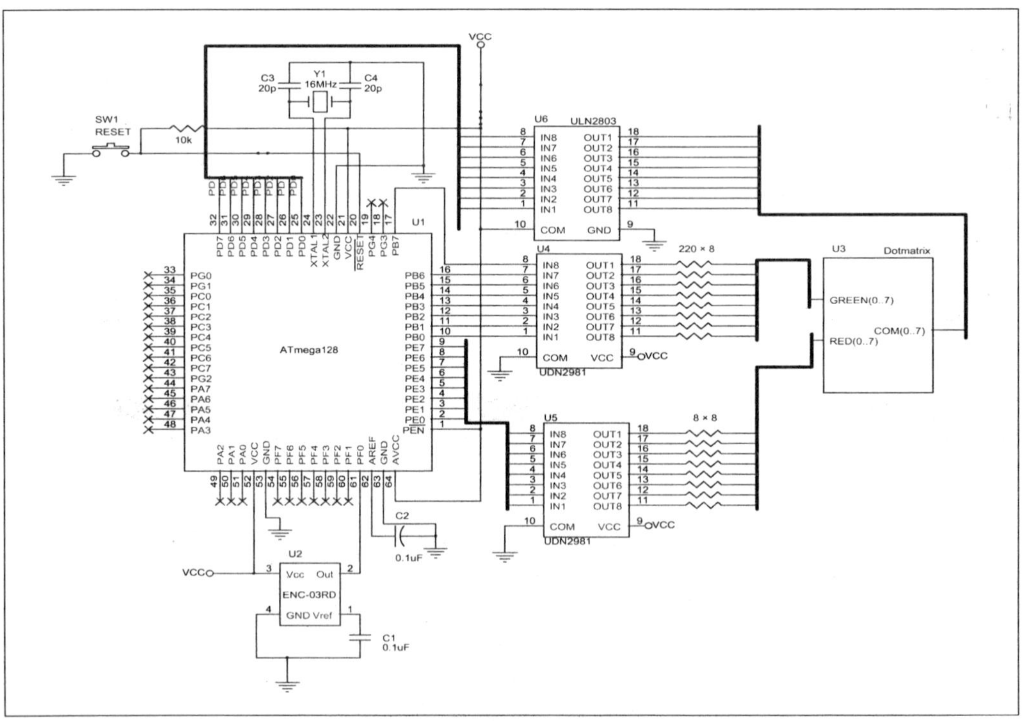

[그림 6-3] 회로도

[표 6-1] 사용 입출력 포트 및 기능

입출력	입출력 포트	장 치	기 능
출력	PB0-PB7	Dot Matrix	녹색 LED
	PE0-PE7	Dot Matrix	적색 LED
	PD0-PD7	Dot Matrix	행 선택 제어
입력	PF0	자이로 센서	기울기 변화(각속도) 측정

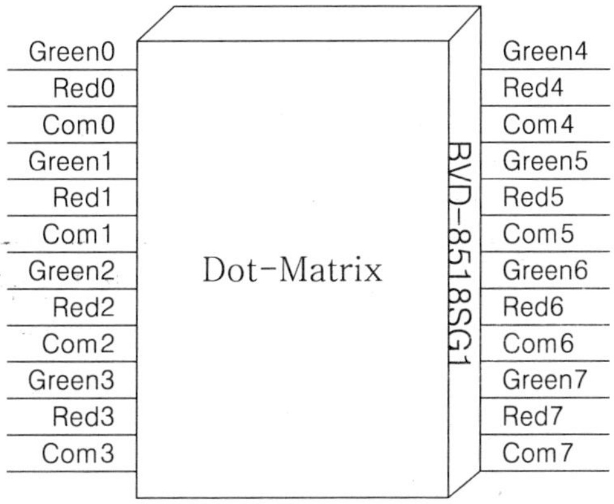

[그림 6-4] 도트매트릭스 핀 배열

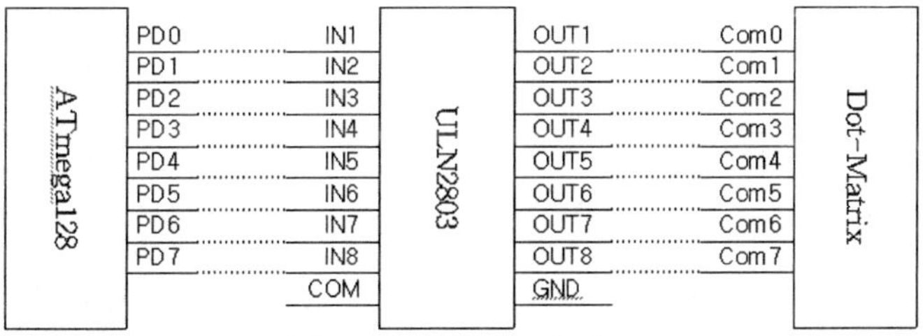

(a) Com 단자 연결도

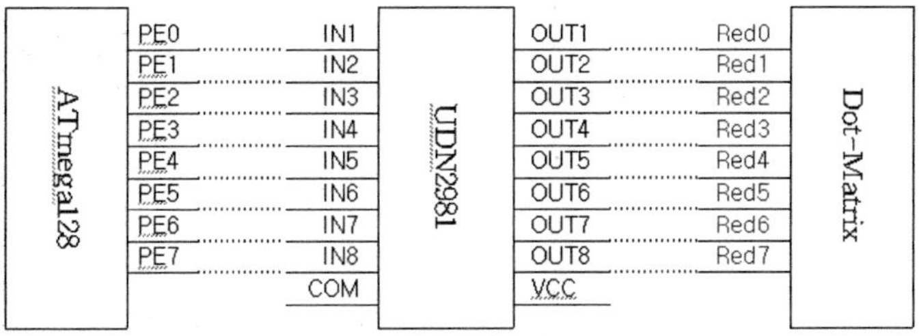

(b) Red 단자 연결도

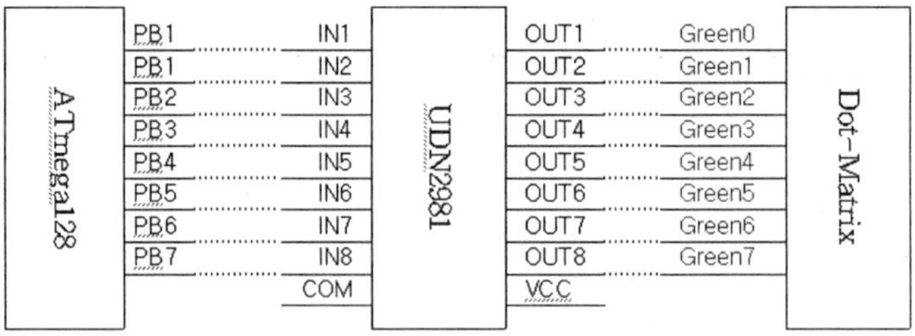

(c) Green 단자 연결도

[그림 6-5] 도트매트릭스 연결도

[표 6-2] 부품 리스트

분 류	품 명	개수	비 고
8x8 도트매트릭스	BVD-8515SG1 (Common Cathode)	1	구입처 : 디바이스마트
캐패시터	0.1uF	2	
자이로센서	[무라타] ENC-03RD	1	구입처 : 디바이스마트
IC	ULN2803	1	
	UDN2981	2	
저항	220Ω	8	
	8Ω	8	

6.3 자이로센서

자이로센서는 각속도를 출력하는 센서로서 각속도가 바이브레이터에 적용될 때 생기는 코리올리의 힘(Coriolis force) 현상을 이용한다. 이 게임기에 사용된 센서는 무라타의 ENC-03RD 센서이며, 여기서는 한 축만 사용하기 때문에 ENC-03RD센서 하나를 이용하였다. 만약 두 축을 사용할 때는 ENC-03RC와 ENC-03RD를 사용해야 한다.

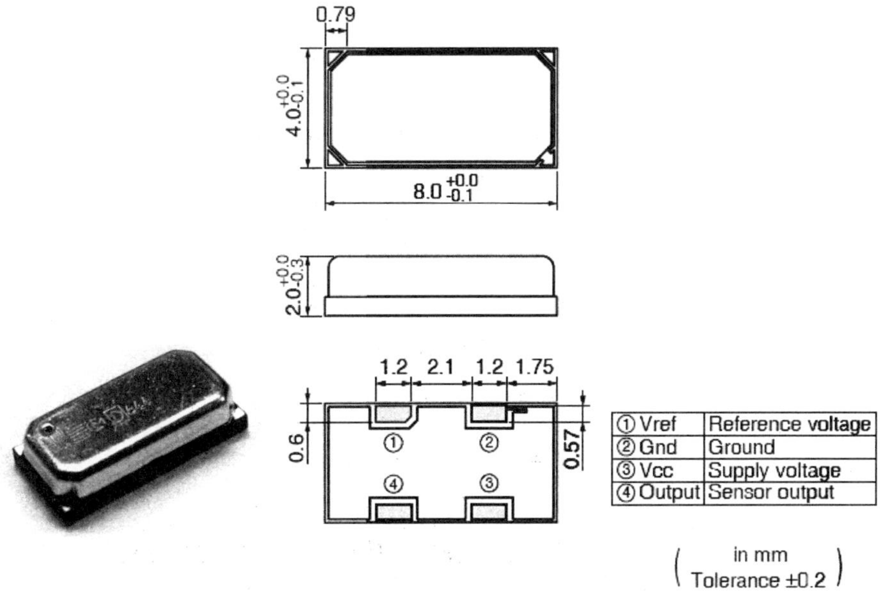

[그림 6-6] 자이로 센서(ENC-03RD)

[그림 6-6]의 핀 배열 그림(SMD 납땜면)에서 우측하단의 약간 찌그러진 모양인 ① 번 핀이 Vref이며, 이 핀을 기준으로 시계방향으로 돌아가면서 ②, ③, ④번 핀이 위치 한다.

이 게임기에 사용된 ATmega128은 5V의 전압을 사용하므로 자이로센서도 5V로 동작 가능한 센서를 선정하였다. ENC-03RD시리즈는 2.7~5.25V의 전압범위에서 작동하며, 이 센서는 +300(deg/sec), -300(deg/sec)범위까지 측정 가능하다. 각속도 0일 때 출력전압은 1.35V이다. 각속도의 정밀도는 Scale Factor에 의해 결정되는데, 이 센서는 1(deg./sec.)당 0.67㎷의 전압이 변화된다. [그림 6-7]은 센서의 회전 방향을 보여준다.

[표 6-3] ENC-03R 센서의 특성

Part Number	Supply Voltage	Maximum Angular Velocity (deg./sec.)	Output(at Angular Velocity=0) (Vdc)	Scale Factor (㎷/deg./sec.)
ENC-03RD	2.7 to 5.25 Vdc	+/- 300	1.35	0.67

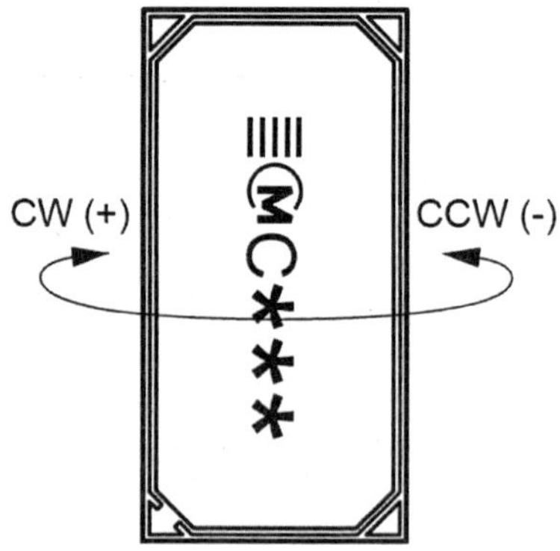

[그림 6-7] ENC-03RD의 회전방향

자이로 센서의 값은 사용전압에 따라 특성이 바뀔 수도 있음을 고려하여 게임기에 전원을 투입하고 약 0.5초 지난 후에 2회 읽어 평균값을 정지 상태에서의 기준값으로(init_ad 변수 저장) 사용하였다. 그리고, 이 기준값을 중심으로 20이상 크면 게임기가 오른쪽 방향으로 회전한 것으로 인식하고, 20이상 작으면 왼쪽 방향으로 회전한 것으로 [표 6-4]와 같이 인식처리 하였다.(게임기에는 자이로 센서를 [그림 6-7]의 반대방향으로 장착하였음)

[표 6-4] 자이로 센서 이용

```
ADcvt(); // 자이로 값 받아옴
if(v_ad > (init_ad + 20)){              // 정지상태 값보다 20만큼 크면
        ....// 우로 이동.....
}
else if(v_ad < (init_ad - 20)){         // 정지상태 값보다 20만큼 작으면
        ....// 좌로 이동.....
}
```

자이로센서는 각도를 출력하는 센서가 아니라 각속도를 출력하는 센서이며, 게임기에 자이로센서를 사용했기 때문에 각도가 아닌 각속도를 이용하여 게임기를 동작시켜야 한다. 대부분의 사람들은 각도를 이용하여 게임하는 것에 익숙하기 때문에 이 게임기에 익숙해지려면 약간의 숙련이 필요하다.

6.4 도트매트릭스 구동 알고리즘

도트매트릭스는 행단위로 제어되며, 한 행에 적색, 녹색 2개의 데이터 값을 동시에 출력한다. 따라서, 각 행을 순차적으로 on 시키면서 적색 데이터와 녹색 데이터를 출력하면 도트매트릭스의 한 화면이 구성된다.

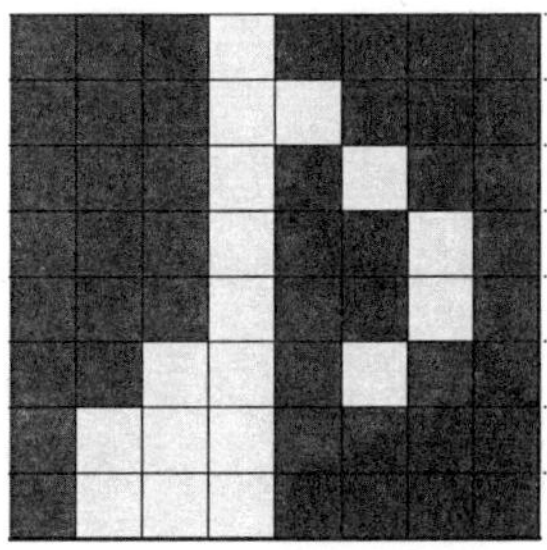

적색 ■	녹색 □
11101111	00010000
11100111	00011000
11101011	00010100
11101101	00010010
11101101	00010010
11001011	00110100
10001111	01110000
10001111	01110000

[그림 6-8] 행단위의 출력 패턴값

<게임 동작 방법>

① 게임기를 좌, 우로 흔들면서 위, 아래로 움직이는 공을 보드로 튕겨내야 한다. 튕겨내지 못하면 게임이 종료된다.

② 게임을 시작하기 전 'Count-Down 출력 패턴'이 표시된다([그림 6-9]). 카운트다운이 끝난 뒤 '1라운드화면'이 디스플레이 되고 게임이 시작된다([그림 6-10]).

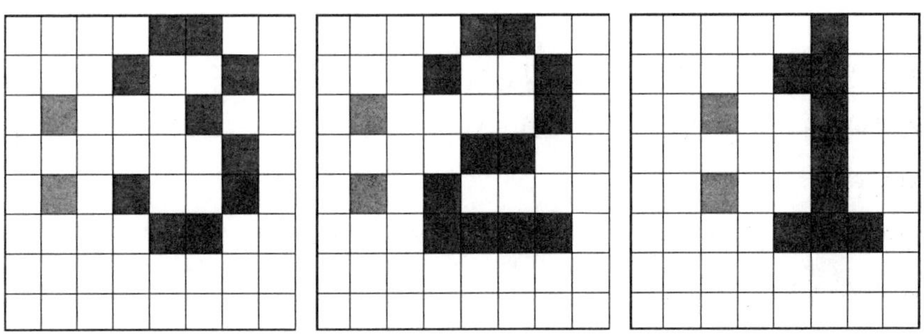

[그림 6-9] Count-Down 출력 패턴

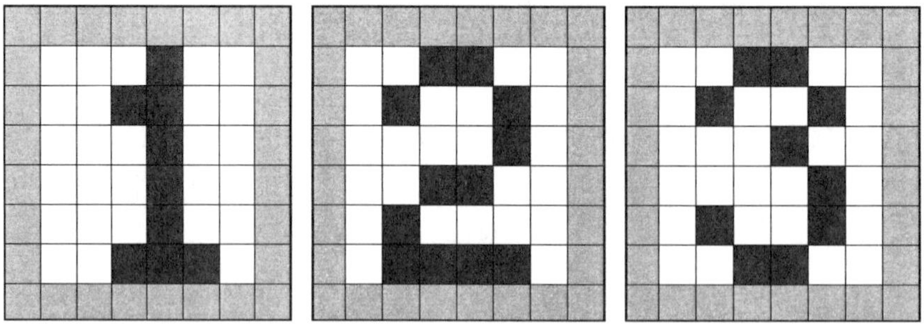

[그림 6-10] 1라운드, 2라운드, 3라운드 출력 패턴

③ 게임이 종료되면 '게임종료 출력 패턴'이 표시되며, 일정시간동안 게임종료화면이 디스플레이 된 후에는 'Replay 출력 패턴'이 디스플레이 된다([그림 6-11], [그림 6-12]). 'Replay 출력 패턴'이 디스플레이 될 때 오른쪽으로 게임기를 움직이면 게임이 종료되었던 라운드가 재시작되며, 왼쪽으로 게임기를 움직이면 게임은 1라운드부터 다시 시작된다.

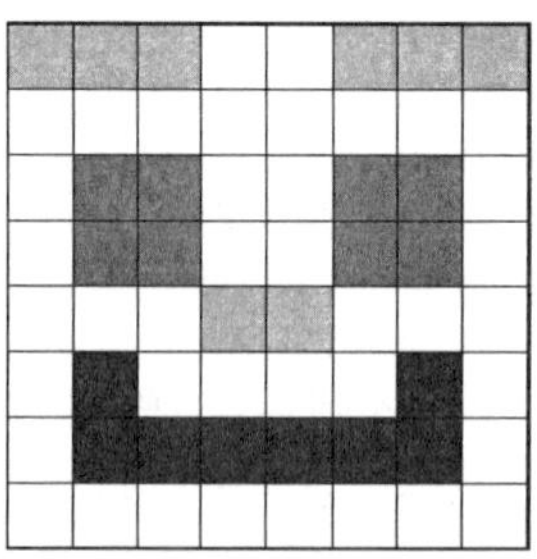

[그림 6-11] 게임종료 출력 패턴

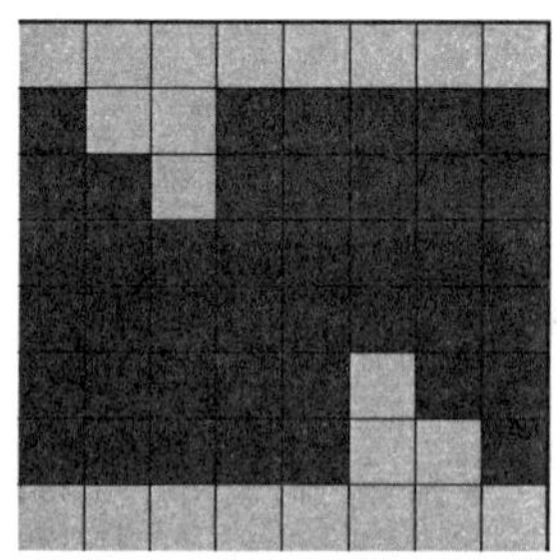

[그림 6-12] Replay 출력 패턴

④ 게임은 총 1, 2, 3라운드로 구성된다. 라운드가 올라갈수록 공의 속도가 빨라진다. 각각의 라운드는 '1라운드', '2라운드', '3라운드' 출력 패턴이 디스플레이 된 후에 시작된다.

⑤ 게임이 시작될 때 공은 보드의 가운데에서 출발하며, 보드의 위치에 따라서 공의 초기 위치도 변경된다.

⑥ 블록은 라운드에 따라 재배치된다.

⑦ 3라운드까지 게임을 완료하면 'Win화면'이 디스플레이 된다([그림 6-13]).

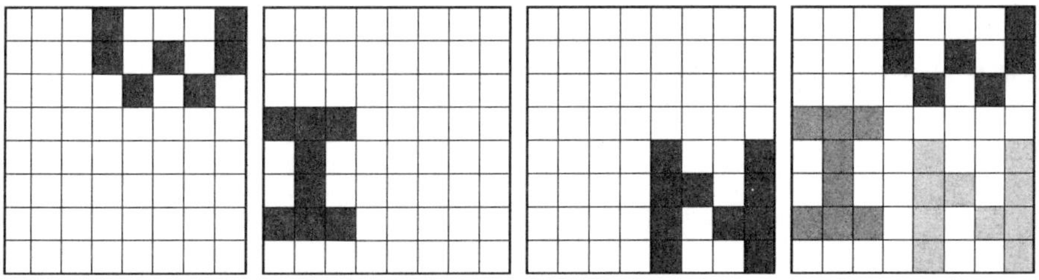

[그림 6-13] Win 출력 패턴

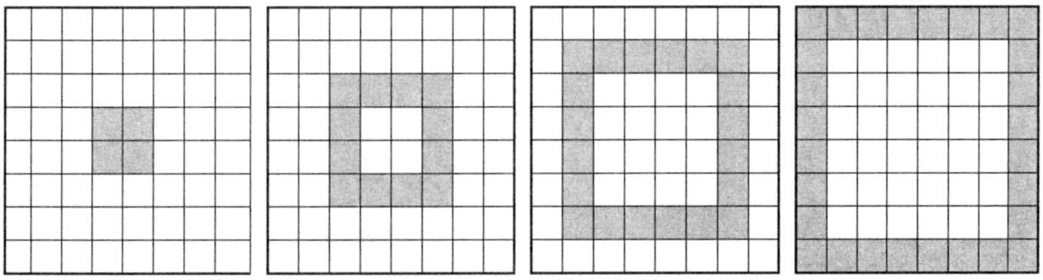

[그림 6-14] 사각 출력 패턴

<도트매트릭스 표시 데이터>

도트매트릭스에 표시하는 데이터는 블록, 블록을 깨기 위한 공, 공을 쳐내는 보드로 구성된다.

◆ 보 드

도트매트릭스의 맨 아래 줄에 3칸 크기로 위치하며, 자이로 센서에 의해 좌우로만 움직인다.

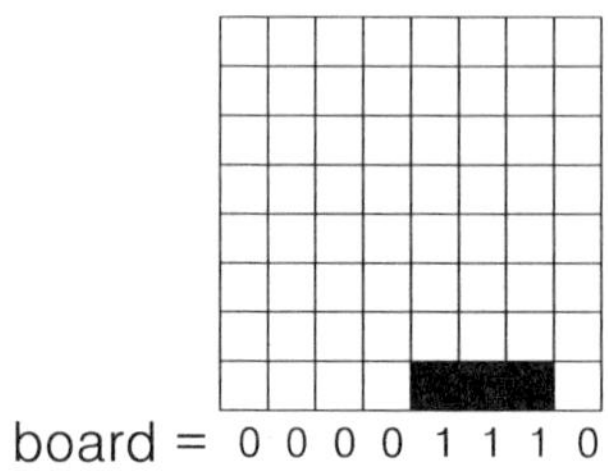

[그림 6-15] 보드

◆ 공

한 칸의 적색 LED로 표시되며, 수평위치와 수직위치를 나타내기 위해 두 개의 변수를 이용한다. 수평위치는 변수 ball로 나타내고, 1이 몇번째 비트에 있는가로 수평위치를 나타내게 된다. 즉, 1이 최상위 비트에 있으면 맨 왼쪽, 최하위 비트에 있으면 맨 오른쪽에 위치한 것을 나타내게 된다. 수직위치는 변수 ball_c로 나타내며, 수평위치와 마찬가지로 1이 몇번째 비트에 위치하는가로 수직위치를 나타낸다. 보드 또는 벽면에 충돌하게 되면 진행방향에 대해 45도 방향으로 진행방향을 바꾼다. 그리고, 블록과 충돌하게 되면 블록을 깨고 진행방향의 반대방향으로 진행한다.

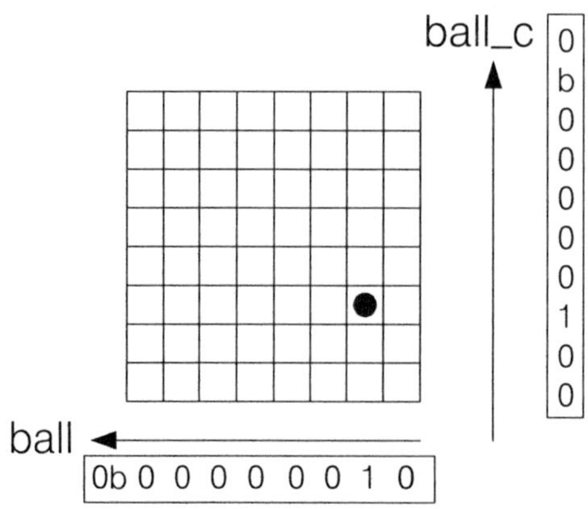

[그림 6-16] 공

<블 록>

블록 데이터는 8행의 데이터를 배열로 나타내며, 행 단위로 맨 왼쪽을 최상위 비트로 하여 표시한다. 그리고, 맨 아래 줄 데이터를 배열의 제일 처음에 나타내고, 맨 윗줄 데이터를 배열의 맨 마지막에 나타낸다. 또한, 공과 충돌할 때 벽돌을 한 개씩 제거하는 것이 아니라 충돌한 라인의 블록을 모두 제거하도록 하기 위해 두 개의 배열을 이용하여 나타내며, 두 배열의 데이터를 합성하여 도트매트릭스에 표시한다. 블록은 위에서 3줄에만 위치하는 것으로 한다.

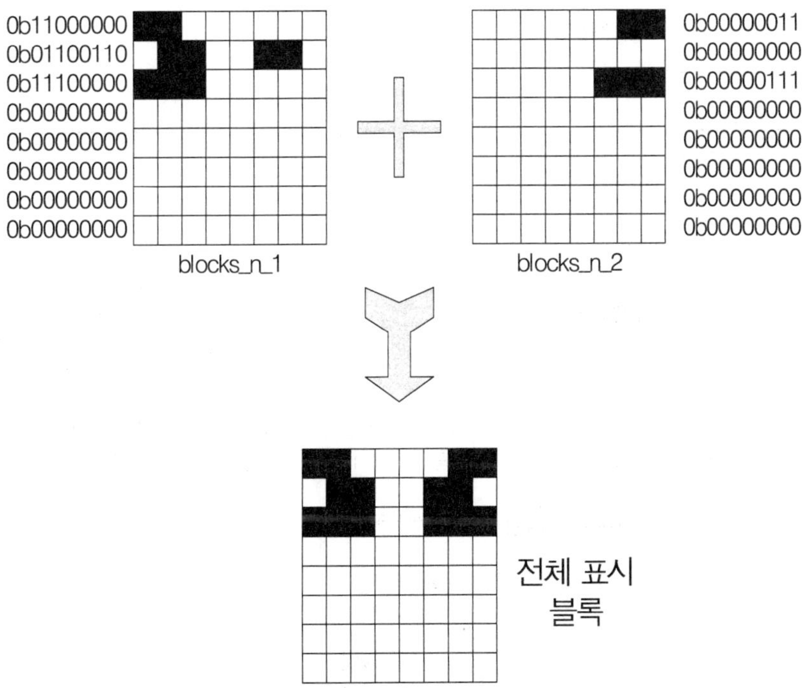

[그림 6-17] 블록 데이터 구성

<공과 보드와의 충돌 체크 알고리즘>

공이 맨 아래 줄에 위치할 때(ball_c=0b00000001)만 보드의 위치를 나타내는 board와 공의 수평위치를 나타내는 ball의 값을 AND 연산한다. AND 연산값이 0이 아니면 공이 보드에 충돌한 것으로 판단하고, 공의 수직 이동방향만 반대로 하여 공의 진행방향을 변경한다([그림 6-18]).

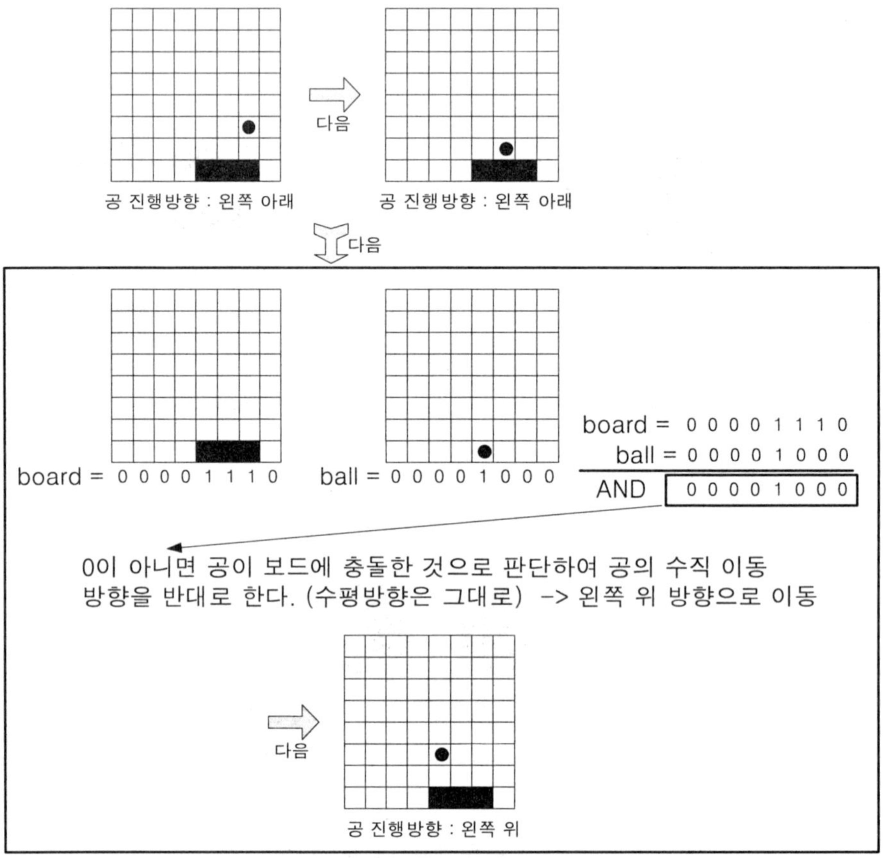

[그림 6-18] 공과 보드와의 충돌 알고리즘

<공과 블록과의 충돌 체크 알고리듬>

공의 수직위치가 도트매트릭스의 윗부분으로부터 3줄 내에 있을 때만 블록 데이터 값과 공의 수평 위치를 나타내는 ball의 값을 AND 연산한다. AND 연산값이 0이 아니면 공이 블록과 충돌한 것으로 판단하고, 충돌한 수직위치의 블록을 모두 제거한다. 공은 블록과 충돌한 위치에 표시하고, 진행방향을 블록과 충돌하기 전의 반대방향으로 변경한다.

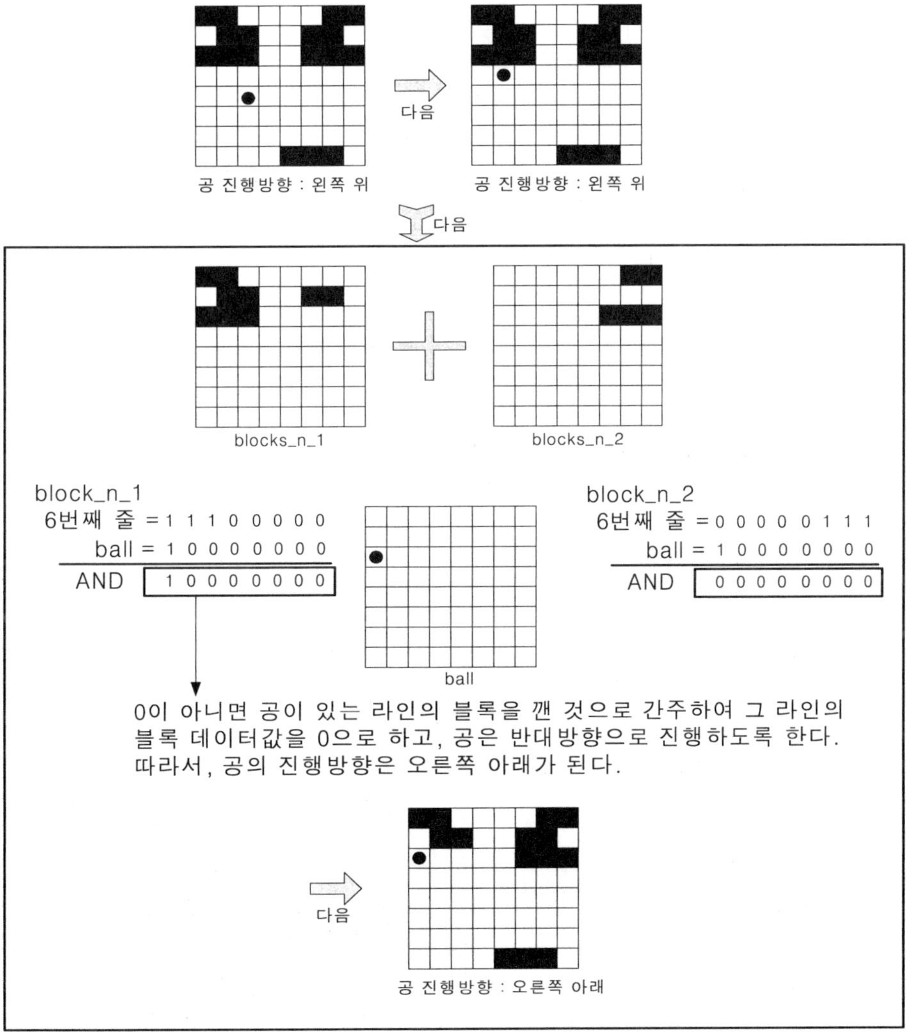

[그림 6-19] 공과 블록과의 충돌 알고리즘

6.5 함수 처리 흐름도

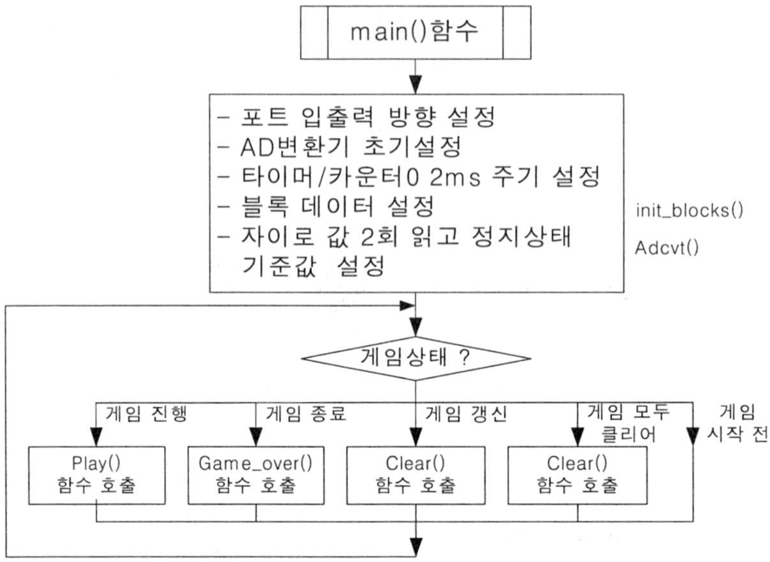

(a) main()함수

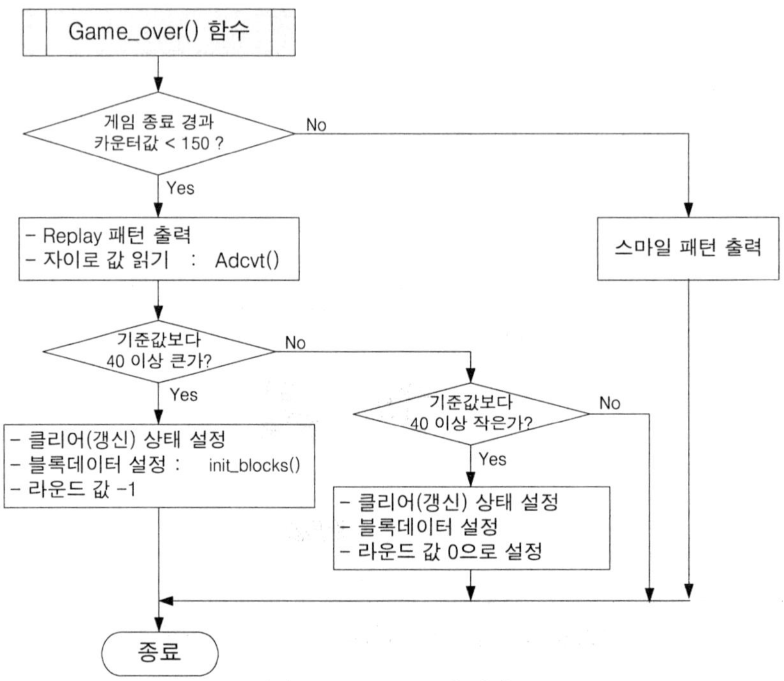

(b) Game_over()함수

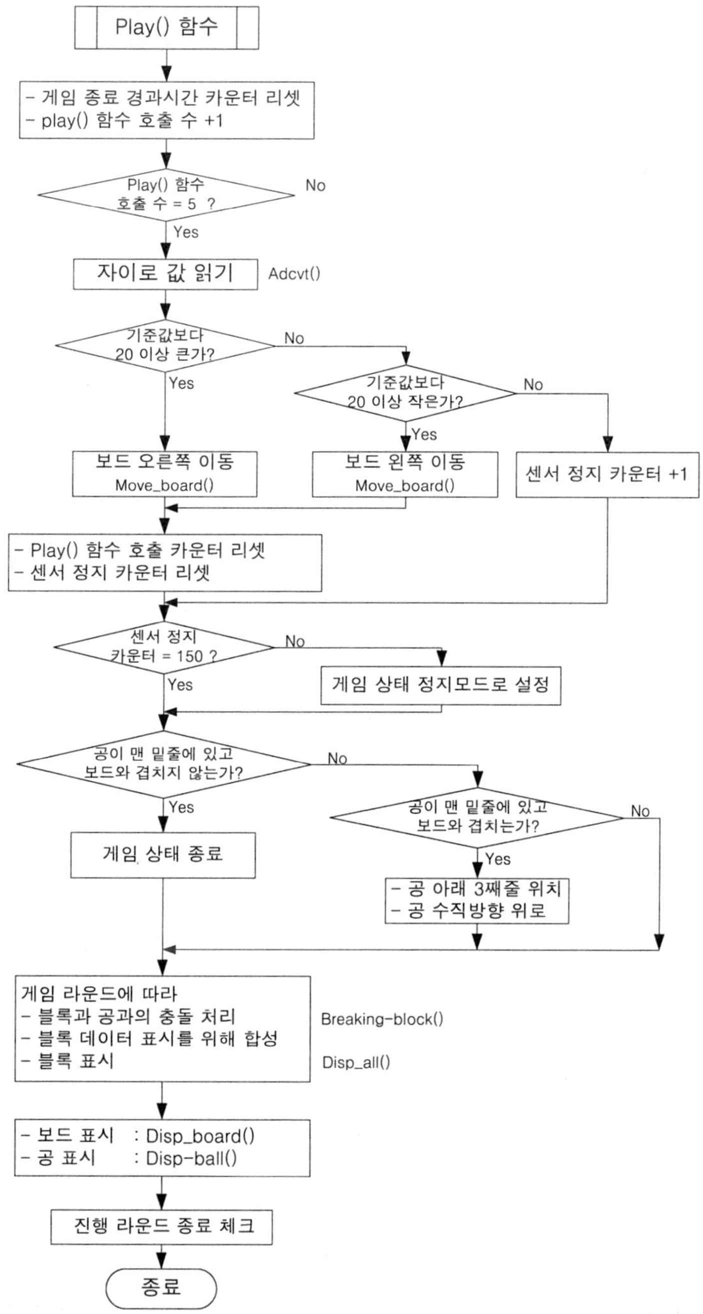
Play() 함수
- 게임 종료 경과시간 카운터 리셋
- play() 함수 호출 수 +1
Play() 함수 호출 수 = 5 ?
No
Yes
자이로 값 읽기
Adcvt()
기준값보다 20 이상 큰가?
No
Yes
기준값보다 20 이상 작은가?
No
Yes
보드 오른쪽 이동 Move_board()
보드 왼쪽 이동 Move_board()
센서 정지 카운터 +1
- Play() 함수 호출 카운터 리셋
- 센서 정지 카운터 리셋
센서 정지 카운터 = 150 ?
No
Yes
게임 상태 정지모드로 설정
공이 맨 밑줄에 있고 보드와 겹치지 않는가?
No
Yes
공이 맨 밑줄에 있고 보드와 겹치는가?
No
Yes
게임 상태 종료
- 공 아래 3째줄 위치
- 공 수직방향 위로
게임 라운드에 따라
- 블록과 공과의 충돌 처리
- 블록 데이터 표시를 위해 합성
- 블록 표시
Breaking-block()
Disp_all()
- 보드 표시 : Disp_board()
- 공 표시 : Disp-ball()
진행 라운드 종료 체크
종료

(c) Play() 함수

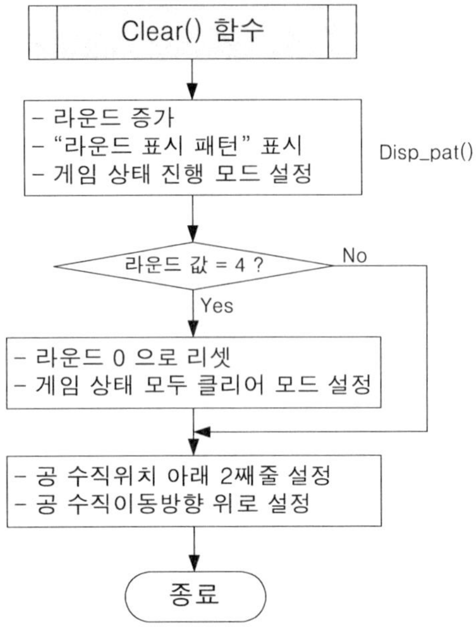

(d) Clear() 함수

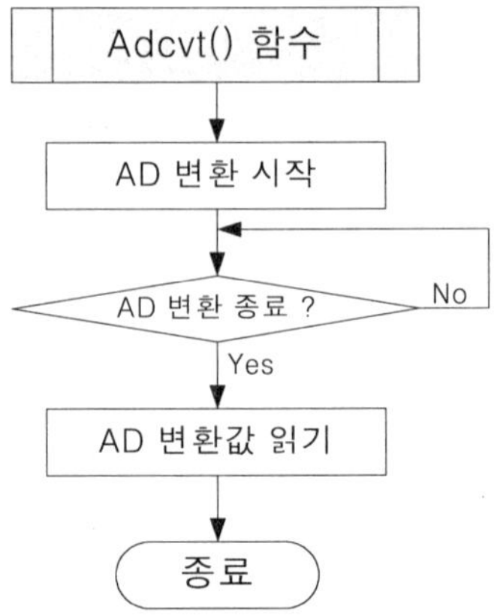

(e) ADcvt() 함수

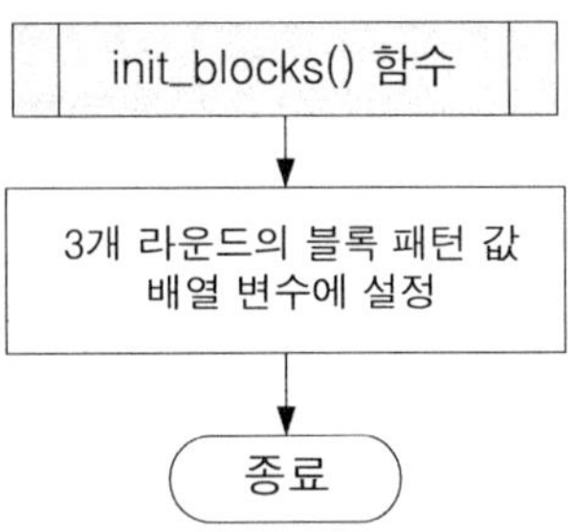

(f) init_blocks() 함수

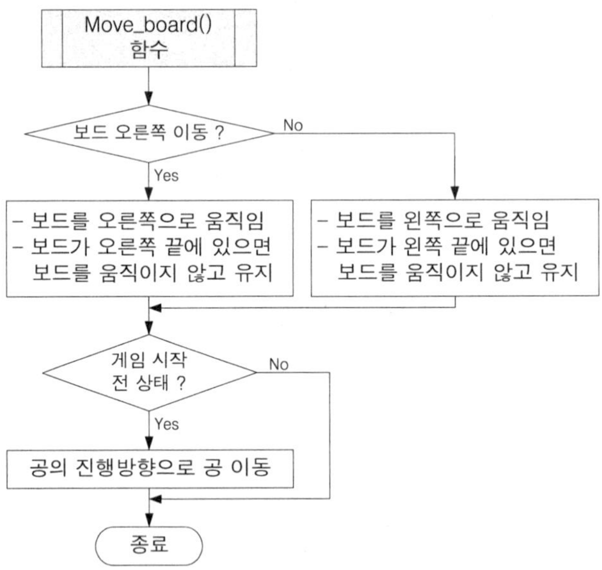

(g) Move_board() 함수

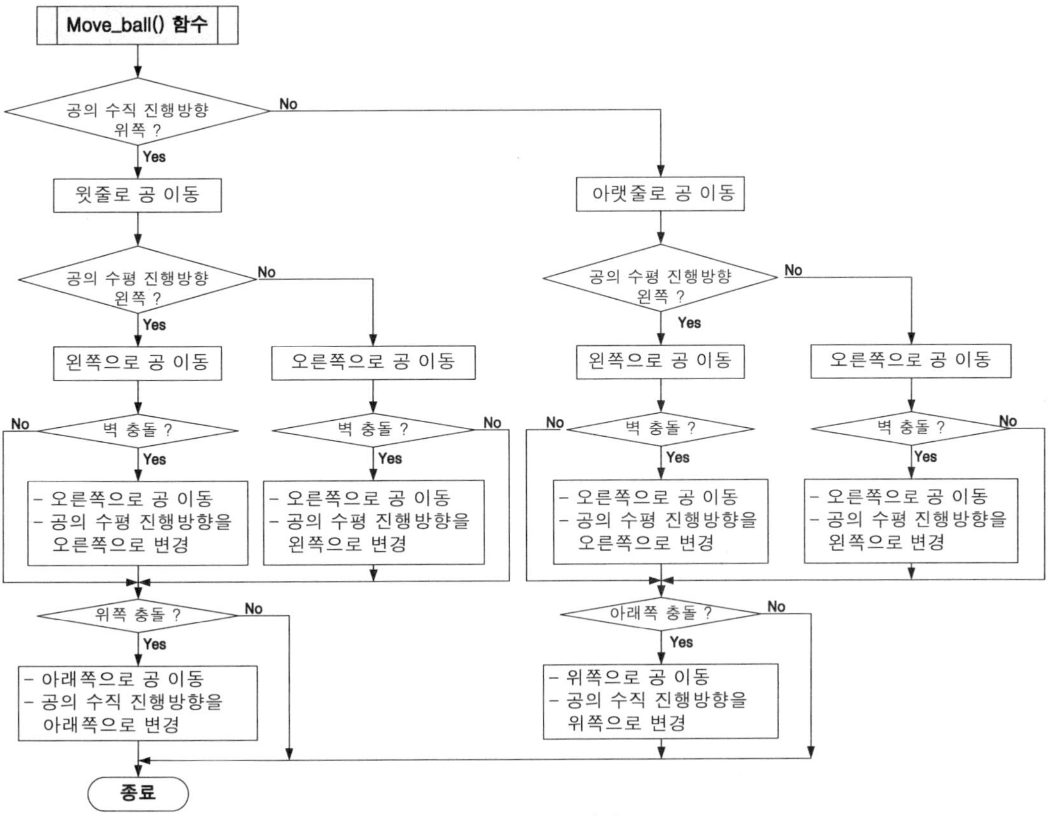

(h) Move_ball() 함수

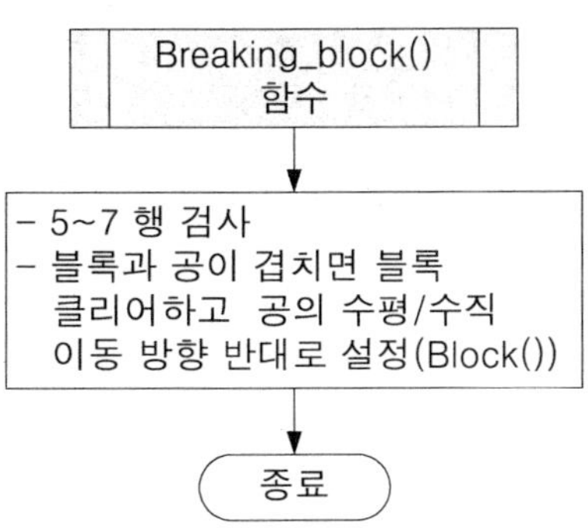

(i) Breaking_block() 함수

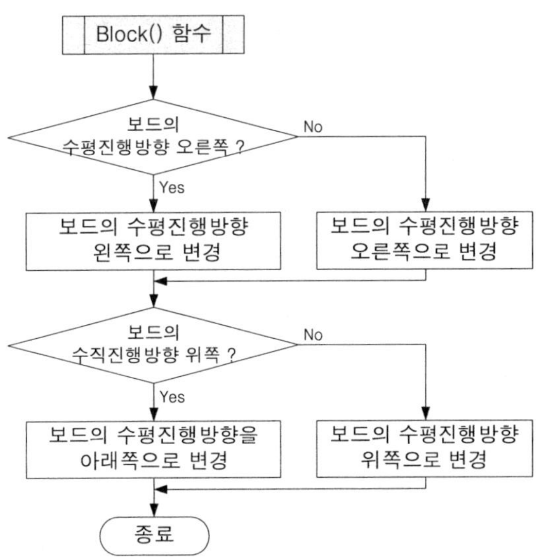

(j) Block() 함수

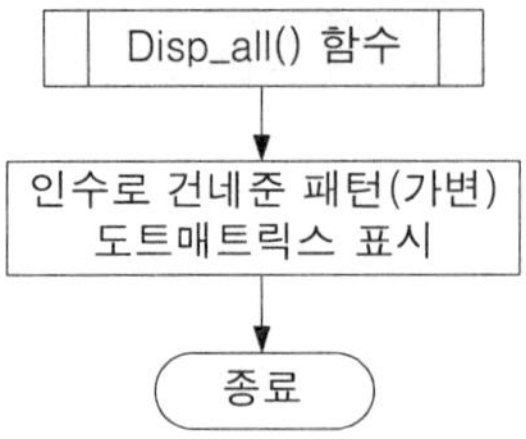

(l) Disp_all() 함수

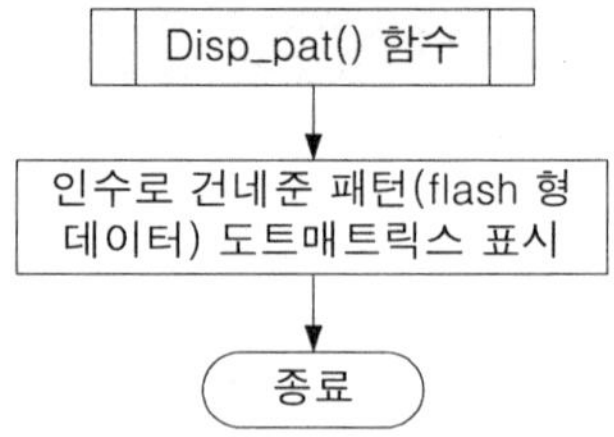

(m) Disp_pat() 함수

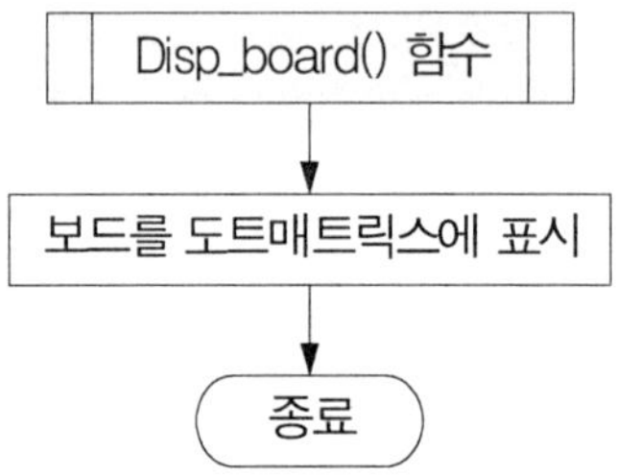

(k) Disp_all() 함수

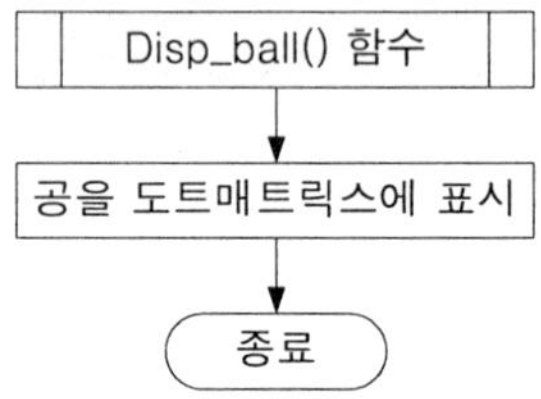

(l) Disp_pat() 함수

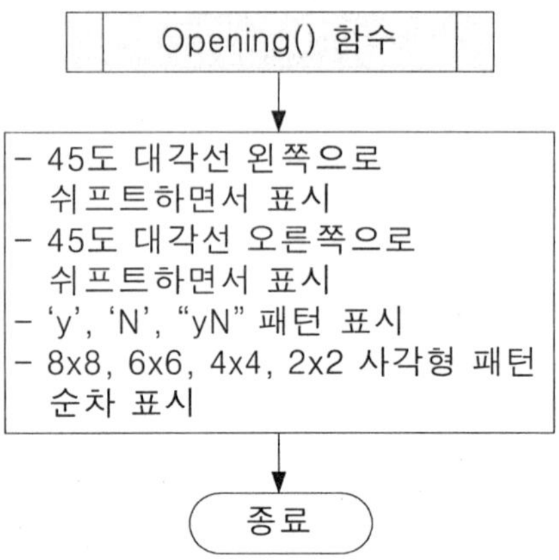

(m) Opening() 함수

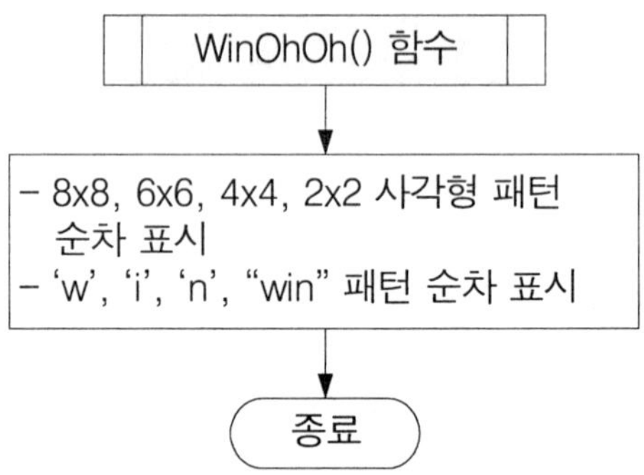

(n) WinOhOh() 함수

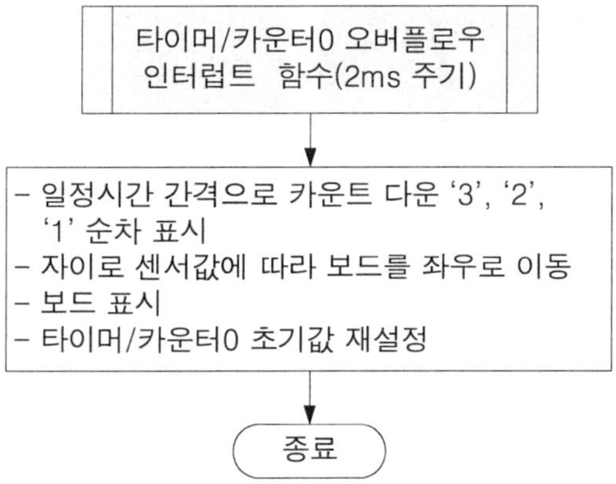

(o) 타이머/카운터0 인터럽트 함수

[그림 6-20] 함수 처리 흐름도

6.6 작품 사진

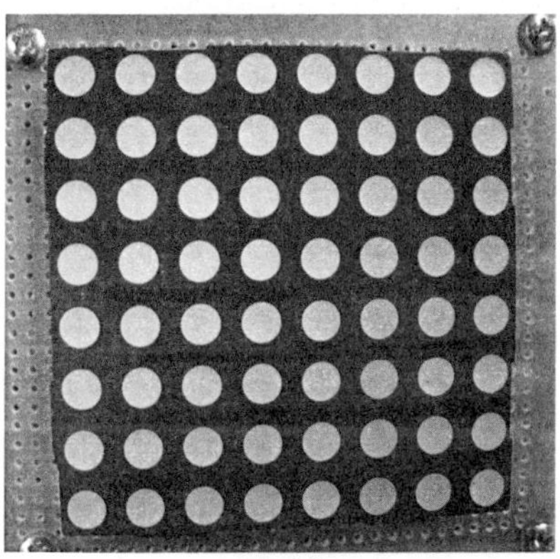

(a) 앞

(b) 뒤

(c) 앞 뒤 조립

[그림 6-21] 작품의 앞/뒤/조립 사진

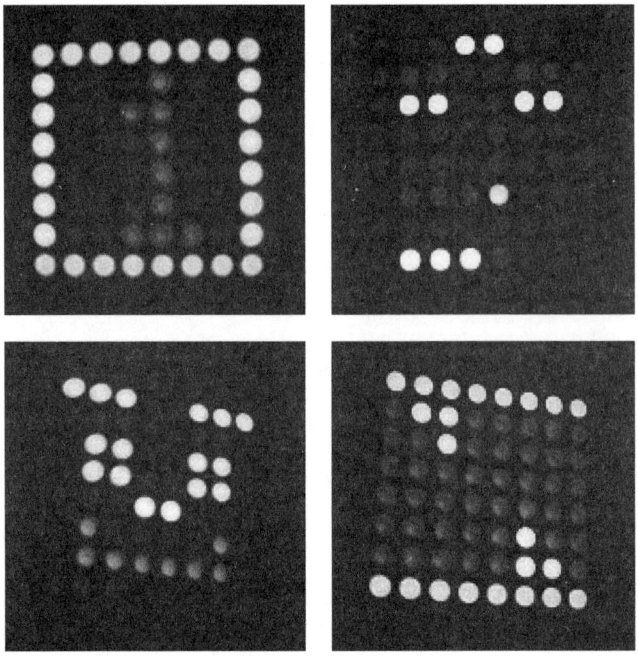

[그림 6-22] 게임 진행 모습

6.7 프로그램 소스

[리스트 6-1] 프로그램 소스

```
///////////////////////////////////////////////////
// BLOCK.C 자이로센서를 이용한 블록깨기
// 이유나
///////////////////////////////////////////////////

#include <mega128.h>
#include <delay.h>

#define RIGHT       0       // 공 수평이동 오른쪽방향
#define LEFT        1       // 공 수평이동 왼쪽방향
#define UP          2       // 공 수직이동 윗방향
#define DOWN        3       // 공 수직이동 아래방향
#define START       0       // 게임 진행 중
#define OVER        1       // 게임 오버
#define NO_OVER     2       // 게임 시작 전
#define CLEAR       3       // 라운드클리어
#define WIN         4       // 게임우승

void ADcvt(void);                   // 자이로 AD변환
void Move_board(int dir);           // 보드 이동
void Disp_board(void);              // 보드 표시
void Move_ball(void);               // 공 이동
void Disp_ball(void);               // 공 표시
void Block(void);                   // 공의 진행 방향 변경
void Disp_all(char *RED, char *GREEN);                  // 한 프레임 출력
void Disp_pat(char flash *RED, char flash *GREEN);      // 고정 패턴 출력
void Breaking_block(char *data, char ball_c);           // 블록 파괴 처리
void init_blocks(void);             // 게임 화면 재표시를 위한 블록 초기값 설정
void WinOhOh(void);                 // "win" 패턴 표시
void Opening(void);                 // 게임 시작 패턴 표시
void Play(void);                    // 게임 진행
void Game_over(void);               // 게임 종료
void Clear(void);                   // 라운드 갱신 함수

/////////////////////////////////////////////////////////////////////////////
// 라운드 블록 패턴값
//  1라운드     2라운드     3라운드
// 00011000    00011000    01100110
// 00000000    00110011    11000011
// 01100110    11000011    11100111
// 00000000    00000000    00000000
```

```
// 00000000        00000000        00000000
// 00000000        00000000        00000000
// 00000000        00000000        00000000
// 00000000        00000000        00000000
/////////////////////////////////////////////////////////////////////////////

// 1라운드 블록 패턴값
char flash fblocks_1_1[8] = {0, 0, 0, 0, 0, 0b00000110, 0, 0b00011000};
char flash fblocks_1_2[8] = {0, 0, 0, 0, 0, 0b01100000, 0, 0};

// 2라운드 블록 패턴값
char flash fblocks_2_1[8] = {0, 0, 0, 0, 0, 0b00000011, 0b00000011, 0};
char flash fblocks_2_2[8] = {0, 0, 0, 0, 0, 0b11000000, 0b00110000, 0b00011000};

// 3라운드 블록 패턴값
char flash fblocks_3_1[8] = {0, 0, 0, 0, 0, 0b11100000, 0b11000011, 0b01100000};
char flash fblocks_3_2[8] = {0, 0, 0, 0, 0, 0b00000111, 0, 0b00000110};
/////////////////////////////////////////////////////////////////////////////////

// 도트 매트릭스 행 선택 제어값
char flash com_val[8] = {0x01, 0x02, 0x04, 0x08, 0x10, 0x20, 0x40, 0x80};

// Replay 패턴
char flash replay_r[8] = {0xff, 0xff, 0xff, 0xff, 0xff, 0xff, 0xff, 0xff};
char flash replay_g[8] = {0xff, 0x06, 0x04, 0x00, 0x00, 0x20, 0x60, 0xff};

// Smile 패턴
char flash smile_r[8] = {0x00, 0x7e, 0x42, 0x18, 0x00, 0x00, 0x00, 0xe7};
char flash smile_g[8] = {0x00, 0x00, 0x00, 0x18, 0x66, 0x66, 0x00, 0xe7};

// 2x2 사각 패턴
char flash rect22_rg[8] = {0x00, 0x00, 0x00, 0x18, 0x18, 0x00, 0x00, 0x00};

// 4x4 사각 패턴
char flash rect44_rg[8] = {0x00, 0x00, 0x3c, 0x24, 0x24, 0x3c, 0x00, 0x00};

// 6x6 사각 패턴
char flash rect66_rg[8] = {0x00, 0x7e, 0x42, 0x42, 0x42, 0x42, 0x7e, 0x00};

// 8x8 사각 패턴
char flash rect88_rg[8] = {0xff, 0x81, 0x81, 0x81, 0x81, 0x81, 0x81, 0xff};

// 'w' 패턴
char flash w_pat_r[8] = {0x00, 0x00, 0x00, 0x00, 0x00, 0x0a, 0x15, 0x11};
char flash w_pat_g[8] = {0x00, 0x00, 0x00, 0x00, 0x00, 0x00, 0x00, 0x00};
```

```
// 'i' 패턴
char flash i_pat_r[8] = {0x00, 0x00, 0x00, 0x00, 0x00, 0x00, 0x00, 0x00};
char flash i_pat_g[8] = {0x00, 0xe0, 0x40, 0x40, 0xe0, 0x00, 0x00, 0x00};

// 'N' 패턴
char flash n_pat_r[8] = {0x09, 0x0b, 0x0d, 0x09, 0x00, 0x00, 0x00, 0x00};
char flash n_pat_g[8] = {0x09, 0x0b, 0x0d, 0x09, 0x00, 0x00, 0x00, 0x00};

// "wiN" 패턴
char flash win_pat_r[8] = {0x09, 0x0b, 0x0d, 0x09, 0x00, 0x0a, 0x15, 0x11};
char flash win_pat_g[8] = {0x09, 0xeb, 0x4d, 0x49, 0xe0, 0x00, 0x00, 0x00};

// "y" 패턴
char flash y_pat_r[8] = {0x00, 0x00, 0x00, 0x60, 0x20, 0xf0, 0x90, 0x90};
char flash y_pat_g[8] = {0x00, 0x00, 0x00, 0x00, 0x00, 0x00, 0x00, 0x00};

// "N" 패턴
char flash nn_pat_r[8] = {0x09, 0x0b, 0x0d, 0x09, 0x00, 0x00, 0x00, 0x00};
char flash nn_pat_g[8] = {0x09, 0x0b, 0x0d, 0x09, 0x00, 0x00, 0x00, 0x00};

// "y N" 패턴
char flash yn_pat_r[8] = {0x09, 0x0b, 0x0d, 0x69, 0x20, 0xf0, 0x90, 0x90};
char flash yn_pat_g[8] = {0xc9, 0x8b, 0x0d, 0x09, 0x00, 0x00, 0x01, 0x03};

// 45도 대각선 패턴
long flash line_g[8] = {0x00800000, 0x00400000, 0x00200000, 0x00100000,
                        0x00080000, 0x00040000, 0x00020000, 0x00010000};
long flash line_r[8] = {0x00000000, 0x00000000, 0x00000000, 0x00000000,
                        0x00000000, 0x00000000, 0x00000000, 0x00000000};

long flash line1_g[8] = {0x00000100, 0x00000200, 0x00000400, 0x00000800,
                         0x00001000, 0x00002000, 0x00004000, 0x00008000};
long flash line1_r[8] = {0x00000000, 0x00000000, 0x00000000, 0x00000000,
                         0x00000000, 0x00000000, 0x00000000, 0x00000000};

// 카운트다운 숫자('1', '2', '3' 표시 패턴)
char flash v_3_r[8] = {0x0, 0x0, 0x0c, 0x12, 0x02, 0x04, 0x12, 0x0c};
char flash v_2_r[8] = {0x0, 0x0, 0x1e, 0x10, 0x0c, 0x02, 0x12, 0x0c};
char flash v_1_r[8] = {0x0, 0x0, 0x0e, 0x04, 0x04, 0x04, 0x0c, 0x04};

// 카운트다운 시 녹색 ':' 표시 패턴(4, 6번째 줄)
char flash v_321_g[8] = {0x0, 0x0, 0x0, 0x40, 0x0, 0x40, 0x0, 0x0};

// 라운드 표시 패턴('1', '2'. '3',외곽 사각 패턴)
char flash v_r3_r[8] = {0xff, 0x99, 0xa5, 0x85, 0x89, 0xa5, 0x99, 0xff};
char flash v_r2_r[8] = {0xff, 0xbd, 0xa1, 0x99, 0x85, 0xa5, 0x99, 0xff};
```

```
char flash v_r1_r[8] = {0xff, 0x9d, 0x89, 0x89, 0x89, 0x99, 0x89, 0xff};

char flash v_r3_g[8] = {0xff, 0x81, 0x81, 0x81, 0x81, 0x81, 0x81, 0xff};
char flash v_r2_g[8] = {0xff, 0x81, 0x81, 0x81, 0x81, 0x81, 0x81, 0xff};
char flash v_r1_g[8] = {0xff, 0x81, 0x81, 0x81, 0x81, 0x81, 0x81, 0xff};

// 도트매트릭스 한 행 LED off 출력값
char zero[8] = {0, 0, 0, 0, 0, 0, 0, 0};

int   v_ad;                          // 자이로 값 저장
char board = 0b00011100;             // 보드 출력 패턴 초기값
char ball = 0b00010000;              // 공 열 위치(최상위비트 : 맨왼쪽, 최하위비트 : 맨 오른쪽)
char ball_c = 0b00000010;            // 공 행 위치(최상위비트 : 8행, 최하위비트 : 1행)
char dir_ball_s = UP;                // 공의 수직 이동 방향
char dir_ball_g = LEFT;              // 공의 수평 이동 방향
char state = NO_OVER;                // 게임 진행상태
int  v_tim0 = 0;                     // 타이머/카운터 인터럽트 횟수
int  init_ad = 0;                    // 자이로 전원투입 후 초기값

char blocks[8] = {0};                // 도트 매트릭스 표시용 배열 변수

// 1라운드 블럭 저장 배열
char blocks_1_1[8];
char blocks_1_2[8];

// 2라운드 블럭 저장 배열
char blocks_2_1[8];
char blocks_2_2[8];

// 3라운드 블럭 저장 배열
char blocks_3_1[8];
char blocks_3_2[8];

int  cnt0 = 0;                 // 자이로값 읽기 시간 조절 카운터
int  cnt1 = 0;                 // 공 이동시간 조절 카운터
int  cnt2 = 0;                 // PAUSE상태에서 "PAUSE"패턴 쉬프트 시간 조절 카운터
int  cnt3 = 0;                 // 게임 종료시 스마일 패턴 출력 시간 조절 카운터
int  time_ball = 50;           // 공의 이동속도 조절 값
char round = 0;                // 진행 라운드 값

void main(void)
{
        // I/O포트 입출력방향 설정
        DDRD = 0xFF;                 // 포트D 출력 설정(도트매트릭스 행 선택)
        DDRE = 0xFF;                 // 포트E 출력 설정(도트매트릭스 적색)
        DDRB = 0xFF;                 // 포트B 출력 설정(도트매트릭스 녹색)
```

```
        DDRF = 0x00;                    // 포트F 입력

        // AD변환기 초기설정
        // AREF : VCC단자전압 이용(AREF와 GND 사이는 콘덴서로 연결)
        ADMUX = 0b01000000;             // ADC0 단극성 입력 선택
        ADCSRA = 0x87;                  // ADEN=1, 16MHz  256분주 -> 125kHz
        delay_ms(500);

        // 타이머카운트0 초기설정
        // 1/16us x (256 - 6) * 128 = 2ms
        TIMSK = 0x01;                   // 타이머/카운터0 인터럽트 인에이블
        TCCR0 = 0b00000101;             // 일반모드, 128분주
        TCNT0 = 6;
        SREG = 0x80;

        init_blocks();                  // 블록 설정

        ADcvt();                        // 자이로 값 읽기
        init_ad = v_ad;                 // 전원 ON 후 첫번째 자이로 값을 초기값으로 설정

        ADcvt();                        // 자이로 값 두 번째 읽기
        init_ad = (init_ad + v_ad) / 2;   // 두개의 자이로 값 평균하여 정지값으로 사용

        while(1){
                if(state == START) Play();                      // 게임 진행
                else if(state == OVER) Game_over();             // 게임종료
                else if(state == CLEAR) Clear();                // 클리어 상태
                else if(state == WIN) WinOhOh();                // 모두 클리어
        }
}

// 게임 진행
void Play(void)
{
        int  i;

        cnt3 = 0;                       // 게임종료시 경과 시간 카운터 리셋
        cnt0++;                         // 자이로 읽기 조절시간 카운터 리셋

        if(cnt0 == 5){                  // 자이로 값 받아와서 보드 움직임
                ADcvt();                // 자이로 값 받아옴

                if(v_ad > (init_ad + 20)){              // 초기값보다 20만큼 크면
                        Move_board(RIGHT);              // 우로 이동
                }
                else if(v_ad < (init_ad - 20)){         // 초기값보다 20만큼 작으면
```

```
                Move_board(LEFT);              // 좌로 이동
        }

        cnt0 = 0;                              // cnt0 리셋
}

cnt1++;                                        // cnt1 1 증가

/////// 공 움직임 ////////////
if((ball_c == 0b00000001) && ((ball & board) == 0x0)){
        // 공이 맨 밑줄에 있고, 보드와 공이 겹치지 않으면
        state = OVER;
}
else if((ball_c == 0b00000001) && !((ball & board) == 0x0)){
        // 공이 맨 밑줄에 있고, 보드와 공이 겹치면
        ball_c = 0b00000100;                   // 공은 3번째 줄에 출력
        dir_ball_s = UP;                       // 공의 수직 이동방향은 위쪽
}

if(round == 1){                                // 1라운드이면
        time_ball = 40;                        // 공의 속도는 40단위

        // 블럭과 공과의 충돌 처리
        Breaking_block(blocks_1_1, ball_c);
        Breaking_block(blocks_1_2, ball_c);

        // 모든 블럭 데이터를 합쳐 하나의 변수에 저장
        for(i = 0;i < 8;i++)
                blocks[i] = blocks_1_1[i] | blocks_1_2[i];

        Disp_all(zero, blocks);                // 블럭 표시
}
else if(round == 2){                           // 2라운드이면
        time_ball = 30;                        // 공의 속도는 30단위

        // 블럭과 공과의 충돌 처리
        Breaking_block(blocks_2_1, ball_c);
        Breaking_block(blocks_2_2, ball_c);

        // 모든 블럭 데이터를 합쳐 하나의 변수에 저장
        for(i = 0;i < 8;i++)
                blocks[i] = blocks_2_1[i] | blocks_2_2[i];

        Disp_all(zero, blocks);                // 블럭 표시
}
else if(round == 3){                           // 3라운드이면
```

```
                time_ball = 25;                         // 공의 속도는 30단위

                // 블럭과 공과의 충돌 처리
                Breaking_block(blocks_3_1, ball_c);
                Breaking_block(blocks_3_2, ball_c);

                // 모든 블럭 데이터를 합쳐 하나의 변수에 저장
                for(i = 0;i < 8;i++)
                        blocks[i] = blocks_3_1[i] | blocks_3_2[i];

                Disp_all(zero, blocks);                 // 블럭 표시
        }

        Disp_board();                                   // 보드 표시
        Disp_ball();                                    // 공 표시

        // 공 이동
        if(cnt1 == time_ball){                  // 카운트가 50이면
                Move_ball();                    // 공 이동
                cnt1 = 0;                       // cnt1 리셋(공 이동시간 조절 카운터)
        }

        if(round == 1){                         // 1라운드 클리어 체크
                if(blocks_1_1[7] == 0 && blocks_1_1[5] == 0 &&
                   blocks_1_2[5] == 0) state = CLEAR;           // 클리어상태로 감
        }
        else if(round == 2){     // 2라운드 클리어 체크
                if(blocks_2_1[5] == 0 && blocks_2_1[6] == 0 &&
                   blocks_2_2[5] == 0 && blocks_2_2[6] == 0 &&
                   blocks_2_2[7] == 0) state = CLEAR;           // 클리어 상태로 감
        }
        else {
                if(blocks_3_1[5] == 0 && blocks_3_1[6] == 0 &&
                   blocks_3_1[7] == 0 && blocks_3_2[5] == 0 &&
                   blocks_3_2[7] == 0) state = CLEAR;           // 클리어 상태로 감
        }
}

// 게임 종료
void Game_over(void)
{
        if(cnt3 < 350){                         // cnt3 변수를 통해 일정시간 웃는 얼굴 출력
                Disp_pat(smile_r, smile_g);     // smile 패턴 출력
                cnt3++;                         // cnt3 하나 증가
        }
        else {
```

```
                Disp_pat(replay_r, replay_g);   // replay 패턴 출력
                ADcvt();                        // 자이로 값 받아옴

                if(v_ad > (init_ad + 40)){      // 만약 오른쪽으로 게임기를 기울이면
                        state = CLEAR;          // 상태를 클리어 상태로 변경
                        init_blocks();          // 초기상태의 블럭으로 설정
                        round--;                // 라운드는 클리어상태에서 하나 증가하므로
                                                // 현재 라운드를 유지하기 위해 하나 빼줌
                }
                else if(v_ad < (init_ad - 40)){
                        state = CLEAR;          // 상태를 클리어상태로 변경
                        init_blocks();          // 초기상태의 블럭으로 설정
                        round = 0;              // 라운드를 0으로 설정
                }
        }
}

// 라운드 갱신 함수
void Clear(void)
{
        int  i;

        round++;                                // 라운드 증가

        for(i = 0;i < 100;i++){                 // 일정시간 디스플레이 함
                if(round == 1) Disp_pat(v_r1_r, v_r1_g);       // 1라운드화면 디스플레이
                else if(round == 2) Disp_pat(v_r2_r, v_r2_g); // 2라운드화면 디스플레이
                else if(round == 3) Disp_pat(v_r3_r, v_r3_g); // 3라운드화면 디스플레이
        }

        state = START;                          // 상태를 게임진행 상태로 변경

        if(round == 4){                         // 라운드가 4가 되면
                round = 0;                      // 라운드를 0으로 초기화
                state = WIN;                    // 상태를 우승 상태로 변경
        }

        ball_c = 0b00000010;                    // 공은 밑에서 두 번째 줄부터 시작
        dir_ball_s = UP;                        // 공의 수직진행방향은 위쪽으로 변경
}

// 블록 초기설정
void init_blocks(void)
{
        int     i;
```

```
        for(i = 0;i < 8;i++){
                blocks_1_1[i] = fblocks_1_1[i];
                blocks_1_2[i] = fblocks_1_2[i];

                blocks_2_1[i] = fblocks_2_1[i];
                blocks_2_2[i] = fblocks_2_2[i];

                blocks_3_1[i] = fblocks_3_1[i];
                blocks_3_2[i] = fblocks_3_2[i];
        }
}

// 자이로 값 AD 변환
void ADcvt(void)
{
        ADCSRA = 0xC7;                          // ADEN=1, ADSC = 1 변환 시작
        while((ADCSRA & 0x10) == 0);            // ADIF=1이 될 때까지
        v_ad = (int)ADCL + ((int)ADCH << 8);    // A/D 변환값 읽기
}

// 공 이동
void Move_ball(void)
{
        if(dir_ball_s == UP){                   // 공의 수직 진행방향이 위이면
                ball_c = ball_c <<1;            // 윗줄로 공 이동

                if(dir_ball_g == LEFT){         // 공의 수평 진행방향이 왼쪽이면
                        ball = ball << 1;       // 왼쪽으로 공 이동

                        if(ball == 0b00000000){         // 왼쪽에 부딪히면
                             ball = 0b01000000;         // 오른쪽으로 공 이동
                             dir_ball_g = RIGHT;        // 수평 진행방향은 오른쪽으로 변경
                        }
                }
                else if(dir_ball_g == RIGHT){           // 공의 수평 진행방향이 오른쪽이면
                        ball = ball >> 1;               // 오른쪽으로 공 이동

                        if(ball == 0b00000000){         // 오른쪽에 부딪히면
                             ball = 0b00000010;         // 왼쪽으로 이동
                             dir_ball_g = LEFT;         // 수평 진행방향은 왼쪽으로 변경
                        }
                }
                if(ball_c == 0b00000000){               // 위쪽에 부딪히면
                        ball_c = 0b01000000;            // 수직 진행방향은 아래쪽으로 변경
                        dir_ball_s = DOWN;
                }
```

```
        }
        else if(dir_ball_s == DOWN){                  // 공의 수직 진행방향이 아래 이면
                ball_c = ball_c >> 1;                 // 아래로 이동

                if(dir_ball_g == LEFT){               // 공의 수평 진행방향이 왼쪽이면
                        ball = ball << 1;             // 왼쪽으로 이동

                        if(ball == 0b00000000){       // 왼쪽에 부딪히면
                                ball = 0b01000000;    // 오른쪽으로 이동
                                dir_ball_g = RIGHT;   // 수평 진행방향은 오른쪽으로 변경
                        }
                }
                else if(dir_ball_g == RIGHT){         // 공의 진행방향이 오른쪽이면
                        ball = ball >> 1;             // 오른쪽으로 이동

                        if(ball == 0b00000000){       // 오른쪽에 부딪히면
                                ball = 0b00000010;    // 왼쪽으로 이동
                                dir_ball_g = LEFT;    // 수평 진행방향은 왼쪽으로 변경
                        }
                }
                if(ball_c == 0b00000000){             // 아래쪽에 부딪히면
                        ball_c = 0b00000010;          // 위쪽으로 이동
                        dir_ball_s = UP;              // 공의 수직 진행방향은 위쪽
                }
        }
}

// 보드 이동
void Move_board(int dir)
{
        if(dir == RIGHT){          // 오른쪽 이동
                if(board != 0b00000111) board = board >> 1;      // 오른쪽으로 이동
        }
        else if(dir == LEFT){  // 왼쪽 이동
                if(board != 0b11100000) board = board << 1;      // 왼쪽으로 이동
        }

        if(state == !START){    // 게임이 시작하기 전 상태
                // 보드가 움직일 때 공도 함께 움직임(공의 초기상태를 설정하는 단계)
                if(dir == RIGHT){          // 공의 진행방향이 오른쪽이면
                        if(ball != 0b00000010) ball = ball >> 1; // 공 오른쪽으로 이동
                }
                else if (dir == LEFT){  // 공의 진행방향이 왼쪽이면
                        if(ball != 0b01000000) ball = ball << 1;  // 공 왼쪽으로 이동
                }
        }
```

```
}

// 공과 블록의 충돌 체크 및 블록 제거 처리
void Breaking_block(char *data, char ball_c)
{
        char     p_ball_c;
        int      i;

        p_ball_c = 0b00100000;                  // 밑에서 네 번째 줄부터 검사
        for(i = 5;i < 8; i++){                  // 5~7번째 줄 검사
                if((ball_c == p_ball_c) && !((ball & data[i]) == 0x0)){
                        // 공이 출력되는 줄과 검사하는 줄이 같고, 공과 블럭이 겹치면
                        data[i] = 0;            // 블럭 클리어
                        Block();                // 공의 진행방향 변경
                }
                p_ball_c = p_ball_c << 1;       // 검사할 줄을 하나씩 증가시킴
        }
}

// 공 방향 변경
void Block(void)
{
        // 수평 방향
        if(dir_ball_g == RIGHT) dir_ball_g = LEFT;
        else if(dir_ball_g == LEFT) dir_ball_g = RIGHT;

        // 수직 방향
        if(dir_ball_s == UP) dir_ball_s = DOWN;
        else if(dir_ball_s == DOWN) dir_ball_s = UP;
}

// 도트매트릭스 한 프레임(8행 모두) 표시
void Disp_all(char *RED, char *GREEN)
{
        int  i;

        for(i = 0;i < 8;i++){
                PORTE = RED[i];                 // 표시 라인에 적색 데이터 출력
                PORTB = GREEN[i];               // 표시 라인에 녹색 데이터 출력
                PORTD = com_val[i];             // 표시 라인 선택
                delay_us(700);                  // 동적구동을 위한 딜레이 700us
        }
}

// 도트매트릭스 고정 패턴 출력
void Disp_pat(char flash *RED, char flash *GREEN)
```

```
{
        int  i;

        for(i = 0;i < 8;i++){
                PORTE = RED[i];             // 표시 라인에 적색 데이터 출력
                PORTB = GREEN[i];           // 표시 라인에 녹색 데이터 출력
                PORTD = com_val[i];         // 표시 라인 선택
                delay_us(700);              // 동적구동을 위한 딜레이 700us
        }
}

// 보드 표시(황색)
void Disp_board(void)
{
        PORTD = 0b00000001;                 // 맨 밑줄 ON
        PORTE = board;                      // 녹색 설정
        PORTB = board;                      // 적색 설정
        delay_ms(1);
}

// 공 표시(적색)
void Disp_ball(void)
{
        PORTD = ball_c;                     // 공이 있는 행 선택
        PORTB = 0;                          // 녹색 모두 off
        PORTE = ball;                       // 공 적색 표시
        delay_ms(1);
}

// 시작하기 전 도트매트릭스 표시
void Opening(void)
{
        char c_pause_g[8], c_pause_r[8];
        int  i, j, p_i = 0;

        // 45도 대각선 왼쪽으로 이동하면서 출력
        for(j = 0;j < 16;j++){
                for(i = 0;i < 8; i++){
                        // 적색 데이터 왼쪽으로 쉬프트
                        c_pause_r[i] = line_r[i] >> (24 - p_i);

                        // 녹색 데이터 왼쪽으로 쉬프트
                        c_pause_g[i] = line_g[i] >> (24 - p_i);
                }
                for(i = 0;i < 15; i++) Disp_all(c_pause_r, c_pause_g);
                p_i++;
```

```
        }

        // 45도 대각선 오른쪽으로 이동하면서 출력
        p_i = 0;
        for(j = 0;j < 16; j++){
                for(i = 0;i < 8; i++){
                        // 적색 데이터 왼쪽으로 쉬프트
                        c_pause_r[i] = line1_r[i] >> (16 - p_i);

                        // 녹색 데이터 왼쪽으로 쉬프트
                        c_pause_g[i] = line1_g[i] >> (16 - p_i);
                }
                for(i = 0;i < 15; i++) Disp_all(c_pause_r, c_pause_g);
                p_i++;
        }

        for(i = 0;i < 60;i++) Disp_pat(y_pat_r, y_pat_g);           // 'y' 패턴 출력
        for(i = 0;i < 60;i++) Disp_all(zero, zero);                 // 클리어
        for(i = 0;i < 60;i++) Disp_pat(nn_pat_r, nn_pat_g);         // 'N' 패턴 출력
        for(i = 0;i < 60;i++) Disp_all(zero, zero);                 // 클리어
        for(i = 0;i < 60;i++) Disp_pat(yn_pat_r, yn_pat_g);         // "yN" 패턴 출력
        for(i = 0;i < 60;i++) Disp_all(zero, zero);                 // 클리어
        for(i = 0;i < 60;i++) Disp_pat(yn_pat_r, yn_pat_g);         // "yN" 패턴 출력
        for(i = 0;i < 60;i++) Disp_all(zero, zero);                 // 클리어

        for(i = 0;i < 30;i++) Disp_pat(rect88_rg, rect88_rg);       // 8x8 사각형 출력
        for(i = 0;i < 30;i++) Disp_pat(rect66_rg, rect66_rg);       // 6x6 사각형 출력
        for(i = 0;i < 30;i++) Disp_pat(rect44_rg, rect44_rg);       // 4x4 사각형 출력
        for(i = 0;i < 30;i++) Disp_pat(rect22_rg, rect22_rg);       // 2x2 사각형 출력
}

// "win" 표시
void WinOhOh(void)
{
        int i;

        for(i = 0;i < 30;i++) Disp_pat(rect22_rg, rect22_rg);       // 2x2 사각형 출력
        for(i = 0;i < 30;i++) Disp_pat(rect44_rg, rect44_rg);       // 4x4 사각형 출력
        for(i = 0;i < 30;i++) Disp_pat(rect66_rg, rect66_rg);       // 6x6 사각형 출력
        for(i = 0;i < 30;i++) Disp_pat(rect88_rg, rect88_rg);       // 8x8 사각형 출력
        for(i = 0;i < 60;i++) Disp_pat(w_pat_r, w_pat_g);           // 'w' 패턴 출력
        for(i = 0;i < 60;i++) Disp_pat(i_pat_r, i_pat_g);           // 'i' 패턴 출력
        for(i = 0;i < 60;i++) Disp_pat(n_pat_r, n_pat_g);           // 'n' 패턴 출력
        for(i = 0;i < 60;i++) Disp_all(zero, zero);                 // 클리어
        for(i = 0;i < 60;i++) Disp_pat(win_pat_r, win_pat_g);       // 'win' 패턴 출력
        for(i = 0;i < 60;i++) Disp_all(zero, zero);                 // 클리어
```

```
        for(i = 0;i < 60;i++) Disp_pat(win_pat_r, win_pat_g);      // 'win' 패턴 출력
        for(i = 0;i < 60;i++) Disp_all(zero, zero);                 // 클리어
}

// 타이머/카운터0 오버플로우 인터럽트 함수
// 1/16us x (256 - 6) x 128 = 2ms
interrupt [TIM0_OVF] void timer(void)
{
        if(v_tim0 == 0) Opening();

        v_tim0++;

        if(v_tim0 <= 100) Disp_pat(v_3_r,v_321_g);                  // 일정 시간 '3' 출력
        else if(v_tim0 <= 200) Disp_pat(v_2_r,v_321_g);             // 일정 시간 '2' 출력
        else if(v_tim0 <= 300) Disp_pat(v_1_r,v_321_g);             // 일정 시간 '1' 출력
        else if(v_tim0 == 301) state = CLEAR;                       // 클리어 상태로 변경

        if((v_tim0 <= 300) && (v_tim0 % 4 == 0)){
                ADcvt();                                            // 자이로 값 받아옴

                if(v_ad > 301) Move_board(RIGHT);                   // 우로 이동
                else if(v_ad < 286) Move_board(LEFT);               // 좌로 이동
        }

        if(v_tim0 <= 300) Disp_board();          // 보드 출력
        else if(v_tim0 > 301) v_tim0 = 500;      // 오버플로우 방지 위해 일정 값 유지

        TCNT0 = 6;
}
```

Chapter 07

Balancing Robot

Chapter 07

Balancing Robot

7.1 동작개요

이 작품은 본체 하단에 거리측정센서를 부착하여 지면으로부터의 거리에 따른 전압값을 AD변환한 후 PID 제어알고리즘을 이용하여 PWM으로 미세하게 양쪽 DC모터를 조종하여 본체 위에 올라탄 인형의 좌·우 움직임에도 쓰러지지 않고 균형을 잡는 2륜 로봇이다.

[그림 7-1] Balancing Robot

7.2 시스템 구성

[그림 7-2]는 시스템 구성도를 보여주며, 거리센서, 2개의 DC 모터, KUT-128 MCU 보드, 12V 전원으로 구성된다. 12V 전원은 DC 모터를 구동하기 위해 사용되며, 12V 전압은 레귤레이터에 의해 5V로 변환되어 KUT-128 MCU 보드와 DC 모터 제어보드에 공급된다.

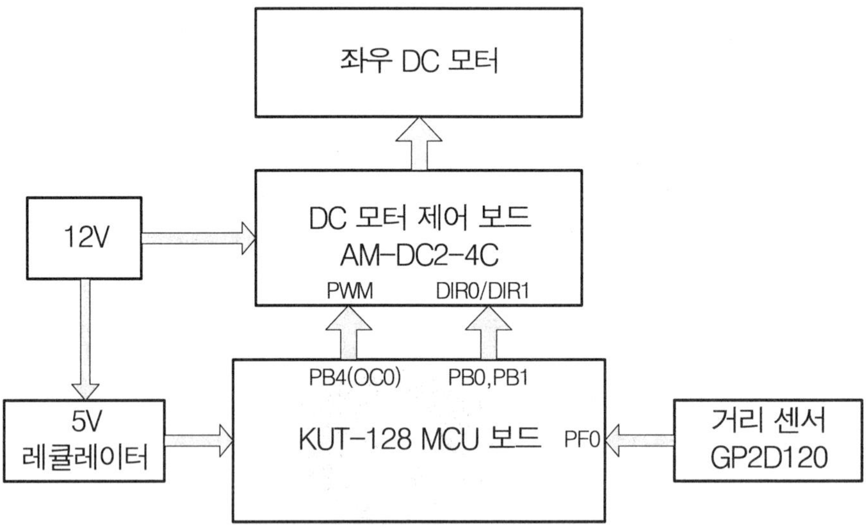

[그림 7-2] 시스템 구성도

7.3 회로도 및 부품 리스트

[그림 7-3]은 회로도를, [표 7-1]은 사용 입출력 포트, [표 7-2]는 부품 리스트를 각각 보여준다.

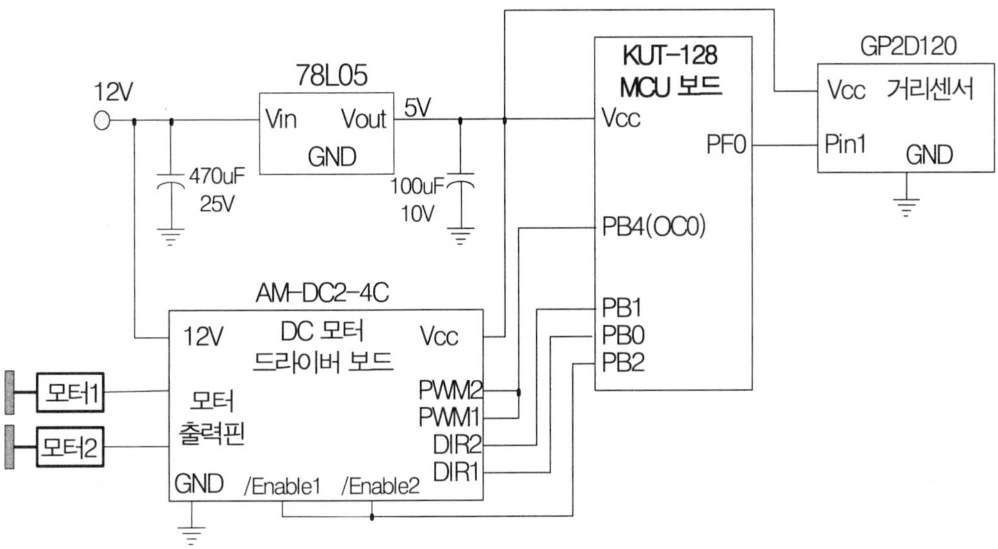

[그림 7-3] 회로도

[표 7-1] 사용 입출력 포트 및 기능

입출력	입출력 포트	장 치	기 능
출 력	PB0, PB1	DC 모터	좌우 모터 정역회전 방향 제어
	PB2	DC 모터	좌우 모터 ON/OFF제어
	PB4(OC0)	DC 모터	모터 속도제어를 위한 PWM 출력
	PD0-PD7	Dot Matrix	행 선택 제어
입 력	PF0	거리 센서	바닥으로부터의 거리 측정

[표 7-2] 부품 리스트

순 번	부 품	제품명	수 량	비 고
1	DC모터	RB35GM 01TYPE(12V)	2	디바이스마트
2	모터드라이버	AM-DC2-4C	1	디바이스마트
3	거리측정센서	GP2D120	1	디바이스마트
4	바퀴	오프로드 130파이	2	디바이스마트
5	허브	NT-알루미늄 허브(130파이)	2	디바이스마트
6	플레임	철판(22cm×22cm)	1	디바이스마트
7	모터 마운터	MMT-03	2	디바이스마트
8	인형	춤추는 인형	1	
9	기타	양면기판, 정전압IC(7805), 콘덴서(470uF, 100uF), 12V AC ADAPTER(COMPAQ), 방열판, 볼트, 너트 등		

<DC모터(RB35GM01TYPE)>

[그림 7-4]는 로봇에 사용된 1/50 감속기어가 장착된 DC 모터이다.

☞정격 전압 : 12v
☞정격 전류 : 210mA
☞정격 회전수 : 4650rpm
☞감속비 : 1/50
☞정격 토크(kg-cm) : 1.2
☞정격 회전수(rpm) : 93

[그림 7-4] DC 모터(감속기 부착)

<모터드라이버(AM-DC2-4C)>

[그림 7-5]는 2개의 DC 모터를 정역 제어하는 구동 드라이버 모듈이며, PWM 제어신호에 의해 속도를 제어한다.

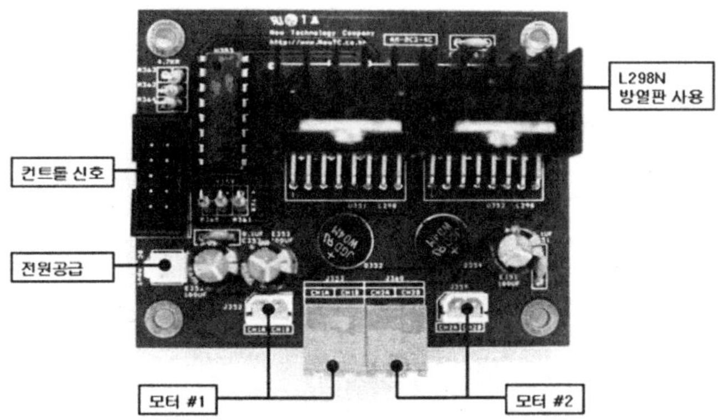

- ☞ 모터제어: 2EA
- ☞ 최대전류: 4A
- ☞ 구동전압: 5V~45V
- ☞ 컨트롤러: L298N
- ☞ 정방향, 역방향으로 구동 및 속도제어 가능
- ☞ 구동신호 : /Enable, Dir, PWM로 쉽게 컨트롤 가능
- ☞ 보드크기: 73×58(mm)

▶ 커넥터 연결

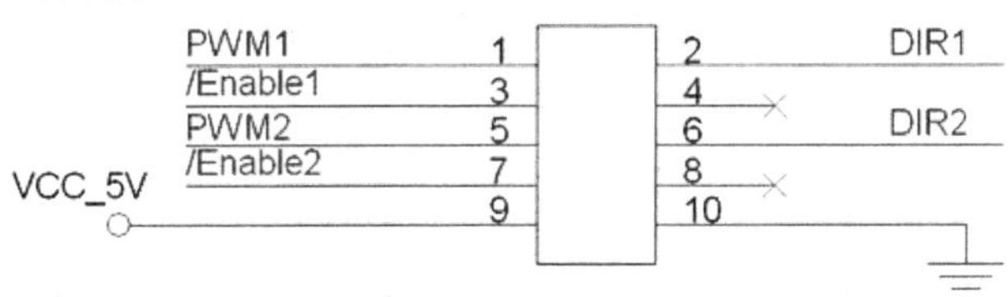

핀 번호

1 번	3 번	5 번	7 번	9 번
PWM1	/Enable1	PWM2	/Enable2	전원 5V
2 번	4 번	6 번	8 번	10 번
DIR1		DIR2		전원 GND

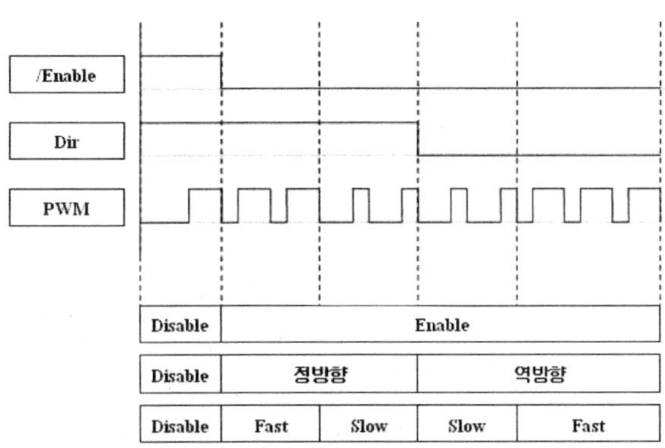

[그림 7-5] DC 모터 드라이버

<거리측정센서(GP2D120)>

[그림 7-6]은 본체 밑면으로부터 바닥까지의 거리를 측정하기 위한 거리센서로서 4~30cm까지 측정 가능하다.

☞측정범위 : 4~30cm
☞정격전압 : 0.3~7V
☞크 기 : 44.5mm×18.9mm×13.5mm
☞출 력 전압범위 : 0.3~3.1V

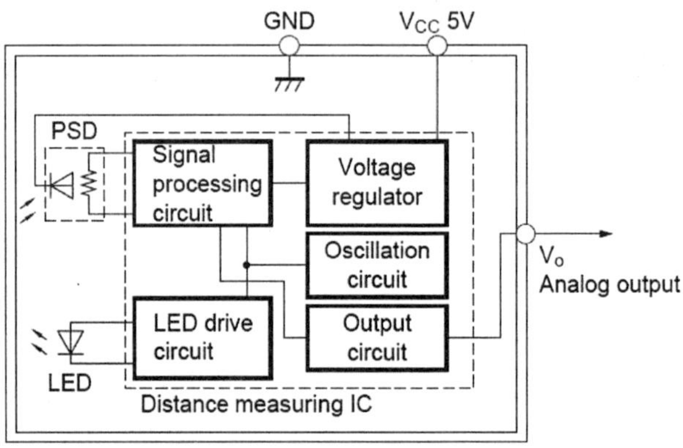

Analog Output Voltage vs.Distance to Reflective Object

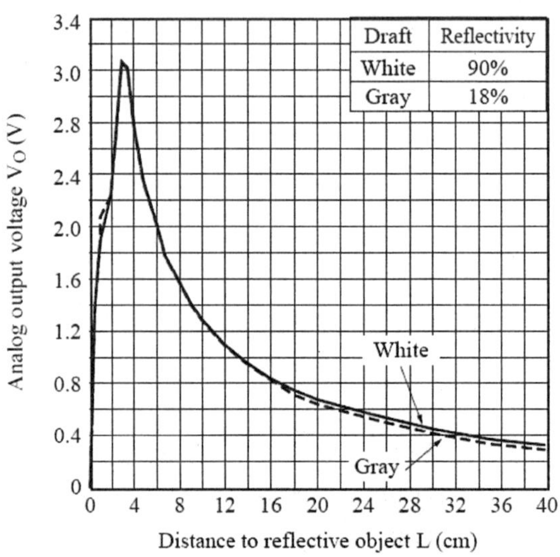

[그림 7-6] 거리측정센서

<로봇 탑재 알루미늄 판과 모터 마운터>

[그림 7-7] (a)는 로봇과 제어보드가 장착되는 알루미늄 판이며, [그림 7-7] (b)는 모터를 고정시키기 위한 모터 마운터이다.

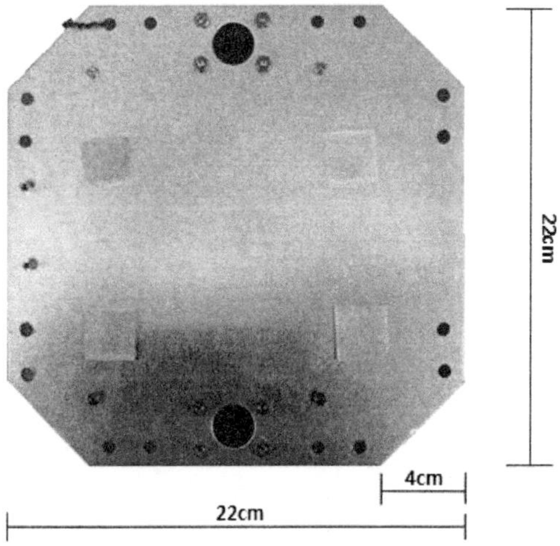

(a) 로봇 탑재 알루미늄 판(윗면 : 로봇, 아래면 : 제어보드)

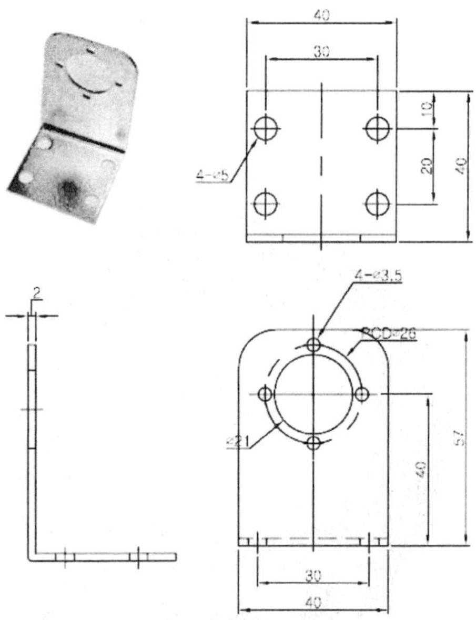

(b) 모터 마운터

[그림 7-7] 로봇 탑재 알루미늄 판 및 모터 마운터

<바 퀴(오프로드 130Ø)>

[그림 7-8]은 작품에 사용한 직경 130㎜의 고무 타이어이다.

[그림 7-8] 바퀴(고무 재질, 스펀지내장)

<NT-알루미늄 허브(130Φ)>

모터와 바퀴를 연결하기 위한 결합 부품이다.

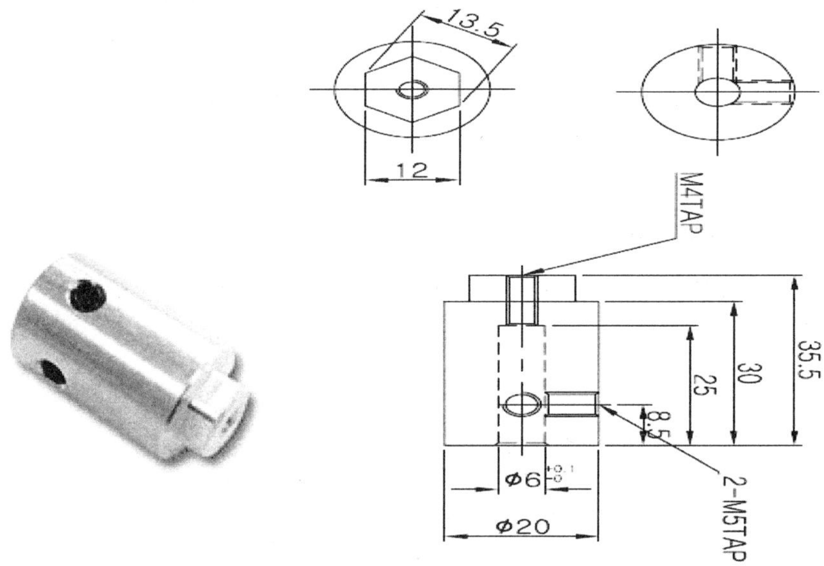

[그림 7-9] 알루미늄 허브

<춤추는 인형>

[그림 7-10]은 로봇의 균형을 깨기 위해 사용한 춤을 추는 인형이다.

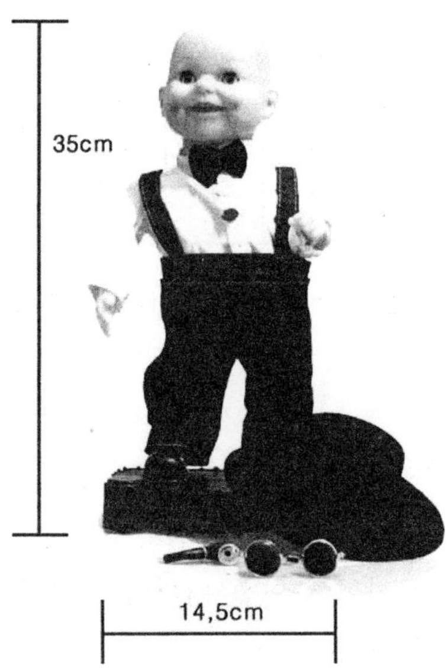

[그림 7-10] 춤추는 인형

7.4 PID 제어

PID 제어기는 구조가 간단하고 제어성능이 우수하며 제어이득 조정이 비교적 쉽기 때문에 산업현장에서 약 80% 이상을 차지할 정도로 많이 사용하고 있다. PID 제어기는 비례제어(Proportional), 적분제어(Integral), 미분제어(Differential)를 단독으로 쓰거나 혹은 두 가지 이상을 결합한 형태로 사용된다.

<단순 ON/OFF 제어>

단순한 ON/OFF 제어는 제어 조작량이 0%와 100% 사이를 왕래하므로 조작양의 변화가 너무 크고 목표 값 부근에서 반복되기만 하는 현상이 발생된다.

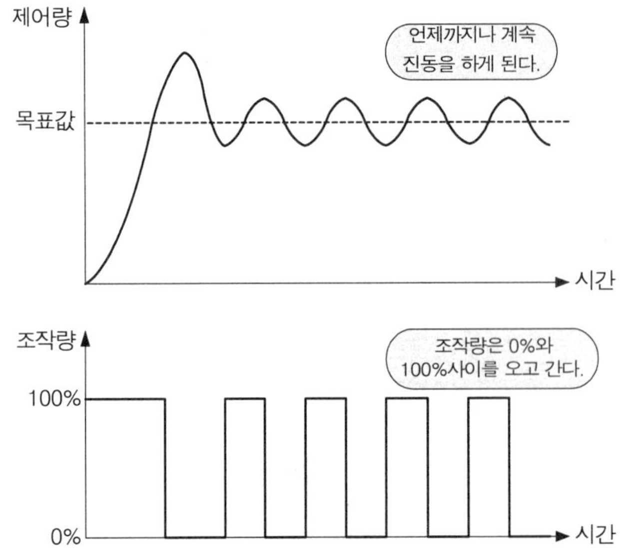

[그림 7-11] 단순 ON/OFF 제어

<비례 제어(P제어)>

비례제어란 기준신호와 되먹임신호 사이의 차인 오차신호에 적당한 비례상수 이득을 곱해 제어신호를 만들어 내는 제어기법을 말하며, 오차신호에 비례하는 (proportional) 제어신호를 만든다는 뜻에서 이 기법에 의한 제어기를 비례제어기(proportional controller) 또는 영문약자를 써서 P제어기라고 부른다.

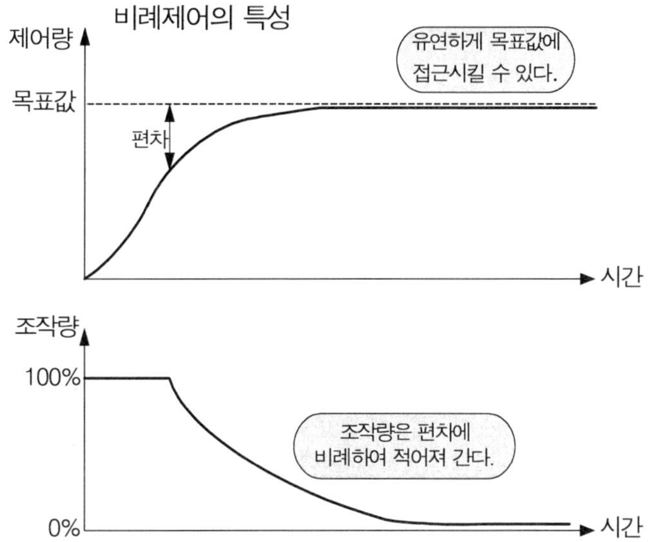

[그림 7-12] 비례(P) 제어

<비례적분 제어(PI제어)>

비례적분 제어란 오차신호를 적분하여 제어신호를 만들어 내는 적분제어를 비례제어에 병렬로 연결하여 사용하는 제어기법을 가르킨다. 비례제어 부분과 더불어 오차신호를 적분(integral)하여 제어신호를 만드는 적분제어를 함께 쓴다는 뜻에서 비례적분 제어기(proportional-integral controller) 또는 영문약자를 써서 PI 제어기라고 부른다.

단순 비례 제어만으로 제어를 하면 어느 정도 목표값에 접근하지만 문제가 있다. 그것은 목표값에 가까워지면 조작량이 너무 작아지고 그 이상의 미세한 제어를 할 수 없는 상태가 발생된다. 결과적으로 목표값에 가까워지지만 시간이 지나도 목표값과 제어량이 일치하지 않는 상태가 된다. 이러한 미소 오차를 '잔류편차'라고 하는데 이 잔류편차를 없애기 위해 사용되는 것이 적분제어이다. 즉, 잔류편차를 시간적으로 누적하며 조작량을 증가하여 편차를 없애는 방법이다. 이와 같이 비례제어에 적분동작을 추가한 제어를 'PI제어'라고 한다.

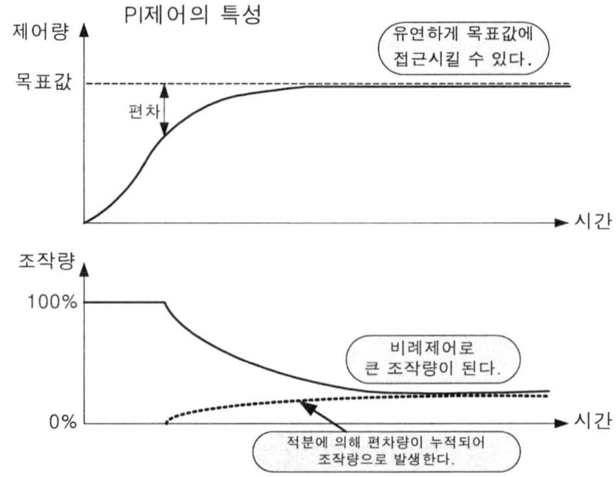

[그림 7-13] 비례적분(PI) 제어

<비례미분 제어(PD제어)>

비례미분 제어란 오차신호를 미분하여 제어신호를 만들어내는 미분제어를 비례제어에 병렬로 연결하여 사용하는 제어기법을 가르킨다. 비례제어 부분과 더불어 오차신호를 미분(derivative)하여 제어신호를 만드는 미분제어를 함께 쓴다는 뜻에서 비례미분 제어기(proportional-derivative controller) 또는 영문약자를 써서 PD제어기라고 부른다.

PI제어로 실제 목표값에 접근할 수 있지만, 한 가지 개선점은 응답속도이다. PI제어만으로는 외란이 있을 시 응답성능이 나빠진다. 이에 필요한 동작이 미분 동작이다. 급격히 일어나는 외란에 대해 편차를 보고, 전회 편차와의 차가 큰 경우 조작량을 증가시켜 기민하게 반응하도록 한다.

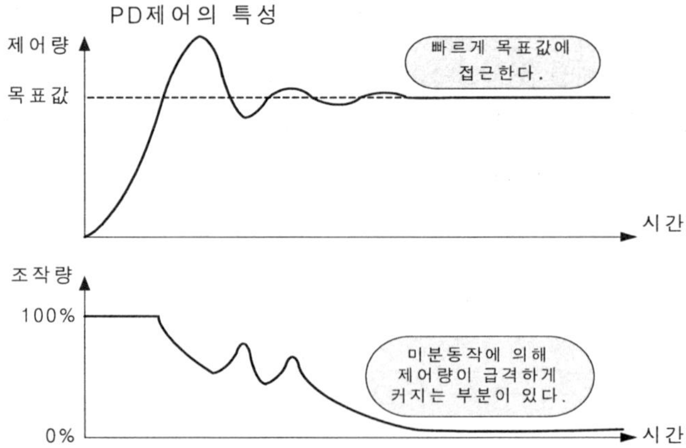

[그림 7-14] 비례미분(PD) 제어

<비례적분미분 제어(PID제어)>

PD제어기는 시스템의 감쇠비를 증가시키고 상승시간을 빠르게 만들지만 정상상태 응답을 개선하는 데는 효과가 없으며, PI제어기는 감쇠비를 증가시키고 동시에 정상상태 오차도 개선시키지만 상승시간이 느려지는 등 과도응답에는 불리하다. 따라서, 정상상태 응답과 과도상태 응답을 모두 개선하려면 PI와 PD제어기의 장점들을 조합하는 방법을 자연스럽게 생각할 수 있는데 이러한 목적으로 제안된 제어기가 바로 PID 제어기이다. 즉, PID 제어기는 비례(P), 적분(I), 미분(D) 제어의 세부분을 병렬로 조합하여 구성하는 제어기이다.

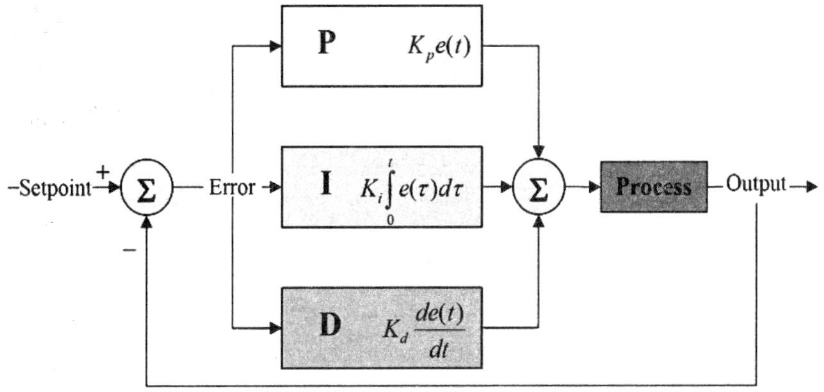

[그림 7-15] 비례미분(PD) 제어

<PID 게인값 Kp, Ki, Kd 설정 요령>

Kp는 비례제어 상수로서 값이 클수록 모터의 각도에 반응하는 힘이 좋아지지만, 진동이 같이 커져 모터의 발산을 초래한다. Ki는 적분제어 상수로서 값이 클수록 모터의 반응속도나 힘이 낮아지지만, 적당한 값이면 Balancing Robot의 수렴속도가 빨라진다. Kd는 미분제어 상수로서 값이 클수록 모터의 반응속도 향상에 효과가 있지만, 값이 너무 크면 Balancing Robot의 수렴을 방해하는 요소가 된다.

설정요령은 Kp가 전체적인 모터의 힘을 결정하므로 Ki와 Kd는 0으로 설정하고 Kp에 의해서만 구동한다. 먼저 Kp값을 최소값으로 설정하고 동작을 살펴본다. 결과를 보면서 Kp를 서서히 증가시키면서 만족할 만한 성능이 발휘될 때까지 반복 절차를 통해 구해본다.(또는 Kp의 최소값 동작을 살펴보고 다음으로 최대값으로 설정하여 성능을 관찰한 뒤 불안정하면 중간값을 넣고 관찰하면서 만족스러운 동작이 나올 때까지 반복한다.) 어느 정도 성능이 나온다면 그 뒤 Kd값을 넣고 위와 같은 방법으로 Kp와 함께 Kd의 최소값, 최대값, 중간값을 넣은 뒤 진동을 잡아주면서 안정된 파라미터를 찾을 때까지 계속해서 이러한 절차를 반복한다. Ki는 앞에서 설정한 2개의 제어기의 설정에 따른 오차를 마지막으로 잡아주게 되는데, 8bit시스템에서는 Ki가 미치는 영향이 크지 않기 때문에 PID가 아닌 PD제어만 사용하는 경우도 있으며 Ki는 누적되기 때문에 다른 두 개의 값들에 비해 상대적으로 작은 값으로 설정해주어야 한다.

〈모터 구동 알고리듬〉

[그림 7-16]은 타이머/카운터0의 Phase Correct PWM 동작파형을 보여준다. OCR0가 크면 PWM 파형에서 ON 되는 시간이 길어지고, OCR0가 작으면 PWM 파형에서 ON 되는 시간이 짧아지는 것을 알 수 있다. 이러한 점을 이용하여 오차가(로봇의 평형상태로 부터의 오차) 크면 OCR0를 크게 하고, 오차가 작으면 OCR0를 작게 하여 PWM 파형을 로봇의 DC모터 구동신호로 이용한다. 따라서, 다음과 같은 식을 이용하여 PWM 파형을 결정하는 OCR0의 값을 변경하도록 하였다.

OCR0 = Kp * error + Ki * sum_err + Kd * diff_err

(error : 오차, sum_err : 누적 오차, diff_err : 오차 변화
Kp : 비례제어상수, Ki : 적분제어상수, Kd : 미분제어상수)

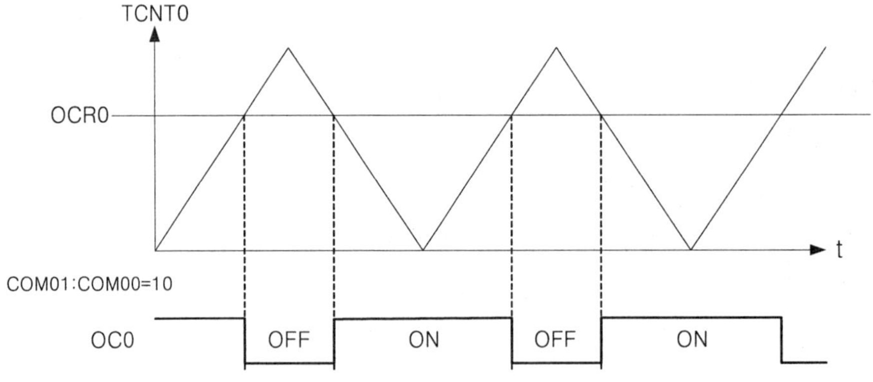

(a) OCR0가 클 때의 PWM 출력 파형

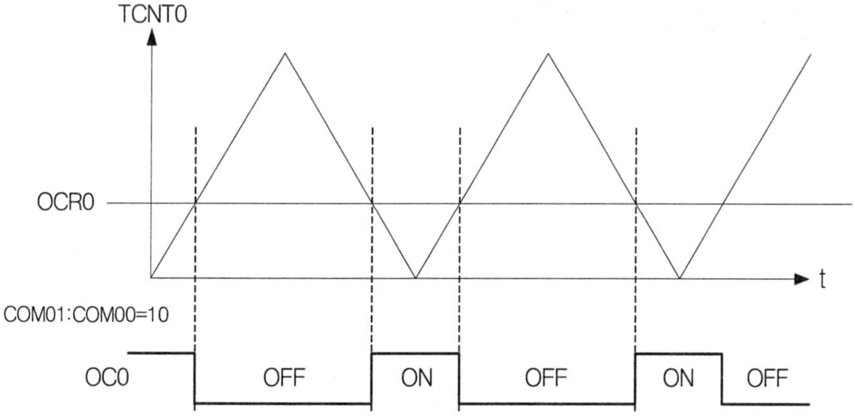

(b) OCR0가 작을 때의 PWM 출력 파형

[그림 7-16] 타이머/카운터0 Phase Correct PWM 출력 파형(COM01:COM00=10)

7.5 함수 처리 흐름도

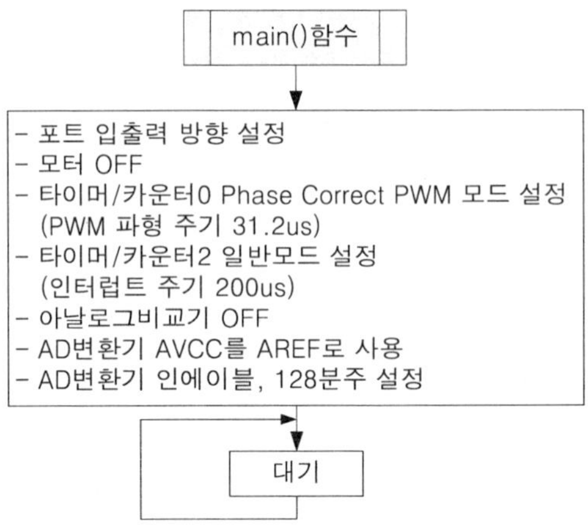

(a) main() 함수

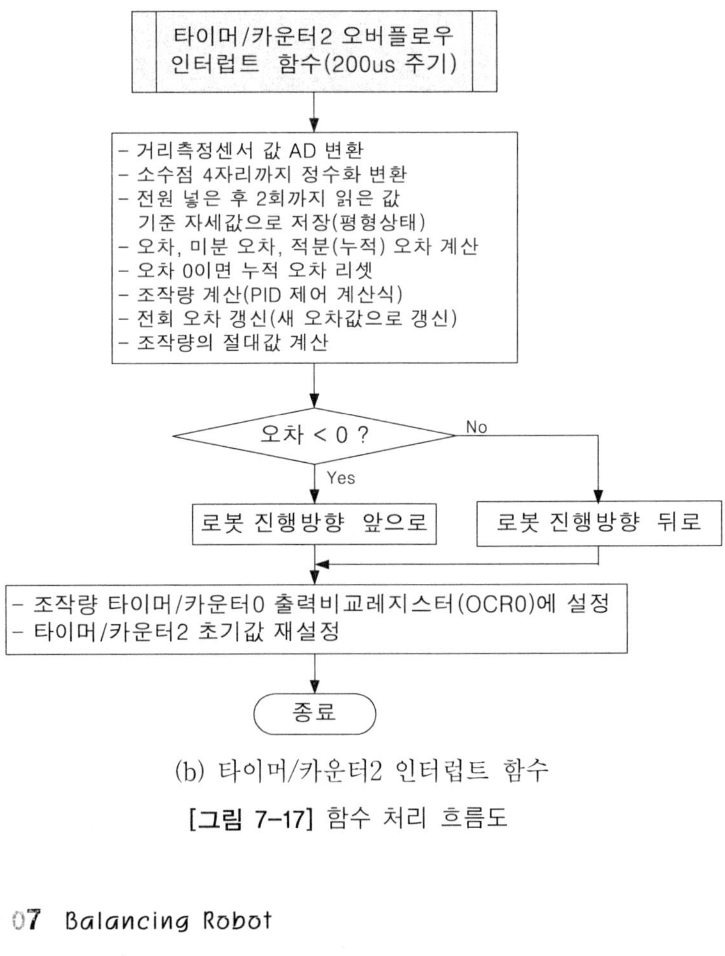

(b) 타이머/카운터2 인터럽트 함수

[그림 7-17] 함수 처리 흐름도

7.6 작품 사진

(a) 제어 보드

(b) 모터 및 보드

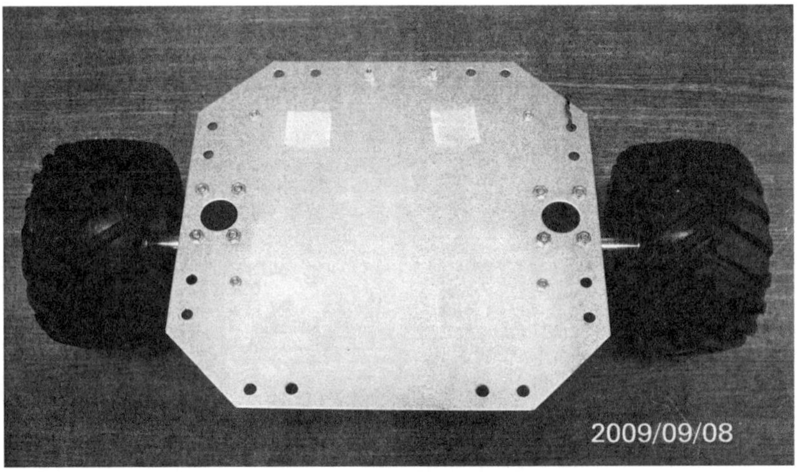

(c) 바퀴 장착

(d) 인형 탑재 및 장식

[그림 7-18] 작품 사진

7.7 프로그램 소스

[리스트 7-1] 프로그램 소스

```
/////////////////////////////////////////////
// Balancing Robot    by 김 대현
// balance.c
/////////////////////////////////////////////

#include<mega128.h>
#include<delay.h>

#define KP      0.1281          // 비례제어 상수값(0.1281 인형정지)
#define KI      0.00001         // 적분제어 상수값
#define KD      0.12338         // 미분제어 상수값(0.12338)

long    ival;                   // 센서출력값(소수 4째자리까지 정수화)
long    stand;                  // 시작할 때의 센서값(목표값)
long    error;                  // 평형상태와의 오차
long    diff_err = 0;           // 오차 변화(미분값)
long    goerror = 0;            // 바로 이전의 오차
long    sum_err = 0;            // 누적 오차(적분값)
float   f_con;                  // OCR0 설정값(조작량)
long    l_con;                  // 조작량
int     ad_val;                 // A/D 변환값
float   fval;                   // 센서 전압값(5V단위)
int     cnt = 0;                // 시작 상태 체크(2: 시작)

void main(void)
{
        // 포트 입출력 방향 설정
        // PB0, PB1 : 좌우모터 방향설정
        // PB2 : 좌우 모터 구동 /Enable 신호 설정
        // PB4(OC0) : PWM(모터 ON/OFF 제어신호) 신호 출력
        // PF0 : 거리센서
        DDRB = 0xFF;            // 포트 B 출력 설정
        DDRF = 0x00;            // 포트 F 입력 설정

        PORTB = 0xFF;           // 모터 OFF

        delay_ms(100);

        // 타이머/카운터0 Phase Correct PWM 모드 설정
        // PWM 파형 주기 1/16us x 510 x 분주비(1)= 31.875us
        TCCR0 = 0b01100001;     // PC PWM 모드, 1분주
```

```
        TCNT0 = 0;
        OCR0 = 0;                   // PWM 파형 초기 0출력

        // 타이머/카운터2 일반모드 설정
        // 1/16us * (256 - 206) * 64 = 200us
        TCCR2 = 0b00000011;         // 일반모드 64분주
        TCNT2 = 206;
        TIMSK = 0b01000000;         // TOIE2 = 1
                                    // 타/카2 오버플로우 인터럽트 인에이블

        ACSR=0x80;                  // 아날로그비교기 off
        SFIOR=0x00;

        ADMUX = 0x40;               // AVCC 기준전압으로 사용, ADC0 단극성 입력
        ADCSRA = 0x87;              // ADEN=1, 128분주 = 125kHz
        SREG = 0x80;                // 전역 인터럽트 인에이블 비트 셋

        while(1);                   // 무한 루프
}

// 타이머/카운터2 오버플로우 인터럽트
// 1/16us x (256 - 206) x 64 = 200us
interrupt [TIM2_OVF]  void timer_ovf2(void)
{
        ADCSRA = 0xC7;                              // AD변환 시작
        while((ADCSRA & 0x10) == 0);                // ADIF=1 될 때까지 대기
        delay_us(5);

        ad_val = (int)ADCL + ((int)ADCH <<8);// AD 변환값 읽기

        fval = (float)ad_val * 5.0 / 1024.0;        // 전압으로 변환
        ival = (int)(fval * 10000.0+0.5);           // 전압값 소수 4자리까지 정수화

         if(cnt < 2){
                if(cnt == 0) stand = ival;
                else if(cnt == 1){
                        stand = (stand + ival) / 2;  // 시작 시 평형상태 센서값 설정
                        PORTB = 0x00;                // 모터 ON
                }
                cnt++;                               // 제어 시작
        }

        // 오차 계산
        error = stand - ival;       // 오차 = 평형상태값 - 현재 상태값
        diff_err = error - goerror; // 전회 오차와의 차 = 금회오차-전회오차
        sum_err += error;           // 오차 누적값
```

```
        if(error == 0) sum_err =0;          // 누적값이 쌓이는 것을 막기 위해 리셋

        // 조작량=  Kp * 편차 + Kd * 전회편차와의 차 + Ki * 편차 누적값
        f_con = KP * (float)error + KD * (float)diff_err + KI * (float)sum_err;
        l_con = (long)f_con;

        goerror = error;                    // 전회 오차 = 금회 오차

        if(l_con < 0) l_con = l_con * (-1);   // 음수를 양수로 전환

        if(l_con > 255) l_con = 255;         // 오버플로우 방지

        // 모터 회전 방향 설정
        if(error < 0) PORTB=0b00000001;      // 앞으로 이동
        else PORTB = 0b00010010;             // 뒤로 이동

        // 모터 ON/OFF 조작량(PWM 파형)을 결정하는 OCR0 새 값 설정
        OCR0 = l_con;                        // 새 OCR0 설정

        TCNT2 = 206;                         // 초기값 재설정
}
```

Chapter 08

MP3 플레이어

Chapter 08

MP3 플레이어

MP3 플레이어를 제작하려면 우선 MP3 파일을 저장하기 위한 메모리 카드와 MP3 전용 IC에 대해 학습할 필요가 있다. 특히 MP3 파일은 용량이 커서 MCU의 플래시 메모리에 프로그램과 같이 넣을 수 없기 때문에 SD(Secure Digital) 카드와 같은 메모리 카드를 이용하여야 한다. 이 SD 카드를 사용하려면 MCU와의 하드웨어적인 연결방법에 대해 알아야 하며, 또한 데이터를 읽어오기 위해서는 FAT에 대한 지식이 필요하다. 따라서, 이 장에서는 우선 SD 카드의 사용법과 FAT에 대해 설명하고, MP3 전용 IC VS1033에 대해 알아보기로 한다.

8.1 SD 카드

현재 널리 보급되고 있는 메모리 카드에는 [그림 8-1]과 같은 SD(Secure Digital) 메모리 카드가 있으며, 이를 이용하는 장치와의 연결을 위해 9핀의 인터페이스 핀이 마련되어 있다. 동작전압은 2.7~3.6V이고, 전류는 수십 mA정도이다. SD 카드에는 2GB 이하의 표준 포맷 SD 카드와 4GB~32GB의 고밀도 포맷 SDHC(SD High Capacity) 카드가 있다. 이 메모리 카드에서 데이터의 읽기와 쓰기는 기본적으로 512바이트(섹터) 단위로 이루어지며, 파일시스템은 FAT가 채용되고 있다.

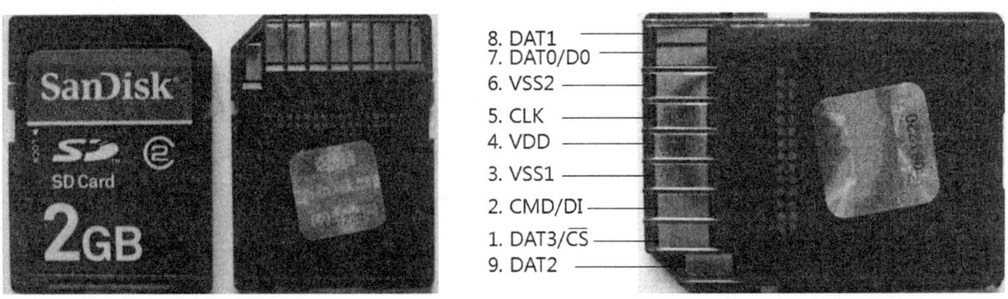

[그림 8-1] SD 카드

SD 카드는 4비트 데이터 전송방식의 SD 모드와 1비트 직렬 데이터 전송방식의 SPI 모드로 동작할 수 있으며, ATmega128에서도 SPI 인터페이스를 지원하기 때문에 이 모드를 사용하기로 한다. [표 8-1]은 SD 카드의 핀 이름과 기능을 보여주며, [그림 8-1]에서 알 수 있듯이 1번 핀 아래에 9번 핀이 위치한다는 점에 주의하여야 한다.

[표 8-1] SD 카드의 핀 이름과 기능

핀번호	SD 모드(4비트 구동방식)			SPI 모드(1비트 직렬 방식)		
	핀 명	입출력방향	기 능	핀 명	입출력방향	기 능
1	CD/DAT3	입출력	카드검출/데이터비트3	$\overline{CS}$	입 력	카드선택핀
2	CMD	입출력	명령/응답	DI	입 력	데이터입력핀
3	VSS1	전 원	전원접지	VSS1	전 원	전원접지
4	VDD	전 원	+전원	VDD	전 원	+전원
5	CLK	입 력	클럭	CLK	입 력	클럭
6	VSS2	전 원	전원접지	VSS2	전 원	전원접지
7	DAT0	입출력	데이터비트0	DO	출 력	데이터출력핀
8	DAT1	입출력	데이터비트1	NC	-	미사용
9	DAT2	입출력	데이터비트2	NC	-	미사용

☞ SD 카드의 명령어 형식

SD 카드의 명령어는 총 6바이트로 구성된다. 첫번째 바이트에는 start bit와 transition 비트가 0과 1의 고정된 값으로 부여되며, 나머지 6비트에 명령어 값이 부여된다. 다음 4바이트(32비트)에 argument(인수)값이 전송되며, 사용하지 않는 명령에서는 0이 전송된다. 마지막 1바이트에는 7비트의 CRC값이 부여되지만, SPI 모드에서는 CMD0 명령(CRC값 0x95)과 CMD8(CRC값 0x87) 명령에서만 사용한다. 그리고, 마지막 1바이트의 최하위 비트는 end bit로 고정된 1의 값이 부여된다.

[표 8-2] SD 명령어 형식

<table>
<tr><th>바이트 번호</th><th colspan="8">기 능</th></tr>
<tr><td rowspan="2">1바이트(최상위)</td><td>b7</td><td>b6</td><td>b5</td><td>b4</td><td>b3</td><td>b2</td><td>b1</td><td>b0</td></tr>
<tr><td>start bit : 0</td><td>transition bit : 1</td><td colspan="6">Command Index</td></tr>
<tr><td>2~5바이트</td><td colspan="8">argument(사용하지 않는 경우는 0)</td></tr>
<tr><td rowspan="2">6바이트(최하위)</td><td>b7</td><td>b6</td><td>b5</td><td>b4</td><td>b3</td><td>b2</td><td>b1</td><td>b0</td></tr>
<tr><td colspan="7">CRC(Cyclic Redundancy Code) : SD모드에서만 사용</td><td>end bit : 1</td></tr>
</table>

6바이트의 명령어는 [그림 8-2]와 같이 클럭과 함께 전송되며, 응답 데이터를 수신하는데 올바른 응답이 수신될 때까지 더미 데이터 0xFF를 0~8바이트 보내면서 기다리게 된다.(NCR 부분)

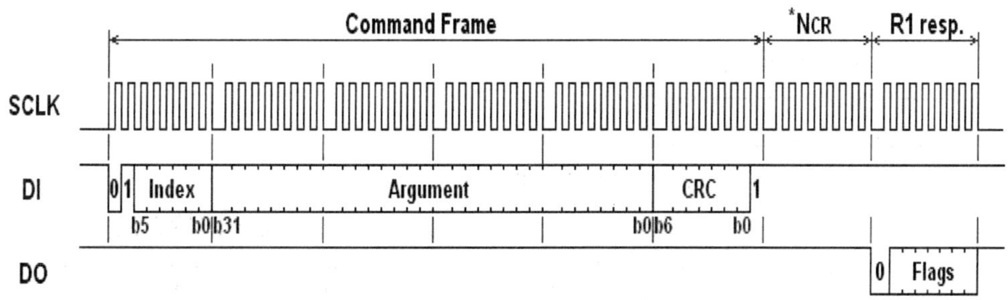

[그림 8-2] SPI 전송방식

초기화 과정에서 사용하는 명령어와 읽기 명령어를 요약하면 [표 8-3]과 같다. 명령어에 대한 R1, R3, R7 응답은 [그림 8-3]과 같은 형식을 갖는다. R1응답에서 비트0은 SD 카드가 현재 아이들 상태에 있고 초기화가 진행되고 있음을 나타낸다. 그리고, R3 응답에서 OCR 레지스터의 30번째 비트(CCS : Card Capacity Status)는 사용카드의 종류를 나타내며, 0이면 표준 포맷 카드이고 1이면 High Capacity 카드임을 가르킨다.

R7 응답에서 <Voltage Accepted>값은 사용전압이 2.7~3.6V 범위이면 4비트값 0001을 가지며, <Check Pattern>값은 0xAA의 값을 갖는다.

[표 8-3] SD 카드 명령어

명 령	인 수	응 답	기 능
CMD0	없 음	R1	SD 카드를 리셋하고 SPI 모드로 변경
CMD8	0x1AA	R7	2.7~3.6V 동작전압 설정 및 버전 체크
CMD17	읽을 섹터 값	R1	1섹터의 데이터 512바이트 읽기 ★데이터 전송 바로 전에 Start Block Token (0xFE) 값이 SD 카드로부터 전송되므로, 이 값을 체크하고 나서 데이터를 받기 시작하여야 함.
ACMD41	0x40000000	R1	HCS 비트를 1로 하고 초기화 시작
CMD55	없 음	R1	ACMD(Application specific command) 명령어 앞에 보내는 명령어
CMD58	없 음	R3	SD 카드의 OCR(Operation Condition Register) 읽기 명령어

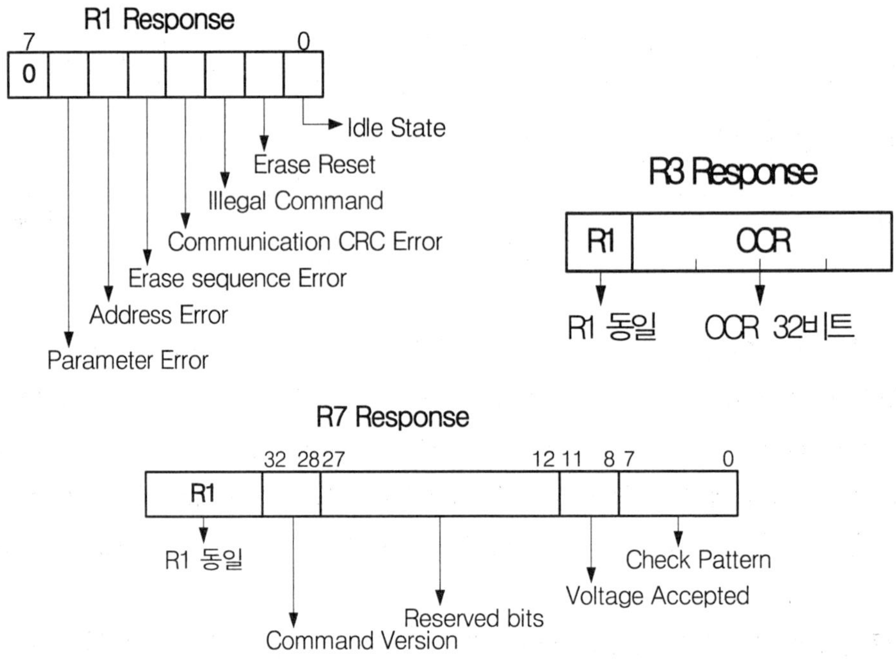

[그림 8-3] R1, R3, R7 응답 형식

SD 카드는 전원이 on되면 기본적으로 SD 모드로 동작하기 때문에, 초기화과정을 거쳐 SPI 모드로 변경하고 정상적인 동작을 하도록 해 주어야 한다.

① $\overline{CS}$ 핀을 1로 하고, ATmega128을 250kHz의 SPI 동작모드 0으로 설정한다.

② DI 단자를 1로 하고, 74 사이클 이상의 클럭 신호를 보내어(연속적으로 1출력) SD 카드를 idle 상태로 만든다.(0xFF 10번 출력)

③ $\overline{CS}$ 핀을 0으로 하고, CMD0 명령어(CRC값 0x95)를 전송하고 SD 카드를 SPI 모드가 되도록 한다.

④ 인수 0x1AA와 함께 CMD8 명령어(CRC값 0x87)를 전송한 후 SD 카드의 버전을 체크한다. R7 응답에서 첫번째 바이트인 R1의 응답값을 체크하여 CMD8 명령어가 정상적으로 수행되었으면(R1응답값 0x01) 버전2(V2) 제품이고, 그렇지 않으면(R1 응답값 0x05) 버전1(V1) 제품으로 간주한다.

⑤ <버전2의 경우>

R7의 응답값으로부터 <Voltage Accepted>값이 0001인지 확인하고, <Check Pattern> 값이 0xAA인지 확인한다. 두 개의 체크값이 모두 정상적인 경우에만 CMD55 명령어에 이어 인수 0x40000000과 함께 ACMD41 명령어를 5회 정도 전송한다. 그리고, CMD58 명령어를 전송한 후 R3 응답으로부터 OCR레지스터의 30번째 비트를 조사하여 1이면 버전2의 SDHC 카드로 간주하고, 그렇지 않은 경우에는 버전2의 표준형 카드로 간주한다.

<버전1의 경우>

CMD55 명령어에 이어 인수 0x40000000과 함께 ACMD41 명령어를 5회 정도 전송한다.

⑥ $\overline{CS}$ 핀을 1로 하고, 이상의 과정을 통해 SD 카드는 SPI 모드로 초기화 되었으므로 SPI 인터페이스 방식으로 데이터를 읽어오면 된다.

⑦ Root Directory Sector를 구하여 파일 정보(파일명, 시작 클러스터 번호)를 추출한다.(다음 절에서 자세히 설명)

⑧ $\overline{CS}$ 핀을 1로 하고, ATmega128을 4MHz의 SPI 동작모드 0으로 설정한다.

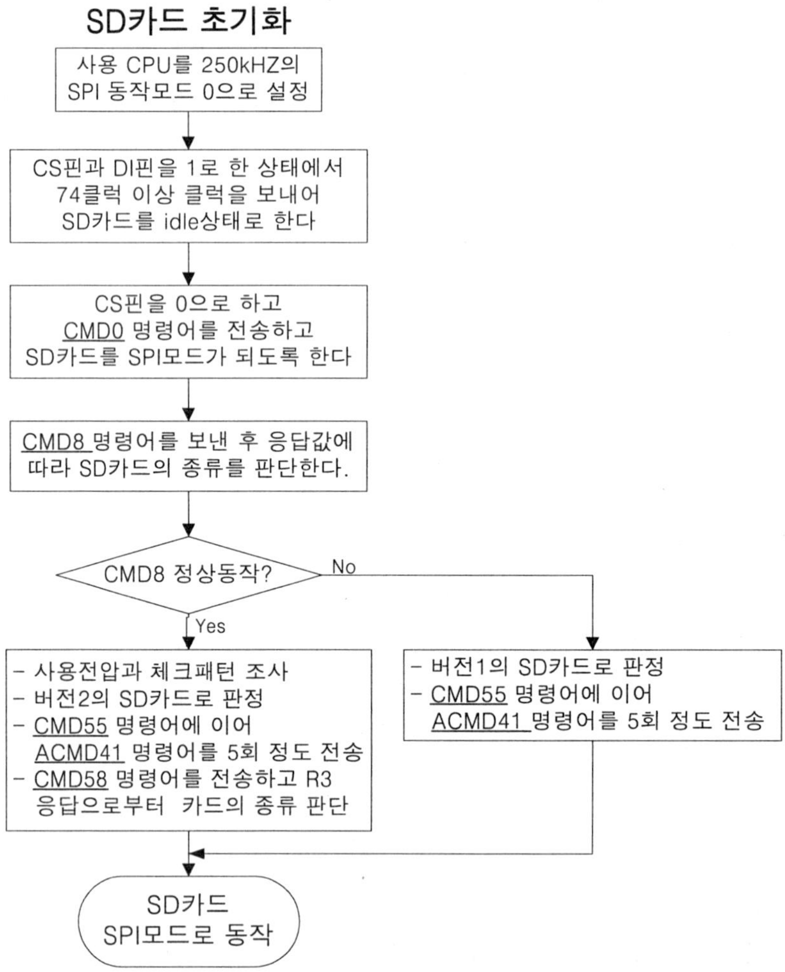

[그림 8-4] SD 카드 초기화 과정

8.2 SD 카드 FAT32 구조

<Root Directory Sector 추출>

SD 카드 내부 FAT32 구조는 [그림 8-5]와 같이 나타낼 수 있으며, 사용자가 SD 카드의 데이터를 읽는 경우에 파일에 관한 정보는 Root Directory 섹터에 저장되어 있다. 즉, Root Directory에는 SD 카드에 들어있는 파일명과 각 파일들이 시작되는 위치(클러스터 번호) 정보를 가지고 있다. 따라서, SD 카드에 저장된 데이터를 읽어오기 위해서는 우선

Root Directory 섹터를 추출해야 한다. Root Directory 섹터를 추출하기 위해서는 0섹터에 있는 MBR(Master Boot Record) 512바이트를 읽어 Type Code값(450바이트째)이 FAT32 파티션을 나타내는 값 0x0B 또는 0x0C인지를 확인하여야 한다. 그리고, PBR(Partition Boot Record) 섹터를 나타내는 Starting LBA(Linear Blocking Address : 454~457바이트) 값을 4바이트 추출한 후, Starting LBA 섹터로부터 512바이트 읽으면 이 512바이트 값이 PBR 정보를 나타내게 된다. 이 512바이트의 PBR 데이터로부터 Reserved Sector2와 FAT의 사이즈 정보를 추출하여

Root Directory Sector= Starting LBA + Reserved Sector2 + FAT Size * 2

의 계산을 통해 Root Directory Sector가 시작되는 섹터값이 얻어지게 된다.

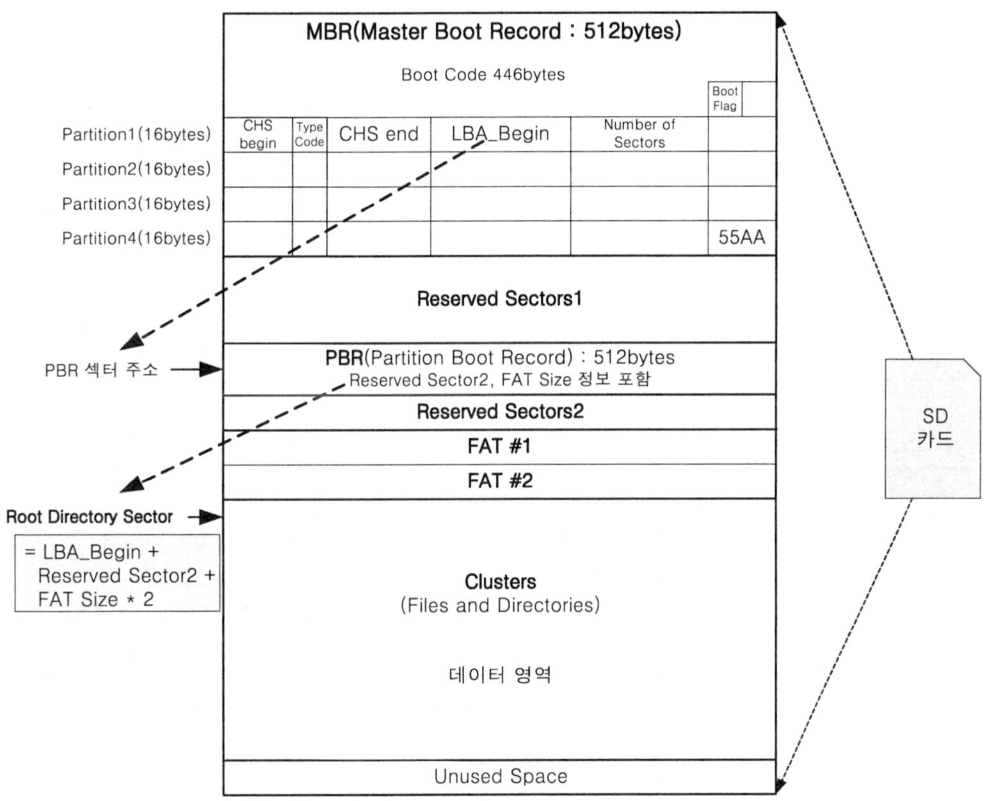

[그림 8-5] SD 카드 FAT32 구조

[표 8-4]는 MBR 파티션 테이블의 구조를 나타내며, [표 8-5]는 MBR에서 각 파티션의 항목에 대한 명칭과 기능을 보여준다. 그리고, [표 8-6]은 PBR영역의 항목에 대한 명칭과 기능을 보여준다. [표 8-5]와 [표 8-6]에서 Root Directory Setor를 추출하는 데 필요한 항목은 음영으로 표시하였다.

[표 8-7], [표 8-8]은 1GB SD 카드에 대한 MBR과 PBR의 값을 보여주며, [표 8-9], [표 8-10]은 4GB SDHC 카드에 대한 MBR과 PBR의 값을 보여준다.

[표 8-4] MBR 파티션 테이블 구조

오프셋 번지	크 기	명　칭
0	446	Boot 코드(컴퓨터 부팅 프로그램)
446	16	파티션 #1
462	16	파티션 #2
478	16	파티션 #3
494	16	파티션 #4
510	2	MBR Signature(0xAA55)

[표 8-5] 파티션별 테이블 항목

오프셋 번지	크기	명 칭	기　능
0	1	Bootable Flag	부팅 가능한 하드디스크임을 나타내는 플래그로서 부팅 가능한 파티션은 0x80으로, 가능하지 않은 경우에는 0으로 표시.
1	3	Starting CHS Address	CHS 모드로 표현하는 파티션의 시작번지수이며, 24비트 중에 Cylinder를 10비트로 표현, Head를 8비트, Sector를 6비트로 표현
4	1	Partition Type	파티션을 나타내는 고유값으로, 0x00=empty, 0x04=FAT16, 0x07=NTFS, 0x0B=FAT32 CHS, 0x0C=FAT32 LBA, (0x06=1GB, 2GB FAT32 실험값)
5	3	Ending CHS Address	CHS 모드로 표현하는 파티션의 끝번지수이며, 24비트 중에 Cylinder를 10비트로 표현, Head를 8비트, Sector를 6비트로 표현
8	4	Starting LBA Address	LBA(Linear Blocking Address)모드로 표현하는 파티션의 시작번지
12	4	Size in Sector	파티션에서 사용하는 LBA의 총 개수를 의미하며, 하나의 LBA 블록은 512바이트이므로 해당 파티션의 총용량은 이 값에 512를 곱한 값이 된다.

[표 8-6] PBR(부트 레코드) 항목

오프셋 번지	크기	명 칭	기 능
0	3	Jump Boot Code	부트 코드로 점프하라는 명령어. 부팅디스크가 아니면 임의의 값이라도 무방.
3	8	OEM Name	OEM회사를 나타내기 위한 문자열. Windows에서는 MSWIN4.1이라고 운영체제의 버전을 적는다.
11	2	Bytes per Sector	섹터당 바이트수를 나타내며, 항상 512이다.(0x0200)
13	1	Sectors per Cluster	클러스터당 섹터수를 나타내며, 용량에 따라 1, 2, 4, 8, 16, 32, 64, 128을 사용.
14	2	Number of Reserved Sectors	예약영역의 섹터수를 나타내며, 반드시 1 이상의 값을 갖는다.
16	1	Number of FATs	현재의 볼륨에 있는 FAT영역의 개수를 나타내며, 보통 2의 값을 갖는다.
17	2	Root Recovery Entry Count	FAT32에서는 0의 값을 갖는다.
19	2	Total Sector 16	FAT32에서는 0의 값을 갖는다.
21	1	Media	미디어의 종류를 나타내며, 플로피디스크 이외의 보조기억 장치에서는 0xF8의 값을 갖는다.
22	2	FAT Size16	FAT32에서는 0의 값을 갖는다.
24	2	Sector per Track	INT 0x13을 위해 존재하는 항목으로 Windows계열에서는 더 이상 사용하지 않는다.
26	2	Number of Heads	INT 0x13을 위해 존재하는 항목으로 Windows계열에서는 더 이상 사용하지 않는다.
28	4	Hidden Sector	INT 0x13을 위해 존재하는 항목으로 Windows계열에서는 더 이상 사용하지 않는다.
32	4	Total Sector 32	현재의 볼륨상에 있는 총 섹터수를 나타내며, FAT32에서는 Total Sector 16은 사용하지 않고 이 값만을 사용한다.
36	4	FAT Size 32	FAT 영역 1개의 섹터수를 나타내며, 크기가 같은 FAT #1과 FAT #2이 존재한다.
40	2	Ext Flags	FAT 테이블을 조작하기 위한 설정값을 갖는다.
42	2	File System Version	FAT32 파일시스템의 버전값을 가지며, 상위바이트는 주 버전 하위바이트는 부 버전을 나타낸다.
44	4	Root Recovery First Sector	루트디렉터리가 시작되는 클러스터를 나타낸다. 일반적으로 클러스터가 시작되는 2의 값을 갖는다.
48	2	File System Information	FSInfo 구조체가 시작하는 섹터 번호를 나타나며, 보통 볼륨의 1번 섹터로 한다.
50	2	Boot Record Backup Sector	부트 레코드를 백업해 두는 섹터 번호를 나타내며, 보통 볼륨의 6번 섹터로 한다.
52	12	Reserved	예약영역으로 0의 값을 갖는다.
64	1	Drive Number	INT 0x13을 위해 존재하는 항목으로 Windows계열에서는 더 이상 사용하지 않는다.
65	1	Reserved1	Windows NT계열에서 사용하는 항목으로 0의 값을 갖는다.
66	1	Boot Signature	확장 부트 서명으로서 0x29의 값을 갖는다.
67	4	Voume ID	고유의 볼륨 시리얼 번호를 생성해서 기록한다.
71	11	Volume Label	해당 파티션의 볼륨라벨을 가지며, 적으며, 볼륨라벨을 없는 경우에는 "NO NAME"이 기록된다.
82	8	File System Type	"FAT32"가 기록된다.
90	420	Boot Code	운영체제를 부팅하는 프로그램이 기록된다.
510	2	Signature	부트 레코드가 손상되었는지 아닌지를 알기 위해 사용되며, 정상인 경우에는 0xAA55 값이 기록된다.

[표 8-7] MBR 값(1GB SD 카드)

MBR(Master Boot Record : 0섹터) for 1GB SD 카드																	
offset	0	1	2	3	4	5	6	7	8	9	A	B	C	D	E	F	
00000000	00	00	00	00	00	00	00	00	00	00	00	00	00	00	00	00	
00000010	00	00	00	00	00	00	00	00	00	00	00	00	00	00	00	00	
00000020	00	00	00	00	00	00	00	00	00	00	00	00	00	00	00	00	
00000030	00	00	00	00	00	00	00	00	00	00	00	00	00	00	00	00	
00000040	00	00	00	00	00	00	00	00	00	00	00	00	00	00	00	00	
00000050	00	00	00	00	00	00	00	00	00	00	00	00	00	00	00	00	
00000060	00	00	00	00	00	00	00	00	00	00	00	00	00	00	00	00	
00000070	00	00	00	00	00	00	00	00	00	00	00	00	00	00	00	00	
00000080	00	00	00	00	00	00	00	00	00	00	00	00	00	00	00	00	
00000090	00	00	00	00	00	00	00	00	00	00	00	00	00	00	00	00	
000000A0	00	00	00	00	00	00	00	00	00	00	00	00	00	00	00	00	
000000B0	00	00	00	00	00	00	00	00	00	00	00	00	00	00	00	00	
000000C0	00	00	00	00	00	00	00	00	00	00	00	00	00	00	00	00	* Type
000000D0	00	00	00	00	00	00	00	00	00	00	00	00	00	00	00	00	0x0B ->
000000E0	00	00	00	00	00	00	00	00	00	00	00	00	00	00	00	00	FAT32
000000F0	00	00	00	00	00	00	00	00	00	00	00	00	00	00	00	00	
00000100	00	00	00	00	00	00	00	00	00	00	00	00	00	00	00	00	*** LBA_Begin**
00000110	00	00	00	00	00	00	00	00	00	00	00	00	00	00	00	00	(PBR 섹터)
00000120	00	00	00	00	00	00	00	00	00	00	00	00	00	00	00	00	0x000000F9
00000130	00	00	00	00	00	00	00	00	00	00	00	00	00	00	00	00	= 249
00000140	00	00	00	00	00	00	00	00	00	00	00	00	00	00	00	00	
00000150	00	00	00	00	00	00	00	00	00	00	00	00	00	00	00	00	
00000160	00	00	00	00	00	00	00	00	00	00	00	00	00	00	00	00	* Partion Size
00000170	00	00	00	00	00	00	00	00	00	00	00	00	00	00	00	00	(섹터수)
00000180	00	00	00	00	00	00	00	00	00	00	00	00	00	00	00	00	0x001E4407
00000190	00	00	00	00	00	00	00	00	00	00	00	00	00	00	00	00	= 1,983,495
000001A0	00	00	00	00	00	00	00	00	00	00	00	00	00	00	00	00	-> 968MB
000001B0	00	00	00	00	00	00	00	00	00	00	00	00	00	00	00	03	
000001C0	3D	00	0B	1F	FF	D7	F9	00	00	00	07	44	1E	00	00	00	* Magic Code
000001D0	00	00	00	00	00	00	00	00	00	00	00	00	00	00	00	00	0x55AA
000001E0	00	00	00	00	00	00	00	00	00	00	00	00	00	00	00	00	-> FAT32
000001F0	00	00	00	00	00	00	00	00	00	00	00	00	00	00	55	AA	

[표 8-8] PBR 값(1GB SD 카드)

PBR(Partition Boot Record : 249섹터) for 1GB SD 카드																	
offset	0	1	2	3	4	5	6	7	8	9	A	B	C	D	E	F	*BytesPerSec
00000000	EB	58	90	4D	53	44	4F	53	35	2E	30	00	02	08	24	00	0x0200=512
00000010	02	00	00	00	00	F8	00	00	3F	00	FF	00	F9	00	00	00	
00000020	07	44	1E	00	8E	07	00	00	00	00	00	00	02	00	00	00	*SecPerClus
00000030	01	00	06	00	00	00	00	00	00	00	00	00	00	00	00	00	0x08 = 8
00000040	00	00	29	80	AD	F8	54	4E	4F	20	4E	41	4D	45	20	20	
00000050	20	20	46	41	54	33	32	20	20	20	33	C9	8E	D1	BC	F4	***RsvdSecCnt**
00000060	7B	8E	C1	8E	D9	BD	00	7C	88	4E	02	8A	56	40	B4	08	0x0024 = 36
00000070	CD	13	73	05	B9	FF	FF	8A	F1	66	0F	B6	C6	40	66	0F	
00000080	B6	D1	80	E2	3F	F7	E2	86	CD	C0	ED	06	41	66	0F	B7	
00000090	C9	66	F7	E1	66	89	46	F8	83	7E	16	00	75	38	83	7E	*TotSec32
000000A0	2A	00	77	32	66	8B	46	1C	66	83	C0	0C	BB	00	80	B9	0x001E4407 =1,983,495
000000B0	01	00	E8	2B	00	E9	48	03	A0	FA	7D	B4	7D	8B	F0	AC	-> 968MB
000000C0	84	C0	74	17	3C	FF	74	09	B4	0E	BB	07	00	CD	10	EB	
000000D0	EE	A0	FB	7D	EB	E5	A0	F9	7D	EB	E0	98	CD	16	CD	19	
000000E0	66	60	66	3B	46	F8	0F	82	4A	00	66	6A	00	66	50	06	***FATSz32**
000000F0	53	66	68	10	00	01	00	80	7E	02	00	0F	85	20	00	B4	0x0000078E
00000100	41	BB	AA	55	8A	56	40	CD	13	0F	82	1C	00	81	FB	55	=1934
00000110	AA	0F	85	14	00	F6	C1	01	0F	84	0D	00	FE	46	02	B4	
00000120	42	8A	56	40	8B	F4	CD	13	B0	F9	66	58	66	58	66	58	
00000130	66	58	EB	2A	66	33	D2	66	0F	B7	4E	18	66	F7	F1	FE	***RootDirSector**
00000140	C2	8A	CA	66	8B	D0	66	C1	EA	10	F7	76	1A	86	D6	8A	LBA_Begin+ RsvdSecCnt+
00000150	56	40	8A	E8	C0	E4	06	0A	CC	B8	01	02	CD	13	66	61	FATSz32
00000160	0F	82	54	FF	81	C3	00	02	66	40	49	0F	85	71	FF	C3	=>
00000170	4E	54	4C	44	52	20	20	20	20	20	20	00	00	00	00	00	249 + 36
00000180	00	00	00	00	00	00	00	00	00	00	00	00	00	00	00	00	+ 1934 * 2
00000190	00	00	00	00	00	00	00	00	00	00	00	00	00	00	00	00	= 4153섹터
000001A0	00	00	00	00	00	00	00	00	00	00	00	00	0D	0A	52	65	
000001B0	6D	6F	76	65	20	64	69	73	6B	73	20	6F	72	20	6F	74	
000001C0	68	65	72	20	6D	65	64	69	61	2E	FF	0D	0A	44	69	73	
000001D0	6B	20	65	72	72	6F	72	FF	0D	0A	50	72	65	73	73	20	
000001E0	61	6E	79	20	6B	65	79	20	74	6F	20	72	65	73	74	61	
000001F0	72	74	0D	0A	00	00	00	00	00	AC	CB	D8	00	00	55	AA	

[표 8-9] MBR 값(4GB SD 카드)

MBR(Master Boot Record : 0섹터) for 4GB SD 카드																	
offset	0	1	2	3	4	5	6	7	8	9	A	B	C	D	E	F	
00000000	00	00	00	00	00	00	00	00	00	00	00	00	00	00	00	00	
00000010	00	00	00	00	00	00	00	00	00	00	00	00	00	00	00	00	
00000020	00	00	00	00	00	00	00	00	00	00	00	00	00	00	00	00	
00000030	00	00	00	00	00	00	00	00	00	00	00	00	00	00	00	00	
00000040	00	00	00	00	00	00	00	00	00	00	00	00	00	00	00	00	
00000050	00	00	00	00	00	00	00	00	00	00	00	00	00	00	00	00	
00000060	00	00	00	00	00	00	00	00	00	00	00	00	00	00	00	00	
00000070	00	00	00	00	00	00	00	00	00	00	00	00	00	00	00	00	
00000080	00	00	00	00	00	00	00	00	00	00	00	00	00	00	00	00	
00000090	00	00	00	00	00	00	00	00	00	00	00	00	00	00	00	00	
000000A0	00	00	00	00	00	00	00	00	00	00	00	00	00	00	00	00	
000000B0	00	00	00	00	00	00	00	00	00	00	00	00	00	00	00	00	* Type
000000C0	00	00	00	00	00	00	00	00	00	00	00	00	00	00	00	00	0x06 ->
000000D0	00	00	00	00	00	00	00	00	00	00	00	00	00	00	00	00	FAT32
000000E0	00	00	00	00	00	00	00	00	00	00	00	00	00	00	00	00	1GB, 2GB
000000F0	00	00	00	00	00	00	00	00	00	00	00	00	00	00	00	00	Ver.1
00000100	00	00	00	00	00	00	00	00	00	00	00	00	00	00	00	00	
00000110	00	00	00	00	00	00	00	00	00	00	00	00	00	00	00	00	*** LBA_Begin**
00000120	00	00	00	00	00	00	00	00	00	00	00	00	00	00	00	00	(PBR 섹터)
00000130	00	00	00	00	00	00	00	00	00	00	00	00	00	00	00	00	0x00002000
00000140	00	00	00	00	00	00	00	00	00	00	00	00	00	00	00	00	= 8192
00000150	00	00	00	00	00	00	00	00	00	00	00	00	00	00	00	00	
00000160	00	00	00	00	00	00	00	00	00	00	00	00	00	00	00	00	
00000170	00	00	00	00	00	00	00	00	00	00	00	00	00	00	00	00	* Partion Size
00000180	00	00	00	00	00	00	00	00	00	00	00	00	00	00	00	00	(섹터수)
00000190	00	00	00	00	00	00	00	00	00	00	00	00	00	00	00	00	0x00760C00
000001A0	00	00	00	00	00	00	00	00	00	00	00	00	00	00	00	00	=7,736,320
000001B0	00	00	00	00	00	00	00	00	00	00	00	00	00	00	00	02	-> 3.69GB
000001C0	03	01	0B	30	F0	C0	00	20	00	00	00	0C	76	00	00	00	
000001D0	00	00	00	00	00	00	00	00	00	00	00	00	00	00	00	00	* Magic Code
000001E0	00	00	00	00	00	00	00	00	00	00	00	00	00	00	00	00	0x55AA
000001F0	00	00	00	00	00	00	00	00	00	00	00	00	00	00	55	AA	-> FAT32

[표 8-10] PBR 값(4GB SDHC 카드)

PBR(Partition Boot Record : 8192섹터) for 4GB SD 카드																	
offset	0	1	2	3	4	5	6	7	8	9	A	B	C	D	E	F	* BytesPerSec
00000000	EB	58	90	4D	53	44	4F	53	35	2E	30	00	02	08	26	00	0x0200=512
00000010	02	00	00	00	00	F8	00	00	3F	00	80	00	00	20	00	00	
00000020	00	0C	76	00	75	1D	00	00	00	00	00	00	02	00	00	00	* SecPerClus
00000030	01	00	06	00	00	00	00	00	00	00	00	00	00	00	00	00	0x08 = 8
00000040	00	00	29	80	AD	F8	54	4E	4F	20	4E	41	4D	45	20	20	
00000050	20	20	46	41	54	33	32	20	20	20	33	C9	8E	D1	BC	F4	*** RsvdSecCnt**
00000060	7B	8E	C1	8E	D9	BD	00	7C	88	4E	02	8A	56	40	B4	08	0x0026= 38
00000070	CD	13	73	05	B9	FF	FF	8A	F1	66	0F	B6	C6	40	66	0F	
00000080	B6	D1	80	E2	3F	F7	E2	86	CD	C0	ED	06	41	66	0F	B7	
00000090	C9	66	F7	E1	66	89	46	F8	83	7E	16	00	75	38	83	7E	* TotSec32
000000A0	2A	00	77	32	66	8B	46	1C	66	83	C0	0C	BB	00	80	B9	0x00760C00 = 7,736,320
000000B0	01	00	E8	2B	00	E9	48	03	A0	FA	7D	B4	7D	8B	F0	AC	-> 3.69GB
000000C0	84	C0	74	17	3C	FF	74	09	B4	0E	BB	07	00	CD	10	EB	
000000D0	EE	A0	FB	7D	EB	E5	A0	F9	7D	EB	E0	98	CD	16	CD	19	
000000E0	66	60	66	3B	46	F8	0F	82	4A	00	66	6A	00	66	50	06	*** FATSz32**
000000F0	53	66	68	10	00	01	00	80	7E	02	00	0F	85	20	00	B4	0x00001D75
00000100	41	BB	AA	55	8A	56	40	CD	13	0F	82	1C	00	81	FB	55	= 7541
00000110	AA	0F	85	14	00	F6	C1	01	0F	84	0D	00	FE	46	02	B4	
00000120	42	8A	56	40	8B	F4	CD	13	B0	F9	66	58	66	58	66	58	***RootDirSector**
00000130	66	58	EB	2A	66	33	D2	66	0F	B7	4E	18	66	F7	F1	FE	LBA_Begin +
00000140	C2	8A	CA	66	8B	D0	66	C1	EA	10	F7	76	1A	86	D6	8A	RsvdSecCnt +
00000150	56	40	8A	E8	C0	E4	06	0A	CC	B8	01	02	CD	13	66	61	FATSz32 * 2
00000160	0F	82	54	FF	81	C3	00	02	66	40	49	0F	85	71	FF	C3	=> 8192 + 38
00000170	4E	54	4C	44	52	20	20	20	20	20	20	00	00	00	00	00	+ 7541 * 2
00000180	00	00	00	00	00	00	00	00	00	00	00	00	00	00	00	00	= 23312섹터
00000190	00	00	00	00	00	00	00	00	00	00	00	00	00	00	00	00	
000001A0	00	00	00	00	00	00	00	00	00	00	00	00	0D	0A	52	65	
000001B0	6D	6F	76	65	20	64	69	73	6B	73	20	6F	72	20	6F	74	
000001C0	68	65	72	20	6D	65	64	69	61	2E	FF	0D	0A	44	69	73	
000001D0	6B	20	65	72	72	6F	72	FF	0D	0A	50	72	65	73	73	20	
000001E0	61	6E	79	20	6B	65	79	20	74	6F	20	72	65	73	74	61	
000001F0	72	74	0D	0A	00	00	00	00	00	AC	CB	D8	00	00	55	AA	

<파일 정보 추출>

[그림 8-5]에서 Clusters 영역은 저장장치에서 대부분의 영역을 차지하고 있으며, 데이터들이 저장되는 영역이다. 이 영역은 다른 영역과 달리 섹터 단위가 아니라 클러스터 단위로 데이터가 저장된다. 데이터의 크기가 클 경우에는 여러 개의 클러스터에 걸쳐 저장되지만, 빈 공간이 남는다고 해서 클러스터 하나에 여러 데이터의 내용을 같이 넣을 수는 없다.

데이터 영역에는 2가지 형태의 데이터가 저장되며, 하나는 Directory Entry라 불리는 구조체를 담고 있는 디렉터리이고, 다른 하나는 파일이다.

디렉터리는 Directory Entry라 불리는 구조체들의 집합으로, 디렉터리는 담고 있는 내용이 Directory Entry라는 것만 빼고는 파일과 형태나 접근방법이 동일하다. Directory Entry에 저장되는 내용은 자신에게 속해 있는 파일들과 자신의 하위 디렉터리에 대한 정보들이다. 따라서, Directory Entry에는 파일과 디렉터리에 대한 정보를 모두 담고 있다.

[그림 8-6]은 루트 디렉터리와 하위 디렉터리의 엔트리를 보여준다. 그림에서와 같이 루트 디렉터리는 일반적으로 FAT #2 바로 다음에 위치하며, 클러스터 2번부터 시작되는 점에 주의해야 한다. [그림 8-6]에서는 루트 디렉터리에 "EX1.MP3" 파일이 클러스터 5번에 위치하고 있는 것을 알 수 있고, 또한 "DIR_A" 디렉터리가 8번 클러스터에 위치해 있는 것을 알 수 있다. 디렉터리 "DIR_A" 밑에 있는 파일은 8번 클러스터를 조사하면 알 수 있고, 파일 "EX2.MP3"가 6번 클러스터에 위치해 있는 것을 알 수 있다.

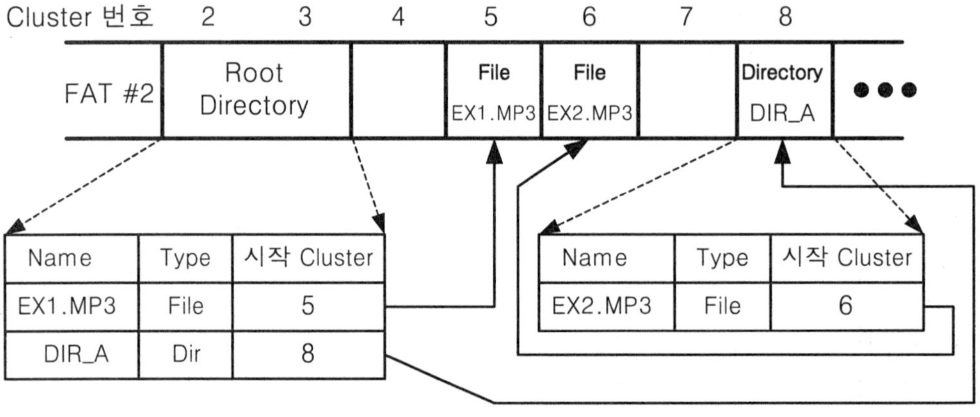

[그림 8-6] 루트 디렉터리와 하위 디렉터리의 엔트리

[그림 8-7]은 Root Directory 섹터의 리스트를 보여준다. 파일명 비슷한 내용이 기록되어 있는 것을 확인할 수 있으며, 이들 정보는 기본적으로 32비트로 구성되는 Directory Entry 구조를 하고 있다.

Offset	0	1	2	3	4	5	6	7	8	9	A	B	C	D	E	F	
001E8000	41	4D	00	79	00	57	00	61	00	79	00	0F	00	A3	2E	00	AM.y.W.a.y...£..
001E8010	6D	00	70	00	33	00	00	00	FF	FF	00	00	FF	FF	FF	FF	m.p.3...ÿÿ..ÿÿÿÿ
001E8020	4D	59	57	41	59	20	20	20	4D	50	33	20	00	36	78	AD	MYWAY MP3 .6x-
001E8030	C6	3A	D9	3C	00	00	4E	85	89	38	03	00	3E	AC	30	00	Æ:Ù<..N▮▮8..>¬0.
001E8040	41	4F	00	63	00	74	00	6F	00	62	00	0F	00	28	65	00	AO.c.t.o.b...(e.
001E8050	72	00	2E	00	4D	00	50	00	33	00	00	00	00	00	FF	FF	r...M.P.3.....ÿÿ
001E8060	4F	43	54	4F	42	45	52	20	4D	50	33	20	00	C1	78	AD	OCTOBER MP3 .Áx-
001E8070	C6	3A	D9	3C	00	00	39	3E	CE	38	0E	03	C3	14	1D	00	Æ:Ù<..9>Î8..Ã...
001E8080	41	54	00	72	00	75	00	6D	00	70	00	0F	00	6F	65	00	AT.r.u.m.p...oe.
001E8090	74	00	2E	00	6D	00	70	00	33	00	00	00	00	00	FF	FF	t...m.p.3.....ÿÿ
001E80A0	54	52	55	4D	50	45	54	20	4D	50	33	20	00	47	79	AD	TRUMPET MP3 .Gy-
001E80B0	C6	3A	D9	3C	00	00	82	78	87	3A	E0	04	51	F7	23	00	Æ:Ù<..▮x▮:à.Q÷#.
001E80C0	41	59	00	6F	00	75	00	43	00	61	00	0F	00	E4	6E	00	AY.o.u.C.a...än.
001E80D0	44	00	6F	00	2E	00	6D	00	70	00	00	00	33	00	00	00	D.o...m.p...3...
001E80E0	59	4F	55	43	41	4E	44	4F	4D	50	33	20	00	A7	79	AD	YOUCANDOMP3 .§y-
001E80F0	C6	3A	D9	3C	00	00	11	80	89	38	20	07	F8	C9	48	00	Æ:Ù<...▮▮8 .øÉH.
001E8100	54	45	53	54	41	20	20	20	4D	50	33	20	00	1C	2E	85	TESTA MP3 ...▮
001E8110	D9	3C	D9	3C	00	00	BB	70	D8	3C	AD	0B	3E	AC	30	00	Ù<Ù<..»pØ<-.>¬0.
001E8120	54	45	53	54	42	20	20	20	4D	50	33	20	10	04	30	85	TESTB MP3 ..0▮
001E8130	D9	3C	D9	3C	00	00	BC	70	D8	3C	B8	0E	3E	AC	30	00	Ù<Ù<..¼pØ<¸.>¬0.
001E8140	00	00	00	00	00	00	00	00	00	00	00	00	00	00	00	00	....

[그림 8-7] Root Directory 섹터 리스트 예

Directory Entry에는 앞에서 언급했듯이 자신에게 속해 있는 파일들과 자신의 하위 디렉터리에 대한 정보를 담고 있으며, [그림 8-8]과 같은 32비트 항목들로 구성된다.

<table>
<tr><th></th><th>00</th><th>01</th><th>02</th><th>03</th><th>04</th><th>05</th><th>06</th><th>07</th><th>08</th><th>09</th><th>10</th><th>11</th><th>12</th><th>13</th><th>14</th><th>15</th></tr>
<tr><td>0x00</td><td colspan="8">Name</td><td colspan="3">Extender</td><td>Attr</td><td>NT Res</td><td>Create Time Tenth</td><td colspan="2">Create Time</td></tr>
<tr><td>0x10</td><td colspan="2">Create Date</td><td colspan="2">Last Acc Date</td><td colspan="2">First Clust Hi</td><td colspan="2">Write Time</td><td colspan="2">Write Data</td><td colspan="2">First Clust Low</td><td colspan="4">File Size</td></tr>
</table>

[그림 8-8] 디렉터리(쇼트 디렉터리) 엔트리 구조

[표 8-11] 디렉터리(쇼트 디렉터리) 엔트리 항목

오프셋 번지	크기 byte	명 칭	기 능
0	8	Name	파일 이름 또는 디렉터리 이름을 적는 항목으로, 반드시 대문자로 최대 8자까지 적을 수 있다. 이름이 8자 미만인 경우에 남는 부분은 0x20으로 채워진다. 첫번째 값이 0인 경우에는 이 디렉터리 엔트리부터 모두 비어 있는 것을 의미한다. 그리고, 0xE5 또는 0x05이면 파일이나 디렉터리가 삭제된 것을 의미한다.
8	3	Extender	파일의 확장자를 넣는 항목으로 대문자로 3문자까지 넣을 수 있다. 남는 공간은 0x20으로 채워진다.
11	1	Attribute	Directory Entry의 속성을 나타내며, 다음과 같다. 0x01 : read only, 0x02 : hidden, 0x04 : system file 0x08 : volume label, 0x10 : directory, 0x20 : 일반파일 0x0F : Long File Name Entry(파일명이 8문자 이상이거나, 파일명에 소문자가 포함된 경우)
12	1	NT Resource	NT 계열의 Windows 운영체제를 위한 예약 공간으로 항상 0으로 한다.
13	1	Create Time Tenth	파일이 생성된 시각을 1/10초 단위로 기록한 항목.
14	2	Create Time	파일 생성 시간으로 상위 5비트는 시간, 다음 6비트는 분, 하위 5비트는 초를 나타낸다.
16	2	Create Date	파일 생성 날짜로 상위 7비트는 년, 다음 4비트는 달, 하위 5비트는 일을 나타낸다.
18	2	Last Access Date	파일에 읽기/쓰기 작업을 했던 마지막 날짜를 기록한다.
20	2	First Cluster High 2Byte	파일이 시작되는 첫 번째 클러스터의 상위 2바이트를 나타낸다.
22	2	Write Time	가장 최근에 이 파일을 수정한 시간을 기록한다.
24	2	Write Date	가장 최근에 이 파일을 수정한 날짜를 기록한다.
26	2	First Cluster Low 2Byte	파일이 시작되는 첫번째 클러스터의 하위 2바이트를 나타낸다.
28	4	File Size	파일의 크기를 바이트로 나타내고, 최대 크기는 4GB이다. 디렉터리의 경우에는 0의 값을 갖는다.

파일명이 8문자를 넘거나 파일명에 소문자를 사용하는 경우에는 쇼트 디렉터리 엔트리로서는 표현할 수 없기 때문에 한글까지도 가능한 롱 디렉터리 엔트리 구조를 사용한다. 롱 디렉터리 엔트리는 쇼트 디렉터리에 하나씩 추가되면서 사용하며, 구조는 [그림 8-9]와 같다. 이때 Name의 문자 코드값은 유니코드(16비트값)가 사용되며, 영문 파

일명의 경우에 상위바이트는 0x00이고 하위바이트는 아스키 코드값이 저장된다.

<table>
<tr><th></th><th>00</th><th>01</th><th>02</th><th>03</th><th>04</th><th>05</th><th>06</th><th>07</th><th>08</th><th>09</th><th>10</th><th>11</th><th>12</th><th>13</th><th>14</th><th>15</th></tr>
<tr><td>0x00</td><td>Order</td><td colspan="10">Name 1</td><td>Attr</td><td>Type</td><td>Chk SUM</td><td colspan="2">Name 2</td></tr>
<tr><td>0x10</td><td colspan="10">Name 2</td><td colspan="2">First Clust Low</td><td colspan="4">Name 3</td></tr>
</table>

[그림 8-9] 롱 디렉터리 엔트리 구조

롱 디렉터리 엔트리로 표시되는 경우에는 맨 마지막에 쇼트 디렉터리 엔트리가 오며, 다음과 같은 규칙에 따라 생성된다.

① 영어 소문자를 모두 대문자로 변환하여 6문자까지만 저장한다.

② 파일명 또는 디렉터리명의 문자열 사이에 나오는 공백문자(' ')와 피리어드('.')는 제거된다.

③ 문자로 허용되지 않는 문자들은 전부 '_'로 변환된다.

④ 마지막 2개 문자열은 '~'를 넣은 후 숫자를 적는다. 숫자는 1부터 시작하며, 6문자가 같은 파일명이 나오는 경우에는 증가시켜 사용한다.

⑤ 확장자는 앞에서부터 3자리만 넣어준다.

[표 8-12] 롱 디렉터리 엔트리 항목

오프셋 번지	크기 byte	명 칭	기 능
0	1	Order	롱 디렉터리 엔트리의 정렬된 순번을 나타내는 항목으로서, 이 항목의 6비트째(0x40)가 1이면 마지막 엔트리를 의미한다. 정렬되는 순번은 0x01~0x14까지 가능하다.
1	10	Name 1	파일명이나 디렉터리명의 1~5번째 문자를 저장하며, 각 문자는 2바이트의 유니코드로 표시된다.
11	1	Attribute	Long File Name Entry를 의미하는 0x0F의 값이 저장된다.
12	1	Type	Long File Name Entry를 의미하는 0의 값이 저장된다.
13	1	Check Sum	Short Directory Entry의 11문자열에 대한 check sum 값을 저장한다.
14	12	Name 2	파일명이나 디렉터리명의 6~11번째 문자를 저장한다.
26	2	First Cluster Low 2Byte	파일이 시작되는 첫 번째 클러스터의 하위 2바이트를 나타낸다.
28	4	Name 3	파일명이나 디렉터리명의 12~13번째 문자를 저장한다.

[그림 8-10]은 디렉터리 엔트리의 예를 보여주며, 각각을 설명하면 [표 8-13]과 같다.

	Offset	0	1	2	3	4	5	6	7	8	9	A	B	C	D	E	F	
①	003B1000	4D	50	33	5F	54	45	53	54	20	20	20	08	00	00	00	00	MP3_TEST .....
	003B1010	00	00	00	00	00	00	65	B2	C5	3A	00	00	00	00	00	00	......e²Å:......
	003B1020	41	4F	00	63	00	74	00	6F	00	62	00	0F	00	28	65	00	AO.c.t.o.b...(e.
②	003B1030	72	00	2E	00	4D	00	50	00	33	00	00	00	00	00	FF	FF	r...M.P.3.....ÿÿ
	003B1040	4F	43	54	4F	42	45	52	20	4D	50	33	20	00	09	89	B2	OCTOBER MP3 ..▮²
	003B1050	C5	3A	C5	3A	00	00	39	3E	CE	38	03	00	C3	14	1D	00	Å:Å:..9>Î8..Ã...
	003B1060	41	54	00	72	00	75	00	6D	00	70	00	0F	00	6F	65	00	AT.r.u.m.p...oe.
③	003B1070	74	00	2E	00	6D	00	70	00	33	00	00	00	00	00	FF	FF	t...m.p.3.....ÿÿ
	003B1080	54	52	55	4D	50	45	54	20	4D	50	33	20	00	63	89	B2	TRUMPET MP3 .c▮²
	003B1090	C5	3A	C5	3A	00	00	82	78	87	3A	D5	01	51	F7	23	00	Å:Å:..▮x▮:Õ.Q÷#.
	003B10A0	41	59	00	6F	00	75	00	43	00	61	00	0F	00	E4	6E	00	AY.o.u.C.a...än.
	003B10B0	44	00	6F	00	2E	00	6D	00	70	00	00	00	33	00	00	00	D.o...m.p...3...
④	003B10C0	59	4F	55	43	41	4E	44	4F	4D	50	33	20	00	1C	8A	B2	YOUCANDOMP3 ..▮²
	003B10D0	C5	3A	C5	3A	00	00	11	80	89	38	15	04	F8	C9	48	00	Å:Å:...▮▮8..øÉH.
	003B10E0	41	4D	00	79	00	57	00	61	00	79	00	0F	00	A3	2E	00	AM.y.W.a.y...£..
⑤	003B10F0	6D	00	70	00	33	00	00	00	FF	FF	00	00	FF	FF	FF	FF	m.p.3...ÿÿ..ÿÿÿÿ
	003B1100	4D	59	57	41	59	20	20	20	4D	50	33	20	00	24	8B	B2	MYWAY MP3 .$▮²
	003B1110	C5	3A	C5	3A	00	00	4E	85	89	38	A2	08	3E	AC	30	00	Å:Å:..N▮▮8¢.>¬0.
⑥	003B1120	41	55	54	4F	52	55	4E	20	53	59	53	27	18	85	2E	7E	AUTORUN SYS'.▮.~
	003B1130	C6	3A	C6	3A	00	00	30	7E	C6	3A	AD	0B	00	50	03	00	Æ:Æ:..0~Æ:-..P..
⑦	003B1140	41	55	54	4F	52	55	4E	20	56	42	53	27	18	5F	2F	7E	AUTORUN VBS'._/~
	003B1150	C6	3A	C6	3A	00	00	30	7E	C6	3A	E2	0B	06	0B	00	00	Æ:Æ:..0~Æ:â.....
⑧	003B1160	41	55	54	4F	52	55	4E	20	49	4E	46	27	18	68	2F	7E	AUTORUN INF'.h/~
	003B1170	C6	3A	C6	3A	00	00	30	7E	C6	3A	E3	0B	60	00	00	00	Æ:Æ:..0~Æ:ã.`...
⑨	003B1180	54	45	53	54	20	20	20	20	4D	50	33	20	10	89	0E	7B	TEST MP3 .▮.{
	003B1190	D8	3C	D8	3C	00	00	BC	70	D8	3C	E4	0B	3E	AC	30	00	Ø<Ø<..¼pØ<ä.>¬0.
	003B11A0	42	53	00	54	00	2E	00	6D	00	70	00	0F	00	2A	33	00	BS.T...m.p...*3.
	003B11B0	00	00	FF	FF	FF	FF	FF	FF	FF	FF	00	00	FF	FF	FF	FF	..ÿÿÿÿÿÿÿÿ..ÿÿÿÿ
	003B11C0	01	4D	00	50	00	33	00	46	00	49	00	0F	00	2A	4C	00	.M.P.3.F.I...*L.
⑩	003B11D0	45	00	4E	00	41	00	4D	00	45	00	00	00	54	00	45	00	E.N.A.M.E...T.E.
	003B11E0	4D	50	33	46	49	4C	7E	31	4D	50	33	20	00	A7	11	7B	MP3FIL~1MP3 .§.{
	003B11F0	D8	3C	D8	3C	00	00	BB	70	D8	3C	EF	0E	3E	AC	30	00	Ø<Ø<..»pØ<ï.>¬0.

[그림 8-10] 디렉터리 엔트리 예

[표 8-13] 롱 디렉터리 엔트리 항목

항목	의 미	표 현
①	MP3_TEST라는 볼륨 라벨	모두 대문자(쇼트 디렉터리 엔트리)
②	Octorber.MP3 파일	소문자 포함 (롱 디렉터리 엔트리 + 쇼트 디렉터리 엔트리)
③	Trumpet.MP3 파일	소문자 포함 (롱 디렉터리 엔트리 + 쇼트 디렉터리 엔트리)
③	YouCanDo.MP3 파일	소문자 포함 (롱 디렉터리 엔트리 + 쇼트 디렉터리 엔트리)
⑤	MyWay.MP3 파일	소문자 포함 (롱 디렉터리 엔트리 + 쇼트 디렉터리 엔트리)
⑥	AUTORUN.SYS 시스템파일	모두 대문자(쇼트 디렉터리 엔트리)
⑦	AUTORUN.VBS 시스템파일	모두 대문자(쇼트 디렉터리 엔트리)
⑧	AUTORUN.INF 시스템파일	모두 대문자(쇼트 디렉터리 엔트리)
⑨	TEST.MP3 파일	모두 대문자(쇼트 디렉터리 엔트리)
⑩	MP3FILENAMETEST.mp3	파일명 8문자 이상(롱 디렉터리 엔트리 + 롱 디렉터리 엔트리 +쇼트 디렉터리 엔트리)

<파일 내용 읽기>

디렉터리 엔트리로부터 파일명과 시작 클러스터 번호를 추출하면 파일 내용을 읽어 올 수 있으며, 시작 클러스터 번호는 쇼트 디렉터리 엔트리 항목에 있는 <First Cluster High 2Byte>와 <First Cluster Low 2Byte>을 다음과 같이 합성하여 얻을 수 있다.

시작 클러스터 번호 <First Cluster High 2Byte << 16> + <First Cluster Low 2바이트>

그러나, SD 카드로부터 데이터를 읽으려면 섹터 단위로 읽어야 하며, 클러스터 번호로부터 섹터번호를 다음과 같이 추출해야 한다. 여기서 <Sector per Cluster>는 PBR 영역에 있는 항목([표 8-6] 참조)으로, 한 클러스터에 들어있는 섹터수를 의미하는 값을 나타낸다.

섹터 번호 (Cluster 번호 - 2) * <Sectors per Cluster> + <Root Directory Sector>

따라서, 이 섹터 번호가 가르키는 위치로부터 512바이트씩 <Sector per Cluster> 값만큼 시작 클러스터의 값이 모두 읽혀지게 된다. 데이터의 크기가 하나의 클러스터에 저장될 크기라면 시작 클러스터의 데이터만 읽으면 되지만, 하나의 클러스터에 모두 저장할 수 없는 경우에는 여러 개의 클러스터에 나누어 저장되게 된다. 이와 같이 여러 개의 클러스터에 나누어 저장될 때 첫번째 클러스터를 시작으로 계속해서 어느 클러스터에 저장되는지를 알려주는 역할을 하는 것이 [그림 8-5]에서 **<FAT #1>** 영역이며, FAT32 파일시스템에서 [그림 8-11]과 같은 구조를 가지고 있다. 그림으로부터 알 수 있듯이 0번과 1번 엔트리만 다르고, 나머지 엔트리들은 모두 클러스터들을 나타내고 있는 것을 알 수 있다. FAT 엔트리 0번과 1번을 제외한 모든 엔트리들은 자신의 번호와 일치하는 클러스터와 1 : 1로 대응하며, 각 클러스터에는 다음에 이어질 클러스터의 값을 4바이트로 저장하고 있게 된다. 따라서, 파일의 시작 클러스터만 알면 이 FAT 영역을 토대로 계속 이어지는 클러스터를 추적하여 파일 내용을 읽을 수 있으며, 마지막 클러스터를 나타내는 0x0FFFFFFF가 나올 때까지 계속 추적하여 읽으면 모든 파일 내용을 읽을 수 있게 되는 것이다.

	00 01 02 03	04 05 06 07	08 09 0A 0B	0C 0D 0E 0F
0x0000	Media Type	Partition state	Cluster 2	Cluster 3
0x0010	Cluster 4	Cluster 5	Cluster 6	Cluster 7
0x0020	Cluster 8	Cluster 9	Cluster 10	Cluster 11
0x0030	Cluster 12	Cluster 13	Cluster 14	Cluster 15
0x0040	Cluster 16	Cluster 17	Cluster 18	Cluster 19
0x0050	Cluster 20	Cluster 21	Cluster 22	Cluster 23
. . .	. . . .			

[그림 8-11] FAT32 파일시스템의 FAT 영역 항목들

예를 들어 FAT 영역이 [그림 8-12]와 같은 경우 시작 클러스터 2번으로 시작하는 파일은

<클러스터 2> -> <클러스터 4> -> <클러스터 5> -> <클러스터 7> -> <클러스터 6>

에 걸쳐 파일 내용이 저장된 것을 의미한다.

그리고, 시작 클러스터 3번으로 시작하는 파일은

<클러스터 3> -> <클러스터 8> -> <클러스터 A> -> <클러스터 B>

에 걸쳐 파일 내용이 저장된 것을 의미한다.

	00 01 02 03	04 05 06 07	08 09 0A 0B	0C 0D 0E 0F
0x0000	xxxxxxxx	xxxxxxxx	00000004	00000008
0x0010	00000005	00000007	0FFFFFFF	00000006
0x0020	0000000A	00000000	0000000B	0FFFFFFF
0x0030	00000000	00000000	00000000	00000000
0x0040	00000000	00000000	00000000	00000000
0x0050	00000000	00000000	00000000	00000000
. . .	. . . .			

[그림 8-12] FAT 영역 예

현재의 클러스터 번호 cluster로부터 다음에 이어지는 클러스터 번호를 추출하는 방법은 현재의 클러스터 값으로부터 FAT 영역에서의 섹터 값 sector와 offset(변위)을 추출한 후 섹터가 가르키는 곳의 512바이트를 읽어 offset 위치로부터 4바이트를 읽으면 그 값이 다음 클러스터 번호가 된다. sector와 offset은 다음과 같은 식에 의해 추출된다. <Starting LBA address>는 [표 8-5]의 MBR 항목에 있으며, <Number of Reserved Sectors>와 <BytePerSector>는 [표 8-6]의 PBR 항목에 있는 값들이다.

```
fatOffset = cluster << 2  (각 클러스터마다 4바이트씩 차지하고 있으므로)
FAT선두 섹터 = <Starting LBA address> + <Numer of Reserved Sectors>

sector = FAT 선두 섹터 + (fatOffset / BytePerSector)
offset = fatOffet % BytePerSector
```

지정된 클러스터로부터 데이터를 읽을 때는 클러스터에 몇 개의 섹터가 들어 있는지를 나타내는 <Sectors per Clsuster> 수만큼 512바이트씩 읽어야 되는 점에 주의해야 한다.

8.3 Audio Codec VS1033

VS1033은 MP3, AAC, WMA, MIDI 오디오 디코더와 ADPCM 인코더 기능을 갖는 싱글 칩이며, 마이크로프로세서와의 연결은 SPI 직렬통신 방식을 사용한다. 12~13㎒의 클럭으로 동작하며, 내부에서 1~4.5배로 체배하여 사용한다. 전원은 +3.3V와 +2.5를 사용하며, 스테레오로 신호를 출력한다.

[그림 8-13]은 VS1033의 내부 구성 및 핀 배열을 보여주며, 핀의 기능을 간단히 설명하면 [표 8-14]와 같다.

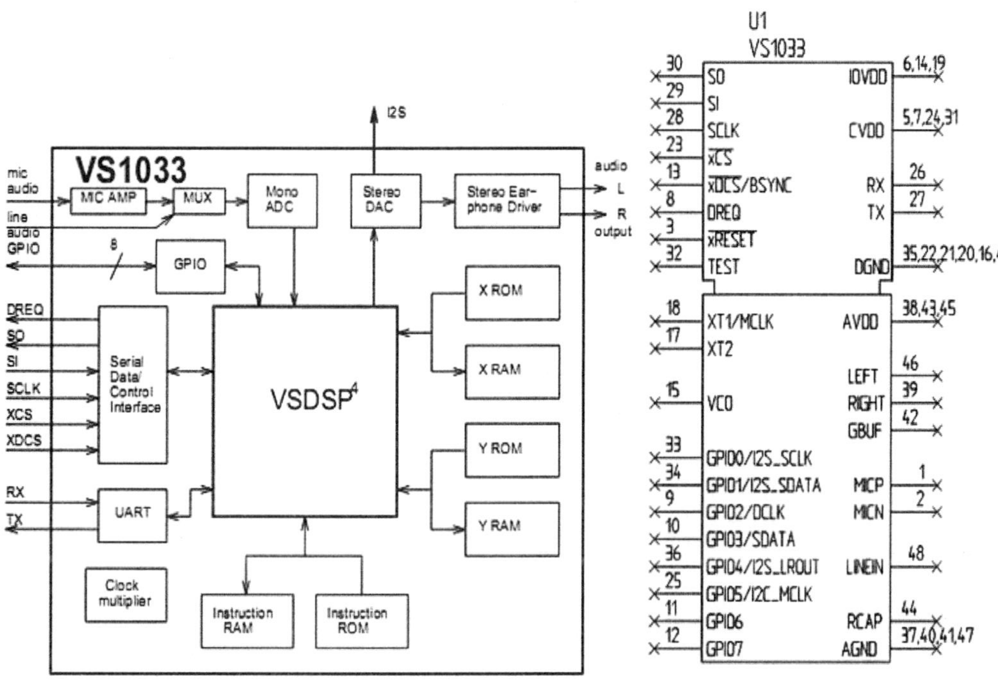

[그림 8-13] VS1033 내부 구성 및 핀 배열

[표 8-14] VS1033의 핀 이름 및 기능

핀 이름	핀 번호	기 능
CVD0...3	5, 7, 24, 31	내부 코어 전원(2.5V)
AVDD0..2	38, 43, 45	아날로그 회로 전원(3.3V)
IOVDD0..2	6, 14, 19	I/O 회로의 전원(3.3V)
DGND0..4	4, 16, 20, 21, 22	내부 코어 및 I/O 회로 전원 접지
GND	35	I/O 회로 전원 접지
AGND0..3	37, 40, 41, 47	아날로그 전원 접지(접지는 모두 연결)
XTAL0 XTAL1	17 18	크리스탈 입력 크리스탈 출력
SCK SI SO ~xCS ~xDCS/BSYNC DREQ	28 29 30 23 13 8	SPI 직렬통신 클럭 신호 SPI 직렬통신 입력신호(MOSI) SPI 직렬통신 출력신호(MISO) SPI 직렬통신으로 명령을 전송하기 위한 칩 선택 신호 SPI 직렬통신으로 데이터를 전송하기 위한 칩 선택 신호 데이터 요청 신호
~xRESET	3	VS1033 리셋 신호
RCAP	44	내부 기준전압을 위한 필터링 콘덴서
TEST VCO	32 15	테스트용 단자 테스트용 단자
LEFT RIGHT GBUF	46 39 42	왼쪽 채널 출력 오른쪽 채널 출력 헤드폰 공통 단자(접지시키지 말 것)
MICP MICN	1 2	마이크 +입력단자 마이크 -입력단자
RX TX	26 27	UART 수신 단자(미사용시 IOVDD에 연결) UART 송신 단자
GPIO0/I2S_SCLK GPIO1/I2S_SDATA GPIO2/DCLK GPIO3/SDATA GPIO4/I2S_LROUT GPIO5/I2S_MCLK GPIO6 GPIO7	33 34 9 10 36 25 11 12	범용 I/O 0 또는 I2S의 클럭 단자 범용 I/O 1 또는 I2S의 데인터 신호 단자 범용 I/O 2 또는 시리얼 입력 데이터 버스 클럭 단자 범용 I/O 3 또는 시리얼 데이터 입력 단자 범용 I/O 4 또는 I2S의 좌측/우측 데이터 출력표시신호 단자 범용 I/O 5 또는 I2S 클럭 단자 범용 I/O 6 범용 I/O 7

VS1033은 SPI 직렬통신 방식을 이용하여 마이크로프로세서와 데이터를 주고받는다. 마이크로프로세서가 VS1033에 데이터를 전송하는 경우에는 ~xDCS 핀을 사용하며, 제어명령을 전송하는 경우에는 ~xCS 핀을 사용한다.

제어명령을 전송하는 경우에는 다음과 같이 구성된 4바이트를 전송하게 된다.

명령어 1바이트	어드레스 1바이트	제어값 2바이트

여기서, 명령어 1바이트의 값은 쓰기(write) 명령의 경우에는 0x02, 읽기(read) 명령의 경우에는 0x03의 값이 된다. 그리고, 어드레스 1바이트는 제어 레지스터의 어드레스에 해당하며, 제어값 2바이트는 제어 레지스터에 쓰게 되는 값을 나타낸다. VS1033에 명령어가 전송되면 DREQ는 0이 되고, 명령어의 수행이 종료되면 DREQ는 1이 되어 새로운 명령어를 받을 수 있는 상태가 된다. [표 8-15]는 제어 레지스터의 기능을 보여주며, 제어모드는 SPI 모드가 초기상태로 설정되어 있다. 볼륨 조정에서 상위 바이트는 좌측, 하위바이트는 우측 채널에 대한 음량을 나타내며, 0~244 범위(0이 음량 가장 크고, 증가할수록 음량 작아짐)의 값을 설정할 수 있다.

[표 8-15] VS1033의 제어 레지스터 기능

어드레스	이 름	방향	초기값	기 능
0x0	MODE	rw	0x0800	모드 제어
0x1	STATUS	rw	0x000C	VS1033의 상태
0x2	BASS	rw	0	bass/treble 제어
0x3	CLOCKF	rw	0	클럭 주파수 체배값 설정
0x4	DECODE_TIME	rw	0	디코딩 시간 초단위 설정
0x5	AUDATA	rw		오디오 설정
0x6	WRAM	rw	00	RAM 읽기/쓰기
0x7	WRAMADDR	rw	0	RAM 어드레스
0x8	HDAT0	r	0	헤더 데이터 0
0x9	HDAT1	r	0	헤더 데이터 1
0xA	AIADDR	rw	0	응용 프로그램 시작 번지
0xB	VOL	rw	0	볼륨(음량) 제어
0xC	AICTRL0	rw	0	응용 제어 레지스터 0
0xD	AICTRL1	rw	0	응용 제어 레지스터 1
0xE	AICTRL2	rw	0	응용 제어 레지스터 2
0xF	AICTRL3	rw	0	응용 제어 레지스터 3

8.4 작품 구성도 및 회로도

[그림 8-14]는 작품 구성도를 보여주며, KUT-128 MCU 보드, 그래픽 LCD, Audio Code VS1033, SD 메모리 카드 소켓, 6개의 조작 스위치로 구성된다. [표 8-16]은 작품에서 사용하는 입출력 포트 및 기능을 보여준다.

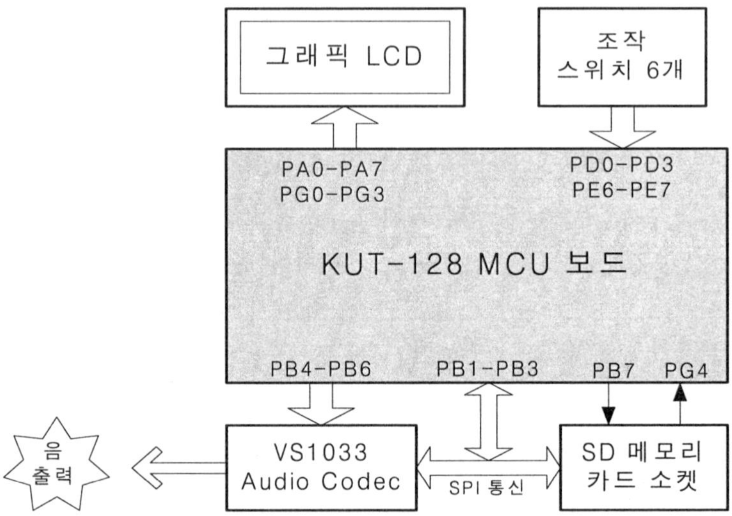

[그림 8-14] 작품 구성도

[표 8-16] 사용 입출력 포트 및 기능

디바이스명	사용 포트		기 능
	포트명	입력/출력	
그래픽 LCD	PA0-PA7 PG0-PG3	출력	파일명 표시
VS1033 Audio Codec	PB1, PB2, PB4, PB5, PB6	출력	- PB1-PB3은 SPI 직렬 통신 제어 핀(SD 카드와 공유) - PB4-PB6은 VS1033 칩 선택 및 리셋 제어
	PB3	입력	SPI 직렬통신 MISO핀
SD 카드	PB7	출력	칩 선택 제어 핀
	PG4	입력	데이터 요구 제어 핀
스위치	PD0-PD3 PE6-PE7	입력	MP3 플레이어 조작 스위치 (외부 인터럽트 INT0-3, INT6-7)

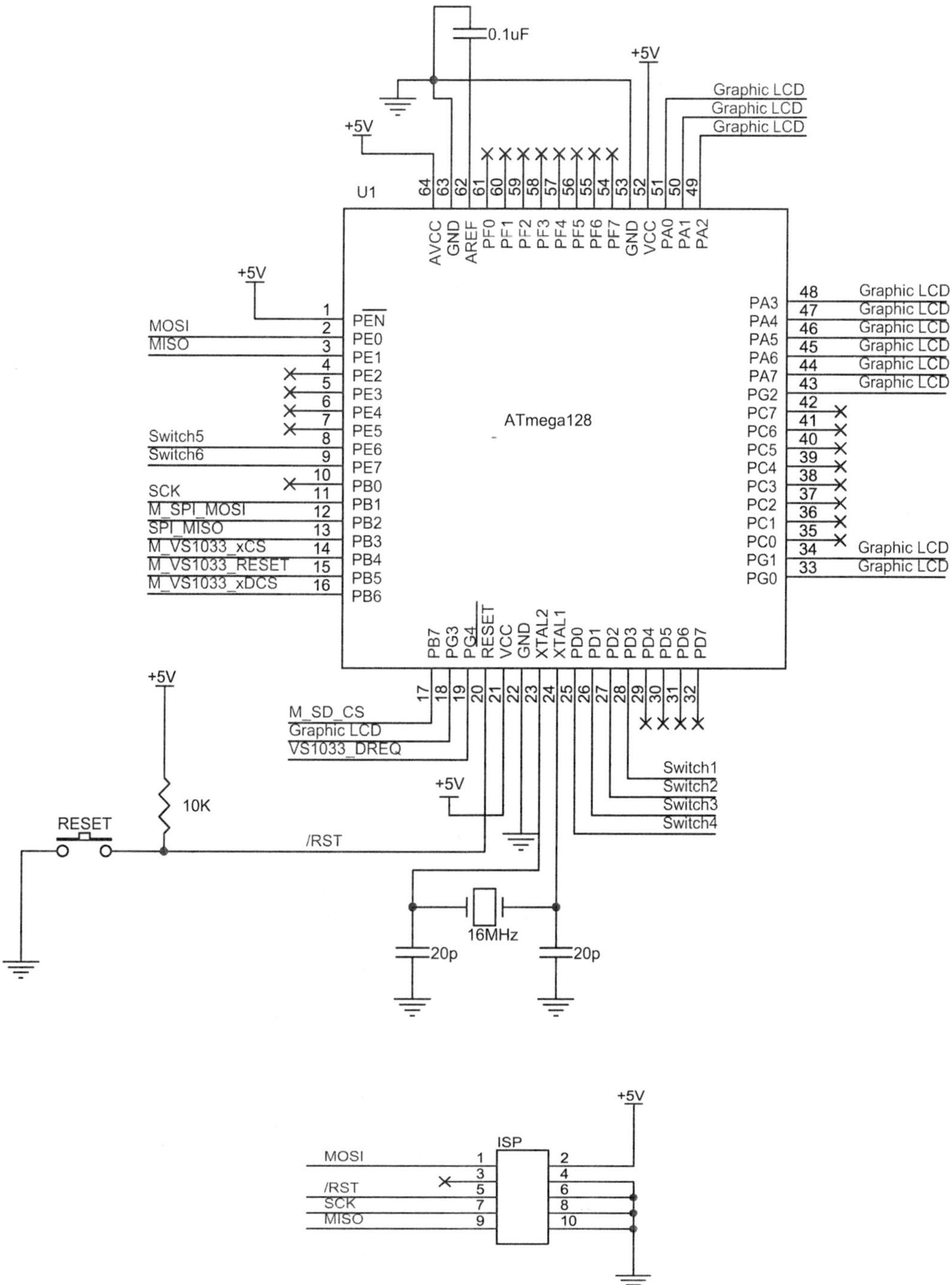

(a) KUT-128 MCU 보드 회로

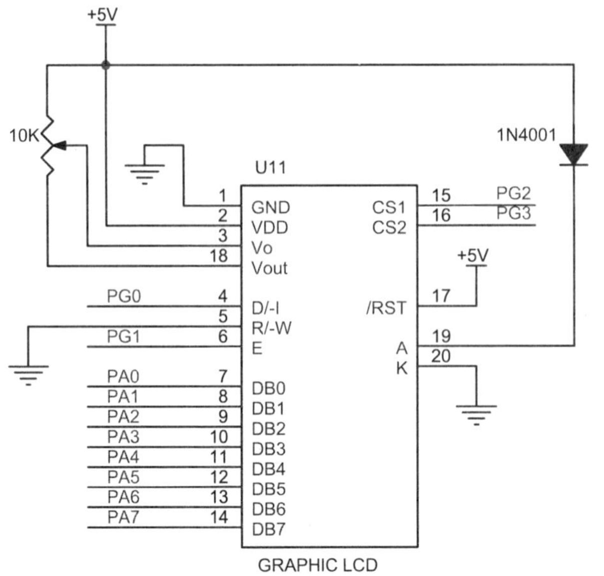

(b) 그래픽 LCD

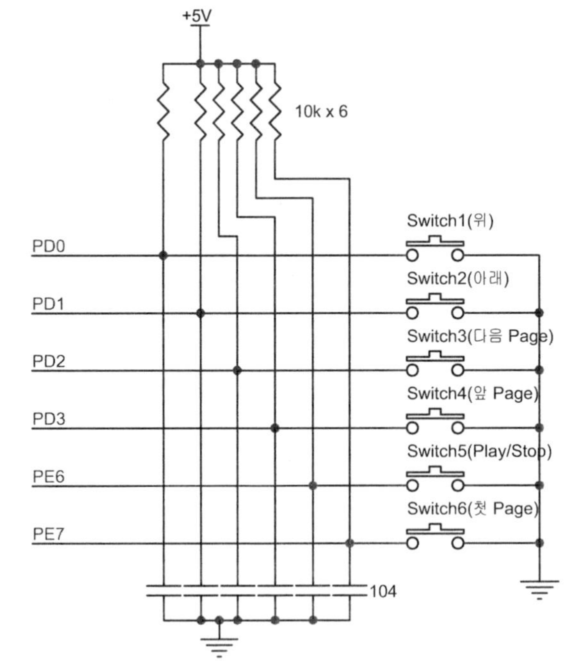

(c) 스위치 입력회로

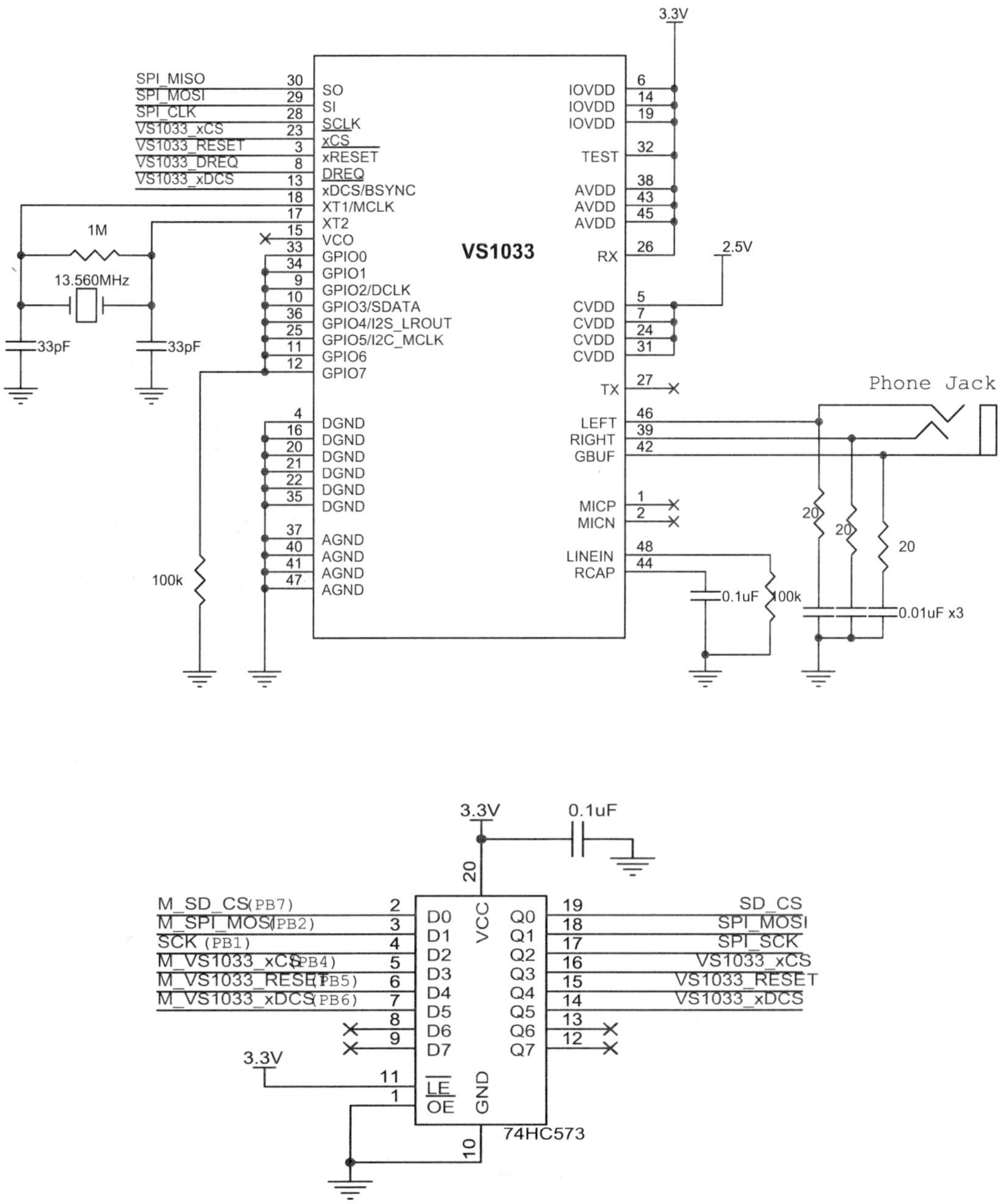
3.3V
SPI_MISO
SPI_MOSI
SPI_CLK
VS1033_xCS
VS1033_RESET
VS1033_DREQ
VS1033_xDCS
SO
SI
SCLK
xCS
xRESET
DREQ
xDCS/BSYNC
XT1/MCLK
XT2
VCO
GPIO0
GPIO1
GPIO2/DCLK
GPIO3/SDATA
GPIO4/I2S_LROUT
GPIO5/I2C_MCLK
GPIO6
GPIO7
DGND
AGND
VS1033
IOVDD
TEST
AVDD
RX
2.5V
CVDD
TX
LEFT
RIGHT
GBUF
MICP
MICN
LINEIN
RCAP
1M
13.560MHz
33pF
100k
0.1uF
Phone Jack
20
0.01uF x3
0.1uF
M_SD_CS(PB7)
M_SPI_MOSI(PB2)
SCK (PB1)
M_VS1033_xCS(PB4)
M_VS1033_RESET(PB5)
M_VS1033_xDCS(PB6)
D0
D1
D2
D3
D4
D5
D6
D7
LE
OE
VCC
GND
Q0
Q1
Q2
Q3
Q4
Q5
Q6
Q7
SD_CS
SPI_MOSI
SPI_SCK
VS1033_xCS
VS1033_RESET
VS1033_xDCS
74HC573

(d) MP3 구동 회로

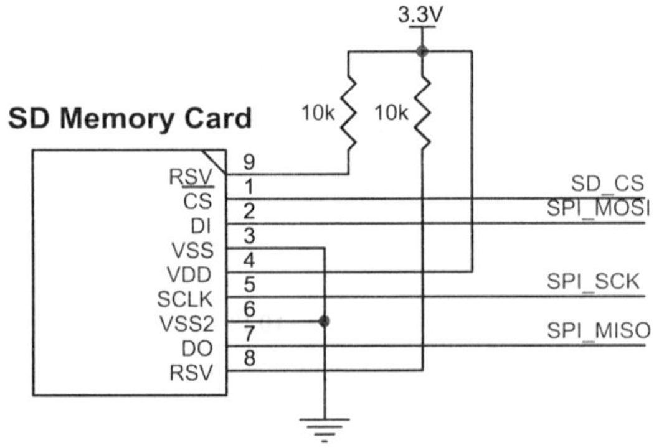

(e) SD 메모리카드 전용 소켓 회로

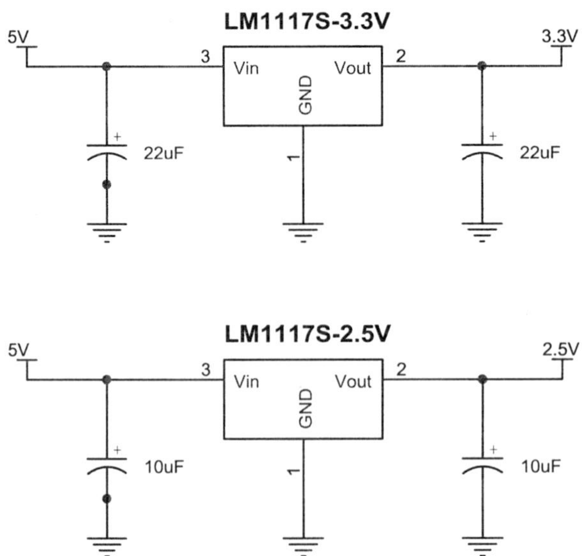

(f) 전압 변환 회로

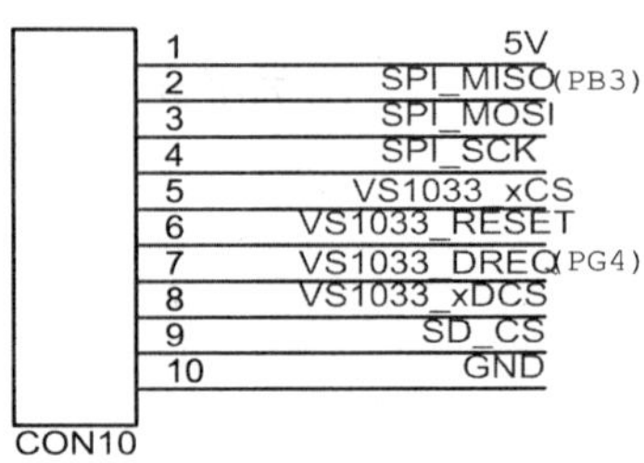

(g) MP3 보드와 MP3 구동 연결 커넥터

[그림 8-15] 회로도

[표 8-17] 사용 입출력 포트 및 기능

부품명	규 격	수 량	구입처
128 MCU 보드	KUT-128 MCU 보드	1	ohm.co.kr
그래픽 LCD	현대 128 x 64	1	ohm.co.kr
LDO 레귤레이터	LM1117S-3.3	1	devicemart.co.kr
LDO 레귤레이터	LM1117S-2.5	1	devicemart.co.kr
MP3 Codec 칩	VS1033	1	devicemart.co.kr
QFP 변환기판	QFP-05-48	1	devicemart.co.kr
수정발진기	13.560MHZ (12.288MHz권장)	1	devicemart.co.kr
이어폰잭	PJ-313	1	devicemart.co.kr
레벨 쉬프터	74HC573(DIP)	1	devicemart.co.kr
IC 소켓	20핀	1	
SD 카드 소켓	AUSD-82007SP	1	devicemart.co.kr
스위치	Tact Switch	6	devicemart.co.kr
저항	10kΩ	8	eleparts.co.kr
콘덴서	0.1uF	8	eleparts.co.kr
다이오드	1N4001	1	eleparts.co.kr
가변저항	10kΩ	1	eleparts.co.kr
그래픽 LCD 장착소켓 20핀 (20x1)	HIF3H-20SA-2.54DSA	1	eleparts.co.kr
저항	1MΩ	1	eleparts.co.kr
세라믹콘덴서	33pF	2	eleparts.co.kr
세라믹콘덴서	0.01uF	3	eleparts.co.kr
저항	20Ω	3	eleparts.co.kr
전해콘덴서	22uF	2	eleparts.co.kr
전해콘덴서	10uF	2	eleparts.co.kr
10핀 커넥터	모렉스(Molex5051-10) 암수	1	eleparts.co.kr
MCU 보드 장착소켓 30핀(15x2)	HIF3H-30DA-2.54DSA	2	eleparts.co.kr
기타	에폭시 만능기판, 전원 스위치 기판 서포터 5mm, 전원 커넥터 커넥터 케이블, 5V 전원 어댑터 SD 카드 등	-	

8.5 함수 설명 및 함수 흐름도

[표 8-18] 함수 기능

함수명	인 수	기 능
main	없음	- 사용 변수 및 부품 초기화 - 스위치 입력 대기하면서 MP3 플레이어 작동
FName_display	페이지 번호	페이지 번호에 포함된 파일명과 선택 커서 표시
MP3_Play	연주 곡 번호	연주 곡 번호에 해당하는 파일을 SD 카드로부터 읽으면서 MP3 파일 연주
next_play	없음	- 다음에 연주할 곡 번호 추출 - 새로 연주할 곡에 커서 표시
SD_Init	없음	SD 카드 초기화 및 버전 체크
SD_Command	커맨드, 인수 값	SD 카드에 커맨드, 인수 값, CRC 값 전송
SD_Read	읽을 섹터 번호	SD 카드의 섹터 번호에서 512바이트 데이터 읽기
SPI_Mode0_4MHz	없음	MCU를 SPI 동작모드0, 4MHz로 설정
SPI_Mode0_Slow	없음	MCU를 SPI 동작모드0, 250kHz로 설정
SPI_Mode0_1MHz	없음	MCU를 SPI 동작모드0, 4MHz로 설정
SPI_write	전송 데이터	SPI 1바이트 데이터를 송수신
FAT_Init	없음	SD 카드의 MBR 영역과 PBR 영역을 읽어 루트 디렉터리 검출
fatGetDirEntry	없음	SD 카드의 루트 디렉터리를 조사하여 MP3 파일명과 파일 시작 클러스터 추출
fatClustToSect	변환 클러스터 값	클러스터 값을 섹터값으로 변환
FAT_Next_Cluster	클러스터 값	인수로 받은 클러스터 다음에 이어지는 클러스터 값 추출
VS1033_Reset	없음	VS1033 리셋
VS1033Init	없음	VS1033 초기화
VS1033_Write	주소, 전송 데이터	VS1033내 제어 레지스터의 지정된 주소에 데이터(커맨드) 전송
VS1033_Read	읽어올 주소	VS1033내 제어 레지스터의 지정된 주소로부터 상태값 읽기
VS1033_SetVolume	설정 볼륨 값	VS1033으로부터 출력되는 음의 볼륨 설정
GLCD_init	없음	그래픽 LCD 초기화
GLCD_Command	좌우 드라이버 선택 값, 커맨드	그래픽 LCD의 지정된 드라이버에 커맨드 출력
GLCD_Data	좌우 드라이버 선택 값, 데이터	그래픽 LCD의 지정된 드라이버에 데이터 출력
GLCD_clear	없음	그래픽 LCD 화면 클리어
GLCD_xy	수직좌표, 수평좌표	그래픽 LCD의 커서를 지정된 수평, 수직 좌표로 이동
GLCD_character	수평좌표, 출력데이터	지정된 위치에 1문자 출력
GLCD_fstring	수직/수평좌표, 문자열	지정된 위치로부터 고정 문자열 출력
GLCD_fstring	수직/수평좌표, 문자열	지정된 위치로부터 생성 문자열 출력
Cursor	수직좌표(행)	지정된 행의 맨 왼쪽에 화살표 커서 표시
Busy	없음	14us 지연
외부 인터럽트0	없음	곡 선택 커서 위로 이동
외부 인터럽트1	없음	곡 선택 커서 아래로 이동
외부 인터럽트2	없음	다음 8곡의 파일 표시
외부 인터럽트3	없음	이전 8곡의 파일 표시
외부 인터럽트6	없음	정지/토글 전환
외부 인터럽트7	없음	순차연주/반복연주 전환

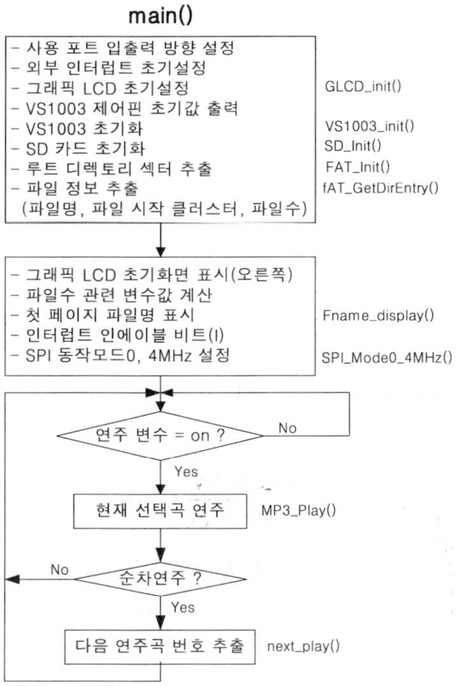

(a) main() 함수

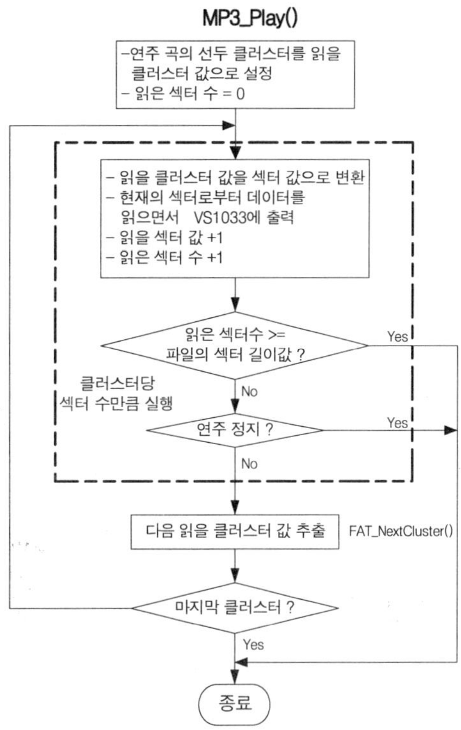

(b) MP3_Play() 함수

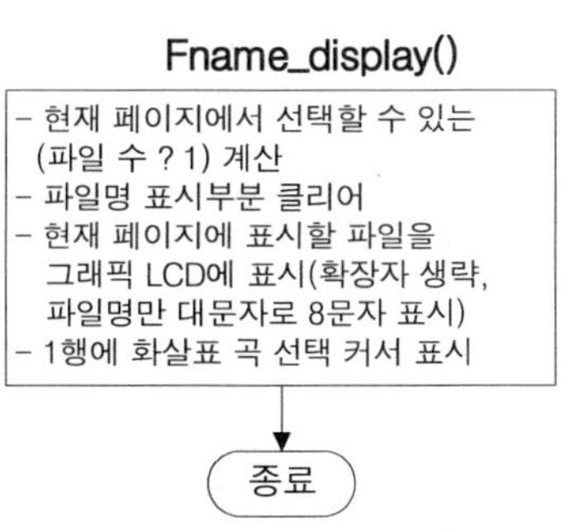

(c) Fname_display() 함수

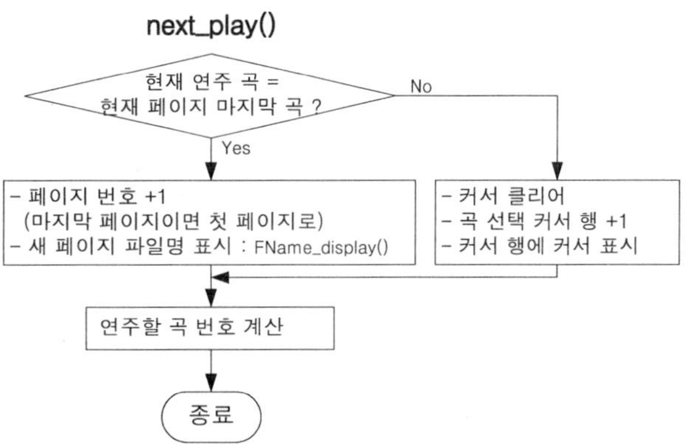

(d) next_play() 함수

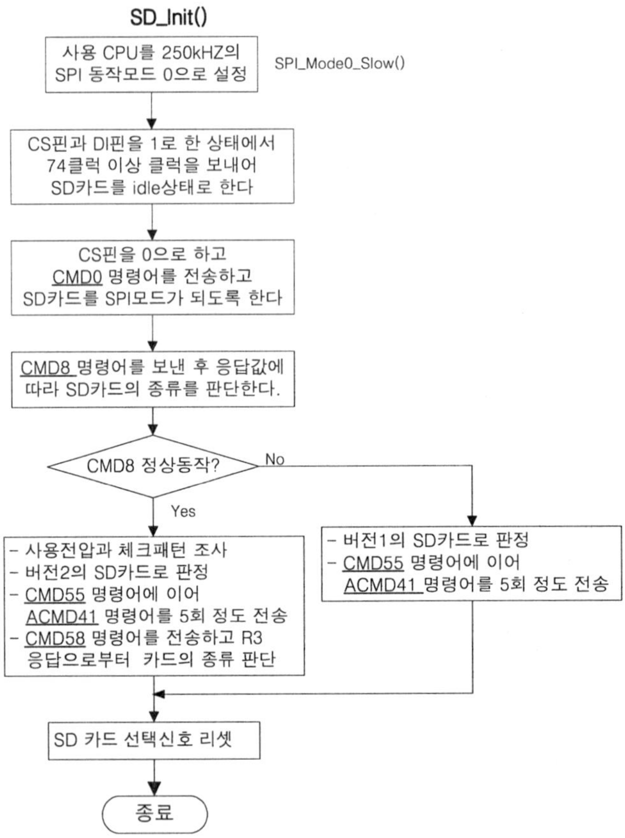

(e) SD_Init() 함수

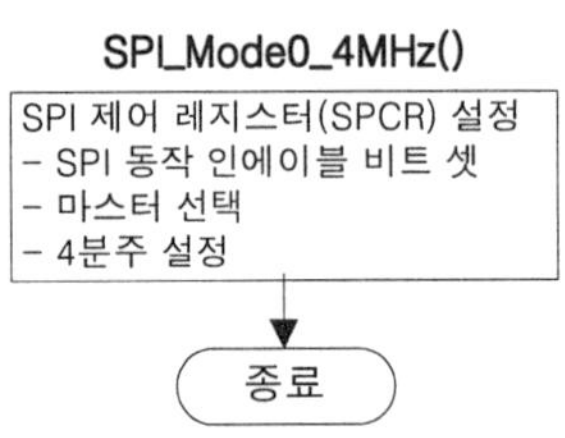

(f) SPI_Mode0_4MHz() 함수

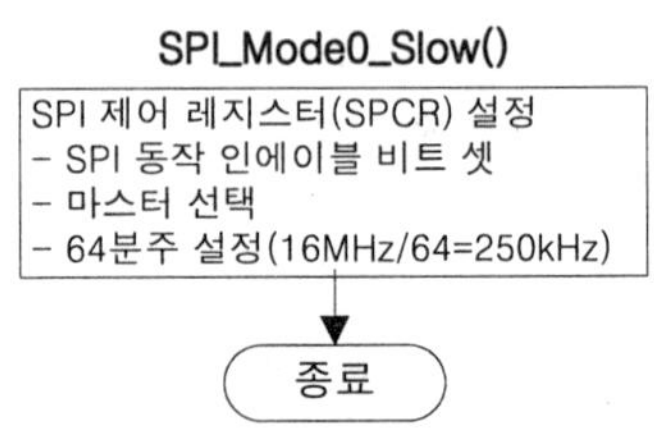

(g) SPI_Mode0_Slow() 함수

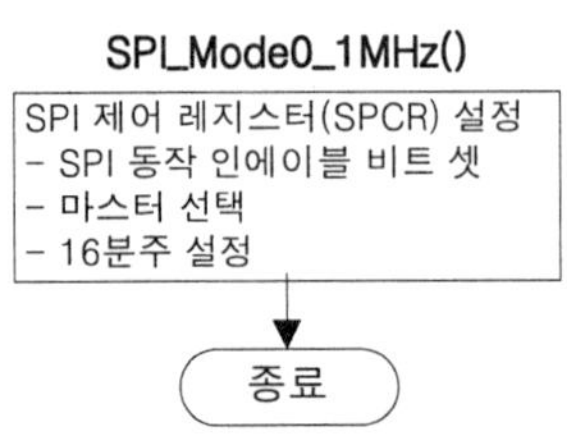

(h) SPI_Mode0_Slow() 함수

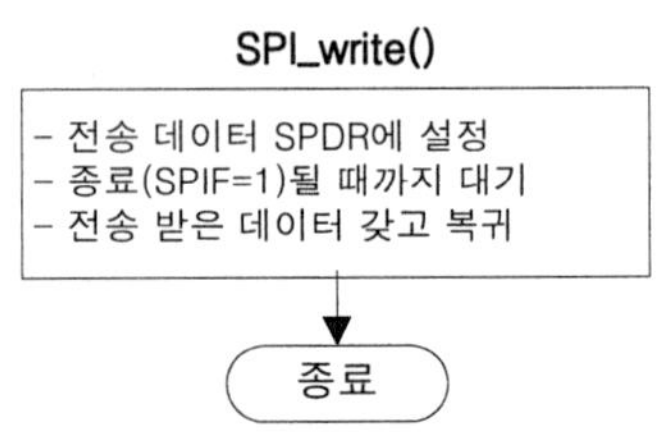

(i) SPI_write() 함수

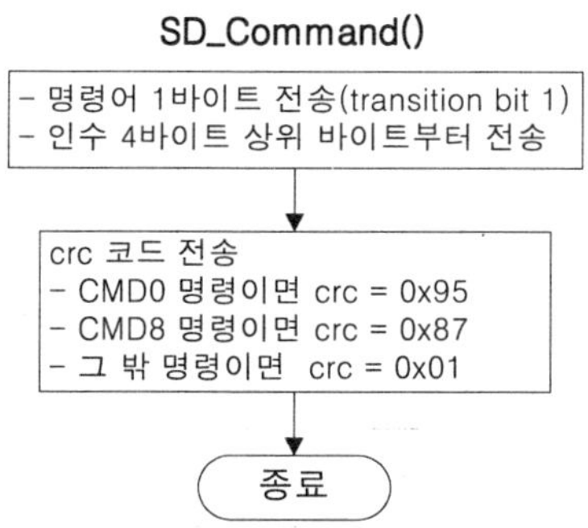

(j) SD_Command() 함수

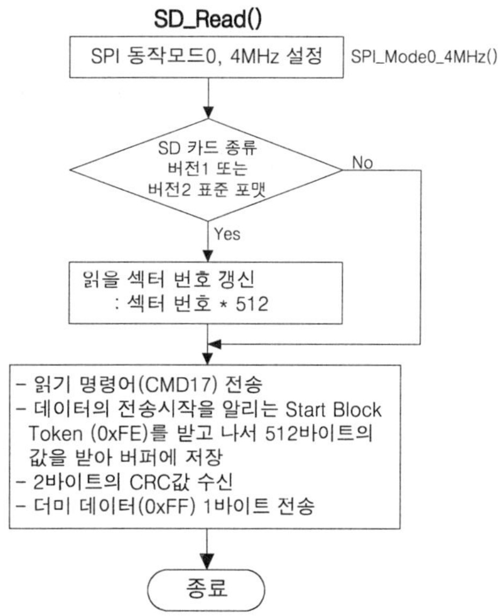

(k) SD_Read() 함수

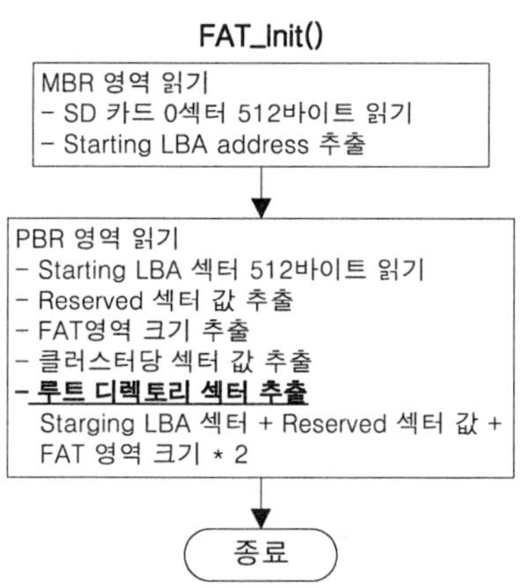

(l) FAT_Init() 함수

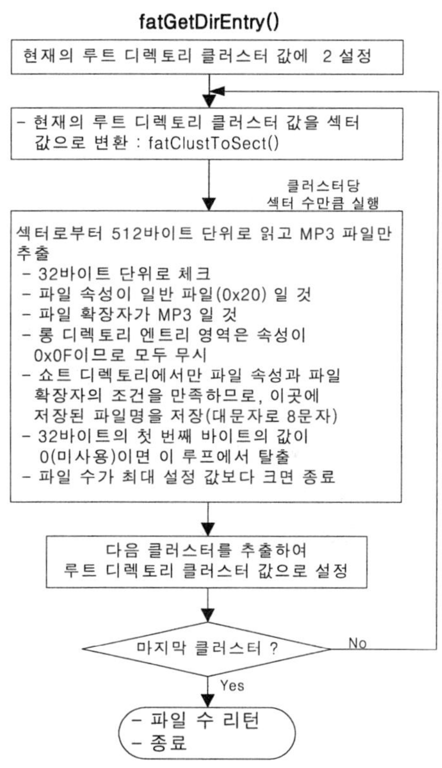

(m) fatGetDirEntry() 함수

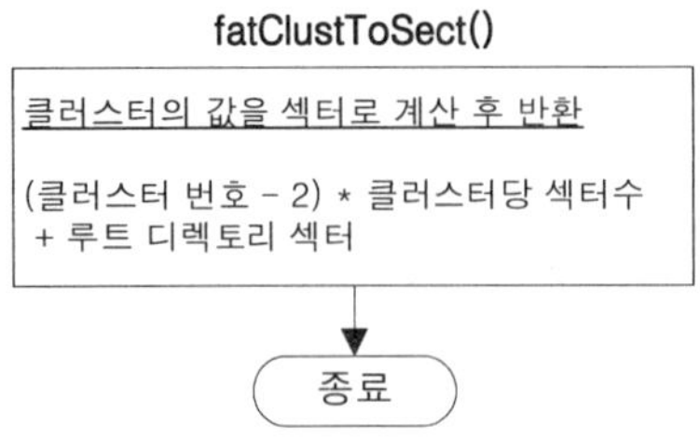

(n) fatClustToSect() 함수

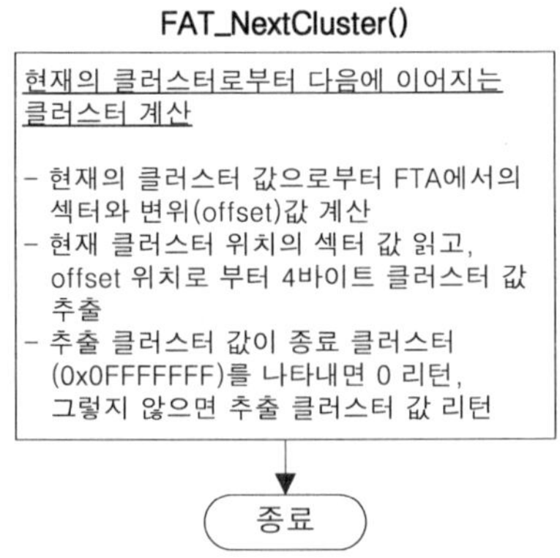

(o) FAT_NextCluster() 함수

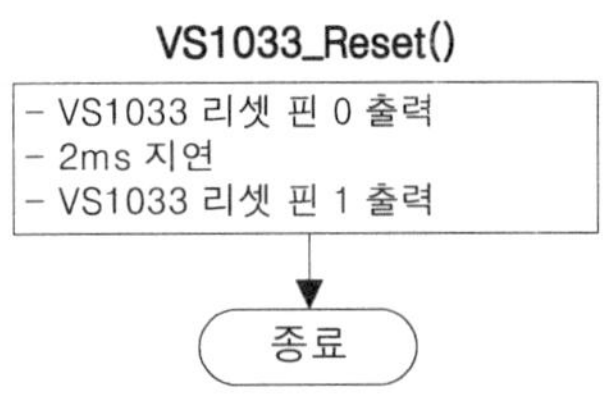

(p) VS1033_Reset() 함수

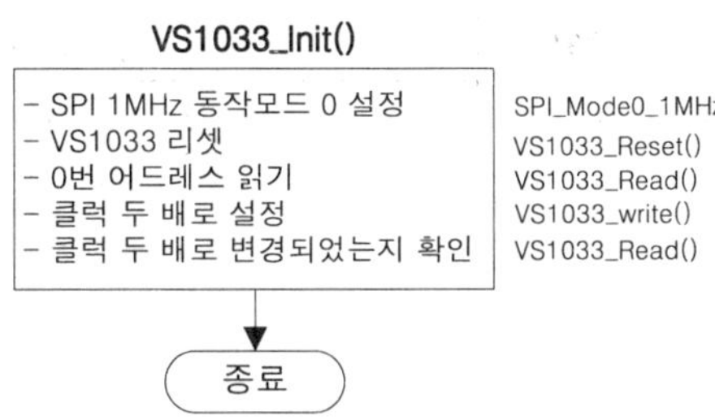

(q) VS1033_Init() 함수

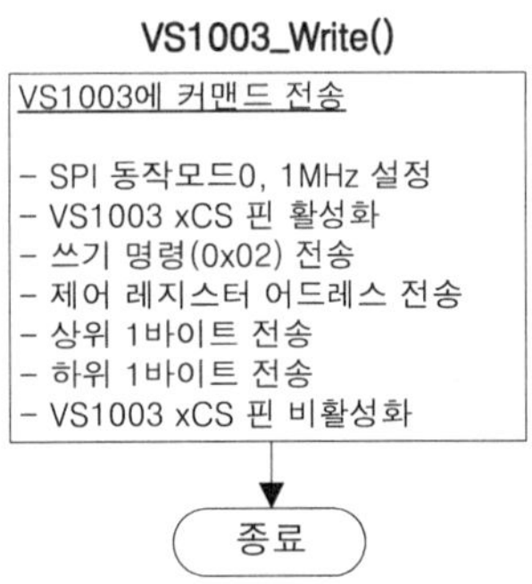

(r) VS1033_Write() 함수

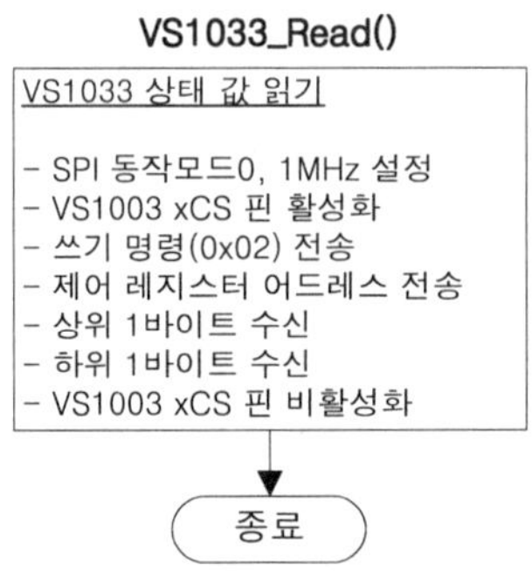

(s) VS1033_Read() 함수

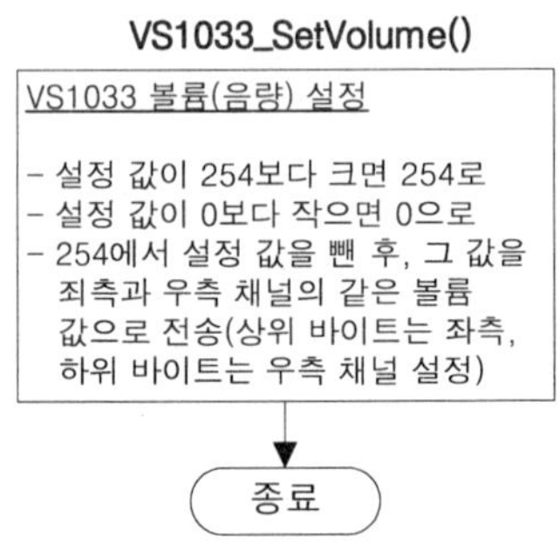

(t) VS1033_SetVolume() 함수

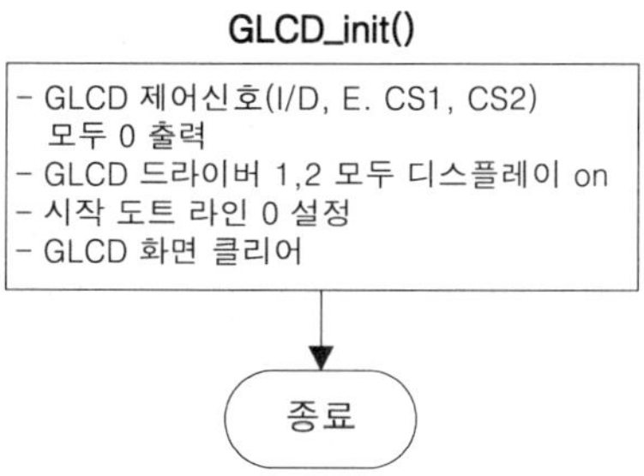

(u) GLCD_init() 함수

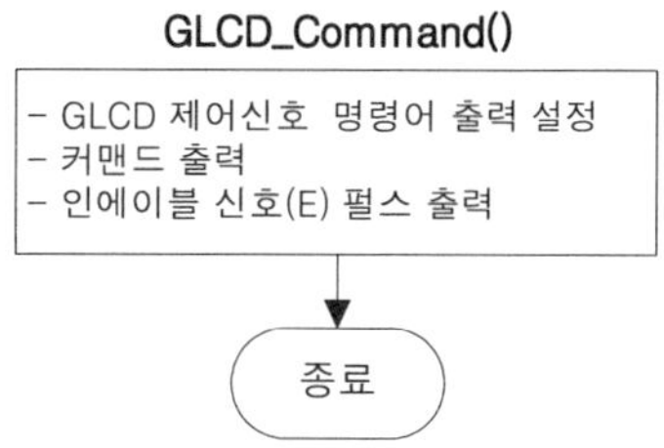

(v) GLCD_Command() 함수

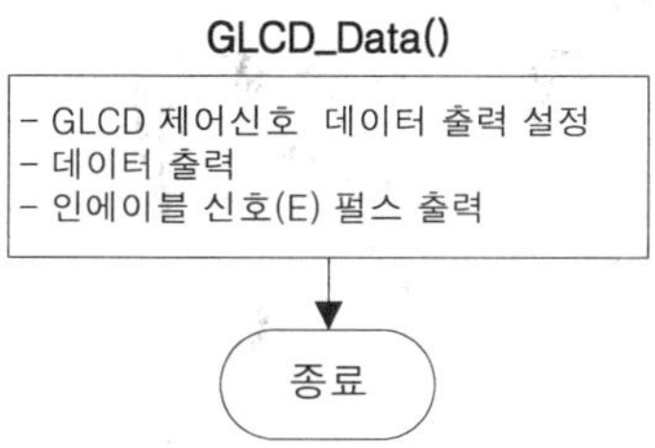

(w) GLCD_Data() 함수

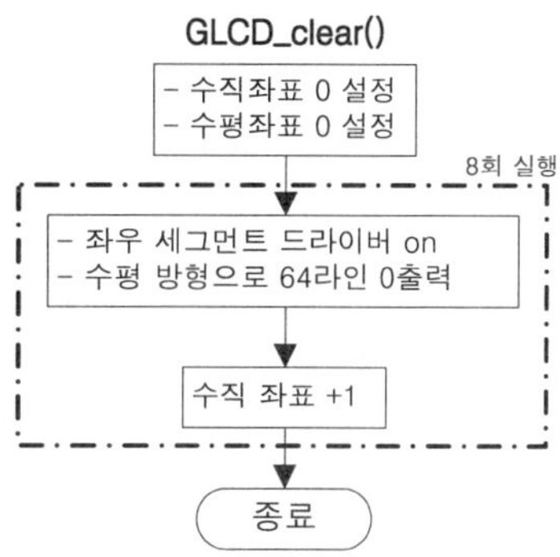

(x) GLCD_clear() 함수

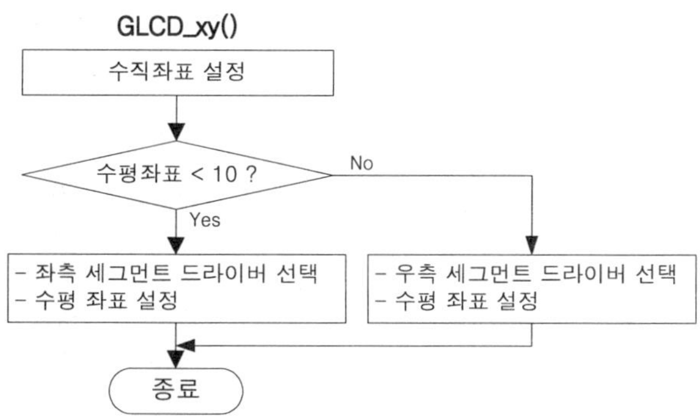

(y) GLCD_xy() 함수

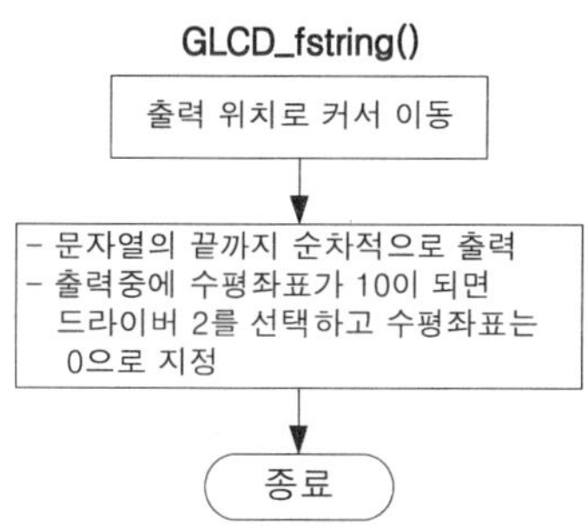

(z) GLCD_fstring() 함수

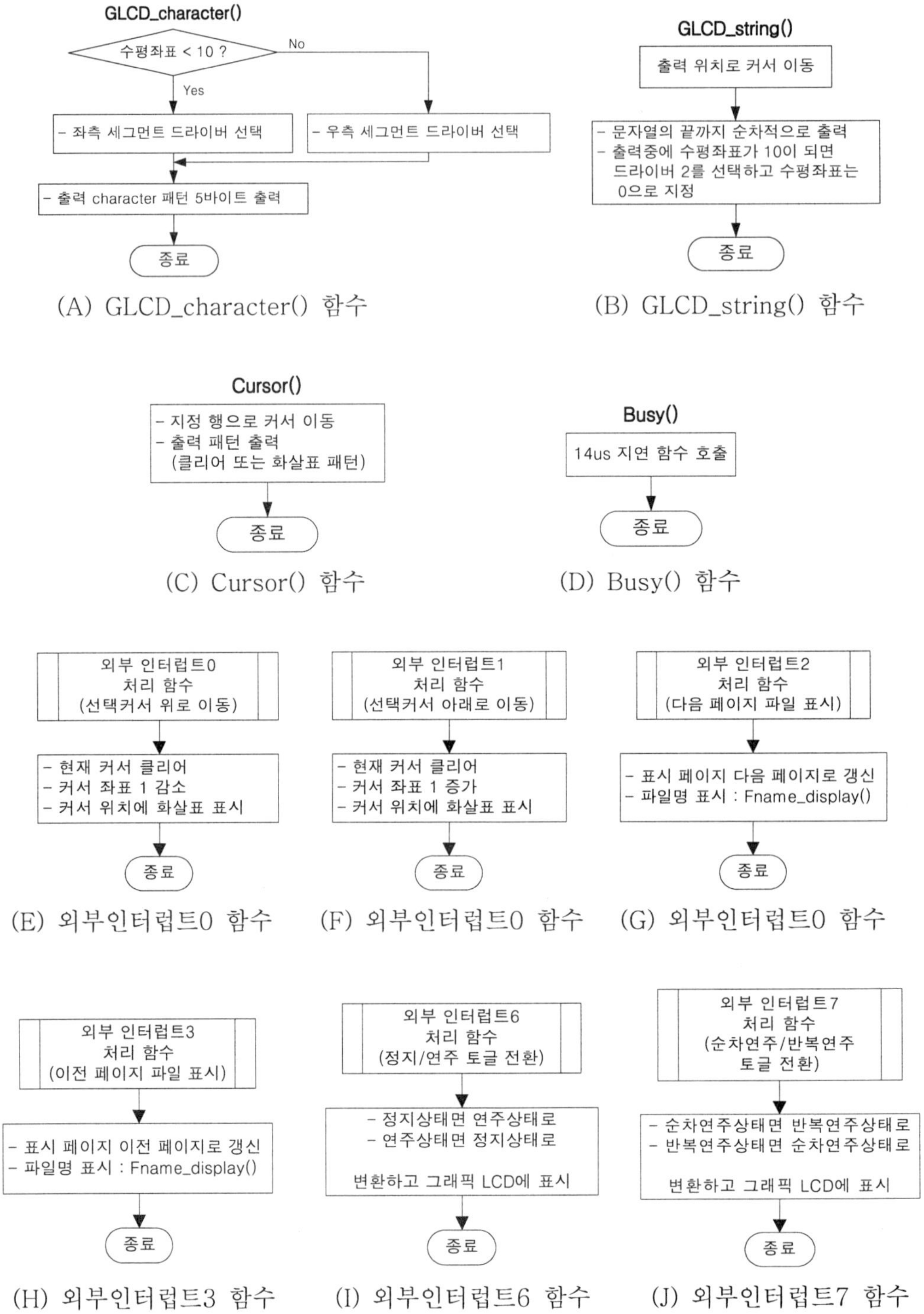
GLCD_character()
수평좌표 < 10 ?
No
Yes
- 좌측 세그먼트 드라이버 선택
- 우측 세그먼트 드라이버 선택
- 출력 character 패턴 5바이트 출력
종료
(A) GLCD_character() 함수
GLCD_string()
출력 위치로 커서 이동
- 문자열의 끝까지 순차적으로 출력
- 출력중에 수평좌표가 10이 되면 드라이버 2를 선택하고 수평좌표는 0으로 지정
종료
(B) GLCD_string() 함수
Cursor()
- 지정 행으로 커서 이동
- 출력 패턴 출력 (클리어 또는 화살표 패턴)
종료
(C) Cursor() 함수
Busy()
14us 지연 함수 호출
종료
(D) Busy() 함수
외부 인터럽트0 처리 함수 (선택커서 위로 이동)
- 현재 커서 클리어
- 커서 좌표 1 감소
- 커서 위치에 화살표 표시
종료
(E) 외부인터럽트0 함수
외부 인터럽트1 처리 함수 (선택커서 아래로 이동)
- 현재 커서 클리어
- 커서 좌표 1 증가
- 커서 위치에 화살표 표시
종료
(F) 외부인터럽트0 함수
외부 인터럽트2 처리 함수 (다음 페이지 파일 표시)
- 표시 페이지 다음 페이지로 갱신
- 파일명 표시 : Fname_display()
종료
(G) 외부인터럽트0 함수
외부 인터럽트3 처리 함수 (이전 페이지 파일 표시)
- 표시 페이지 이전 페이지로 갱신
- 파일명 표시 : Fname_display()
종료
(H) 외부인터럽트3 함수
외부 인터럽트6 처리 함수 (정지/연주 토글 전환)
- 정지상태면 연주상태로
- 연주상태면 정지상태로
변환하고 그래픽 LCD에 표시
종료
(I) 외부인터럽트6 함수
외부 인터럽트7 처리 함수 (순차연주/반복연주 토글 전환)
- 순차연주상태면 반복연주상태로
- 반복연주상태면 순차연주상태로
변환하고 그래픽 LCD에 표시
종료
(J) 외부인터럽트7 함수

[그림 8-16] 함수 흐름도

8.6 작품 사진

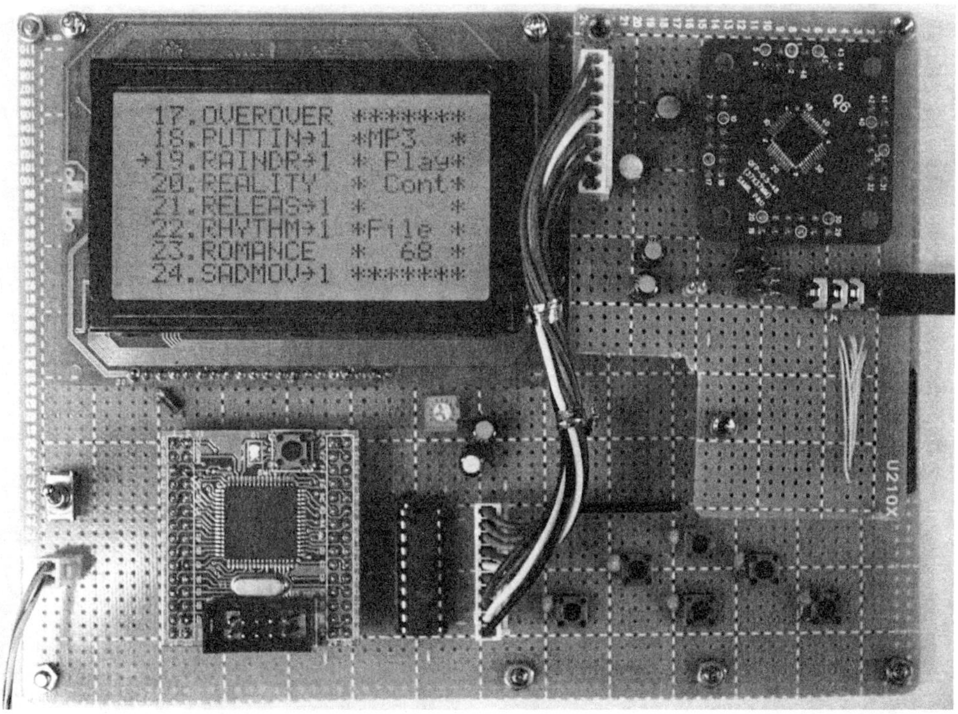

(a) 동작 사진

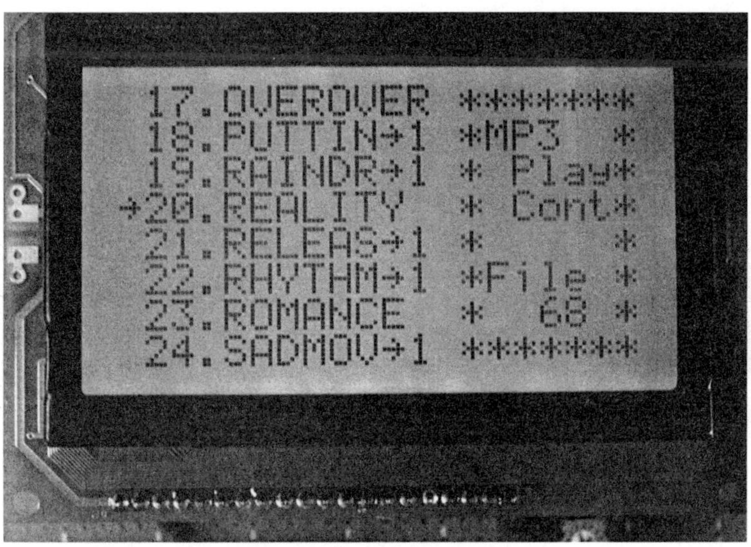

(b) 파일 표시 화면

(c) VS1033 보드(부품면, 납땜면)

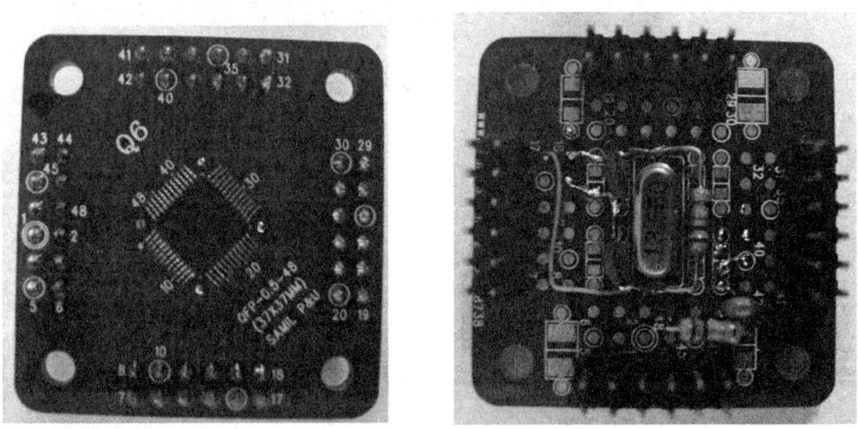

(d) VS1033 변환기판 위/아래

[그림 8-17] 작품 사진

8.7 프로그램 소스

[리스트 8-1] 프로그램 소스

```
/*******************************************************************************
  mp3_play.c
  MP3 Player 2010. 7. 6
*******************************************************************************/
#include        <mega128.h>
#include        <stdio.h>
#include        <delay.h>
#include        "ascii_fnt.h"                      // ASCII Font

// 플레이곡 선택 커서 ASCII 코드 값과 SPACE 코드 값
#define ARROW              0x7E                    // '->'
#define SPACE              0x20                    // Space

// SD 카드 명령어
#define CMD0            0                          // GO_IDLE_STATE
#define CMD8            8                          // SEND_IF_COND
#define CMD17          17                          // READ_SINGLE_BLOCK
#define CMD41          41                          // SD_SEND_OP_COND
#define CMD55          55                          // APP_CMD
#define CMD58          58                          // READ_OCR

// SD 카드 버전
#define SD_VER1            0                       // SD Version 1.X SD Memory Card
#define SD_VER2            1                       // SD Version 2.0 or later SD Memory Card
#define SD_VER2_HC         1                       // SD Version 2.0 High Capacity Card
#define SD_VER2_SD         0                       // SD Version 2.0 표준 포맷 Card

// VS1033, SD 카드 제어 포트 할당
#define VS1033_RESET       PORTB.5                 // VS1033 리셋 핀
#define VS1033_xCS         PORTB.4                 // VS1033 커맨드 칩 선택핀
#define VS1033_xDCS        PORTB.6                 // VS1003 데이터 칩 선택 핀
#define SD_CS              PORTB.7                 // SD Card Select Pin
#define VS1033_DATA_REQ (PING & 0x10)              // PING & 00010000, PG4 비트 추출

// FAT32 정의
#define MBR                0                       // Master Boot Record(SD 카드의 0번섹터)
#define EndOfCluster       0x0FFFFFFF              // 클러스터의 끝
#define u_charPerSector    512                     // 512바이트

#define MAX_NUM_FILE       100                     // 파일의 최대 개수 설정

/*******************************************************************************
```

```
  변수 및 구조체 선언
*******************************************************************************/
// MBR 섹터에 있는 파티션 테이블 구조
struct PartTable
{                                                  // OFFSET: 446~461
        u_char          Bootable;                  // 446    0x1BE
        u_char          StartHead;                 // 447    0x1EF
        u_int           StartCylSec;               // 448    0x1C0
        u_char          Type;                      // 450    0x1C2
        u_char          EndHead;                   // 451    0x1C3
        u_int           EndCylSec;                 // 452    0x1C4
        u_long          LBA_Begin;                 // 454    0x1C6
        u_long          Size;                      // 458    0x1CA
};

// PBR(Partition Boot Record) 섹터의 전체 구조
struct BootSector
{                                                  // OFFSET: 0~511
        u_char          BS_jmpBoot[3];             // 0      0x00
        char            BS_OEMName[8];             // 3      0x03
        u_int           BPB_u_charsPerSec;         // 11     0x0B
        u_char          BPB_SecPerClus;            // 13     0x0D
        u_int           BPB_RsvdSecCnt;            // 14     0x0E
        u_char          BPB_NumFATs;               // 16     0x10
        u_int           BPB_RootEntCnt;            // 17     0x11
        u_int           BPB_TotSec16;              // 19     0x13
        u_char          BPB_Media;                 // 21     0x15
        u_int           BPB_FATSz16;               // 22     0x16
        u_int           BPB_SecPerTrk;             // 24     0x18
        u_int           BPB_NumHeads;              // 26     0x1A
        u_long          BPB_HiddSec;               // 28     0x1C
        u_long          BPB_TotSec32;              // 32     0x20

        u_long          BPB_FATSz32;               // 36     0x24
        u_int           BPB_ExtFlags;              // 40     0x28
        u_int           BPB_FSVer;                 // 42     0x2A
        u_long          BPB_RootClus;              // 44     0x2C
        u_int           BPB_FSInfo;                // 48     0x30
        u_int           BPB_BkBootSec;             // 50     0x32
        u_char          BPB_Reserved[12];// 52     0x34
        u_char          BS_DrvNum;                 // 64     0x40
        u_char          BS_Reserved1;              // 65     0x41
        u_char          BS_BootSig;                // 66     0x42
        u_long          BS_VolID;          // 67   0x43
        char            BS_VolLab[11];             // 71     0x47
        char            BS_FilSysType[8];  // 82   0x52
        u_char          boot_code[422];            // 90     0x5A
```

```
};

// 디렉터리 엔트리 구조(32u_chars)
// 도스의 8u_chars 파일명과 3u_chars 확장자 구조를 그대로 유지
struct DirEntry
{                                                   // OFFSET: 0~31
        u_char      DIR_Name[8];                    // 00    0x00
        u_char      DIR_Ext[3];                     // 00    0x00
        u_char      DIR_Attr;                       // 11    0x0B
        u_char      DIR_NTRes;                      // 12    0x0C
        u_char      DIR_CrtTimeTenth;               // 13    0x0D
        u_int       DIR_CrtTime;                    // 14    0x0E
        u_int       DIR_CrtDate;                    // 16    0x10
        u_int       DIR_LastAccDate;                // 18    0x12
        u_int       DIR_FstClusHI;                  // 20    0x14
        u_int       DIR_WrtTime;                    // 22    0x16
        u_int       DIR_WrtDate;                    // 24    0x18
        u_int       DIR_FstClusLO;                  // 26    0x1A
        u_long      DIR_FileSize;                   // 28    0x1C
};

u_long  fileStartClust[MAX_NUM_FILE];               // 파일의 시작 클러스터 저장
u_long  file_len[MAX_NUM_FILE];                     // 파일 길이(섹터수)
u_long  RootDirSector;                              // 루트 디렉터리 섹터
u_int   numOfFile;                                  // 파일의 총 개수
u_long  First_FAT_Sector;                           // FAT 시작 섹터
u_char  SecPerClus;                                 // 클러스터당 섹터수
u_char  sd_type;                                    // SD 카드 버전
u_char  FileName[MAX_NUM_FILE][9];                  // 파일명(쇼트 디렉터리 영역)
u_char  buffer[512];                                // SD 카드로부터 읽은 데이터 저장

u_char  stop_play = 0;                  // 0 : 정지, 1 : 연주
u_char  repeat = 0;                     // 순차연주(0)/반복연주(1)
u_int   sel_pg = 1;                     // 표시 페이지(1~tot_pg)
u_int   sel_no = 0;                     // 선택 번호
u_int   sel_tno;                        // 선택할 수 있는 파일 수
u_int   tot_pg;                         // 전체 페이지수
u_int   tot_no;                         // 마지막 페이지 표시할 (파일 수 - 1)
u_int   play_no = 0;                    // 연주곡 번호
u_char sbuf[20];

/*********************************************************************************
  사용자 함수 정의
*********************************************************************************/
// SD Card 관련
void    SD_Init(void);                              // SD 카드 초기화
void    SD_Command(u_char cmd, u_long arg);         // SD 카드 커맨드 전송
```

```
void      SD_Read(u_long sector);                          // SD 카드 데이터 읽기

//  SPI 동작모드
void      SPI_Mode0_4MHz(void);                            // 동작모드0, 4MHz
void      SPI_Mode0_Slow(void);                            // 동작모드0, 250kHz
void      SPI_Mode0_1MHz(void);                            // 동작모드0, 1MHz
u_char    SPI_write(u_char);                               // SPI 1바이트 전송

// SD Card FAT 관련
void      FAT_Init(void);                              // 루트 디렉터리 추출
u_int     fatGetDirEntry(void);                        // MP3 파일 개수
u_long    fatClustToSect(u_long cluster);              // 현재 cluster의 시작 Sector 계산
u_long    FAT_NextCluster(u_long cluster);             // 현재 cluster로부터 다음 cluster계산

// VS1033 관련
void      VS1033_Reset(void);                              // VS1033 리셋
void      VS1033_Init(void);                               // VS1033 초기화
void      VS1033_Write(u_char addr, u_int tx_data);        // 제어레지스터 값 설정
void      VS1033_Read(u_char addr);                        // 제어레지스터값 읽기
void      VS1033_SetVolume(u_int volume);                  // 볼륨 설정

// Graphic LCD 관련
void      GLCD_init(void);                                 // 그래픽 LCD 초기화
void      GLCD_Data(u_char sig, u_char data);              // 그래픽 LCD 문자 패턴 전송
void      GLCD_Command(u_char sig, u_char cmd);            // 그래픽 LCD 커맨드 전송
void      GLCD_clear(void);                                // 그래픽 LCD 클리어
void      GLCD_xy(u_char x, u_char y);                 // 6 x 8 패턴 표시하기 위한 좌표 지정
                                                           // x : 수직(0-7), y : 수평(0-19)
void      GLCD_character(u_char y, u_char ch);             // 1문자 표시
void      GLCD_fString(u_char, u_char, char flash *);      // 고정 문자열 표시
void      GLCD_String(u_char, u_char, char *);             // 문자열 표시
void      Busy(void);                                      // delay_us(14)
void      Cursor(u_char x, u_char ch);                     // 선택 커서 표시 및 클리어

// MP3 연주 관련
void      MP3_Play(int);                                   // MP3 플레이 출력
void      FName_display(u_int n_pg);                       // n_pg 페이지 파일명 표시
void      next_play(void);                                 // 다음 연주곡 번호 추출

/*********************************************************************************
 메인 함수
*********************************************************************************/
void main(void)
{
          u_long RootDirSector;                            // 루트 디렉터리 섹터
          u_int      i;
```

```
// 포트 방향설정
DDRA = 0xFF;                        // 포트 A 출력(D0-D7)
DDRB = 0b11110111;                  // PB3(MISO) 입력, 나머지 모두 출력 설정
DDRG = 0x0F;                        // PG0-PG3 : Graphic LCD 출력 설정
                                    // PG4 : VS1033 DREQ 입력 설정
EIMSK = 0B11001111;                 // 외부 인터럽트 0-3,6,7
EICRA = 0B10101010;                 // 외부 인터럽트 하강 에지
EICRB = 0B10100000;

GLCD_init();

VS1033_RESET = 1;                   // VS1033 리셋
VS1033_xCS = 1;                     // VS1033 커맨드 칩 선택 비활성화
VS1033_xDCS = 1;                    // VS1033 데이터 칩 선택 비활성화
SD_CS = 1;                          // SD Card 칩 선택 비활성화

VS1033_Init();                      // VS1033칩 초기화
VS1033_SetVolume(230);              // 볼륨을 적당한 크기로 설정

SD_Init();                          // SD 카드 초기화

FAT_Init();                         // FAT32 파일시스템 루트 디렉터리 섹터 추출

// 모든 파일의 시작 클러스터 번호 추출
// 파일 개수 파악
numOfFile = fatGetDirEntry();

// 초기화면 표시
GLCD_fString(0, 13, "*******");
GLCD_fString(1, 13, "*MP3  *");
GLCD_fString(2, 13, "* Stop*");
GLCD_fString(3, 13, "* Cont*");
GLCD_fString(4, 13, "*     *");
GLCD_fString(5, 13, "*File *");
GLCD_fString(6, 13, "*     *");
GLCD_fString(7, 13, "*******");

sprintf(sbuf, "%2d", numOfFile);
GLCD_String(6, 16, sbuf);

// 8곡씩 표시할 때 페이지 수
tot_pg = numOfFile / 8;
tot_no = numOfFile % 8;             // 맨 마지막 페이지 표시 파일 수
if(tot_no != 0) {
        tot_pg++;
        tot_no = tot_no - 1;
}
```

```
        else tot_no = 7;

        FName_display(sel_pg);                  // 첫 페이지 파일명 표시

        SREG = 0x80;                            // 인터럽트 인에이블

        SPI_Mode0_4MHz();                       // SPI 동작모드0, 4MHz

        // 반복 처리
        while(1){
                while(stop_play){
                        delay_ms(1000);
                        MP3_Play(play_no);
                        if(stop_play == 1 && repeat == 0){
                                next_play();    // 다음 곡 추출
                        }
                }
        }
}

/*******************************************************************************
 Description : 파일명 표시
 인수        : 페이지 번호
*******************************************************************************/
void FName_display(u_int n_pg)
{
        u_int   i, j, st;

        if(n_pg == tot_pg) sel_tno = tot_no;
        else sel_tno = 7;

        st = (n_pg - 1) * 8;

        for(i = 0;i < 8;i++){
                GLCD_fString(i, 0, "                ");
        }

        for(i = st;i < (st + 8) && i < numOfFile;i++){
              sprintf(sbuf, "%2d.%s", i+1, FileName[i]);
              GLCD_String(i - st, 1, sbuf);
              delay_ms(10);
        }

        Cursor(0, ARROW);                       // 선택 커서(화살표) 0행 표시
        for(i = 1;i < 7;i++) Cursor(i, SPACE);  // 1행-7행 커서 표시부분 클리어

        sel_no = 0;
```

```
}

/*****************************************************************************
 Description : MP3 연주
 인수          : 파일 번호
*****************************************************************************/
void MP3_Play(int f_no)
{
        u_long  c_clust;
        u_long  rd_sec;
        int     i, n;
        u_long  k = 0, kd;

        kd = file_len[f_no];                      // 파일 길이 섹터수
        c_clust = fileStartClust[f_no];           // f_no 파일 시작 클러스터
        while(1){
                rd_sec = fatClustToSect(c_clust);      // 현재 클러스터를 섹터로 변환
                for(n = 0;n < SecPerClus;n++){         // 클러스터당 섹터 수만큼 읽기
                        SD_Read(rd_sec);               // 섹터(512바이트) 읽기

                        // 읽은 데이터 VS1033칩에 출력
                        for(i = 0;i < 512;i++){
                            // VS1033 데이터수신가능 체크
                            while(!(VS1033_DATA_REQ));

                            VS1033_xDCS = 0;           // xDCS = low, VS1033 활성화
                            SPI_write(buffer[i]);      // VS1033 칩으로 MP3 데이터 전송
                            VS1033_xDCS = 1;           // xDCS = high, VS1033 비활성화
                        }
                        k++;
                        if(k >= kd) return;

                        rd_sec++;                      // 섹터 번호 +1
                        if(stop_play == 0) return;     // 연주 정지
                }
                c_clust = FAT_NextCluster(c_clust);    // 다음 cluster계산
                if(c_clust == 0) break;                // 마지막 클러스터이면 종료
        }
}

void next_play(void)
{
        if(sel_no == sel_tno){
                sel_no = 0;
                if(sel_pg == tot_pg) sel_pg = 1;
                else sel_pg++;
```

```
			FName_display(sel_pg);
		}
		else {
			Cursor(sel_no, SPACE);
			sel_no++;
			Cursor(sel_no, ARROW);
		}

		play_no = (sel_pg - 1) * 8 + sel_no;
}

/******************************************************************************
 Description : SD 카드를 SPI 모드로 초기화
 Note        : SD/SDHC 겸용
******************************************************************************/
void SD_Init(void)
{
		u_char i, j;
		u_char r1_response;
		u_char r7_response[4];
		u_char r3_response[4];

		SPI_Mode0_Slow(); // Start out with a slow SPI clock 250kHz(100kHz-400kHz)

		// SD_CS = High로 놓고 Dummy Data를 10번 전송
		// 74클럭 이상을 인가해서 SPI 모드로 진입
		for(i=0; i<10; i++) SPI_write(0xFF);

		SD_CS = 0;			// SD_CS = Low (SD 카드 활성화)
		delay_ms(1);			// Delay 16 Clocks

		SD_Command(CMD0, 0);		// Software Reset
		delay_ms(10);

		for(i = 0; i < 10; i++) {
			SPI_write(0xFF);	// R1 Response(one u_char)
			delay_ms(3);
		}

		SD_Command(CMD8, 0x1AA);	// Version Check
		delay_ms(10);

		do {
			// R1 Response 수신(R7 Response 중에서 첫 번째 바이트)
			r1_response =  SPI_write(0xFF);

			if(r1_response == 0x05){	// illegal command(SD1.0)
```

```
                sd_type = SD_VER1;
                break;
            }
            else if(r1_response == 0x01) { // without illegal command(SD2.0)
                sd_type = SD_VER2;
                break;
            }
    } while(1);

    switch(sd_type){
            case SD_VER2:
                // R7 Response 수신 4 u_chars
                // (R1 Response는 do while에서 수신)
                for(i = 0; i < 4; i++) r7_response[i] = SPI_write(0xFF);

                if(r7_response[2] == 0x01 && r7_response[3] == 0xAA){
                        for(j=0; j<5; j++) {
                                // 5번 정도 반복해야 R1 Response=0x00 수신 가능
                                SD_Command(CMD55, 0);
                                delay_ms(10);

                                // R1 Response
                                for(i = 0; i < 10; i++) {
                                        SPI_write(0xFF);
                                        delay_ms(3);
                                }

                                SD_Command(CMD41, 0x40000000); // HCS bit=1
                                delay_ms(10);
                                for(i = 0; I < 10; i++){
                                        SPI_write(0xFF);        // R1 Response
                                        delay_ms(3);
                                }
                        }
                }

                SD_Command(CMD58, 0);                   // Check CCS bit
                delay_ms(10);

                for(i = 0;i < 5;i++){
                        r3_response[0] = SPI_write(0xFF);
                        delay_ms(3);
                        if(r3_response[0] == 0x00){
                                for(j = 1;j < 5;j++){
                                        r3_response[j] = SPI_write(0xFF);
                                        delay_ms(3);
                                }
```

```
                                        break;
                                }
                        }
                        if((r3_response[1] & 0x40) != 0) sd_type = SD_VER2_HC;
                        else sd_type = SD_VER2_SD;

                        for(i=0; i<10; i++) {                           // dumy Data 전송
                                SPI_write(0xFF);
                                delay_ms(1);
                        }

                        break;

                case SD_VER1:
                        for(j = 0; j < 5; j++){
                                SD_Command(CMD55, 0);
                                delay_ms(10);
                                for(i=0; i<10; i++){
                                        SPI_write(0xFF);                // R1 Response
                                        delay_ms(3);
                                }

                                SD_Command(CMD41, 0x00000000);
                                delay_ms(10);
                                for(i=0; i<10; i++) {
                                        SPI_write(0xFF);                // R1 Response
                                        delay_ms(3);
                                }
                        }
                        break;
        }

        SD_CS = 1;      // SD_CS = High (SD 카드 비활성화)
}

/*********************************************************************************
 Description : SD Command Format
 Arguments   : cmd      cmd는 command 번호를 나타낸다.
               arg      arg는 argument로서 SD 카드의 섹터번호를 나타낸다.
*********************************************************************************/
void SD_Command(u_char cmd, u_long arg)
{
        u_char crc;

        SPI_write(cmd | 0x40);                  // transition bit 1(6비트째) | cmd
        SPI_write(arg >> 24);                   // 4바이트 인수 전송
        SPI_write(arg >> 16);
```

```
        SPI_write(arg >> 8);
        SPI_write(arg);

        crc = 0x01;
        if(cmd == CMD0) crc = 0x95;           // CRC for CMD0
        if(cmd == CMD8) crc = 0x87;           // CRC for (CMD8 and 0x1AA)
        SPI_write(crc);
}

/*******************************************************************************
 Description : Single Block Read
 Arguments   : sector     섹터지정
*******************************************************************************/
void SD_Read(u_long sector)
{
        u_int    i;

        SPI_Mode0_4MHz();

         // High Capacity 카드가 아니면 섹터번호에 512를 곱한다.
        if(sd_type == SD_VER1 || sd_type == SD_VER2_SD) sector = sector << 9;

        SD_CS = 0;                            // SD_CS = Low (SD 카드 활성화)

        SD_Command(CMD17, sector);            // CMD 17(읽기명령) + 읽어올 섹터번호 전송
        while(SPI_write(0xFF) != 0x00);       // R1 정상 응답 대기
        while( SPI_write(0xFF) != 0xFE );     // Start Block Token = 0xFE 수신하면 탈출

        for(i=0; i<512; i++) buffer[i] = SPI_write(0xFF);  // 데이터 수신시작 (512 u_chars)

        // CRC 수신 (2 u_chars)
        SPI_write(0xFF);
        SPI_write(0xFF);

        SPI_write(0xFF);                      // 추가

        SD_CS = 1;                            // SD_CS = high (SD 카드 비활성화)
}

/*******************************************************************************
 Description : SPI Mode 0
 Note        : MCU <-> SD, MCU -> VS1033 (SDI Write : MP3 데이터 전송에 사용)
*******************************************************************************/
void SPI_Mode0_4MHz(void)
{
        SPCR = 0x50;                          // SPI 통신 속도 = 16MHz/4 = 4MHz
        SPSR = 0x0;
```

```
}

/*********************************************************************************
 Description : SPI Mode 0 Slow
 Note        : MCU <-> SD
               SD 카드를 SPI모드로 초기화 단계에서는 저속클럭(100kHz-400KHz이하) 사용
*********************************************************************************/
void SPI_Mode0_Slow (void)
{
        SPCR = 0x53;                        // SPI 통신 속도 = 16MHz/64 = 250KHz
        SPSR = 0x01;                        // Double SPI Speed
}

/*********************************************************************************
 Description : SPI Mode 0
 Note        : MCU <-> VS1033 (VS1033 Read, Write : 제어명령 송수신에 사용)
*********************************************************************************/
void SPI_Mode0_1MHz(void)
{
        SPCR = 0x51;                        // SPI 통신 속도 = 16MHz/16 = 1MHz
        SPSR = 0x0;
}

/*********************************************************************************
 Description : SPI 1바이트 송수신 함수
 Note        : MCU <-> SD, MCU <-> VS1033
*********************************************************************************/
u_char  SPI_write(u_char data)
{
        SPDR = data;
        while(!(SPSR & 0x80));              // SPIF=1이 될 때까지(종료) 대기

        return SPDR;
}

/*********************************************************************************
 Description : MBR과 PBR섹터를 차례대로 읽어 루트디렉터리 섹터 찾기
*********************************************************************************/
void FAT_Init(void)
{
        u_long  StartLBA;                   // PBR 섹터 주소
        struct  PartTable *PartTable_ptr;   // MBR 섹터에 있는 파티션 테이블 구조체
        struct  BootSector *BootSector_ptr; // PBR 섹터 구조체

        SD_Read(MBR);                       // MBR 섹터(0번섹터)를 읽어 버퍼에 저장

         // MBR 섹터의 첫 번째 파티션 테이블을 저장
```

```
        PartTable_ptr = (struct PartTable*)(buffer + 446);


        StartLBA = PartTable_ptr->LBA_Begin;             // PBR 섹터주소

        SD_Read(StartLBA);                               // PBR 섹터 읽기
        BootSector_ptr = (struct BootSector *)buffer;    // PBR 섹터를 구조체에 저장

        // 루트디렉터리 섹터 계산
        First_FAT_Sector = StartLBA + BootSector_ptr->BPB_RsvdSecCnt;
        RootDirSector = First_FAT_Sector +
                BootSector_ptr->BPB_FATSz32 * BootSector_ptr->BPB_NumFATs;

        // 클러스터당 섹터수 저장, SD 카드 용량에 따라 다름
        SecPerClus = BootSector_ptr->BPB_SecPerClus;
}

/**********************************************************************************
 Description : Directory Entry는 하나의 섹터(512 u_chars)에 16개가 있다.
               Directory Entry는 파일의 개수만큼 생성된다.
               Directory Entry는 32u_chars로 구성되어 있다.
               Directory Entry는 Cluster Number(파일의 시작위치)를 가지고 있다.
               Directory Entry에서 Cluster Number만 추출한다.
 Returns     : numOfFile(MP3파일 수)
**********************************************************************************/
u_int fatGetDirEntry()
{
        struct DirEntry *DE_ptr = 0;                     // 디렉터리 엔트리
        u_int       num_File = 0;                        // 파일 개수
        u_int       clusterHI;                           // 디렉터리 엔트리의 Cluster High
        u_int       clusterHI;                           // 디렉터리 엔트리의 Cluster Low
        u_long      clusterNumber;                       // 클러스터 넘버
        u_int       i, j, k, flag;
        u_long      RD_clust, RD_sector;

        RD_clust = 2;                                    // 루트 디렉터리 시작 클러스터

        while(1){
            RD_sector = fatClustToSect(RD_clust);
            flag = 1;
            while(flag){
                for(k = 0;k < SecPerClus;k++){
                    SD_Read(RD_sector);                  // 루트디렉터리 섹터 읽기
                    DE_ptr = (struct DirEntry *)buffer;  // 디렉터리엔트리 저장

                    // 32바이트 단위 디렉터리 엔트리 16개씩 조사
```

```
                    for(j = 0;j < 16;j++){
                        if(DE_ptr->DIR_Name[0] == 0x00) {         // 미사용
                                flag = 0;
                                break;
                        }

                        if(DE_ptr->DIR_Name[0] != 0xE5 &&         // 삭제 파일
                           DE_ptr->DIR_Attr == 0x20 &&// 일반 파일
                           DE_ptr->DIR_Ext[0] == 'M' &&            // MP3 파일이면
                           DE_ptr->DIR_Ext[1] == 'P' &&
                           DE_ptr->DIR_Ext[2] == '3'){
                                 // clusterHI:LO 설정
                                clusterHI = DE_ptr -> DIR_FstClusHI;
                                clusterLO = DE_ptr -> DIR_FstClusLO;

                                clusterNumber = (u_long)(clusterHI);  // 16bit->32bit 변환
                                clusterNumber <<= 16;

                                  // 클러스터 넘버 추출
                                clusterNumber |= (u_long)(clusterLO);

                                 // 시작클러스터 저장
                                fileStartClust[num_File] = clusterNumber;

                                // 파일명 저장
                                for(i = 0;i < 8;i++)
                                      FileName[num_File][i] = DE_ptr->DIR_Name[i];
                                FileName[num_File][8] = '₩0';

                                 // 파일길이 섹터수(연주 종료조건으로 사용)
                                file_len[num_File] = (DE_ptr->DIR_FileSize / 512) + 1;

                                num_File++;
                                if(num_File >= MAX_NUM_FILE) {
                                        return num_File;
                                }
                         }
                         DE_ptr++;    // 디렉터리 엔트리 포인터 증가
                    }
                    RD_sector++;
              }
        }
        RD_clust = FAT_NextCluster(RD_clust);
        if(RD_clust == 0) break;
    }
    return num_File;
}
```

```
/*******************************************************************************
 Description : 클러스터 넘버를 실제 섹터주소로 변환
               Cluster Number -> Physical Sector Address
               첫번째 파일의 클러스터 넘버는 언제나 3번 클러스터
 Arguments   : cluster
  Returns    : physical sector address
*******************************************************************************/
u_long fatClustToSect(u_long cluster)
{
    return ((cluster - 2) * SecPerClus) + RootDirSector;
}

/*******************************************************************************
 Description : 현재 cluster로부터 다음 cluster계산
 Arguments   : 현재 cluster 번호
  Returns    : 다음 cluster 번호
*******************************************************************************/
u_long  FAT_NextCluster(u_long cluster)
{
        u_long  fatOffset, sector, offset, l_off;
        u_long  *l_buf, next_cluster;

        fatOffset = cluster << 2;                // 각 클러스터마다 4바이트 차지

        // 현재의 클러스터 값으로부터 FAT에서의  sector와 offset값 산출
        sector = First_FAT_Sector + (fatOffset / u_charPerSector);
        offset = fatOffset % u_charPerSector;    // 바이트 단위로 몇번째인지 계산
        l_off = offset >> 2;                     // 4바이트씩 나눌 때 몇번째인지 계산

        SD_Read(sector);                         // sector 값 읽기
        l_buf = (u_long *)buffer;                // 읽은 데이터 4바이트 단위로 처리
        next_cluster = l_buf[l_off];             // next cluster값 읽기

        if(next_cluster == EndOfCluster) next_cluster = 0;          // 클러스터 종료

        return next_cluster;
}

////////////////////////////////////////////////////////////////////////////////
/*******************************************************************************
 Description : VS1033 Reset
*******************************************************************************/
void    VS1033_Reset(void)
{
        VS1033_RESET =  0;                       // Reset = low
        delay_ms(2);                             // 시간 지연
```

```
        VS1033_RESET = 1;                        // Reset = high
}

/*********************************************************************************
 Description : VS1033 초기화
 Note        : VS1033 동작확인: 0번 어드레스를 읽어본다.(0x0800 값인지 확인)
*********************************************************************************/
void    VS1033_Init(void)
{
    SPI_Mode0_1MHz();
    VS1033_Reset();                              // VS1033 리셋
    VS1033_Read(0x00);                           // 0번 어드레스 읽기
    VS1033_Write(0x03, 0x4000);                  // 클럭을 두배로 증가

    // 클럭이 두배로 변경되었는지 확인, 3번 어드레스 읽기
    VS1033_Read(0x03);
}

/*********************************************************************************
 Description : 커맨드 전송
 Arguments   : addr       주소 지정
               tx_data    전송할 데이터
*********************************************************************************/
void    VS1033_Write(u_char addr, u_int tx_data)
{
        SPI_Mode0_1MHz();

        VS1033_xCS = 0;                          // xCS = low, xCS핀 활성화
        SPI_write(0x02);                         // 쓰기 명령 전송
        SPI_write(addr);                         // 어드레스 선택
        SPI_write(tx_data>>8);                   // 상위 1바이트 전송
        SPI_write(tx_data);                      // 하위 1바이트 전송
        VS1033_xCS = 1;                          // xCS = high, xCS핀 비활성화
}

/*********************************************************************************
 Description : 상태 읽기
 Arguments   : addr  읽어올 주소 지정
*********************************************************************************/
void    VS1033_Read(u_char    addr)
{
        SPI_Mode0_1MHz();

        VS1033_xCS = 0;                          // xCS = low, xCS핀 활성화
        SPI_write(0x03);                         // 읽기 명령 전송
        SPI_write(addr);                         // 어드레스 선택
        SPI_write(0xFF);                         // 상위 1바이트 수신
```

```
        delay_ms(5);
        SPI_write(0xFF);                    // 하위 1바이트 수신
        delay_ms(5);
        VS1033_xCS = 1;                     // xCS = high, xCS핀 비활성화
}

/*******************************************************************************
 Description : Volume
 Arguments   : volume        volume = 0 ~ 254
*******************************************************************************/
void    VS1033_SetVolume(u_int volume)
{
        u_int vol;

        if(volume > 254) volume = 254;      // 볼륨의 최대값 한계 설정

        vol = (254 - volume);
        VS1033_Write(0x0B, (vol << 8) | vol);  // 볼륨을 높이거나 내림
        delay_ms(1);                        // 짧은 시간 지연
}

////////////////////////////////////////////////////////////////////////////////
// GLCD 초기설정
void GLCD_init(void)
{
        delay_ms(15);

        PORTG = 0x00;                       // I/D=E=CS1=CS2=0
        GLCD_Command(0x0C, 0x3F); // DISPLAY ON(CS1=CS2=1)
        Busy();

        GLCD_Command(0x0C, 0xC0);           // Set Display start line
        Busy();

        GLCD_clear();                       // Clear
}

// GLCD 명령어 전송
void GLCD_Command(u_char signal, u_char command)
{
        u_char    sig;

        sig = signal & 0b00001100;          // D/I=E=0
        PORTG = sig;                        // D/I = 0(명령어)
        PORTA = command;                    // 명령어 코드값 출력
        sig = sig | 0b00000010;             // E = 1
        PORTG = sig;
```

```
        sig = sig & 0b00001101;                 // E = 0
        PORTG = sig;
        PORTG = 0x0;
}

// GLCD 데이터 전송
void GLCD_Data(u_char signal, u_char data)
{
        u_char     sig;

        sig = signal & 0b00001100;              // D/I=E=0
        sig = sig | 0b00000001;                 // D/I=1(데이터)
        PORTG = sig;
        PORTA = data;                           // 데이터 출력
        sig = sig | 0b00000010;                 // E = 1
        PORTG = sig;
        sig = sig & 0b00001101;                 // E = 0
        PORTG = sig;
        PORTG = 0x0;
}

// GLCD 화면 클리어
void GLCD_clear(void)
{
        u_char  x, y;
        int     i, j;

        delay_ms(15);

        x = 0xB8;           // X 어드레스 커맨드 10111xxx(0-7)
        y = 0x40;           // Y 어드레스 커맨드 01yyyyyy(0-64) : CS1(좌), CS2(우)
        for(i = 0;i < 8;i++){
                // 좌우(0xC0) 세그먼트 드라이버 X좌표(수직) 설정
                GLCD_Command(0x0C, x);

                Busy();
                // 좌우(0xC0) 세그먼트 드라이버 Y좌표(수평) 설정
                GLCD_Command(0x0C, y);

                Busy();
                for(j = 0;j < 64;j++){
                        GLCD_Data(0x0C, 0x00);          // 선택된 위치 클리어
                        Busy();
                }
                x++;
        }
}
```

```
// 6x8 패턴의 문자 출력을 위한 좌표 지정
// x : 수직 좌표 (0 - 7),  y : 수평 좌표(0- 9 ; 좌(0- 19)
void GLCD_xy(u_char x, u_char y)
{
        GLCD_Command(0x0C, 0xB8 + x);        // 수직좌표 설정
        Busy(); Busy();

        if(y < 10)                           // 세그먼트 드라이버 1(좌측) 선택(CS1=1)
                GLCD_Command(0x04, 0x40 + (y * 6) + 4 );
        else                                 // 세그먼트 드라이버 2(우측) 선택(CS2=1)
                GLCD_Command(0x08, 0x40 + (y - 10) * 6 );

        Busy();
        Busy();
}

// 한 문자 표시
void GLCD_character(u_char y, u_char character)
{
        u_char     i, signal;

        if(y < 10) signal = 0x04;            // 세그먼트 드라이버 1(좌측) 선택(CS1=1)
        else signal = 0x08;                  // 세그먼트 드라이버 2(우측) 선택(CS2=1)

        for(i = 0;i < 5;i++){
                GLCD_Data(signal, ascii_table[character - 0x20][i]);
                Busy();
        }
        GLCD_Data(signal, 0x00);             // 글자 사이에 간격을 위한 한 라인 공백 출력
        Busy();
}

// 고정 문자열 표시
void GLCD_fString(u_char x, u_char y, char flash *string)
{
        char flash *pStr;
        u_char     yy;

        GLCD_xy(x, y);                       // (x,y) 위치 이동

        yy = y;
        pStr = string;

        do{
                // 수평좌표가 10이면 세그먼트 드라이버2의 0좌표 지정
                   if(yy == 10) GLCD_Command(0x08, 0x40);
```

```
                Busy();
                GLCD_character(yy, *pStr);
                yy++;
                pStr++;
        } while(*pStr);
}

// 생성 문자열 표시
void GLCD_String(u_char x, u_char y, char *string)
{
        char      *pStr;
        u_char     yy;

        GLCD_xy(x, y);         // (x,y) 위치 이동

        yy = y;
        pStr = string;

        do{
                // 수평좌표가 10이면 세그먼트 드라이버2의 0좌표 지정
                if(yy == 10) GLCD_Command(0x08, 0x40);

                Busy();
                GLCD_character(yy, *pStr);
                yy++;
                pStr++;
        } while(*pStr);
}

// 파일 선택 화살표 커서 표시 및 클리어
void Cursor(u_char x, u_char ch)
{
        GLCD_xy(x, 0);                          // x행 0열 이동
        GLCD_character(0, ch);                  // ch 문자 표시
}

// 14us 딜레이
void Busy(void)
{
        delay_us(14);
}

/*******************************************************************************
 Description : 외부 인터럽트
 Note        : 6개 스위치 처리
               위, 아래, 전 페이지, 다음 페이지, 연속/반복 연주, 정지/연주
```

```
**************************************************************************/
// 선택 커서 위로 이동
interrupt [EXT_INT0] void sel_up(void)
{
        if(stop_play == 0){                     // 곡 선택 커서 위로 이동
                if(sel_no != 0){
                        Cursor(sel_no, SPACE);
                        sel_no = sel_no - 1;
                        Cursor(sel_no, ARROW);
                }
        }
}

// 선택 커서 아래로 이동
interrupt [EXT_INT1] void sel_down(void)
{
         if(stop_play == 0){ // 곡 선택 커서 아래로 이동
                if(sel_no != sel_tno){
                        Cursor(sel_no, SPACE);
                        sel_no = (sel_no + 1);
                        Cursor(sel_no, ARROW);
                }
        }
}

// 다음 페이지
interrupt [EXT_INT2] void next_page(void)
{
        if(stop_play == 0){                     // 표시 페이지 다음 페이지로 갱신
                if(sel_pg == tot_pg) sel_pg = 1;
                else sel_pg++;

                FName_display(sel_pg);
        }
}

// 이전 페이지
interrupt [EXT_INT3] void prev_page(void)
{
        if(stop_play == 0){                     // 표시 페이지 이전 페이지로 갱신
                if(sel_pg == 1) sel_pg = tot_pg;
                else sel_pg--;

                FName_display(sel_pg);
        }
}
```

```
// 정지/연주 토글 전환
interrupt [EXT_INT6] void play_stop(void)
{
        if(stop_play == 0) { // 이전 상태 "정지"
                stop_play = 1;
                play_no = (sel_pg - 1) * 8 + sel_no;
                GLCD_fString(2, 13, "* Play*");

        }
        else {                                  // 이전 상태 "플레이"
                stop_play = 0;
                GLCD_fString(2, 13, "* Stop*");
        }
}

// 순차연주/반복연주 토글 전환
interrupt [EXT_INT7] void first_page(void)
{
        if(repeat == 0) {                       // 이전 상태 "순차연주"
                repeat = 1;
                GLCD_fString(3, 13, "* Reap*");
        }
        else {                                  // 이전 상태 "반복연주"
                repeat = 0;
                GLCD_fString(3, 13, "* Cont*");
        }
}
```

Chapter 09

Dot Matrix LED를 이용한 미니게임

Chapter 09

Dot Matrix LED를 이용한 미니게임

이 장에서는 Dot Matrix LED를 이용한 3가지 미니게임 <동전 쌓기>, <파도 타기>, <받아 받아> 게임을 할 수 있는 작품을 소개한다.

9.1 동작 설명

캐릭터 LCD, Dot Matrix LED, Speaker, 두개의 스위치를 사용하여 구현한 게임기로서 각 게임은 다음과 같이 동작한다.

초기 화면은 Dot Matrix에 "mini"라는 글자 패턴을 출력하여 위치가 변경되어 움직이도록 하였으며, Character LCD에 "GameSelect 1,2,3"을 띄우고 SEL_SW를 누를 때마다 각각 1, 2, 3 숫자에 커서가 이동하게 된다. 커서 위치에 따라 게임 이름을 보여주게 되는데 만약 커서가 1에 위치한다면 LCD 라인 2에는 "Coin Game"이 표시되고, 커서가 2에 위치한다면 "Wave Game"이라는 글자가 표시된다. 커서가 위치한 자리에서 스위치를 누르면 해당하는 게임이 시작된다.

1) 동전 쌓기 게임

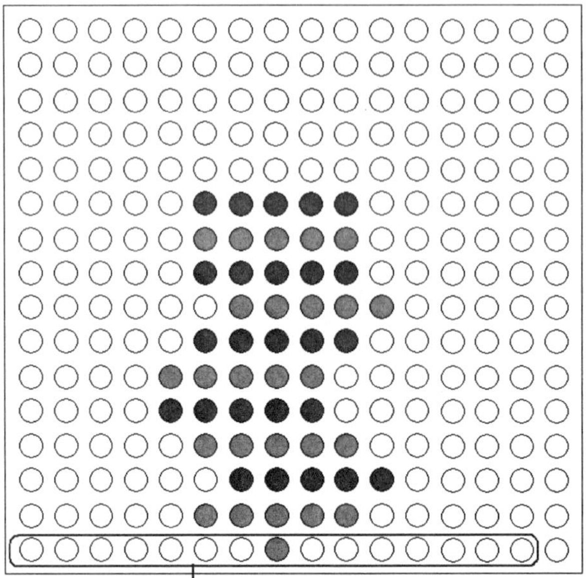

[그림 9-1] 동전 쌓기 게임 화면

동전 쌓기 게임은 [그림 9-1]과 같이 가운데를 중심으로 하여 5개의 LED를 하나씩 떨어뜨려 쌓아가는 게임이며, 전체적으로 수행되는 동작은 다음과 같다.

① 맨 아래 Playing Bar에 적색 LED가 하나씩 차례로 점등하여 좌우로 움직인다. 가운데 초록색 LED에 가까이 왔을 때 스위치를 누르면 누른 위치를 중심으로 좌우로 두 개씩 5개의 LED에 불이 들어와서 동전이 쌓여진다. 스위치가 눌려진 위치가 가운데 녹색 LED로부터 3칸 이상 벗어난 경우에는 바로 종료한다.

② 게임은 life를 30점으로 하여 시작하며, 동전이 가운데 중심점에서 벗어나는 정도에 따라 1점, 2점 감소하여 life가 0이하가 되면 게임이 종료하게 된다.

③ life가 10점, 20점 이하가 되면 "Warning"이라는 글자가 Dot Matrix LED에 깜박거리면서 표시된다.

④ 동전이 12줄 이상 쌓인 상태에서 스위치가 입력되면 아래 8줄이 제거되고 위의 4줄과 새로 입력된 스위치의 위치에 따라 한 줄이 추가되어 5줄이 표시된다.

⑤ 캐릭터 LCD에 현재 쌓여진 동전의 개수, 남은 life 등 게임에 대한 상황이 표시된다.

⑥ 스피커를 통하여 동전이 떨어지는 효과음을 출력한다.

2) 파도타기 게임

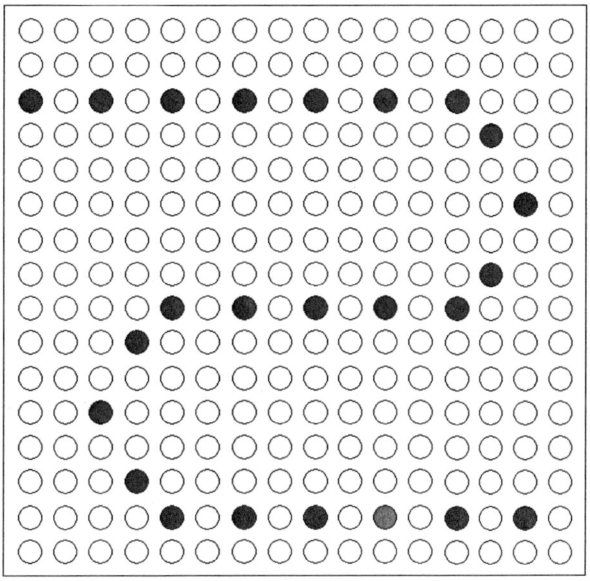

[그림 9-2] 파도타기 게임 화면

파도타기 게임화면은 [그림 9-2]와 같이 'S'자 형태의 적색과 녹색(22번째) LED가 점등된 상태로 시작한다. 게임이 시작되면 'S'자 형태의 첫 부분부터 일정한 규칙을 가지고 빨간색 LED가 [그림 9-3]과 같이 점프를 하면서 하나씩 옆으로 이동하게 되는데 규칙을 잘 기억하여 녹색 LED 순서가 되었을 때 타이밍에 맞추어 스위치를 누르는 게임이다. 즉, 22번째의 녹색 LED가 "게임조작자(나)"가 되어 게임 규칙에 따라 스위치를 누르는 게임이다.

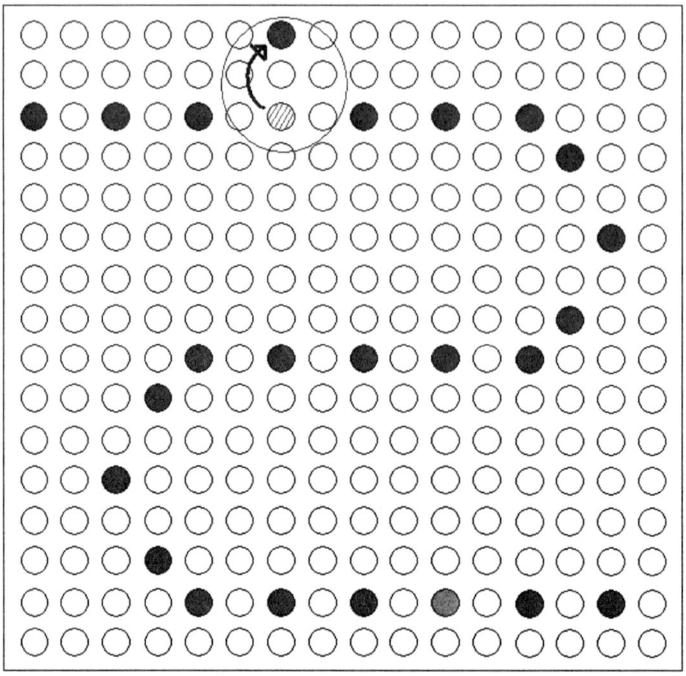

[그림 9-3] 파도타기 동작화면

게임 스테이지가 올라갈수록 규칙이 복잡해지며, Character LCD에는 점수를 표시하고, Speaker로 점프할 때의 효과음이 출력된다. 게임은 모두 7개의 스테이지로 구성되며, 각 스테이지의 규칙은 다음과 같다.

① 스테이지1

첫번째 LED부터 차례대로 점프

② 스테이지2

첫번째 LED부터 두 개씩 차례대로 점프

③ 스테이지3

스테이지1과 같이 첫번째 LED부터 차례로 점프하지만, 속도(딜레이 시간)를 아래와 같이 달리하여 실행

- 0, 2, 3, 5, 6, 8, 11, 12, 14, 15, 17, 19, 21(녹색), 23 : 100ms 딜레이
- 1, 4, 7, 10, 13, 16, 18, 22 : 220ms 딜레이

④ 스테이지4

점프순서를 다음과 같이 실행

1 → 0 → 3 → 2 → 5 → 4 → 7 → 6 → 9 → 8 →
11 → 10 → 13 → 12 → 15 → 14 → 17 → 16 → 19 → 18 →
21(녹색) → 20 → 23 → 22

⑤ 스테이지5

점프순서를 다음과 같이 실행

0 → 2 → 1 → 3 → 5 → 4 → 6 → 8 → 7 → 9 → 11 → 10 →
12 → 14 → 13 → 15 → 17 → 16 → 18 → 20 → 19 → 21(녹색)
→ 23 → 20

⑥ 스테이지6

점프순서를 스테이지4와 같이 하고, 순서가 짝수 번째는 150ms딜레이, 홀수 번째는 70ms 딜레이 실행

⑦ 스테이지7

스테이지1과 같이 첫번째 LED부터 차례로 점프하지만, 속도(딜레이 시간)를 50ms로 하여 실행

3) 받아 받아 게임

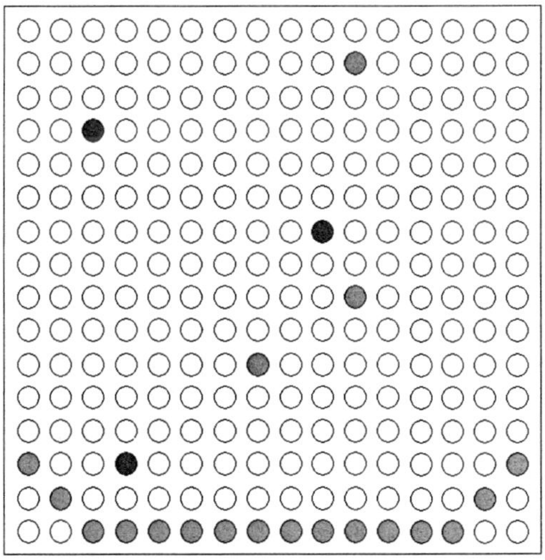

(a) 줄 놓기(적색 낙하시)

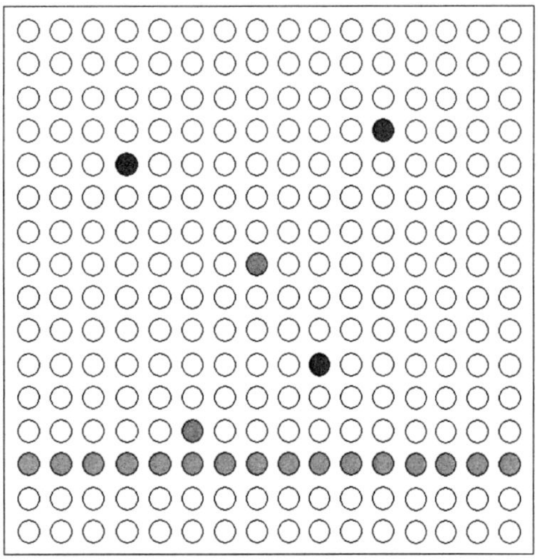

(b) 줄 당기기(녹색 낙하시)

[그림 9-4] 받아받아 게임 화면

이 게임은 스위치를 이용하여 위에서 떨어지는 적색 또는 녹색의 LED를 Dot Matrix LED의 하단에 표시된 줄을 놓거나 당기기를 하여 LED를 받거나 통과시키는 게임이다. 적색 LED가 떨어지는 경우에는 [그림 9-4] (a)와 같이 줄을 놓아 받고, 녹색 LED가 떨어지는 경우에는 [그림 9-4] (b)와 같이 줄을 당겨 녹색 LED를 통과시키는 게임이다. Dot Matrix LED 하단에는 주황색 줄이 표시되며, 스위치를 누를 때마다 [그림 9-4]와 같이 <줄 놓기>와 <줄 당기기> 화면이 토글되어 표시된다. 이 게임도 다른 게임과 마찬가지로 캐릭터 LCD와 스피커를 통해 점수와 효과음이 출력된다.

9.2 작품 구성도 및 회로도

1) 작품 구성도

[그림 9-5]는 작품 구성도를 보여주며, KUT-128 MCU 보드, 게임조작 스위치, 16×16 도트 매트릭스 LED, 캐릭터 LCD, 스피커로 구성된다. 작품에 사용되는 입출력 포트와 기능은 [표 9-1]과 같다.

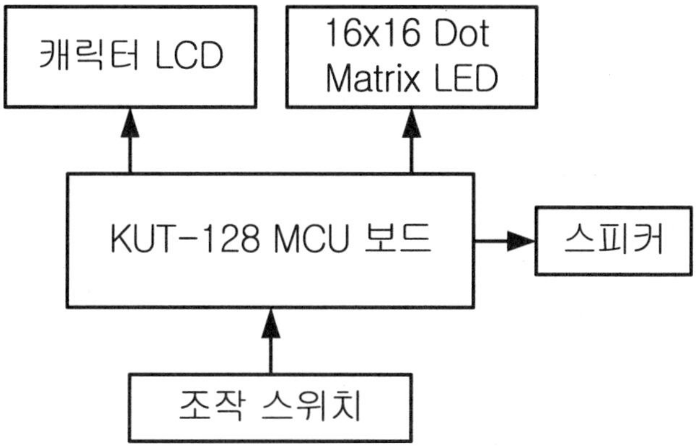

[그림 9-5] 작품 구성도

[표 9-1] 사용 입출력 포트 및 기능

입출력	입출력 포트	장 치	기 능
출력	PC0-PC4(제어신호) PG0-PG3(어드레스)	Dot Matrix	게임 화면 표시
	PB0-PB7	캐릭터 LCD	게임 정보 표시(score, life 등) 선택 게임 표시
	PE3	스피커	효과음 출력
입력	PD1(INT1) PD3(INT3)	스위치1	게임 시작 및 조작
		스위치2	게임 선택

2) 회로도

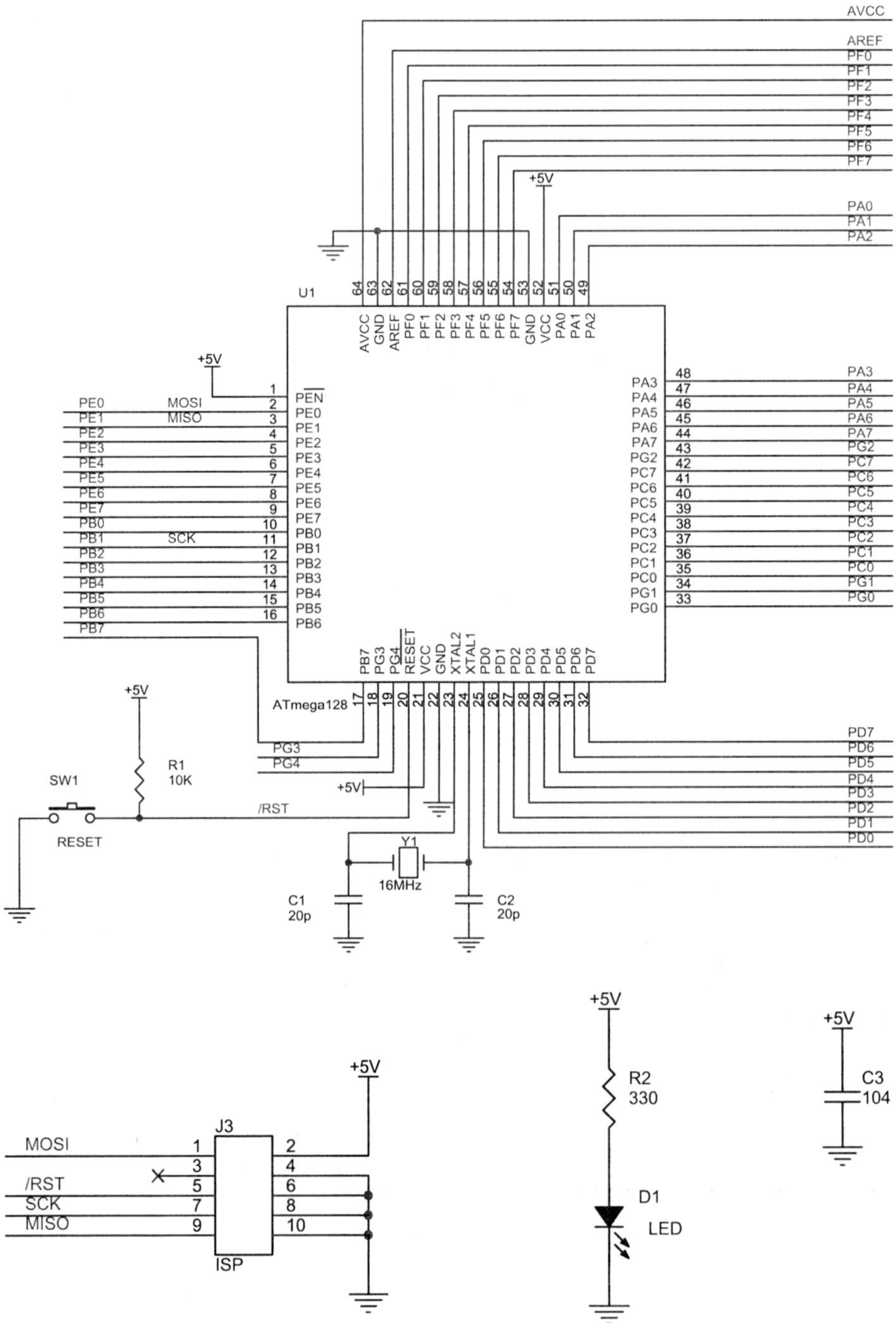

(a) KUT-128 MCU 보드 회로

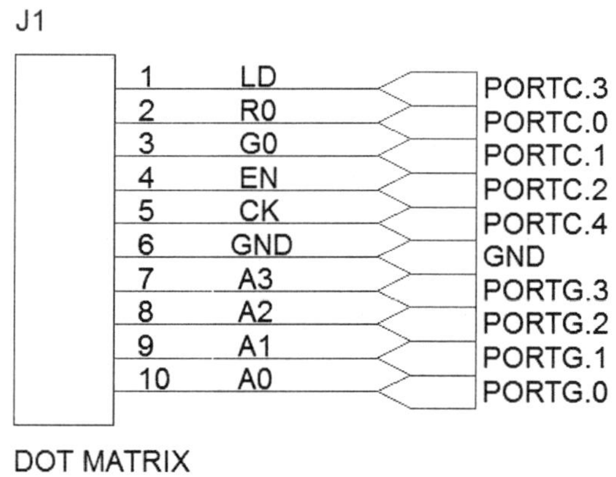

(b) Dot Matrix LED(FYM-19881 FSG) 커넥터(전원 커넥터 별도)

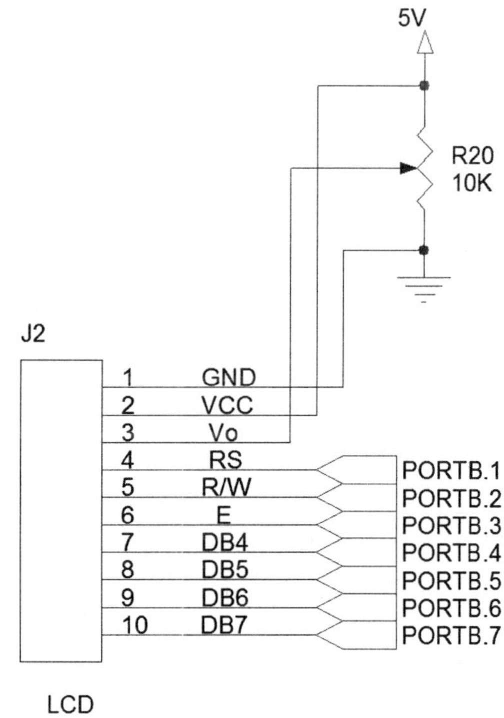

(c) 캐릭터 LCD 회로(PB포트 이용, 4비트 구동방식)

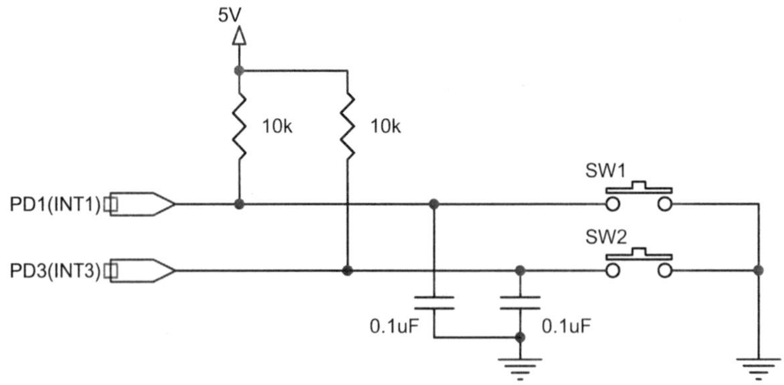

(d) 조작 스위치 회로

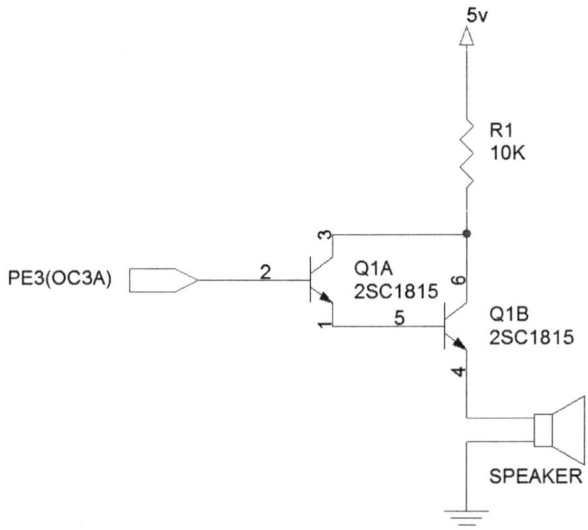

(e) 스피커 구동회로(타이머/카운터1 이용, PE3 출력핀 사용)

[그림 9-6] 회로도

※ 도트 매트릭스 구동 방법

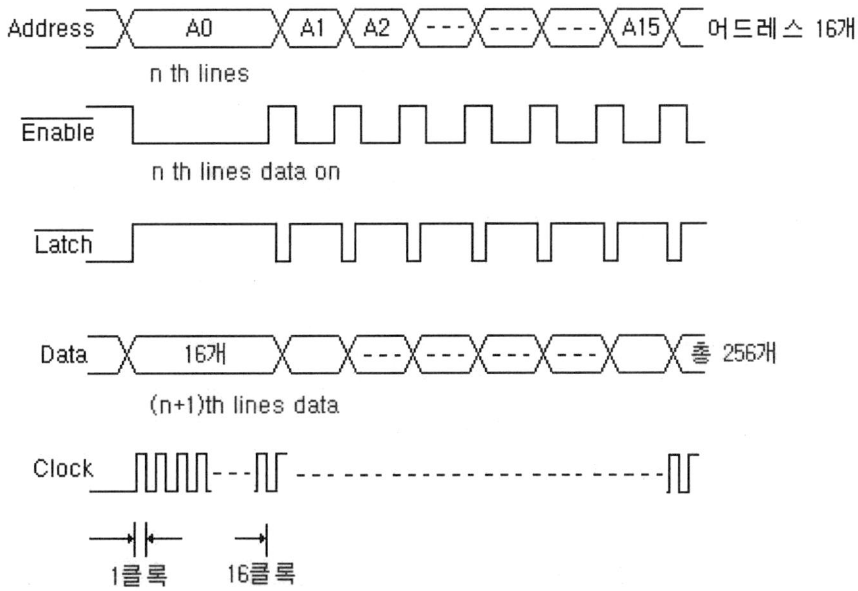

[그림 9-7] 도트 매트릭스 타이밍도
(/LATCH 신호 반대로, RED 신호와 GREEN 신호)

<동적 구동 방법(Dynamic Drive)>

① /Enalbe 신호와 Latch 신호를 0으로 입력

② Clock과 함께 Data(RED, GREEN)를 16번 입력

적색 LED 데이터와 녹색 LED 데이터를 설정한 후 Clock 신호(0->1->0)를 입력하면 도트 매트릭스 모듈내부의 Shift Resister에 의해 1bit씩 Shift되어 저장된다. 제일 처음 입력된 Data는 가장 좌측 Dot에, 가장 나중에 입력한 Data는 가장 우측 Dot에 표시된다. 여기서, 적색을 표시할 경우에는 RED만, 녹색을 표시할 경우는 GREEN만 입력하고, 오렌지색을 표시하고자 한다면 RED와 GREEN 모두 1(high) 신호를 입력한다. 1행이 16도트이므로 16개의 데이터와 함께 클럭을 입력하면 1행의 입력이 완료된다.

③ Latch 신호 출력

Latch 신호(0->1->0)를 입력하여, 방금 입력한 데이터를 래치에 저장하도록 한다.

④ 입력한 데이터가 표시될 어드레스 입력

②항에서 입력한 데이터가 현재 표시된 행의 다음 행에 표시되도록 현재 설정된 어드레스를 1증가시켜(0~15) 어드레스 신호에 입력한다.

⑤ /Enable 신호를 0으로 입력

/Enable 신호를 0으로 하여 방금 입력한 데이터가 표시되도록 한다.

⑥ ② ~ ⑤ 항목을 반복

② ~ ⑤ 항목을 실행하게 되면 한 행의 표시가 끝나며, 이를 16번 반복하면 16x16의 Dot Matrix의 한 화면이 표시된다. 따라서, ② ~ ⑤ 항목을 적당한 시간 간격으로 반복하여 실행하게 되면 깜빡거림 없이 화면이 계속 표시된 것으로 보이게 된다.

<LDM에 “Start” 글자 패턴 Display>

Dot Matrix LED의 LED를 on시킬 행의 좌표를 나타내는 배열과 열의 좌표를 나타내는 배열로부터 차례로 좌표값을 읽어 그 좌표에 표시할 색에 맞추어 값을 설정한다. 표시할 데이터 중 적색 LED 데이터는 dot_red[행좌표][열좌표]에, 녹색 LED 데이터는 dot_green[행좌표][열좌표]의 값을 1로 하여 저장하면 된다.

[그림 9-8]은 LDM에 “start”를 표시한 그림이며, [그림 9-9]는 “start”를 표시하기 위한 좌표 데이터를 보여준다. [그림 9-10]은 “start”를 표시하기 위한 좌표가 저장된 배열 start_a[ ], start_b[ ]로부터 표시할 때 사용되는 dot_red, dot_green 배열에 설정하는 함수와 이를 주기적으로 표시하기 위한 타이머/카운터0의 인터럽트 함수를 보여준다.

[그림 9-8] LDM에 표시된 "start" 문자

```
// "start"를 표시하기 위한 좌표 데이터
// start_a : 표시할 점의 Y 좌표, start_b : 표시할 점의 x 좌표
char start_a[38]={5, 5, 6, 7, 8, 9, 9,
                  5, 6, 7, 8, 9, 9, 6, 6, 6,
                  7, 6, 6, 7, 8, 9, 8, 9,
                  6, 7, 8, 9, 7,
                  5, 6, 7, 8, 9, 9, 6, 6, 6};
char start_b[38]={2, 1, 0, 1, 2, 1, 0,
                  4, 4, 4, 4, 4, 5, 3, 4, 5,
                  8, 8, 7, 6, 6, 7, 8, 9,
                  10, 10, 10, 10, 11,
                  13, 13, 13, 13, 13, 14, 12, 13, 14};
```

[그림 9-9] "start" 를 표시하기 위한 좌표 데이터

```
// 표시할 값 배열 저장
void start_disp(void)
{
        unsigned int      i, j;

        for(i=0;i<SIZE;i++){                              // LDM 초기화
                for(j=0;j<SIZE;j++){
                        dot_red[i][j]=0;
                        dot_green[i][j]=0;
                }
        }
        for(j=0;j<7;j++){                                 // Green LED "S"자 쓰기
                dot_green[*(start_a+j)][*(start_b+j)]=1;
                delay_ms(20);
        }
        for(j=7;j<16;j++){                                // Red LED "t"자 쓰기
                dot_red[*(start_a+j)][*(start_b+j)]=1;
                delay_ms(20);
        }
        for(j=16;j<24;j++){                               // Green LED "a"자 쓰기
                dot_green[*(start_a+j)][*(start_b+j)]=1;
                delay_ms(20);
        }
        for(j=24;j<29;j++){                               // Red LED "r"자 쓰기
                dot_red[*(start_a+j)][*(start_b+j)]=1;
                delay_ms(20);
        }
        for(j=29;j<38;j++){                               // Green LED "t"자 쓰기
                dot_green[*(start_a+j)][*(start_b+j)]=1;
                delay_ms(20);
        }
}

// 타이머/카운터 0 : LDM 구동
// 주기 : 1/16us * 32 * (256 - 0 ) =  0.5 ms
interrupt [TIM0_OVF] void timer0_ovf(void)
{
        unsigned int i;

        dot_i++;                                  // 다음에 표시할 라인 번호 증가
        if(dot_i >= SIZE) dot_i = 0;              // dot_i(0~15)

        for(i = 0; i < SIZE; i++){                // 16개의 데이터 Clock과 함께 출력
                RED = dot_red[dot_i][i];          // RED(PORTC.0)에 Red LED Data값 출력
                GREEN = dot_green[dot_i][i];      // GREEN(PORTC.1)에 Green LED Data값 출력
                CK = 1;                           // CK(PORTC.4)에 1출력
                delay_us(1);                      // 1us 딜레이
                CK = 0;                           // CK(PORTC.4)에 0출력
                delay_us(1);                      // 1us 딜레이
        }
        delay_us(1);                              // 1us 딜레이
        EN = 1;                                   // EN(PORTC.2)에 1출력 => LDM Enable
        LD = 1;                                   // LD(PORTC.3)에 1출력 => LDM Load
        delay_us(1);                              // 1us 딜레이
        LD = 0;                                   // Latch 단자는 래치저장이 완료되면 Low("0")로
        L_ADDR = dot_i;                           // L_ADDR(PG.0-PG.3)에 현재 라인 번호 출력
        delay_us(1);                              // 1us 딜레이
        EN = 0;                                   // EN은 데이터가 전송되고 있는 동안 Low("0") 유지
}
```

[그림 9-10] "start" 를 표시하기 위한 데이터 설정과 이를 주기적으로 표시하기 위한 타이머/카운터0 인터럽트 함수

※ 주파수에 따른 음계 발생

타이머/카운터1의 TCNT1값을 변경하여 주파수에 따른 음계를 출력한다. 프리스케일러는 CK/8로 설정하며, [표 9-2]는 각 음계에 해당하는 주파수(Hz)를 나타낸다.

[표 9-2] 주파수에 따른 음계값

음 계 \ 옥타브	1	2	3	4	5	6	7	8
C(도)	32.7032	65.4064	130.8128	261.6256	523.2511	1046.502	2093.005	4186.009
C#	34.6478	69.2957	138.5913	277.1826	554.3653	1108.731	2217.461	4434.922
D(레)	36.7081	73.4162	146.8324	293.6648	587.3295	1174.659	2349.318	4698.636
D#	38.8909	77.7817	155.5635	311.1270	622.2540	1244.508	2489.016	4978.032
E(미)	41.2034	82.4069	164.8138	329.6276	659.2551	1318.510	2637.020	5274.041
F(파)	43.6535	87.3071	174.6141	349.2282	698.4565	1396.913	2793.826	5587.652
F#	46.2493	92.4986	184.9972	369.9944	739.9888	1479.978	2959.955	5919.911
G(솔)	48.9994	97.9989	195.9977	391.9954	783.9909	1567.982	3135.963	6271.927
G#	51.9130	103.8262	207.6523	415.3047	830.6094	1661.219	3322.438	6644.875
A(라)	55.0000	110.0000	220.0000	440.0000	880.0000	1760.000	3520.000	7040.000
A	58.2705	116.5409	233.0819	466.1638	932.3275	1864.655	3729.310	7458.620
B(시)	61.7354	123.4708	246.9417	493.8833	987.7666	1975.533	3951.066	7902.133

TCNT1값을 계산하는 방법은

$$TCNT1 = 65536 - (16 \times 10^6 \div 8 \div 주파수)$$

이고, 다음 표는 각 음계에 해당하는 TCNT1이다.

[표 9-3] 음계에 따른 주파수와 타이머/카운터1 초기 설정값

음 계	주파수	TCNT1	음 계	주파수	TCNT1
도(5옥타브)	523.2511	61714	라	1760.000	64400
레	587.3295	62131	시	1975.533	64523
미	659.2551	62502	도(7옥타브)	2093.005	64580
파	698.4565	62673	레	2349.318	64685
솔	783.9909	62985	미	2637.020	64778
라	880.0000	63263	파	2793.826	64820
시	987.7666	63511	솔	3135.963	64898
도(6옥타브)	1046.502	63625	라	3520.000	64968
레	1174.659	63833	시	3957.066	65030
미	1318.510	64019	도(8옥타브)	4186.009	65058
파	1396.913	64104	레	4698.636	65110
솔	1567.982	64260	미	5274.041	65157

3) 부품 리스트

[표 9-4] 부품 리스트

부 품	규 격	수 량
MCU 보드	KUT-128 MCU	1
Dot Matrix (16×16)	FYM-19881FSG-11	1
스위치	Tack Switch	2
캐릭터 LCD	LC162H2	1
스피커	0.5W/ 8Ω	1
트랜지스터	2SC1815	2
콘덴서	104	2
저항r	10K	2
가변저항	20K	2
기판	-	1

9.3 함수 설명 및 처리 흐름도

[표 9-5] 함수 설명

함수명	기 능	파라미터	리턴값
init_disp()	LDM에 맨 처음 초기화면 "mini" Display	-	-
start_disp()	LDM에 "Start" 글자 Display	-	-
change_disp()	LDM에 화면 전환 패턴을 Display	-	-
warning_disp(int)	LDM에 "warning" 글자 깜작임	int cnt (깜박임 횟수)	-
game_seldsp()	LCD에 게임 선택화면 표시		-
game_over(int)	LDM에 "game over" 글자 깜박임	int cnt (깜박임 횟수)	-
coin_score()	LCD에 현재 게임 Score 표시	-	-
wave_init()	파도타기 초기화면(S자 형태) Display	-	-
wave_stage1()	파도타기 stage 1	-	-
wave_stage2()	파도타기 stage 2	-	-
wave_stage3()	파도타기 stage 3	-	-
wave_stage4()	파도타기 stage 4	-	-
wave_stage5()	파도타기 stage 5	-	-
wave_stage6()	파도타기 stage 6	-	-
wave_stage7()	파도타기 stage 7	-	-
coin_play()	동전쌓기 게임 playing bar LED 좌우 움직임	-	-
coin_fall()	동전 떨어뜨리는 화면 Display	-	-
coin_warning()	동전쌓기 life수 감소에 따른 warning 화면 표시 여부 판단	-	-
bada_line()	받아받아 게임에서 SW 입력에 따른 줄(Line) Display	-	-
bada_game()	받아받아 게임 동작을 구현하는 함수	-	-
bada_melody()	받아받아 게임 효과음 출력 함수	-	-
game_melody()	TCNT1값에 따른 주기에 대한 소리출력 함수	-	-

[표 9-6] 전역 변수 설명

변수명	타입	초기값	기 능
dot_i	char	0	다음에 표시할 라인 번호
mode	char	0	모드 (0 : 게임선택, 1 : 동전쌓기, 2 : 파도타기, 3 : 받아받아 게임)
end	char	0	게임 종료 알림 변수 (0: 게임 실행 중, 1: 게임오버)
start	char	0	while문 안에 처음 한번 start 화면을 띄우기 위한 변수
pause	char	0	일시정지 변수
mini	char	0	초기화면 'mini'글자 위치 변경을 위한 변수
score	char	0	게임 점수 저장 변수
p_sel	char	2	게임선택 스위치를 눌렀을 때 증가하며, 모드를 선택하기 위한 변수
state	char	15	동전쌓기 게임에서 동전이 놓여지는 Line 번호
pos	char	10	동전쌓기 게임에서 동전의 중심의 세로 라인 번호
coin_life	char	30	동전쌓기 게임에서 Life 수
cnt_life	char	0	동전쌓기 게임에서 Life 가 10, 20이상 감소했을 때 warning을 표시하기 위한 변수
bada_state	char	1	받아받아 게임에서 줄 상태 변수 (1 : 줄 당기기, 0 : 줄 놓기)
green_ok	char	0	받아받아 게임에서 녹색 돌을 받았을 때 효과음 출력을 위한 변수
melody	char	23	음계 선택 변수
music_on	char	0	소리 On/Off변수(0: Off, 1: On)
dot_red[SIZE][SIZE]	char	-	LDM에서 Red LED Data
dot_green[SIZE][SIZE]	char	-	LDM에서 Green LED Data
a_tmp[SIZE][SIZE]	char	-	Red LED 임시 저장 변수
b_tmp[SIZE][SIZE]	char	-	Green LED 임시 저장 변수

[표 9-7] define 상수

상 수	define할 값	기 능
SIZE	16	LDM 사이즈
L_ADDR	PORTG	Line Address
RED	PORTC.0	Red LED
GREEN	PORTC.1	Green LED
EN	PORTC.2	Enable
LD	PORTC.3	Load
CK	PORTC.4	Clock
SW	PIND.1	게임 스위치
SEL_SW	PIND.3	게임선택을 위한 스위치

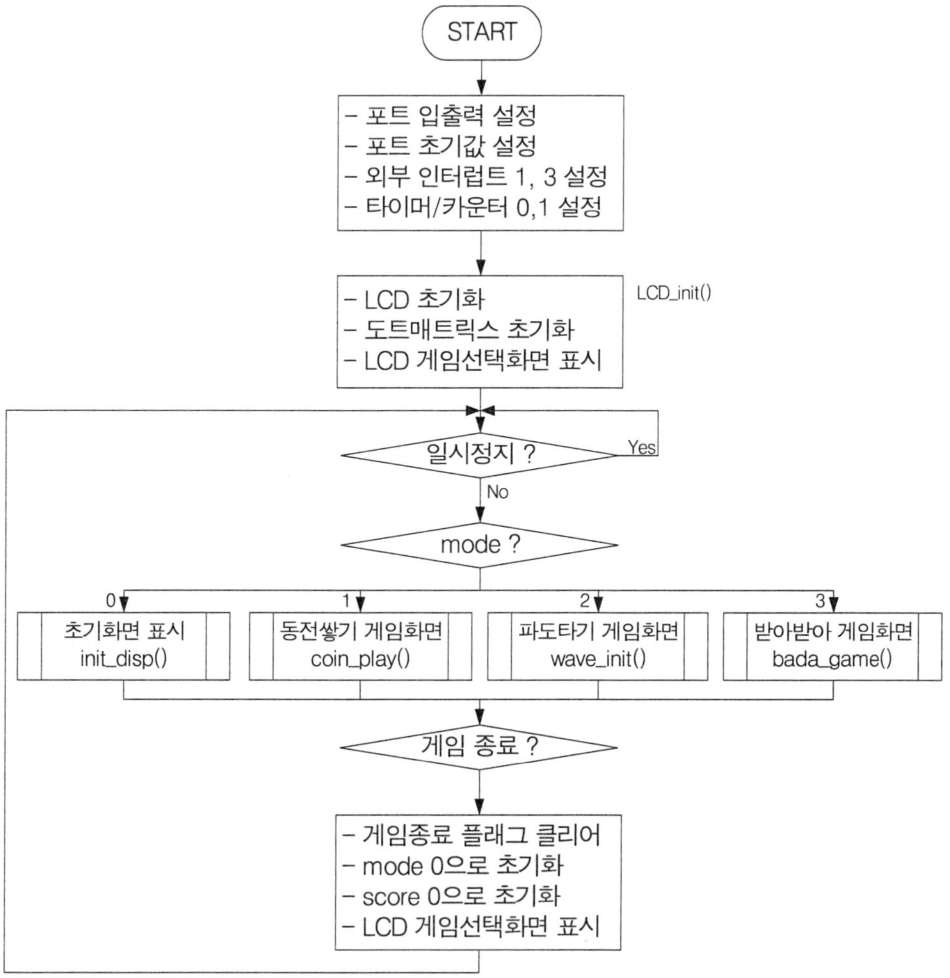

(a) main()함수

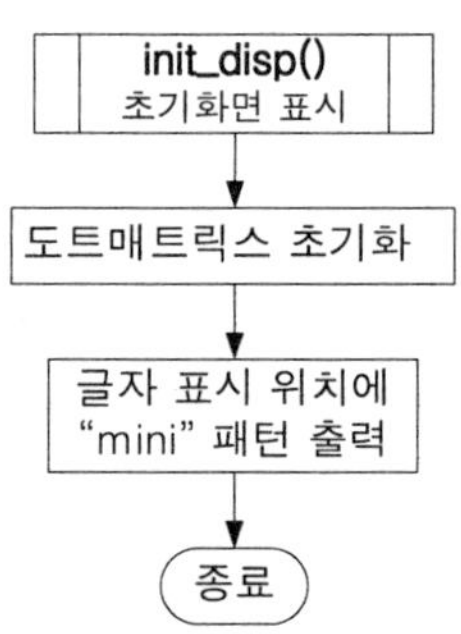

(b) init_disp() 함수

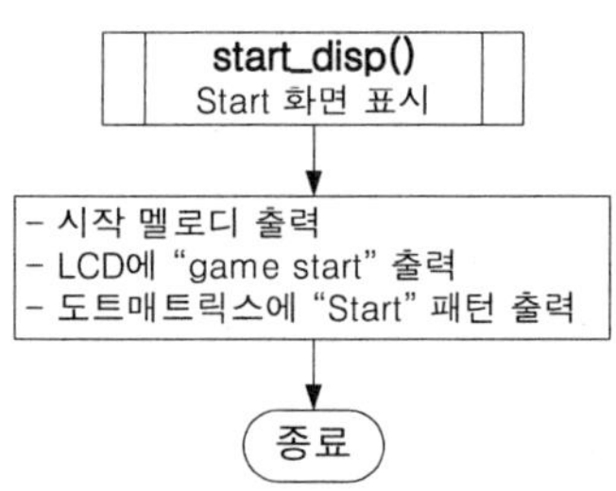

(c) start_disp() 함수

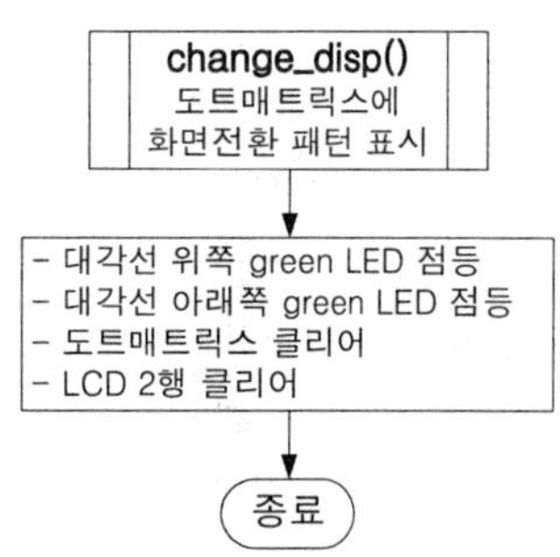

(d) change_disp()함수

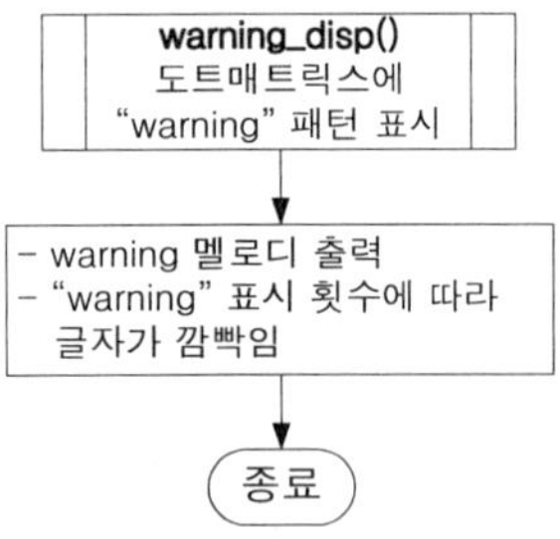

(e) warning_disp() 함수

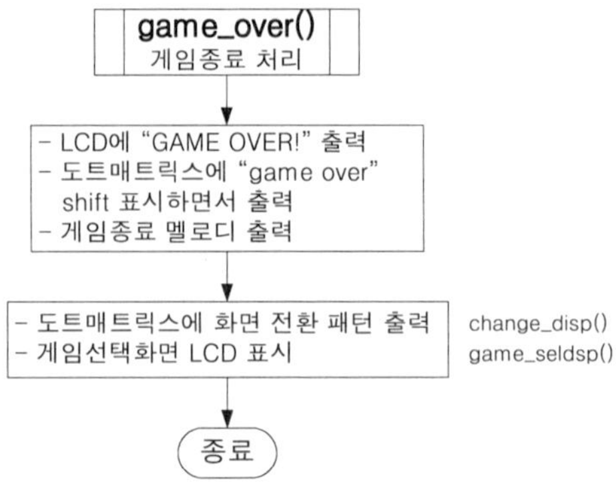

(f) game_over() 함수

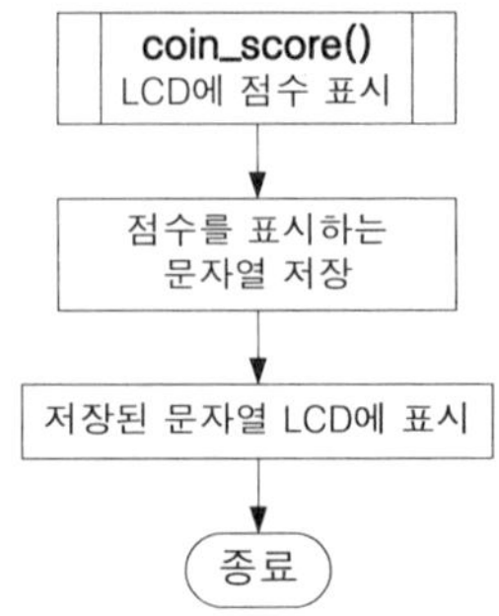

(g) coin_score() 함수

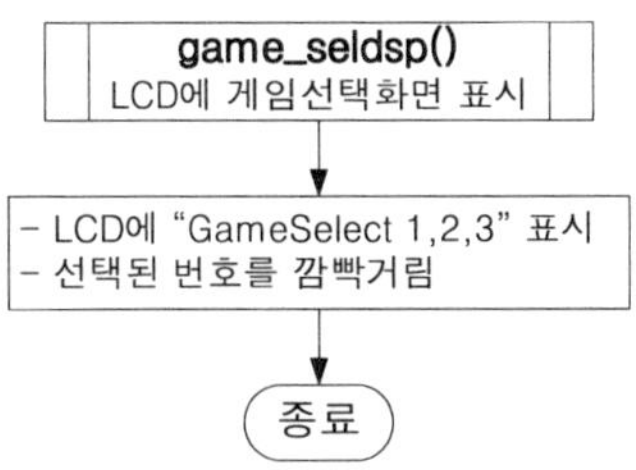

(h) game_seldsp() 함수

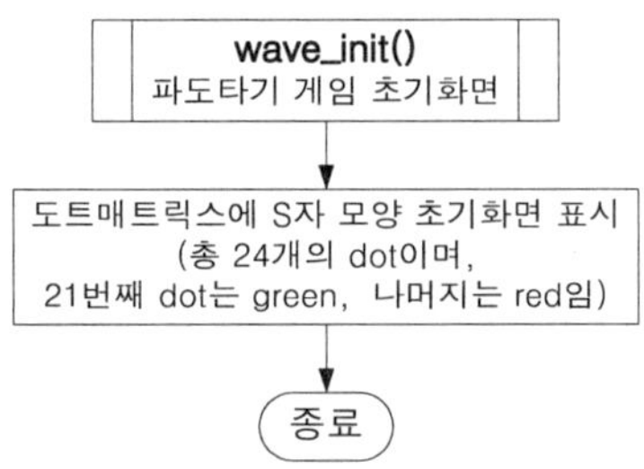

(i) wave_init() 함수

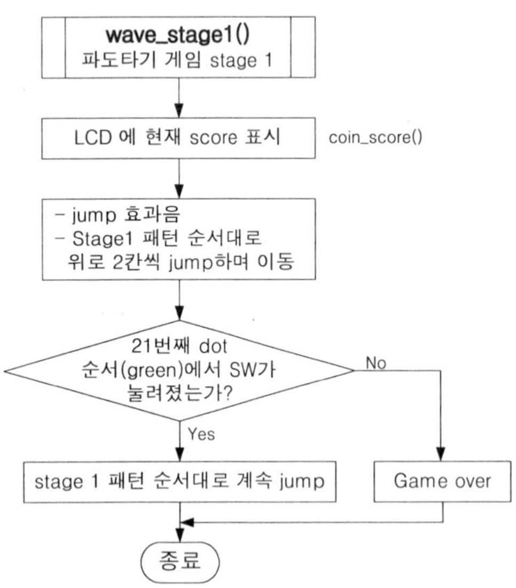

(j) wave_stage1() 함수

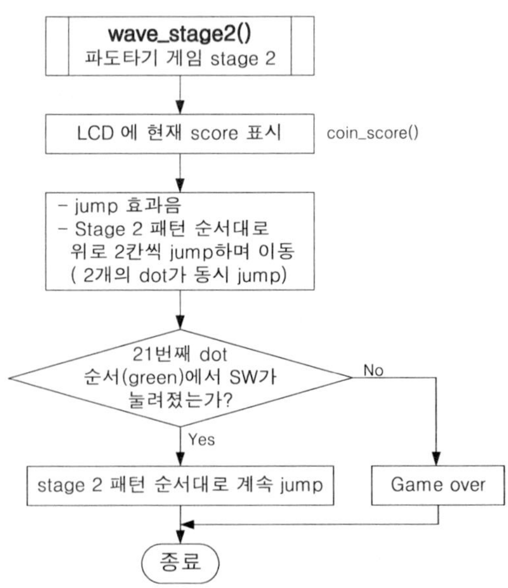

(k) wave_stage2() 함수

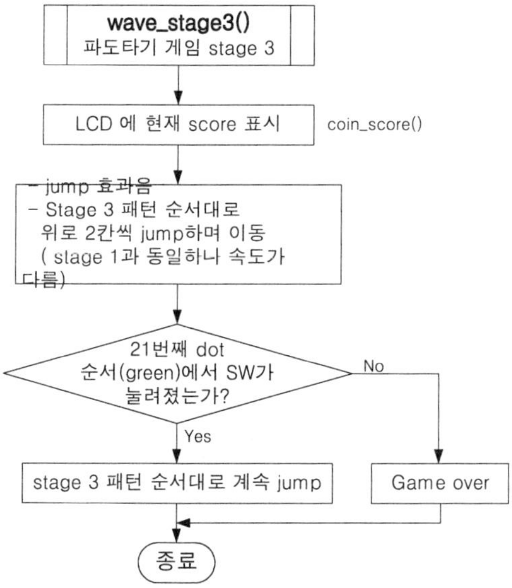

(l) wave_stage3() 함수

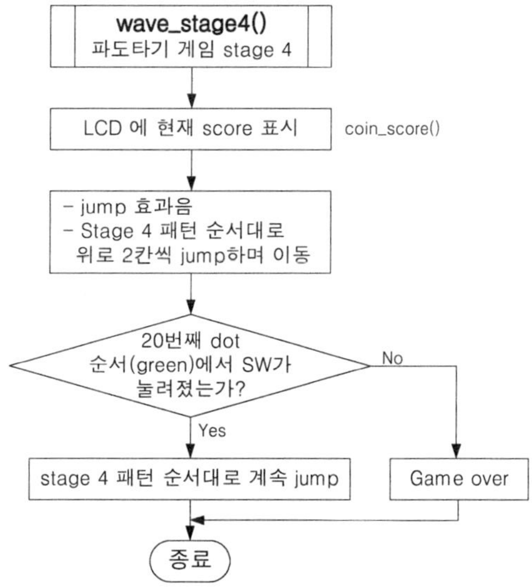

(m) wave_stage4() 함수

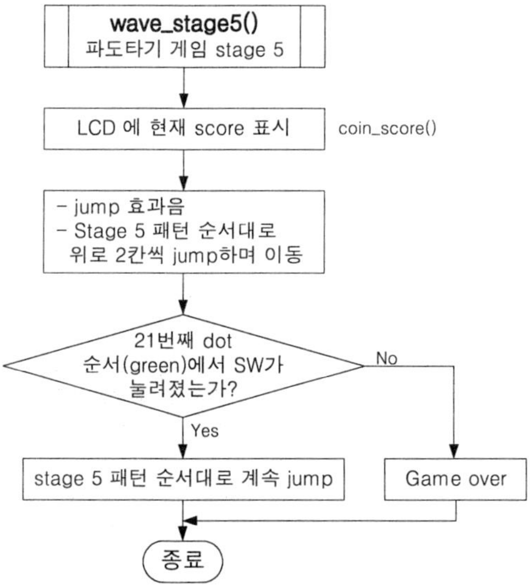

(n) wave_stage5() 함수

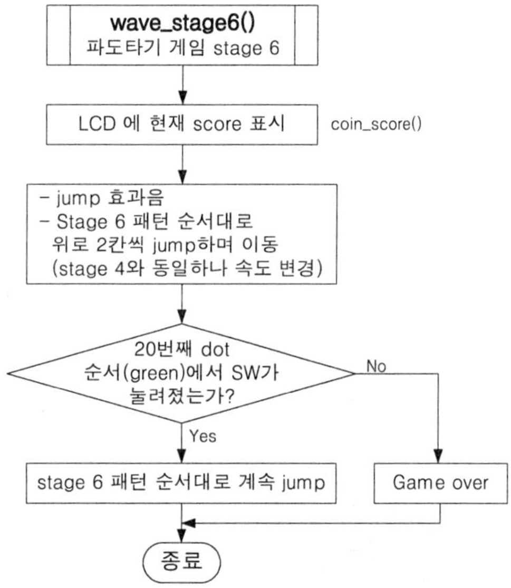

(o) wave_stage6() 함수

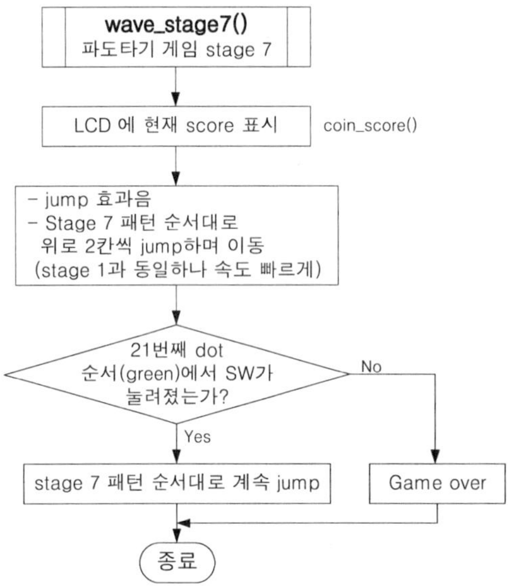

(p) wave_stage7() 함수

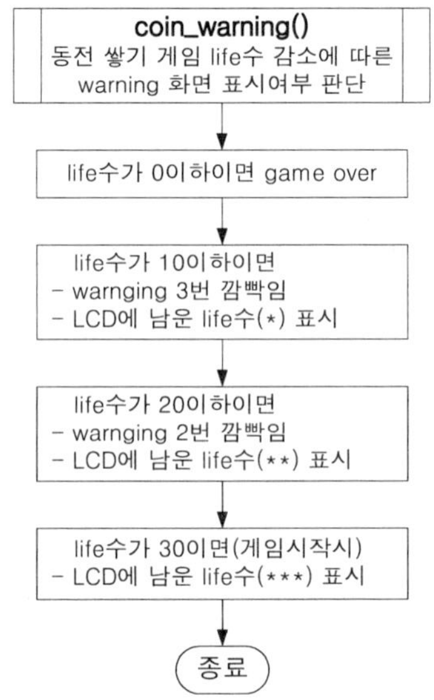

(q) coin_warning() 함수

(r) coin_play() 함수

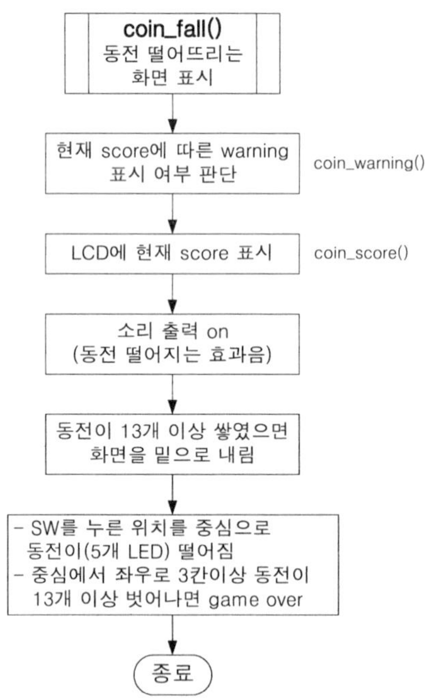

(s) coin_fall() 함수

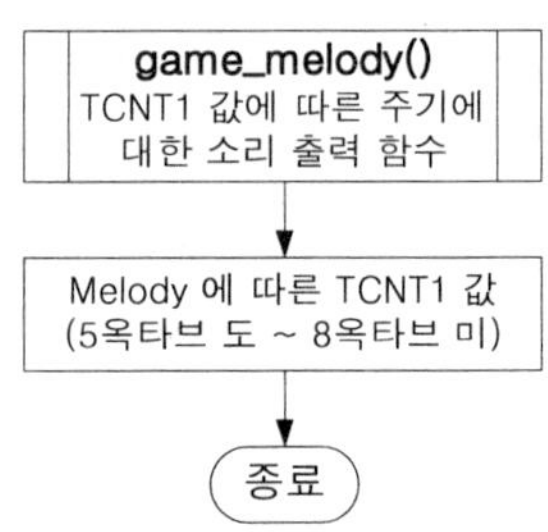

(t) game_melody() 함수

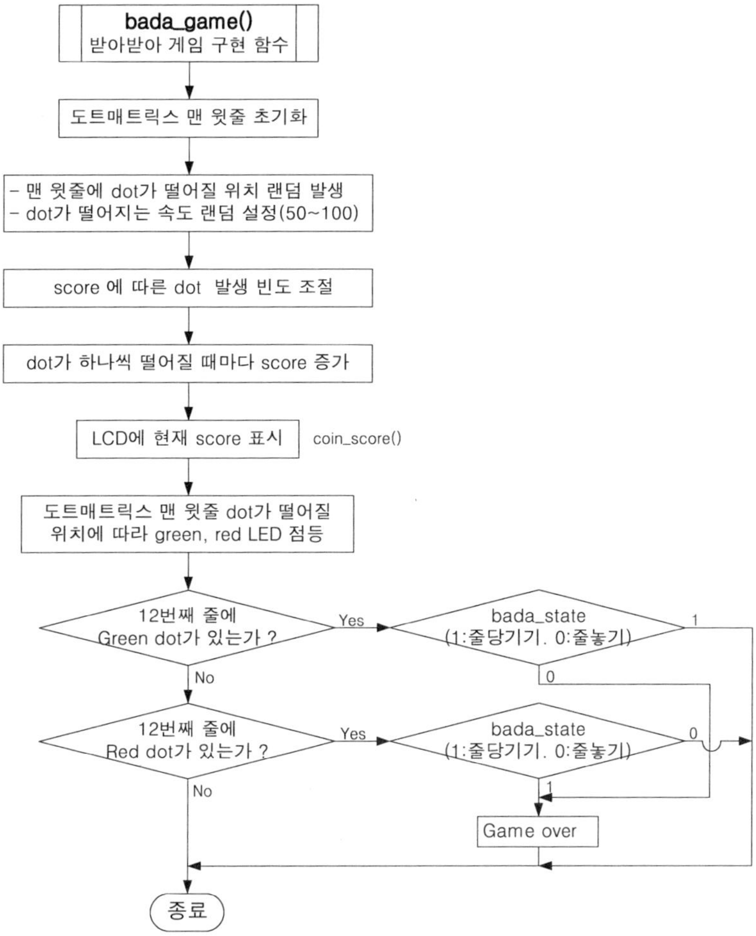

(u) bada_game() 함수

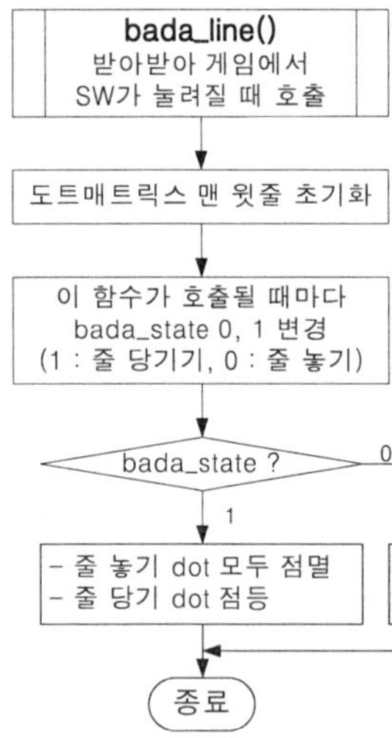

(v) bada_line() 함수

(w) bada_melody() 함수

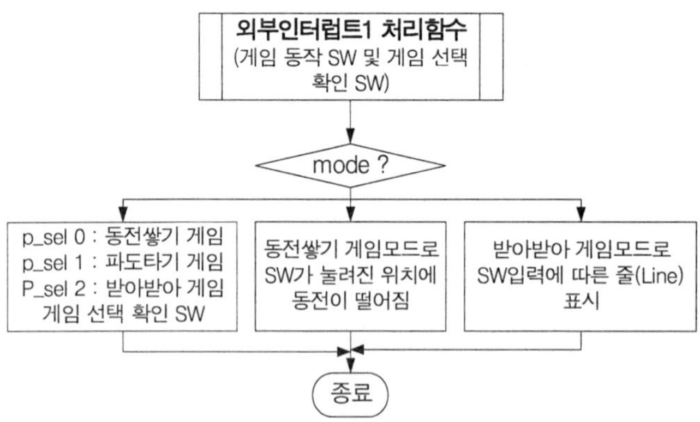

(x) 외부인터럽트1 처리 함수

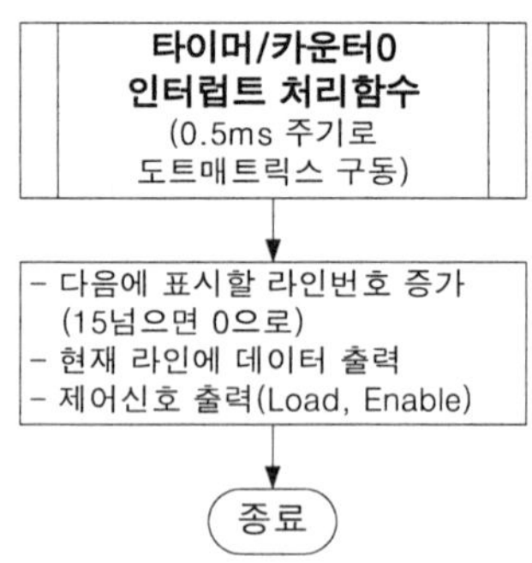

(y) 타이머/카운터0 인터럽트 처리함수

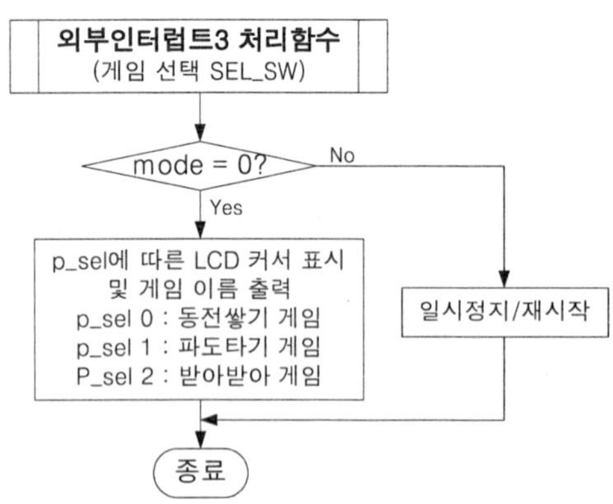

(z) 외부인터럽트3 처리 함수

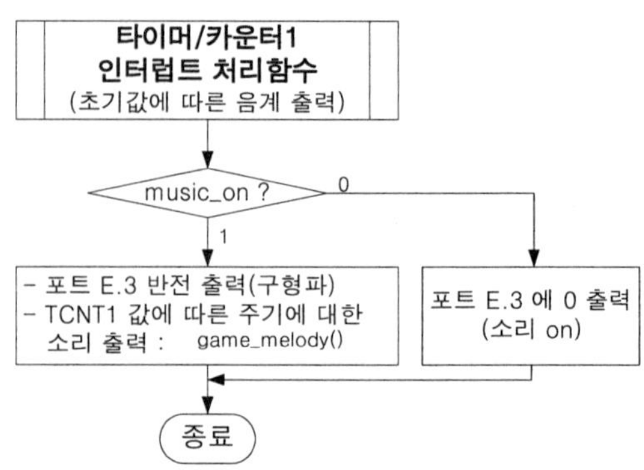

(A) 타이머/카운터1 인터럽트 처리함수

[그림 9-11] 함수 처리 흐름도

9.4 작품 사진

[그림 9-12] 작품 외형

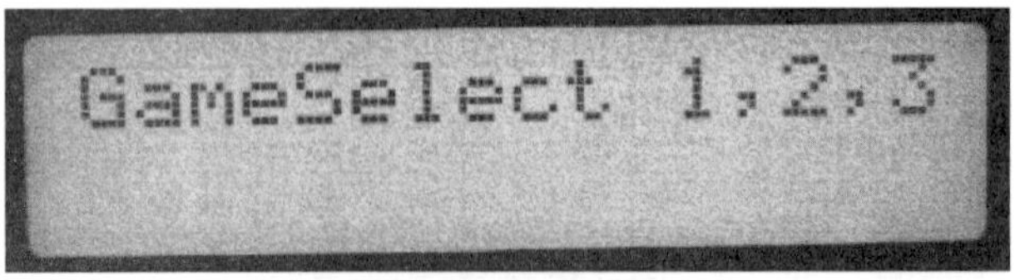

(초기 LCD 화면)

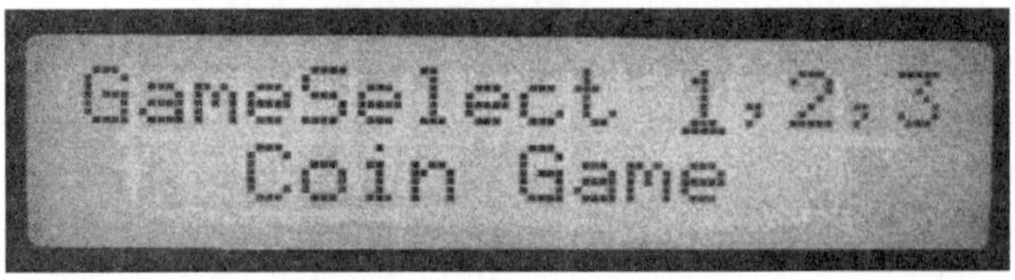

(게임 1에 커서 위치)

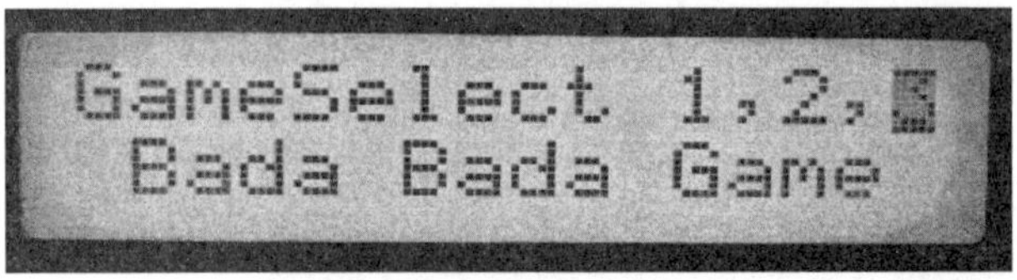

(게임 3에 커서 위치)

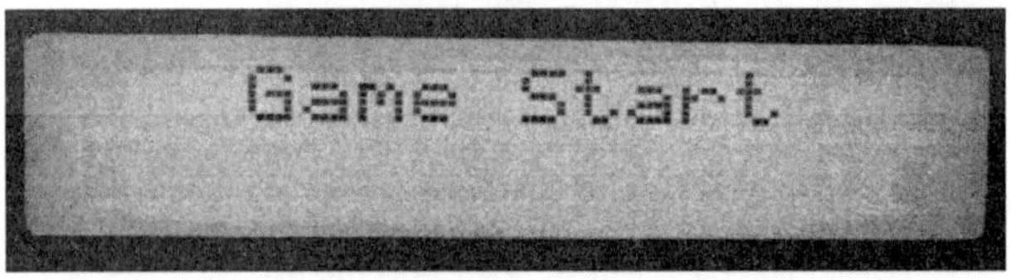

(게임 start 화면)

(동전쌓기 게임 중)

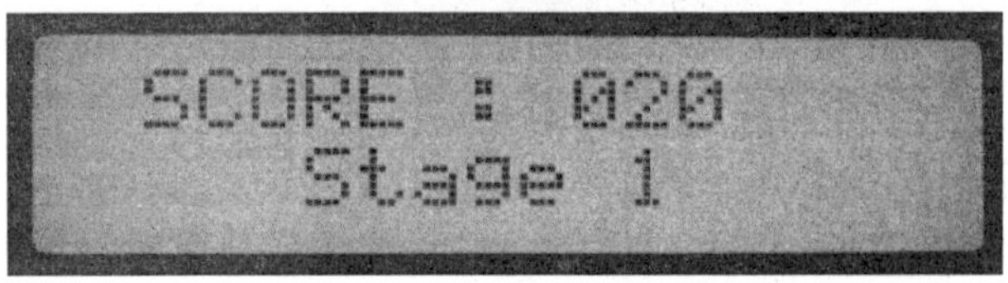

(파도타기 게임 중)

[그림 9-13] LCD 출력 화면

(a) 초기화면

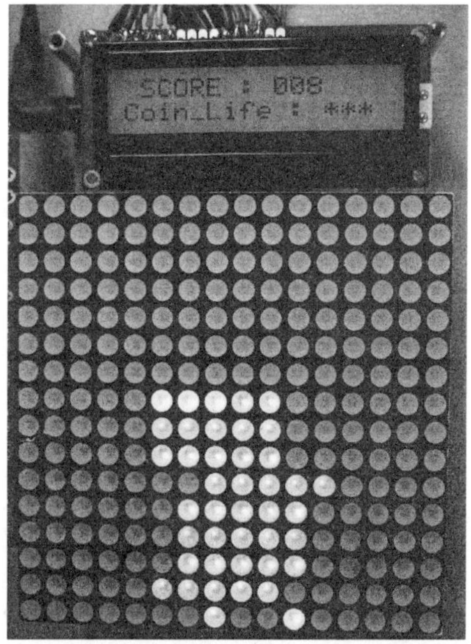

(b) 동전 쌓기 게임 화면

(c) 파도 타기 게임 화면

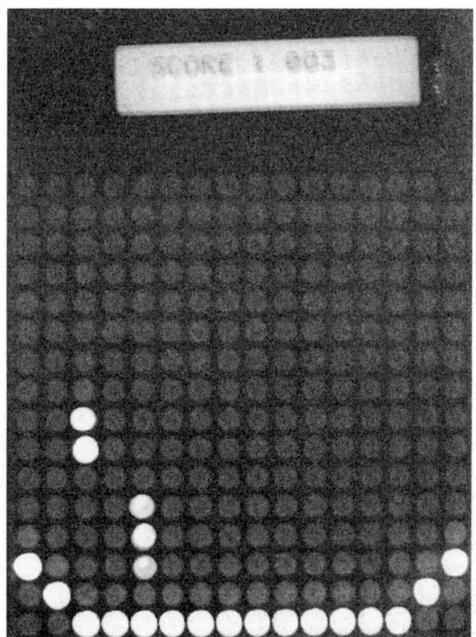

(d) 받아받아 게임 화면

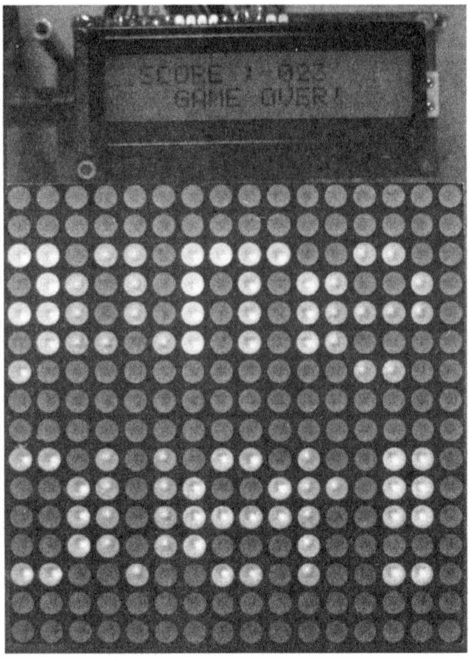

(e) 게임 오버 화면

(f) 게임 오버 shift 화면

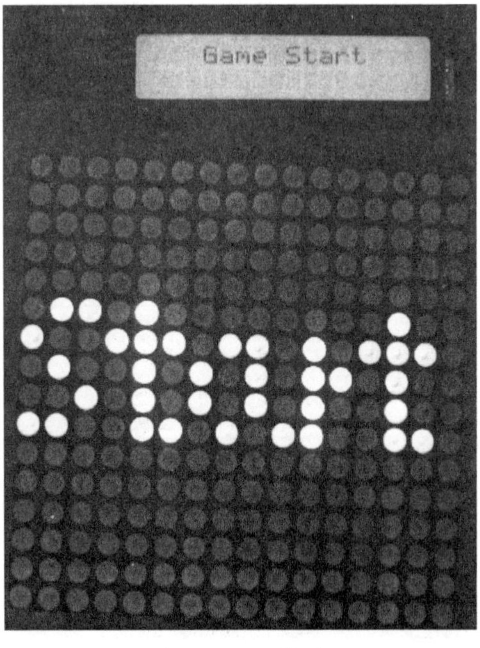

(g) start 화면

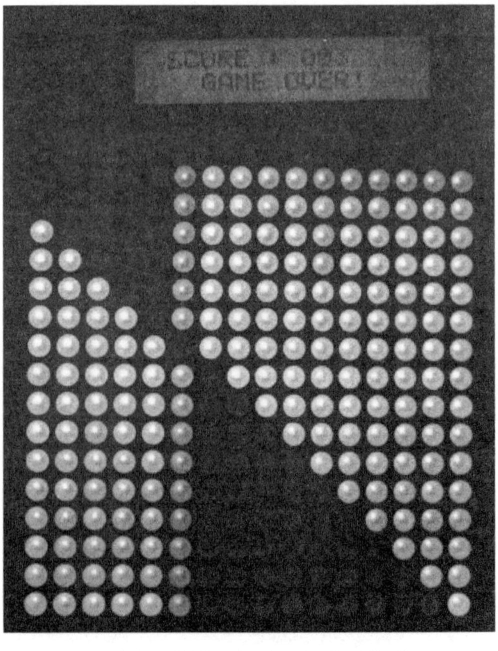

(h) 게임 오버 shift 화면

[그림 9-14] 게임 화면 사진

9.5 프로그램 소스

[리스트 9-1] 미니게임 프로그램 소스

```
// 작품명 : 미니게임천국(최종판)
// 설  명 : Atmega128, LDM, Character LCD를 이용한 미니게임
// 제  작 : 길하나

#include   <mega128.h>
#include   <delay.h>
#include   <stdio.h>
#include   <stdlib.h>
#include   "lcd.h"                          // LCD 구동 헤더파일

#define SIZE     16                         // LDM 사이즈
#define L_ADDR   PORTG                      // Line Address
#define RED      PORTC.0                    // Red LED
#define GREEN    PORTC.1                    // Green LED
#define EN       PORTC.2                    // ~Enable
#define LD       PORTC.3                    // Load
#define CK       PORTC.4                    // Clock
#define SW       PIND.1                     // 게임 스위치
#define SEL_SW   PIND.3                     // 게임선택 스위치

char    dot_i = 0;           // 다음에 표시할 라인 번호
char    mode = 0;            // 모드 (0:게임선택, 1:동전쌓기, 2:파도타기, 3:받아받아)
char    end = 0;             // 게임 종료 알림 변수(0: 게임 실행 중, 1: 게임오버)
char    start = 0;           // while문 안에 처음 한번 start화면을 띄우기 위한 변수
char    mini = 0;            // 초기화면 'mini'글자 위치 변경을 위한 변수
char    score = 0;           // 게임 점수 변수(받아받아게임)
char    p_sel = 0;           // 게임선택 스위치를 눌렀을 때 증가하며, 모드 선택 변수

// 동전쌓기 게임 변수
char    state = 15;                 // 동전이 놓여지는 Line 번호
char    pos = 10;                   // 동전의 중심의 Column 번호
char    coin_life = 30;             // Life 수
char    cnt_life = 0;               // Life 수가 10, 20이상 감소할 때
                                    // warning을 표시하기 위한 변수
// 받아받아 게임 변수
char    bada_state = 1;             // 줄 상태 변수(1: 줄 당기기, 0: 줄 놓기)
char    green_ok = 0;               // 녹색 dot를 받았을 때 효과음 출력을 위한 변수
char    melody = 23;                // 음계 선택 변수
char    music_on = 0;               // 소리 On/Off변수(0: Off, 1: On)
char    dot_red[SIZE][SIZE];        // LDM에서 Red LED Data
```

```
char     dot_green[SIZE][SIZE];          // LDM에서 Green LED Data
char     a_tmp[SIZE][SIZE];              // Red LED 임시 저장 변수
char     b_tmp[SIZE][SIZE];              // Green LED 임시 저장 변수

// 초기화면 "mini" 글자 Line(init_a), Column(init_b) 패턴
char flash init_a[41] = {4,4,5,5,5,5,6,6,6,6,6,7,7,7,7,7,8,8,8,8,
                         8,9,9,9,9,9,10,10,10,10,10,6,6,7,7,8,8,9,9,10,10};
char flash init_b[41] = {6,13,1,3,9,10,0,2,4,8,11,0,2,4,8,11,0,2,4,8,
                         11,0,2,4,8,11,0,2,4,8,11,6,13,6,13,6,13,6,13,6,13};

// "Start" 글자 Line(start_a), Column(start_b) 패턴
char flash start_a[38] = {5,5,6,7,8,9,9, 5,6,7,8,9,9,6,6,6, 7,6,6,7,8,9,8,9,
                          6,7,8,9,7, 5,6,7,8,9,9,6,6,6};
char flash start_b[38] = {2,1,0,1,2,1,0, 4,4,4,4,4,5,3,4,5, 8,8,7,6,6,7,8,9,
                          10,10,10,10,11, 13,13,13,13,13,14,12,13,14};

// "warning!!" 글자 Line(warning_a), Column(warning_b) 패턴
char flash warning_a[82] = {1,2,3,4,5,2,3,4,5,1,2,3,4,3,2,1,1,2,3,4,5,5,4,5, 1,2,3,4,5,2,
                            1,2,3,4,5,1,2,3,4,5,8,10,11,12,13, 9,10,11,12,13,9,10,11,12,13,
                            11,10,9,9,10,11,12,12,13,14,14, 9,9,10,10,11,11,13,13,
                            9,9,10,10,11,11,13,13};
char flash warning_b[82] = {0,0,0,0,1,2,2,2,3,4,4,4,4,8,8,7,6,5,5,5,6,7,8,9, 10,10,10,10,10,11,
                            12,12,12,12,12,13,14,14,14,14, 1,1,1,1,1, 3,3,3,3,3,4,5,5,5,5,
                            8,8,8,7,6,6,7,8,8,7,6, 10,11,10,11,10,11,10,11,
                            13,14,13,14,13,14,13,14};

// "game over" 글자 Line(over_a), Column(over_b) 패턴
char flash over_a[87] = {3,2,2,3,4,4,4,5,6,6, 3,2,2,3,4,5,5,4,5, 2,3,4,5,2,2,3,4,5,2,3,4,5,
             4,4,4,3,2,2,3,4,5,6,6,9,9,10,11,12,13,13,12,11,10, 9,10,11,12,13,12,11,10,9,
             11,11,11,10,9,9,10,11,12,13,13, 9,10,11,12,13,10, 9,9,10,10,11,11,13,13};
char flash over_b[87] = {2,2,1,0,0,1,2,2,1,0, 5,5,4,3,3,3,4,5,6, 7,7,7,7,8,9,9,9,9,10,11,11,11,
             13,14,15,15,14,13,12,12,12,13,14, 2,1,0,0,0,1,2,3,3,3, 4,4,4,4,5,6,6,6,6,
             8,9,10,10,9,8,7,7,7,8,9, 11,11,11,11,11,12, 14,15,14,15,14,15,14,15};

// 파도타기 게임에서 각 Stage별 패턴
// 기본화면(21번째 녹색LED 출력 좌표값(y=14, x=10)
// a => 종축(y), b => 횡축(x)
char flash wave_a1[24] = {2,2,2,2,2,2,2,3,5,7,8,8,8,8,8,9,11,13,14,14,14,14,14,14};
char flash wave_b1[24] = {0,2,4,6,8,10,12,13,14,13,12,10,8,6,4,3,2,3,4,6,8,10,12,14};

// 기본화면에 대한 Stage4 동작 순서  1->0->3->2->5->4->7->6->9->8->11->
// 10->13->12->15->14->17->16->19->18->21->20->23->22
char flash wave_a4[24] = {2,2,2,2,2,2,3,2,7,5,8,8,8,8,9,8,13,11,14,14,14,14,14,14};
char flash wave_b4[24] = {2,0,6,4,10,8,13,12,13,14,10,12,6,8,3,4,3,2,6,4,10,8,14,12};
```

```
// 기본화면에 대한 Stage5 동작 순서
// 0->2->1->3->5->4->6->8->7->9->11->10->12->14
// ->13->15->17->16->18->20->19->21->23->20
char flash wave_a5[24] = {2,2,2,2,2,2,2,5,3,7,8,8,8,8,8,9,13,11,14,14,14,14,14,14};
char flash wave_b5[24] = {0,4,2,6,10,8,12,14,13,13,10,12,8,4,6,3,3,2,4,8,6,10,14,12};

void init_disp(void);                   // 초기화면 "mini" Display
void start_disp(void);                  // "Start" Display
void change_disp(void);                 // 화면 전환 Display
void warning_disp(int);                 // "warning" Display
void game_over();                       // "game over" Display

// 파도타기 관련 함수
void wave_init(void);                   // 파도타기 초기화면(S자 형태) Display
void wave_stage1(void);                 // 파도타기 stage 1
void wave_stage2(void);                 // 파도타기 stage 2
void wave_stage3(void);                 // 파도타기 stage 3
void wave_stage4(void);                 // 파도타기 stage 4
void wave_stage5(void);                 // 파도타기 stage 5
void wave_stage6(void);                 // 파도타기 stage 6
void wave_stage7(void);                 // 파도타기 stage 7

// 동전쌓기 관련 함수
void coin_play(void);                   // 동전쌓기 playing bar LED 반복 움직임
void coin_fall(void);                   // 동전 떨어뜨리는 화면 Display
void coin_warning(void);                // life수 감소에 따른 warning 화면 표시 판단 함수
void coin_score(void);                  // LCD에 Score 표시 함수
void coin_down(int stx);                // coin을 선택된 위치에서 한줄씩 다운시키기

// 받아받아 관련 함수
void bada_line(void);                   // SW 입력에 따른 줄(Line) Display
void bada_game(void);                   // 받아받아 게임 구현 함수
void bada_melody(void);                 // 받아받아 게임 효과음 출력 함수

void game_melody(void);                 // TCNT1 값에 따른 주기에 대한 소리 출력 함수
void game_seldsp(void);                 // 현재 선택된 게임 LCD 2번째 줄에 표시하기

void main(void)
{

        unsigned int     i, j;

        // PORT 입출력 설정
        DDRC = 0x1f;                    // PORTC 출력 설정(LDM 제어핀)
        DDRG = 0x0f;                    // PORTG 출력 설정(LDM Address a0-a3)
```

```
DDRD = 0x00;                        // PORTD 입력 설정(외부 인터럽트 1,3 사용)
DDRE = 0x08;                        // PORTE 출력 설정(LCD)

PORTC = 0x04;                       // 초기 출력값(LDM EN=1, LD=0)
PORTG = 0x0F;                       // 초기 출력값(LDM 초기 어드레스)
PORTC = 0x0;                        // LDM EN=0, LD=0
PORTE = 0x00;                       // 초기 출력값

// 외부 인터럽트 초기값 설정
EICRA = 0b10001000;                 // 외부 인터럽트 1,3 하강 에지 설정
EIMSK = 0b00001010;                 // 외부 인터럽트 1,3 인에이블

// 타이머/카운터 0초기값 설정(500us단위 LDM 한 라인씩 출력)
TCCR0 = 0x03;             // 타이머/카운터0 일반모드, 프리스케일 = CK/32
TCNT0 = 0x00;             // 타이머/카운터 0 레지스터 초기값

// 타이머/카운터 1초기값 설정(음계출력)
TCCR1A = 0x00;                      // 타이머/카운터 1 일반모드
TCCR1B = 0x02;                      // 타이머/카운터 1 프리스케일 = CK/8
TCNT1 = 0;                          // 타이머/카운터 1 레지스터 초기값

// 타이머/카운터0, 1 오버플로우 인터럽트 인에이블 설정
TIMSK = 0x05;                       // TOIE0=1, TOIE1=1;
SREG = 0x80;                        // 전역 인터럽트 인에이블 비트셋

LCD_init();                         // LCD 초기화

for(j = 0;j < SIZE; j++){           // LDM 초기화
        for(i = 0; i < SIZE; i++){
                dot_red[i][j] = 0;
                dot_green[i][j] = 0;
        }
}

for(j = 0;j < SIZE;j++){
        a_tmp[0][j] = 0;
        b_tmp[0][j] = 0;
}

game_seldsp();

// 각 mode에 맞는 동작 반복
while(1){
        switch(mode){
            case 0:                 // mode = 0 게임선택화면
```

```
                init_disp();                // LDM 초기화면 "mini" display
                end = 0;                    // 게임 종료 상태 변수 0으로 초기화
                mini = (mini + 1) % 3;      // "mini" 글자 위치 변경
                srand(TCNT0);
                break;

            case 1:                         // mode=1 : 동전 쌓기 게임
                start_disp();               // 게임이 시작되었을 때 한번만 start display
                coin_play();                // 동전 쌓기 playing bar LED 반복 움직임

                game_over();                // "game over" display
                coin_life=30;               // life 수 30으로 초기화
                state = 15;                 // 동전이 놓일 라인번호(1-16)
                cnt_life = 0;               // life수 10감소할 때마다 1증가
                break;

            case 2:                         // mode=2 : 파도타기 게임
                start_disp();               // 게임이 시작되었을 때 한번만 start display
                wave_init();                // 파도타기 초기화면(S자 형태) Display

                wave_stage1();                          // 파도타기 stage 1
                if(end == 0) wave_stage2();             // 파도타기 stage 2
                if(end == 0) wave_stage3();             // 파도타기 stage 3
                if(end == 0) wave_stage4();             // 파도타기 stage 4
                if(end == 0) wave_stage5();             // 파도타기 stage 5
                if(end == 0) wave_stage6();             // 파도타기 stage 6
                if(end == 0) wave_stage7();             // 파도타기 stage 7

                game_over();                            // "game over" display

                break;

            case 3:                         // mode=3 : 받아받아 게임
                start_disp();               // start display

                bada_line();                // 받아받아 게임 줄(line) display
                bada_game();

                game_over();                // "game over" display
                break;

            default : break;
        }
    }
}
```

```
// 선택 게임 표시
void game_seldsp(void)
{
        Command(HOME);                          // LCD에 게임 선택 화면 Display
        LCD_String("GameSelect 1,2,3");
        Command(LINE2);                         // Line2 선두 커서 위치

        if(p_sel == 0) {                        // p_sel이 0이면
                LCD_String("   Coin Game      ");
                Command(CURON);                 // LCD Line1에 표시된 "GameSelect 1,2,3"에서
                Command(0x8B);                  // 1의 위치에 커서가 깜박임
        }
        else if(p_sel == 1){                    // p_sel이 1이면
                LCD_String("   Wave Game      ");
                Command(CURON);                 // LCD Line1에 표시된 "GameSelect 1,2,3"에서
                Command(0x8D);                  // 2의 위치에 커서가 깜박임
        }
        else {                                  // p_sel이 2이면
                LCD_String(" Bada Bada Game ");
                Command(CURON);                 // LCD Line1에 표시된 "GameSelect 1,2,3"에서
                Command(0x8F);                  // 3의 위치에 커서가 깜박임
        }
}

// 초기화면 "mini" Display
void init_disp(void)
{
        unsigned int    i,j;

        delay_ms(1000);                         // "mini" 위치 변경 딜레이 1000ms
        for(i = 0;i < SIZE;i++){                // LDM 초기화
                for(j = 0;j < SIZE;j++){
                        dot_red[i][j] = 0;
                        dot_green[i][j] = 0;
                }
        }
        if(mini == 0){                                          // "mini" 위치 1
                for(j = 0;j < 31;j++){                          // Green LED 1
                        dot_green[*(init_a+j)][*(init_b+j)] = 1;        // 'm', 'n' 녹색 표시
                }
                for(j = 31;j < 41;j++){                         // Red LED 1
                        dot_red[*(init_a+j)][*(init_b+j)] = 1;          // 'i', 'i' 적색 표시
                }
        }
```

```
	else if(mini == 1){                                              // "mini" 위치 2
		for(j = 0;j < 31;j++){                                       // Green LED 1
			// 위치 1에서 위로 3줄, 오른쪽으로 2칸 이동
			dot_green[*(init_a+j)-3][*(init_b+j)+2] = 1;
		}
		for(j = 31;j < 41;j++){                                      // Red LED 1
			// 위치 1에서 위로 3줄, 오른쪽으로 2칸 이동
			dot_red[*(init_a+j)-3][*(init_b+j)+2] = 1;
		}
	}



	else{                                                            // "mini" 위치 3
		for(j = 0;j < 31;j++){                                       // Green LED 1
			// 위치 1에서 아래로 3줄, 왼쪽으로 2칸 이동
			dot_green[*(init_a+j)+3][*(init_b+j)+2] = 1;
		}
		for(j = 31;j < 41;j++){                                      // Red LED 1
			// 위치 1에서 아래로 3줄, 왼쪽으로 2칸 이동
			dot_red[*(init_a+j)+3][*(init_b+j)+2] = 1;
		}
	}
}

// 화면 전환 Display
void change_disp(void)
{
	unsigned int	i,j;

	delay_ms(100);
	for(i = 0;i < SIZE;i++){                         // 대각선 위쪽 green LED 점등
		for(j = 0;j <= i;j++){
			dot_red[j][i] = 0;
			dot_green[j][i] = 1;
		}
		delay_ms(50);
	}
	for(i = 0;i < SIZE - 1;i++){                     // 대각선 아래쪽 green LED 점등
		for(j = 0;j <= i+1;j++)   dot_green[j][i] = 0;
		for(j = i+1;j < SIZE;j++) dot_green[j][i] = 1;
		delay_ms(50);
	}

	for(i = 0;i < SIZE;i++){                         // LDM 초기화
```

```
                for(j = 0;j < SIZE;j++){
                        dot_red[i][j] = 0;
                        dot_green[i][j] = 0;
                }
        }
        Command(LINE2);                         // LCD Line2에 공백 출력
        LCD_String("                ");
}

// "Start" Display
void start_disp(void)
{
        unsigned int    i, j;

        music_on = 1;                           // 소리 On
        melody = 18;                            // 솔(7옥타브)
        Command(HOME);                          // LCD에 "Game Start" 표시
        LCD_String("   Game Start   ");         // LDM 초기화

        for(i = 0;i < SIZE;i++){
                for(j = 0;j < SIZE;j++){
                        dot_red[i][j] = 0;
                        dot_green[i][j] = 0;
                }
        }
        delay_ms(140);
        melody = 16;                            // 미(7옥타브)

        for(j = 0;j < 7;j++){                   // Green LED "S"자 쓰기
                dot_green[*(start_a+j)][*(start_b+j)] = 1;
                delay_ms(20);
        }
        melody = 17;                            // 파(7옥타브)

        for(j = 7;j < 16;j++){                  // Red LED "t"자 쓰기
                dot_red[*(start_a+j)][*(start_b+j)] = 1;
                delay_ms(20);
        }
        melody = 19;                            // 라(7옥타브)
        for(j = 16;j < 24;j++){                 // Green LED "a"자 쓰기
                dot_green[*(start_a+j)][*(start_b+j)] = 1;
                delay_ms(20);
        }
        melody = 18;                            // 솔(7옥타브)
        for(j = 24;j < 29;j++){                 // Red LED "r"자 쓰기
```

```
            dot_red[*(start_a+j)][*(start_b+j)] = 1;
            delay_ms(20);
        }
        for(j = 29;j < 38;j++){                     // Green LED "t"자 쓰기
            dot_green[*(start_a+j)][*(start_b+j)] = 1;
            delay_ms(20);
        }
        for(i = 0;i < SIZE;i++){                    // LDM 초기화
            for(j = 0;j < SIZE;j++){
                dot_red[i][j] = 0;
                dot_green[i][j] = 0;
            }
        }
        Command(LINE2);                             // LCD Line2에 공백 출력
        LCD_String("                ");
        delay_ms(100);
        music_on = 0;                               // 소리 Off
}

// "warning" Display
void warning_disp(int    cnt)                       // cnt는 warning 표시 횟수
{
        unsigned int      i, j;

        // cnt가 0이 아니면
        while(cnt != 0){
            for(i = 0;i < SIZE;i++){                // LDM 초기화
                for(j = 0;j < SIZE;j++){
                    dot_red[i][j] = 0;
                    dot_green[i][j] = 0;
                }
            }
            music_on = 1;                           // 소리 On
            melody = 21;                            // 도(8옥타브)

            delay_ms(100);

            for(j = 0;j < 13;j++){
                dot_red[*(warning_a+j)][*(warning_b+j)] = 1;  // Red LED "w"
            }
            for(j=13;j<24;j++){
                dot_green[*(warning_a+j)][*(warning_b+j)]=1;  // Green LED "a"
            }
            for(j=24;j<30;j++){
                dot_red[*(warning_a+j)][*(warning_b+j)]=1;    // Red LED "r"
```

```
            }
            for(j=30;j<40;j++){
                    dot_green[*(warning_a+j)][*(warning_b+j)]=1;  // Green LED "n"
            }
            for(j=40;j<45;j++){
                    dot_red[*(warning_a+j)][*(warning_b+j)]=1;      // Red LED "i"
            }
            for(j=45;j<55;j++){
                    dot_green[*(warning_a+j)][*(warning_b+j)]=1;    // Green LED "n"
            }
            for(j=55;j<66;j++){
                    dot_red[*(warning_a+j)][*(warning_b+j)]=1;      // Red LED "g"
            }
            for(j=66;j<74;j++){
                    dot_green[*(warning_a+j)][*(warning_b+j)]=1;  // Green LED "!"
            }
            for(j=74;j<82;j++){
                    dot_red[*(warning_a+j)][*(warning_b+j)]=1;      // Red LED "!"
            }

            delay_ms(100);
            melody = 18;                                            // 솔(7옥타브)

            delay_ms(200);
            cnt--;                          // "warning" 표시 횟수 1씩 감소

        }
        music_on = 0;                       // 소리 Off
}

// "game over" Display
void game_over(void)
{
        int      i, j, k;
        unsigned int     l_shift = 16;      // "game over" 글자 shift

        Command(LINE2);                     // LCD Line2에 "GAME OVER!" 출력
        LCD_String("    GAME OVER!    ");

        // "game over" 3회 출력 표시
        for(k = 0;k < 3;k++){
                for(i = 0;i < SIZE;i++){    // LDM 초기화
                        for(j = 0;j < SIZE;j++){
                                dot_red[i][j] = 0;
                                dot_green[i][j] = 0;
```

```
				}
		}
		if(k == 0){
				music_on = 1;			// 소리 On
				melody = 14;			// 도(7옥타브)
		}
		else if(k == 1) melody = 13;	// 시(6옥타브)
		else if(k == 2) melody = 11;	// 솔(6옥타브)

		delay_ms(100);
		for(j = 0;j < 10;j++){
				dot_red[*(over_a+j)][*(over_b+j)] = 1;		// Red LED "g"
		}
		for(j = 10;j < 19;j++){
				dot_green[*(over_a+j)][*(over_b+j)] = 1;	// Green LED "a"
		}
		for(j = 19;j < 32;j++){
				dot_red[*(over_a+j)][*(over_b+j)] = 1;		// Red LED "m"
		}
		for(j = 32;j < 43;j++){
				dot_green[*(over_a+j)][*(over_b+j)] = 1;	// Green LED "e"
		}
		for(j = 43;j < 53;j++){
				dot_red[*(over_a+j)][*(over_b+j)] = 1;		// Red LED "o"
		}
		for(j = 53;j < 62;j++){
				dot_green[*(over_a+j)][*(over_b+j)] = 1;	// Green LED "v"
		}
		for(j = 62;j < 73;j++){
				dot_red[*(over_a+j)][*(over_b+j)] = 1;		// Red LED "e"
		}
		for(j = 73;j < 79;j++){
				dot_green[*(over_a+j)][*(over_b+j)] = 1;	// Green LED "r"
		}
		for(j = 79;j < 87;j++){
				dot_red[*(over_a+j)][*(over_b+j)] = 1;		// Red LED "!"
		}
		delay_ms(200);
}

melody = 9;								// 미(6옥타브)
while(l_shift != 0){					// LDM 16번 왼쪽 shift
		if(l_shift == 13) melody = 7;	// 3번 shift하면 도(6옥타브)
		for(i = 0;i < SIZE;i++){
				for(j = 0;j < SIZE;j++){
```

```
                                        // 현재 LDM 화면 데이터 임시 저장
                                        a_tmp[j][i] = dot_red[j][i];
                                        b_tmp[j][i] = dot_green[j][i];
                                }
                        }
                        for(i = 0;i < SIZE;i++){
                                for(j = 0;j < SIZE;j++){
                                        if(i == 0){
                                                dot_red[j][15] = 0;
                                                dot_green[j][15] = 0;
                                        }
                                        else{
                                                   // LED 한 칸씩 왼쪽 shift
                                                dot_red[j][i-1] = a_tmp[j][i];
                                                dot_green[j][i-1] = b_tmp[j][i];
                                        }
                                }
                        }
                        delay_ms(100);
                        l_shift--;                      // shift 횟수(16번) 감소
                }
                music_on = 0;                           // 소리 Off

                for(i = 0;i < SIZE;i++){
                        a_tmp[0][i] = 0;
                        b_tmp[0][i] = 0;
                }

                change_disp();                          // 화면 전환 display
                mode = 0;                               // mode=0(게임 선택 화면)으로 초기화
                score = 0;                              // score 0으로 초기화
                game_seldsp();                          // 선택 게임 표시
}

// 동전쌓기 playing bar LED 반복 움직임
void coin_play(void)
{
        int     i;

        dot_green[15][7] = 1;                   // LDM 맨 아래 중심점 항상 점등

        while(!end){
            //오른쪽에서 왼쪽으로 Red LED 움직임(14열 --> 0열 순차 점멸)
            for(i = 13;i >= 0;i--){      // SW(PIND.1)가 눌려지면 coin_fall()함수를 호출하여
                if(SW == 0) coin_fall(); // 눌려진 위치에 동전이 떨어진다.
```

```
                else{
                        dot_red[15][i] = 1;        // Red LED 왼쪽으로 이동
                        dot_red[15][i+1] = 0;
                        delay_ms(30);
                }
            }

            //왼쪽에서 오른쪽으로 Red LED 움직임(0열 -> 14열 순차 점멸)
            for(i = 1;i < 15;i++){                 // SW가 눌려지면 coin_fall()함수를 호출하여
                if(SW == 0) coin_fall();           // 눌려진 위치에 동전이 떨어진다.
                else {
                        dot_red[15][i] = 1;        // Red LED 오른쪽으로 이동
                        dot_red[15][i-1] = 0;
                        delay_ms(30);
                }
            }
        }
 }

// LCD에 점수를 표시하는 함수
void coin_score(void)
{
        char buf[16];

        sprintf(buf, " SCORE : %03u     ", score); // buf에 점수를 표시하는 문자열 저장
        Command(HOME);                              // buf에 저장된 문자열을 LCD Line1에 출력
        LCD_String2(buf);
}

// 동전 떨어뜨리는 화면 Display
// SW를 눌렀을 때 호출되는 함수
void coin_fall(void)
{
        unsigned int      i ,j;

        coin_warning();                      // warning 화면 표시 판단 함수 호출
        coin_score();                        // LCD에 Score 표시 함수 호출
        music_on = 1;                        // 소리 On
        melody = 21;                         // 도(8옥타브)
        if(state == 2){                      // 동전이 12개 쌓인 상태에서 스위치가 눌려져
                state = 10;                  // state가 2가 되면 state를 10으로 변경

                for(i = 10;i < 15;i++){              // 맨 위 동전 4줄을 아랫줄로 이동(아랫줄은 삭제)
                        for(j = 0;j < SIZE;j++){     // 새로운 한 줄은 아래 부분에서 처리
                                dot_red[i][j] = dot_red[i-8][j];
```

```
                    dot_green[i][j] = dot_green[i-8][j];
                }
            }
            for(i = 3;i < 10;i++){  // 5개의 동전이 쌓인 Line 위쪽 모두 초기화
                for(j = 0;j < SIZE;j++){
                    dot_red[i][j] = 0;
                    dot_green[i][j] = 0;
                }
            }
        }

        if(pos == 0){                   // 가운데 중심 LED에서 왼쪽으로 2칸 벗어난 자리
            coin_life = coin_life - 2; // life를 2 감소시킴
            coin_down(3);
        }
        else if(pos == 1){              // 가운데 중심 LED에서 왼쪽으로 1칸 벗어난 자리
            coin_life--;                // life를 1 감소시킴
            coin_down(4);
        }
        else if(pos == 2){              // 가운데 중심 LED 자리
            coin_down(5);               // (동전이 정 가운데 떨어졌으므로 life수 감소 없음)
        }
        else if(pos == 3){              // 가운데 중심 LED에서 오른쪽으로 1칸 벗어난 자리
            coin_life--;                // life를 1 감소시킴
            coin_down(6);
        }
        else if(pos == 4){              // 가운데 중심 LED에서 오른쪽으로 2칸 벗어난 자리
            coin_life = coin_life-2;   // life를 2 감소시킴
            coin_down(7);
        }
        else if(pos == 5) end = 1;      // 그 외의 위치에서 SW를 누르면 바로 Game Over
}

// coin 아래로 한 줄씩 떨어뜨리면서 표시하기
void coin_down(int stx)
{
        int     i, j;

        for(i = 0;i <= state;i++){      // 현재 동전이 쌓여있는 Line 뒷줄에 동전을 떨어뜨림
            delay_ms(30);
            if(i == 2) melody = 18;            // 솔(7옥타브)
            if(i == 3) music_on = 0;           // 소리 Off
            if((state % 2) == 1){              // 현재 state값을 2로 나눈 나머지가 1이면
                for(j = stx;j < stx + 5;j++){  // 빨간색 동전이 떨어짐
                    if(i != 0) dot_red[i-1][j] = 0;
```

```
                        dot_red[i][j] = 1;
                    }
                }
                else{                               // 현재 state값을 2로 나눈 나머지가 0이면
                    for(j = stx;j < stx + 5;j++){    // 초록색 동전이 떨어짐
                        if(i != 0) dot_green[i-1][j] = 0;
                        dot_green[i][j] = 1;
                    }
                }
        }
}


// 동전쌓기 게임 life수 감소에 따른 warning 화면 표시 판단 함수
void coin_warning(void)
{
        unsigned int      i ,j;

          // cnt_life 변수는 coin_life가 10, 20이하로 떨어졌을 때
          // 처음 한번만 warning을 표시하기 위한 변수이다.
        if(coin_life <= 0 && cnt_life == 2){              // life가 0이하이고, cnt_life가 2이면
                pos = 5;                                  // pos=5 (Game Over)
                delay_ms(100);
                Command(LINE2);                           // LCD Line2에 공백 출력
                LCD_String("                  ");
        }
        else if(coin_life < 10 && cnt_life == 1){         // life가 10이하이고, cnt_life가 1이면
                for(i = 0;i < SIZE;i++){                  // 현재 LDM 임시저장
                        for(j = 0;j < SIZE;j++){
                                a_tmp[i][j] = dot_red[i][j];
                                b_tmp[i][j] = dot_green[i][j];
                        }
                }
                warning_disp(3);                          // "warning" 3번 깜박임
                for(i = 0;i < SIZE;i++){                  // 임시 저장한 화면 다시 display
                        for(j = 0;j < SIZE;j++){
                                dot_red[i][j] = a_tmp[i][j];
                                dot_green[i][j] = b_tmp[i][j];
                        }
                }
                cnt_life = 2;                             // cnt_life를 2로 변경
                Command(LINE2);                           // LCD Line2에 "Coin_Life : * " 출력
                LCD_String("Coin_Life : *   ");
        }
        else if(coin_life < 20 && cnt_life == 0){         // life가 20이하이고, cnt_life가 0이면
```

```
            for(i = 0;i < SIZE;i++){                    // 현재 LDM 임시저장
                for(j = 0;j < SIZE;j++){
                    a_tmp[i][j] = dot_red[i][j];
                    b_tmp[i][j] = dot_green[i][j];
                }
            }
            warning_disp(2);                            // "warning" 2번 깜박임

            for(i = 0;i < SIZE;i++){                    // 임시 저장한 화면 다시 display
                for(j = 0;j < SIZE;j++){
                    dot_red[i][j] = a_tmp[i][j];
                    dot_green[i][j] = b_tmp[i][j];
                }
            }
            cnt_life = 1;                       // cnt_life를 1로 변경
            Command(LINE2);                     // LCD Line2에 "Coin_Life : ** " 출력
            LCD_String("Coin_Life : ** ");
        }
        else if(coin_life == 30){               // coin_life가 30일 때
            Command(LINE2);                     // LCD Line2에 "Coin_Life : ***" 출력
            LCD_String("Coin_Life : *** ");
        }
}

// 파도타기 초기화면(S자 형태) Display
void wave_init(void)
{
        unsigned int    j;

        for(j = 0;j < 24;j++){                  // LDM에 "S"자 모양의 게임초기화면 display
            if(j == 21)                         // 21번째 dot이면 Green LED 점등
                dot_green[*(wave_a1+j)][*(wave_b1+j)] = 1;
            else                                // 그 외의 dot이면 Red LED 점등
                dot_red[*(wave_a1+j)][*(wave_b1+j)] = 1;
        }
}

// 파도타기 stage 1 : 차례대로 점프
void wave_stage1(void)
{
        unsigned int    j;

        Command(LINE2);                         // LCD 두번째 라인에 stage 표시
        LCD_String("     Stage 1      ");
```

```
for(j = 0;j < 24;j++){              // "S"자 모양의 24개의 dot를 표시하기 위한 반복문
    score++;                        // "S"자 모양의 각 dot 차례마다 점수 증가
    coin_score();                   // LCD에 Score 표시 함수 호출

    if(j == 21){                    // 21번째 녹색 LED 이고,
        if(SW == 0){                // SW가 눌려지면
            music_on = 1;           // 소리 On
            melody = 14;            // 도(7옥타브)
            dot_green[*(wave_a1+j)][*(wave_b1+j)] = 0;  // 현재 순서 Green LED 점멸
            dot_green[*(wave_a1+j)-1][*(wave_b1+j)] = 1;  // 1칸 위 Green LED 점등
            delay_ms(50);                                  // 50ms 딜레이

            melody = 21;                                   // 도(8옥타브)
            dot_green[*(wave_a1+j)-1][*(wave_b1+j)] = 0;  // 1칸 위 Green LED 점멸
            dot_green[*(wave_a1+j)-2][*(wave_b1+j)] = 1;  // 2칸 위 Green LED 점등
            delay_ms(50);                                  // 50ms 딜레이

            melody = 14;                                   // 도(7옥타브)
            dot_green[*(wave_a1+j)-2][*(wave_b1+j)] = 0;  // 2칸 위 Green LED 점멸
            dot_green[*(wave_a1+j)-1][*(wave_b1+j)] = 1;  // 1칸 위 Green LED 점등
            delay_ms(50);                                  // 50ms 딜레이

            dot_green[*(wave_a1+j)-1][*(wave_b1+j)] = 0;  // 1칸 위 Green LED 점멸
            dot_green[*(wave_a1+j)][*(wave_b1+j)] = 1;  // 현재 순서 Green LED 점등

            music_on = 0;               // 소리 Off
            delay_ms(200);              // 200ms 딜레이
        }
        else {                          // SW가 눌려지지 않으면 Game Over
            end = 1;
            break;
        }
    }
    else{                                             // 적색 LED 이면
        music_on = 1;                                 // 소리 On
        melody = 14;                                  // 도(7옥타브)
        dot_red[*(wave_a1+j)][*(wave_b1+j)] = 0;      // 현재 순서 LED 점멸
        dot_red[*(wave_a1+j)-1][*(wave_b1+j)] = 1;    // 1칸 위 Red LED 점등
        delay_ms(50);                                 // 50ms 딜레이

        melody = 21;                                  // 도(8옥타브)
        dot_red[*(wave_a1+j)-1][*(wave_b1+j)] = 0;    // 1칸 위 Red LED 점멸
        dot_red[*(wave_a1+j)-2][*(wave_b1+j)] = 1;    // 2칸 위 Red LED 점등
        delay_ms(50);                                 // 50ms 딜레이
```

```
                melody = 14;                                        // 도(7옥타브)
                dot_red[*(wave_a1+j)-2][*(wave_b1+j)] = 0;          // 2칸 위 Red LED 점멸
                dot_red[*(wave_a1+j)-1][*(wave_b1+j)] = 1;          // 1칸 위 Red LED 점등
                delay_ms(50);                                       // 50ms 딜레이

                dot_red[*(wave_a1+j)-1][*(wave_b1+j)] = 0;          // 1칸 위 Red LED 점멸
                dot_red[*(wave_a1+j)][*(wave_b1+j)] = 1;            // 현재 순서 Red LED 점등

                music_on = 0;                                       // 소리 Off
                delay_ms(200);                                      // 200ms 딜레이
            }
        }
}

// 파도타기 stage 2
// 점프 순서는 stage1과 동일(패턴 동일)하나 두개씩 동시에 점프하도록 함
void wave_stage2(void)
{
        unsigned int    j;
        unsigned int    jump = 0;                   // SW를 눌렀을 때 1이 된다

        Command(LINE2);                             // LCD 두번째 라인에 stage 표시
        LCD_String("    Stage 2     ");

        / / "S"자 모양의 24개의 dot를 표시하기 위한 반복문
        // 두개씩 동시에 점프하기 때문에 j는 2씩 증가
        for(j = 0;j < 24;j=j+2){
            score = score + 2;                      // "S"자 모양의 각 dot 차례마다 점수 2씩 증가
            coin_score();                           // LCD에 Score 표시 함수 호출

            // 1줄 위 LED ON
            music_on = 1;                                   // 소리 On
            melody = 14;                                    // 도(7옥타브)
            dot_red[*(wave_a1+j)][*(wave_b1+j)] = 0;        // 현재 순서 Green LED 점멸
            dot_red[*(wave_a1+j)-1][*(wave_b1+j)] = 1;      // 1칸 위 Green LED 점등

            if(j != 20){        // j가 20이 아니면(내 차례가 아닐 경우)
                // 다음 순서 LED도 점프(2개 동시 점프)
                dot_red[*(wave_a1+j+1)][*(wave_b1+j+1)] = 0;
                dot_red[*(wave_a1+j+1)-1][*(wave_b1+j+1)] = 1;
            }
            else{                                   // j가 20이면 21번째 녹색 LED도 함께 점프
                if(SW == 0) jump = 1;               // j가 20일 때 SW가 눌려졌으면 jump를 1로

                if(jump == 1){                      // jump가 1이면
```

```
            // 현재 Green LED 점멸, 1칸 위 Green LED 점등
            dot_green[*(wave_a1+j+1)][*(wave_b1+j+1)] = 0;
            dot_green[*(wave_a1+j+1)-1][*(wave_b1+j+1)] = 1;
        }
        else {                              // SW가 눌려지지 않으면 Game Over
            end = 1;
            break;
        }
    }
    delay_ms(50);                           // 50 ms 딜레이

    // 2줄 위 LED ON
    melody = 21;                            // 도(8옥타브)
    dot_red[*(wave_a1+j)-1][*(wave_b1+j)] = 0;    // 1칸 위 Red LED 점멸
    dot_red[*(wave_a1+j)-2][*(wave_b1+j)] = 1;    // 2칸 위 Red LED 점등
    if(j != 20){                            // j가 20이 아니면(내 차례가 아닐 경우)
        // 다음 순서의 dot도 점프(2개 동시 점프)
        dot_red[*(wave_a1+j+1)-1][*(wave_b1+j+1)] = 0;
        dot_red[*(wave_a1+j+1)-2][*(wave_b1+j+1)] = 1;
    }
    else{                                   // j가 20이면 21번째 녹색 LED도 함께 점프
        // 1칸 위의 Green LED 점멸, 2칸 위의 Green LED 점등
        dot_green[*(wave_a1+j+1)-1][*(wave_b1+j+1)] = 0;
        dot_green[*(wave_a1+j+1)-2][*(wave_b1+j+1)] = 1;
    }
    delay_ms(50);                                 // 50 ms 딜레이

    // 1줄 위 LED ON
    melody = 14;                                  // 도(7옥타브)
    dot_red[*(wave_a1+j)-2][*(wave_b1+j)] = 0;    // 2칸 위 Green LED 점멸
    dot_red[*(wave_a1+j)-1][*(wave_b1+j)] = 1;    // 1칸 위 Green LED 점등
    if(j != 20){                            // j가 20이 아니면(내 차례가 아닐 경우)
        // 다음 순서의 dot도 점프(2개 동시 점프)
        dot_red[*(wave_a1+j+1)-2][*(wave_b1+j+1)] = 0;
        dot_red[*(wave_a1+j+1)-1][*(wave_b1+j+1)] = 1;
    }
    else{                                   // j가 20이면 21번째 녹색 LED도 함께 점프
        // 2칸 위의 Green LED 점멸, 1칸 위의 Green LED 점등
        dot_green[*(wave_a1+j+1)-2][*(wave_b1+j+1)] = 0;
        dot_green[*(wave_a1+j+1)-1][*(wave_b1+j+1)] = 1;
    }
    delay_ms(50);                                 // 50 ms 딜레이

    // LED 원 위치에서 ON
    music_on = 0;                                 // 소리 Off
```

```
            dot_red[*(wave_a1+j)-1][*(wave_b1+j)] = 0;   // 1칸 위의 Green LED 점멸
            dot_red[*(wave_a1+j)][*(wave_b1+j)] = 1;     // Green LED 점등
            if(j != 20){                                 // j가 20이 아니면(내 차례가 아닐 경우)
                // 다음 순서의 dot도 점프(2개 동시 점프)
                dot_red[*(wave_a1+j+1)-1][*(wave_b1+j+1)] = 0;
                dot_red[*(wave_a1+j+1)][*(wave_b1+j+1)] = 1;
            }
            else{                                        // j가 20이면 21번째 녹색 LED도 함께 점프
                // 1칸 위의 Green LED 점멸, Green LED 점등
                dot_green[*(wave_a1+j+1)-1][*(wave_b1+j+1)] = 0;
                dot_green[*(wave_a1+j+1)][*(wave_b1+j+1)] = 1;
            }
            delay_ms(200);                               // 200 ms 딜레이
        }
}

// 파도타기 stage 3
// 점프 순서는 stage1과 동일(패턴 동일)하나 속도(딜레이)를 다르게 함
// 1,4,7,10,13,16,18,22번째 LED는 220ms 딜레이
// 0,2,3,5,6,8,11,12,14,15,17,19,(21),23번째 LED는 100ms 딜레이
void wave_stage3(void)
{
        unsigned int     j;

        Command(LINE2);                  // LCD 두번째 라인에 stage 표시
        LCD_String("     Stage 3      ");

        for(j = 0;j < 24;j++){           // "S"자 모양의 24개의 dot를 표시하기 위한 반복문
            score++;                     // "S"자 모양의 각 dot 차례마다 점수 증가
            coin_score();                // LCD에 Score 표시 함수 호출

            if(j == 21){                 // 21번째 녹색 LED 이고,
                music_on = 1;            // SW가 눌려지면
                melody = 14;             // 소리 On
                if(SW == 0){             // 도(7옥타브)
                    // 현재 순서에 해당하는 Green LED 점멸, 1칸 위의 Green LED 점등
                    dot_green[*(wave_a1+j)][*(wave_b1+j)] = 0;
                    dot_green[*(wave_a1+j)-1][*(wave_b1+j)] = 1;

                    delay_ms(30);                        // 30ms 딜레이
                    melody = 21;                         // 도(8옥타브)

                    // 1칸 위의 Green LED 점멸, 2칸 위의 Green LED 점등
                    dot_green[*(wave_a1+j)-1][*(wave_b1+j)] = 0;
                    dot_green[*(wave_a1+j)-2][*(wave_b1+j)] = 1;
```

```
            delay_ms(30);                       // 30ms 딜레이
            melody = 14;                        // 도(7옥타브)

             // 2칸 위의 Green LED 점멸, 1칸 위의 Green LED 점등
            dot_green[*(wave_a1+j)-2][*(wave_b1+j)] = 0;
            dot_green[*(wave_a1+j)-1][*(wave_b1+j)] = 1
            delay_ms(30);                       // 30ms 딜레이

             // 1칸 위의 Green LED 점멸, 현재 순서에 해당하는 Green LED 점등
             // 점프 후 원래 자리 dot 점등
            dot_green[*(wave_a1+j)-1][*(wave_b1+j)] = 0;
            dot_green[*(wave_a1+j)][*(wave_b1+j)] = 1;

            music_on = 0;                       // 소리 Off
            delay_ms(100);                      // 100ms 딜레이
        }
        else {                                  // SW가 눌려지지 않으면 Game Over
            end = 1;
            break;
        }
    }
    else{                                       // 21번째 dot가 아니면
        music_on = 1;                           // 소리 On
        melody = 14;                            // 도(7옥타브)

         // 현재 순서에 해당하는  LED 점멸, 1칸 위의 Red LED 점등
        dot_red[*(wave_a1+j)][*(wave_b1+j)] = 0;
        dot_red[*(wave_a1+j)-1][*(wave_b1+j)] = 1;

        delay_ms(30);                                   // 30ms 딜레이
        melody = 21;                                    // 도(8옥타브)
        dot_red[*(wave_a1+j)-1][*(wave_b1+j)] = 0;      // 1칸 위의 Red LED 점멸
        dot_red[*(wave_a1+j)-2][*(wave_b1+j)] = 1;      // 2칸 위의 Red LED 점등
        delay_ms(30);                                   // 30ms 딜레이
        melody = 14;                                    // 도(7옥타브)
        dot_red[*(wave_a1+j)-2][*(wave_b1+j)] = 0;      // 2칸 위의 Red LED 점멸
        dot_red[*(wave_a1+j)-1][*(wave_b1+j)] = 1;      // 1칸 위의 Red LED 점등
        delay_ms(30);                                   // 30ms 딜레이
        dot_red[*(wave_a1+j)-1][*(wave_b1+j)] = 0;      // 1칸 위의 Red LED 점멸
        dot_red[*(wave_a1+j)][*(wave_b1+j)] = 1;        // 현재 순서 Red LED 점등
                                                // (점프 후 원래 자리 dot 점등)
        music_on = 0;                           // 소리 Off

        // dot 위치가 1,4,7,10,13,16,18,22일 때 200ms 딜레이
        // 다른 dot 위치에서는 100ms 딜레이
```

```
                if(j == 1 || j == 4 || j == 7 || j == 10 ||
                   j == 13 || j == 16 || j == 19 || j == 22) delay_ms(200);
                else     delay_ms(100);
            }
        }
}

// 파도타기 stage 4
// 점프 순서 변경(wave_a4, wave_b4 패턴 사용)
// 1->0->3->2->5->4->7->6->9->8->11->10->
// 13->12->15->14->17->16->19->18->(21)->20->23->22
void wave_stage4(void)
{
        unsigned int      j;

        Command(LINE2);                 // LCD 두번째 라인에 stage 표시
        LCD_String("     Stage 4      ");

        for(j = 0;j < 24;j++){          // "S"자 모양의 24개의 dot를 표시하기 위한 반복문
            score++;                    // "S"자 모양의 각 dot 차례마다 점수 증가
            coin_score();               // LCD에 Score 표시 함수 호출

            if(j == 20){                // 20번째 녹색 LED이고,
                if(SW == 0){            // SW가 눌려지면
                    music_on = 1;       // 소리 On
                    melody = 14;        // 도(7옥타브)

                    // 현재 순서 Green LED 점멸, 1칸 위 Green LED 점등
                    dot_green[*(wave_a4+j)][*(wave_b4+j)] = 0;
                    dot_green[*(wave_a4+j)-1][*(wave_b4+j)] = 1;
                    delay_ms(50);                           // 50ms 딜레이
                    melody = 21;                            // 도(8옥타브)

                    // 1칸 위 Green LED 점멸, 2칸 위 Green LED 점등
                    dot_green[*(wave_a4+j)-1][*(wave_b4+j)] = 0;
                    dot_green[*(wave_a4+j)-2][*(wave_b4+j)] = 1;
                    delay_ms(50);                           // 50ms 딜레이
                    melody = 14;                            // 도(7옥타브)

                    // 2칸 위 Green LED 점멸, 1칸 위 Green LED 점등
                    dot_green[*(wave_a4+j)-2][*(wave_b4+j)] = 0;
                    dot_green[*(wave_a4+j)-1][*(wave_b4+j)] = 1;
                    delay_ms(50);                           // 50ms 딜레이

                    // 1칸 위 Green LED 점멸, // 현재 순서 Green LED 점등
```

```
                // (점프 후 원래 자리 dot 점등)
                dot_green[*(wave_a4+j)-1][*(wave_b4+j)] = 0;
                dot_green[*(wave_a4+j)][*(wave_b4+j)] = 1;
                music_on = 0;                          // 소리 Off
                delay_ms(200);                         // 200ms 딜레이
            }
            else {                                     // SW가 눌려지지 않으면 Game Over
                end=1;
                break;
            }
        }
        else{                                          // 20번째 dot가 아니면
            music_on = 1;                              // 소리 On
            melody = 14;                               // 도(7옥타브)

            // 현재 순서에 해당하는  LED 점멸, 1칸 위의 Red LED 점등
            dot_red[*(wave_a4+j)][*(wave_b4+j)] = 0;
            dot_red[*(wave_a4+j)-1][*(wave_b4+j)] = 1;
            delay_ms(50);                              // 50ms 딜레이
            melody = 21;                               // 도(8옥타브)

            // 1칸 위의 Red LED 점멸, 2칸 위의 Red LED 점등
            dot_red[*(wave_a4+j)-1][*(wave_b4+j)] = 0;
            dot_red[*(wave_a4+j)-2][*(wave_b4+j)] = 1;
            delay_ms(50);                              // 50ms 딜레이
            melody = 14;                               // 도(7옥타브)

            // 2칸 위의 Red LED 점멸, 1칸 위의 Red LED 점등
            dot_red[*(wave_a4+j)-2][*(wave_b4+j)] = 0;
            dot_red[*(wave_a4+j)-1][*(wave_b4+j)] = 1;
            delay_ms(50);                              // 50ms 딜레이

            // 1칸 위의 Red LED 점멸, 현재 순서에 해당하는 Red LED 점등
            // (점프 후 원래 자리 dot 점등)
            dot_red[*(wave_a4+j)-1][*(wave_b4+j)] = 0;
            dot_red[*(wave_a4+j)][*(wave_b4+j)] = 1;

            music_on = 0;                              // 소리 Off
            delay_ms(200);                             // 200ms 딜레이
        }
    }
}

// 파도타기 stage 5
// 점프 순서 변경(wave_a5, wave_b5 패턴 사용)
```

```
// 0->2->1->3->5->4->6->8->7->9->11->10->
// 12->14->13->15->17->16->18->20->19->(21)->23->20

void wave_stage5(void)
{
        unsigned int       j;

        Command(LINE2);                // LCD 두번째 라인에 stage 표시
        LCD_String("     Stage 5      ");

        for(j = 0;j < 24;j++){         // "S"자 모양의 24개의 dot를 표시하기 위한 반복문
            score++;                   // "S"자 모양의 각 dot 차례마다 점수 증가
            coin_score();              // LCD에 Score 표시 함수 호출

            if(j == 21){               // 21번째 녹색 LED이고,
                if(SW == 0){           // SW가 눌려지면
                    music_on = 1;      // 소리 On
                    melody = 14;       // 도(7옥타브)

                    // 현재 순서에 해당하는 Green LED 점멸,  // 1칸 위의 Green LED 점등
                    dot_green[*(wave_a5+j)][*(wave_b5+j)] = 0;
                    dot_green[*(wave_a5+j)-1][*(wave_b5+j)] = 1;
                    delay_ms(40);                        // 40ms 딜레이
                    melody = 21;                         // 도(8옥타브)

                    // 1칸 위의 Green LED 점멸, 2칸 위의 Green LED 점등
                    dot_green[*(wave_a5+j)-1][*(wave_b5+j)] = 0;
                    dot_green[*(wave_a5+j)-2][*(wave_b5+j)] = 1;
                    delay_ms(40);                        // 40ms 딜레이
                    melody = 14;                         // 도(7옥타브)
                    // 2칸 위의 Green LED 점멸, 1칸 위의 Green LED 점등
                    dot_green[*(wave_a5+j)-2][*(wave_b5+j)] = 0;
                    dot_green[*(wave_a5+j)-1][*(wave_b5+j)] = 1;
                    delay_ms(40);                        // 40ms 딜레이

                    // 1칸 위의 Green LED 점멸, 현재 순서에 해당하는 Green LED 점등
                    // (점프 후 원래 자리 dot 점등)
                    dot_green[*(wave_a5+j)-1][*(wave_b5+j)] = 0;
                    dot_green[*(wave_a5+j)][*(wave_b5+j)] = 1;
                    music_on = 0;                        // 소리 Off
                    delay_ms(100);                       // 100ms 딜레이
                }
                else {                                   // SW가 눌려지지 않으면 Game Over
                    end = 1;
                    break;
```

```
				}
			}
			else{								// 21번째 dot가 아니면
				music_on = 1;						// 소리 On
				melody = 14;						// 도(7옥타브)

				// 현재 순서에 해당하는  LED 점멸, 1칸 위의 Red LED 점등
				dot_red[*(wave_a5+j)][*(wave_b5+j)] = 0;
				dot_red[*(wave_a5+j)-1][*(wave_b5+j)] = 1;
				delay_ms(40);						// 40ms 딜레이
				melody = 21;						// 도(8옥타브)

				// 1칸 위의 Red LED 점멸, 2칸 위의 Red LED 점등
				dot_red[*(wave_a5+j)-1][*(wave_b5+j)] = 0;
				dot_red[*(wave_a5+j)-2][*(wave_b5+j)] = 1;
				delay_ms(40);						// 40ms 딜레이
				melody = 14;						// 도(7옥타브)

				// 2칸 위의 Red LED 점멸, 1칸 위의 Red LED 점등
				dot_red[*(wave_a5+j)-2][*(wave_b5+j)] = 0;
				dot_red[*(wave_a5+j)-1][*(wave_b5+j)] = 1;
				delay_ms(40);						// 40ms 딜레이

				// 1칸 위의 Red LED 점멸, 현재 순서에 해당하는 Red LED 점등
				// (점프 후 원래 자리 dot 점등)
				dot_red[*(wave_a5+j)-1][*(wave_b5+j)] = 0;
				dot_red[*(wave_a5+j)][*(wave_b5+j)] = 1;

				music_on = 0;						// 소리 Off
				delay_ms(100);						// 100ms 딜레이
			}
		}
}

// 파도타기 stage 6
// 점프 순서 변경(wave_a4, wave_b4 패턴 사용) 및 속도 변경
void wave_stage6(void)
{
		unsigned int	j;

		Command(LINE2);				// LCD 두번째 라인에 stage 표시
		LCD_String("	Stage 6	");

		for(j = 0;j < 24;j++){			// "S"자 모양의 24개의 dot를 표시하기 위한 반복문
			score++;				// "S"자 모양의 각 dot 차례마다 점수 증가
```

```
coin_score();                // LCD에 Score 표시 함수 호출

if(j == 20){                 // 20번째 녹색 LED이고,
    if(SW == 0){             // SW가 눌려지면
        music_on = 1;        // 소리 On
        melody = 14;         // 도(7옥타브)

        // 현재 순서에 해당하는 Green LED 점멸, 1칸 위의 Green LED 점등
        dot_green[*(wave_a4+j)][*(wave_b4+j)] = 0;
        dot_green[*(wave_a4+j)-1][*(wave_b4+j)] = 1;
        delay_ms(30);                                   // 30ms 딜레이
        melody = 21;                                    // 도(8옥타브)

        // 1칸 위의 Green LED 점멸, 2칸 위의 Green LED 점등
        dot_green[*(wave_a4+j)-1][*(wave_b4+j)] = 0;
        dot_green[*(wave_a4+j)-2][*(wave_b4+j)] = 1;
        delay_ms(30);                                   // 30ms 딜레이
        melody = 14;                                    // 도(7옥타브)

        // 2칸 위의 Green LED 점멸, 1칸 위의 Green LED 점등
        dot_green[*(wave_a4+j)-2][*(wave_b4+j)] = 0;
        dot_green[*(wave_a4+j)-1][*(wave_b4+j)] = 1;
        delay_ms(30);                                   // 30ms 딜레이

        // 1칸 위의 Green LED 점멸, 현재 순서에 해당하는 Green LED 점등
        // (점프 후 원래 자리 dot 점등)
        dot_green[*(wave_a4+j)-1][*(wave_b4+j)] = 0;
        dot_green[*(wave_a4+j)][*(wave_b4+j)] = 1;

        music_on = 0;                                   // 소리 Off
        delay_ms(150);                                  // 150ms 딜레이
    }
    else {                   // SW가 눌려지지 않으면 Game Over
        end = 1;
        break;
    }
}
else if((j % 2) == 0){       // j(0~24)를 2로 나눈 나머지로 점프 속도 조절
    music_on = 1;                                       // 소리 On
    melody = 14;                                        // 도(7옥타브)

    // 현재 순서에 해당하는  LED 점멸, 1칸 위의 Red LED 점등
    dot_red[*(wave_a4+j)][*(wave_b4+j)] = 0;
    dot_red[*(wave_a4+j)-1][*(wave_b4+j)] = 1;
    delay_ms(30);                                       // 30ms 딜레이
```

```
        melody = 21;                                    // 도(8옥타브)

        // 1칸 위의 Red LED 점멸, 2칸 위의 Red LED 점등
        dot_red[*(wave_a4+j)-1][*(wave_b4+j)] = 0;
        dot_red[*(wave_a4+j)-2][*(wave_b4+j)] = 1;
        delay_ms(30);                                   // 30ms 딜레이
        melody = 14;                                    // 도(7옥타브)
        // 2칸 위의 Red LED 점멸, 1칸 위의 Red LED 점등
        dot_red[*(wave_a4+j)-2][*(wave_b4+j)] = 0;
        dot_red[*(wave_a4+j)-1][*(wave_b4+j)] = 1;
        delay_ms(30);                                   // 30ms 딜레이

        // 1칸 위의 Red LED 점멸, 현재 순서에 해당하는 Red LED 점등
        // (점프 후 원래 자리 dot 점등)
        dot_red[*(wave_a4+j)-1][*(wave_b4+j)] = 0;
        dot_red[*(wave_a4+j)][*(wave_b4+j)] = 1;

        music_on=0;                                     // 소리 Off
        delay_ms(150);                                  // 150ms 딜레이
    }
    else{               // j(0~24)를 2로 나눈 나머지를 구분하여 점프 속도 조절
        music_on = 1;                                   // 소리 On
        melody = 14;                                    // 도(7옥타브)

        // 현재 순서에 해당하는  LED 점멸, 1칸 위의 Red LED 점등
        dot_red[*(wave_a4+j)][*(wave_b4+j)] = 0;
        dot_red[*(wave_a4+j)-1][*(wave_b4+j)] = 1;
        delay_ms(20);                                   // 20ms 딜레이
        melody = 21;                                    // 도(8옥타브)

        // 1칸 위의 Red LED 점멸, 2칸 위의 Red LED 점등
        dot_red[*(wave_a4+j)-1][*(wave_b4+j)] = 0;
        dot_red[*(wave_a4+j)-2][*(wave_b4+j)] = 1;
        delay_ms(20);                                   // 20ms 딜레이
        melody = 14;                                    // 도(7옥타브)

        // 2칸 위의 Red LED 점멸, 1칸 위의 Red LED 점등
        dot_red[*(wave_a4+j)-2][*(wave_b4+j)] = 0;
        dot_red[*(wave_a4+j)-1][*(wave_b4+j)] = 1;
        delay_ms(20);                                   // 20ms 딜레이

        // 1칸 위의 Red LED 점멸, 현재 순서에 해당하는 Red LED 점등
        // (점프 후 원래 자리 dot 점등)
        dot_red[*(wave_a4+j)-1][*(wave_b4+j)] = 0;
        dot_red[*(wave_a4+j)][*(wave_b4+j)] = 1;
```

```
                music_on = 0;                                   // 소리 Off
                delay_ms(70);                                   // 70ms 딜레이
            }
        }
}

// 파도타기 stage 7
// stage 1과 패턴은 동일하나 속도 빠르게?
void wave_stage7(void)
{
        unsigned int    j;

        Command(LINE2);                 // LCD 두번째 라인에 stage 표시
        LCD_String("    Stage 7      ");

        for(j = 0;j < 24;j++){          // "S"자 모양의 24개의 dot를 표시하기 위한 반복문
            score++;                    // "S"자 모양의 각 dot 차례마다 점수 증가
            coin_score();               // LCD에 Score 표시 함수 호출

            if(j == 21){                // 21번째 dot이고,
                if(SW == 0){            // SW가 눌려지면
                    music_on = 1;                               // 소리 On
                    melody = 14;                                // 도(7옥타브)

                    // 현재 순서에 해당하는 Green LED 점멸, 1칸 위의 Green LED 점등
                    dot_green[*(wave_a1+j)][*(wave_b1+j)] = 0;
                    dot_green[*(wave_a1+j)-1][*(wave_b1+j)] = 1;
                    delay_ms(20);                               // 10ms 딜레이
                    melody = 21;                                // 도(8옥타브)

                    // 1칸 위의 Green LED 점멸, 2칸 위의 Green LED 점등
                    dot_green[*(wave_a1+j)-1][*(wave_b1+j)] = 0;
                    dot_green[*(wave_a1+j)-2][*(wave_b1+j)] = 1;
                    delay_ms(20);                               // 10ms 딜레이
                    melody = 14;                                // 도(7옥타브)

                    // 2칸 위의 Green LED 점멸, 1칸 위의 Green LED 점등
                    dot_green[*(wave_a1+j)-2][*(wave_b1+j)] = 0;
                    dot_green[*(wave_a1+j)-1][*(wave_b1+j)] = 1;
                    delay_ms(20);                               // 10ms 딜레이

                    // 1칸 위의 Green LED 점멸, 현재 순서에 해당하는 Green LED 점등
                    // (점프 후 원래 자리 dot 점등)
                    dot_green[*(wave_a1+j)-1][*(wave_b1+j)] = 0;
```

```
                    dot_green[*(wave_a1+j)][*(wave_b1+j)] = 1;

                    music_on = 0;                                   // 소리 Off
                    delay_ms(50);                                   // 50ms 딜레이
                }
                else {                      // SW가 눌려지지 않으면 Game Over
                    end = 1;
                    break;
                }
            }
            else{                           // 21번째 dot가 아니면
                music_on = 1;                                       // 소리 On
                melody = 14;                                        // 도(7옥타브)

                // 현재 순서에 해당하는  LED 점멸, 1칸 위의 Red LED 점등
                dot_red[*(wave_a1+j)][*(wave_b1+j)] = 0;
                dot_red[*(wave_a1+j)-1][*(wave_b1+j)] = 1;
                delay_ms(20);                                       // 10ms 딜레이
                melody = 21;                                        // 도(8옥타브)

                // 1칸 위의 Red LED 점멸,  2칸 위의 Red LED 점등
                dot_red[*(wave_a1+j)-1][*(wave_b1+j)] = 0;
                dot_red[*(wave_a1+j)-2][*(wave_b1+j)] = 1;
                delay_ms(20);                                       // 10ms 딜레이
                melody = 14;                                        // 도(7옥타브)

                // 2칸 위의 Red LED 점멸, 1칸 위의 Red LED 점등
                dot_red[*(wave_a1+j)-2][*(wave_b1+j)] = 0;
                dot_red[*(wave_a1+j)-1][*(wave_b1+j)] = 1;
                delay_ms(20);                                       // 10ms 딜레이

                // 1칸 위의 Red LED 점멸, 현재 순서에 해당하는 Red LED 점등
                // (점프 후 원래 자리 dot 점등)
                dot_red[*(wave_a1+j)-1][*(wave_b1+j)] = 0;
                dot_red[*(wave_a1+j)][*(wave_b1+j)] = 1;
                music_on = 0;                                       // 소리 Off
                delay_ms(50);                                       // 50ms 딜레이
            }
        }
}

// 받아받아 게임에서 SW 입력에 따른 줄(Line) Display
// 줄 당기기(bada_state = 1)
// 줄 놓기(bada_state = 0)
void bada_line(void)
```

```
{
        int  i;
        int  a[16] = {13,14,15,15,15,15,15,15,15,15,15,15,15,15,14,13}; // 줄놓기패턴 열좌표

        // bada_state는 줄 상태 변수로(1: 줄 당기기, 0: 줄 놓기)
        // 이 함수가 호출될 때 마다 bada_state 0,1 변경
        bada_state = (bada_state + 1) % 2;

        if(bada_state == 0){                                  // 줄 놓기이면
                for(i = 0;i < 16;i++){
                        dot_red[13][i] = 0;                   // 줄 당기기 dot 모두 off
                        dot_green[13][i] = 0;
                        dot_red[*(a+i)][i] = 1;               // 줄 놓기 dot 점등
                        dot_green[*(a+i)][i] = 1;
                }
        }
        else{                                                 // 줄 당기기이면
                for(i = 0;i < 16;i++){
                        dot_red[*(a+i)][i] = 0;               // 줄 놓기dot 모두 off
                        dot_green[*(a+i)][i] = 0;
                        dot_red[13][i] = 1;                   // 줄 당기기 dot 점등
                        dot_green[13][i] = 1;
                        dot_red[14][i] = 0;
                        dot_green[14][i] = 0;
                }
        }
}

// 받아받아 게임 구현 함수
// 녹색 -> 줄 당기기(bada_state = 1)
// 적색 -> 줄 놓기(bada_state = 0)
void bada_game(void)
{
        int      i,j;
        unsigned int     ball = 0, time = 0;      // ball : dot가 떨어질 위치 변수
                                                  // time : dot 발생 빈도 변수

        for(j = 0;j < SIZE;j++){
                a_tmp[0][j] = 0;
                b_tmp[0][j] = 0;
        }

        while(!end){
            ball = rand() % 12;                   // 맨 윗줄에 dot가 떨어질 위치를 랜덤하게 발생
            delay_ms((rand() % 50) + 50);         // dot가 떨어지는 속도를 랜덤하게(50~100)
```

```
// score가 100이상이 되면 dot 발생 빈도 증가
// score가 50이상이 되면 dot 발생 빈도 중간
// 50 이하이면 dot 발생 빈도 낮게
if(score > 100)  time = rand() % 6;
else if(score > 50) time = rand() % 8;
else             time = rand() % 10;

if(time == 0){                       // time이 0일 때
    score++;                         // dot가 하나씩 떨어질 때마다 점수 증가
    coin_score();                    // LCD에 Score 표시 함수 호출
    if((ball % 2) == 0){             // ball값이 0,2,4,6,8,10일 때
        // LDM 첫번째 라인의 ball+2 위치에 red dot 점등
        dot_red[0][ball + 2] = 1;
        dot_green[0][ball + 2] = 0;
    }
    else {                           // ball 값이 1,3,5,7,9,11일 때
        // LDM 첫번째 라인의 ball+2 위치에 green dot 점등
        dot_green[0][ball + 2] = 1;
        dot_red[0][ball + 2] = 0;
    }
}

// 한 줄 아래로 이동
for(i = 0;i < SIZE - 2;i++){
    for(j = 2;j < SIZE - 2;j++){
        if(dot_green[12][j] == 1 && bada_state == 0){
            // LDM 12번째 라인에 녹색 LED이고, 줄 놓기 상태이면 종료
            dot_green[12][j] = 0;
            dot_green[13][j] = 1;
            end = 1;                 // Game Over
            delay_ms(50);            // 50ms 딜레이
            break;
        }
        if(dot_red[12][j] == 1 && bada_state == 1){
            // LDM 12번째 라인에 적색 LED이고, 줄 당기기 상태이면
            end = 1;
            delay_ms(50);            // Game Over
            break;                   // 50ms 딜레이
        }

        if(i > 12 && bada_state == 1)break;  // 줄당기기 상태에서는 12줄까지 표시

        // 한 줄씩 아래로 이동하기 위해 한 라인 증가시켜 임시저장
        // 현재 0~12라인의 red dot와 green dot를 한 라인 증가시켜 임시저장
```

```
                a_tmp[i + 1][j] = dot_red[i][j];
                b_tmp[i + 1][j] = dot_green[i][j];
            }
            if(end == 1) break;
        }

        if(end == 1) break;

        for(i = 0;i < SIZE-1;i++){
            for(j = 2;j < SIZE-2;j++){
                    if(i > 12 && bada_state == 1) break;
                     // 줄 당기기 상태에서는 12줄까지만 표시
                    dot_red[i][j] = a_tmp[i][j];         // 임시 저장된 red dot를 표시
                    dot_green[i][j] = b_tmp[i][j];       // 임시 저장된 green dot를 표시
            }
        }
        bada_melody();                              // 받아받아 게임 효과음 출력 함수 호출
    }
}

// 받아받아 게임 효과음 출력 함수
void bada_melody(void)
{
    unsigned int j, green_off = 0;

    // 12번 째 라인에 Green LED가 on이고 줄 당기기 상태일 때
    // green_off를 1로 (다음 음계 출력을 위해)
    if(green_ok == 1) green_off = 1;

    for(j = 2;j < SIZE - 2;j++){
        // 적색 LED는 14줄까지 표시
        if(dot_red[14][j] == 1 || green_off == 1){
             // 14번 째 라인에 Red LED가 켜져 있거나 green_off가 1이면
            music_on = 0;                           // 소리 Off
            green_ok = 0;                           // green_off 0으로 초기화
        }

        // 적색 LED는 12줄과 13줄에서 각각 다른 음 발생
        if(dot_red[12][j] == 1 && bada_state == 0){
             // 12번 째 라인에 Red LED가 켜져 있고 줄 놓기 상태일 때
            music_on = 1;               // 소리 On
            melody = 14;                // 도(7옥타브)
        }

        // 13번 째 라인에 Red LED가 켜져 있으면 도(6옥타브) 출력
```

```
            if(dot_red[13][j] == 1) melody = 7;

            // 녹색 LED는 12줄에서 단음 발생
            if(dot_green[12][j] == 1 && bada_state == 1){
                    // 12번 째 라인에 Green LED가 켜져 있고 줄 당기기 상태일 때
                music_on = 1;           // 소리 On
                melody = 21;            // 도(8옥타브)
                green_ok = 1;           // green_ok를 1로 (다음 음계 출력을 위해)
            }
        }
}

// TCNT1 값에 따른 주기에 대한 소리 출력 함수
void game_melody(void)
{
        switch(melody){
            case 0: TCNT1 = 61714; break;           // 도(5옥타브)
            case 1: TCNT1 = 62131; break;           // 레
            case 2: TCNT1 = 62502; break;           // 미
            case 3: TCNT1 = 62673; break;           // 파
            case 4: TCNT1 = 62985; break;           // 솔
            case 5: TCNT1 = 63263; break;           // 라
            case 6: TCNT1 = 63511; break;           // 시
            case 7: TCNT1 = 63625; break;           // 도(6옥타브)
            case 8: TCNT1 = 63833; break;           // 레
            case 9: TCNT1 = 64019; break;           // 미
            case 10: TCNT1 = 64101; break;          // 파
            case 11: TCNT1 = 64260; break;          // 솔
            case 12: TCNT1 = 64400; break;          // 라
            case 13: TCNT1 = 64523; break;          // 시
            case 14: TCNT1 = 64580; break;          // 도(7옥타브)
            case 15: TCNT1 = 64685; break;          // 레
            case 16: TCNT1 = 64778; break;          // 미
            case 17: TCNT1 = 64820; break;          // 파
            case 18: TCNT1 = 64898; break;          // 솔
            case 19: TCNT1 = 64968; break;          // 라
            case 20: TCNT1 = 65030; break;          // 시
            case 21: TCNT1 = 65058; break;          // 도(8옥타브)
            case 22: TCNT1 = 65110; break;          // 레
            case 23: TCNT1 = 65157; break;          // 미
        }
}

// 외부 인터럽트 1 :
// 선택 게임 시작 SW
```

```
// 동전쌓기 게임 : 떨어질 위치 입력 Sw
// 받아받아 게임 : 줄 당기기/놓기 토글 선택
interrupt [EXT_INT1] void external_int0(void)
{
        int        i;

        if(mode == 0){                                   // mode가 0일 때(게임 선택 화면)
                Command(LINE2);                          // LCD Line2에 공백 출력
                LCD_String("                   ");

                // p_sel은 모드를 선택하기 위한 변수로 값은 외부 인터럽트 3에서 결정
                if(p_sel == 0) mode = 1;          // p_sel이 0이면 모드 1(동전쌓기 게임)
                else if(p_sel == 1) mode = 2;     // p_sel이 1이면 모드 2(파도타기 게임)
                else mode = 3;                    // p_se2이 1이면 모드 3(받아받아 게임)

                end = 0;                  // 게임 종료 알림 변수(0: 게임 실행 중, 1: 게임오버)
        }
        else if(mode == 1){  // mode=1(동전쌓기 게임에서)
                score++;      // 스위치를 눌러 동전이 떨어질 때마다 점수 증가
                state--;      // 동전이 놓여지는 Line 번호 1씩 감소(이전의 동전 윗줄에 쌓임)

                // pos는 동전쌓기 게임에서 동전 중심의 Column 번호
                // dot_red[15][5]의 위치에서 SW가 눌려졌을 경우 pos=0
                // dot_red[15][6]의 위치에서 SW가 눌려졌을 경우 pos=1
                // dot_red[15][7]의 위치에서 SW가 눌려졌을 경우 pos=2
                // dot_red[15][8]의 위치에서 SW가 눌려졌을 경우 pos=3
                // dot_red[15][9]의 위치에서 SW가 눌려졌을 경우 pos=4
                if(dot_red[15][5] == 1) pos = 0;
                else if(dot_red[15][6] == 1) pos = 1;
                else if(dot_red[15][7] == 1) pos = 2;
                else if(dot_red[15][8] == 1) pos = 3;
                else if(dot_red[15][9] == 1) pos = 4;
                else {
                    // 중심으로부터 좌우 3칸 이상 떨어진 점에서 SW가 눌려졌을 경우 pos=5
                        for(i = 0;i <= 4;i++){
                                if(dot_red[15][i] == 1 || dot_red[15][i+10] == 1){
                                        pos = 5;
                                        break;
                                }
                        }
                }
        }
        else if(mode == 3) bada_line();          // (받아받아 게임)이면 줄 당기기/놓기 토글
}
```

```
// 외부 인터럽트 3 : 게임 선택 SW
interrupt [EXT_INT3] void external_int1(void)
{
        if(mode==0){                            // mode가 0일 때(게임 선택 화면)
                p_sel = (p_sel + 1) % 3;        // SEL_SW가 눌려질 때마다 1증가(0-2)
                game_seldsp();
        }
}

// 타이머/카운터 0 : LDM 구동
// 주기 : 1/16us * 32 * (256 - 0 ) =  0.5 ms
interrupt [TIM0_OVF] void timer0_ovf(void)
{
        unsigned int i;

        dot_i = (dot_i + 1) % 16;               // 다음에 표시할 라인 번호 증가(0~15)

        // 16개의 Clock을 주어 각 Line(dot_i)에 해당하는 Column을 표시하기 위해서
        for(i = 0; i < SIZE; i++){
                RED = dot_red[dot_i][i];        // RED(PC.0)에 Red LED Data값 출력
                GREEN = dot_green[dot_i][i];    // GREEN(PC.1)에 Green LED Data값 출력
                CK = 1;                         // CK(PC.4)에 1출력
                delay_us(1);                    // 1us 딜레이
                CK = 0;                         // CK(PC.4)에 0출력
                delay_us(1);                    // 1us 딜레이
        }
        EN = 1;                                 // EN(PC.2)에 1출력 => LDM Enable

        // LATCH Pulse(0->1->0 : High 1us)
        LD = 1;
        delay_us(1);                    // 1us 딜레이
        LD = 0;

        L_ADDR = dot_i;                 // L_ADDR에 출력 데이터 라인 번호 출력
        delay_us(1);                    // 1us 딜레이
        EN = 0;                         // EN은 데이터가 전송되고 있는 동안 Low("0") 유지

}

// 타이머/카운터 1 : 초기값(TCNT1)에 따른 음계 출력
// 1/16us * 8 * (65536 - TCNT1)
interrupt [TIM1_OVF] void time1(void)
{
        if(music_on){                   // music_on이 1일 때(소리 On)
                PORTE = PORTE ^ 0x08;   // 포트 E.3 반전 출력(구형파 출력)
```

```
            game_melody();              // TCNT1 값에 따른 주기에 대한 소리 출력 함수 호출
        }
        else PORTE = 0x00;              // music_on이 0일 때(소리 Off)
}
```

[리스트 9-2] lcd.h 파일

```
/*********************************************************************
*       lcd.h
*********************************************************************/
#define FUNCSET         0x28            // Function Set
#define ENTMODE         0x06            // Entry Mode Set
#define ALLCLR          0x01            // All Clear
#define DISPON          0x0c            // Display On
#define DISPOFF         0x08            // Display Off
#define LINE2           0xC0            // 2nd Line Move
#define HOME            0x02            // Cursor Home
#define CURON           0x0F            // Cursor On

void LCD_init(void);                    // LCD 초기화 함수
void LCD_String(char flash *);          // 문자열 출력 함수
void LCD_String2(char *);               // 문자열 출력 함수 2
void Busy(void);                        // 시간 지연 함수
void Command(unsigned char);            // 인스트럭션 쓰기 함수
void Data(unsigned char);               // 데이터 쓰기 함수

// LCD 초기화
void LCD_init(void)
{
        DDRB = 0xFF;                    // 포트 D 출력 설정
        PORTB &= 0xFB;                  // E = 0;

        delay_ms(15);
        Command(0x20);
        delay_ms(5);
        Command(0x20);
        delay_us(100);
        Command(0x20);
        Command(FUNCSET);
        Command(DISPON);
        Command(ALLCLR);
        Command(ENTMODE);
}
```

```
// 문자열 출력 함수
void LCD_String(char flash str[])
{
        char flash *pStr=0;

        pStr = str;
        while(*pStr) Data(*pStr++);
}

// 문자열 출력 함수 2
void LCD_String2(char str[])
{
       while(*str) Data(*str++);
}

// 인스트럭션 쓰기 함수
void Command(unsigned char byte)
{
        Busy();

        // 인스트럭션 상위 바이트
        PORTB = (byte & 0xF0);              // 데이터
        PORTB &= 0xFE;                      // RS = 0;
        PORTB &= 0xFD;                      // RW = 0;
        delay_us(1);
        PORTB |= 0x04;                      // E = 1;
        delay_us(1);
        PORTB &= 0xFB;                      // E = 0;

        // 인스트럭션 하위 바이트
       PORTB = ((byte<<4) & 0xF0);          // 데이터
        PORTB &= 0xFE;                      // RS = 0;
        PORTB &= 0xFD;                      // RW = 0;
        delay_us(1);
        PORTB |= 0x04;                      // E = 1;
        delay_us(1);
        PORTB &= 0xFB;                      // E = 0;
}

//데이터 쓰기 함수
void Data(unsigned char byte)
{
        Busy();

        // 데이터 상위 바이트
        PORTB = (byte & 0xF0);              // 데이터
```

```
		PORTB |= 0x01;				// RS = 1;
		PORTB &= 0xFD;				// RW = 0;
		delay_us(1);
		PORTB |= 0x04;				// E = 1;
		delay_us(1);
		PORTB &= 0xFB;				// E = 0;

		// 데이터 하위 바이트
		PORTB = ((byte<<4) & 0xF0);		// 데이터
		PORTB |= 0x01;				// RS = 1;
		PORTB &= 0xFD;				// RW = 0;
		delay_us(1);
		PORTB |= 0x04;				// E = 1;
		delay_us(1);
		PORTB &= 0xFB;				// E = 0;
}

// Busy Flag Check -> 일반적인 BF를 체크하는 것이 아니라
// 일정한 시간 지연을 이용한다.
void Busy(void)
{
		delay_ms(2);
}
```

Chapter 10

미니 전자앨범

Chapter 10

미니 전자앨범

10.1 동작 개요

이 작품은 영상을 표시하는 기능을 갖는 미니 전자앨범이며, [그림 10-1], [표 10-1]과 같은 기능을 갖는다.

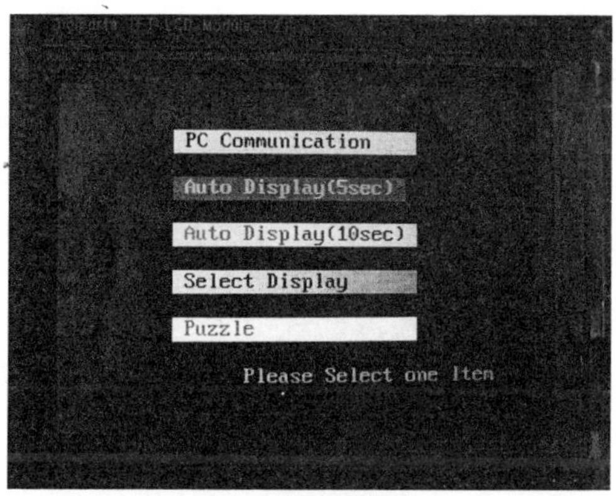

(a) 메뉴 화면

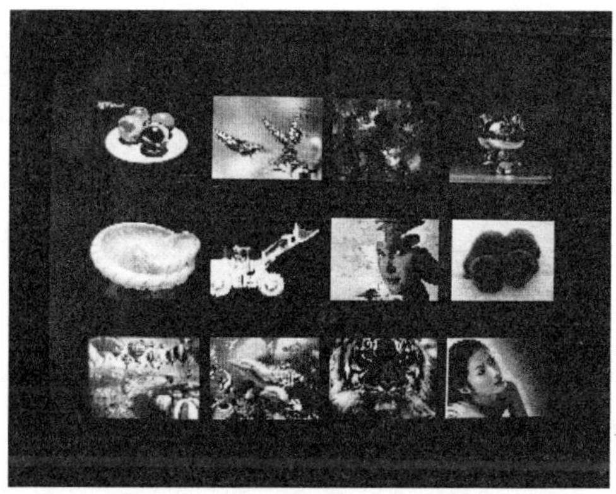

(b) Select Display 화면

(c) 선택 영상 표시

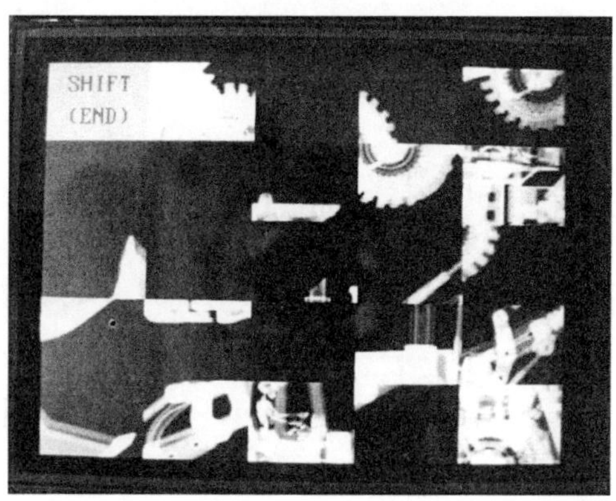

(d) Puzzle 화면

[그림 10-1] 미니 전자앨범 메뉴 화면

[표 10-1] 미니 전자앨범 기능 및 동작

메 뉴	기능 및 동작
PC Communication	CodeVisionAVR C컴파일러의 터미널 창을 통해 영상 데이터를 TFT-LCD 모듈에 있는 Flash Memory에 전송하거나 메모리에 있는 영상을 표시
Auto Display(5sec)	Flash Memory에 들어 있는 12개의 영상 데이터를 5초 간격으로 순차 표시
Auto Display(10sec)	Flash Memory에 들어 있는 12개의 영상 데이터를 10초 간격으로 순차 표시
Select Display	12개의 영상을 가로 세로 각각 1/5로 축소해서 모두 표시한 후 하나를 선택하면 320x240 Full Size로 표시
Puzzle	맨 마지막에 표시되었던 영상 데이터를 5x5로 쪼개 그림 맞추기 퍼즐 구현

10.2 작품 구성도 및 회로도

[그림 10-2]는 작품 구성도를 보여주며, KUT-128 MCU 보드와 2.4인치 TFT-LCD 모듈로 구성된다. TFT-LCD 모듈은 영상을 표시하는 LCD 부분과 2MB의 용량을 갖는 플래시 메모리(AT45DB161D)와 터치스크린(ADS7846 컨트롤러)으로 구성되어 있으며, 플래시 메모리와 터치스크린은 SPI 인터페이스 방식으로 구동된다. [그림 10-3]은 회로도를 보여준다.

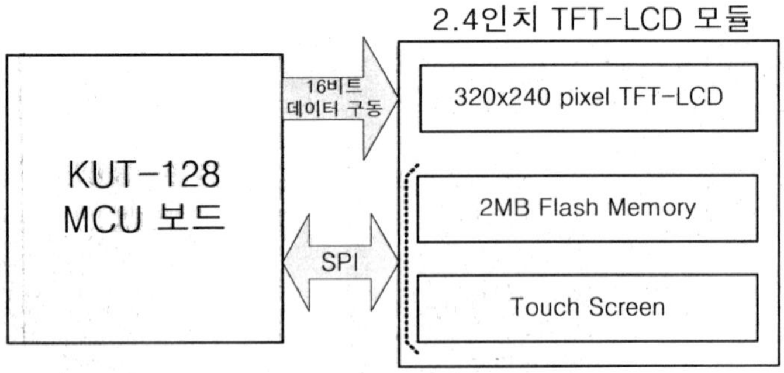

[그림 10-2] 작품 구성도

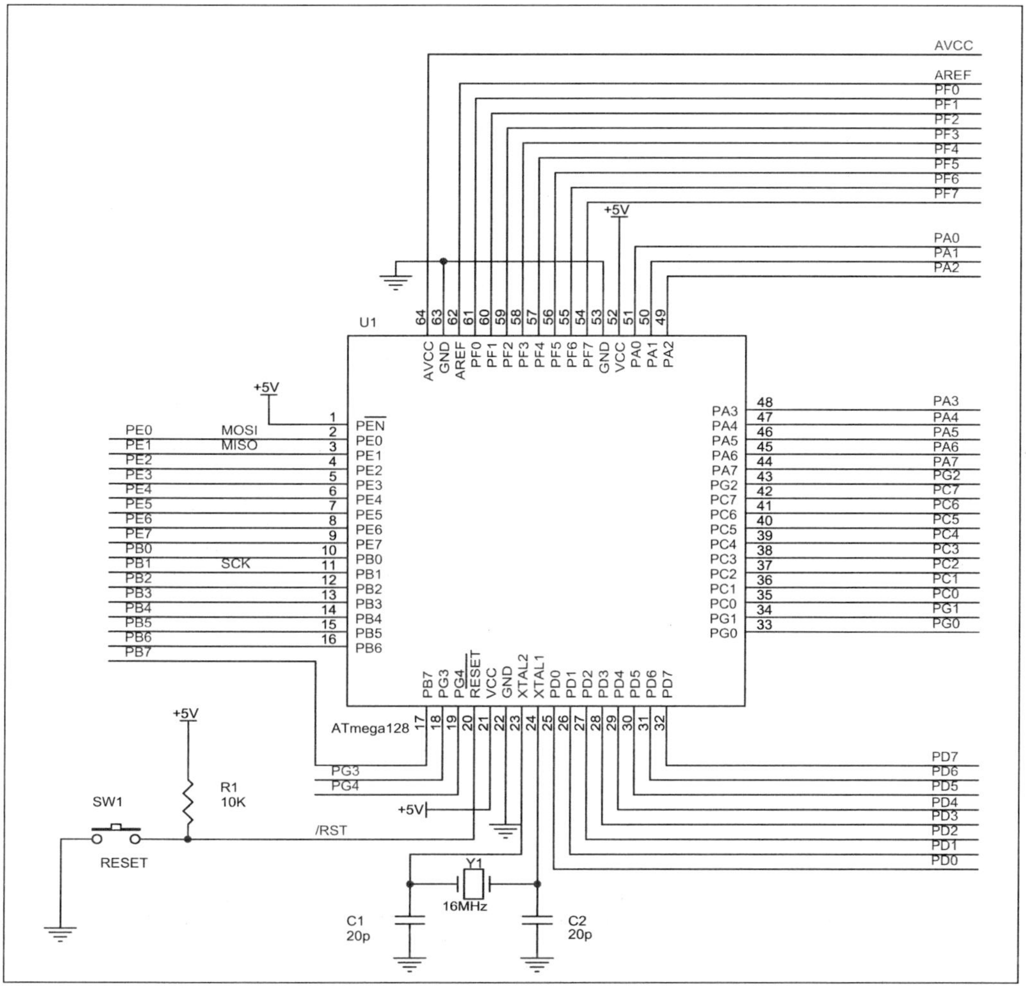

(a) KUT-128 MCU 보드 회로

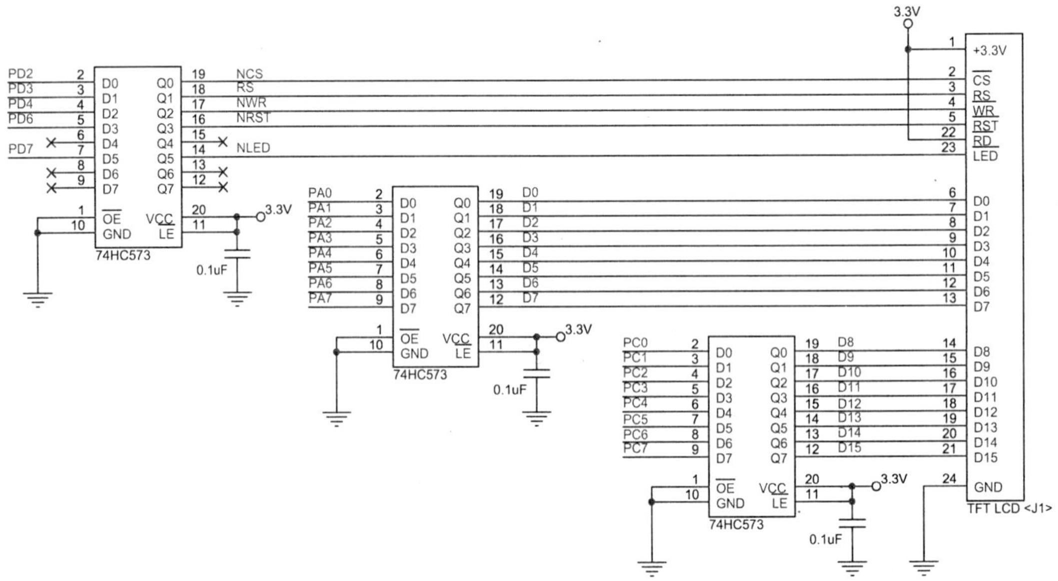

(b) TFT-LCD 연결부

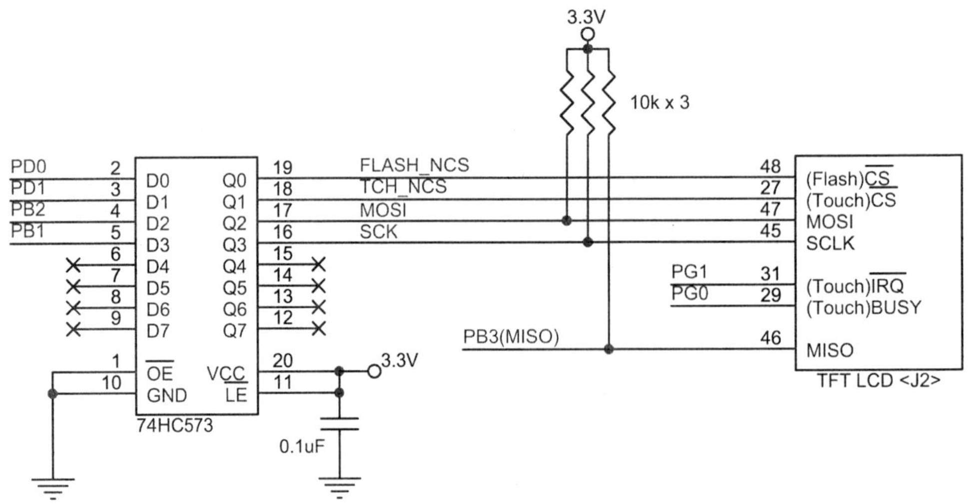

(c) 터치스크린 및 Flash Memory 연결부

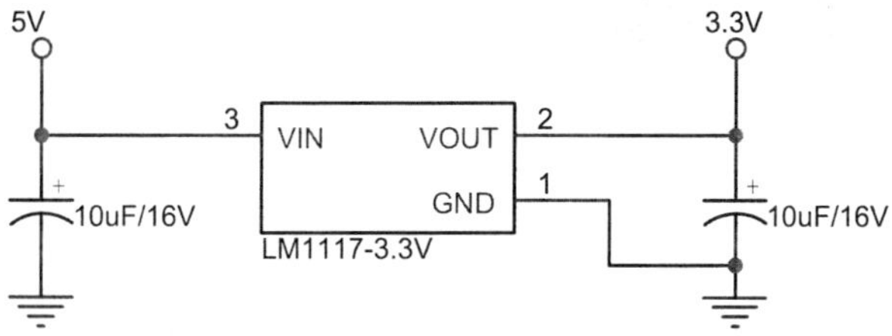

(d) 전압변환회로(5V -> 3.3V)

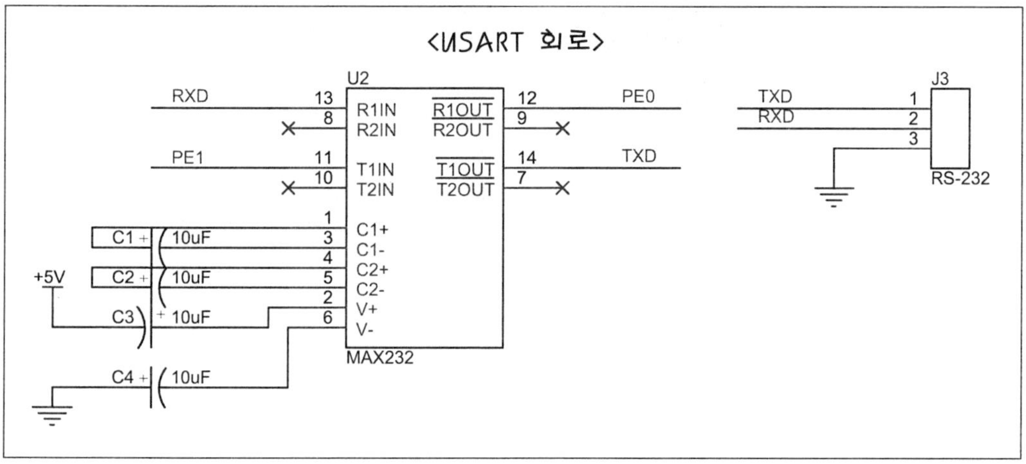

(e) USART 회로

[그림 10-3] 회로도

[표 10-2] 부품 리스트

순번	품 명	규 격	수량	비 고
1	ATmega128 MCU보드	KUT-128 MCU	1	Ohm사
2	TFT-LCD Module	32x240/2.4inch/65K/16bit /3.3V/Touch	1	devicemart
3	TTL IC	74HC573	3	devicemart
4	IC	LM1117-3.3V		devicemart
5	전해콘덴서	10uF/16V	2	devicemart
6	전해콘덴서	20uF/50V	4	devicemart
7	RS-232 커넥터	3핀 보드용	1	devicemart
8	전원스위치	소형 토글 스위치	1	devicemart
9	어댑터	5V(3A)	1	-

10.3 TFT-LCD 모듈

[그림 10-4]는 작품에 사용된 TFT-LCD 모듈의 특징과 커넥터 핀 명을 보여준다.

☞ **TFT LCD 모듈**

<주요 특징>

- TFT 2.4 Inch Size(320 x 240 pixel), 크기 : 57mm x 65mm
- 3.3V 단일전원 동작
- 드라이버 IC : HX8347
- ADS7846 Touch 전용 센서 실장(SPI 방식)
- AT45DB161 고속 Serial Flash IC 실장(SPI 방식/2Mbyte/66MHz)
- 커넥터

번호	TFT LCD <J1>	TFT LCD <J2>	번호
1	+3.3V	SFlash-nCS0	48
2	TFT-nCS	SPI_MOSI	47
3	TFT-RS	SPI_MISO	46
4	TFT-nWR	SPI_CLK	45
5	TFT-nRST	MicroSD-IN+	44
6	TFT-D0	MicroSD-IN-	43
7	TFT-D1	MicroSD-nCS2	42
8	TFT-D2	NC	41
9	TFT-D3	NC	40
10	TFT-D4	NC	39
11	TFT-D5	NC	38
12	TFT-D6	NC	37
13	TFT-D7	NC	36
14	TFT-D8	NC	35
15	TFT-D9	NC	34
16	TFT-D10	NC	33
17	TFT-D11	NC	32
18	TFT-D12	Touch_nIRQ	31
19	TFT-D13	NC	30
20	TFT-D14	Touch_BUSY	29
21	TFT-D15	NC	28
22	TFT-nRD	Touch-nCS1	27
23	TFT-nLED	NC	26
24	TFT-GND	NC	25

[그림 10-4] TFT-LCD 모듈 특징

10.3.1 TFT LCD 제어

이 작품에서 사용하는 TFT-LCD의 데이터 버스 인터페이스는 16비트로 되어 있으며, 16비트에 의해 65536칼라를 지정할 수 있다. 16비트 데이터는 [그림 10-5]와 같이 R성분 5비트, G성분 6비트, B성분 5비트로 구성되어 있어, R성분과 G성분의 최상위 비트는 R성분과 G성분의 최하위 비트로 각각 복사되어 2개 비트에 공용으로 사용된다. [그림 10-6]은 TFT-LCD의 GRAM에 데이터를 쓰는 타이밍도를 보여주며, 인덱스 레지스터에 "22H"를 쓴 후 이어서 GRAM에 데이터를 계속해서 써주면 된다. [그림 10-7]은 제어레지스터에 값을 설정하기 위한 타이밍도를 보여주며, 우선 값을 설정할 제어레지스터의 어드레스를 인덱스 레지스터에 쓴 후 이어서 설정값을 써주면 된다.

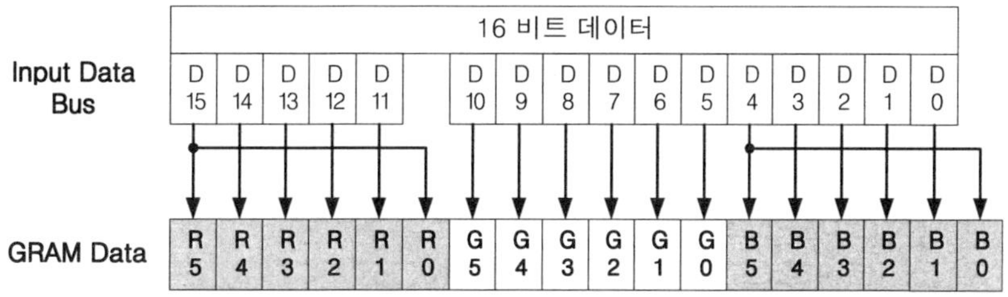

[그림 10-5] TFT-LCD의 1픽셀을 표시하는 16비트 데이터 포맷

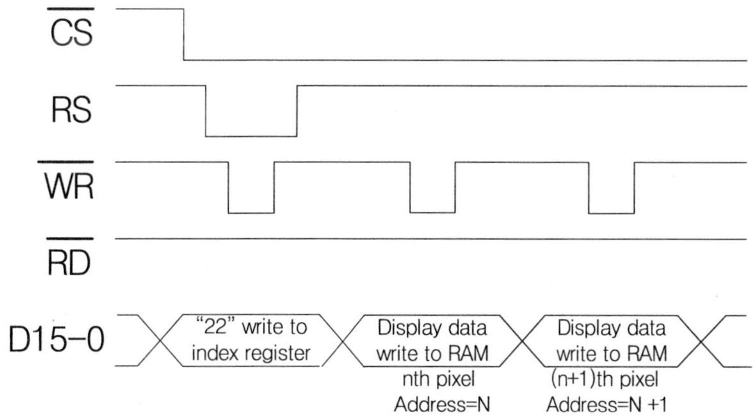

[그림 10-6] GRAM 데이터 쓰기

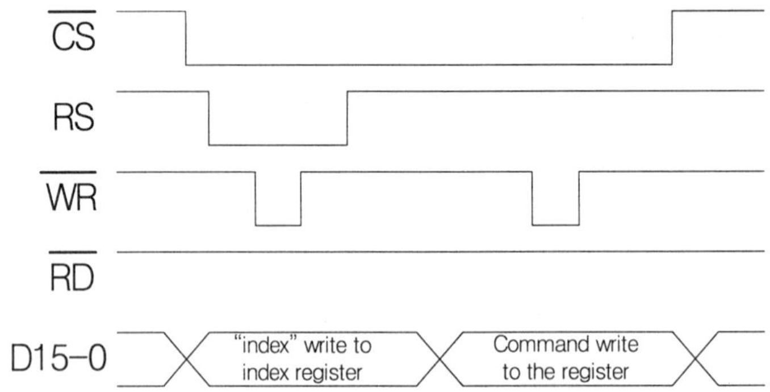

[그림 10-7] 제어레지스터값 설정

TFT-LCD에는 제어할 레지스터가 많이 있지만, 작품에 사용하는 레지스터는 다음과 같다.

(1) Index Register

인덱스 레지스터는 ID0~ID7값에 의해 R00h부터 RFFh까지 레지스터의 번호(index)를 지정한다.

R/W	RS	RB15	RB14	RB13	RB12	RB11	RB10	RB9	RB8	RB7	RB6	RB5	RB4	RB3	RB2	RB1	RB0
W	0	0	0	0	0	0	0	0	0	ID7	ID6	ID5	ID4	ID3	ID2	ID1	ID0

(2) Column Address Start Register(R02h, R03h)

MCU가 액세스하는 프레임 메모리 영역의 수평 시작좌표를 지정하며, [그림 10-8]과 같은 4각형 영역 좌측의 수평좌표를 나타낸다. R02h와 R03h 레지스터에 상위 8비트와 하위 8비트를 나누어 설정한다.

	R/W	RS	RB15	RB14	RB13	RB12	RB11	RB10	RB9	RB8	RB7	RB6	RB5	RB4	RB3	RB2	RB1	RB0
R02h	R/W	1	0	0	0	0	0	0	0	0	SC15	SC14	SC13	SC12	SC11	SC10	SC09	SC08

	R/W	RS	RB15	RB14	RB13	RB12	RB11	RB10	RB9	RB8	RB7	RB6	RB5	RB4	RB3	RB2	RB1	RB0
R03h	R/W	1	0	0	0	0	0	0	0	0	SC7	SC6	SC5	SC4	SC3	SC2	SC1	SC0

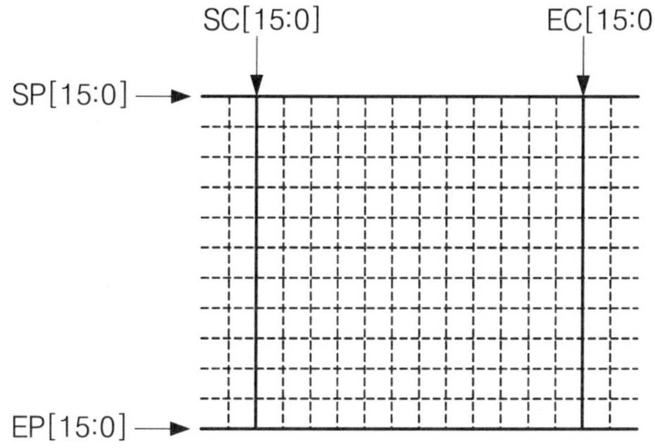

[그림 10-8] 액세스 영역 설정

(3) Column Address End Register(R04h, R05h)

MCU가 액세스하는 프레임 메모리 영역의 수평 끝 좌표를 지정하며, 4각형 영역 우측의 수평좌표를 나타낸다. R04h와 R05h 레지스터에 상위 8비트와 하위 8비트를 나누어 설정한다.

	R/W	RS	RB15	RB14	RB13	RB12	RB11	RB10	RB9	RB8	RB7	RB6	RB5	RB4	RB3	RB2	RB1	RB0
R04h	R/W	1	0	0	0	0	0	0	0	0	EC15	EC14	EC13	EC12	EC11	EC10	EC09	EC08

	R/W	RS	RB15	RB14	RB13	RB12	RB11	RB10	RB9	RB8	RB7	RB6	RB5	RB4	RB3	RB2	RB1	RB0
R05h	R/W	1	0	0	0	0	0	0	0	0	EC7	EC6	EC5	EC4	EC3	EC2	EC1	EC0

(4) Row Address Start Register(R06h, R07h)

MCU가 액세스하는 프레임 메모리 영역의 수직 시작좌표를 지정하며, 4각형 영역 상단의 수직좌표를 나타낸다. R06h와 R07h 레지스터에 상위 8비트와 하위 8비트를 나누어 설정한다.

	R/W	RS	RB15	RB14	RB13	RB12	RB11	RB10	RB9	RB8	RB7	RB6	RB5	RB4	RB3	RB2	RB1	RB0
R06h	R/W	1	0	0	0	0	0	0	0	0	SP15	SP14	SP13	SP12	SP11	SP10	SP09	SP08

	R/W	RS	RB15	RB14	RB13	RB12	RB11	RB10	RB9	RB8	RB7	RB6	RB5	RB4	RB3	RB2	RB1	RB0
R07h	R/W	1	0	0	0	0	0	0	0	0	SP7	SP6	SP5	SP4	SP3	SP2	SP1	SP0

(5) Row Address End Register(R08h, R09h)

MCU가 액세스하는 프레임 메모리 영역의 수직 끝 좌표를 지정하며, 4각형 영역 하단의 수직좌표를 나타낸다. R08h와 R09h 레지스터에 상위 8비트와 하위 8비트를 나누어 설정한다.

	R/W	RS	RB15	RB14	RB13	RB12	RB11	RB10	RB9	RB8	RB7	RB6	RB5	RB4	RB3	RB2	RB1	RB0
R08h	R/W	1	0	0	0	0	0	0	0	0	EP15	EP14	EP13	EP12	EP11	EP10	EP09	EP08

	R/W	RS	RB15	RB14	RB13	RB12	RB11	RB10	RB9	RB8	RB7	RB6	RB5	RB4	RB3	RB2	RB1	RB0
R09h	R/W	1	0	0	0	0	0	0	0	0	EP7	EP6	EP5	EP4	EP3	EP2	EP1	EP0

(7) Write Data Register(R22h)

GRAM에 쓰여지기 전에 이 레지스터에 전송되며, 쓰기 동작이 수행된 후에 어드레스는 자동적으로 갱신된다.

	R/W	RS	RB15	RB14	RB13	RB12	RB11	RB10	RB9	RB8	RB7	RB6	RB5	RB4	RB3	RB2	RB1	RB0
R16h	W	1	WD15	WD14	WD13	WD12	WD11	WD10	WD9	WD8	WD7	WD6	WD5	WD4	WD3	WD2	WD1	WD0

(6) Memory Access Control Register(R16h)

프레임 메모리의 읽기/쓰기 스캐닝 방향을 지정한다. 이 작품에서는 BGR 값은 1로, MY와 MV를 1로 설정하여 [표 10-4]에서와 같이 "X-Y Exchange and Y-Mirror" 모드로 사용한다.

	R/W	RS	RB15	RB14	RB13	RB12	RB11	RB10	RB9	RB8	RB7	RB6	RB5	RB4	RB3	RB2	RB1	RB0
R16h	R/W	1	0	0	0	0	0	0	0	0	MY	MX	MV	0	BGR	0	0	0

[표 10-3] R16h 레지스터의 비트 기능

Bit	비트 명	기　능
MY	Page Address Order	메모리 읽기/쓰기 방향 지정
MX	Column Address Order	
MV	Page/Column Selection	
BGR	RGB-GBR Order	LCD Panel 표시 순서 0 : RGB, 1 : BGR

[표 10-4] HX8347의 GRAM을 액세스하는 어드레스 방향 설정

Display Data Direction	MADCTR parameter			Image in th Host	Image in the Driver(GRAM)
	MV	MX	MY		
Normal	0	0	0	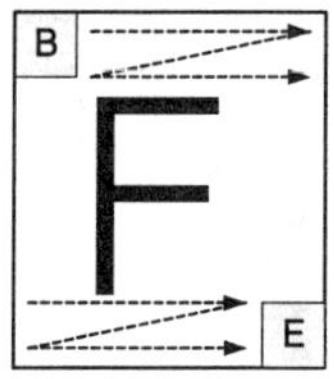	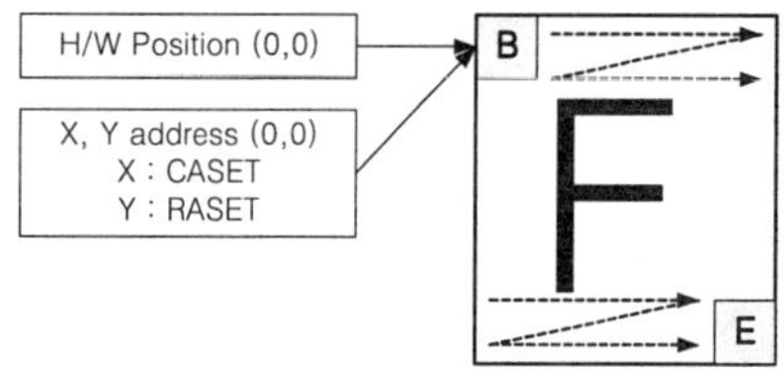
Y-Mirror	0	0	1	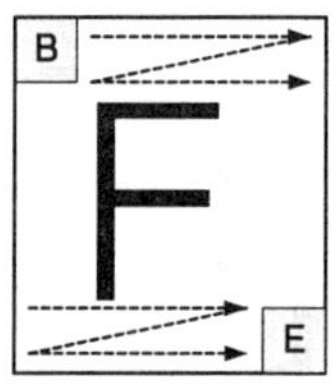	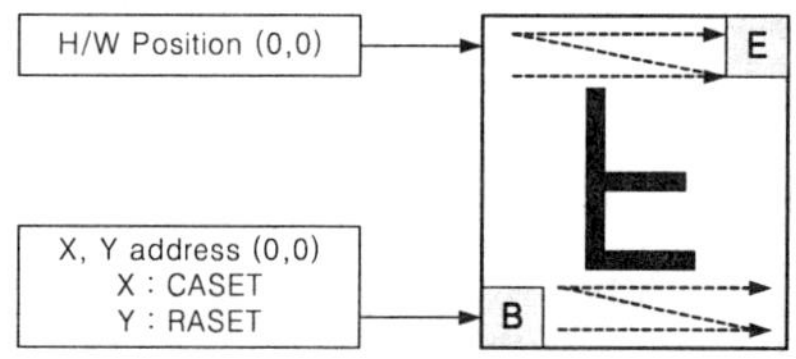
X-Mirror	0	1	0	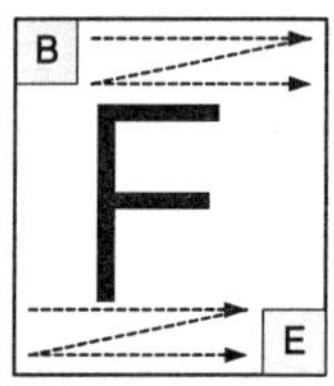	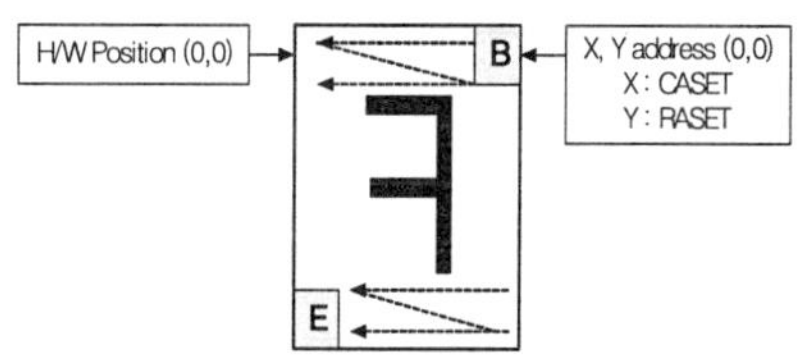
X-Mirror Y-Mirror	0	1	1	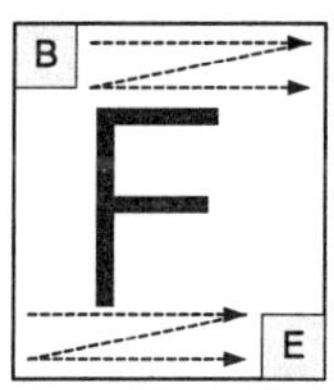	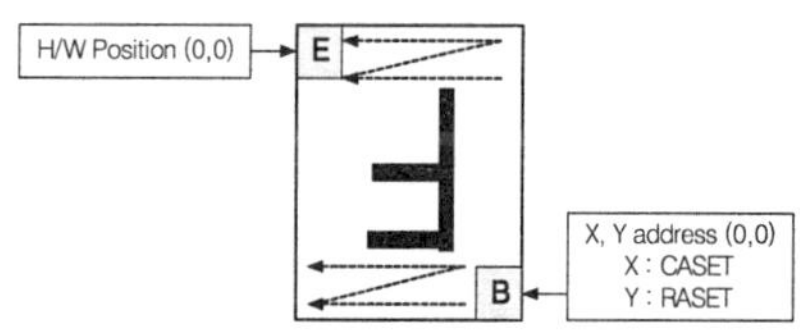
X-Y Exchange	1	0	0	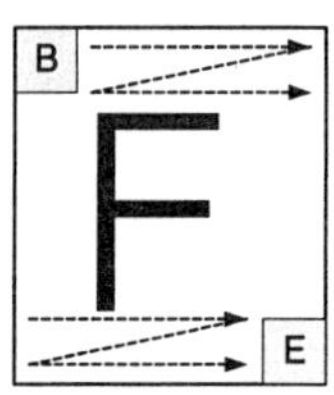	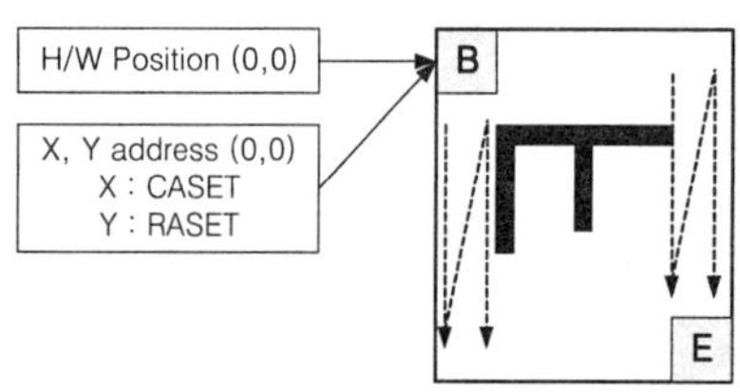

X-Y Exchange Y-Mirror	1	0	1	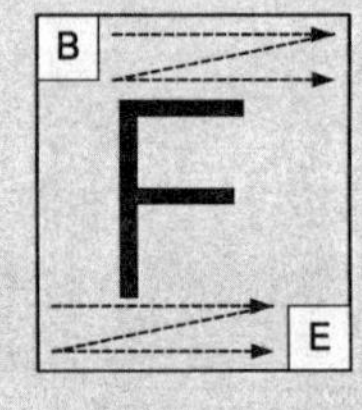	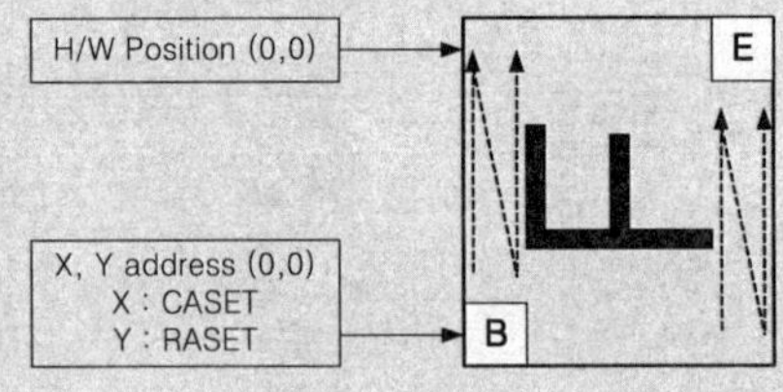
X-Y Exchange X-Mirror	1	1	0	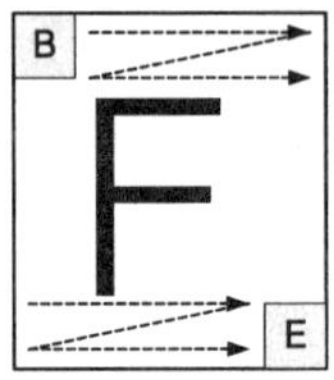	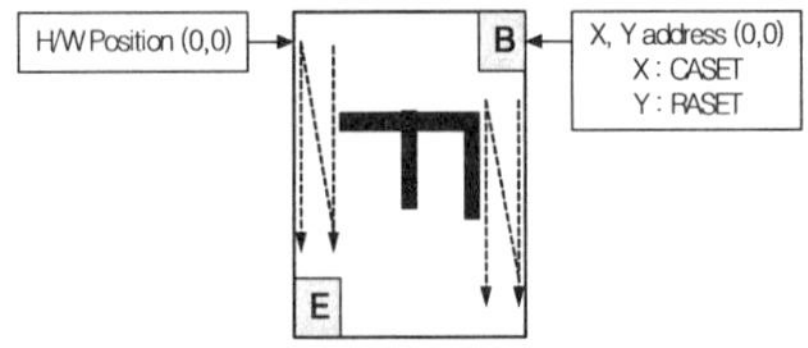
X-Y Exchange X-Mirror Y-Mirror	1	1	1	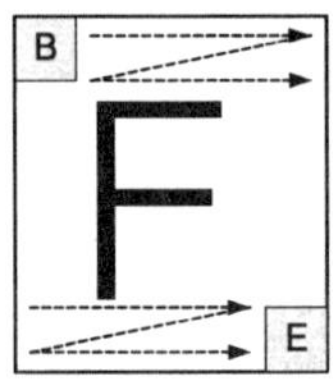	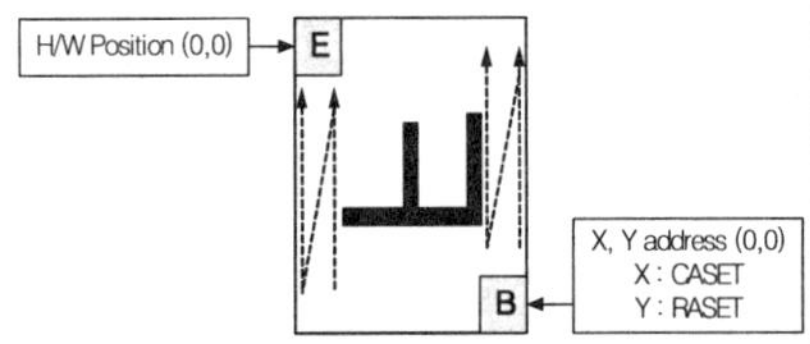

10.3.2 Flash Memory AT45DB161D

TFT-LCD에는 2MB의 Flash Memory AT45DB161D가 장착되어 있으며, [표 10-5]와 같은 핀 배열과 특징을 가지고 있다.

[표 10-5] AT45DB161D 특징 및 핀 기능

- 2.5~3.6V
- SPI 호환 모드 0, 3 사용
- 512 bytes/page 또는 528 bytes/page 동작
- 2Mbytes(4096pages)
- Erase : page 단위(512bytes), block 단위(8pages : 4kbytes), 섹터 단위(128kbytes)
- 2개의 data buffer 내장
- 100,000 프로그램/지우기 가능
- 데이터 유지기간 20년

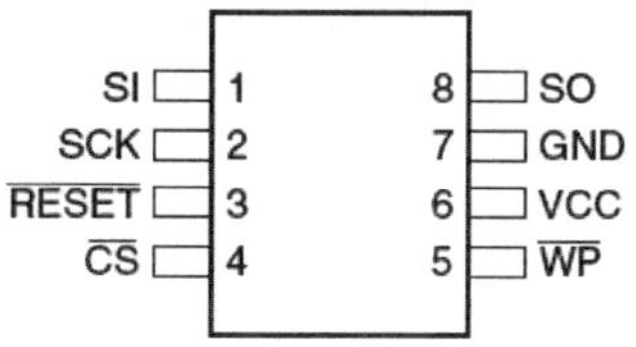

핀 번호	핀 명	기 능	비 고
1	SI	시리얼 입력	SPI 인터페이스 MOSI 기능
2	SCK	시리얼 클럭	데이터의 입출력을 제어하며, 데이터 입력은 클럭의 상승에서, 데이터 출력은 클럭의 하강에서 이루어짐
3	/RESET	리셋 기능	모든 동작 정지하고, idle 상태로 함
4	/CS	Chip Select	동작시작에서 1 → 0, 동작완료에서 0 → 1 입력 요구
5	/WP	Write Protect	쓰기 보호
6	VCC	전원	2.5~3.6V
7	GND	접지	
8	SO	시리얼 입력	SPI 인터페이스 MISO 기능

(1) 쓰기 동작

Flash Memory에로의 데이터 쓰기는 [그림 10-9]와 같이 SI 핀을 통해 Buffer1 또는 Buffer2에 우선 데이터를 쓰고 난 후에 Buffer의 데이터를 Flash Memory에 써주어야 한다.

① Buffer1 쓰기(명령어 코드 : 84H)

Buffer1에 데이터를 쓰는 명령어 코드는 [그림 10-10]과 같이 84h이며, 명령어 코드에 이어 1바이트의 dumy 바이트와 2바이트의 시작 어드레스가 전송된다. 그리고, 이어서 Buffer1에 쓸 데이터가 전송된다.

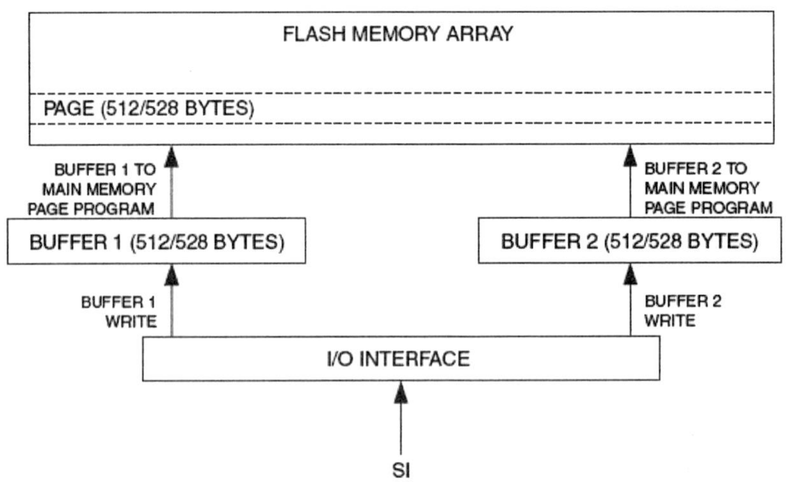

[그림 10-9] Flash Memory 쓰기

OP Code (84h)	Address	Address	Address	추가 don't care bytes
10000100	0000 0000	0000 000A	AAAA AAAA	0

(AAAAAAAA : Buffer Address)

(a) 명령어 코드

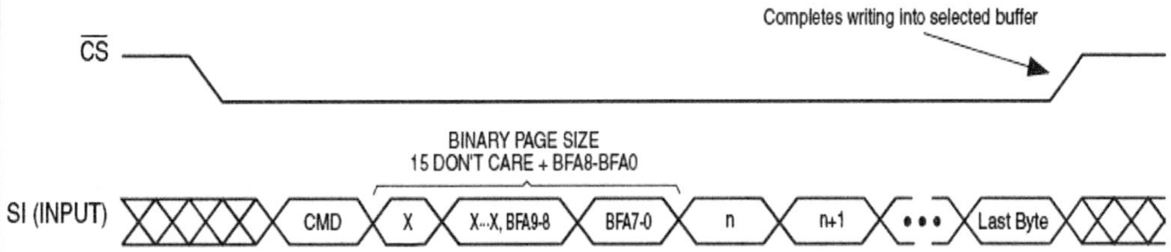

(b) 동작 타이밍

[그림 10-10] Buffer1 쓰기 동작

② **Buffer1 데이터 Flash Memory에 쓰기(명령어 코드 : 88H)**

Buffer1의 데이터를 Flash Memory에 쓰는 명령어이며, [그림 10-11]과 같이 Flash Memory의 page 어드레스가 명령어 코드에 이어 전송된 후 1바이트의 dumy 바이트가 전송된다. 이렇게 4바이트의 명령어 코드가 전송되면 Buffer1의 데이터가 지정된 page로 512바이트 자동 전송된다.

OP Code (88h)	Address	Address	Address	추가 don't care bytes
10001000	000P PPPP	PPPP PPP0	0000 0000	0

(PPPPPPPPPPPP : Page Address)

(a) 명령어 코드

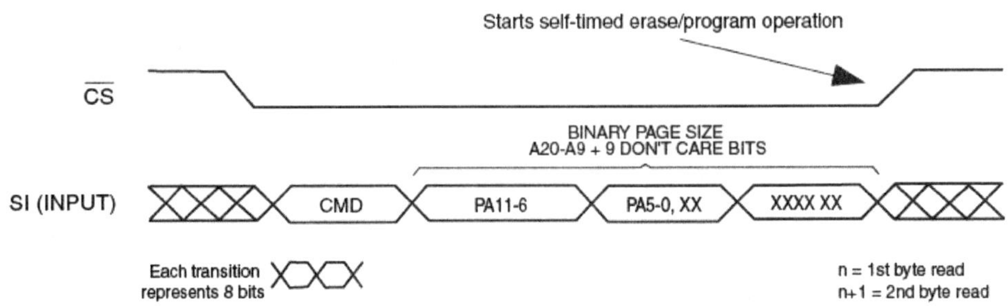

(b) 동작 타이밍

[그림 10-11] Buffer1의 데이터 Flash Memory 쓰기 동작

(2) 읽기 동작

읽기 동작은 [그림 10-12]와 같이 Flash Memory로부터 바로 읽을 수도 있고, Buffer를 통해 읽을 수도 있다.

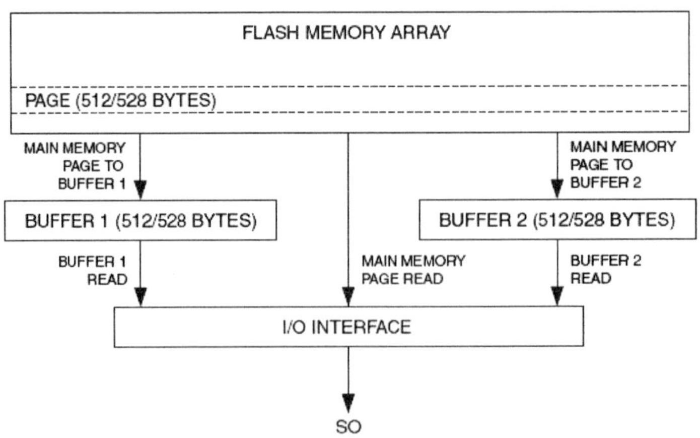

[그림 10-12] Flash Memory 읽기

① 연속 읽기(명령어 코드 0Bh)

Flash Memory의 데이터를 연속적으로 읽는 명령어이며, [그림 10-13]과 같이 Flash Memory의 page 어드레스가 명령어 코드에 이어 전송된 후 1바이트의 dumy 바이트가 전송된다. 이렇게 5바이트의 명령어 코드가 전송되면 지정된 page의 Memory Address로부터 1바이트씩 연속적으로 읽혀지게 된다.

OP Code (0Dh)	Address	Address	Address	추가 don't care bytes
00001011	000P PPPP	PPPP PPPA	AAAA AAAA	1

(PPPPPPPPPPPP : Page Address, AAAAAAAAA : Memory Address)

(a) 명령어 코드

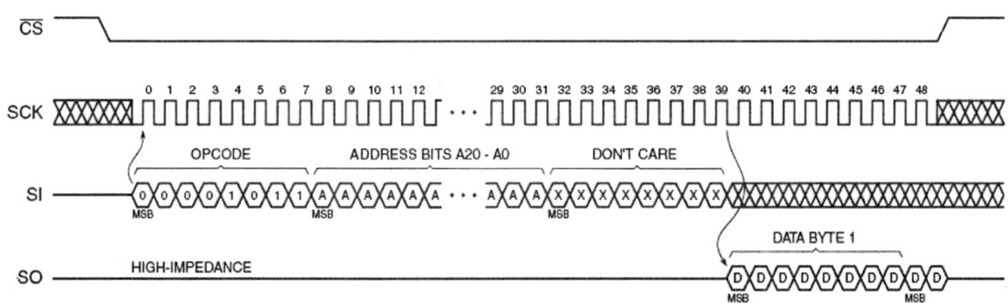

(b) 동작 타이밍

[그림 10-13] Flash Memory 연속 읽기 동작

② 상태 레지스터 읽기(명령어 코드 D7h)

명령어 코드 D7h 1바이트를 전송하면 1바이트의 상태 레지스터의 값이 계속 읽혀지게 된다. 비트7은 Ready 또는 Busy의 상태를 나타내며, 1이면 메모리가 다음 명령어를 받을 수 있는 준비가 되어 있는 것을 나타낸다. 반면에 이 비트가 0이면 메모리가 다른 일을 수행하고 있어서 다음 명령어를 받을 수 없는 상태이기 때문에 상태 레지스터의 값을 계속 읽어 RDY/~BUSY 비트가 1이 될 때까지 기다려야 한다.

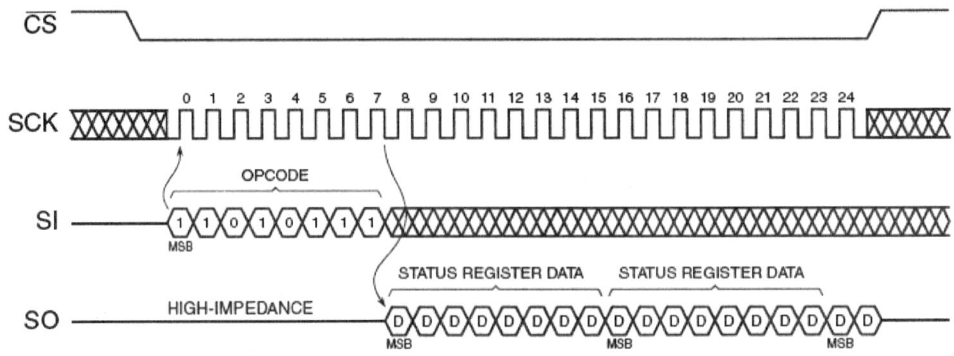

(a) 동작 타이밍

Bit7	Bit6	Bit5	Bit4	Bit3	Bit2	Bit1	Bit0
RDY/~BUSY	COMP	1	0	1	1	PROTECT	PAGE SIZE

(b) 상태 값

[그림 10-14] 상태 레지스터 읽기 동작

(3) Flash Memory 영역 할당

TFT-LCD 모듈의 Flash Memory는 2MB이고, page(512 byte) 단위로 액세스가 이루어진다. 총 4096 page 있으며, 8page를 1block으로 관리한다. 320 x 240 크기의 BMP Full color 영상 데이터는 320 x 240 x 3bytes = 230,400 bytes 의 크기를 갖지만, TFT-LCD의 GRAM에 전송하거나 Flash Memory에 저장할 때는 [그림 10-5]에서와 같이 16비트(2바이트)로 나타내어 320 x 240 x 2bytes = 153,600 bytes의 크기를 갖게 된다. 따라서, 320 x 240의 컬러 영상을 16비트로 Flash Memory에 저장하는 경우에는 [표 10-6]과 같이 300page(38 block)의 메모리를 차지하게 된다.

[표 10-6] TFT-LCD에서의 320x240 컬러 영상 크기

영상 분류	데이터 사이즈
BMP 영상(Full Color)	320 x 240 x 3 bytes = 230,400 bytes
TFT-LCD 표시 영상 Flash Memory 저장 영상 (65,536 color)	320 x 240 x 2 bytes = 153,600 bytes 153,600 bytes / 512= 300 pages 300 pages / 8 = 37.5 => 38 blocks

픽셀 당 3바이트로 나타내는 BMP 파일의 데이터를 TFT-LCD에서 사용하기 위해서는 [그림 10-5]에서와 같이 rrrrrggggggbbbbb의 16비트 데이터로 변환해야 한다. 따라서, 8비트 단위로 추출하려면 BMP 형식의 RGB값을 [표 10-7]과 같은 연산에 의해 2바이트(상위 바이트 high, 하위 바이트 low) 값으로 변환하여야 한다.

[표 10-7] 3byte의 RGB값을 2바이트의 RGB값으로 변환하기

```
high = (R & 0b11111000) | (G >> 5)
low = (B >> 3) | ((G << 3) & 0b11100000)
```

(4) RS-232 통신을 이용한 BMP 파일 전송

[그림 10-15]는 CodeVisionAVR C 컴파일러에서 터미널 창을 통해 BMP 영상 데이터를 전송하거나 영상번호 입력에 의해 Flash Memory에 들어 있는 영상 데이터를 TFT-LCD에 표시하는 실행과정을 보여준다. "Image Load"는 Flash Memory에 들어 있는 영상 데이터를 TFT-LCD에 표시하며, "Image Save"는 PC에 있는 BMP 파일을 TFT-LCD의 Flash memory에 저장하면서 LCD에 영상을 표시한다. "Image Save"에서 파일의 지정은 TxFile을 눌러 [그림 10-15] (b)와 같이 파일 선택 대화창이 열리면 저장하고자 하는 BMP 파일을 선택하면 된다. "Quit"를 선택하면 터미널 창을 통한 제어를 종료하게 된다.

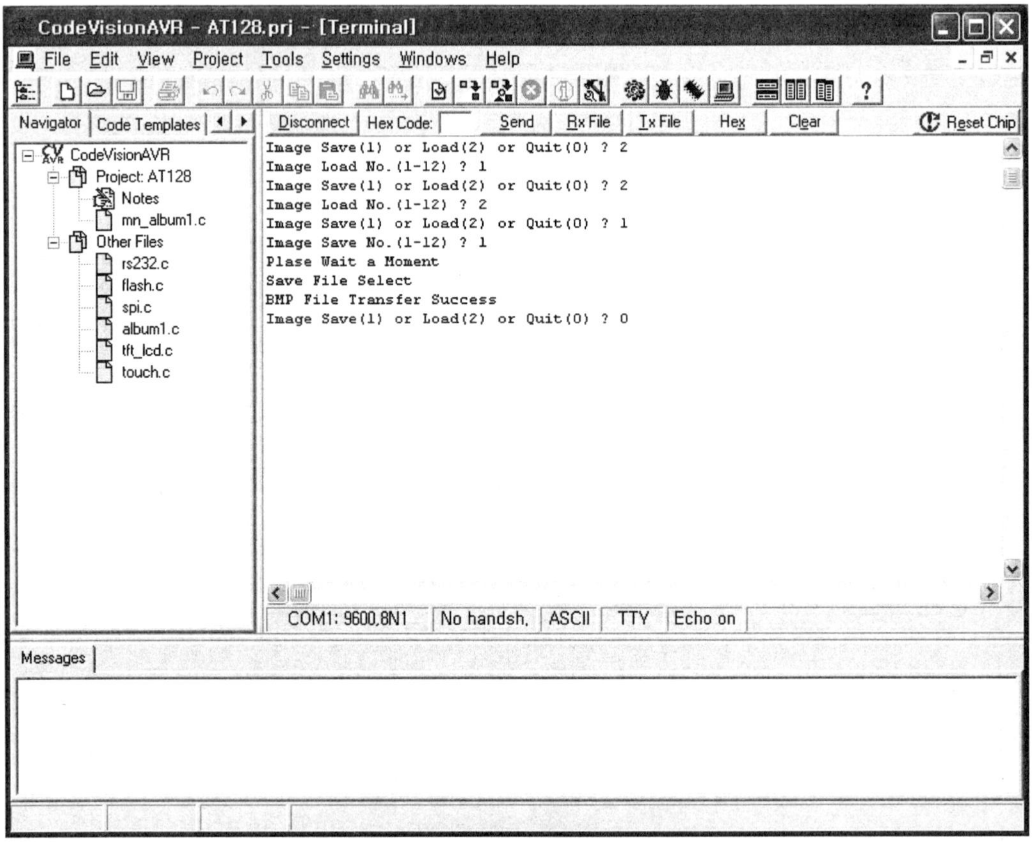

(a) 터미널 창에서의 메뉴 선택

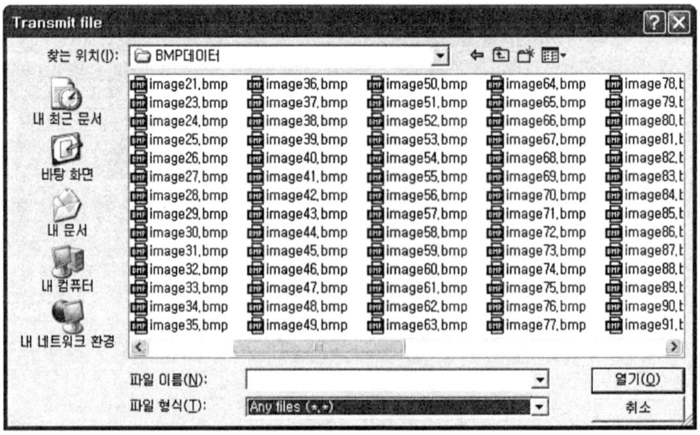

(b) 파일 열기 대화 창

[그림 10-15] CodeVisionAVR C 컴파일러에서의 터미널 창을 통한 BMP 영상 전송

10.3.3 터치 센서

이 작품에서 사용하는 TFT-LCD 모듈에는 터치센서 ADS7846이 내장되어 있으며, 제어단자는 [그림 10-3]의 회로도로부터 알 수 있듯이 4개 신호가 사용된다. [표 10-8]은 사용되는 단자명과 기능을 보여준다.

[표 10-8] 터치 센서 제어 단자

단자 명	기 능
(Touch)/CS	터치센서 Chip Select단자
MOSI	SPI MOSI 단자
SCLK	SPI CLOCK 단자
MISO	SPI MISO 단자
(Touch)/IRQ	터치 상태 여부(0:터치상태, 1: 노 터치)

ADS7846의 8비트 제어명령은 [표 10-9]와 같으며, 터치센서의 값을 읽으려면 SPI 방식으로 제어명령을 전송하고 나서 데이터를 읽어야 한다. 이 작품에서는 X축과 Y축의 터치 좌표값만을 측정하며, 이에 따른 비트값은 [표 10-9]와 같다. SPI 통신 속도는 1MHz로 수행된다.(ADS7846에 대한 자세한 내용은 **<윤덕용 교수님의 TFT-LCD 모듈 활용마스터>를 참고하기 바란다.**)

[표 10-9] ADS7846 제어 명령 구성

<ADS7846 제어 명령 구성>

Bit7	Bit6	Bit5	Bit4	Bit3	Bit2	Bit1	Bit0
S	A2	A1	A0	MODE	SER/~DFR	PD1	PD0

<제어 명령 비트 기능>

비트명	기 능
S	시작비트로서 항상 1
A2~A0	채널 선택
MODE	A/D 변환 비트 지정(0:12비트, 1:8비트)
SER/~DFR	단극성 또는 차동 기준 입력방식 선택
PD1, PD0	파워다운 선택 비트(00에서 ~PENIRQ 사용)

<터치 스크린 X축, Y축 좌표 측정을 위한 명령값>

S	A2	A1	A0	MODE	SER/~DFR	PD1	PD0	좌표 측정
1	1	0	1	0	0	0	0	X축 좌표 측정
1	0	0	1	0	0	0	0	Y축 좌표 측정

〈좌표 읽기〉

좌표 읽기는 /IRQ의 값이 0일 때 좌표 값을 읽어오는 명령을 전송하고 난 후 이어서 2번에 걸쳐 더미 데이터를 전송하면서 좌표 값을 읽어오면 된다. 읽은 첫 번째 바이트는 최상위 비트가 0이고, 나머지 7비트에 좌표의 상위 7비트가 포함된다. 그리고, 두 번째 바이트는 상위 5비트에 좌표의 하위 5비트 값이 포함되고 나머지 3비트는 0으로 채워진다. [그림 10-16]은 좌표 읽기 과정을 보여준다.

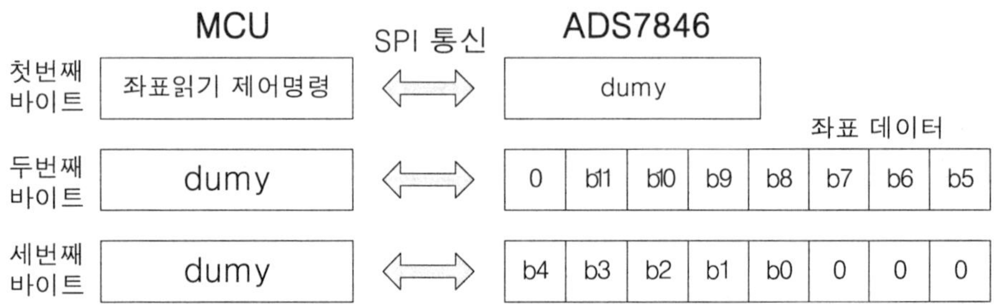

[그림 10-16] 터치센서로부터의 좌표 읽기 과정

〈좌표 변환〉

터치센서의 좌표는 [그림 10-17]과 같이 센서의 좌표값을 pixel 좌표로 변환하여 사용한다.

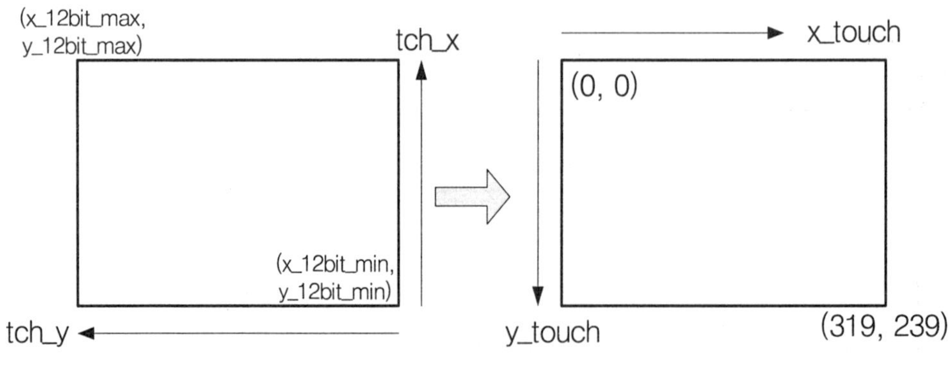

x_touch = (y_12bit_max - tch_y) / (y_12bit_max - y_12bit_min) * 319
y_touch = (x_12bit_max - tch_x) / (x_12bit_max - x_12bit_min) * 239

[그림 10-17] 터치센서의 좌표 변환

10.4 함수 및 처리 흐름도

[표 10-10]은 작품에 사용된 함수들이며, [그림 10-18]은 이들 함수에 처리 흐름도를 보여준다. [그림 10-19]는 제작된 보드를 보여준다.

[표 10-10] 사용 함수 요약

분 류	함 수 명	기 능
	main()	사용 변수 및 디바이스의 초기화를 수행하고, 메뉴 화면 표시와 함께 터치스크린을 체크하면서 선택된 메뉴 실행
	menu_sel()	menu를 표시하고 선택된 메뉴를 결정한다. (메뉴 번호 리턴)
	menu_disp()	메뉴 화면을 표시한다
	sel_disp()	1/5로 축소되어 표시된 영상에서 선택된 영상 결정(선택 영상 번호 리턴)
	All_disp()	12개의 영상을 가로 세로 각각 1/5로 축소하여 모두 표시
	Puzzle()	그림 맞추기 메인함수
	Puzzle_disp()	선택된 영상을 5x5로 쪼개어 0~24의 값을 랜덤하게 부여하고 LCD에 표시. 좌측상단 부분은 0번으로 하여 "SHIFT(END)" 표시
	Puz_part1_disp(int img_n, u_int row u_int col, u_char r_no)	n번째 영상의 r_no번째 부분을 row행 col열에 표시
	Puz_Empty_disp(u_int row, u_int col)	row행 col열 영역에 "SHIFT(END)" 문자 표시
	Puz_check(u_int n)	25개의 영역에 랜덤하게 번호를 부여할 때 n번 영역이 이미 번호가 부여된 영역인지 체크(0 : 부여, 1 : 미부여)
	time1_int()	타이머/카운터1 오버플로우 인터럽트 루틴(1초 주기)
Flash Memory 관련함수	obj_select()	RS-232통신을 이용한 PC로부터 BMP 파일 전송 및 영상 데이터 TFT-LCD 표시
	Img_save()	BMP 파일 데이터를 Flash Memory에 저장하면서 영상 표시
	Img_Load()	Flash Memory에 저장된 영상 표시
	BMP_Save()	CodeVisionAVR 컴파일러의 터미널 창을 통해 PC로부터 지정된 BMP 파일의 영상데이터를 Flash Memory에 저장하면서 TFT-LCD에 영상 표시
	BMP_Load()	CodeVisionAVR 컴파일러의 터미널 창을 통해 PC로부터

		지정된 Flash Memory의 영상데이터를 TFT-LCD에 표시
SPI 관련함수	SPI_Mode0_1MHz	터치스크린과의 SPI 모드 0, 클럭 주파수 1MHz 설정
	SPI_Mode0_8MHz	Flash Memory와의 SPI 모드 0, 클럭 주파수 8MHz 설정
	SPI_Status()	Flash Memory RDY/BUSY 비트 체크, RDY 상태까지 대기
	SPI_write(u_char data)	SPI 방식 1바이트 송신 및 수신
TFT LCD 관련함수	init_LCD()	포트 초기화 및 TFT-LCD, 터치스크린 초기 설정
	init_LCD_REG()	TFT-LCD 제어 레지스터 초기화
	WR_REG(u_char addr, u_int dat)	지정된 TFT-LCD 제어레지스터에 값 설정
	WR_GRAM_address_0()	TFT-LCD GRAM 액세스 모드 설정
	screen_clear(u_int dat)	지정된 컬러 값으로 TFT-LCD 화면 클리어
	point(u_int x, u_int y, u_int color)	지정된 위치에 컬러 값으로 한 점 표시
터치센서 관련함수	Read_ADS7846_touch()	터치스크린 x, y좌표 8번 읽어 평균값 출력
	input_ADS7846(u_char data)	터치스크린 x, y좌표 읽기
	init_ADS7846()	터치스크린 SPI 모드0, 1MHz 설정, IC 초기화
8x16 영어문자 출력함수	TFT_Eng_string(u_char col, u_char row, char flash *str, u_int color, u_int back)	row행 col열에 지정된 배경색에 지정된 색으로 고정 영문자열 표시
	TFT_Eng_string1(u_char col, u_char row, char *str, u_int color, u_int back)	row행 col열에 지정된 배경색에 지정된 색으로 생성 영문자열 표시
	TFT_English(u_char col, u_char row, u_char eng, u_int color, u_int back)	row행 col열에 지정된 배경색에 지정된 색으로 영문자 표시 (8x16 ASCII 영문자)
RS-232 관련함수	usart0_init()	USART0 초기화(9600bps, data 8비트, 스톱 1비트, no parity)
	Putch(char data)	1바이트 데이터 송신
	Getch()	1바이트 수신하고, 수신된 데이터 리턴
	block_receive (uchar *buf, u_int len)	정된 바이트의 데이터 수신
	send_message(char flash* str)	고정 문자열 전송
	send_msg(char *str)	생성 문자열 전송

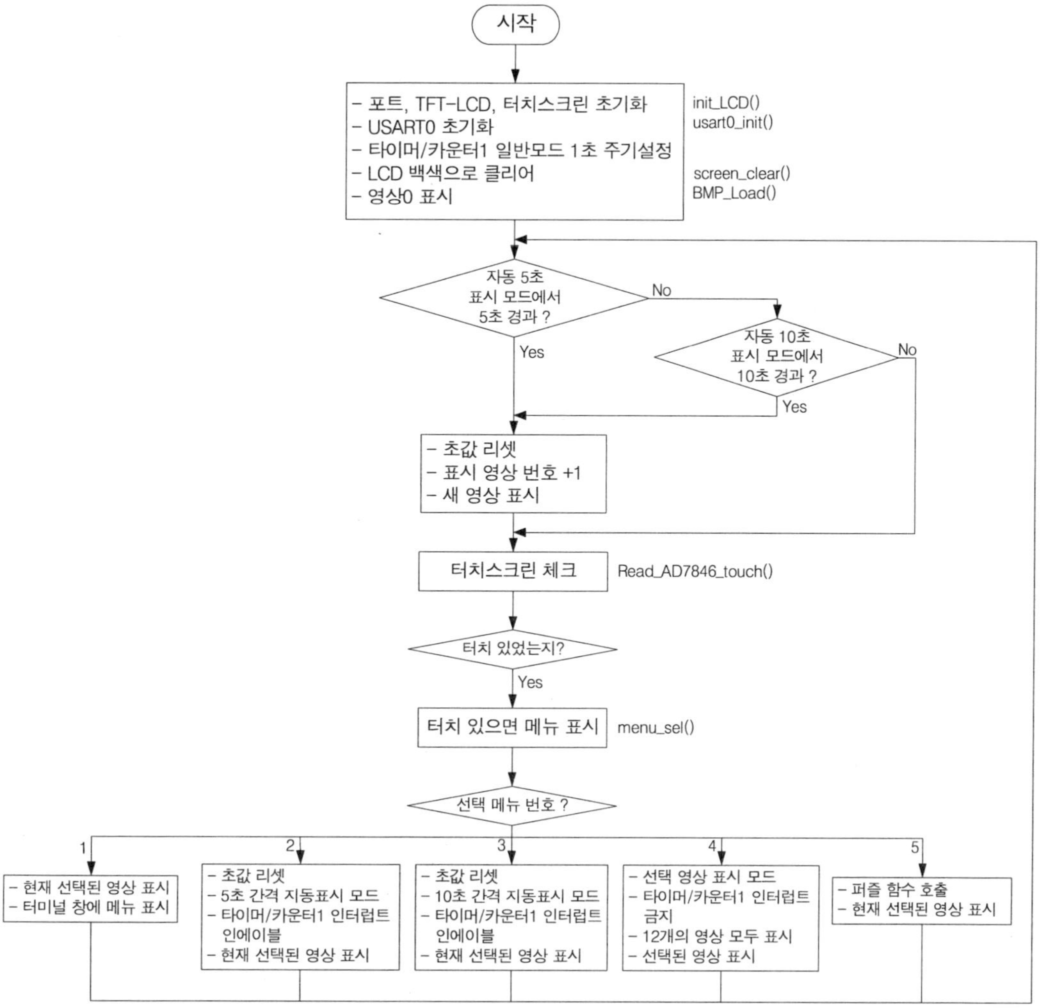

(a) main() 함수

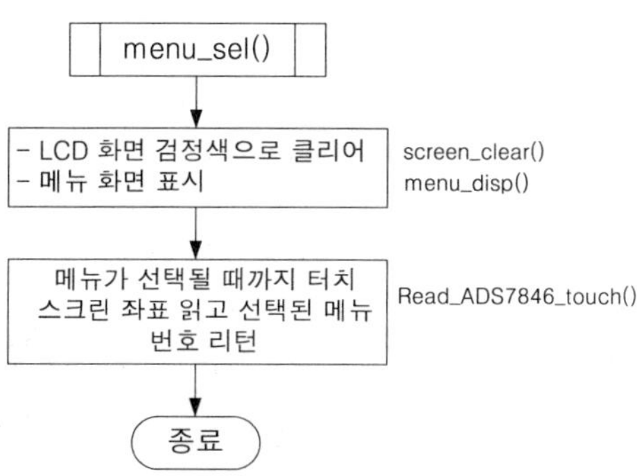

(b) menu_sel()

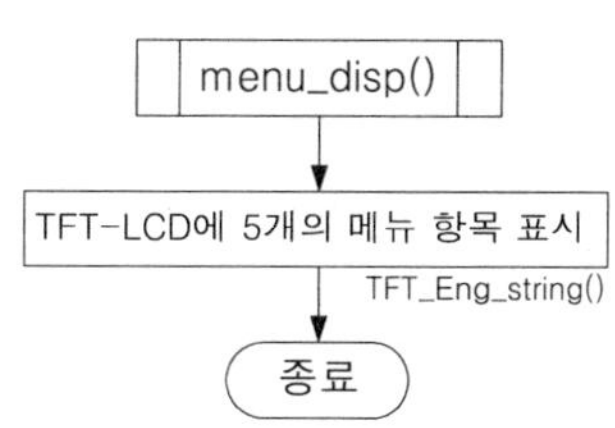

(c) menu_disp()

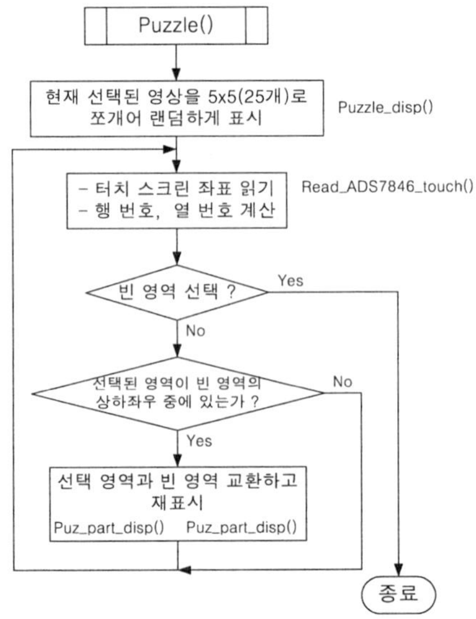

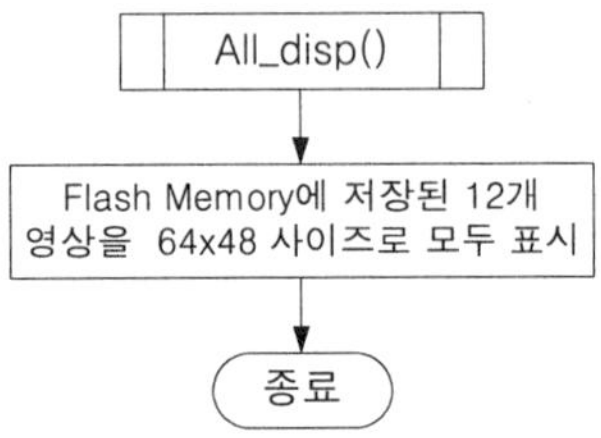

(d) All_disp()

(e) Puzzle()

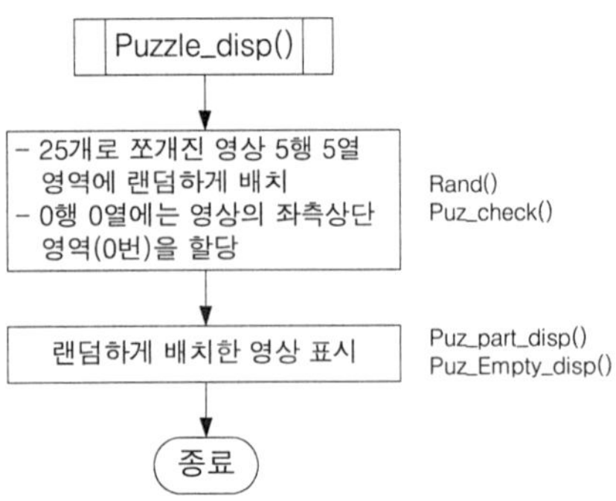

(f) Puzzle_disp()

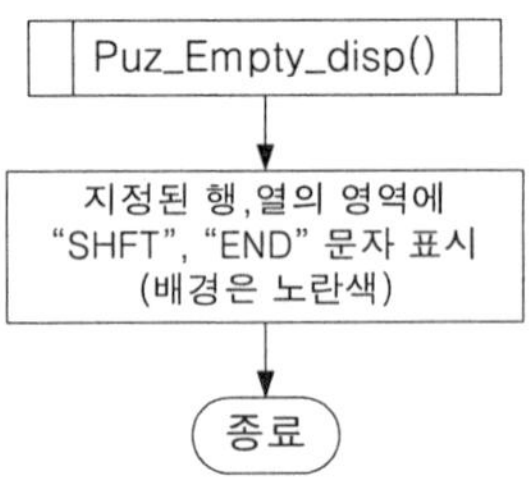

(g) Puz_part_disp()

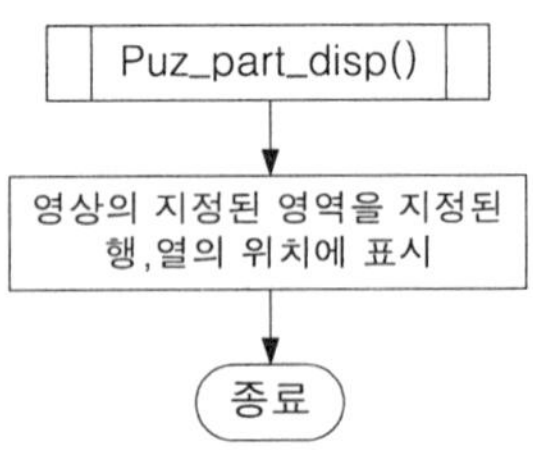

(h) Puz_Empty_disp()

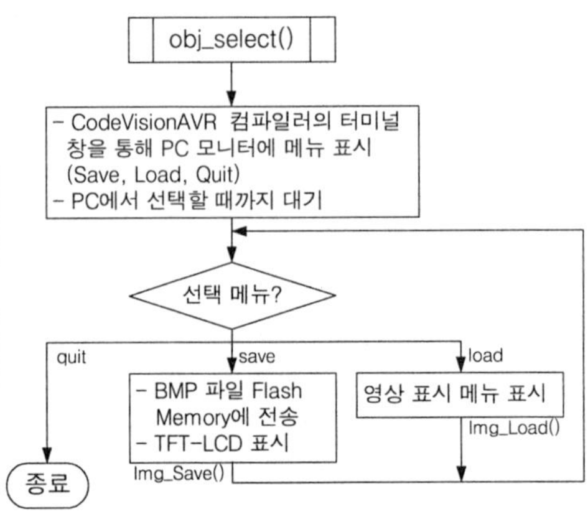

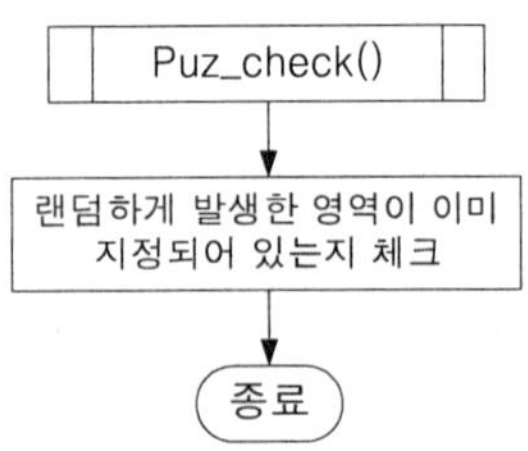

(i) Puz_check()

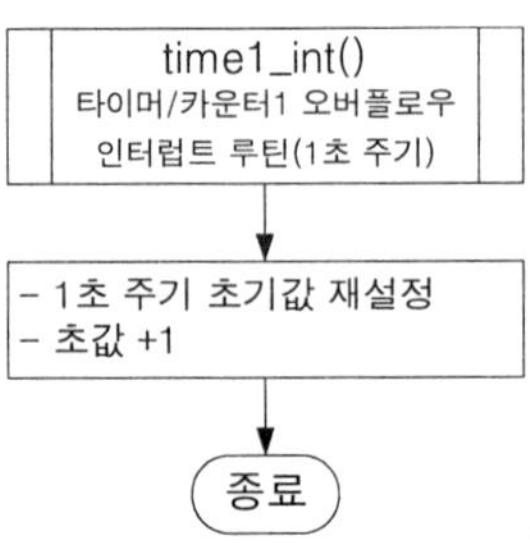

(j) time_int()

(k) obj_select(()

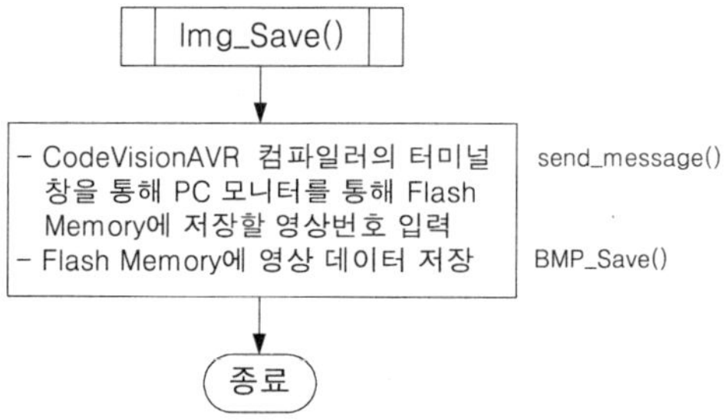

(l) Img_Save()

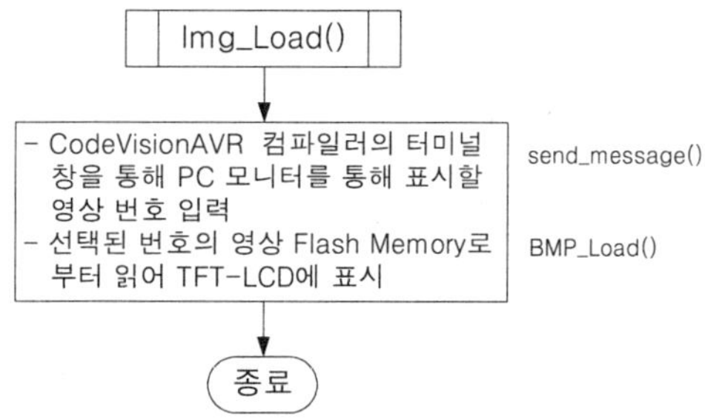

(m) Img_Load()

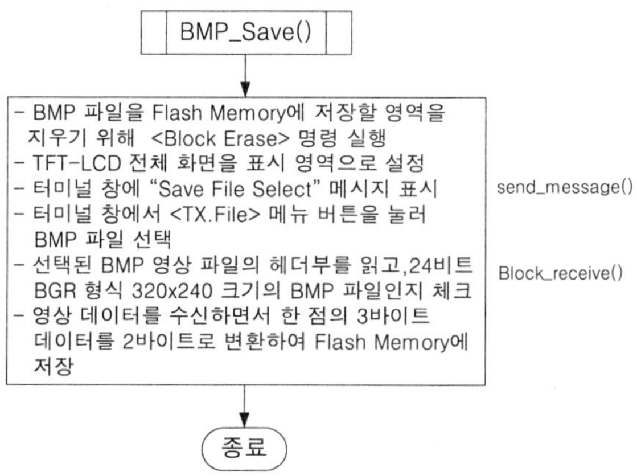

(n) BMP_Save()

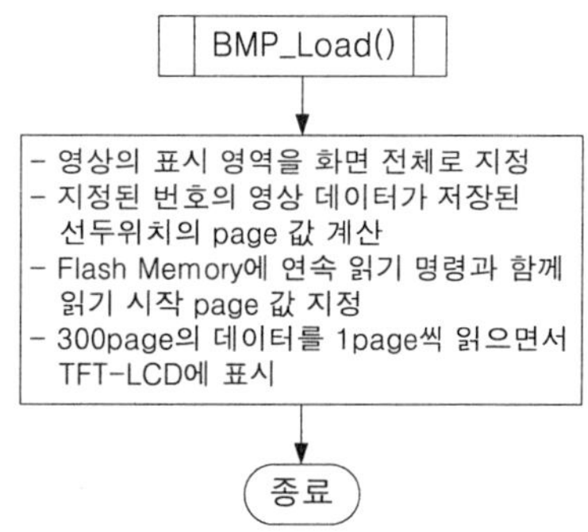

(o) BMP_Load()

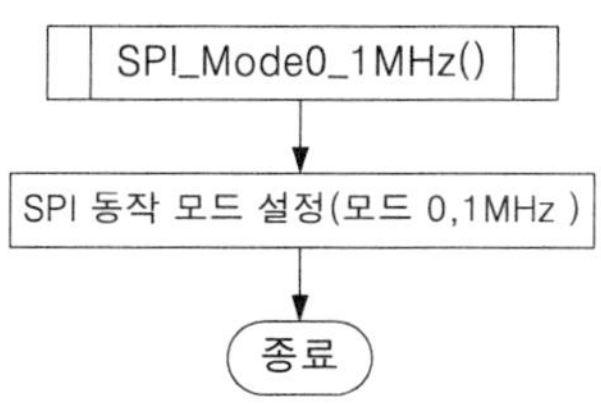

(p) SPI_Mode0_1MHz()

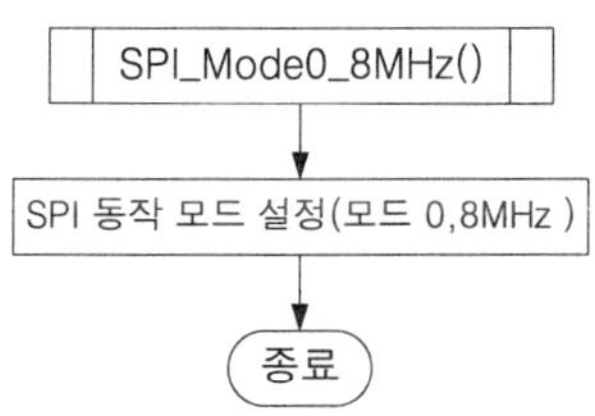

(q) SPI_Mode0_8MHz()

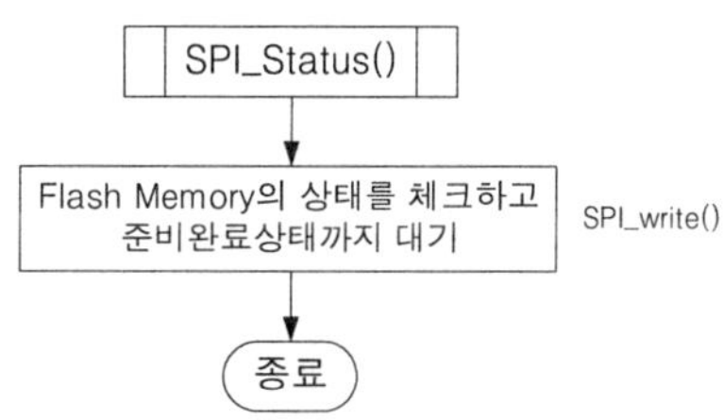

(r) SPI_Status()

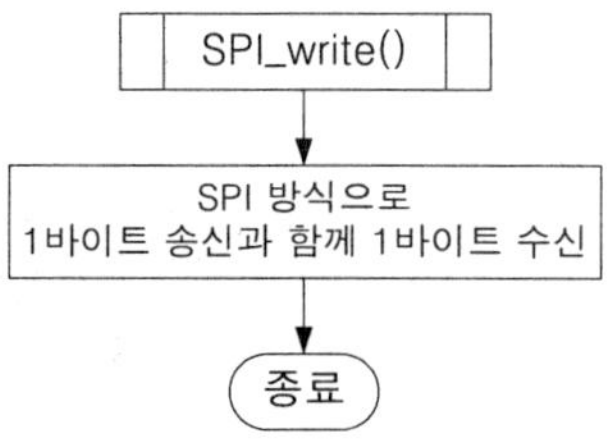

(s) SPI_write()

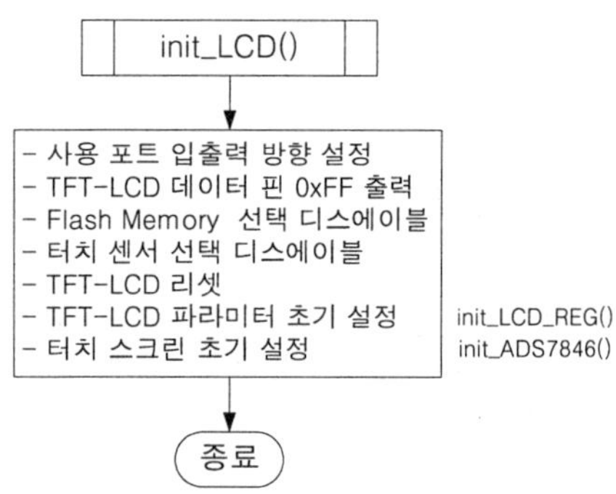

(t) init_LCD()

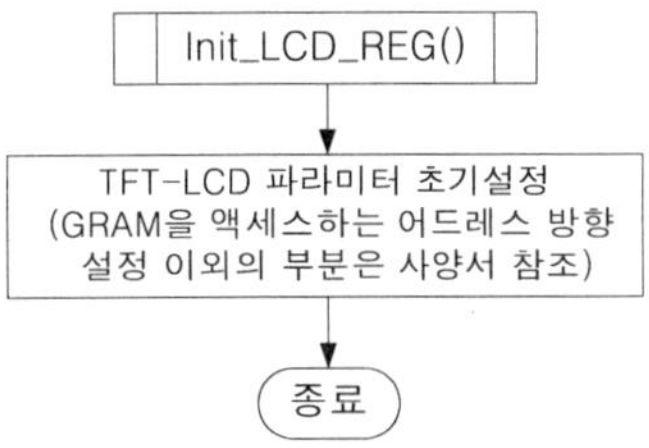

(u) init_LCD_REG()

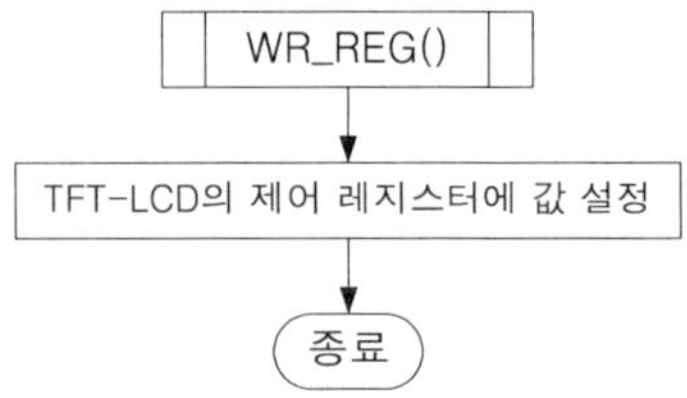

(v) WR_REG()

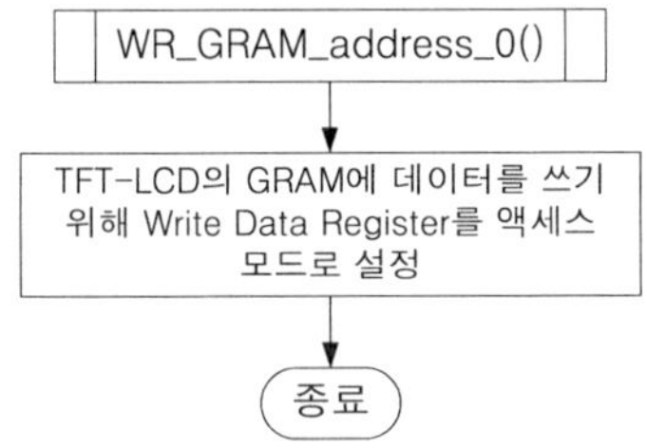

(w) WR_GRAM_address_0()

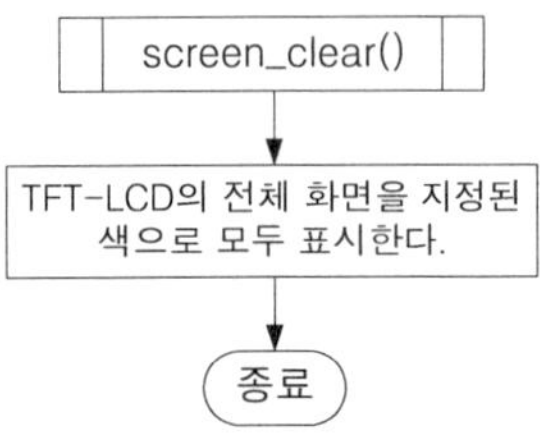

(x) screen_clear()

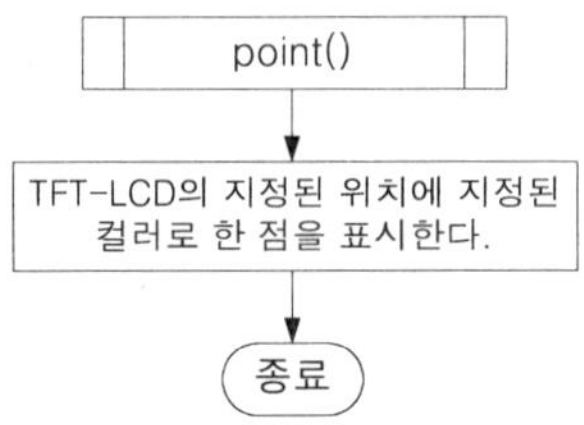

(y) point()

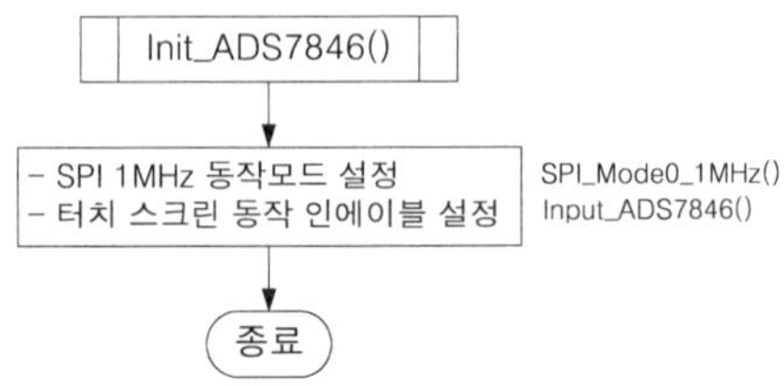

(z) init_ADS7846()

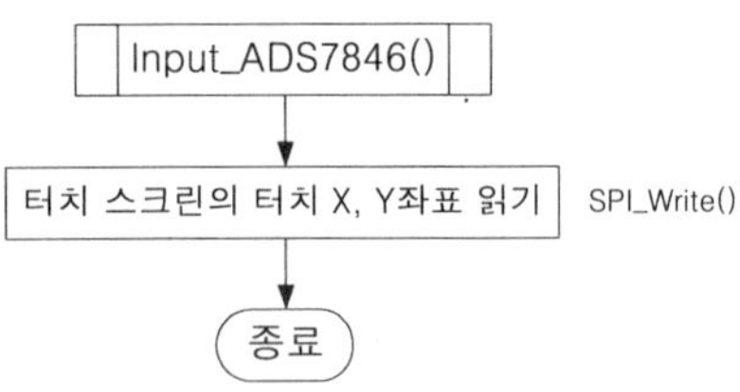

(A) Input_ADS7846()

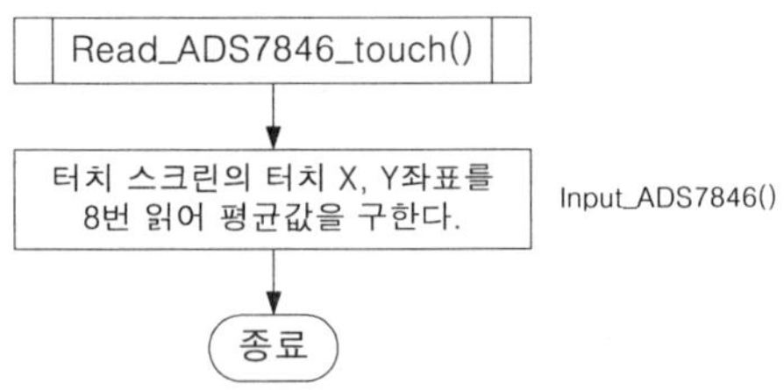

(B) Read_ADS7846_touch()

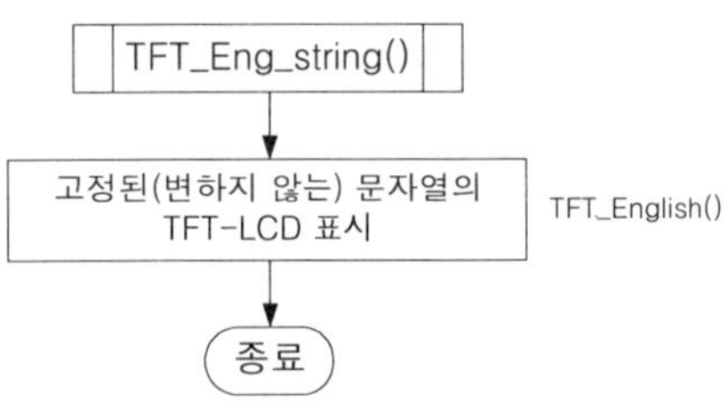

(C) TFT_Eng_string()

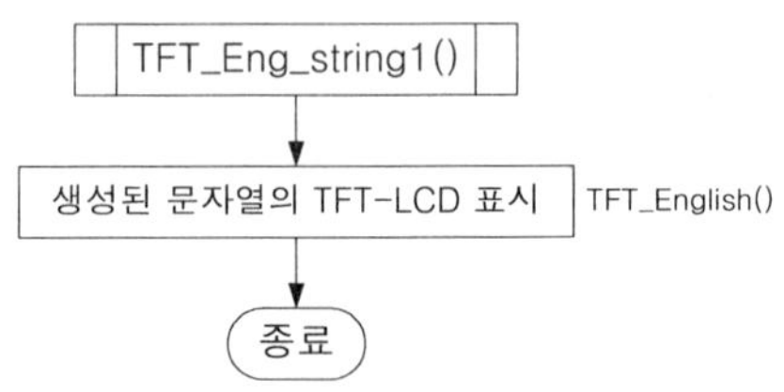

(D) TFT_Eng_string1()

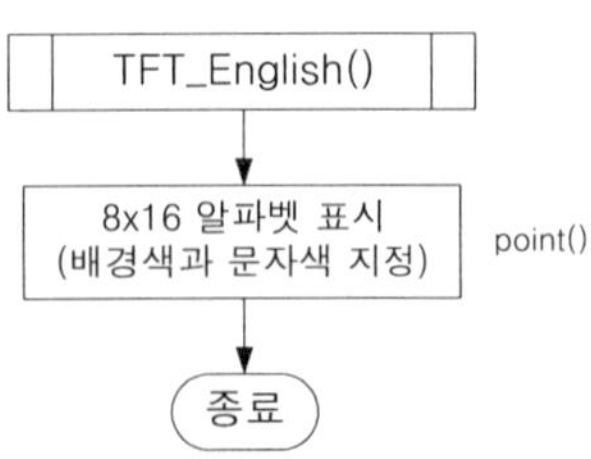

(E) TFT_English()

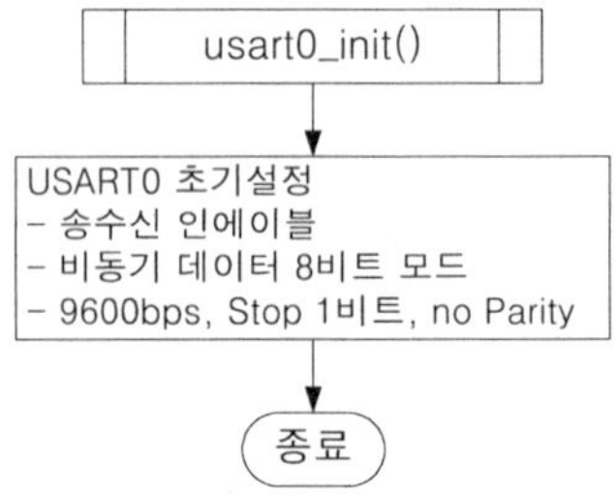

(F) usart0_init()

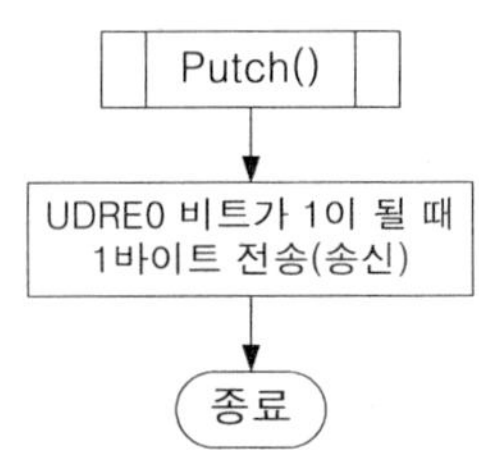

(G) Putch()

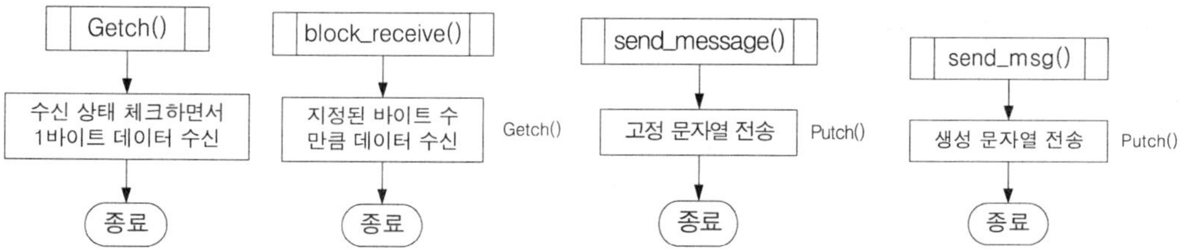

(H) Getch() (I) block_receive() (J) send_message() (K) send_msg()

[그림 10-18] 함수 처리 흐름도

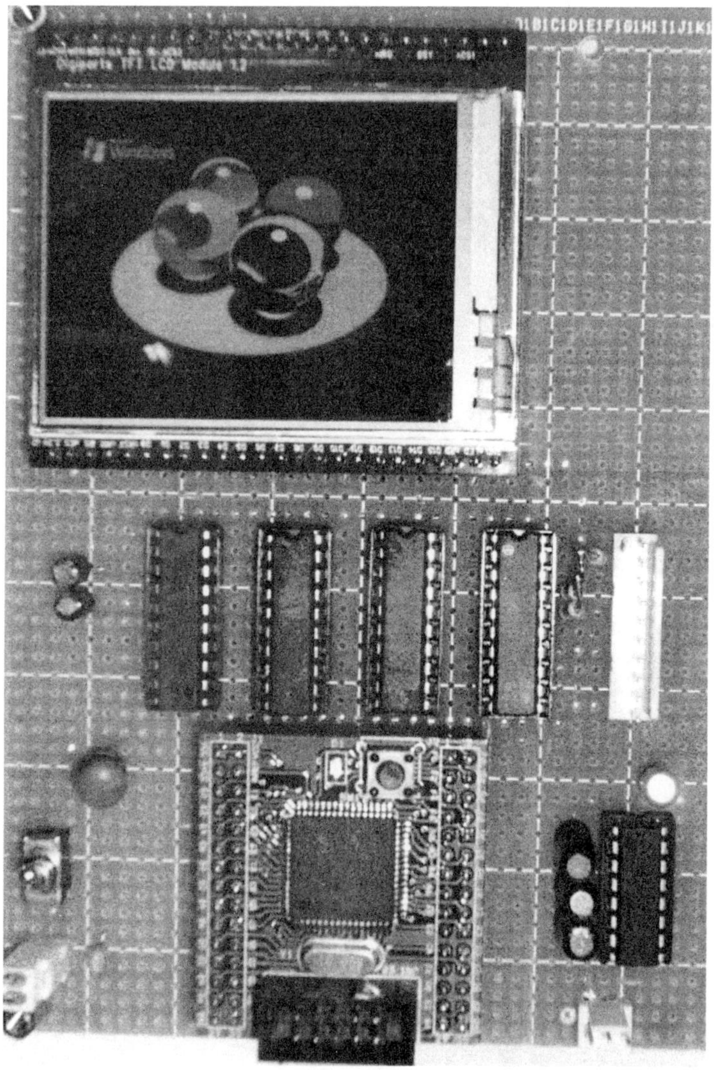

[그림 10-19] 작품 사진

10.5 프로그램 소스

[리스트 10-1]부터 [리스트 10-9]까지는 헤더 파일을 보여주며, [리스트 10-10]부터 [리스트 10-16]까지는 소스 파일을 보여준다.

[리스트 10-1] typedef.h 헤더 파일

```
// typedef.h
// 데이터형 다른 이름 정의

typedef unsigned char  u_char;
typedef unsigned short u_int;
typedef unsigned long  u_long;

// BMP 파일 헤더 구조체
struct bmp_header{
    // 헤더 14바이트
    u_char      type[2];            // "BM"
    u_long      f_size;             // 파일 크기(바이트단위)
    u_long      reserved;           // 예약(4바이트)
    u_long      offbits;            // 이미지비트까지위 offset

    // InfoHeader  40바이트
    u_long      size;               // InfoHeader 크기 = 40
    u_long      width;              // 이미지 폭(픽셀단위)
    u_long      height;             // 이미지 높이(픽셀단위)
    u_int       planes;             // 비트 플레인 수(항상1))
    u_int       bitcount;           // 픽셀당 비트 수(24비트 RGB, 컬러수=16M)
    u_long      compression;        // 압축유형(0 : RGB no compression)
    u_long      sizeImage;          // 이미지크기(바이트단위)
    u_long      xpelspermeter;      // 가로 해상도
    u_long      ypelspermeter;      // 세로 해상도
    u_long      clrused;            // 실제 사용된 색상 수
    u_long      clrimportant;       // 중요한 색상 인덱스(0이면 전체)

    // 팔레트 컬러 테이블(4 * clrused 바이트) : clrused가 0이 아닌 경우
};
```

[리스트 10-2] eng_str.h 헤더 파일

```
// eng_str.h
// 영어 문자 출력 함수

// col : 열(x)좌표(0-39), row : 행(y)좌표(0-15), str : 표시할 문자열 선두 포인터
// color : 문자색, back : 배경색, eng : ASCII 코드

// 고정 문자열 표시
void  TFT_Eng_string(u_char col, u_char row, char flash *str, u_int color, u_int back);

// 생성 문자열 표시
void  TFT_Eng_string1(u_char col, u_char row, char *str, u_int color, u_int back);

// 영문자 표시(8x16)
void  TFT_English(u_char col, u_char row, u_char eng, u_int color, u_int back);
```

[리스트 10-3] color.h 헤더 파일

```
// color.h
// Color 값 정의
//RRRRRGGGGGGBBBBB

#define  WHITE       0xffff
#define  BLACK       0x0000
#define  RED         0xf800
#define  LIME        0x07e0
#define  BLUE        0x001f
#define  MAGENTA     0xf81f
#define  PURPLE      0x8010
#define  GREEN       0x07e0
#define  CYAN        0x07ff
#define  TEAL        0x0410
#define  YELLOW      0xffe0
#define  OLIVE       0x8400
#define  NAVY        0x0010
#define  MAROON      0x8000
#define  GRAY        0x8410
#define  SILVER      0xc618
#define  DGRAY       0x3186
#define  DBLUE       0x1086
#define  MBLUE       0x3188
#define  OBLUE       0x4314
#define  SBLUE       0x861c
#define  DCYAN       0x3d34
#define  MCYAN       0x1df7
#define  DGREEN      0x0200
#define  SDGREEN     0x0208
```

[리스트 10-4] flash.h 헤더 파일

```
// flash.h
// 2MB Flash ROM

void obj_select(void);      // PC로부터 BMP파일 전송 또는 Flash ROM 데이터 표시
void Img_Save(void);        // RS-232를 통해 PC로부터 BMP파일 Flash ROM에 전송
void Img_Load(void);        // Flash ROM에 저장된 영상 번호 선택 및 표시
void BMP_Save(int);         // BMP파일 선택 및 Flash ROM에 데이터 전송
void BMP_Load(int);         // Flash ROM에 저장된 영상 표시
```

[리스트 10-5] spi.h 헤더 파일

```
// spi.h
// SPI 관련함수 정의

void   SPI_Mode0_1MHz(void);      // Touch Screen 동작 모드
void   SPI_Mode0_8MHz(void);      // Serial Flash Memory 동작 모드
void   SPI_Status(void);          // SPI 상태 체크 함수(Flash Memory 에서 사용)
u_char SPI_write(u_char);         // 1바이트 송신과 수신
```

[리스트 10-6] tft_lcd.h 헤더 파일

```
// tft_lcd.h
// TFT LCD 관련 신호선과 기본 함수 정의

// LCD 제어 신호핀 정의
#define NCS         PORTD.2          // /CS -> LCD SELECT
#define RS          PORTD.3          // RS -> 0 : COMMAND, 1 : DATA
#define NWR         PORTD.4          // /WR
#define NRD         PORTD.5          // /RD
#define NRST        PORTD.6          // /RESET
#define NLED        PORTD.7          // /LED
#define DATA_H      PORTC            // D8-D15
#define DATA_L      PORTA            // D0-D7

// 터치스크린 제어 신호핀 정의
#define TCH_NCS     PORTD.1          // /TOUCH_CS
#define IRQ_SPI     0b00000010       // PG1 = IRQ_SPI from ADS7846 -PENIRQ

// 2MB Serial Flash Memory 제어 신호핀 정의
#define FLASH_NCS   PORTD.0          // /FLASH_CS

void init_LCD(void);                        // 포트초기화 및 LCD 초기설정
void init_LCD_REG(void);                    // LCD 제어 레지스터 초기화
void WR_REG(u_char, u_int);                 // LCD 제어 레지스터 값 설정
void WR_GRAM_address_0(void);               // LCD GRAM Acess(읽기, 쓰기) 모드 전환
void screen_clear(u_int paint);             // LCD 화면 paint 색으로 클리어
void point(u_int x, u_int y, u_int color);  // 점 (x, y)에 color색 표시
```

[리스트 10-7] touch.h 헤더 파일

```
// touch.h
// Touch Screen

// 터치스크린 명령어
#define ADS7846_CMD_X    0b11010000      // 12-bit X position measurement command
#define ADS7846_CMD_Y    0b10010000      // 12-bit Y position measurement command

// Touch Screen 좌표 범위
#define x_12bit_min      230             // Minimum value of touch screen x-axis
#define x_12bit_max      3780            // Maximum value of touch screen x-axis
#define y_12bit_min      220             // Minimum value of touch screen y-axis
#define y_12bit_max      3780            // Maximum value of touch screen y-axis

// 터치 스크린 변환 좌표 범위
#define MAX_X   319                      // X축 최대값(좌상귀 원점)
#define MAX_Y   239                      // Y축 최대값

// 터치스크린 함수
void    Read_ADS7846_touch(void);        // 터치스크린 X, Y좌표 읽기 함수
u_int   Input_ADS7846(u_char);           // 터치센서 좌표 읽기 함수
void    Init_ADS7846(void);              // 터치스크린 센서 초기화
```

[리스트 10-8] rs232.h 헤더 파일

```
// rs232.h
// USART0 관련

void    usart0_init(void);               // USART0 초기화 함수
void    Putch(char);                     // 1바이트 송신 함수
u_char  Getch(void);                     // 1바이트 수신 함수
void    block_receive(u_char *, u_int);  // 블록 단위 수신 함수
void    send_message(char flash *);      // 고정 문자열 전송함수
void    send_msg(char *);                // 새로 생성되는 문자열 전송 함수
```

[리스트 10-9] eng_font.h 헤더 파일

```
// eng_font.h
/*-----------------------------------------------------------------*/
/*             8x16 Dot English(ASCII) Character Font              */
/*-----------------------------------------------------------------*/

char flash E_font[128][16] = {                 /* 8x16 ASCII character font */
  {0x00,0x00,0x00,0x00,0x00,0x00,0x00,0x00,0x00,0x00,0x00,0x00,0x00,0x00,0x00,0x00},  // 0x00
  {0xF8,0x04,0x14,0x04,0x04,0x14,0x04,0xF8,0x07,0x08,0x09,0x0B,0x0B,0x09,0x08,0x07},  // 0x01
  {0xF8,0xFC,0x6C,0x7C,0x7C,0x6C,0xFC,0xF8,0x07,0x0F,0x0F,0x0C,0x0C,0x0F,0x0F,0x07},  // 0x02
```

```
{0x00,0xF0,0xF8,0xF8,0xF0,0xF8,0xF8,0xF0,0x00,0x00,0x01,0x03,0x07,0x03,0x01,0x00},  // 0x03
{0x00,0x40,0xE0,0xF0,0xF8,0xF0,0xE0,0x40,0x00,0x00,0x00,0x01,0x03,0x01,0x00,0x00},  // 0x04
{0xE0,0xE0,0xF8,0x1C,0x1C,0xF8,0xE0,0xE0,0x00,0x00,0x04,0x07,0x07,0x04,0x00,0x00}, // 0x05
{0x60,0xF0,0xF8,0xFC,0xFC,0xF8,0xF0,0x60,0x00,0x00,0x04,0x07,0x07,0x04,0x00,0x00},  // 0x06
{0x00,0x00,0x60,0xF0,0xF0,0x60,0x00,0x00,0x00,0x00,0x00,0x00,0x00,0x00,0x00,0x00},  // 0x07
{0x00,0xFF,0x1F,0x0F,0x0F,0x0F,0x1F,0xFF,0x00,0xFF,0xFF,0xFE,0xFE,0xFE,0xFF,0xFF},  // 0x08
{0x00,0x00,0xE0,0x10,0x10,0x10,0xE0,0x00,0x00,0x00,0x00,0x01,0x01,0x01,0x00,0x00},  // 0x09
{0x00,0xFF,0x1F,0xEF,0xEF,0xEF,0x1F,0xFF,0x00,0xFF,0xFF,0xFE,0xFE,0xFE,0xFF,0xFF},  // 0x0A
{0x00,0x00,0x90,0x48,0x7C,0x48,0x90,0x00,0x00,0x03,0x04,0x08,0x08,0x08,0x04,0x03},  // 0x0B
{0x00,0x30,0x48,0x84,0x84,0x84,0x48,0x30,0x00,0x02,0x02,0x02,0x0F,0x02,0x02,0x02},  // 0x0C
{0x00,0x00,0x00,0xFC,0x04,0x08,0x70,0x00,0x00,0x06,0x0F,0x07,0x00,0x00,0x00,0x00},  // 0x0D
{0x00,0x00,0x00,0xFC,0x14,0x14,0x14,0xFC,0x00,0x0C,0x1E,0x0F,0x00,0x06,0x0F,0x07}, // 0x0E
{0x50,0x50,0xE0,0xBC,0xBC,0xE0,0x50,0x50,0x01,0x01,0x00,0x07,0x07,0x00,0x01,0x01}, // 0x0F
{0x00,0x00,0xFC,0xF8,0xF0,0xE0,0x40,0x00,0x00,0x00,0x07,0x03,0x01,0x00,0x00,0x00},  // 0x10
{0x00,0x00,0x40,0xE0,0xF0,0xF8,0xFC,0x00,0x00,0x00,0x00,0x00,0x01,0x03,0x07,0x00},  // 0x11
{0x00,0x10,0x18,0xFC,0xFC,0x18,0x10,0x00,0x00,0x01,0x03,0x07,0x07,0x03,0x01,0x00},  // 0x12
{0x00,0x00,0xFC,0xFC,0x00,0x00,0xFC,0xFC,0x00,0x00,0x04,0x04,0x00,0x00,0x04,0x04},  // 0x13
{0x38,0x7C,0x44,0xFC,0xFC,0x04,0xFC,0xFC,0x00,0x00,0x00,0x07,0x07,0x00,0x07,0x07},  // 0x14
{0x00,0xC4,0xEE,0x3A,0x12,0x32,0xE6,0xC4,0x00,0x08,0x19,0x13,0x12,0x17,0x1D,0x08},  // 0x15
{0x00,0x00,0x00,0x00,0x00,0x00,0x00,0x00,0x00,0x0E,0x0E,0x0E,0x0E,0x0E,0x0E,0x00},  // 0x16
{0x00,0x10,0x18,0xFC,0xFC,0x18,0x10,0x00,0x08,0x09,0x0B,0x0F,0x0F,0x0B,0x09,0x08},  // 0x17
{0x00,0x10,0x18,0xFC,0xFC,0x18,0x10,0x00,0x00,0x00,0x00,0x07,0x07,0x00,0x00,0x00},  // 0x18
{0x00,0x00,0x00,0xFC,0xFC,0x00,0x00,0x00,0x00,0x01,0x03,0x07,0x07,0x03,0x01,0x00},  // 0x19
{0x00,0x40,0x40,0x40,0x50,0xF0,0xE0,0x40,0x00,0x00,0x00,0x00,0x01,0x01,0x00,0x00},  // 0x1A
{0x00,0x40,0xE0,0xF0,0x50,0x40,0x40,0x40,0x00,0x00,0x00,0x01,0x01,0x00,0x00,0x00},  // 0x1B
{0xF8,0x00,0x00,0x00,0x00,0x00,0x00,0x00,0x03,0x02,0x02,0x02,0x02,0x02,0x02,0x02},  // 0x1C
{0x40,0xE0,0x50,0x40,0x40,0x50,0xE0,0x40,0x00,0x00,0x01,0x00,0x00,0x01,0x00,0x00},  // 0x1D
{0x00,0x00,0x00,0xC0,0xF0,0xC0,0x00,0x00,0x00,0x04,0x07,0x07,0x07,0x07,0x07,0x04},  // 0x1E
{0x00,0x10,0x70,0xF0,0xF0,0xF0,0x70,0x10,0x00,0x00,0x00,0x01,0x07,0x01,0x00,0x00},  // 0x1F
{0x00,0x00,0x00,0x00,0x00,0x00,0x00,0x00,0x00,0x00,0x00,0x00,0x00,0x00,0x00,0x00},  // space
{0x00,0x00,0x38,0xFC,0xFC,0x38,0x00,0x00,0x00,0x00,0x00,0x0D,0x0D,0x00,0x00,0x00},     // !
{0x00,0x0E,0x1E,0x00,0x00,0x1E,0x0E,0x00,0x00,0x00,0x00,0x00,0x00,0x00,0x00,0x00},     // "
{0x20,0xF8,0xF8,0x20,0xF8,0xF8,0x20,0x00,0x02,0x0F,0x0F,0x02,0x0F,0x0F,0x02,0x00},     // #
{0x38,0x7C,0x44,0x47,0x47,0xCC,0x98,0x00,0x06,0x0C,0x08,0x38,0x38,0x0F,0x07,0x00},     // $
{0x30,0x30,0x00,0x80,0xC0,0x60,0x30,0x00,0x0C,0x06,0x03,0x01,0x00,0x0C,0x0C,0x00},     // %
{0x80,0xD8,0x7C,0xE4,0xBC,0xD8,0x40,0x00,0x07,0x0F,0x08,0x08,0x07,0x0F,0x08,0x00},     // &
{0x00,0x10,0x1E,0x0E,0x00,0x00,0x00,0x00,0x00,0x00,0x00,0x00,0x00,0x00,0x00,0x00},     // '
{0x00,0x00,0xF0,0xF8,0x0C,0x04,0x00,0x00,0x00,0x00,0x03,0x07,0x0C,0x08,0x00,0x00},     // (
{0x00,0x00,0x04,0x0C,0xF8,0xF0,0x00,0x00,0x00,0x00,0x08,0x0C,0x07,0x03,0x00,0x00},     // )
{0x80,0xA0,0xE0,0xC0,0xC0,0xE0,0xA0,0x80,0x00,0x02,0x03,0x01,0x01,0x03,0x02,0x00},     // *
{0x00,0x80,0x80,0xE0,0xE0,0x80,0x80,0x00,0x00,0x00,0x00,0x03,0x03,0x00,0x00,0x00},     // +
{0x00,0x00,0x00,0x00,0x00,0x00,0x00,0x00,0x00,0x00,0x10,0x1E,0x0E,0x00,0x00,0x00},     // ,
{0x80,0x80,0x80,0x80,0x80,0x80,0x80,0x00,0x00,0x00,0x00,0x00,0x00,0x00,0x00,0x00},     // -
{0x00,0x00,0x00,0x00,0x00,0x00,0x00,0x00,0x00,0x00,0x00,0x0C,0x0C,0x00,0x00,0x00},     // .
{0x00,0x00,0x00,0x80,0xC0,0x60,0x30,0x00,0x0C,0x06,0x03,0x01,0x00,0x00,0x00,0x00},     // /
{0xF0,0xF8,0x0C,0xC4,0x0C,0xF8,0xF0,0x00,0x03,0x07,0x0C,0x08,0x0C,0x07,0x03,0x00},     // 0
{0x00,0x10,0x18,0xFC,0xFC,0x00,0x00,0x00,0x00,0x08,0x08,0x0F,0x0F,0x08,0x08,0x00},     // 1
{0x08,0x0C,0x84,0xC4,0x64,0x3C,0x18,0x00,0x0E,0x0F,0x09,0x08,0x08,0x0C,0x0C,0x00},     // 2
{0x08,0x0C,0x44,0x44,0x44,0xFC,0xB8,0x00,0x04,0x0C,0x08,0x08,0x08,0x0F,0x07,0x00},     // 3
{0xC0,0xE0,0xB0,0x98,0xFC,0xFC,0x80,0x00,0x00,0x00,0x00,0x08,0x0F,0x0F,0x08,0x00},     // 4
```

```
{0x7C,0x7C,0x44,0x44,0x44,0xC4,0x84,0x00,0x04,0x0C,0x08,0x08,0x08,0x0F,0x07,0x00},   // 5
{0xF0,0xF8,0x4C,0x44,0x44,0xC0,0x80,0x00,0x07,0x0F,0x08,0x08,0x08,0x0F,0x07,0x00},   // 6
{0x0C,0x0C,0x04,0x84,0xC4,0x7C,0x3C,0x00,0x00,0x00,0x0F,0x0F,0x00,0x00,0x00,0x00},   // 7
{0xB8,0xFC,0x44,0x44,0x44,0xFC,0xB8,0x00,0x07,0x0F,0x08,0x08,0x08,0x0F,0x07,0x00},   // 8
{0x38,0x7C,0x44,0x44,0x44,0xFC,0xF8,0x00,0x00,0x08,0x08,0x08,0x0C,0x07,0x03,0x00},   // 9
{0x00,0x00,0x00,0x30,0x30,0x00,0x00,0x00,0x00,0x00,0x00,0x06,0x06,0x00,0x00,0x00},   // :
{0x00,0x00,0x00,0x30,0x30,0x00,0x00,0x00,0x00,0x00,0x08,0x0E,0x06,0x00,0x00,0x00},   // ;
{0x00,0x80,0xC0,0x60,0x30,0x18,0x08,0x00,0x00,0x00,0x01,0x03,0x06,0x0C,0x08,0x00},   // <
{0x00,0x20,0x20,0x20,0x20,0x20,0x20,0x00,0x00,0x01,0x01,0x01,0x01,0x01,0x01,0x00},   // =
{0x00,0x08,0x18,0x30,0x60,0xC0,0x80,0x00,0x00,0x08,0x0C,0x06,0x03,0x01,0x00,0x00},   // >
{0x18,0x1C,0x04,0xC4,0xE4,0x3C,0x18,0x00,0x00,0x00,0x00,0x0D,0x0D,0x00,0x00,0x00},   // ?
{0xF0,0xF8,0x08,0xC8,0xC8,0xF8,0xF0,0x00,0x07,0x0F,0x08,0x0B,0x0B,0x0B,0x01,0x00},   // @
{0xE0,0xF0,0x98,0x8C,0x98,0xF0,0xE0,0x00,0x0F,0x0F,0x00,0x00,0x00,0x0F,0x0F,0x00},   // A
{0x04,0xFC,0xFC,0x44,0x44,0xFC,0xB8,0x00,0x08,0x0F,0x0F,0x08,0x08,0x0F,0x07,0x00},   // B
{0xF0,0xF8,0x0C,0x04,0x04,0x0C,0x18,0x00,0x03,0x07,0x0C,0x08,0x08,0x0C,0x06,0x00},   // C
{0x04,0xFC,0xFC,0x04,0x0C,0xF8,0xF0,0x00,0x08,0x0F,0x0F,0x08,0x0C,0x07,0x03,0x00},   // D
{0x04,0xFC,0xFC,0x44,0xE4,0x0C,0x1C,0x00,0x08,0x0F,0x0F,0x08,0x08,0x0C,0x0E,0x00},   // E
{0x04,0xFC,0xFC,0x44,0xE4,0x0C,0x1C,0x00,0x08,0x0F,0x0F,0x08,0x00,0x00,0x00,0x00},   // F
{0xF0,0xF8,0x0C,0x84,0x84,0x8C,0x98,0x00,0x03,0x07,0x0C,0x08,0x08,0x07,0x0F,0x00},   // G
{0xFC,0xFC,0x40,0x40,0x40,0xFC,0xFC,0x00,0x0F,0x0F,0x00,0x00,0x00,0x0F,0x0F,0x00},   // H
{0x00,0x00,0x04,0xFC,0xFC,0x04,0x00,0x00,0x00,0x00,0x08,0x0F,0x0F,0x08,0x00,0x00},   // I
{0x00,0x00,0x00,0x04,0xFC,0xFC,0x04,0x00,0x07,0x0F,0x08,0x08,0x0F,0x07,0x00,0x00},   // J
{0x04,0xFC,0xFC,0xC0,0xE0,0x3C,0x1C,0x00,0x08,0x0F,0x0F,0x00,0x01,0x0F,0x0E,0x00},   // K
{0x04,0xFC,0xFC,0x04,0x00,0x00,0x00,0x00,0x08,0x0F,0x0F,0x08,0x08,0x0C,0x0E,0x00},   // L
{0xFC,0xFC,0x38,0x70,0x38,0xFC,0xFC,0x00,0x0F,0x0F,0x00,0x00,0x00,0x0F,0x0F,0x00},   // M
{0xFC,0xFC,0x38,0x70,0xE0,0xFC,0xFC,0x00,0x0F,0x0F,0x00,0x00,0x00,0x0F,0x0F,0x00},   // N
{0xF8,0xFC,0x04,0x04,0x04,0xFC,0xF8,0x00,0x07,0x0F,0x08,0x08,0x08,0x0F,0x07,0x00},   // O
{0x04,0xFC,0xFC,0x44,0x44,0x7C,0x38,0x00,0x08,0x0F,0x0F,0x08,0x00,0x00,0x00,0x00},   // P
{0xF8,0xFC,0x04,0x04,0x04,0xFC,0xF8,0x00,0x07,0x0F,0x08,0x0E,0x3C,0x3F,0x27,0x00},   // Q
{0x04,0xFC,0xFC,0x44,0xC4,0xFC,0x38,0x00,0x08,0x0F,0x0F,0x00,0x00,0x0F,0x0F,0x00},   // R
{0x18,0x3C,0x64,0x44,0xC4,0x9C,0x18,0x00,0x06,0x0E,0x08,0x08,0x08,0x0F,0x07,0x00},   // S
{0x00,0x1C,0x0C,0xFC,0xFC,0x0C,0x1C,0x00,0x00,0x00,0x08,0x0F,0x0F,0x08,0x00,0x00},   // T
{0xFC,0xFC,0x00,0x00,0x00,0xFC,0xFC,0x00,0x07,0x0F,0x08,0x08,0x08,0x0F,0x07,0x00},   // U
{0xFC,0xFC,0x00,0x00,0x00,0xFC,0xFC,0x00,0x01,0x03,0x06,0x0C,0x06,0x03,0x01,0x00},   // V
{0xFC,0xFC,0x00,0xC0,0x00,0xFC,0xFC,0x00,0x07,0x0F,0x0E,0x03,0x0E,0x0F,0x07,0x00},   // W
{0x0C,0x3C,0xF0,0xE0,0xF0,0x3C,0x0C,0x00,0x0C,0x0F,0x03,0x01,0x03,0x0F,0x0C,0x00},   // X
{0x00,0x3C,0x7C,0xC0,0xC0,0x7C,0x3C,0x00,0x00,0x00,0x08,0x0F,0x0F,0x08,0x00,0x00},   // Y
{0x1C,0x0C,0x84,0xC4,0x64,0x3C,0x1C,0x00,0x0E,0x0F,0x09,0x08,0x08,0x0C,0x0E,0x00},   // Z
{0x00,0x00,0xFC,0xFC,0x04,0x04,0x00,0x00,0x00,0x00,0x0F,0x0F,0x08,0x08,0x00,0x00},   // [
{0x38,0x70,0xE0,0xC0,0x80,0x00,0x00,0x00,0x00,0x00,0x00,0x01,0x03,0x07,0x0E,0x00},   // (₩)
{0x00,0x00,0x04,0x04,0xFC,0xFC,0x00,0x00,0x00,0x00,0x08,0x08,0x0F,0x0F,0x00,0x00},   // ]
{0x08,0x0C,0x06,0x03,0x06,0x0C,0x08,0x00,0x00,0x00,0x00,0x00,0x00,0x00,0x00,0x00},   // ^
{0x00,0x00,0x00,0x00,0x00,0x00,0x00,0x00,0x20,0x20,0x20,0x20,0x20,0x20,0x20,0x20},   // _
{0x00,0x00,0x03,0x07,0x04,0x00,0x00,0x00,0x00,0x00,0x00,0x00,0x00,0x00,0x00,0x00},   // `
{0x00,0xA0,0xA0,0xA0,0xE0,0xC0,0x00,0x00,0x07,0x0F,0x08,0x08,0x07,0x0F,0x08,0x00},   // a
{0x04,0xFC,0xFC,0x20,0x60,0xC0,0x80,0x00,0x00,0x0F,0x0F,0x08,0x08,0x0F,0x07,0x00},   // b
{0xC0,0xE0,0x20,0x20,0x20,0x60,0x40,0x00,0x07,0x0F,0x08,0x08,0x08,0x0C,0x04,0x00},   // c
{0x80,0xC0,0x60,0x24,0xFC,0xFC,0x00,0x00,0x07,0x0F,0x08,0x08,0x07,0x0F,0x08,0x00},   // d
{0xC0,0xE0,0xA0,0xA0,0xA0,0xE0,0xC0,0x00,0x07,0x0F,0x08,0x08,0x08,0x0C,0x04,0x00},   // e
{0x40,0xF8,0xFC,0x44,0x0C,0x18,0x00,0x00,0x08,0x0F,0x0F,0x08,0x00,0x00,0x00,0x00},   // f
```

```
{0xC0,0xE0,0x20,0x20,0xC0,0xE0,0x20,0x00,0x27,0x6F,0x48,0x48,0x7F,0x3F,0x00,0x00},    // g
{0x04,0xFC,0xFC,0x40,0x20,0xE0,0xC0,0x00,0x08,0x0F,0x0F,0x00,0x00,0x0F,0x0F,0x00},    // h
{0x00,0x00,0x20,0xEC,0xEC,0x00,0x00,0x00,0x00,0x00,0x08,0x0F,0x0F,0x08,0x00,0x00},    // i
{0x00,0x00,0x00,0x00,0x20,0xEC,0xEC,0x00,0x00,0x30,0x70,0x40,0x40,0x7F,0x3F,0x00},    // j
{0x04,0xFC,0xFC,0x80,0xC0,0x60,0x20,0x00,0x08,0x0F,0x0F,0x01,0x03,0x0E,0x0C,0x00},    // k
{0x00,0x00,0x04,0xFC,0xFC,0x00,0x00,0x00,0x00,0x00,0x08,0x0F,0x0F,0x08,0x00,0x00},    // l
{0xE0,0xE0,0x60,0xC0,0x60,0xE0,0xC0,0x00,0x0F,0x0F,0x00,0x07,0x00,0x0F,0x0F,0x00},    // m
{0x20,0xE0,0xC0,0x20,0x20,0xE0,0xC0,0x00,0x00,0x0F,0x0F,0x00,0x00,0x0F,0x0F,0x00},    // n
{0xC0,0xE0,0x20,0x20,0x20,0xE0,0xC0,0x00,0x07,0x0F,0x08,0x08,0x08,0x0F,0x07,0x00},    // o
{0x20,0xE0,0xC0,0x20,0x20,0xE0,0xC0,0x00,0x40,0x7F,0x7F,0x48,0x08,0x0F,0x07,0x00},    // p
{0xC0,0xE0,0x20,0x20,0xC0,0xE0,0x20,0x00,0x07,0x0F,0x08,0x48,0x7F,0x7F,0x40,0x00},    // q
{0x20,0xE0,0xC0,0x60,0x20,0xE0,0xC0,0x00,0x08,0x0F,0x0F,0x08,0x00,0x00,0x00,0x00},    // r
{0x40,0xE0,0xA0,0x20,0x20,0x60,0x40,0x00,0x04,0x0C,0x09,0x09,0x0B,0x0E,0x04,0x00},    // s
{0x20,0x20,0xF8,0xFC,0x20,0x20,0x00,0x00,0x00,0x00,0x07,0x0F,0x08,0x0C,0x04,0x00},    // t
{0xE0,0xE0,0x00,0x00,0xE0,0xE0,0x00,0x00,0x07,0x0F,0x08,0x08,0x07,0x0F,0x08,0x00},    // u
{0x00,0xE0,0xE0,0x00,0x00,0xE0,0xE0,0x00,0x00,0x03,0x07,0x0C,0x0C,0x07,0x03,0x00},    // v
{0xE0,0xE0,0x00,0x80,0x00,0xE0,0xE0,0x00,0x07,0x0F,0x0C,0x07,0x0C,0x0F,0x07,0x00},    // w
{0x20,0x60,0xC0,0x80,0xC0,0x60,0x20,0x00,0x08,0x0C,0x07,0x03,0x07,0x0C,0x08,0x00},    // x
{0xE0,0xE0,0x00,0x00,0x00,0xE0,0xE0,0x00,0x47,0x4F,0x48,0x48,0x68,0x3F,0x1F,0x00},    // y
{0x60,0x60,0x20,0xA0,0xE0,0x60,0x20,0x00,0x0C,0x0E,0x0B,0x09,0x08,0x0C,0x0C,0x00},    // z
{0x00,0x40,0x40,0xF8,0xBC,0x04,0x04,0x00,0x00,0x00,0x00,0x07,0x0F,0x08,0x08,0x00},    // {
{0x00,0x00,0x00,0xBC,0xBC,0x00,0x00,0x00,0x00,0x00,0x00,0x0F,0x0F,0x00,0x00,0x00},    // |
{0x00,0x04,0x04,0xBC,0xF8,0x40,0x40,0x00,0x00,0x08,0x08,0x0F,0x07,0x00,0x00,0x00},    // }
{0x80,0xC0,0x40,0xC0,0x80,0xC0,0x40,0x00,0x00,0x00,0x00,0x00,0x00,0x00,0x00,0x00},    // ~
{0x80,0xC0,0x60,0x30,0x60,0xC0,0x80,0x00,0x07,0x07,0x04,0x04,0x04,0x07,0x07,0x00}};  // 0x7F
```

[리스트 10-10] mn_album.c 소스 파일

```
// mn_album.c      미니 앨범

#include <mega128.h>
#include <delay.h>
#include <stdio.h>
#include <math.h>
#include <stdlib.h>

// 사용자 정의 헤더 파일
#include "typedef.h"                // 데이터형 선언
#include "color.h"                  // 컬러값 정의
#include "flash.h"                  // 2MB Serial Flash Memory 관련
#include "spi.h"                    // SPI 통신 관련
#include "tft_lcd.h"                // TFT_LCD 관련
#include "touch.h"                  // 터치 스크린 관련
#include "eng_str.h"                // 영어 문자열 출력 관련?
#include "rs232.h"                  // USART 관련
#include "eng_font.h"               // ASCII 코드 패턴

// 터치 센서 좌표값 저장 변수
```

```
u_int    x_touch, y_touch;              // x_touch(0-239), y_touch(0-319)

// 기능별 함수 정의
#include "flash.c"                      // 2MB Serial Flash Memory 관련 함수
#include "spi.c"                        // SPI 통신 관련 함수
#include "tft_lcd.c"                    // TFT_LCD 관련 함수
#include "touch.c"                      // 터치 스크린 관련 함수
#include "eng_str.c"                    // 영어 문자열 출력 관련함수?
#include "rs232.c"                      // USART 관련함수

int      img_no = 0;                    // 출력할 영상 데이터 번호(0-11)
int      sec;                           // 초값 저장
int      dsp_mode = 0;                  // 화면 출력 모드
                                        // 0 : 현재 화면, 1 : 30분 전환, 2 : 60분 전환
int      seed;                          // 그림 맞추기 퍼즐에 조각 랜덤 배치를 위한 seed값

// 12개 영상 축소 표시 시작 좌표
flash  u_int   dsp_sxy[12][2] = {{23, 27}, {93, 27}, {163, 27}, {233, 27},
                          {23, 97}, {93, 97}, {163, 97}, {235, 97},
                          {23, 167}, {93, 167}, {163, 167}, {233, 167}};

// 그림 맞추기 퍼즐에서 빈칸에 출력되는 문자열
flash char shift[6] = "SHIFT";
flash char end[6] = "(END)";

u_char puz[5][5];                       // 그림 맞추기 퍼즐에서 영역 번호 저장 변수

void  menu_disp(void);                  // 메뉴 표시 함수
int   menu_sel(void);                   // 메뉴 선택 함수
void All_Disp(void);                    // 12개 축소 영상 표시 함수
int   sel_disp(void);                   // 12개 축소 영상 선택 처리 함수?

// 퍼즐 관련 함수
void Puzzle(int);                              // 퍼즐 메인 함수
void    Puzzle_disp(int);                      // 영상을 25개 영역으로 랜덤하게 표시
u_char Puz_check(u_int );                      // 랜덤 발생시 발생 번호 체크 함수
void    Puz_part_disp(int, u_int, u_int, u_char); // 영상 영역 단위 표시 함수
void    Puz_Empty_disp(int row,  int col);     // 그림 맞추기에서 빈칸 표시함수

// 메인 함수
void main(void)
{
        int      sel;

        init_LCD();                            // PORT, LCD, 터치스크린 초기화

        usart0_init();                         // USART0 초기 설정

        // 타이머/카운터1 1/16us * 1024 * (65536 - 49911) = 1sec
        TIMSK = 0x04;                          // TOIE1 = 1
```

```
    TCCR1A = 0x00;                      // 일반모드
    TCCR1B = 0x00;                      // 정지 (0x05 : 1024분주)
    TCNT1 = 49911;
    SREG = 0x80;

    screen_clear(WHITE);                // 백색으로 LCD 클리어
    BMP_Load(img_no);                   // 0화면 표시
    while(1){
        seed++;                         // 랜덤 seed값

        if(dsp_mode == 1 && sec >= 5) {        // 자동 5초 모드에서 5초 경과
            sec = 0;                           // 초값 리셋
            img_no = (img_no + 1) % 12;        // 표시할 영상 번호 갱신
            BMP_Load(img_no);                  // 현재 영상 표시
        }
        else if(dsp_mode == 2 && sec >= 10) { // 자동 10초 모드에서 10초 경과
            sec = 0;                           // 초값 리셋
            img_no = (img_no + 1) % 12;        // 표시할 영상 번호 갱신
            BMP_Load(img_no);                  // 현재 영상 표시
        }

        // 터치 스크린 체크
        Read_ADS7846_touch();

        if(y_touch == 250) continue;           // 노 터치 ?

        sel = menu_sel();                      // 터치 있으면 메뉴 표시

        if(sel == 1) {                         // 영상 다운로드 모드
            BMP_Load(img_no);                  // 화면 표시
            obj_select();                      // BMP파일 다운로드
        }
        else if(sel == 2){                     // 자동 표시모드(5초 간격 바꾸기)
            sec = 0;                           // 초값 리셋
            dsp_mode = 1;                      // 5초 간격 자동표시 모드
            TCCR1B = 0x05;                     // 타이머/카운터1 동작
            BMP_Load(img_no);                  // 화면 표시
        }
        else if(sel == 3){                     // 자동 표시모드(10초 간격 바꾸기)
            sec = 0;                           // 초값 리셋
            dsp_mode = 2;                      // 10초 간격 자동표시 모드
            TCCR1B = 0x05;                     // 타이머/카운터1 동작
            BMP_Load(img_no);                  // 화면 표시
        }
        else if(sel == 4){                     // 선택 영상 표시 모드
            dsp_mode = 0;                      // 선택 영상 표시모드
            TCCR1B = 0x0;                      // 타이머/카운터1 정지
            img_no = sel_disp();               // 선택 영상 등록
            BMP_Load(img_no);                  // 화면 표시
        }
```

```
                else if(sel == 5) {                       // 그림 맞추기 퍼즐
                        Puzzle(img_no);                   // 퍼즐 함수
                        BMP_Load(img_no);                 // 화면 표시
                }
        }
}

// Menu 화면 표시 및 선택 메뉴 실행
int menu_sel(void)
{
        screen_clear(BLACK);                              // 화면 검정색으로 클리어
        menu_disp();                                      // 메뉴 화면 표시

        while(1){
                Read_ADS7846_touch();                     // 터치스크린 좌표 읽기
                if(y_touch == 250) continue;              // 노 터치 -> 다시 읽기
                if(x_touch < 80 || x_touch >= 248) continue;

                if(y_touch >= 32 && y_touch < 48) return 1;         // BMP download
                else if(y_touch >= 64 && y_touch < 80) return 2;    // Auto Disp : 5초
                else if(y_touch >= 96 && y_touch < 112) return 3;   // Auto Disp :10초
                else if(y_touch >= 128 && y_touch < 144) return 4; // Select Image
                else if(y_touch >= 160 && y_touch < 176) return 5; // Puzzle
        }
}

// 메뉴 화면 표시
void menu_disp(void)
{
        TFT_Eng_string(10, 2," PC Communication      ", BLACK, YELLOW);
        TFT_Eng_string(10, 4, " Auto Display(5sec) ", GREEN, RED);
        TFT_Eng_string(10, 6, " Auto Display(10sec) ", OLIVE, CYAN);
        TFT_Eng_string(10, 8, " Select Display        ", MAROON, SBLUE);
        TFT_Eng_string(10, 10," Puzzle                ", RED, WHITE);
        TFT_Eng_string(15, 12," Please Select one Item ", LIME, BLACK);
}

// 12개 영상 64x48 사이즈로 표시
// 선택된 영상 검색
int sel_disp(void)
{
        u_int   j;

        screen_clear(BLACK);                    // 화면 검정색으로 클리어

        All_Disp();                             // 12개 영상 64x48 사이즈로 모두  표시

        while(1){
                Read_ADS7846_touch();           // 터치스크린 좌표 읽기
                if(y_touch == 250) continue;    // 노터치 -> 다시 읽기
```

```
            // 선택 영상 검색
            for(j = 0;j < 12;j++){
                    if(x_touch >= dsp_sxy[j][0] &&
                       x_touch < (dsp_sxy[j][0] + 64) &&
                       y_touch >= dsp_sxy[j][1] &&
                       y_touch < (dsp_sxy[j][1] + 48)) return j;
            }
        }
}

// 12개의 영상 데이터 한 화면 작게 모두 표시하기
 void All_Disp(void)
{
        u_int   n, x, y, sx, sy, ex, ey;
        u_int   page_s, page, byte_addr;
        u_char  L_data, H_data;
        long    lbuf;

        for(n = 0;n < 12;n++){
            // n_th Image -> TFT LCD GRAM
            // 표시 좌표(표시 사이즈 64 x 48)
            sx = dsp_sxy[n][0];
            sy = dsp_sxy[n][1];
            ex = sx + 63;
            ey = sy + 47;

            // 표시영역 X 좌표 설정
            WR_REG(0x02, sx >> 8);
            WR_REG(0x03, 0x00FF & sx);
            WR_REG(0x04, ex >> 8);
            WR_REG(0x05, 0x00FF & ex);

            // 표시영역 Y 좌표 설정
            WR_REG(0x06, sy >> 8);
            WR_REG(0x07, 0x00FF & sy);
            WR_REG(0x08, ey >> 8);
            WR_REG(0x09, 0x00FF & ey);

            WR_GRAM_address_0();

            // Serial Flash Memory Read
            // 00001011 xxxPPPPP PPPPPPPB BBBBBBBB xxxxxxxx
            // (P : Page Addr., B : Byte Addr.)

            page_s = n * 38 * 8;            // n_th Image Start Page No.

            for(y = 0;y < 240;y += 5){
                    for(x = 0;x < 320;x += 5){
                            // 좌표 (x, y)의 page 번호 및 byte Address 산출
```

```
                            // page = pg_s + (y * 320 + x) / 256
                            // byte_addr = ((y * 320 + x) % 256) * 2
                            lbuf = (long)y * 320 + x;;
                            page = page_s + (u_int)(lbuf >> 8);
                            byte_addr = (u_int)(lbuf % 256);
                            byte_addr = byte_addr * 2;

                            // Serial Flash Memory Read
                            // 00001011 xxxPPPPP PPPPPPPB BBBBBBBB xxxxxxxx
                            // (P : Page Addr., B : Byte Addr.)
                            SPI_Status();
                            FLASH_NCS = 0;
                            SPI_write(0x0b);                  // Flash Memory Read
                            SPI_write((u_char)(page >> 7));   // Page No.

                            SPI_write((u_char)(page << 1) | (u_char)(byte_addr >> 8));
                            SPI_write((u_char)byte_addr);     // Byte Start Addr.
                            SPI_write(0x00);                  // dumy

                            // 2바이트 읽기(하위, 상위);
                            L_data = SPI_write(0x00);         // 하위값 Read
                            H_data = SPI_write(0x00);         // 상위값 Read
                            FLASH_NCS = 1;

                            // TFT LCD GRAM WRITE
                            DATA_L = L_data;
                            DATA_H = H_data;
                            NWR = 0;
                            NWR = 1;
                    }
            }
        }
        NCS = 1;
}

// 그림 맞추기 메인함수
void Puzzle(int img_n)
{
        int     j, i, jm, jp, im, ip;

        Puzzle_disp(img_n); // 현재 표시된 영상 조각 랜덤 표시

        // 조각 이동
        // 빈칸(노랑 배경에 "SHIFT", "(END) 표시
        // 빈칸으로 옮기고 싶은 영역 터치
        // 빈칸과 선택된 영역 바꾸어짐
        while(1){
                Read_ADS7846_touch();                 // 터치스크린 좌표 읽기
                if(y_touch == 250) continue;          // 노터치 -> 다시 읽기
```

```
                j = y_touch / 48;                       // 터치 행 번호
                i = x_touch / 64;                       // 터치 열 번호
                if(puz[j][i] == 0) break;               // 종료(빈칸)

                im = i - 1;
                ip = i + 1;
                jm = j - 1;
                jp = j + 1;

                // 선택된 영역과 빈칸 교환 및 재표시
                if(jm >= 0 && puz[jm][i] == 0){         // 위 영역과 교환
                        puz[jm][i] = puz[j][i];
                        puz[j][i] = 0;

                        Puz_part_disp(img_n, jm, i, puz[jm][i]);
                        Puz_Empty_disp(j, i);
                }
                else if(jp <= 4 && puz[jp][i] == 0){    // 아래 영역과 교환
                        puz[jp][i] = puz[j][i];
                        puz[j][i] = 0;

                        Puz_part_disp(img_n, jp, i, puz[jp][i]);
                        Puz_Empty_disp(j, i);
                }
                else if(im >= 0 && puz[j][im] == 0){    // 왼쪽 영역과 교환
                        puz[j][im] = puz[j][i];
                        puz[j][i] = 0;

                        Puz_part_disp(img_n, j, im, puz[j][im]);
                        Puz_Empty_disp(j, i);
                }
                else if(ip <= 4 && puz[j][ip] == 0){    // 오른쪽 영역과 교환
                        puz[j][ip] = puz[j][i];
                        puz[j][i] = 0;

                        Puz_part_disp(img_n, j, ip, puz[j][ip]);
                        Puz_Empty_disp(j, i);
                }
        }
}

/*********************************************************************
   영상 320 x 240
   =>  64 x 48의 크기로 (가로 5개) x (세로 5개) 로 표시
   =>  영역별로 번호 부여
        0   1   2   3   4
        5   6   7   8   9
       10  11  12  13  14
       15  16  17  18  19
       20  21  22  23  24
```

```
   => 0번 영역은 빈 공간으로 하고
      나머지 영역은 랜덤하게 섞어 표시
**********************************************************************/
void Puzzle_disp(int img_n)
{
        u_int   n;
        u_int   row, col;

        srand(seed);              // 랜덤 seed발생

        // 5 x 5 => 25개 영역 초기 설정
        for(row = 0;row < 5;row++){
                for(col = 0;col < 5;col++) puz[row][col]= 25;
        }

        // 25개 영역에 랜덤하게 영역 번호 할당
        for(row = 0;row < 5;row++){
                for(col = 0;col < 5;col++){
                        if(row == 0 && col == 0) {
                                puz[row][col] = 0;
                                continue;
                        }

                        while(1){
                                n = rand() % 25;
                                if(Puz_check(n) == 1) break;
                        }
                        puz[row][col] = n;
                }
        }

        // 랜덤하게 배치한 영상 표시
        for(row = 0;row < 5;row++){
                for(col = 0;col < 5;col++){
                        if(puz[row][col] == 0)
                                Puz_Empty_disp(row, col);
                        else
                                Puz_part_disp(img_n, row, col, puz[row][col]);
                }
        }
}

/**********************************************************************
  img_n번째 영상의 r_no번째 영상을 row행 col열에 표시(64x48)
**********************************************************************/
void Puz_part_disp(int img_n, u_int row,  u_int col, u_char r_no)
{
        u_int   page_s, page, byte_addr;
        u_int   x, y, sx, sy, ex, ey;
```

```
u_int    dsx, dsy;
long     lbuf;
u_char   L_data, H_data;

// 표시영역 X 좌표 설정
sx = col * 64;
sy = row * 48;
ex = sx + 63;
ey = sy + 47;

WR_REG(0x02, sx >> 8);
WR_REG(0x03, 0x00FF & sx);
WR_REG(0x04, ex >> 8);
WR_REG(0x05, 0x00FF & ex);

// 표시영역 Y 좌표 설정
WR_REG(0x06, sy >> 8);
WR_REG(0x07, 0x00FF & sy);
WR_REG(0x08, ey >> 8);
WR_REG(0x09, 0x00FF & ey);

WR_GRAM_address_0();

dsx = (u_int)(r_no % 5) * 64;
dsy = (u_int)(r_no / 5) * 48;

page_s = img_n * 38 * 8;                // img_n번째 영상의 시작 페이지

for(y = dsy;y < dsy + 48;y++){
        for(x = dsx;x < dsx + 64;x++){
                // 좌표 (x, y)의 page 번호 및 byte Address 산출
                // page = pg_s + (y * 320 + x) / 256
                // byte_addr = ((y * 320 + x) % 256) * 2
                lbuf = (long)y * 320 + x;;
                page = page_s + (u_int)(lbuf >> 8);
                byte_addr = (u_int)(lbuf % 256);
                byte_addr = byte_addr * 2;

                // Serial Flash Memory Read
                // 00001011 xxxPPPPP PPPPPPPB BBBBBBBB xxxxxxxx
                // (P : Page Addr., B : Byte Addr.)
                SPI_Status();
                FLASH_NCS = 0;
                SPI_write(0x0b);                        // Flash Memory Read
                SPI_write((u_char)(page >> 7));         // Page No.
                SPI_write((u_char)(page << 1) | (u_char)(byte_addr >> 8));
                SPI_write((u_char)byte_addr);    // Byte Start Addr.
                SPI_write(0x00);                        // dumy

                // 2바이트 읽기(하위, 상위);
```

```
                    L_data = SPI_write(0x00);               // 하위값 Read
                    H_data = SPI_write(0x00);               // 상위값 Read
                    FLASH_NCS = 1;

                    // TFT LCD GRAM WRITE
                    DATA_L = L_data;
                    DATA_H = H_data;
                    NWR = 0;
                    NWR = 1;
                }
        }
        NCS = 1;
}

/*****************************************************************
  빈 영역 표시하기(영역번호 0을 갖는 위치)
        -------
       | SHIFT |
       | (END) |    노랑 배경에 글자 표시
        -------
*****************************************************************/
void Puz_Empty_disp(int row,  int col)
{
        u_int   x, y, sx, sy, ex, ey;
        u_int   i, j, k, xx, yy;
        u_char  ecode, cc;

        // 표시영역 X 좌표 설정
        sx = col * 64;
        sy = row * 48;
        ex = sx + 63;
        ey = sy + 47;

        WR_REG(0x02, sx >> 8);
        WR_REG(0x03, 0x00FF & sx);
        WR_REG(0x04, ex >> 8);
        WR_REG(0x05, 0x00FF & ex);

        // 표시영역 Y 좌표 설정
        WR_REG(0x06, sy >> 8);
        WR_REG(0x07, 0x00FF & sy);
        WR_REG(0x08, ey >> 8);
        WR_REG(0x09, 0x00FF & ey);

        WR_GRAM_address_0();

        for(y = 0;y < 48;y++){
                for(x = 0;x < 64;x++){
                        DATA_L = YELLOW;
                        DATA_H = YELLOW >> 8;
```

```
                        NWR = 0;
                        NWR = 1;
                }
        }
        NCS = 1;

        // "SHIFT"표시
        for(k = 0;k < 5;k++){
                xx = sx + 8 * k + 12;
                yy = sy + 6;
                ecode = shift[k];
                for(j = 0;j < 8; j++){
                        cc = E_font[ecode][j];
                        for(i = 0;i < 8;i++){
                                if((cc & 0x01) != 0) point(xx + j, yy + i,RED);
                                cc = cc >> 1;
                        }
                }

                yy = yy + 8;
                for(j = 0; j < 8; j++){
                        cc = E_font[ecode][j + 8];
                        for(i = 0;i < 8;i++){
                                if((cc & 0x01) != 0) point(xx + j , yy + i,RED);
                                cc = cc >> 1;
                        }
                }
        }

        // "END" 표시
        for(k = 0;k < 5;k++){
                xx= sx + 8 * k + 12;
                yy = sy + 26;
                ecode = end[k];
                for(j = 0;j < 8; j++){             // 8x16 윗부분 표시
                        cc = E_font[ecode][j];
                        for(i = 0;i < 8;i++){
                                if((cc & 0x01) != 0) point(xx + j, yy + i, RED);
                                cc = cc >> 1;
                        }
                }

                yy = yy + 8;
                for(j = 0; j < 8; j++){            // 8x16 아랫부분 표시
                        cc = E_font[ecode][j + 8];
                        for(i = 0;i < 8;i++){
                                if((cc & 0x01) != 0) point(xx + j , yy + i, RED);
                                cc = cc >> 1;
                        }
                }
```

```
        }
}

// 영상을  64 x 48 단위의 영역으로 랜덤하게 표시할 때
// 이미 선택되어진 영역인지 조사
// 리턴값 (0 : 이미 선택, 1 : 미선택)
u_char Puz_check(u_int n)
{
        int      i, j;

        for(j = 0;j < 5;j++){
                for(i = 0;i < 5;i++){
                        if(puz[j][i] == n) return 0;
                }
        }

        return 1;
}

// 타이머/카운터1 1/16us * 1024 * (65536 - 49911) = 1sec
interrupt [TIM1_OVF] void timer1_int(void)
{
        TCNT1 = 49911;
        sec = sec + 1;
}
```

[리스트 10-11] flash.c 소스 파일

```
// flash.c
// 2MB Serial Flash Memory 관련 함수

/*************************************************************
 PC와 RS-232통신을 이용하여 BMP파일을 TFT LCD의
 2MB Serial Flash ROM에 전송하거나 전송한 영상 데이터를 표시
*************************************************************/
void obj_select(void)
{
        u_char  buf[20];
        int      sel;

        while(1){
                send_message("Image Save(1) or Load(2) or Quit(0) ? ");
                scanf("%s", buf);

                sel = atoi(buf);
                if(sel == 0) return;
                else if(sel == 1) Img_Save();
                else if(sel == 2) Img_Load();
```

```
        }
}

/**********************************************************************
 BMP 파일 데이터를 2MB Flash ROM에 저장하면서 영상 표시
**********************************************************************/
void Img_Save(void)
{
        u_char  cc, buf[20];
        int     sn, dumy;

        send_message("Image Save No.(1-12) ? ");
        scanf("%s", buf);

         sn = atoi(buf);

         if(sn >= 1 && sn <= 12) {
                for(cc = 0;cc < 20;cc++){
                        dumy = UDR0;
                        delay_ms(100);
                }

                BMP_Save(sn - 1);
        }
}

/**********************************************************************
 Flash ROM에 저장된 영상 표시
**********************************************************************/
void Img_Load(void)
{
        u_char  buf[20];
        int     ln;

        send_message("Image Load No.(1-12) ? ");
        scanf("%s", buf);

        ln = atoi(buf);
        if(ln >= 1 && ln <= 12) BMP_Load(ln - 1);
}

/**********************************************************************
 CodeVisionAVR의 터미널창을 통해 PC로부터 BMP파일을
 Flash ROM에 저장하면서 영상 표시
 입력값 : BMP 파일 선택
 파리미터 sn : 저장 화면 번호(0-11)
**********************************************************************/
void BMP_Save(int sn)
{
        char    bbuf[20];
```

```
u_char  buf[3], r5g3, g3b5;
u_int   len, i, j;
u_int   blk, blk_st, blk_ed, page;
 struct  bmp_header *bmp_ptr;

 send_message("Plase Wait a Moment");
 Putch(0x0D);               // CR + LF

// Block(8page) Erase
// 01010000 xxxBBBBB BBBBxxxx xxxxxxxx   (B : Block Addr.)
blk_st = sn * 38;
blk_ed = blk_st + 38;
for(blk = blk_st;blk < blk_ed;blk++){
        SPI_Status();
        SPI_Status();                        // 2009. 5. 28 추가
        FLASH_NCS =0;                        // Flash Memory Enable
        SPI_write(0x50);                     // Command(Block Erase)
        SPI_write((u_char)(blk >> 4));       // Block Addr. 상위 5비트
        SPI_write((u_char)(blk << 4));       // Block Addr. 하위 4비트
        SPI_write(0x00);                     // dumy
        FLASH_NCS = 1;

        delay_ms(4);
}

// TFT LCD GRAM 화면 설정
WR_REG(0x02,0);
WR_REG(0x03,0);
WR_REG(0x04,0x00FF & (319 >> 8));          // X좌표
WR_REG(0x05,0x00FF & 319);

WR_REG(0x06,0);                            // Y좌표
WR_REG(0x07,0);
WR_REG(0x08,0);
WR_REG(0x09,239);

WR_GRAM_address_0();

send_message("Save File Select");
Putch(0x0D);

// BMP 데이터 헤더부 수신
len = sizeof(bmp_header);
block_receive(buf, len);

// 헤더부 해석
 bmp_ptr = (struct bmp_header *) buf; // 버퍼 주소를 구조체 포인터로 넘김

 if(bmp_ptr->type[0] != 'B' || bmp_ptr->type[1] != 'M'){  // BMP 파일 확인
        send_message("No BMP FILE !!");
```

```
            Putch(0x0D);
            return;
    }
    if(bmp_ptr->width != 320 || bmp_ptr->height != 240) { // 사이즈 확인
            send_message("Image Size : No W320 x H240 !!  ");
            sprintf(bbuf, "W = %d, H = %d", bmp_ptr->width, bmp_ptr->height);
            send_msg(bbuf);
            Putch(0x0D);
            return;
    }
    if(bmp_ptr->clrused != 0){              // 24비트 BGR 형식 화일 확인
            send_message("No 24 RGB Type !!  ");
            sprintf(bbuf, "Color Number = %d", (int)bmp_ptr->clrused);
            send_msg(bbuf);
            Putch(0x0D);
            return;
    }

    // BMP 데이터 수신(320 x 240 x 3 byte = 230,400byte)
    // 픽셀 3바이트 BGR값 -> 2바이트(RRRRRGGGGGGBBBBB) 저장
    // => 230,400byte * 2/3 = 153,,600 byte 플래시 메모리 저장
    // 153,600byte / 512byte = 300 page

    page = blk_st * 8;
    for(i = 0;i < 300;i++){                 // 표시 페이지수 300개
            // Buffer Write
            // 10000100 xxxxxxxx xxxxxxxB BBBBBBBBB   (B : Byte Addr.)
            // 연속적으로 512바이트 전송
            SPI_Status();
            SPI_Status();                   // 2009. 5. 28. 추가
            FLASH_NCS = 0;
            SPI_write(0x84);                // Buffer1 write
            SPI_write(0x00);                // dumy
            SPI_write(0x00);                // Byte Start Address
            SPI_write(0x00);                // Byte Start Address

            for(j = 0;j < 256;j++){         // 768 바이트(256회 x 3바이트)
                    block_receive(buf, 3);  // RGB 3바이트 수신

                    // RGB 3바이트 -> 2바이트 rrrrrggg gggbbbbb 로 변환
                    g3b5 = ((buf[1] << 3) & 0b11100000) | (buf[0] >> 3);
                    r5g3 = (buf[2] & 0b11111000) | (buf[1] >> 5);

                    DATA_L = g3b5;
                    DATA_H = r5g3;
                    NWR = 0;
                    NWR = 1;

                    SPI_write(g3b5);        // 하위 8비트
                    SPI_write(r5g3);        // 상위 8비트
```

```
            }
            FLASH_NCS = 1;

            // Buffer1 -> Flash memory(page 단위)
            // 10001000 xxxPPPPP PPPPPPPx xxxxxxxx (P : Page Addr.)
            SPI_Status();
            FLASH_NCS = 0;
            SPI_write(0x88);                    // Buffer1 write
            SPI_write((u_char)(page >> 7));     // Page No.
            SPI_write((u_char)(page << 1));     // Page No.
            SPI_write(0x00);
            FLASH_NCS = 1;

            delay_ms(3);
            page++;
        }
        NCS = 1;

        send_message("BMP File Transfer Success");
        Putch(0x0D);
}

/*******************************************************************
 CodeVisionAVR의 터미널창을 통해 Flash ROM에 저장된 영상 선택 표시
 파리미터 In : 표시 화면 번호(0-11)
*******************************************************************/
void BMP_Load(int In)
{
        u_int   i, j, page;
        u_char  buf[512];

        // Flash Memory -> TFT LCD GRAM
        WR_REG(0x02,0);
        WR_REG(0x03,0);
        WR_REG(0x04,0x00FF & (319 >> 8));      // X좌표
        WR_REG(0x05,0x00FF & 319);

        WR_REG(0x06,0);                        // Y좌표
        WR_REG(0x07,0);
        WR_REG(0x08,0);                        // Y좌표
        WR_REG(0x09,239);

        WR_GRAM_address_0();

        // Serial Flash Memory Read(연속 읽기)
        // 00001011 xxxPPPPP PPPPPPPB BBBBBBBB xxxxxxxx
        // (P : Page Addr., B : Byte Addr.)
        page = In * 38 * 8;        // In_th Image Page Start No.

        SPI_Status();
```

```
        FLASH_NCS = 0;
        SPI_write(0x0b);                        // Flash Memory Read
        SPI_write((u_char)(page >> 7));         // Page No.
        SPI_write((u_char)(page << 1));         // Page No.
        SPI_write(0x00);                        // Byte Start Addr.
        SPI_write(0x00);                        // dumy

        for(i = 0;i < 300;i++){
                for(j = 0;j < 512;j++) buf[j] = SPI_write(0x00);    // Read

                for(j = 0;j < 512;j += 2){
                        // TFT LCD GRAM WRITE
                        DATA_L = buf[j];
                        DATA_H = buf[j+1];
                        NWR = 0;
                            NWR = 1;
                }
        }
        FLASH_NCS = 1;
        NCS = 1;
}
```

[리스트 10-12] spi.c 소스 파일

```
// spi.c
// SPI 관련 함수

// 터치스크린 SPI 모드0
// SPI mode 0, 1MHz
void SPI_Mode0_1MHz(void)
{
        SPCR = 0x51;                    // SPE=1, MSTR=1(MASTER)
                                        // DORD=0(최상위부터 전송)
        SPSR = 0x00;                    // 16MHz/16 = 1MHz
}

// Serail Flash Memory(2MB) 동작모드
// SPI mode 0, 8MHz
{
void SPI_Mode0_8MHz(void)
        SPCR = 0x50;                    // SPE=1, MSTR=1(MASTER)
                                        // DORD=0(최상위부터 전송)
        SPSR = 0x01;                    // SPI2X=1, 16MHz/2 = 8MHz
}

// SPI방식 1바이트 송신 & 1바이트 수신
u_char SPI_write(u_char data)
{
```

```
        SPDR = data;
        while(!(SPSR & 0x80));              // SPIF=1이 될 때까지(종료) 대기

        return SPDR;
}

// Flash ROM 상태 체크 -> 준비완료 상태까지 대기
void SPI_Status(void)
{
        u_char  status;

        FLASH_NCS = 0;                      // Flash ROM Chip Select Enable
        while(1){
                status = SPI_write(0xD7);   // Status Read
                if((status & 0x80) != 0) break; // RDY/BUSY 비트 체크
        }
        FLASH_NCS = 1;                      // Flash ROM Chip Select Disable
}
```

[리스트 10-13] tft_lcd.c 소스 파일

```
// tft_lcd.c
// TFT LCD 초기설정 및 기본 함수 정의

#include <mega128.h>

// 포트, TFT LCD, 터치스크린 초기설정
void init_LCD(void)
{
        // PORT 초기화
        DDRA = 0xFF;                // 데이터핀 (D0-D7)
        DDRC = 0xFF;                // 데이터핀(D8-D15)
        DDRB = 0b11110111;
        DDRD = 0xFF;                // 제어신호
        DDRG = 0x0;                 // 터치 /IRQ(PG1), BUSY(PG0) 입력신호

        PORTA = 0xFF;               // 데이터 핀
        PORTC = 0xFF;               // 데이터 핀
        NCS = 1;                    // LCD 선택 Disable
        NWR = 1;                    // Write 신호 Disable
        NRD = 1;                    // Read 신호 Disable
        NLED = 0;                   // 백라이트 LED on

        FLASH_NCS = 1;              // Flash ROM 칩선택 디스에이블
        TCH_NCS = 1;                // 터치센서 선택 디스에이블
```

```
        // TFT LCD 리셋
        delay_ms(200);
        NRST = 0;
        delay_ms(1);
        NRST = 1;
        delay_ms(100);

        init_LCD_REG();             // TFT LCD 파라미터 초기설정

        Init_ADS7846();             // 터치스크린 초기설정
}

// TFT LCD 파라미터 초기설정
void init_LCD_REG(void)             // load initial value for LCD registers to boot up.
{
        // Gamma setting
        WR_REG(0x46, 0x0094);
        WR_REG(0x47, 0x0041);
        WR_REG(0x48, 0x0000);
        WR_REG(0x49, 0x0033);
        WR_REG(0x4A, 0x0023);
        WR_REG(0x4B, 0x0045);
        WR_REG(0x4C, 0x0044);
        WR_REG(0x4D, 0x0077);
        WR_REG(0x4E, 0x0012);
        WR_REG(0x4F, 0x00CC);
        WR_REG(0x50, 0x0046);
        WR_REG(0x51, 0x0082);

        // Window Setting(MV=1일때, 0x16번지 5번째 비트 1)
        WR_REG(0x02,0x0000);
        WR_REG(0x03,0x0000);
        WR_REG(0x04,0x0001);
        WR_REG(0x05,0x003F);            // X축 = 320
        WR_REG(0x06,0x0000);
        WR_REG(0x07,0x0000);
        WR_REG(0x08,0x0000);
        WR_REG(0x09,0x00eF);            // Y축 = 240


        // Display Setting
        delay_ms(10);
        WR_REG(0x01, 0x0006);
        WR_REG(0x16, 0x00a8);           // MX=0, MY=1, MV=1(320x240 모드)
        WR_REG(0x23, 0x0095);
        WR_REG(0x24, 0x0095);
```

```
WR_REG(0x25, 0x00FF);
WR_REG(0x27, 0x0002);
WR_REG(0x28, 0x0002);
WR_REG(0x29, 0x0002);
WR_REG(0x2A, 0x0002);
WR_REG(0x2C, 0x0002);
WR_REG(0x2D, 0x0002);

WR_REG(0x003A, 0x0001);
WR_REG(0x003B, 0x0001);
WR_REG(0x003C, 0x00F0);
WR_REG(0x003D, 0x0000);

delay_ms(20);

WR_REG(0x35, 0x0038);
WR_REG(0x36, 0x0078);
WR_REG(0x3E, 0x0038);
WR_REG(0x40, 0x000F);
WR_REG(0x41, 0x00F0);

WR_REG(0x38,0x0000);

// Power Setting
WR_REG(0x19, 0x0049);
WR_REG(0x93, 0x000F);
delay_ms(10);

WR_REG(0x20, 0x0040);
WR_REG(0x1D, 0x0007);
WR_REG(0x1E, 0x0000);

WR_REG(0x1F, 0x0004);
WR_REG(0x44, 0x0040);
WR_REG(0x45, 0x0012);       // VCom control, by Brain for 3.3Volts power supply

delay_ms(10);

WR_REG(0x1C, 0x0004);

delay_ms(20);

WR_REG(0x1B, 0x0018);
delay_ms(40);

WR_REG(0x1B, 0x0010);
```

```
        delay_ms(40);

        WR_REG(0x43, 0x0080);
        delay_ms(100);

        // Display On Setting
        WR_REG(0x90, 0x007F);
        WR_REG(0x26, 0x0004);

        delay_ms(40);

        WR_REG(0x26, 0x0024);
        WR_REG(0x26, 0x002C);

        delay_ms(40);

        WR_REG(0x26, 0x003C);
        WR_REG(0x57, 0x0002);
        WR_REG(0x55, 0x0000);
        WR_REG(0xFE, 0x005A);
        WR_REG(0x57, 0x0000);
        delay_ms(100);
}

// TFT LCD 레지스터에 설정값 쓰기
void WR_REG(u_char addr, u_int data)
{
        RS = 0;                              // RS low(ADDRESS)
        NCS =0;                              // NCS low
        NWR = 1;                             // NWR low

        //Set LCD register address
        DATA_H = 0x00;                       // set D15-D8 High 8 bits as 0x00
        DATA_L = addr;                       // set address bytes for D7~D0 Low 8 bits
        NWR = 0;
        NWR = 1;                             // NWR high.

        //Set a 16 bits data on to selected LCD register.
        RS = 1;                              // RS High(DATA)
        DATA_H = 0xff & (data >> 8);         // D15~D8 High 8 bits
        DATA_L = 0xff & data;                // D7~D0 Lower 8 bits
        NWR = 0;
        NWR = 1;                             // NWR high
        NCS = 1;                             // NCS high
}
```

```
// TFT LCD GRAM Access Mode 설정
void WR_GRAM_address_0(void)
{
        // Set LCD register address 0x22 for make the system take GRAM data.
        RS = 0;                                 // RS low(ADDRESS)
        NCS = 0;                                // NCS low
        NWR = 1;                                // NWR low
        DATA_H = 0x00;                          // Set high 8 bits with 0x00
        DATA_L = 0x22;                          // Set 0x22 register address
        NWR = 0;
        NWR = 1;                                // NWR HIgh
        RS = 1;                                 // RS(NADS) high
}

// TFT LCD 화면 color값으로 클리어
void screen_clear(u_int color)
{
        u_int x, y;

        WR_REG(0x02,0x0000);
        WR_REG(0x03,0x0000);
        WR_REG(0x04,0x0001);
        WR_REG(0x05,0x003F);                    // X축 = 320
        WR_REG(0x06,0x0000);
        WR_REG(0x07,0x0000);
        WR_REG(0x08,0x0000);
        WR_REG(0x09,0x00eF);                    // Y축 = 240

        WR_GRAM_address_0();                    // Set GRAM start address 0

        for(y = 0;y < 240;y++){
                for(x = 0;x < 320;x++){
                        DATA_L = color;
                        DATA_H = color >> 8;

                        NWR = 0;                // NWR low
                        NWR = 1;                // NWR high
                }
        }
        NCS = 1;                                // NCS high
}

// (x, y)에 color 값 한 점 표시
void point(u_int x, u_int y, u_int color)
{
        if(x > MAX_X || y > MAX_Y) return;
```

```
        WR_REG(0x02,0x00FF & (x >> 8));
        WR_REG(0x03,0x00FF & x);
        WR_REG(0x04,0x00FF & (x >> 8));           // X좌표
        WR_REG(0x05,0x00FF & x);

        WR_REG(0x06,0x00FF & (y >> 8));           // Y좌표
        WR_REG(0x07,0x00FF & y);
        WR_REG(0x08,0x00FF & (y >> 8));           // Y좌표
        WR_REG(0x09,0x00FF & y);

        WR_GRAM_address_0();
        DATA_L = color;
        DATA_H = color >> 8;
        NWR = 0;
        NWR = 1;
        NCS = 1;
}
```

[리스트 10-14] touch.c 소스 파일

```
// touch.c
// 터치스크린 관련 함수 정의
/********************************************************************************
 (3780, 3780)                  x_12bit         (0,0) --> x_touch
    --------------------                         --------------------
    |                    | ^       | |                          |
    |                    | |       =>        | |                      |
    |                    | |                 | |                      |
    |                    |                   V |                      |
    -------------------- (230, 220)          -------------------- (319, 239)
              y_12bit  <--                   y_touch
********************************************************************************/

// 터치스크린 제어 IC ADS7846 초기화
void Init_ADS7846(void)
{
        SPI_Mode0_1MHz();                    // SPI 클럭 1MHz 설정

        // dummy input to enable /PENIRG signal output
        Input_ADS7846(ADS7846_CMD_X);
}

// 터치스크린 X, Y 좌표 읽기
```

```
u_int Input_ADS7846(u_char command)
{
        u_int axis;

        TCH_NCS = 0;                        // TOUCH_CS = 0

        SPI_write(command);
        axis = SPI_write(0x00);             // read high 7 bit
        axis <<= 8;
        axis += SPI_write(0x00);            // read low 5 bit
        axis >>= 3;

        TCH_NCS = 1;

        return axis;
}

// 터치스크린 X,Y 좌표 16번 읽어 평균값 출력
void Read_ADS7846_touch(void)
{
        u_char  i;
        float   ff;
        u_int   tch_x, tch_y;               // tch_x(0-4095), tch_y(0-4095)

        tch_x = 0;                          // initial value
        tch_y = 0;

        // 8번 읽어 평균값 구하기
        for(i = 0; i < 8; i++){
                // X좌표 읽기
                if((PING & IRQ_SPI) == 0x00){   // /PENIRQ = 0(터치되어 있으면)
                        // <X좌표 읽기> 커맨드 전송하고 X좌표 읽기
                        tch_x += Input_ADS7846(ADS7846_CMD_X);
                }
                else {  // 터치되어 있지 않으면 no Touch 리턴
                        y_touch = 250;
                        return;
                }
                delay_us(10);

                // Y좌표 읽기
                if((PING & IRQ_SPI) == 0x00){   // /PENIRQ = 0(터치되어 있으면)
                        // <Y좌표 읽기> 커맨드 전송하고 Y좌표 읽기
                        tch_y += Input_ADS7846(ADS7846_CMD_Y);
                }
                else {  // 터치되어 있지 않으면 no Touch 리턴
```

```
                        y_touch = 250;
                        return;
                }
                delay_us(10);
        }

        // 평균값 구하기(나누기 8대신 3비트 오른쪽 쉬프트)
        tch_x >>= 3;
        tch_y >>= 3;

        // Y변환 좌표 계산하기
        if(tch_y <= y_12bit_min) x_touch = MAX_X;
        else if(tch_y >= y_12bit_max) x_touch = 0;
        else {
                ff = (float)(y_12bit_max - tch_y) * (float)MAX_X;
                ff = ff /(float)(y_12bit_max - y_12bit_min);
                x_touch = (u_int)ff;
        }

        // X변환 좌표 계산하기
        if(tch_x <= x_12bit_min) y_touch = 0;
        else if(tch_x >= x_12bit_max) y_touch = MAX_Y;
        else {
                ff = (float)(x_12bit_max - tch_x) * (float)MAX_Y;
                ff = ff/(float)(x_12bit_max - x_12bit_min);
                y_touch = (u_int)ff;
        }
}
```

[리스트 10-15] eng_str.c 소스 파일

```
// eng_str.c
// 한글, 영어 문자 출력 함수

// 영문 문자열(고정) 출력 함수
// col : 열(x)좌표(0-39), row : 행(y)좌표(0-15), str : 표시할 문자열 선두 포인터
// color : 문자색, back : 배경색
void TFT_Eng_string(u_char col, u_char row, char flash *str, u_int color, u_int back)
{
        u_char      ch1, c1, r1;
        char flash *fptr;

        fptr = str;
        c1 = col;
```

```
        r1 = row;
        while(*fptr != '₩0'){
                ch1 = *fptr;
                fptr++;

                if(ch1 < 0x80){    // display English character
                        TFT_English(c1, r1, ch1, color, back);
                        c1++;
                        if(c1 == 40){
                                c1 = 0;
                                r1++;
                        }
                }
        }
}

// 영문 문자열(가변) 출력 함수
// col : 열(x)좌표(0-39), row : 행(y)좌표(0-15), str : 표시할 문자열 선두 포인터
// color : 문자색, back : 배경색
void TFT_Eng_string1(u_char col, u_char row, char *str, u_int color, u_int back)
{
        u_char     ch1, c1, r1;
        char       *ptr;

        ptr = str;
        c1 = col;
        r1 = row;
        while(*ptr != '₩0'){
                ch1 = *ptr;
                ptr++;

                if(ch1 < 0x80){    // display English character
                        TFT_English(c1, r1, ch1, color, back);
                        c1++;
                        if(c1 == 40){
                                c1 = 0;
                                r1++;
                        }
                }
        }
}

// 8 x 16 알파벳 표시(ASCII Code)
// col : 열(x)좌표(0-39), row : 행(y)좌표(0-15), Ecode : ASCII 코드
// color : 문자색, back : 배경색
void TFT_English(u_char col, u_char row, u_char Ecode, u_int color, u_int back)
```

```
{
        u_int       i, j, cc;
        u_int      xx, yy;

        if(col > 39 || row > 15) return;

        xx = (u_int)col * 8;
        yy = (u_int)row * 16;

        for(j = 0; j < 8; j++){
                cc = E_font[Ecode][j];
                for(i = 0;i < 8;i++){
                        if((cc & 0x01) != 0) point(xx + j, yy + i, color);
                        else point(xx + j, yy + i, back);
                        cc = cc >> 1;
                }
        }

        yy = yy + 8;
        for(j = 0; j < 8; j++){
                cc = E_font[Ecode][j + 8];
                for(i = 0;i < 8;i++){
                        if((cc & 0x01) != 0) point(xx + j , yy + i, color);
                        else  point(xx + j, yy + i, back);
                        cc = cc >> 1;
                }
        }
}
```

[리스트 10-16] rs232.c 소스 파일

```
// rs232.c
// USART0 관련 함수

#include <mega128.h>

// USART0 초기화
// BAUD = 9600, DataBit = 8 bit, StopBit = 1, Parity = None;
void usart0_init(void)
{
        UCSR0A = 0x0;
        UCSR0B = 0b00011000;            // 송수신 인에이블 TXEN = 1, RXEN=1
        UCSR0C = 0b10000110;            // 비동기 데이터 8비트 모드
        UBRR0H = 0;                     // X-TAL = 16MHz 일때, BAUD = 9600
```

```
        UBRR0L = 103;                       // 103 : 9600, 51 : 19200, 25 : 38400
}

// 1바이트 송신
void Putch(char data)
{
        while(!(UCSR0A & 0x20));            // UDRE0 = 1 ?
        UDR0 = data;                        // USART0 I/O 레지스터에 데이터 전송
}

// 1바이트 수신
char Getch(void)
{
        u_char st;

        while(1){
                st = UCSR0A & 0x88;
                if(st == 0x88) {
                        send_message("Data Overrun Error₩n");
                        break;
                }
                else if(st == 0x80) break;
        }

        return UDR0;                        // USART I/O 레지스터 리턴
}

// 고정 문자열 전송 함수
void send_message(char flash *fstr)
{
        while(*fstr) Putch(*fstr++);

}

// 생성 문자열 전송 함수
void send_msg(char *str)
{
        while(*str) Putch(*str++);
}

// 블록 수신 함수
void block_receive(u_char *buf, u_int len)
{
        u_int   cc = 0;
```

```
        while(cc != len){
                buf[cc] = Getch();
                cc++;
        }
}
```

AVR-8515 Kit

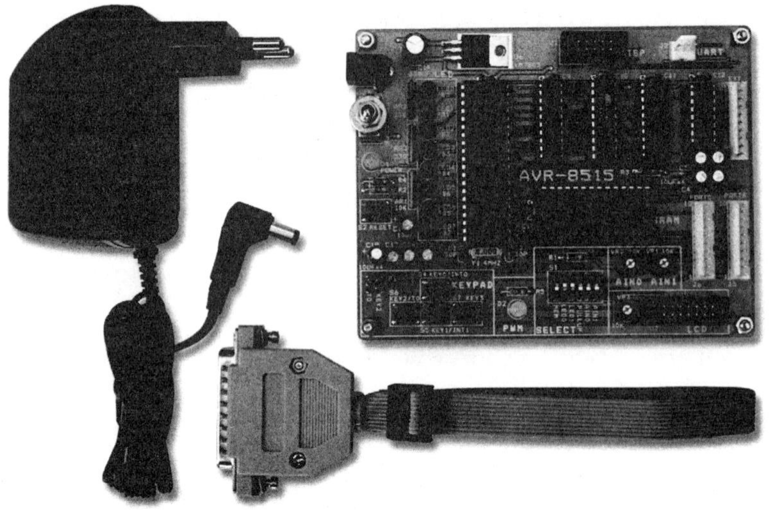

♣ 부품 SET 별도 판매

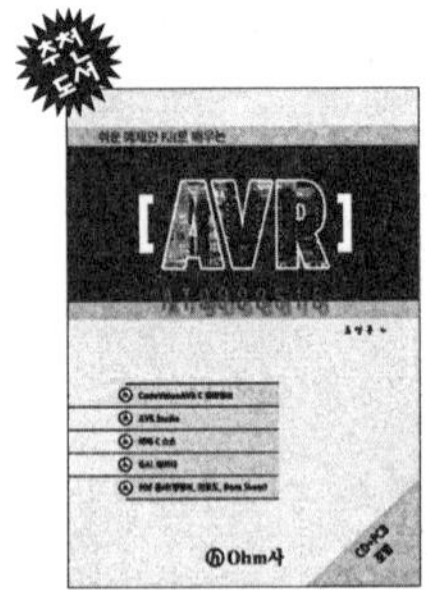

저 자 : 조영준
ISBN : 89-7101-717-1
판 형 : B5
쪽 수 : 301
가 격 : 25,000원

AVR-8515 KIT의 주요 사양

항 목	사 양	비 고
CPU	AT90S8515	4MHz 클럭 사용(8MHz 까지 가능)
메모리	RAM : 32K 바이트	선택적 사용
내장 주변장치	B 포트 : LED×8	선택적 사용
	D 포트 : LED×4	인터럽트와 연동 사용
	PWM	LED로 확인
	아날로그 입력	가변저항 이용
	직렬 포트 : RS232C	MAX232 내장
외부 인터럽트	RAM : 32K 바이트	스위치 입력
디스플레이	LCD : 16 문자 × 2줄	C 포트에 연결
전원	+9V ~ +12V 외부 전원 사용	아답터 잭, 5V 정전압 회로 내장
외부 인터페이스	ISP 케이블	프로그래밍용(PC의 프린터 포트에 연결)
PCB 외형	132×102mm 2층 에폭시 기판	

ATMEL사의 AVR 8 비트 RISC 프로세서인 AT90S8515의 기본적인 하드웨어 구조와 프로그래밍 연습을 해볼 수 있는 **쉽고 간단하며, 저렴한** Training KIT이다. 가장 기본적인 기능을 익히고 실험하는데 필요한 최소한의 하드웨어로 구성되어 초보자가 익히고 실험하기에 적합하다.
ISP 케이블과 CodeVisionAVR C 컴파일러를 이용하여 사용자가 작성한 프로그램을 PC로 다운로드하여 즉시 실험해 볼 수 있기 때문에 롬라이터와 같은 별도의 장비가 필요하지 않으며, 기본적인 사양만으로 설계되어 학생들이나 AVR을 익히려는 일반인이 사용하기 적합한 저가형 KIT이다.

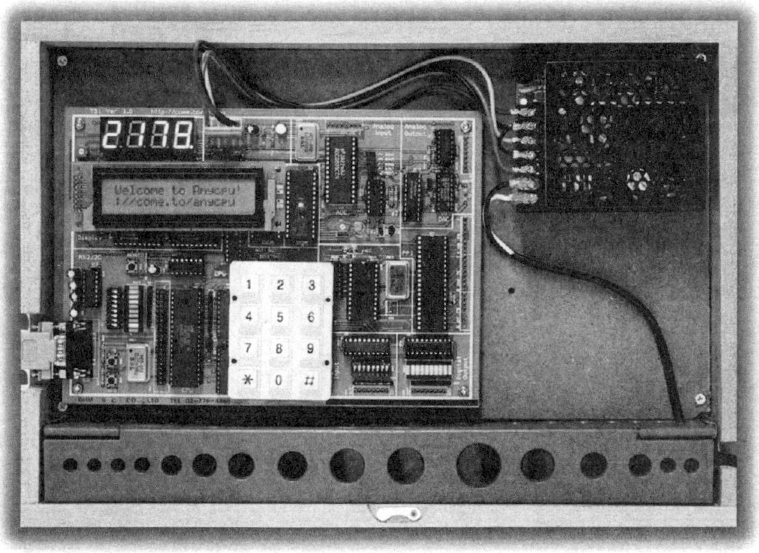

♣ PCB 별도 판매

저 자 : 박귀태, 이상락
ISBN : 89-7101-713-9
판 형 : B5
쪽 수 : 650
가 격 : 25,000원

T-51 KIT의 주요 사양

항 목	사 양	비 고
CPU	8051/8052 겸용 80C251 지원	11.0592MHz 15배 성능 향상
메모리	ROM : 32K 바이트 RAM : 32K 바이트	27C256, 플래시 사용 가능 62256
내장 주변장치	P1 포트 : LED×8, 스위치×8 직렬 포트 : RS232C 타이머/카운터 : 16비트×2	 MAX232 내장 입력 스위치 내장
외부 인터럽트	2채널	입력 스위치 내장
디지털 입출력 포트	디지털 입력 : 8채널, 스위치×8 내장 디지털 입력 : 8채널, LED×8 내장 PPI 8255 : 24채널 입출력	8핀 헤더 제공 8핀 헤더 제공 8핀 헤더×3 제공
디스플레이	7세그먼트 표시기 : 4자리 LCD 표시기 : 20자×2줄	숫자 표시용 80×2, 40×4 확장 가능
키패드	12키	전화기용, 64키 확장 가능
아날로그 입력 DAC	8채널 입력 입력범위 : 0~5[V] 분해능 : 8비트 변환시간 : 100usec 가변저항, Cds, 온도센서, DAC 루프백 내장	ADC0809 OpAmp 버퍼 내장 8핀 헤더 제공 LM35DZ
아날로그 출력 DAC	1채널 출력 출력범위 : 0~5 또는 ±10V[V] 안정시간 : 150nsec 슬루레이트 : 8mA/usec	DAC0800 OpAmp 버퍼 내장 8핀 헤더
전원	−12, 0, +12, 0, 5[V]	5핀 헤더
윈도우용 소프트웨어	문제출시, 풀이제시 프로그램 컴파일 통합환경 프로그램 다운로드 트레이스, 실행 직렬통신 터미널, 그래픽 터미널	AnyCpu Tutor 제공 Keil사 제공 AnyCpu Tutor 제공 Os51.hex 제공 AnyCpu Tutor 제공

TMS-31 Kit

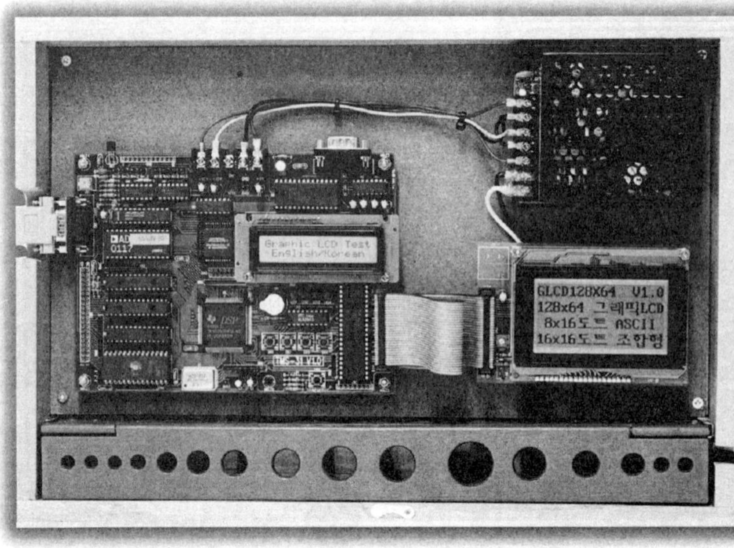

♣ 중간형 별도 판매
PCB+CPU+EPLD

저 자 : 윤덕용
ISBN : 89-7101-750-3
판 형 : B5
쪽 수 : 636
가 격 : 30,000원

TMS-31 KIT의 주요 사양

항 목	사 양	비 고
DSP	TMS320C31PQL-40 (40MHz)	40MHz 수정발진 모듈사용
ROM	27C256(32 KB) 또는 27C512(64KB)	PCB 진단 및 각종 응용 프로그램
RAM	68257-15(32 KB)×4개= 32K 워드 (TMS320C31에 내장된 2K 워드는 별도)	사용자의 프로그램 및 데이터용
프로그램의 입력 및 실행	1. XDS-510 에뮬레이터를 사용하는 방법 2. 내장 ROM을 사용하는 방법 3. IBM PC의 프린터포트를 사용하는 방법	1. 에뮬레이터용 콘넥터 내장 2. 예제가 포함된 27C256 기본 제공 3. 프린터포트용의 케이블 기본 제공
A/D 컨버터	12비트 MAX122 1개 (5MHz, 2.6μs) 8채널 아날로그 스위치 (1) 4개 채널은 콘넥터로 아날로그 입력 (2) 반고정 저항에 의한 -5V~+5V 입력 (3) 온도센서 LM35DZ 입력 (4) 2개 채널은 D/A 컨버터의 출력을 입력	1. 아날로그 입력 범위는 -5V~+5V 2. 아날로그 출력 범위는 -5V~+5V 3. 내장된 D/A 컨버터의 출력을 A/D 컨버터 에 입력함으로써 외부에 별도의 함수발생기를 사용하지 않고 신호처리 실험이 가능
D/A 컨버터	12비트 AD664 (4채널 전압 출력) (1) 4개 채널 모두 콘넥터로 외부출력 (2) 2개 채널은 A/D 컨버터에 입력 가능	
기타 I/O	1. 시스템 확장용 콘넥터 2. 8255A 1개 내장 (1) 16자×2행 LCD 모듈 (backlight 가능) (2) buzzer (3) 4개의 상태표시용 LED (4) 4개의 입력키 (5) 8255A를 통한 외부 입출력 콘넥터 3. 8251A 및 MAX232 내장 외부와 RS-232C 직렬통신 4. 직류 서보모터 제어를 위한 콘넥터	
전원	+5V, ±15V (또는 ±12V)	±15V는 A/D, D/A 컨버터에서 사용
PCB	180×130mm 4층 에폭시 기판	

구입문의 : 학습기기 R&C사 / 도서출판 Ohm사 ✆ 02) 776-4868-9

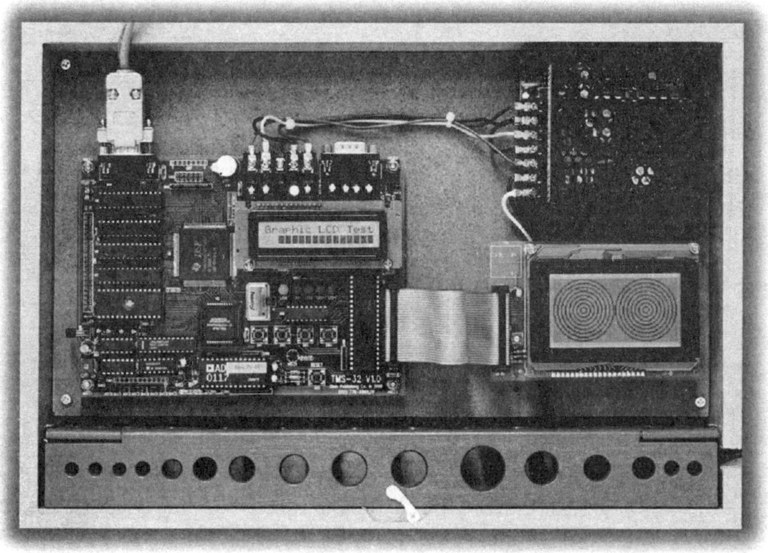

♣ 중간형 별도 판매
PCB+CPU+EPLD

저 자 : 윤덕용
ISBN : 89-7101-751-1
판 형 : B5
쪽 수 : 768
가 격 : 33,000원

TMS-32 KIT의 주요 사양

항 목	사 양	비 고
DSP	TMS320C32PCM50 (50MHz) 기본사양 TMS320C32PCM40 (40MHz)도 사용가능	50MHz 수정발진 모듈사용 40MHz 수정발진 모듈사용
ROM	27C512-15(64KB)	PCB 진단 및 각종 응용 프로그램
RAM	KM68257-15(32 KB)×4개 = 32K 워드 (TMS320C32에 내장된 512 워드는 별도)	사용자의 프로그램 및 데이터용
프로그램의 입력 및 실행	1. IBM PC의 프린터 포트를 사용하는 방법 2. 키트에 내장된 ROM을 사용하는 방법 3. XDS510 에뮬레이터를 사용하는 방법	1. 에뮬레이터용 콘넥터 내장 2. 예제가 포함된 27C256 기본 제공 3. 프린터포트용의 케이블 기본 제공
A/D 컨버터	12비트 MAX122BCNG 1개 (5MHz, 2.6μs) 8채널 아날로그 스위치 (1) 4개 채널은 콘넥터로 아날로그 입력 (2) 내장 온도센서 LM35D 입력 (3) 내장 광센서 Cds 입력 (4) 내장 가변 저항에 의한 -5V~+5V 입력 (5) 1개 채널은 A/D 컨버터의 출력을 입력	1. 아날로그 입력 범위는 -5V~+5V 2. 아날로그 출력 범위는 -5V~+5V 3. D/A 컨버터의 출력을 A/D 컨버터에 다시 입력함으로써 외부에 별도의 함수발생기를 사용하지 않고 신호처리 실험이 가능 4. 각종 응용 프로그램 기본 제공
D/A 컨버터	12비트 AD664JN-BIP (4채널 전압 출력) (1) 4개 채널 모두 콘넥터로 외부출력 (2) 1개 채널은 A/D 컨버터에 입력 가능	
기타 I/O	1. DSP가 직접 제어하는 I/O (1) +5V용 버저 (2) 1개의 동작 테스트용 LED (3) 직류 서보모터 제어를 위한 콘넥터 2. 8255A 1개 내장 (1) 16자×2행 LCD 모듈 (backlight 가능) (2) 4개의 상태표시용 LED (3) 4개의 키 입력 스위치 (4) 외부 병렬 입출력 콘넥터 3. 8251A 및 MAX232 내장 외부와 RS-232C 직렬통신 4. 시스템 I/O 확장용 콘넥터	각종 응용 프로그램 기본 제공
전원	+5V, ±15V (또는 ±12V)	±15V는 A/D, D/A 컨버터에서 사용
PCB	180×130mm 4층 에폭시 기판	

OK-162 Kit

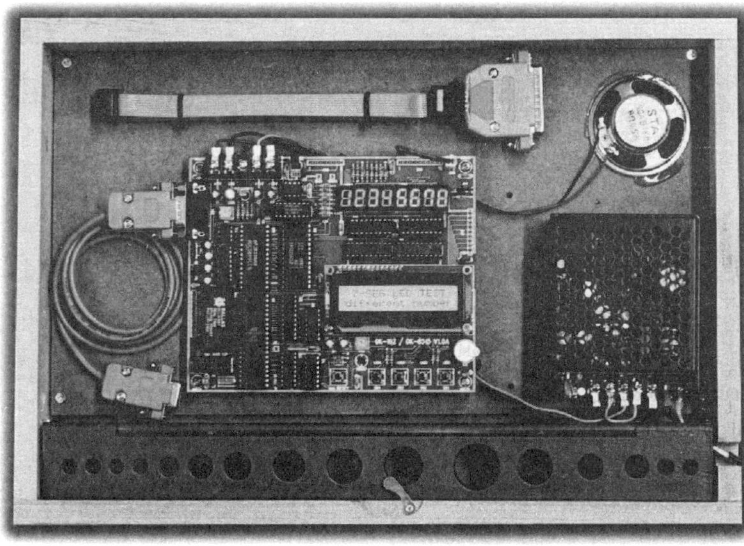

♣ PCB 별도 판매
(MPU 장착)

저 자 : 윤덕용
ISBN : 89-7101-759-7
판 형 : B5
쪽 수 : 726
가 격 : 32,000원

OK-162 KIT의 주요 사양

항 목	사 양	비 고
CPU	ATmega162-16PI(16MHz)	16MHz 수정발진자 사용
ROM	CPU에 내장된 16KB의 플래시 메모리	프로그램 저장
외부 RAM	62256-7(32 KB) (CPU에 내장된 1KB는 별도)	사용자 데이터 저장
프로그램의 입력/실행	1. AVR ISP와 병렬 포트를 사용하는 방법 2. 기타 ISP와 직렬 포트를 사용하는 방법 3. JTAG ICE 에뮬레이터를 사용하는 방법	1. AVR ISP 케이블 기본 제공 2. 응용 프로그램 기본 제공 (☞ JTAG 콘넥터는 사용자가 조립)
I/O	1. CPU 프로그램용 콘넥터 (1) AVR ISP용 10핀 DIP 콘넥터(CN2) (2) JTAG용 콘넥터는 사용자가 조립해야 함 2. CPU가 직접 제어하는 I/O (1) 포트 B 및 포트 D 확장 콘넥터(CN3) (2) 2개의 RS-232C 직렬포트(CN4, CN5) (3) 4개의 키입력 스위치(SW1~SW4) (4) 4개의 상태표시 LED(LED1~LED4) (5) +5V용 버저, 스피커 사운드 출력(CN6) (6) DAC0800 8비트 D/A 컨버터 (7) SPI 직렬통신에 의한 시리얼 EEPROM (8) 아날로그 비교기(J2, J3) 3. CPU 외부의 확장 I/O (1) 16자×2 문자 텍스트형 LCD 모듈 (2) 8개의 7세그먼트 LED (3) 8비트 병렬출력 인터페이스(CN7) (4) 스텝모터 구동 인터페이스(CN8) (5) DS12C887 베터리 백업형 리얼타임 클럭 (6) 8비트 8채널 A/D 컨버터 ADC0809 - 전압센서(VR1), 온도센서(LM35), 광센서(CdS) - 4채널 A/D 입력 콘넥터(CN9)	STK200/300의 AVR ISP 표준 RS-232C 통신 케이블 기본 제공 0V~+10V, -10V~+10V 중에서 선택 화면밝기 조절 및 백라이트 기능 포함 ULN2803 출력 A/D 입력 범위는 0V~+5V
전원	+5V, ±15V (또는 ±12V도 사용 가능)	±15V는 아날로그 회로에서만 사용
PCB 외형	160×130mm 양면 에폭시 기판	

☞ *OK-162* 키트는 *OK-8515* 키트와 PCB를 공통으로 사용한다.

Homepage : http://www.ohm.co.kr E-mail : ohm@ohm.co.kr

OK-8515 Kit

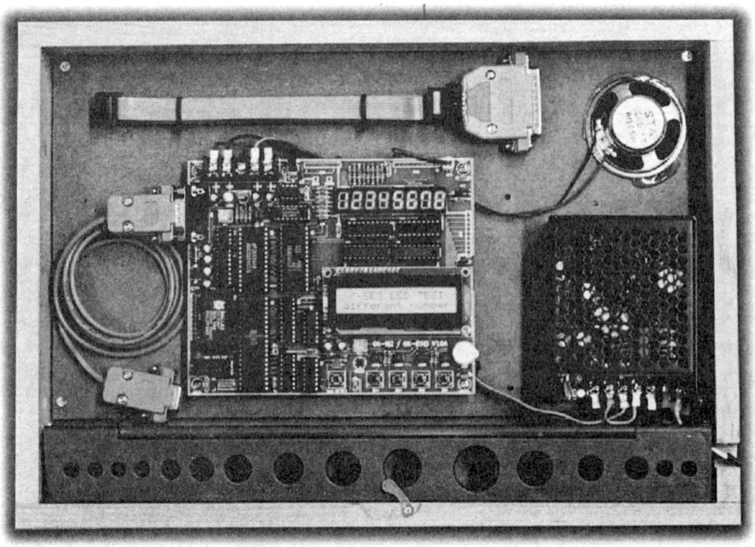

♣ PCB 별도 판매

저 자 : 윤덕용
ISBN : 89-7101-762-7
판 형 : B5
쪽 수 : 692
가 격 : 28,000원

OK-8515 KIT의 주요 사양

항 목	사 양	비 고
CPU	ATmega8515-16PI(16 MHz)	16 Mhz 수정발진자 사용
ROM	CPU에 내장된 8KB의 플래시 메모리	프로그램 저장
외부 RAM	62256-7(32 KB) (CPU에 내장된 512바이트는 별도)	사용자 데이터 저장
프로그램의 입력/실행	1. AVR ISP와 병렬 포트를 사용하는 방법 2. 기타 ISP와 직렬 포트를 사용하는 방법	1. AVR ISP 케이블 기본 제공 2. 응용 프로그램 기본 제공
I/O	1. CPU 프로그램용 콘넥터 AVR ISP용 10핀 DIP 콘넥터(CN2) 2. CPU가 직접 제어하는 I/O (1) 포트 B 및 포트 D 확장 콘넥터(CN3) (2) 1개의 RS-232C 직렬포트(CN4) (3) 4개의 키입력 스위치(SW1~SW4) (4) 4개의 상태표시 LED(LED1~LED4) (5) +5V용 버저, 스피커 사운드 출력(CN6) (6) DAC0800 8비트 D/A 컨버터 (7) SPI 직렬통신에 의한 시리얼 EEPROM (8) 아날로그 비교기(J2, J3) 3. CPU 외부의 확장 I/O (1) 16X2 문자 텍스트형 LCD 모듈 (2) 8개의 7세그먼트 LED (3) 8비트 병렬출력 인터페이스(CN7) (4) 스텝모터 구동 인터페이스(CN8) (5) DS12C887 배터리 백업형 리얼타임 클럭 (6) 8비트 8채널 A/D 컨버터 ADC0809 -전압센서(VR1), 온도센서(LM35), 광 센서(CdS) -4채널 A/D 입력 콘넥터(CN9)	STK200/300의 AVR ISP 표준 RS-232C 통신 케이블 기본 제공 0V~+10V, -10V~+10V 중에서 선택 화면밝기 조절 및 백라이트 기능 포함 ULN2803 출력 A/D 입력 범위는 0V~+5V
전원	+5V, ±15V (또는 ±12V도 사용 가능)	±15V는 아날로그 회로에서만 사용
PCB 외형	160×130mm 양면 에폭시 기판	

☞ *OK-8515* 키트는 *OK-162* 키트와 PCB를 공통으로 사용한다.

구입문의 : 학습기기 R&C사 / 도서출판 Ohm사 ✆ 02) 776-4868-9

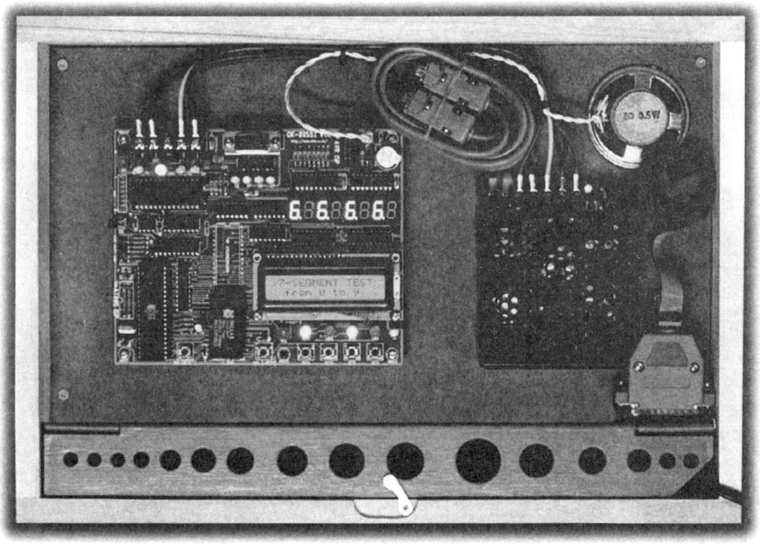

♣ PCB 및 AT89S ISP 케이블 별도 판매

저 자 : 윤덕용
ISBN : 89-7101-769-4
판 형 : B5
쪽 수 : 830
가 격 : 30,000원

OK-89S52 KIT의 주요 사양

항 목	사 양	비 고
CPU	AT89S52-24PC 또는 AT89S52-24PI (AT89S51이나 AT89S8253도 사용 가능)	24MHz 수정발진자 사용
ROM	1. CPU에 내장된 8KB의 플래시 메모리 2. 외부 확장 27C256 또는 29C256(32KB)	사용자 프로그램용
RAM	CPU에 내장된 256 바이트	스택 및 데이터 저장용
프로그램의 입력/실행	1. 병렬포트형 AT89ISP를 사용(Atmel 표준) 2. 병렬포트형 AVR ISP를 사용 3. 직렬포트형 AVR ISP를 사용 4. USB포트형 AVR ISP를 사용	1. AT89S ISP 케이블(Atmel 호환) 2. AVR-ISP Parallel 케이블(기본 제공) 3. AVR-ISP Studio/STK500 케이블 4. USB-ISP 케이블
I/O	1. CPU가 직접 제어하는 I/O (1) RS-232C 직렬통신 포트(CN4) (2) +5V용 버저 (3) 스피커 사운드 출력(CN5) (4) 4개의 키입력 (5) 스위치에 의한 사용자 인터럽트(SW2) (6) AT89S ISP 케이블 접속용 콘넥터(CN2) (7) AVR ISP 케이블 접속용 콘넥터(CN3) 2. 외부 확장 I/O (1) 16×2행 텍스트형 LCD 모듈 (2) 8글자의 7세그먼트 LED (3) 4개의 상태표시 LED (4) ADC0809 8채널 8비트 A/D 컨버터 - 전압센서, 온도센서, 조도센서 각 1개 - 4채널 아날로그 입력 콘넥터(CN6) (5) DAC0800 8비트 D/A 컨버터 (6) DS12C887 배터리 백업형 리얼타임 클럭	backlight 기능 사용 가능 A/D 입력 범위는 0V~+5V D/A 출력 범위는 0V~+10V, -10V~+10V 중에서 선택 사용
전원	+5V, ±15V (또는 ±12V도 사용 가능)	±15V는 아날로그 회로에서만 사용
PCB 외형	160×130mm 양면 에폭시 기판	

▲
KUT-128 인터페이스 보드 + MCU 보드 장착

MCU 보드 ▶

♣ 상품 구성
Interface 보드+CPU 보드(Full Set) 판매
Interface 보드 별도 판매
MCU 보드 별도 판매

저 자 : 신동욱/오창헌 공저
ISBN : 89-7101-768-6
판 형 : B5
쪽 수 : 380
가 격 : 20,000원

KUT-128 KIT의 주요 사양

항 목	사 양	비 고
MCU	ATmega128	16MHz 클럭 사용
내장 주변장치	• 포트 B, F : 7-Segment × 4	• 동적 구동
	• 포트 C : LED × 8	• 선택적 사용
	• 포트 E : 스위치 × 4	• 인터럽트와 연동 사용
	• PWM 출력	• LED로 확인
	• 아날로그 입력 비교	• 가변 저항 이용
	• A/D변환 2 입력	• 가변저항 이용
전원	+5V	아답터 잭
외부 인터페이스	• 포트 A 커넥터	• 5V, PA0-PA7, GND(10핀)
	• 포트 C 커넥터	• 5V, PC0-PC7, GND(10핀)
	• 포트 G 커넥터	• 메모리, I/O 확장 제어신호(10핀)
	• RS-232 커넥터	• MAX232 내장(3핀)
	• LCD 커넥터	• 4비트 데이터 버스 방식 (16문자 × 2라인 LCD 사용)
	• ISP 커넥터	• ISP 케이블 제작 필요 (또는 Ohm사 별매품 이용 가능)
PCB 외형	KUT-128 MCU 보드 : 38mm × 40mm	2층 에폭시 기판
	KUT-128 인터페이스 보드 : 142mm × 104mm	2층 에폭시 기판

KUT-128 완성 보드는 Atmel사의 AVR 8비트 RISC 프로세서인 ATmega128 MCU 보드와 인터페이스 보드로 구성되며, ATmega128의 기본적인 기능을 익히고 실험하는데 필요한 최소한의 하드웨어로 구성된 **쉽고 간단하며, 저렴한 트레이닝 키트**이다. 기존의 트레이닝 키트와는 달리 많은 주변기기를 내장하고 있지 않기 때문에 크기가 작아서 PC 옆에 놓고 사용하기에도 편리하다. 그리고 어느 정도의 기본 학습이 끝나면, 단순한 교육용 키트가 아니라 독자 여러분이 제작하는 졸업작품 또는 응용 시스템의 메인 CPU 보드로도 손쉽게 이용할 수가 있다. 책에서 소개된 ISP 케이블과 *CodeVisionAVR C* 컴파일러를 이용하여 사용자가 작성한 프로그램을 PC로부터 다운로드 하여 즉시 실험해 볼 수 있기 때문에 롬라이터와 같은 별도의 장비가 필요하지 않다.

GLCD128X64

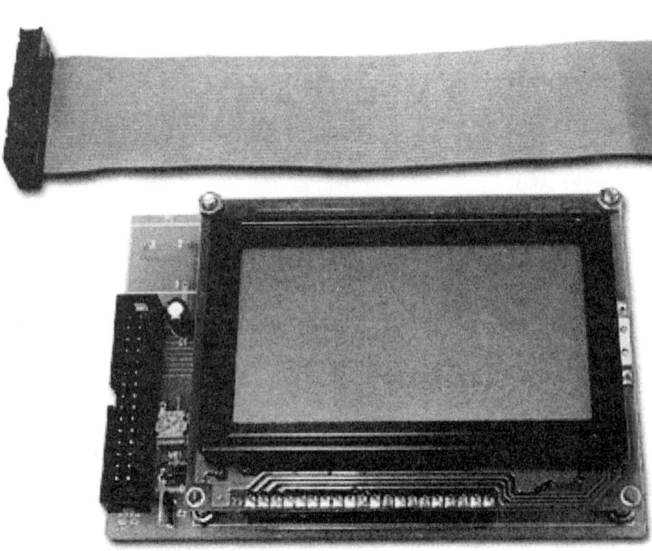

♣ PCB 포함

저 자 : 윤덕용
ISBN : 89-7101-760-0
판 형 : B5
쪽 수 : 798
가 격 : 43,000원

그래픽 LCD 확장보드의 주요 사양

항 목	사 양	비 고
해상도	128×64 도트, 단색	
사용 가능 LCD 모듈	(1) 삼성 SDI UG-13B04-SEAT5-2 (2) 현대 LCD HG12605NY-LY (3) 기타 이와 호환되는 그래픽형 LCD 모듈	EL 백라이트형 LED 백라이트형
접속 가능 키트	(1) *OK-8051* 키트 (2) *OK-196* 키트 (3) *TMS-31* 키트 (4) *TMS-32* 키트	
인터페이스 방법	(1) 82C55A를 사용하여 구동 (2) HIF3F-30PA-2.54DSA 콘넥터를 사용	
전원	키트에서 공급되는 +5V (LCD 모듈 내부에서 -10V를 만들어 사용)	30핀(전원 포함) EL 백라이트형은
PCB 외형	114×75 mm 양면 에폭시 기판	인버터 사용

그래픽형 LCD 모듈 확장보드 *GLCD128X64*는 *OK-8051* **키트**, *OK-196* **키트**, 그리고 *TMS-31/32* **키트**에 128×64 해상도의 그래픽형 LCD 모듈을 확장하여 사용할 수 있는 제품이다.
이들 키트에는 모두 16자×2행의 텍스트형 LCD 모듈이 내장되어 있으므로 이를 사용하는데는 문제가 없으나, 이들 키트들이 그래픽형 LCD 모듈은 가지고 있지 않으므로 이를 사용하려면 외부에 추가로 확장하여야 한다.

MSTK2440 Training Kit

♣ 완성품 판매
RAM 별도 판매

추천 도서

저 자 : 홍건표/하동호 공저
ISBN : 89-7101-770-8
판 형 : B5
쪽 수 : 728
가 격 : 35,000원

MSTK2440 Training Kit의 주요 사양

항 목	사 양	
CPU	Samsung S3C2440A-40 (ARM920T with MMU) - CPU Operation Frequency : Up to 400MHz	
Boot ROM	AM29LV800 Nor Flash (1MByte) K9F1208 Nand Flash (64MByte)	
SDRAM	K4S561632E 4EA (128MByte)	
LCD	2.8" LTP280QV-E01 (240×320 Size TFT LCD, Touch Screen)	
Peripheral	IDE & CF Interface	XC95144XL-TQ100 (각각 1 Port)
	Ethernet	CS8900A (10 Based-T 1 Port)
	SD/MMC	1 Slot
	Audio	UDA1341TS (Audio Jack)
	Serial	RS-232 2 Port
	USB	Host & Device
	Speaker	0.25W/20mm
	JTAG	20 Pin Box Header
	Infrared Receiver	KSM603LM
	Key Pad	4EA & 1 External Interrupt SW
	Connector	Data, Address, Camera, IrDA External Interrupt, GPIO
Internal Function	IIC	AT24C16 EEPROM
	Timer, Watch-Dog, RTC, ADC(10bit 8:1 Mux CH & Pen Drag)	
OS Support	uC/OS-II	
OPerating Temperature	0 ~ 70°C	

MSTK2440은 삼성전자 S3C2440A(ARM920T 코어) 기반의 트레이닝 키트입니다. S3C2440A는 최대 400MHz까지의 빠른 속도와 다양한 Peripheral을 가지고 있는 강력한 프로세서이며 RTOS(Real Time O/S) 포팅 및 Pen Drag, CF & HDD 인터페이스가 가능합니다.

OK-128 V3.0 Kit

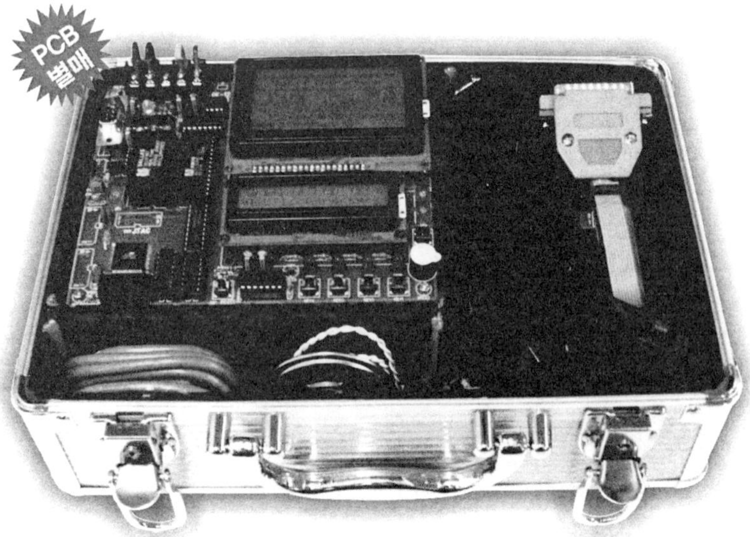

♣ PCB 별도 판매
(CPU 포함)

저 자 : 윤덕용
ISBN : 89-7101-771-6
판 형 : B5
쪽 수 : 1044
가 격 : 42,000원

OK-128 V3.0 KIT의 주요 사양

항 목	사 양	비 고
CPU	ATmega128-16AI/AU(16MHz)	16MHz 수정발진자 사용
ROM	CPU에 내장된 128KB의 플래시 메모리	프로그램 저장
외부 RAM	62256-7(32KB) (CPU에 내장된 4KB는 별도)	사용자 데이터 저장
프로그램의 입력/실행	1. AVR ISP 다운로드 케이블을 사용하는 방법 2. JTAG ICE 에뮬레이터를 사용하는 방법	1. 병렬포트형 AVR ISP 케이블 제공 (직렬포트형과 USB 포트형은 옵션) 2. 테스트 프로그램 기본 제공
I/O	1. CPU 프로그램용 콘넥터 (1) AVR ISP용 10핀 DIP 콘넥터(CN2) (2) JTAG ICE용 10핀 DIP 콘넥터(CN3) 2. CPU가 직접 제어하는 I/O (1) 4개의 키입력 스위치(KEY1~KEY4) (2) 4개의 상태표시 LED(LED1~LED4) (3) 외부 인터럽트 스위치(SW2) (4) +5V용 버저, 스피커 사운드 출력(CN6) (5) LM35D에 의한 온도센서(ADC1, ADC2) (6) 가변저항에 의한 전압센서(ADC3) (7) DAC0800 8비트 D/A 컨버터 (8) AT93C56 및 AT24C16 직렬 EEPROM (9) 2개의 RS-232C 직렬포트(CN4, CN5) (10) 병렬 I/O 포트 확장 콘넥터(CN8) (11) 도트 매트릭스 LED 접속 콘넥터(CN9) 3. 16×2 문자 텍스트형 LCD 모듈 4. 128×64 도트 그래픽형 LCD 모듈 5. 8개의 7세그먼트 LED 6. DS12C887 배터리 백업형 리얼타임 클록 7. 스텝모터 구동 인터페이스 콘넥터(CN7)	 STK200/300의 AVR ISP 표준 Atmel사의 JTAG ICE 표준 A/D 입력 범위는 0V~+5V 0V~+10V, -10V~+10V 중에서 선택 RS-232C 통신 케이블 기본 제공 화면밝기 조절 및 백라이트 기능 포함 화면밝기 조절 및 백라이트 기능 포함 ULN2803 출력
전원	+5V, ±15V (또는 ±12V도 사용 가능)	±15V는 아날로그 회로에서만 사용
PCB 외형	160×130mm 양면 에폭시 기판	

☞ 이것은 *OK-128* 키트와 *OK-64* 키트 겸용이므로 ATmega64-16AI/AU를 조립하면 *OK-64* 키트가 된다.

구입문의 : 학습기기 R&C사 / 도서출판 Ohm사 ✆ 02) 776-4868-9

OK-1280/2560 Kit

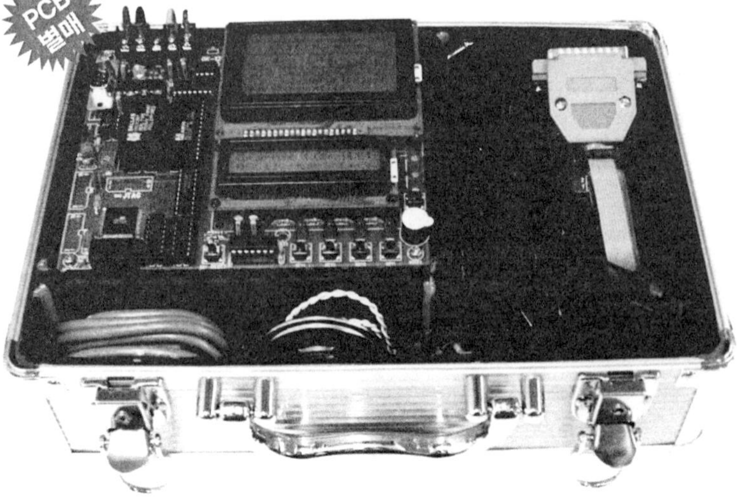

♣ PCB 별도 판매
(CPU 포함)

저 자 : 윤덕용
ISBN : 89-7101-773-2
판 형 : B5
쪽 수 : 1092
가 격 : 43,000원

OK-1280/2560 KIT의 주요 사양

항 목	사 양	비 고
CPU	ATmega1280-16AU(16MHz) 또는 ATmega2560-16AU(16MHz)	16MHz 수정발진자 사용
ROM	CPU에 내장된 128/256KB의 플래시 메모리	프로그램 저장
RAM	CPU에 내장된 8KB의 플래시 메모리	스택 및 사용자 데이터 저장
프로그램의 입력/실행	1. AVR ISP 다운로드 케이블을 사용하는 방법 2. JTAG ICE 에뮬레이터를 사용하는 방법	1. 병렬포트형 AVR ISP 케이블 제공 (직렬포트형과 USB 포트형은 옵션) 2. 테스트 프로그램 및 예제 기본 제공
I/O	1. CPU 프로그램용 콘넥터 (1) AVR ISP용 10핀 DIP 콘넥터(CN2) (2) JTAG ICE용 10핀 DIP 콘넥터(CN3) 2. CPU가 직접 제어하는 I/O (1) 4개의 키입력 스위치(KEY1~KEY4) (2) 4개의 상태표시 LED(LED1~LED4) (3) 외부 인터럽트 스위치(SW2) (4) +5V용 버저, 스피커 사운드 출력(CN6) (5) LM35D에 의한 온도센서(ADC1, ADC2) (6) 가변저항에 의한 전압센서(ADC3) (7) DAC0800 8비트 D/A 컨버터 (8) AT93C56 및 AT24C16 직렬 EEPROM (9) 2개의 RS-232C 직렬포트(CN4, CN5) (10) 병렬 I/O 포트 확장 콘넥터(CN8~CN10) (11) 16×2 문자 텍스트형 LCD 모듈 (12) 128×64 도트 그래픽형 LCD 모듈 (13) 8개의 7세그먼트 LED (14) 스텝모터 구동 인터페이스 콘넥터(CN7) 3. DS12C887 배터리 백업형 리얼타임 클록	STK200/300의 AVR ISP 표준 Atmel사의 JTAG ICE 표준 A/D 입력 범위는 0V~+5V 0V~+10V, -10V~+10V 중에서 선택 RS-232C 통신 케이블 기본 제공 화면밝기 조절 및 백라이트 기능 포함 화면밝기 조절 및 백라이트 기능 포함 ULN2803 출력
전원	+5V, ±15V (또는 ±12V도 사용 가능)	±15V는 아날로그 회로에서만 사용
PCB 외형	160×130mm 양면 에폭시 기판	

☞ 이것은 *OK-1280* 키트와 *OK-2560* 키트 겸용이므로 자신이 원하는 MCU 소자를 조립하면 된다.

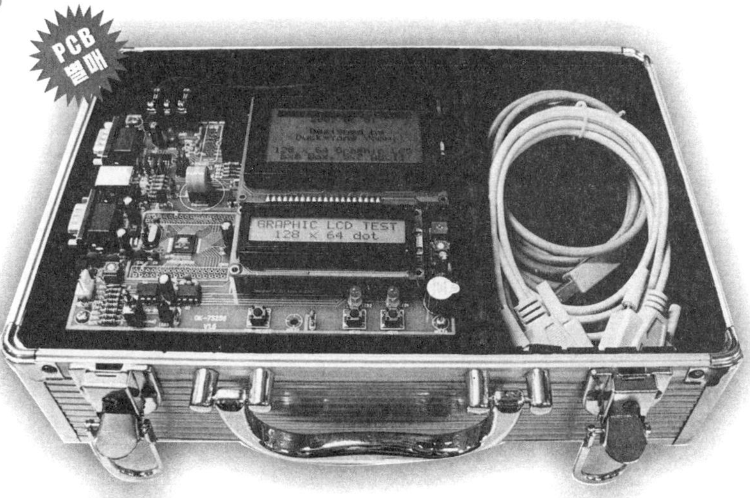

ARM 시작하기 시리즈 1

ARM7TDMI
AT91SAM7S256으로 시작하기

저 자 : 윤덕용
ISBN : 89-7101-775-9
판 형 : B5
쪽 수 : 924
가 격 : 39,000원

CPU 보드 별매

☞ CPU는 메인보드에 직접 납땜할 수도 있고, CPU보드에 납땜하여 메인보드에 장착할 수도 있다.

OK-7S256 키트의 주요 사양

항 목	사 양	비 고
CPU	AT91SAM7S256-AU-001	1.메인 보드에 직접 조립하는 방법 2.CPU 보드를 사용하는 방법(CN10~11)
ROM	CPU에 내장된 256KB(64KW)의 플래시 메모리	프로그램 및 상수 데이터 저장
RAM	CPU에 내장된 64KB의 SRAM	프로그램, 스택, 사용자 데이터 저장
프로그램의 입력/실행	1. USB포트형 다운로드 케이블을 사용하는 방법 2. 직렬포트형 다운로드 케이블을 사용하는 방법 3. JTAG 인터페이스를 사용하는 방법	1. USB A-B형 케이블 사용(기본 제공) 2. RS-232C 케이블 사용(기본 제공) 3. *OK-JTAG* 케이블 사용(선택 사양)
I/O	1. CPU 프로그램용 콘넥터	
	(1) JTAG 인터페이스용 20핀 콘넥터(CN2)	Wiggler 호환의 *OK-JTAG*을 사용
	(2) JTAG 인터페이스용 14핀 콘넥터(CN3)	Wiggler 호환의 *OK-JTAG*을 사용
	(3) USB 포트용 4핀 콘넥터(CN4)	표준 USB A-B형 케이블 사용
	(4) 직렬포트 DBUG용 9핀 콘넥터(CN5)	표준 9핀 RS-232C 케이블 사용
	2. SAM-BA Boot 프로그램을 플래시 메모리에 로드하는 장치(SW2 및 LED3)	약 10초의 동작시간 동안 LED3이 점등
	3. CPU가 직접 제어하는 I/O	
	(1) 2개의 키입력 스위치(KEY1~KEY2)	
	(2) 2개의 상태표시 LED(LED1~LED2)	
	(3) +5V용 버저, 스피커 사운드 출력(CN7)	
	(4) 16×2 문자 텍스트형 LCD 모듈	화면밝기 조절 및 백라이트 기능 포함
	(5) 128×64 도트 그래픽형 LCD 모듈	화면밝기 조절 및 백라이트 기능 포함
	(6) LM35D에 의한 온도센서(AD4)	
	(7) 가변저항에 의한 전압센서(AD5)	
	(8) 외부 A/D 입력 콘넥터(CN8, AD6~AD7)	A/D 입력 범위는 0V~+3.3V
	(9) RS-232C 직렬통신 포트(CN6)	표준 9핀 RS-232C 케이블 사용
	(10) SPI를 사용한 SD/MMC 카드 인터페이스(CN9)	
	(11) SPI를 사용한 AT93C56 직렬 EEPROM	
	(12) TWI를 사용한 DS1307 리얼타임 클록	전원 백업 기능 포함(배터리, 수퍼캡)
	(13) 3개의 테스트 포인트 TP1~TP3	각각 PWM0, PWM1, PCK1 출력
전원	+5V(키트에서 +3.3V 레귤레이터 사용)	CPU 내부에서 +1.8V 레귤레이터 사용
PCB	160×130mm 양면 에폭시 기판	

☞ *OK-7S256* 키트에는 필요하면 AT91SAM7S512/256/128/64/321을 조립하여 사용할 수도 있다.

AVR ISP Studio / STK500 · AVR ISP Studio / AvrProg [직렬포트형]

RS-232C 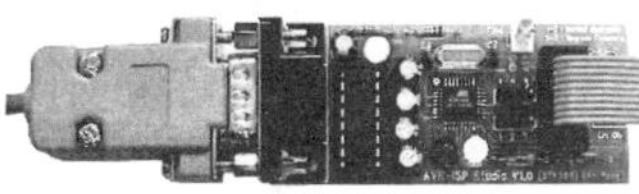 ISP

AVR ISP Studio 다운로드 케이블은 퍼스널컴퓨터 측에서 어떤 통신프로그램을 사용하는지에 따라 **AVR ISP Studio/STK500** 모델과 **AVR ISP Studio/AvrProg** 모델로 나누어진다. 이것들은 동일한 하드웨어를 사용하지만 ATmega8에 장착되는 펌웨어가 서로 다르다.

(1) AVR 모델의 모든 ATmega 패밀리에 적용
(2) 별도의 장비 없이 이 케이블만으로 사용자 프로그램을 다운로드
(3) AVR Studio 프로그램과 함께 사용
(4) 초고속 다운로드
(5) 10핀 80센티 플랫 케이블 포함

AVR ISP 케이블 [USB형]

노트북 사용자에게 꼭 필요한

USB  ISP

(1) AVR 모델의 모든 ATmega 패밀리에 적용
(2) 별도의 장비 없이 이 케이블만으로 사용자 프로그램을 다운로드
(3) AVR Studio 프로그램과 함께 사용
(4) 초고속 다운로드
(5) 10핀 80센티 플랫 케이블 포함

AVR ISP 케이블 [직렬포트형]

RS-232C  ISP

(1) AVR 모델의 모든 ATmega 패밀리에 적용
(2) 별도의 장비 없이 이 케이블만으로 사용자 프로그램을 다운로드
(3) PonyProg2000 프로그램과 함께 사용
(4) 병렬포트형 AVR ISP와 비슷한 다운로드 속도
(5) 10핀 80센티 플랫 케이블 포함

USB TO RS-232C 컨버터 동글

노트북 사용자에게 꼭 필요한

USB  RS-232C

(1) USB 신호를 RS-232C 신호로 변환
(2) USB 포트를 가상적인 COM3 포트로 사용
(3) 하이퍼터미널등과 같은 직렬통신 프로그램 사용
(4) 9600, 19200, 115200 등 하이퍼터미널에서 설정할 수 있는 모든 통신 포맷 사용 가능
(5) 본사의 모든 키트에서 직렬통신 또는 모니터 프로그램용으로 사용 가능

MOTOR CONTROL BOARD

이 보드는 OK-128/162/8515 키트 또는 JJ-128 키트에 접속하여 스텝모터 및 직류서보모터를 동시에 구동 또는 제어할 수 있는 I/O 확장 보드.

스텝모터 또는 직류서보모터를 동시에 구동하지 않고 하나씩만 구동한다면 8051 등의 임의 마이크로콘트롤러 키트에 적용할 수 있다.

KUT-128 응용 키트

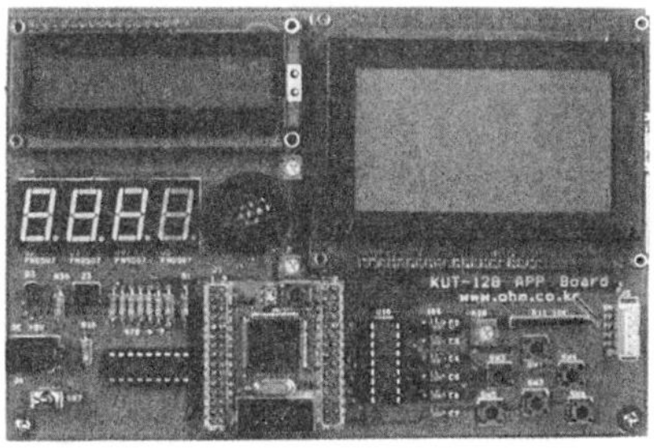

KUT-128 APP 보드 + MCU 보드
(그래픽 LCD 장착)

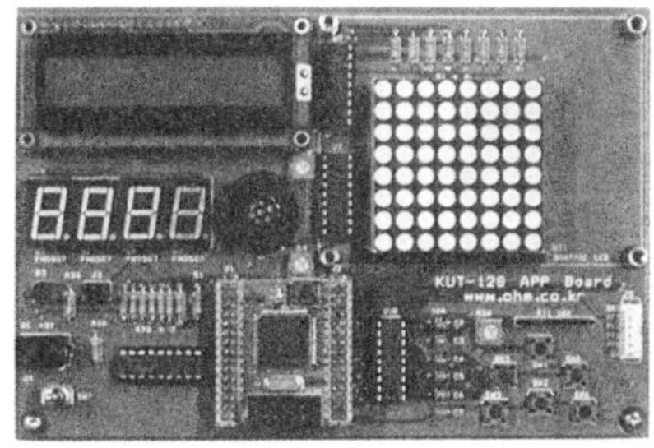

KUT-128 APP 보드 + MCU 보드
(도트매트릭스 장착)

MCU 보드 ▶

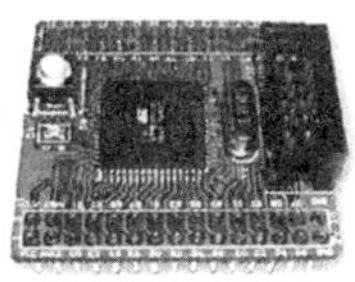

♣ 상품 구성 : KUT128 MCU 보드+KUT-128 APP 보드
-7 segment, 스피커 기본 장착
-그래픽 LCD와 도트매트릭스 선택 사용
-캐릭터 LCD, 그래픽 LCD, 도트매트릭스 별도 판매

KUT-128 응용 키트의 주요 사양

항 목	사 양	비 고
MCU	ATmega128	16MHz 수정 발진자
외부 인터페이스	• 7-Segment 구동회로(PB0-PB6, PF4-PF7) • 스위치 입력 회로(PD0-PD3, PE6-PE7) • 캐릭터 LCD(PD4-PD7, PE0-PE2) • 그래픽 LCD(PA0-PA7, PG0-PG1) • 도트매트릭스(PA0-PA7, PC0-PC7, PG0-PG4, PE3-PE5) • 스피커 (PB7) • 외부 아날로그 입력 (PF0-PF3)	• 4개 동적구동 • 6개 외부 인터럽트 • 4비트 구동방식(16문자×2라인) • 128×64 도트 • 8×8도트, 동적구동 (적색, 녹색, 주황색) • PWM 파형 (OCIC 핀) • 4개 아날로그 신호 입력
전원	• +5V 단일 전원	• 어댑터 사용
프로그래밍	ISP 케이블 사용	PC 프린터 포트에 연결
PCB 외형	KUT-128 MCU 보드 : 38mm × 40mm KUT-128 APP 보드 : 180mm × 121mm	2층 에폭시 기판 2층 에폭시 기판

KUT-128 응용 보드는 KUT-128 MCU 보드와 KUT-128 APP 보드로 구성되어 있다, KUT-128 MCU 보드는 Atmel사의 AVR 8비트 마이크로프로세서 ATmega128을 탑재하고 있다. 그리고 KUT-128 APP 보드는 7-Segment, 캐릭터 LCD, 그래픽 LCD, 8×8 도트매트릭스, 스피커, 6개 스위치를 탑재하고 있어 ATmega128의 다양한 응용 실습과 함께 실기작품 및 졸업작품 제작에 활용할 수 있는 저렴한 트레이닝 키트이다.

구입문의 : 학습기기 R&C사 / 도서출판 Ohm사 ✆ 02) 776-4868-9 http://www.ohm.co.kr

OK-X128A1 키트

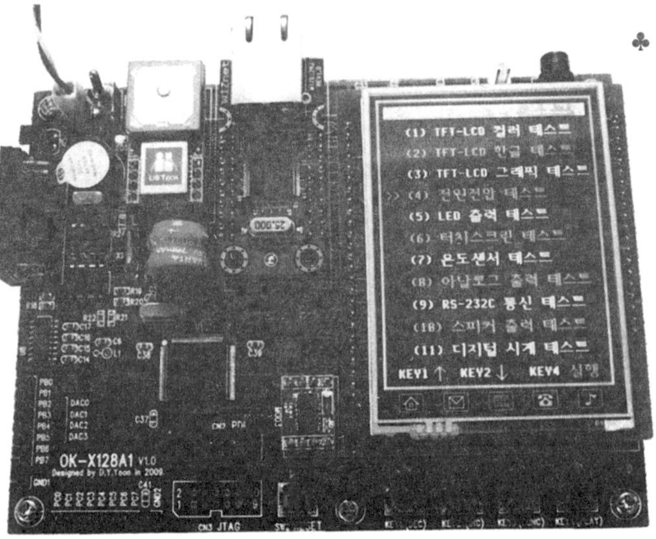

♣ 상품 구성 : 완성품 (Full Set) 판매
PCB 별도 판매

- 저 자 : 윤 덕 용
- 발행처 : OHM사
- 쪽 수 : 1167
- I S B N : 978-89-7101-783-X
- 정 가 : 48,000원

OK-X128A1 키트의 주요 사양

항 목	사 양	비 고
1. CPU	ATxmega128A1-AU(32 MHz) ☞ 모든 XMEGA A1 패밀리 모델 사용 가능	16MHz 수정 발진자 사용
2. ROM	CPU에 내장된 128KB의 플래시 메모리	프로그램 저장
3. RAM	CPU에 내장된 8KB	사용자 데이터 저장 및 스택
4. 프로그램 입력/실행	1. AVR PDI 다운로드 케이블을 사용하는 방법 2. JTAG 에뮬레이터를 사용하는 방법	1. Atmel사의 AVRISP mkII 2. Atmel사의 JTAGICE mkII
5. I/O	1. CPU 프로그램용 커넥터 (1) AVR PDI용 6핀 DIP 커넥터(CN2) (2) JTAG ICE용 10핀 DIP 커넥터(CN3) 2. 기본 입출력 장치 (1) 4개의 키입력 스위치(KEY1~KEY4) (2) 4개의 상태표시 LED(LED1~LED4) (3) +5V용 버저, 스피커 사운드 출력(CN6) (4) *TFT-32HX* 3.2인치 TFT-LCD 보드 64MB~32GB의 SD 카드 (5) RS-232C 직렬포트(CN7) 3. 기타 입출력 장치 (1) LM35DZ에 의한 온도센서(ADC4) (2) +5V, +3.3V, +2.5V 전압센서(ADC5~7) (3) 12비트 D/A 컨버터 출력(DAC0~3) (4) 포트B, C의 출력을 관측하는 테스트 단자 (5) DS1307 배터리 백업형 리얼타임 클록(U9) (6) TCN75-5.0MOA 반도체 온도센서(U10) (7) VS1033을 사용한 MP3 플레이어(U11) 4. 옵션 기능 (1) WIZ812MJ TCP/IP LAN 통신 모듈(MOD1) (2) *USB-UART* USB 통신모듈 (MOD2) (3) UST-SNR-GPS GPS 모듈(MOD2) (4) myAcce13LV02 3축 가속도 센서 모듈(MOD3) (5) NT-TS601 초음파 센서 모듈(MOD4)	 Atmel사의 AVRISP mkII 사용 Atmel사의 JTAGICE mkII 사용 240×320 픽셀, 터치스크린 내장 TFT-LCD 보드에 내장 0~+100℃ 2.4V NiMH 배터리 사용 -55~+125℃ CN8에 외장 스피커를 연결 사용 http://www.ewizenet.kr/구입 http://www.ohm.co.kr/구입 http://www.devicemart.co.kr/구입 http://www.devicemart.co.kr/구입 http://www.devicemart.co.kr/구입
6. 전원	+5V/3A SMPS(CN1)	키트 내부에서 +3.3V, +2.5V 발생
7. PCB 외형	144×106mm 양면 에폭시 기판	

☞ MOD1~MOD4에 장착할 모듈은 선택사양이므로 기본으로 제공되지 않으며 별도로 구입해야 한다.

구입문의 : 학습기기 R&C사 / 도서출판 Ohm사 ✆ 02) 776-4868-9 http://www.ohm.co.kr

OK-128TFT 키트

♣ 상품 구성 : 완성품 (Full Set) 판매
PCB 별도 판매

- 저 자 : 윤 덕 용
- 발행처 : OHM사
- 쪽 수 : 1100
- ISBN : 978-89-7101-785-6
- 정 가 : 50,000원

OK-128TFT 키트 V1.0의 주요 사양

항 목	사 양	비 고
1. MCU	ATmega128A-AU(16 MHz)	16MHz 수정 발진자 사용
2. ROM	MCU에 내장된 128KB의 플래시 메모리	프로그램 저장
3. RAM	MCU에 내장된 4KB	스택 및 사용자 데이터 저장용
4. 프로그램 입력/실행	1. AVR ISP 다운로드 케이블을 사용하는 방법 2. JTAG ICE 에뮬레이터를 사용하는 방법	병렬포트형 AVR ISP 케이블 제공 (USB 포트형은 옵션 사양) 테스트 프로그램 기본 제공
5. I/O	1. MCU 프로그램용 컨넥터 ① AVR ISP 6핀 DIP 컨넥터(CN2) ② AVR ISP용 10핀 DIP 컨넥터(CN3) ③ JTAG ICE용 10핀 DIP 컨넥터(CN4) 2. MCU가 직접 제어하는 I/O ① 16×2 문자 텍스트 LCD 모듈 ② 3.2인치 240×320 픽셀 TFT-LCD 모듈 ③ 4개의 키입력 스위치(KEY1~KEY4) ④ 4개의 상태표시 LED(LED1~LED4) ⑤ +5V용 버저, 스피커 사운드 출력(CN6) ⑥ RS-232C 직렬포트(CN5) ⑦ LM35D에 의한 온도센서(ADC1, ADC2) ⑧ 가변저항에 의한 전압센서(ADC3) ⑨ DAC0800 8비트 D/A 컨버터 출력 ⑩ DS1307 배터리 백업형 리얼타임 클록 ⑪ AT93C56 및 AT24C16 직렬 EEPROM ⑫ 외부 인터럽트 스위치(SW2)	 Atmel사의 AVR ISP 표준 Atmel사의 AVR ISP 표준 Atmel사의 JTAG ICE 표준 화면밝기 조절 및 백라이트 기능 포함 터치 스크린 및 SD 카드 컨넥터 포함 KEYX1~KEYX4도 각각 동일한 기능 RS-232C 통신 케이블 기본 제공 J2로 0V~+10V, -10V~+10V 범위 선택
6. 전원	+5V, ±15V(또는 ±12V도 사용 가능)	±15V는 아날로그 회로에서만 사용
7. PCB 외형	160×130mm 양면 에폭시 기판	

☞ 키트 내부에서 +5V 전원으로부터 +3.3V를 만들어 TFT-LCD 모듈에서 사용함.

구입문의 : 학습기기 R&C사 / 도서출판 Ohm사 ✆ 02) 776-4868-9 http://www.ohm.co.kr

OK-STM32F0 키트

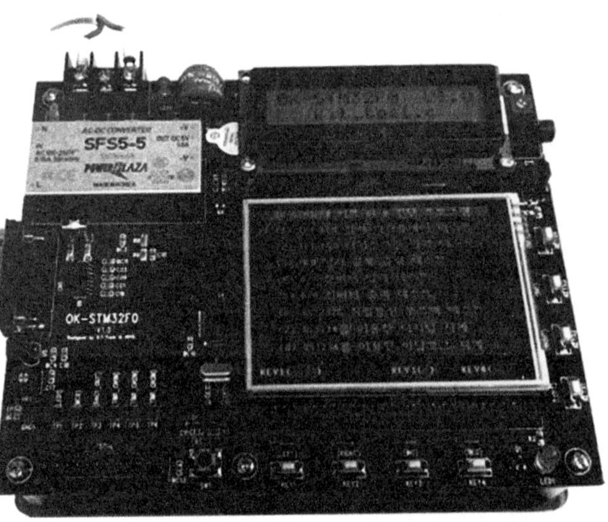

♣ 상품구성 : 완성품(Full Set) 판매
PCB 별도 판매

- 저 자 : 윤덕용
- 발행처 : OHM사
- 쪽 수 : 1036
- ISBN : 978-89-7101-786-9
- 정 가 : 55,000원

OK-STM32F0 키트의 주요 사양

항 목	사 양	비 고
1. CPU	STM32F051R8T6	48MHz로 동작
2. ROM	CPU에 내장된 64KB의 플래시 메모리	프로그램 및 상수 데이터 저장
3. RAM	CPU에 내장된 8KB의 SRAM	프로그램, 스택, 사용자 데이터 저장
4. 프로그램 입력/실행	1. 에뮬레이터를 사용하는 방법 2. RS-232C 직렬통신 케이블을 사용하는 방법	기본으로 ST-LINK/V2 에뮬레이터 사용 부트로더와 USART1 포트로 사용 가능
5. I/O	1. CPU 프로그램용 컨넥터 (1) SWD 인터페이스용 20핀 컨넥터(CN2) (2) RS-232C 직렬통신 컨넥터(CN5) 2. 기본 입출력 장치 (1) 16자×2행 텍스트 LCD 모듈 (2) 320×240픽셀 터치스크린 TFT-LCD 모듈 (3) SPI를 사용한 SD 카드 인터페이스 (4) 4개의 키입력 스위치(KEY1~KEY4) 4개의 보조 키 스위치(KEYX1~KEYX4) (5) 1개의 상태표시 LED(LED1) (6) +5V용 버저 (7) RS-232C 직렬통신 컨넥터(CN5) 3. 기타 입출력 장치 (1) +5V, +3.3V 전압센서(ADC0, ADC1) (2) 가변저항 VR1에 의한 전압센서(ADC2) (3) LM35DZ 온도센서(U5, ADC3) (4) 1개의 D/A 컨버터 출력(DAC_OUT) (5) TV 리모컨 입력 (6) 6개의 테스트 포인트(TP1~TP6) (7) SPI를 사용한 DS3234 리얼타임 클록(U8) (8) I2C를 사용한 AT24C16 EEPROM(U7) (9) VS1053b를 사용한 MP3 플레이어 회로	ST-LINK/V2 에뮬레이터 사용 표준 9핀 RS-232C 케이블 사용 별도의 TFT-2432A 보드를 장착 사용 별도의 TFT-2432A 보드에 내장 표준 9핀 RS-232C 케이블 사용 온도측정 범위는 0~100℃ A/D 입력 범위는 0~+3.3V D/A 출력 범위는 0~+3.3V 2.4V 충전용 NiMH 배터리로 전원 백업 CN6 컨넥터에 외장형 스피커를 연결
6. 전원	+5V(키트에서 +3.3V 및 +1.8V 레귤레이터 사용)	
7. PCB	160×130mm 양면 에폭시 기판	

☞ OK-STM32F0 키트에는 STM32F0 시리즈의 모든 64핀짜리 소자를 조립하여 사용할 수 있다.

저자 소개

신 동 욱

- 한양대학교 전자공학과 학사, 공학석사
- 일본 와세다 대학 응용물리학과 공학박사
- 한국기술교육대학교 정보기술공학부 교수

<저서>

기초전자실습, Ohm사
8051 기초와 응용, Ohm사
ATmega8515 기초와 응용, Ohm사
PIC16F874A/877A, Ohm사
알기쉽게 배우는 AVR ATmega128, Ohm사
졸업작품만들기(III), Ohm사
졸업작품만들기(VI), Ohm사
알기쉽게 배우는 AVR ATmega128 응용, Ohm사

AVR ATmega128을 활용한 응용 실습편

졸업작품 만들기 (VIII)

KUT-128 보드 별매

초판인쇄 2010년 12월 10일
초판발행 2010년 12월 15일

저 자 신 동 욱
발 행 인 곽 종 학
발 행 처 도서출판 **Ohm사**

주 소 140-150 서울 용산구 갈월동 17번지 세기B/D
전 화 02-776-4868~9
팩 스 02-779-6757
등록번호 1975년 9월 12일 제3-3호

http://www.ohm.co.kr E-mail:ohm@ohm.co.kr

ISBN 978-89-7101-784-8 정가 28,000원